荊楚文庫

〔康熙〕蒲圻縣志

〔清〕張圻隆 修 〔清〕龔逢烈 纂

〔乾隆〕重修蒲圻縣志

〔清〕王雲翔 修 〔清〕李曰玥 纂

荊楚文庫編纂出版委員會
武漢大學出版社

荊楚文庫

〔康熙〕蒲圻縣志

KANGXI PUQI XIANZHI

〔乾隆〕重修蒲圻縣志

QIANLONG CHONGXIU PUQI XIANZHI

圖書在版編目(CIP)數據

〔康熙〕蒲圻縣志/〔清〕張圻隆修;〔清〕龔逢烈纂.
〔乾隆〕重修蒲圻縣志/〔清〕王雲翔修;〔清〕李曰湖纂.
—武漢:武漢大學出版社,2021.3
ISBN 978-7-307-22005-8
Ⅰ.①康… ②乾…
Ⅱ.①張… ②王… ③龔… ④李…
Ⅲ.赤壁市—地方志—清代
Ⅳ.K296.34
中國版本圖書館 CIP 數據核字(2021)第 017601 號

責任編輯:朱凌雲
整體設計:范漢成 曾顯惠 思 蒙
責任校對:汪欣怡
出版發行:武漢大學出版社(中國·武漢)
地址:武昌珞珈山
電話:(027)87215822 郵政編碼:430072
録排:武漢恒清圖文菲林輸出工作室
印刷:湖北新華印務有限公司
開本:787mm×1092mm 1/16
印張:41 插頁:6
版次:2021 年 3 月第 1 版 2021 年 3 月第 1 次印刷
定價:168.00 元

ISBN 978-7-307-22005-8

《荆楚文庫·方志編》編纂組

組　　長：劉偉成　陽海清（執行）

副 組 長：劉傑民（執行）　王　濤　謝春枝　范志毅（執行）

參編人員（以姓氏筆畫爲序）：

王　濤　李云超　宋澤宇　范志毅　柳　巍　馬盛南　陳建勛

梅　琳　張　晨　張雅俐　陽海清　彭余焕　彭筱溦　賀定安

劉傑民　謝春枝　嚴繼東

編　　審：周　榮

顧　　問：沈乃文　李國慶　吴　格

出版説明

湖北乃九省通衢，北學南學交會融通之地，文明昌盛，歷代文獻豐厚。守望傳統，編纂荆楚文獻，湖北淵源有自。清同治年間設立官書局，以整理鄉邦文獻爲旨趣。光緒年間張之洞督鄂後，以崇文書局推進典籍集成，湖北鄉賢身體力行之，編纂《湖北文徵》，集元明清三代湖北先哲遺作，收兩千七百餘作者文八千餘篇，洋洋六百萬言。盧氏兄弟輯録湖北先賢之作而成《湖北先正遺書》。至當代，武漢多所大學、圖書館在鄉邦典籍整理方面亦多所用力。爲傳承和弘揚優秀傳統文化，湖北省委、省政府决定編纂大型歷史文獻叢書《荆楚文庫》。

《荆楚文庫》以『搶救、保護、整理、出版』湖北文獻爲宗旨，分三編集藏。

甲、文獻編。收録歷代鄂籍人士著述，長期寓居湖北人士著述，省外人士探究湖北著述。包括傳世文獻、出土文獻和民間文獻。

乙、方志編。收録歷代省志、府縣志等。

丙、研究編。收録今人研究評述荆楚人物、史地、風物的學術著作和工具書及圖册。

文獻編、方志編録籍以一九四九年爲下限。

研究編簡體横排，文獻編繁體横排，方志編影印或點校出版。

《荆楚文庫》編纂出版委員會

二〇一五年十一月

總目録

〔康熙〕蒲圻縣志…………………………一
〔乾隆〕重修蒲圻縣志……………………二四五

荊楚文庫

〔康熙〕蒲圻縣志

〔清〕張圻隆 修
〔清〕龔逢烈 纂

前言

《〔康熙〕蒲圻縣志》十五卷，清張圻隆修，清龔逢烈纂，清康熙十二年（一六七三）刻本。

張圻隆，字禹服，清河南西華人，順治十八年（一六六一）進士，官蒲圻知縣。龔逢烈，字無兢，邑人，貢生，華容教諭。

蒲圻縣，三國吴黄武二年（二二三）置，治蒲圻洲頭，屬長沙郡。隋開皇十二年（五九二）遷治今赤壁市，屬江夏郡。唐、宋屬鄂州，元屬武昌路，明、清屬武昌府。《元和郡縣志·卷二十八》言：『蒲圻縣因蒲圻湖爲名。』

據是志凡例，邑志明以前無考。明宣德三年（一四二八），邑令杜紳、邑人黄煜草創志書。成化十三年（一四七七）邑令葛鳳儀、邑人崇陽教諭游志續修。嘉靖十二年（一五三三），邑令吴本固、邑人廖道南再續，『較前爲備』。崇禎四年（一六三一），邑令林增志、邑人黄圖南、魏方振、何冲然重修。此四志今均已佚。清康熙十二年（一六七三），張圻隆莅任三年，適逢清廷纂修《大清一統志》，令各郡邑修繕境志。圻隆以志事於是年九月開館，延請邑之名公紳士『博搜遐稽，考獻徵文』，三閱月而成書，是年十二月付梓。

志分十五綱：建邦、山川、田賦、學校、秩官、師儒、科貢、辟舉、誥敕、宦蹟、人物、崇祀、風俗、紀異、藝文，凡六十四目。卷一設凡例、姓氏、圖等，每卷各有序論。是志於舊志，有增改，有删減。如舊志『山川』支委混亂，是志分以正文、小注。『田賦』則清其條目之同異。『科貢』遵時制增武科。蒲邑舊官宦年表所載立傳者不多，是志於『秩官』『師儒』各有詳略，『師儒』中有蹟可紀者，記數言以彰其美。舊之列傳讚語，是志删之。『人物』一綱，舊志凡十六目，其『理學』『經濟』等照舊臚列，此外改『名流』爲『學品』，改『隱德』爲『行誼』，『行誼』首列孝行，次及友愛、義俠。『藝文』一綱則録其文獻有關於記述建邦政教功德、題詠山川、感興時事者，舊之題義泛設者汰之。

據《中國地方志聯合目録》，是志存刻本，藏於國家圖書館，又有影抄本，藏於上海圖書館。本次據國家圖書館所藏清康熙十二年刻本影印。該藏本缺『卷之三田賦』之第一葉，其『藝文志』僅存『藝文志二·賦』與『藝文志三·詩』，原目録中『記』『序』『雜著』『雜志』四目皆缺。（彭筱漱）

目録

新修蒲圻縣志敘……九
蒲圻縣志序……一四
新修蒲圻縣志目録……一七
卷之一
縣治圖……二〇
縣境圖……二二
縣署圖……二四
學宫圖……二六
雙礄圖……二八
姓氏……二九
凡例……二九
建邦志
建邦志序……三二
沿革……三三
星野……三四
封域……三五
署宇……三六
城郭……三八
里社……三九
坊樹……四〇
壇祠……四一
鄉鎮……四一
卷之二　山川志
山川志敘……四三
山……四三
水……四五
橋梁……四七
長堤……四八
物産……四九
寺……五一
菴……五三
觀……五四

廟……五五
古蹟……五六
卷之三　田賦志
户口……五七
田額……五八
徭役……六六
驛傳……六八
襍課……六八
學田……六九
官地……七〇
班匠……七〇
田賦總考……七一
卷之四　學校志
學校志序……七三
學宫……七三
書院……七四
射圃……七五
鄉塾……七五
祭器……七五
藏書……七六
卷之五　秩官志
秩官志敘……七七
歷朝秩官年表……七七
卷之六　師儒志
師儒志敘……八三
歷朝教職年表……八三
卷之七　科貢志
科貢志序……八六
歷朝科貢年表……八六
武科附……九七
卷之八　辟舉志
辟舉志序……九八

明……九九
國朝……九九
卷之九　誥敕志
誥敕志敘……一〇〇
明誥敕表　襲蔭附……一〇一
國朝誥敕表　襲蔭附……一〇二
卷之十　宦蹟志
宦蹟志序……一〇三
秩官列傳……一〇四
攝篆……一一三
丞尉……一一三
師儒列傳……一一五
卷之十一　人物志
人物志序……一二〇
理學列傳……一二〇
經濟列傳……一二四
忠烈列傳……一三四
才猷列傳……一四一
文章列傳……一五九
武功列傳……一六七
端方列傳……一六九
行誼列傳……一七六
行誼附……一八五
學品列傳……一八五
隱逸列傳……一八八
貞淑列傳……一八九
仙釋列傳……一九五
卷之十二　崇祀志
崇祀志敘……一九七
歷朝崇祀表……一九七
名宦……一九七
鄉賢……一九八

卷之十三　風俗志
風俗志序……二〇〇
蒲俗之美所當維者四……二〇〇
風俗之不美所當變者四……二〇一
卷之十四　紀異志
紀異志序……二〇三
祥眚……二〇三
卷之十五　藝文志
賦部……二〇七
詩部……二一五

新修蒲圻縣志敘

余奉
命莅蒲之三稔
當宁有纂修一統志之命于以
颺休烈而覽車書甚盛典

也然一統志集省志之成
省志集郡邑志之成志非
先郡邑不可于時
督撫憲臺下令于楚郡邑爲各
繕境志之役是役也楚郡
邑之所同而余治蒲言蒲
弗敢侵亦弗敢曠也蒲于
武昌爲巖邑其山川磅礴
人文代起名賢碩德肩背
相望前之官斯土者如鄭

滎陽胡井研輩皆建豎非
常聲施爛然隆不敏承乏
兹土惟兢兢夤負是慮初
下車即就見薦紳父老周
咨制度之沿革利弊之興

除政事之得失人物之盛衰風俗之淳漓僉曰舊載邑乘班班可考余購而覽焉雖殘闕失序似有指顧可得者因憶昔人有言初

入仕途如入闇室前事之不忘後事之師也志其爲仕途之炳鑒矣乎舊志創始于黄嗣修于俞彙輯于太史廖公而終成于章安

林公太史志最久林公仕明季距今亦四十餘季所矣其間爲沿革爲興除爲得失爲盛衰爲淳漓不知幾何變遷而竟置之沉淪

散軼焉斯亦守土者之過矣第邑有志猶國有史史不易言江文通謂作史之難無過于志古今作者必推遷固劉向楊雄皆稱遷

有良史材而固譏其是非頗謬于聖人遷之後惟固莫與抗而胡氏謂其長于文而短于識史顧未易言也余以故三載來嘗有志未逮惟惴惴焉懼弗克襄厥事然而事勿可已復重以

督

撫憲臺暨

諸上臺之命敢不祗承以

圖不朽爰闢館局延邑之名公紳士博搜遐稽考獻徵文昔所已詳者今弗敢增其華前所未備者後弗敢沒其實事關大綱公論在乎必採文有一節稗史亦所不遺載筆從事者數閱月而告竣余用是樂觀厥成己因思

國家建官剖符區州縣而名之

曰知官守一方者必期無鉅細而周知也審矣呂心吾先生曰深山窮谷之中無隱弗達婦人孺子之情無微不燭是謂知此州是

謂知此縣假無建邦諸志則沿革奚從知也無田賦學校諸志則興除奚從知也無秩官師儒諸志則得失奚從知也無科貢人物

諸志則盛衰奚從知也無風俗藝文諸志則淳漓奚從知也茲幸矣余用是樂觀厥成已然而余之心終惴惴焉懼弗克襄厥事者

若見乎志之義非僅比事屬詞塗飾觀聽而將以昭法戒大修救也羅仲素曰讀經則師其意讀史則師其事使徒執紀載之言志

省鑒之旨披乎圖籍知有
餘措之敷施知不足揆之
朝廷命官之心與夫
當事修志之義尚有所未盡
也此余之所日夜究圖而

終惴惴焉懼弗克襄厥事
者也主臣爲之序如右
告
大清康熙十二年歲在癸丑正
月望日

賜進士出身文林郎知蒲圻縣
事冀城張圻隆敬序

蒲圻縣志序

司馬班范之書網羅今古勒為全帙然不得而增損者也郡邑之志隨時變更新故相嬗然不得不增損者也古者列國各有史官掌記時事上之天子是以廟堂之上周知天下山川阨塞之形戶口錢穀之數與

夫循卓師儒之表著文獻風俗之炳煌郡邑有志寧非列國史之遺哉

今

聖天子從

台輔之言檄下郡國遍徵邑乘將付史館彙為通志以昭

皇清一統之治甚盛典也蒲之有志自明宣德戊申

至於崇禎辛未凡四更
修輯今闕四十餘年有
間矣吾邑
禹服張父母蒞蒲伊始正
值楚鄖師旅之後兼以

旱蝗頻仍撫字不遑有
志而未之逮時奉
新綸修志之命遂慨然曰是
予之責也夫爰集諸薦
紳文學重加編纂而親

為裁奪熙以
予啓園居亦得執簡從事共
相參訂大抵取材貴博
用法貴嚴宛平于氏之
言曰景一未詳裹糧宿

舂事一未詳發匣細檢
語一未詳逢襟挹問字
一未詳動色執爭此諸
君子之任而予亦不敢
不矜慎焉昔唐書本石

晉劉昫等所撰也世嫌其蕪冗至和中命學士歐陽修為紀志宋祁為列傳而范鎮宋敏求呂夏卿劉羲叟並與有勞

及書成進御遂本各所撰署銜名上之岆以見歐陽公之公忠為不可及矣是後也

禹服張父母以中州名宿主盟斟酌於上而諸薦紳文學採摭綴輯其用心良苦予謭陋謬與叅訂踵舊增新不敢掩前人不敢欺來哲是書成

庶幾備國史之一班可以上進

彤庭供史氏裁擇以昭大一統之盛也已若夫掛一漏萬蕭艾不分貽譏後

世則聽之知罪不敢辭
也是為序

康熙十一年歲次壬子仲
冬月望後五日
賜進士出身奉議大夫吏部
文選清吏司郎中邑人
余開熙撰

新修蒲圻縣志目録

卷之一 每卷各有序論
縣境圖 縣署圖 學宮圖 雙橋圖
姓氏 凡例
建邦志
沿革 星野 封域 署宇 城郭
里社 坊樹 壇祠 鄉鎮
卷之二
山川志
山 水 橋梁 長堤 物產
寺 菴 觀 廟 古蹟
卷之三
田賦志
戶口 田額 徭役 驛傳 雜課
官地 班匠 總考
卷之四
學校志
學宮 書院 射圃 鄉塾 學田 詳田賦

祭器　藏書

卷之五

秩官志

年表

師儒志

卷之六

年表

卷之七

科貢志　例貢附　武科補

年表

卷之八

辟舉志

年表

卷之九

誥敕志

年表

卷之十

宦蹟志

秩官列傳　鎮牧令　長丞尉　師儒列傳

卷之十一

人物志

理學　經濟　忠烈　才猷上文章

武功　端方　行誼　學品　隱逸

貞淑　仙釋

卷之十二

崇祀志

名宦　鄉賢

卷之十三

風俗志

好義　明倫　定分　敦誼　好奢

嚚訟　騰謗　怙終

卷之十四

紀異志

祥瑞　灾祲

卷之十五

藝文志

記　賦　詩　序　雜著

雜志

縣治

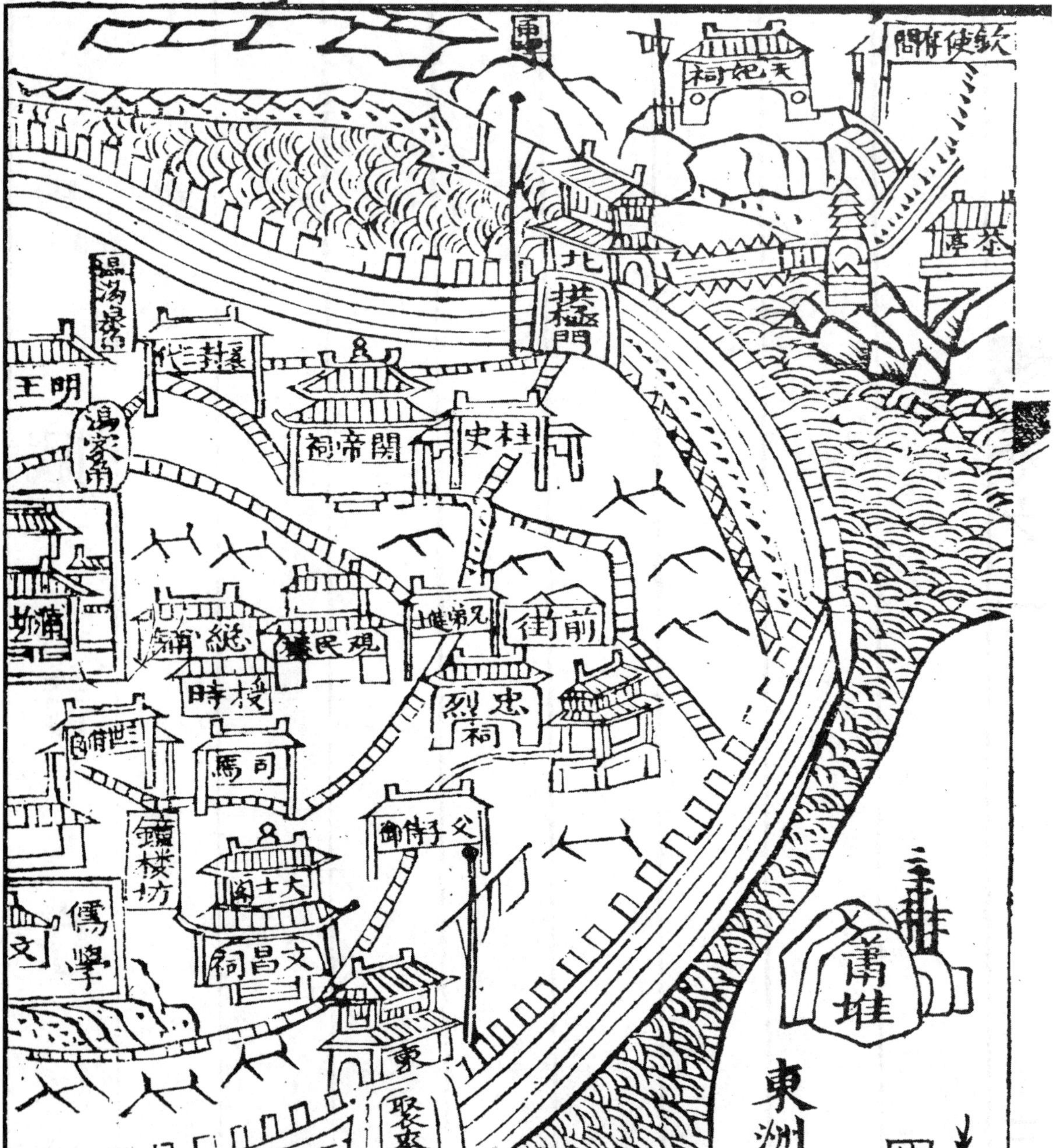
天妃祠
茶亭
北拱極門
溫湯泉
關帝祠
柱史
前街
忠烈祠
司馬
大士閣
文昌祠
鐘樓坊
儒學
東
聚奎門
東洲
地藏庵
仙雲觀
豐財山

營裡
義塚
武營署
新鼓樓
下西門
布政司
城隍廟
後街
忠孝坊
上西門
登瀛坊
府前鋪
延壽寺
藏經閣
縣前鋪
社稷壇
山川坛
書院
射圃
名宦鄉賢
養濟院
南薰
魁星閣
沙洲
筆山
縣
廟

縣境

北至嘉魚

老坑
三角湖
西良湖
騰徑坂
羅縣
黃坊山
舊縣治
神山湖
山門湖
洪水鋪
石灰山口
郎下橋
高郎橋
竹山
周田嶺
竹將山
天妃祠
忠臣廟
和尚橋
香爐山
柏林
下龍鋪
赤馬港
仙洞
豐山港
獨山
石子岡
汀泗橋
官塘驛
龍坑鋪
陳忠臣墓
洋泉山
東倉
南山
陸水

南至崇陽

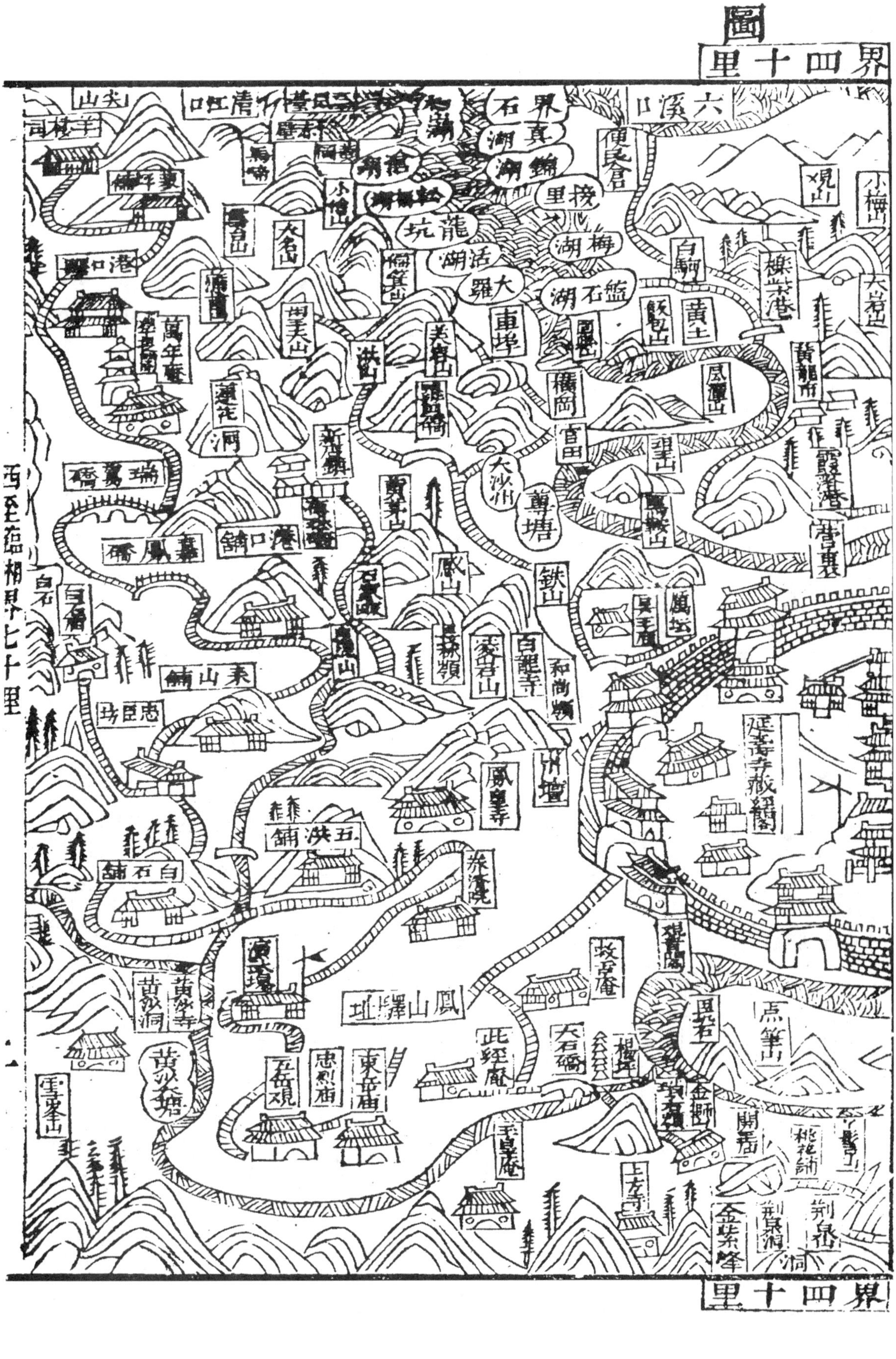
圖
界四十里
六溪口
清江口
界石
真湖
錦湖
接里
龍坑
梅湖
活湖
大羅
盤石湖
便民倉
小梅山
白駒
黃土
車埠
鳳凰山
横岡
官田
大沙州
葦塘
鐵山
港口舖
嘉鳳橋
表山舖
忠臣坊
白石舖
五洪舖
鳳山驛址
延壽寺
鳳皇寺
和尚嶺
白龍寺
蓮花洞
萬年庵
洪山
黃龍廟
大岩山
東岳廟
忠烈廟
五岳觀
黃沙塘
黃沙洞
雪峯山
大石橋
玉皇庵
上方寺
金紫峰
荊泉洞
桃花舖
點筆山
界四十里

縣

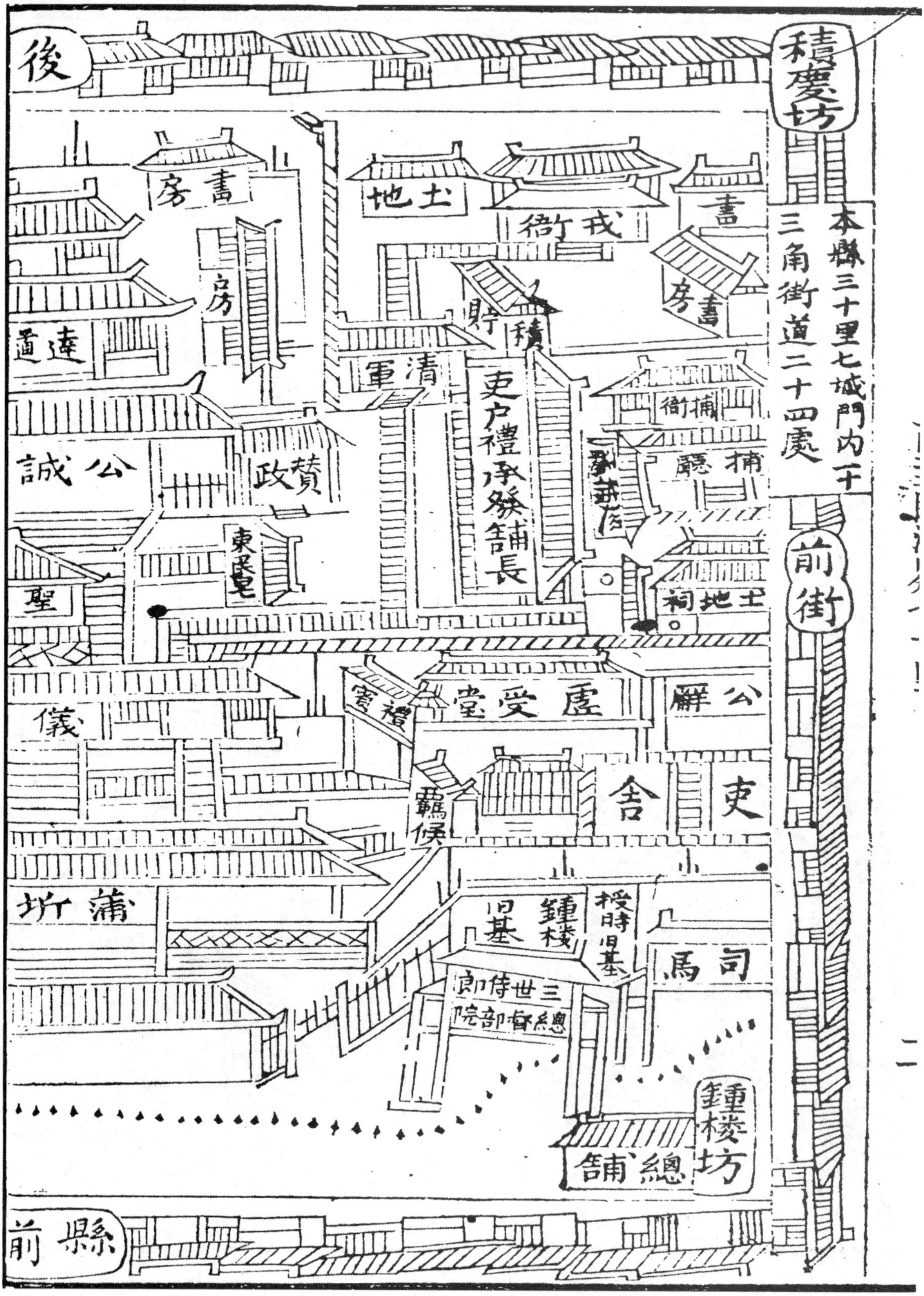
後
積慶坊
書房
土地
戎衙
書
書房
房
達道
積貯
清軍
吏户禮承發舖長
捕衙
捕廳
本縣三十里七城門内一十
三角街道二十四處
公誠
贊政
東民皂
聖
前街
土地祠
儀
禮賓
虔受堂
公廨
吏舍
蒲圻
鍾樓旧基
授時旧基
司馬
三世侍郎
總督部院
鍾樓坊
總舖
縣前

署圖

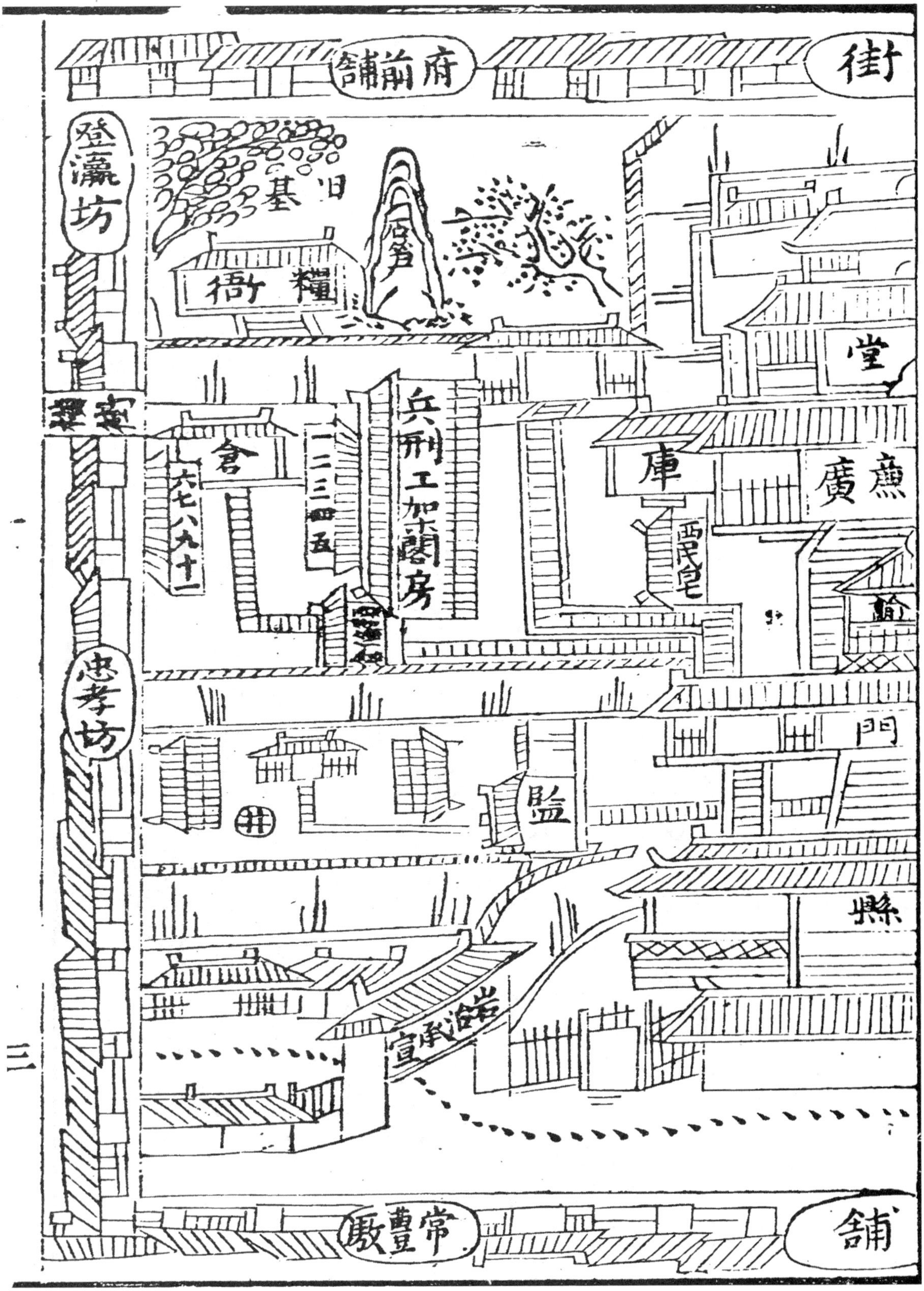

學

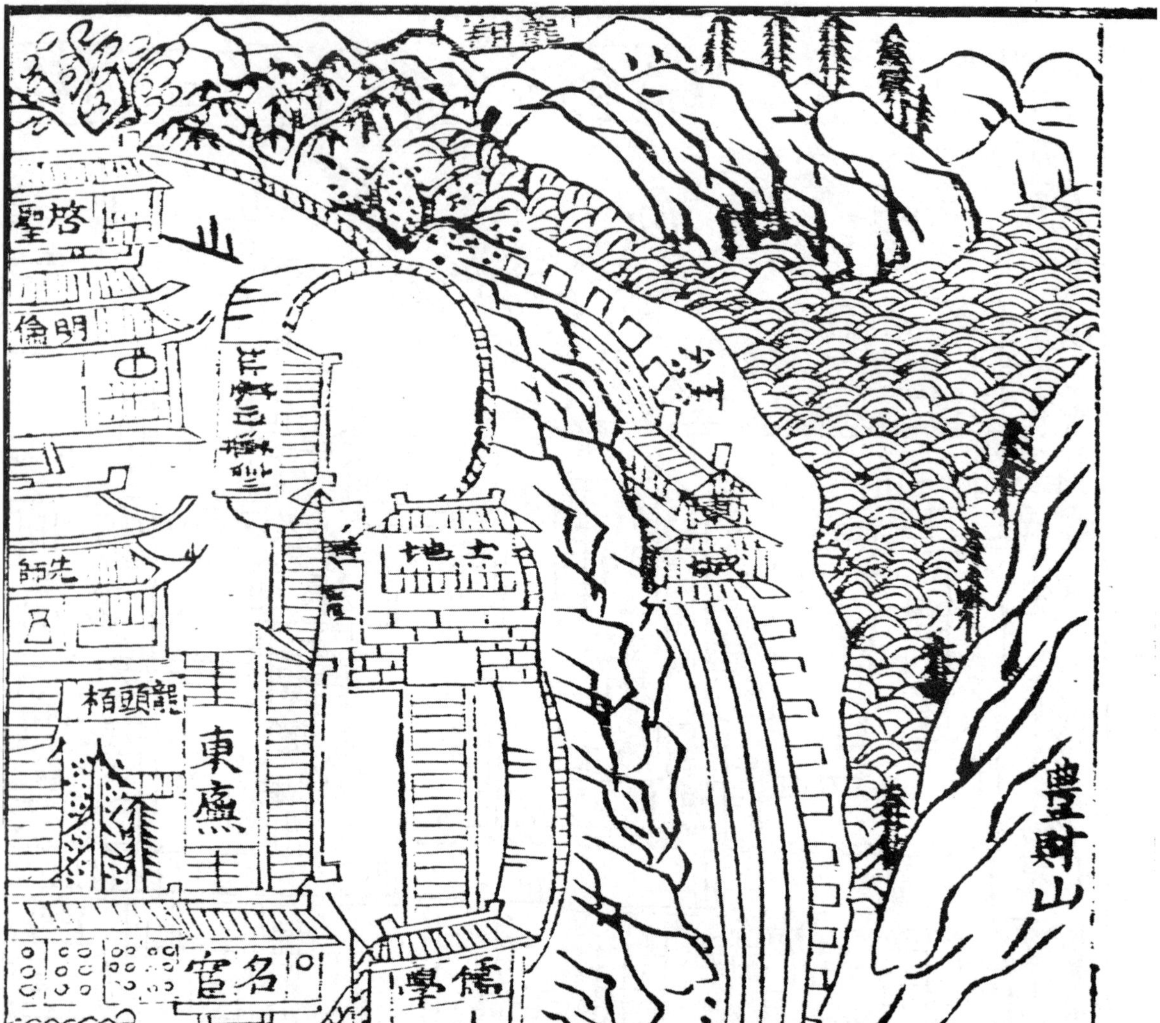

宮圖

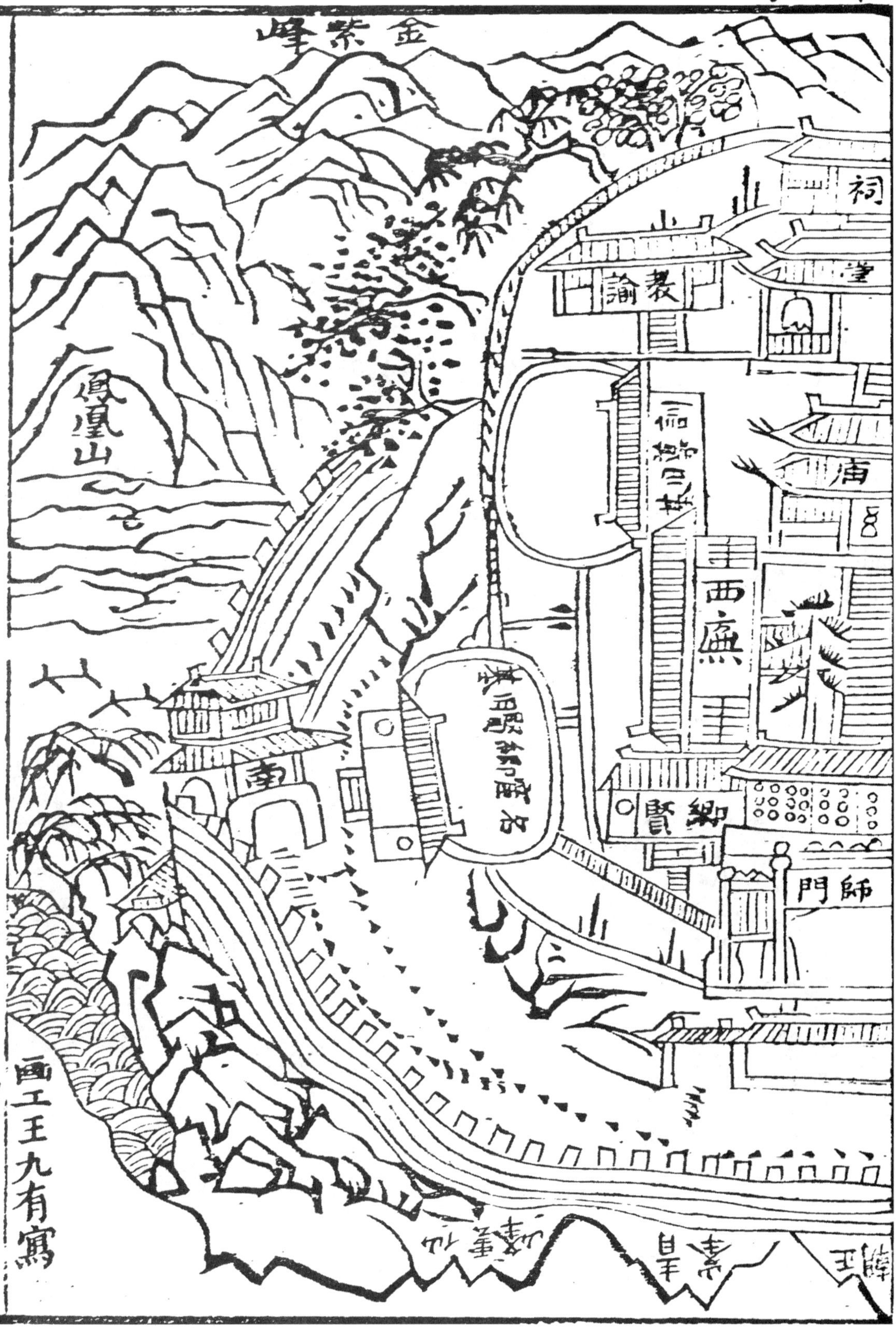

四

雙橋圖

新修蒲圻縣志姓氏

鑒定

賜進士出身文林郎知蒲圻縣事張圻隆 號禹服河南西華人辛丑

賜進士出身奉議大夫吏部文選司郎中邑人余開熙 號嵩山己丑乙未進士

叅閱

蒲圻縣縣丞劉閎儒 號蓮菴江南高淳人貢士

儒學教諭朱家藩 號贊皇彝陵州人貢士

監梓典史潘家進 號美士浙江新城人

纂修

知縣改授教諭邑人龔逢烈 號無競恩貢

胡珪 字夌巖庠生

張育勳 字以定選貢

謝彌昂 字顒若庠生

張環光 字天智庠生

督梓役蒲吏唐元瑞

禮房書余日拱

梓匠龔茱卿 陳爾循

王爾偲 成愛捷

新修蒲圻縣志

凡例 計十八則

明以前志無考自明宣德三年邑令杜紳邑人黄煋寔始草創越四十六年為成化十三年邑令葛鳳儀崇陽教諭俞繪邑人游志續修又五十六年為嘉靖十二年邑令吳本固邑人太史廖道南復修較前為備又歷百年為崇禎四年邑令陞編修林增志郡學生黄圖南縣庠生魏方振何冲然重修明三百年纂修凡四其文其

事其義備矣我

清朝

世祖章皇帝御宇十餘年天末海隅咸歸臣土建官設政禮樂典刑之具無不修舉憲度既新文獻待備

今天子聖學日躋講筵特設 允 輔臣條奏修

一統志于是郡國之書得上

甯宁惟是世運之文質既殊事理之詳略亦異為因為革或刪或存原人情之獻新準天道之吐

故採舊聞詳時政落其蕪穢登乃英華庶綱目之悉張弛信從之有據云爾

一自漢置沙羨縣境內有西良湖産蒲吳赤烏城西良唐武德遷鳳山宋元因之而縣始見于職方至明萬曆初始築城今分星野稽建置畫封域而里社署宇城郭坊樹鄉鎮以理陽壇祠以理陰奠神人明政教于是乎在首建邦 舊志另列壇祠

一有邦域即有山川舊志支委紛紜似郵籤水程矣今分正文小注繪其神膚以資勝具而橋梁之利涉陂塘之灌溉堤防之利害燦若列眉至愛土物則序物産體幽贊則菴廟寺觀不得畧悉遠討則古蹟所必詳也次山川

一山川攸奠斯制田賦彊理雖舊條目從新然有戶則有口有田則有賦有賦則有役故戶口田賦之制定而徭役驛傳官地學田之屬備晰矣今田賦悉遵全書分合條貫舊額新例庶無遺算足佐司計之籌次田賦

一學校之設以繼賦式教養相因也首學宮以肅祀典而書院射圃鄉塾稽德藝之成學田藏書祭器昭典物之備雖代有廢興根本重地良有司所宜加意也次學校 學田詳田賦

一絃誦有地教養需人故建官必備董戒惟師所以奠民命育賢才于是乎稽成焉秩官次之師儒次之

一政教既成英賢蔚起或釋褐題名于 帝里或鄉舉得薦于賢書以及明經里選分路揚鑣斯稱盛已至于初成進士得蒙引見甫綰墨綬特許 陛辭佐郡分符屢出明經則又

國朝盛典儒生榮遇也次科貢 遵時制特補武科

一科貢之外特紀辟召有明多傳人焉然非常典矣次辟舉

一士登仕版非自稱榮遇而已立身揚名以顯父母孝之道也爲誥爲敕爲襲蔭錫類之仁報本之義忠孝所由生次誥敕

一備官惟人民社以任之綸綍以寵之爲斯民也蒲自三國孫吳以來建官互異唐宋以後詳矣年表所載立傳者曾幾何人
國朝秩官師儒或書或不書各有詳畧至師儒中有蹟可紀者雖勛猷未竟亦記數言以彰厥美不敢泥立傳之義次官蹟

一人物本川岳之靈作邦家之光不問其官不官也舊志目凡十六今自理學經濟忠烈才猷文章武功端方隱逸貞淑仙釋照舊臚列

外立學品以位名流立行誼以該隱德而行誼中首孝行專傳者雖近代先之次及友愛義俠雖前代後之而封公種德可紀者特書焉篤本也覺報也思善也義可包舉名無濫設可以觀矣次人物

一有宦蹟則有名宦有人物則有鄉賢祀典所由崇也羣公先正率此族矣次崇祀

一自上播揚之爲風自下漸習之爲俗賢有司鄉先生有專責焉導民者宜審所之次風俗

一人事遷于下天道變于上一方之祥眚必告良有旨也次紀異

一自建邦以來城社學宮之修建政教功德之紀述以及山川之題詠時事之感興皆託之乎文章爲詩賦爲記爲序文錄其文獻有關者于舊不敢多存于新不敢濫附即其言知其人與世矣終藝文

一雜著雖于文獻無關亦備作家一則

一雜志舊志所載爲有爲無存之以備考覽

一新志與舊志小異者如山川則易其支委之煩挈田賦則清其條目之同異列傳則刪其贊語之駢偶藝文則汰其辭義之泛設至于序論則揭綱十五前後序論止三十序其大凡論其餘意企羨有之屬望有之感歎有之或爲時弊之所同或爲痌瘝之所獨留心國計民事者當于斯有採擇焉其于邑太史廖先生前賢侯林太史心眼注存未必不前後照映也觀者審之

一修志之役特奉
新綸開館于九月中告成于十二月中凡三閱月
同事採輯無暇晷删存無私見其裁定則
邑侯張公鄉先生余銓部寔心手斟酌焉不啻
櫛理而緡貫也義例詳悉體要明備于文獻
爲有補云

同修後學張奇勳謹識

蒲圻縣志卷之一

建邦志序

夫建邦以爲民也由秦漢暨今縣統于郡分民
而理方域各殊是皆
天子之輿圖版章也幅員廣狹遷襲屢更而星躔
所獎麗固無大懸異至于署宇城隍之修廢里
社壇祠之變換則有與鼎祚推移者蒲居江漢
上流自唐人改置鳳山監阻山帶河爲全楚鄂
郡之輿區然當吳粵通途其地則衝而易擾再

造以來
寶鼎維新而封疆如故也里社如故壇壝如故也
若夫金湯以固吾圉檐楹以壯其觀因厥廢頹
整理而更張之于以奠民生固邦本巖邑之輯
寧顧不足爲
朝廷纚壤哉爰撫其概以俟來者

建邦志

沿革　星野　封域　署宇　城郭　里社　坊樹　壇祠　鄉鎮

沿革

蒲圻縣在武昌府城南三百六十里禹貢荆州之域按禹貢導嶓冢至于東陵水經注云東陵即巴陵今蒲圻在巴陵東北殷屬荆楚詩稱殷楚居南鄉是也周屬荆州按史記鬻熊事文王其孫熊繹事成王周成王舉文武勤勞之後嗣封熊繹于楚錫以子男之田屬楚繹孫渠甚得江漢間民和伐庸揚粤至于鄂立中子紅爲鄂王

蒲圻屬鄂秦分楚爲三郡屬南郡漢分楚爲七郡置沙羨縣按漢書高帝六季置江夏郡統十四縣一曰沙羨武帝元封五年初置荆州刺史沙羨仍屬江夏郡沙羨境內有蒲圻湖以湖產蒲艸故名三國屬武昌郡按三國吳志漢建安四年孫權討黃祖于沙羨十五年魯肅屯六口二十五季權自公安徙都鄂改名武昌郡沙羨屬焉吳赤烏二年夏五月城沙羨乃建縣于西艮湖側名曰蒲圻以呂岱鎮之分武昌爲兩部自武昌至蒲圻爲右部盛弘之荆州記云蒲圻沿江百里有赤壁晉分荆州爲二十二郡武帝太康元年分蒲圻置沙陽縣以沙陽沙羨屬武昌蒲圻屬長沙宋分湖南諸州屬郢州蒲圻沙陽咸秩男爵宋地理志云蒲圻男相晉武帝太康元年立從晉封也齊分郢爲十四郡江夏郡統六縣蒲圻屬之梁置沙州上嶲郡蒲圻屬上嶲有石頭山奠嶽山鮑山隋分荆州爲二十二郡江夏郡統四縣蒲圻屬焉是時併沙陽入蒲

圻唐分江南爲三十四州高祖初平蕭銑復置鄂州統七縣一曰蒲圻有鳳山監武德九年以蒲圻舊治鄰水多淤洳乃改遷蒲圻于鳳山監後唐分蒲圻鮎漬鎮爲嘉魚縣治宋置荆湖南北路統二十四州郡鄂州屬北路按宋史至道二年改武清軍爲武昌軍紹興二年改兼荆湖北路鄂州統七縣一曰蒲圻元置湖廣行中書省及肅政廉訪司至元十一年改荆湖路安撫司武昌路統七縣蒲圻屬武昌元末陳友諒起

沔陽僭據南國僞稱漢王明太祖親征友諒于鄱陽湖友諒死子理奔武昌太祖招降之改武昌路爲府統一州九縣蒲圻屬武昌府

國朝因之凡編戶三十里

星野

紫微垣北斗玉衡星主楚按春秋緯文耀鈎布度定紀分州定象北斗七星主九州大别以東至雷澤九江荆州屬衡星

星經云玉衡星主荆州常以五卯日候之乙卯

爲南陽巳卯爲零陵辛卯爲桂陽癸卯爲長沙丁卯爲武陵蒲圻屬長沙當應癸卯

太微垣上台第二星主荆揚按論語摘輔象兗豫屬上台荆揚屬下級

宋天文志云三台六星爲天階太乙躡以上下上星主兗豫下星主荆揚

天市垣西垣第二星名楚按天文圖兩垣共二十二星東垣首宋終魏西垣首韓次楚

宋天文志云天市東西各列十一星東垣曰宋南海燕東海徐吳越齊中山九河趙魏西垣曰韓楚梁巴蜀秦周鄭晉河間河中由此觀之十二次分野皆屬諸星

五星熒惑星主楚按漢書吳楚之疆候熒惑

星經云熒惑主揚州荆州交州史記天官書云雖有明王必視熒惑所在

二十八宿屬翼星按晉書江夏入翼十二度

班固云楚地翼軫分野陳卓云自張十七度至軫十一度蔡邕云起張十二度至軫六度皇甫

謐云自張八度至軫十二度一行云初張十五度中翼十二度終軫九度

十二次舍屬鶉尾按周禮疏鶉尾楚地大唐六典巳爲鶉尾楚之分

史記天官注云翼二十二星軫四星皆爲鶉尾在巳楚之分漢天文志云自軫十二度至氐四度爲鶉尾玉海引周史云楚重黎之後此鶉尾爲荆州星土也

封域

蒲圻封域漢沙羨併蒲圻沙陽爲一在漢爲沙羨縣地按水經江水左逕百人山南東逕大軍山又東逕小軍山又東逕鷄翅山又東北逕江夏沙羨縣沙羨廣袤數百里今百人磯大軍小軍山六溪沿江必經見之吳蒲圻併沙陽爲一按水經江水左逕烏林南又東左得子練口酈道元注云烏林卽黄蓋敗魏武處也練浦南直蒲圻口卽六口也東逕蒲磯山北對蒲圻洲又曰

擎洲曰南洲洲頭卽蒲圻縣治洲上有白面洲今屬嘉魚晉蒲圻析沙羨沙陽爲三按水經江水左得中陽水口又東得白沙口酈道元注云沙口本名箕默口南直蒲圻洲水北入百餘里吳所屯也又逕魚嶽山得金梁洲東北對淵洲江中有沙陽洲卽沙陽縣治也今屬嘉魚唐蒲圻卽今鳳山亦名隱圻按宋書到彥之討謝晦退保隱圻唐書鳳山監立錢局酈道元注云蒲圻陸水出下雋縣三山溪又東逕陸城北又東逕下雋縣又屈而西北流又逕蒲圻縣北又逕蒲磯山北入大江綱目注云隱圻卽今武昌蒲圻明蒲圻封域東西廣百有十里南北袤八十里

國朝因之壤聯四邑衢通八省

東至咸寧縣界汀泗橋七十里

西至臨湘縣界新店四十里

南至崇陽縣界壺頭四十里

北至嘉魚縣界障山四十里

東南至咸崇二縣界一百里

東北至咸嘉二縣界七十里

西北至嘉魚縣界一百里

西南至臨湘縣界一百五十里

至武昌府水行二百八十里陸行三百六十里

至江南江寧府水行二千一百三十里陸行一千八百一十五里

至

京師水行四千九百九十里陸行四千三百二十里

署宇

蒲圻縣署　在積慶坊地唐武德九年自西艮湖徙置鳳山監歷代經營遐莫可考元至正十二年燬于兵燹明洪武元年知縣柯日新肇創公署及幕廳吏廨永樂十二季災宣德二年知縣回喬載創正統五年知縣胡中增建堂室庫藏及鐘鼓樓成化九年知縣葛鳳儀重修前爲正堂曰德政後爲穿堂曰後樂堂之東爲贊政廳西爲豐財庫堂之前左爲儀仗庫今圮爲吏戶

禮房爲承發房爲舖長司右爲造册局爲兵刑工房爲架閣庫甬道中爲戒石亭前爲儀門左爲廡房後爲寅賓舘前爲吏廨右爲狴獄左爲倉監又前爲譙樓天啟二年知縣吳炳重修正堂之後爲知縣宅崇禎三年知縣林增志于宅後作中隱園東爲縣丞宅明末燬于兵

國朝順治十六年知縣王道久重建西爲主簿宅久廢東下爲典史宅明末亦燬康熙四年知縣任邇昉典史唐國弼重建萬曆三十二年兵刑工房燬于火知縣王之傑重修三十四年知縣汪有功修鐘鼓樓于縣之東角名曰觀民樓崇禎三年知縣林增志重修今廢縣左有旌善亭右有申明亭今俱廢屏前左右各有坊知縣林增志建右曰巖治承宣左曰沙陽保障康熙九年知縣張圻隆重修

布政分司　在縣治西北阜俗坊明正統十二年知縣胡中肇創成化十二年知縣葛鳳儀增建萬曆初年知縣胡其高二十八年知縣王之傑

崇禎三年知縣林增志重修

國朝康熙六年知縣任邇昉重修

按察分司　在縣治積慶坊東南明洪武元年知縣柯日新肇創成化九年知縣葛鳳儀增建萬曆初知縣胡其高重修改稱察院二十九年燬于火知縣王之傑重建三十八年知縣張光前崇禎三年知縣林增志重修明末燬于火

國朝康熙六年知縣任邇昉申詳　上臺將廢址鼎建文昌祠康熙九年知縣張圻隆增修

府舘　在縣西北仙遊坊明正統十二年知縣胡中肇建成化二年知縣葛鳳儀增建後知縣張珮吳本固遞修萬曆初改爲按察司今廢隙地居民賃住

汀泗公舘　在汀泗橋畔明崇禎四年知縣林增志重修

廵檢司　在縣西七十里羊樓洞明成化初遷武昌縣白湖鎮廵簡司于此十八年知縣周洪肇創

鳳山驛　在縣北使星坊明洪武十五年知縣李居仁肇創萬曆初知縣胡其高遷于五嶽觀後以便過站不得入城三十八年署縣同知葉文懋于驛旁置屋三間以居城旦

官塘驛　在縣東北六十里明洪武十五年知縣李居仁肇創嘉靖四年知縣方一桂重修

港口驛　在縣西六十里明洪武十五年知縣李居仁肇創

醫學　在縣南鳳山鋪旁明成化十二年知縣葛鳳儀改建于金臺觀前今廢

僧會司　在延壽寺僧官住持
國朝康熙九年舊僧會徐明常新請部頒印記

道會司　在五嶽觀道官住持
國朝康熙九年道會譚道常新領部頒印記

演武場　舊在縣西北雲盤塘側明主簿王爵增建萬曆三年知縣胡其高修城據其地又取土增埠地勢汙下不便閱武將其餘地易本縣民王世賢五嶽觀前山地爲演武場建門堂旗臺

築垣楦栢環之崇禎三年知縣林增志重修其舊場易地之餘改爲厲壇立石名漏澤園以表之爲掩骼地

預備倉　在主簿宅前明萬曆三十八年圯署縣同知葉文懋重建本倉之前卽爲常平倉今廢

常豐厫　在縣治西南疊秀山下明弘治十八年知縣徐淮增建萬曆三十八年署縣同知葉文懋重修中有五顯祠

南糧倉　在豐樂門內社稷壇前明萬曆中知縣

倪斯蕙建三十六年圮于水災知縣汪有功重建三十八年署縣同知葉文懋重修今廢

便民倉　在縣西七十里六溪口明知縣葛鳳儀建以貯南漕二糧兌軍于水次交收徵役便之而兌軍無利乃告改運送倉今廢又有東倉舊在詹家嵛後改官塘驛側西倉在縣西五十里王家山南倉在縣南荆港上方寺側北倉在縣北十五里紅菱港以上諸倉皆洪武間創今俱廢

養濟院　在縣南雙路口後初爲義倉明崇禎二年知縣林增志修葺明末圮

國朝康熙十年知縣張圻隆鼎建

驛遞鋪舍　鳳山總鋪久廢明萬曆三十八年署縣同知葉文懋將吏解前餘屋以其半爲之今廢

北十里慤懃鋪　二十里下壠鋪

三十里詹家嵛鋪　四十里石子岡鋪

五十里官塘鋪　六十里龍坑鋪至咸寧界

南十里五洪鋪　二十里白石鋪

三十里來山鋪　四十里港口鋪

五十里馮石鋪　六十里蓼坪鋪至臨湘界

東南十里荆港鋪至崇陽界　西北十里洪水鋪西鋪係嘉魚界

外有河泊所陰陽學稅課司惠民藥局俱久廢不具載

城郭

蒲圻縣城周廻七百丈高一丈七尺磚礫高五尺

城廣一丈六尺城樓凡六南曰迎薰北曰拱極東曰聚奎西曰賓成又西曰豐樂又北曰水門城爲知縣胡其高創修始于萬曆三年正月凡四月告成萬曆三十八年知縣張光前重修崇禎三年知縣林增志重修命縣丞金夢麒董其事功成有記明末兵亂城樓皆燬

國朝康熙九年知縣張圻隆重修南北譙樓十年新建東西二門譙樓城垣重加完繕有碑記載本志藝文

城守公署　城守分防舊無官舍張知縣價置廖楚玉基地鼎建防衛益嚴

里社

蒲圻縣舊有三鄉西南曰吉陽鄉統七里曰奉政曰承恩曰宣城曰萬春曰望城曰懷義曰安豐東北曰長樂鄉統二里曰孝義曰大貴西南曰沙陽鄉統四里曰上鵠曰下鵠曰承風曰豐樂宋元祐初割長樂鄉益咸寧止存二鄉一十一里明洪武中分爲四十三里永樂十年併爲三十八里宣德七年又併爲三十里嘉靖十一年知縣吳本固改縣市上曰忠孝里下曰興賢里

一七都上曰蓴塘里下曰黃龍里二四都曰雪峰里上三都曰桃花里下三都曰鳳凰里五都曰太平里六八都曰蒲山里九都曰羅湖里十都曰龍橋里十一三都曰洪山里十四都上曰楓潭里下曰梅山里十五都曰丹塘里十六都曰楓橋里十八都上曰官莊里下曰神山里十九都上曰安豐里下曰明山里二十三四五都上曰義豐里下曰豐財里二十六都曰黃溪里二十七都曰臨湖里上三十都上曰栢林里下下曰上保里下三十都上曰坪下里下曰西艮里三十二四都上曰金沙里下曰官塘里萬曆間里名仍宣德中

國朝因之

一七都上	一七都下
二四都	上三都
下三都	五都
六八都	九都
十都	十一三都

十四都上	十四都下
十五都	十六都
十八都上	十八都下
十九都上	十九都下
二十三四五都上	二十三四五都下
二十六都	二十七都
上三十都上	上三十都下
下三十都上	下三十都下
三十二四都上	三十二四都下

縣市上　　縣市下

坊樹

興賢坊　　毓賢坊俱縣治南

澄清坊　　積慶坊

育才坊俱縣治東　　阜俗坊

仙遊坊　　仁美坊

使星坊　　甘露坊俱縣治北

梅隱坊　　忠信坊

忠孝坊　　登瀛坊俱縣治西

騰蛟起鳳坊儒學前　　巖治承宣坊縣治右

沙陽保障坊縣治左

敕建坊樹

學士坊洪武初魏觀　　宮允坊永樂癸未王愷

擢秀坊正統辛酉王文修　　登雲坊程鐮

傳桂坊甲子龍霖　　進士坊乙丑盧中

賓興坊丁卯宋奎　　賓賢坊廖濤

聯桂坊景泰庚午廖俊　　登第坊癸酉李溥

飛騰坊王璧　　進士坊甲戌魏銘

青雲得路坊丙子龔晟　　金榜題名坊龔晟

繡衣坊龔晟　　鐘英坊劉滄

桂林坊王瑩　　折桂坊佘頑

文魁坊天順乙卯朱璽　　登俊坊周鑑

登科坊石鈞　　龍門世躍坊江晟

登雲坊成化乙酉梅瑄　　攀桂坊黃玹

文奎坊王壂　　登第坊廖傳

進士坊丙戌汪洪　　飛鶚坊辛卯黃頤

鵬舉坊孫暹　　世美坊甲午廖佐

蜚英坊徐澄　　進士坊丁未仵紳

進士坊癸丑廖漢江師古　　三鳳坊弘治甲子鄭宗儒李興賢游紳

三麟坊正德丁卯魏頌周廷脩魏漆　　解元坊庚午仵瑜

父子進士坊仵紳仵瑜　　會魁坊辛巳廖道南

太史坊廖道南　　世聯奎壁坊廖漢

司馬坊謝存儒　　褒封三代坊謝鵬舉

兄弟進士坊隆慶辛未謝師啟師彥　　父子侍御坊謝三訓謝師啟

柱史坊鄭之亮　　欽使存問坊侍郎謝鵬舉

三世侍郎坊仝下　　總督部院坊侍郎魏說

壇祠

山川壇　縣治西社壇衕明洪武元年知縣柯日新肇創于大石橋東十三年知縣李居仁遷于養濟院南正德中以其地易五嶽觀爲書院十三年知縣張珮遷于社稷壇嘉靖初知縣吳本固修葺萬曆中知縣倪斯蕙重修

國朝因之

社稷壇　縣西高山館明洪武元年知縣柯日新肇創于縣西驛路東二十二年遷于疊秀岡正

德十三年改遷于縣西吳王祠嘉靖四年知縣方一桂復改于今社壇

城隍祠　縣治北仙遊坊明洪武元年知縣柯日新肇創成化七年知縣葛鳳儀修葺天啟四年知縣吳炳五年署縣曹應聘六年知縣尹洗邑人侍郎魏說重修崇禎三年知縣林增志再加修葺康熙元年邑進士張瑾光爲文募修有碑

邑厲壇　縣河北佑聖觀地通志載在縣北使星坊　明正統十二年知縣胡中改于縣西慧林寺嘉靖十一年知縣吳本固改于洗臭塘萬曆中又遷于西門外崇禎四年知縣林增志名曰漏澤園委主簿羅宏勳石紀其處

國朝因之

鄉鎮

古有六鄉六遂之制指王畿而言也郡邑亦各有鄉所謂無事相友有警相助民以親睦者是變鄉而爲團非古也故仍以鄉名若夫舟楫可通商賈走集如所稱聚落者是爲鎮因併記之

爲鄉者凡四十

白蓴　荆沙　大田　官田　峽山
蕭礄　斗門　馬埛　白石　來山
城西　楊林　港口　洪石　洪山
楓橋　黃土　土礄　黃龍　青落
南勤　占畬　汀泗　安豐　坪下
石坑　洋泉　雙丘　大貴　上寺
池江　官礄　馬鄉　郭連　方橋
劈精　白駒　龍栖　新興　官塘

為小鎮者凡六

黃龍　車埠

新店　石坑渡

汀泗橋　泉口

論曰從來都邑所以善建不拔者葢惟形勝可恃風氣萃焉是以永久不遷蒲圻縣治自三國時肇創西艮湖側土地廣袤沿江百里並在封域之中然其地沮洳渙散形勝不足不數百年而陵陸化為沉淵井邑墟為丘落矣迄唐武德中改遷今治則山川環護風氣攸鍾鳳凰蹲其南龍翔峙其北東則豐財聳秀西則馬鞍關鎖而疊秀金臺諸岡蜿蜒城內陸水蒲河襟帶縈繞形勝之固此可千百年不變者也第後唐既分鮎瀆鎮為嘉魚而宋元祐又割長樂鄉入咸寧隱圻之地當南北車馬之交壤地縮少而輪蹄絡繹供億惟繁當事者宜有以恤之也

蒲圻縣志卷之二

山川志敘

從來譚形勝者俱云水土異宜則嶽降河翕人望物華詎不由地脉哉雖然香山以白傳擅秀輞川以摩詰流芳赤壁不經長公則雪堂定惠院無聲栁州不遇子厚則愚溪鈷鉧潭失色造化設山川以待人而人不能標山川以酬造化無乃使薜荔蒙羞負龍寂寞乎蒲長河如帶滙爲巨湖奔放大江而金紫爛然落朱霞于天末桃花片片與衡嶽七十二芙蓉遥相激射每一凭高眺遠悠然見巒嫵而波媚放簫鼓之畫艋折觴豕之屐齒使此山此川與輿圖爭勝是在亦風亦雅者領此勝情勝具而已

山川志

山 寺 水 菴 橋梁 觀 長堤 廟 物産 古蹟

山

縣治

金壘山 祖金紫宗鳳凰自西南壘壘至邑龍從崫嵂爲萬峯之會 **壘秀山** 東支爲學宮中支爲縣治起雙石如筍屈曲而西爲梅隱崗金臺崗迴龍崗雲盤崗跨雉而出循河而止有縈迴不盡之致 **馬鞍山** 雙峯壁立西控河流爲一邑之關

縣治東

豐財山 形如覆釜對縣若堆貨然其上有天池其側有荆竹坡洞虛敞可容數千人石面有硃書元至正字爲前人避兵處遊者嘗採得所遺衣物而出其陰有迓鼓洞初入石道蹭蹬歷三關

始空闊中有石牀石鼓諸勝洞旁建有地藏菴西麓有石突起于東洲曰蕭堆每歲大比以水盈漲爲甲魁驗 **靈應山** 距縣三里岧嶤東峙與豐財相望其上有仙雲觀其側有靈應寺舊址 **點筆山** 距縣七里 **幽蘭山** 距縣二十里其上有石泉有趺仙石石上有仙掌形其側有幽蘭寺 **南山** 距縣二十五里頂平方謂之大壺坪前出一峯特起謂之石檑尖尖上有望鶴樓其陽爲龍迴潭其陰爲天馬峯峯下爲楂林畈 **木蘭山** 距縣二十五里上有木蘭寺怪石層巒古木參差 **金鷄坪** 距縣二十五里其陽爲渡頭其陰爲石子崗 **仙人洞** 距縣三十二里洞中有石橋其下深澗飛瀑而出旁一小竅傴僂可入相傳爲陳求道避兵處 **黃葛山** 距縣三十五里世傳葛稚川修煉于此山頂有泉曰丹泉右有山頂瀦水時盈時涸曰黃柘湖 **燈籠山** 距縣三十八里 **石尖山** 距縣四十里上有玉樞觀 **青龍山** 距縣

六十里其下有青龍寺北出爲黄沙畈爲洪戸橋南出爲阪嶺爲洋泉自洋泉而北爲西衝又北逕白揚畈達于汀泗橋

縣治西

高嶺山在豐城外**王家山**與高嶺聯絡形如展誥其陰爲老虎坡爲猪首山其側爲和尚嶺爲玉虹橋稍下爲瑤圃廟**鳳凰山**距縣三里三峯層秀山半平衍有泉有池有洞下有鳳凰寺爲神僧歸玉巖趺跏處初山分三支中支爲鳳凰山趨于縣治爲金壘諸山落脉**凌巖**距縣三里巖即鳳凰右肩而備諸奇勝別一洞天初入地骨嶄嶄蛤蛤蛇折里許忽得曠衍平若砥者可數十畝周匝嶙峋前通一竅面受風潭諸遠峯隱隱若几案間物中建爲白龍寺佛像金身爲明藩感夢所造地有白龍池朝冠石普陀巖諸景先輩讀書于此多發蹟者**鐵山**距縣

三里北爲白水畈南爲公安有公安泉**茅山**距縣十里其陰爲風潭爲亭止嶺其右爲牛鞍石爲官田爲車埠**五洪山**距縣十里其上有泥壺坪其下有溫泉沸如湯曰湯塘又有寒泉曰冷塘**獨山**距縣十二里孤峯特秀其陰爲横崗爲蕭橋**偏髻山**距縣十五里上有玉蕭諸峯蟬嫣而下爲斗門畈**長崙嶺**距縣十五里其陰爲大壺畈爲峽山戸爲小壺嶺大壺嶺之陽爲城西畈爲羅田畈**黄茅山**距縣二十五里綿亘蘢嵸脊如湧浪其陰爲觀音寺中有龍泉者二其陽爲黄泥洞**石門山**距縣二十八里有雙石如門**洪山**距縣四十里自平畈特起形若騰獅上有古廟創于宋淳熙間**芙蓉山**距縣四十里廣輿記載峯巒秀麗如花**蒲首山**距縣四十里爲明祭酒魏觀讀書處其中有獎巖菴其陽爲新店其陰爲泉坑渡爲大姑橋**王子山**距縣四十里**瑞雲山**距縣四十五里其下有大濟寺其陰爲東港爲樓下**獅子山**距縣五十里山聳峭嶔嵚壁立河岸勢若崩雲一名城頭嘴**范包山**距縣五十里爲吏部余閙熙祖墓水口羅星

縣治南

桃花峯距縣十里三峯特秀形若筆陣與金紫相望下有桃花泉流與荆泉合**金獅山**距縣十里蹲踞如獅上有金獅觀其南爲紫金泉爲沙田畈下爲鏡潭**青峯**距縣十二里卓筆侵雲爲學宮正朝**白巖**距縣十二里奇峯崒嵂儼如瀑布倒垂大半**玉巖山**距縣十二里下有上方寺面峙關山流接荆泉爲洞宗元潔和尚祖庭**荆泉山**距縣十二里其下爲金泉洞洞中有石臺石田石鐘石鼓備極天巧泉在洞旁初出幽黝無聲名曰秀水可半里許始震撼如雷按通志云自洞口入行可百步別有門甚狹好事者嘗褁糧窮其源信步趨出則

在崇陽之葛藤坪距洞門已百餘里洞門有六泉左曰荆泉惟最著泉門闊四五尺水涵其半旱禱之悃狀投入晌許不出則受之矣否則即出以瓶汲水昇去水自湧出瓶口則雨水不滿雖雨亦微**雪峯**距縣二十里上有雪峯寺爲唐咸通二年開山其山奇勝險絕旋盤迤蹬而上約三四里許忽平衍丘壑宛然寺處其中遠望江山若襟帶焉**丫髻山**距縣二十里雙峯如髻上有葛仙祠其陰爲土礄畈爲王子畈**羅峯**距縣二十里豐隆高峻其南麓爲崇陽路之東流舖側有石屋僧碧玉禁足于此辟穀絕煙火者今三十年**白石山**距縣二十五里深山大谷峭壁凌雲其下有白石廟祀三顏公側有白石泉汲之輒雨其驗較捷于荆泉顏公實憑靈焉**金紫峯**距縣三十里峯聳層雲峻極萬仞爲蒲諸山之冠通志云每晴霽日之出没嵐光如画**白鹿山**距縣三十里其陽爲蘭港橋其陰爲石家畈**雲臺山**距縣三十里其陽爲石羊

洞其陰水口吸爲望夫山距縣三十里所生木葉盛夏中斷如剪相傳爲望夫媍人指爪所掐通志云有石形似婦人吳城山距縣四十里孫權嘗築城其下城址現存百巖距縣四十羣峯攢萃龍宮虎穴人跡不到之所癸卯歲有濟宗大雲和尚開山建宇列有八景曰方丈洞錦屏石樸月峯烟鎖溪乳泉問天臺雷雲坪唖仙洞雙羊樓洞距縣六十里羣峯岞崿衆壑奔流其東有石人泉其西有蓮花洞洞下有蓮花寺出洞口爲港口驛

縣治北

龍翔山宛委河岸拱衛縣治如屏如障其上有窪樽石石方乎五六尺許中一孔如甕玩適者注酒其中杯掬而飲象太古窪樽之意上刻有熙寧癸丑上巳等字白嶺山距縣五里其下爲霞落望山距縣六里通志云與縣相望故名行將山距縣七里其下有洞每陰晦時常聞洞中有鉦鼓聲其右爲周西嶺爲長海崙其陽爲彭慹舖爲柳樹橋黃龍山距縣十里其下爲黃龍鎮茗山距縣十里茗蕘迤邐中穿長峽爲嘉蒲通衢其西爲青石橋其東爲洪水香石山距縣十里上有香石寺有石如鼎故名香石其側有石如乘又名轎子山釘銅山距縣十五里其上有龍升菴其下爲紅蓼港爲栗柴港丁畝山距縣二十里其下有觀音堂其陽有石馬洞洞中有石如馬通志載石馬山懸崖一石闖出如馬穿山洞距縣二十里洞橫山腹前後天兼納日月空洞爾里石室朗然高數十丈頂懸石乳有獅象仙人掌佛指柑千態萬狀不可枚舉擂鼓尖距縣二十五里其上有慧林寺相傳有馬姓者擂鼓集兵往樵人從崖間拾得長劍信手成灰山前有池曰馬王塘山下有溪曰馬家陂蟠龍山距縣二十五里其側有西林寺黃岐山距縣二十五里其左有明水洞其陰爲石

蒲圻縣志　卷之二　山川志　四

口爲畢家河其下爲西江青雲洞距縣二十五里洞在山麓如獅張頤中架樓閣爲青雲菴恣人登眺黃表山距縣三十里其側有西華寺竹山距縣三十里其上有洞洞口有堂洞中有石傘石甕石像龍牀諸勝旱禱輒應洪口山距縣三十五里兩山對峙溪流若洪神山距縣四十里其山蜿蜒如蛇蟠踞湖上上有張雎陽祠覇山距縣四十里上有黃覇祠觀山距縣四十五里牛頭山馬頭山二山距縣五十里對峙于西良湖側官塘山距縣五十里其下爲官塘驛獨山距縣五十五里其下有元明觀淨苑山距縣五十五里其上有嶽臺寺雷雲山距縣五十五里其上有降山寺月塘山距縣六十里其山爲邑北條左支稍折而西縹緲湖上其下爲界石對岸爲柳山赤壁在邑西北一百二十里今撥屬嘉魚爲周瑜破曹操處上有孔明祭風臺

蒲圻縣志　卷之二　山川志　五

水

蒲圻河

按水經名曰陸水發源三山溪通志云自江西寧縣修水發源北流至通城會雋水至崇陽會桃溪水合流折東復西由壺頭四十里過荊港北經縣治南繞東北復迴西北至六溪口出大江

洪下灘河至此爲崇蒲水界石蹬當流若建瓴然奔駛而下砰硡礅磕有瞿塘灧澦之意沈桂灘方石灘淵停含蓄泓然如鏡落石潭岸爲落石奔崖欲墜嘗有

猢猻出沒其上每擲石與舟行者戲　芭蕉潭　木蘭潭　石坑渡其上
爲石坑鎭水漸清泚循山西行　龍骨灘　楊樹灘　龍廻潭中有石梁
奔洪盤渦漩洑水勢險絕　倒流潭　雋潭澄碧可愛溘然有聲　栁子潭
王師潭　石孔潭　石牛潭中有巨石如牛隆冬大負嘗伏其下漁人
沒入摸援之　聶師渡　鏡潭左岸爲金獅觀布岸爲鮑家洲水勢曲折　東洲
廣野平疇嵐光水影相爲掩映　鸕鷀潭峭壁對峙峽口中流爲縣治天關　蘇家灘
黃城埠黃城爲邑秀廉築室潭岸下有釣臺側有懸壁城鏤大士像其上自鏡潭水折而北
至此轉西繚繞學宮爲外泮池　龍翔潭澄波古塔拱北極雄關控東南上游及春漲廻瀾又
令人作濠濮間想　西洲枕流面青一丘一壑可耕可釣爲邑先達別墅　大沙洲洲平

如砥二水中分上有大士閣丈六金身竹樹參差殿廡莊嚴爲東南關鎖　風潭有巨石出河巍
然高可十丈名日海船頭上有三官殿殿側有洞洞有丈室　黃龍潭岸爲黃龍鎭有磯石
磊落上有寺名石來　紅菱灘　荷塘灘　潭灣環繞曲旋故名　栗柴
灘　顧縣石有石如山回瞰上流　七里汀　車埠河岸爲車埠鎭
小沙洲上有金粟菴縹緲波心與大沙洲隱隱相望　皂潭潭水淵停爲水族窟宅魚
舟畢集棹歌欸乃致甚可嘉　宣公堤河勢至此漸逼江湖沃壤多爲澤國宣公築堤禦之
綿緲十里垂柳紛披不減西湖蘇公堤之致　黃土潭　龍坑潭　接里
灣　觀山灣　柳山灣其山循江歷河而來形如旋旆江漲浩渺與洞庭君
山爭勝　界石潭湖河咸注怪石當關自此出六溪口達于江

新溪河
按河屬新店在縣治西南四十里發源港口望
湘橋及龍橋諸泉折而西入馬蹄湖由黃蓋
湖出石頭口入于江
街埠潭上爲新店鎭水味辛以爲麯蘗釀倍芳冽　鳴水灘澌流清淺水石相薄聲如
繇竹　將軍灘中有巨石世傳孫權嘗磨刀其上　任家河匯諸溪流入馬蹄湖由黃
蓋湖入于江
縣北湖
西艮湖發源咸寧峻水流及白泉梓潭諸溪匯西江山門石口大橋丁家溱郭家潭諸水合

流于湖中有洲日浮臺泉日烏石其南岸爲衙門嘴卽古蒲圻舊治又逕流日大灣日老阬日騰徑
坂日東港池日兎甯灘日倪家灣日羅德灣由金口磯入于江
縣西北湖
郎當湖　盤石湖岸爲宣公堤　接里湖　梅湖　錦湖
沙陽湖　螺螄港湖　貞湖以上諸湖在北岸流入江　大羅
湖　小羅湖　活湖　松栢湖　滄湖　左荆湖
柳山湖　楊林湖以上諸湖在南岸流入江
港
洋港在縣治東入河　五洪港　蘆閣港　荆港以上在縣治南入河

瑶埠港　白水港　龜阬港以上在縣治西入河　赤馬港在縣治東北入河　霞落港　紅菱港　瓦窑港、栗柴港

柳山港以上在縣治西北入河　螺螄港在縣治西北西流徑六口入江

陂塘

蒓塘在縣西舊產蒓菜今失　黄沙塘在縣西南包山爲基下爲大田畈　湯塘在縣西南有溫泉出五洪山　古塘在縣東北　白米塘在縣北出菱湖　亭塘在縣西北出釘銅山　興陂在二四都　陡洪陂　荆陂在上三都　湯阬陂在下三都　斗門陂在九都　澄清陂在十八都　官陂在二十三四五都　馬家陂在二十七都

橋梁

縣河

浮橋一名濟美橋河爲南北通衢往來如織造舟爲梁豎坊以表識之南曰利涉北曰知津正德元年縣丞焦貴肇創六年提學僉事蔡潮增修名曰蔡公橋萬曆二十六年知縣倪斯蕙重修北曰湘江萬里南曰蕁川一帶諸題額今俱廢三十五年知縣汪有功重修三十八年署縣同知葉文懋重修四十年知縣張光前因輿馬絡繹踐踏易壞用闊厚松板鋪面崇禎三年知縣林增志復加厚板兵燹後時修時圯康熙九年知縣張圻隆重修行者如康莊焉

縣河南

雙路口橋　慧林橋　大石橋邑人參政王台彥鼎建僧淡齋刺血書金剛經爲鎮　荆港橋　桃花橋　無疆橋　新橋　蘆閣港橋　五洪橋通志云元皇慶初客僧嗣昌暨鄉民鄭國賓建　嘉水橋　藍港橋、雷公橋　楊梅橋　黄沙橋　花林橋　夜珠橋　太平橋　胡家橋　大姑橋　小姑橋　峽山橋　洪山橋邑人副使何思登修　東港橋　七寶橋　龍會橋　嘉鳳橋　瑞鸞橋二橋爲崇禎二年知縣林增志鼎修上建有菴曰萬年菴　松田橋署縣同知葉文懋修　瑤圃橋康熙六年邑人張璟光重修　白水橋邑人侍郎魏說修　龔家橋邑人張仕達重修　櫟木橋　蕭橋　車埠橋萬曆三十六年知縣汪有功鼎修　窰頭橋順治二年邑人張拱翼重修　斗門橋　長泉橋　羅田橋　弓背橋　大䃧橋　長春橋西門外大沙洲通衢邑人賀文韶建

縣河北

柹樹橋　樂兒橋　風清橋　杉嶺橋其上爲黄公堤知縣林增志修　懿懃橋　樊師橋　金阬橋　永昌橋　下䃧橋　梅澥橋　普惠橋　夏家橋　周家橋　羅公橋　月仙橋　沙橋　雙橋　青龍橋　土段橋　反嶺橋　高塘橋　官塘橋　雷公橋　葉家橋　陳公橋　解水橋　汀泗橋通志一作丁師橋

上爲汀泗鎮咸蒲大界在此有碑　石家橋　高家橋　和尚橋
上巳橋　揚橋　洪口橋　高橋　任家橋　揭
家橋　向家橋　竹山橋　琅下橋　江施橋
臥虹橋　馬泗橋　泉口橋　官橋　青石橋
洪水橋　鰕子橋　周家橋　方家橋　濟川橋
霞落橋　黃龍橋　龍鵲橋　栗柴港橋　永
濟橋在瓦窰港康熙二年邑人張拱翼修

長堤

按嘉魚長堤外障狂瀾內包田舍自馬鞍山與赤

磯山相望延袤可一百二十里大約嘉魚江夏地
方邊江既受水害　當任堤事咸寧蒲圻負山而
處介在脣齒但有協濟萬曆三十九年興工築堤
四縣互相推諉吾蒲尤控訴不休奉本府知府馬
　詳請稱工效不全苦于錢糧無措若欲四縣協
濟終是築室道旁乞動支府折銀三千三百五十
二兩四錢一分徑發嘉魚縣修堤及冬晴水涸刻
期報完嘉魚知縣葛中選以江嘉咸蒲四縣界連
當分任經管隨委官踏勘以救田之多寡爲修堤
之參差分定弓口各立疆界于四十三年工成報
竣隨經嘉魚知縣葛申請爲丈洲得洲議助堤工
以圖永賴事奉批自賴子還子二洲之間畢丈隱
匿新洲定畝陞科共稞銀三十兩一錢有奇將此
洲名爲堤洲此稞貯爲堤費又江咸蒲三縣正賦
內各有協編嘉魚修堤銀兩蒲實計協編二十兩
聽嘉魚關取堤書全書鑿鑿可據自茲以後數十
餘季未聞有分堤修築之事于康熙四年御史顧
如華漢川人因漢川多水災故有此疏題爲水災歲警等事奉上

檄修堤嘉魚扯蒲分修夫蒲田在堤內雖云八里
池江馬獅二圍包湖河山藪在內其實止田三四
里耳以三四里在堤內之田驅三十里不在堤內
之民而困頓之是利一而害百也且水勢澎湃衝
嚙無常自必近江之民能伺其隙而爲之防蒲距
堤百里而遙所謂鞭長不及馬腹故協編之法爲
至悉且周也且當日糜數千之公帑竭四縣之民
力其拮据成勞何在每年堤洲洲稞三縣協編利
歸何所則不修堤防及修而失時之律責歸何邑

以蒲車馬衝繁罷疲之民力舍田疇棄穡事越境踰邑露宿風餐經年累月而爲他邑負甕甚可哀憫則復協編專責成能無望痌瘝斯民者既厥心歟

江夏縣堤内田三十四里分修堤五千五百四十九丈四尺

咸寧縣堤内田八里分修堤二千七百七十四丈七尺

嘉魚縣堤内田七里分修堤三千九十九丈四

尺

蒲圻縣堤内田八里分修堤二千四百五十丈

蒲分修堤自石家墩起至殷家馬頭止

長堤照定弓口上下共一萬三千八百七十三丈五尺四縣作五股均分江夏二股咸嘉蒲各一股今嘉魚比蒲多築三百二十四丈七尺者照堤書舊例載長堤原在嘉魚境土此比蒲多築之案也康熙八年九月蒲圻知縣張圻隆詳 院司府分定勒石堤岸

物産

稻之類

洗白早 金環早 陵江早 無名早

無名遲 麻赤穀 馬宗糯 柳條糯

鰕鬚糯

麥之類

來 牟 米麥

黍之類

黃黍 黑黍 高粱黍

粟之類

早粟 寒粟 秥粟 糯粟 觀音粟

菽之類

黃豆 黑豆 菉豆 紅豆 蠶豆 豇豆

刀豆 扁豆 姜豆 兔兒圓 羅裙帶

道人冠

蕎之類

苦蕎 甜蕎 南蕎

麻之類

芝麻 胡麻

蔬之類

王瓜 冬瓜 青菜 甜瓜 菜瓜 絲瓜

北瓜 蘿蔔 莧菜 白菜 芥菜 萵巨

甜菜 芫荽 菠菜 葫蘆 白花 薺

蒜 葱 韭 山芋 水芋 油菜 芹荇

菓之類

桃 梨 梅 李 棗 柿 栗 橙 橘

櫻桃 銀杏 石榴 木瓜 金櫻子

圓櫧 苦櫧 菱角 藕 蓮子 芡實

木之類

松 栢 桂 杉 檮 柳 株 朴 楓

桐 柘 桑 檀 槐 白楊 夾合

皂角 苦楝 栭 樫

竹之類

水竹 白竹 實竹 筋竹 斑竹 紫竹

箬箪 叢竹 南竹

花之類

木犀 玉簪 金鳳 罌粟 海棠 薔薇

鷄冠 紫薇 荼蘼 鹿葱 剪春羅

月月紅 夜落金錢 黃菊 白菊 瑞香

山茶 梔子 印山紅 紫金 蓮花 菱

花

草之類

蒲 芝 艾 蓼 蘭 葛

藥之類

半夏 菖蒲 山藥 白芨 白芷 蒼耳

蒼术 茯苓 香薷 苦參 牛膝 細辛

荆芥 薄荷 枸杞 地骨皮 車前子

益母草 金銀花 五味子 碎骨補

羽之類

鷄 鵝 鴨 鷺 雉 鵲 鳩 鷹 鷂

鸛 鴉 鳩 布穀 杜鵑 山鷓 鸜鵒

鶺鴒 麻鵲 鵪鶉 啄木 白頭 晃

鸕鷀 鴛鴦 黃鸝 鷗

毛之類

牛　馬　羊　猪　犬　騾　驢　虎　豹

麞　鹿　麂　兎　獾猪

鱗之類

鯉　鯽　鯗　鰔　鱖　鮎　鮰　鰱　鱔

介之類

龜　鼈　螺　蠏　蚌

昆蟲之類

蜥蜴　螳螂　螻蟈　蟋蟀　蜻蜓　螺蠃

蝙蝠　蜩螗　蛇　蠶　螢　蜂　蝶

雜殖之類

茶　綿花　苧蔴　葛蔴　蓼藍　木藍

寺

延壽寺　在縣治疊秀山唐永正間僧威公開創載通志明洪武十五年定為祝釐道塲開設僧會維時僧官碧潭闊領符命自後僧會司于本寺東西二寮輪用印不出寺正統中建大殿齋堂萬曆中承成重修天啟七年邑人侍郎魏說建藏經閣知縣林增志有記順治十一年有洞宗睦堂和尚演法寺中康熙六年邑人知州鄒應錫重建鐵佛堂康熙九年闔邑衆姓重修正殿藏經共六百七十七函六千七百一十四卷兵燹後遺失十二整函又殘三十六卷止存六百六十五整函計六千五百七十五卷外暟藏華嚴經一十六函報恩經一函交本寺僧丁明憲世代典守藏經原係侍郎魏說捐請康熙中邑人貢生張奇勳左書千佛懺一部募同孚張一鵬等損貲敬梓計一函三卷板併藏藏經閣至于補請全藏則又在信心大力者

慧林寺　在縣西門外名和尚嶺為延壽寺祖山寺今廢其左有無邊塔

白龍寺　在鳳凰山初創無考明洪治中夢感楚端王因鑄金像大士供奉邑人廖正一作敘胡堯元廖道南謝鵬舉何思登魏詔魏說多讀書刹中後為豪右所侵副使何思登申復之天啟四年副使魏詔重修有記一日凌崖山邑人何夢袓有志

鳳凰寺　在鳳凰山下一名靈鷲寺唐廣德二年僧都峯開建明洪武初僧玉崖重修舊傳有紙衣和尚臥佛殿亦無考玉崖墓即在鳳凰山下見舊志仙釋傳有石塔見存

上方寺　在荊港玉崖山唐僧道馨創立明萬曆中邑人御史謝師啟重修明末殿堂傾圮順

治十年師啟姪胤璜倡募合邑紳士迎請古洞山元潔和尚開山第一代堂頭修建殿宇僧房山門俱仿叢林規制買常住山田永奉香火有約立免戶詳碑文

碧潭寺　唐廣德中僧照公創建

香山寺　在偏髻山東香爐山明嘉靖中邑人知府馬練創建上有香爐古蹟

觀音寺　在黃茅山右明弘治中建近黃泥洞

白石寺　在蒲首山麓

普慶寺　在福緣山近畢家橋明嘉靖中贈副使魏翼如創建

香石寺　在轎子山明初有丹丘古刹以山有石鼎峙似香爐因名焉明嘉靖中邑人侍郎謝存儒重修

小源寺在羊樓洞大福山原係岳州員通寺分建

龍興寺在縣東北鳳隱山明永樂中僧浤正募建

白坂寺在鳳隱山明嘉靖中僧慧鏡募建

石峰寺在石坑渡石峯山明嘉靖中建

牛泉寺在白鹿山明嘉靖中建

青龍寺在青龍山下明景泰中建中有剌史袁昭文金字金剛經

南泉寺在大龍山明弘治中建

慧林寺在丁畈山播鼓尖唐時建

太平寺在太平山僧慧銘募建

古塘寺在古塘山僧慧澄募建

集陽寺在港口明萬曆中建

龍巖寺在太洪山明嘉靖中建邑人王子解元黃圖昇嘗讀書其中

雪峰寺在丫髻山之陰雪峯山麓咸通二年開山七年造佛像宋元祐七年重修明景泰二年重興明末毀于兵康熙七年僧雪松募建規制一新邑人進士馬淑昌有記

降山寺在雷雲山

福壽寺在李青山嘉靖中建

實祖寺在赤馬港載武昌府志卽延壽祖寺原係賈宅書院因夢佛有感故捨之爲寺今廢基址山地現存延壽寺僧值歲者收其租爲佛前香燭之資

大濟寺在邑西五十里瑞雲山側有李夫人墓

回龍寺在騎龍山

長泉寺在芙蓉山載通志今廢延壽寺開山威公瘞此有塔

官山寺在行將山

竹山寺在西泉山普菴祖師曾卓錫于此

勝水寺在感山明弘治中御史黃玹創建爲土人所侵裔孫黃圖昇興復之

洪山寺在天馬山宋元祐間建明萬曆中邑人副使何思登重修

木蘭寺在祥雲山明景泰中建

靈泉寺在石門山明弘治中建

羅峰寺在來山鋪羅峯山明嘉靖中建

董山寺在南山僧慧通募建

西林寺在縣北龍蟠山

岳臺寺在爭苑山近官塘

華巖寺在三峯山

雪坪寺在土橋

獅臺寺在汀泗鄉

道菴寺在大泉山

石惠寺一名經堂寺在紫仙山

石來寺在黃龍鎮河滸僧湛若順治二年募建以河中峭石嶙嶙故名石來寺

蓮花寺在石珠山唐時創建明萬曆中邑人侍郎魏說重修有記

黃沙寺在白雲山僧蘭谷自上方寺分建明崇禎四年知縣林增志增修

三官殿在風潭壁立河岸順治中僧霞光募修下有巨石名爲海船頭右有石室可以安禪

觀音寺在方橋團離城二十五里嘉靖間僧虗利創萬曆四十八年僧性覺重修順治十七年僧海濟募修前有擂鼓峯右有穿山洞邑孝廉黃錦讀書于此

將軍寺在新店

泰明寺在大貴鄉

闢聖寺在泉口

宜林寺在上巳鄉

淺林寺在上巳鄉

神山寺在神山湖上

包泉寺在占家崙

普菴寺在池江

獨山寺在汀泗鄉

菴

白衣菴在西門外僧惟王重修

雷雲菴在西門外僧慈修重修

此經菴在南門外明萬曆中邑人太學生王學孔創建天啟中邑人叅政王台彥叅議王鼎彥重修崇禎三年知縣林增志題額本名

救苦菴在南門外青山閣侍郎魏說建僧正菴住持

靈鷲菴在鎮毘嶺邑人謝正先修有齋僧田

月盞菴在北門外知縣林增志建邑人教諭羅晃同修

清凉菴在河北龍翔山麓前有茶亭

觀音閣在南門外邑人黃圖昇建

地藏菴在縣東豊財山後山頂平坦菴隱其內幽冥鐘聲高送城中發人淡醒

白水菴在縣西白水山主張瑜光

準提菴在縣西公安

桃花菴在東山爲往省提徑施茶利濟之所

般若菴在洪山案後

雨壇菴在洪石鄉

草堂菴在楂林畈南山下濟宗現菴和尚開山演法

左荆菴在新店

洪山案菴在北岸

天井菴在官塘

南悅菴在洪下

大士閣在西門外二里大沙洲丈六金身明崇禎中邑人副使鄧士亮任蜀敬造合邑紳士建殿大士像原係三截豎木爲心順治中以石易之石高一丈餘

選佛社在縣西十五里峽山順治中律師巖如創建開堂說戒

聽默菴在荆泉十二里禪僧觀初余迦買山開基邑人知州鄒應錫助修有碑拮搆莊嚴林泉最盛

開覺菴在荆港十二里禪僧若初明崇禎中建奉大士一座邑人揚四教專塑

普菴堂明嘉靖中建原普菴祖師曾卓錫于此

壽國堂在新店僧融通募建山基僧置

永鎮菴在斗門一名黃泥洞

九龍菴在洪山

嘗定菴在荆泉僧慈恒建

淨室菴在來山僧慈容建

燕巖菴在蒲首山洞宗禪師厂埜開建

百巖菴在縣西南嵛崖怪石層巒引人入勝爲濟宗大雲和尚開山

摩尼峰菴在新店東葛吧陽淨室近燕崖

萬年菴在港口有旃檀佛明崇禎三年知縣林增志建

淨覺菴在峽山僧印青建

白衣閣在偏髻山邑人熊大來建

青蓮菴在渡頭

普月菴在港口

曇花菴在官塘

白嶺菴在青落

大雲菴在中坪邑人王九真建

青雲洞菴在縣北洞門高厰中架樓閣明崇禎中建

留香閣在縣北觳子山邑人龔珈建禪僧蔡如開山

蓬萊菴在荆泉山主張璪光

羅峰菴在沙田畈內右有洞僧碧玉辟穀修煉于此

湧蓮菴在青石橋內邑人知縣謝胤瓚建

金粟菴在東埠僧明常小沙洲重修

金雲菴在黃龍大坡山下

大龍菴在邑人王武臣西山因古剎遺址武舉建

觀

金臺觀在縣治金臺岡下左爲城隍祠後有玉皇閣前有關聖殿原共城隍祠大門今衆姓于觀前置基屋三間抵官衙鼎建大門唐貞觀中修建時鄉士得石有金臺觀三字故名原爲羽流最盛近多遊俗以致道場寥落所當約束者也

五嶽觀在南門外宋端平間道士陳洞觀開創于金壘山之陽明正德九年提學僉事蔡瀾改山川壇爲五嶽觀後因之

金獅觀在縣南荊沙鄉明成化中建雄踞山巔俯瞰河流古木蓊蔚觀隱其中

崇仙觀在縣河東明嘉靖中建上有葛洪丹井

仙雲觀在縣河東山頂奉真武嘉靖中邑人中允廖道南建順治中合邑重修聖像殿宇犖然改觀創有石屋高丈八尺又為石砌曲折歷三十六級而上

佑聖觀在河北龍翔山今無

玉樞觀在雙丘燈籠山明成化中建

靈濟觀在楓橋大山凹

元明觀在縣東五十里獨山下

觀山道院通志載在三十二四都道觀山

玉皇閣在南門外十八冲明崇禎中邑人侍郎魏說募建道士毛嘗淳闢山徒杜明珍綽有道範誦皇經無虛日閣有前後殿左右廡石坊石欄規制翼然中有雕龍石座為邑人張堪璧建

雲臺觀在來山鋪明天順中建香火久廢近有戒僧振清住持

廟

關帝祠在縣治北門內祀漢義勇武安王關公為康熙十年知縣張圻隆捐俸率生員朱真張文光張瑹光張璟光余開熊馬登東商人馮晉榮買基鼎建督工書吏唐元瑞鄭弘儒住持僧明挹闔邑紳士助修有碑聖像莊嚴殿廡雄麗南控縣治北鎮河流為一邑形勝要地一在荊港為邑人御史謝師啟萬曆中建有碑今當重修

顏忠烈祠在縣治南二十里白亭山祀顏公清臣顏公昕與顏公允臧元至元間監縣帖木兒建歲八月縣令有祭明崇禎二年知縣林增志重修祭田三十五畝在廟下李珮侵種杏出歸官康熙九年邑大旱知縣張圻隆虔禱于廟迎至雨壇越三日大雨如注有碑紀頌祠一在南關城外一在縣治忠秀坊

張忠烈祠在縣治東積慶坊祀張公睢陽明崇禎四年知縣林增志創建一在五嶽觀左邑人御史謝師啟建在縣北五十里神山

文昌祠在東門內祀文昌帝君康熙五年知縣任邇坊申詳上臺將都府司廢址鼎建前為山門中為桂籍殿後為大士閣康熙九年知縣張圻隆增修垣墉丹雘煥然一新公請百崖大雲和尚復請風骨和尚住持

吳王廟在西門外祀三國吳王仲謀邑人中允廖道南題日瑞岡廟邇年西門衆姓重修

水星殿在市北水門內舊因河北行將山為廉貞火星正照縣治城中屢火故作水星殿奉真武歷之併奉吳將軍丁公承淵後置傍殿一楯暫奉真武于中位置未妥有待更易旁殿為邑人馬玉秀變產價置

通天明王廟在北門內初建無考順治十四年重建

五顯廟在社壇冲常豐廒廟門內左右為南漕二糧倉一在車埠鎮

侯王廟在仙雲觀下祀吳鎮牧魯公子敬呂公子明陸公伯言初創無考

東嶽廟在五嶽觀邑人侍郎魏說創修一在縣西新店鎮

天妃廟在河北龍翔山之右祀臨水夫人順治中重建一在官塘驛旁明景泰三年藩憲劉

重建崇禎四年知縣林增志復修

王敦廟 在大田畈之內祀三顏公爲明知縣曾栻死難之所今圮廢當修

龍王廟 在縣南荆泉山祀龍王載通志

葛仙祠 在丫髻山祀葛稚川

黄覇祠 在黄覇山近神山初創無考

宣公祠 在盤石湖堤上以修堤濟民奉祀邑知縣宣公大勳

古蹟

太平城 吳孫權遣曾肅征零陵于此築城

葛仙祠 葛仙山即丫髻山晉葛洪拜勾漏令棄官修道處

唐宰相竇參讀書堂 在河東湝〔赤馬港〕通志載竇參宅在石相寺參未第于斯肄業山神告當貴既知其言因捨宅爲寺

宋狀元馮京讀書宅 在縣北西頭村

宋置制使趙葵故宅 在縣治西梅隱坊葵父方宦于蒲生葵于此

宋學士廖明畧讀書軒 在鳳凰山

宋進士周登仕讀書齋 在新溪

宋蘇軾書竹溪堂額 在竹山洞

明祭酒魏觀讀書亭 在蒲首山

虞帝廟 通志載至元間監縣帖木兒創建在龍翔山西相傳舜南巡嘗駐蹕于此又云在縣治有斷碑載及二妃事其字漫滅不可考今俱廢

吳將軍丁奉墓 在龜湖六卩有祠

宋李夫人墓 在縣西樓下里 在大濟寺側嘉熙中光宗後母李雍王夫人張氏塟于此

宋陳求道墓 在縣東二四都輿陂 詳見忠烈傳

論曰艮者山坎者水帝王所以爲封濬建邦啟宇所以爲帶礪者也蒲之山祖衡嶽其止也灝氣鬱紆蔚乎其煙雲之秀而鸞鳳之翔也水宗修寧其止也滎光浩渺渢乎其風雨之交而蚪龍之蟠也以故發爲奇人奇氣文章經濟爛焉在史冊間此美之不可掩者也故敘之獨詳因山川而有橋梁所以利涉有隄防所以護田皆王政所關邑之橋或甃石或架木小而偺仍大

而臥虹功德實不勝書隄惟宣公一堤在湖河
衝突之區變石田爲沃壤化斥鹵爲膏腴此利
于蒲者也長堤遠在嘉魚沿江之所風馬本不
相及欽畚偏有獨勞此利在彼而害在蒲者也
故各志之以俟興除胎于山而孕于川者爲物
產蒲石巉崖蒲水淸泚風景雖佳而滋息最薄
所志寥寥道其實也托山川而處者爲寺爲菴
爲觀爲廟或崇奉二氏即菩提無上義道德五
千言以助揚聖教或以死勤事以勞定國在天

星辰在地河嶽爲國家捍災禦患靡不秩在祀
典山川實凭靈焉故恭紀之不敢略至于山之
限水之湄荒煙蔓艸之中斷碑殘碣之際令人
一往而深凭弔欷嘘流連不盡者古蹟也并紀
之以發人無窮之慕所謂窮幽討極冥搜此山
川之所以志亦因山川而連類以志之之意也

正德中
以戶計凡五千一百五十
以口計凡七萬一千八百九十五
嘉靖初
以戶計凡五千三百六十五
以口計凡七萬一千九百一十
隆慶中
以戶計凡五千七百
以口計凡七萬三千三百一十一

萬曆中
以戶計凡五千七百
以口計凡七萬三千三百一十一
天啟中
以戶計凡五千七百
以口計凡七萬三千三百一十一
崇禎中
以戶計凡八千九百七十
以口計凡七萬五千一百九十九

國朝

順治中

以戸計凡四千三百二十

以口計凡三萬一百三十

康熙中

以戸計凡五千一百三十

以口計凡四萬九十五

兵燹而後戸口衰減比年以來生齒漸增蛩鴻甫定休養生聚是在父母斯民者蒲

邑舊例以丁繫米其正丁額數詳載田額

田額

蒲邑田糧已復原額謹遵

康熙九年新頒全書編纂舊志不復贅存

原額田三千五百五十二頃八十九畝一分九釐

上田八百三頃六十七畝六分六釐

每畝科秋糧米麥五升三合九勺九抄九撮九圭五粒九粟該米麥四千三百三十九石八斗五升四勺每石派銀八錢八分五釐三毫五絲五忽九微三塵八纖五渺共銀三千八百四十二兩三錢一分二釐三毫二絲一忽六微七塵二纖桑稅二絲在內

中田一千一百五十一頃五十五畝八分六釐

每畝科秋糧米麥四升六合該米麥五千二百九十七石一斗六升九合五勺六抄每石折銀照前則例該銀四千六百八十九兩八錢八分零五毫三絲三忽五微四塵八纖九渺桑稅二絲在內

下田一千一百二十頃八畝三分一釐

每畝科秋糧米麥三升五合四勺八抄六撮

七圭一粒九粟該米麥三千九百七十七石四斗六升一合五勺四抄每石照前則例該銀三千五百二十一兩四錢六分九釐一毫九絲二忽六微五纖六渺桑稅二絲在內

山鄉田二百一十頃四十八畝五分五釐

每畝科秋糧米麥二升該米麥四百二十石九斗七升一合每石照前則例該銀三百七十二兩七錢九釐一毫七絲四忽六微五塵五纖八渺桑稅二絲在內

水鄉田二百六十七頃八畝八分一釐
每畝科秋糧米麥一升七合該米麥四百五
十四石四升九合七勺七抄（每石照前則例）該銀四
百一兩九錢九分五釐六毫六絲二忽一塵
七纖（桑稅二絲在內）
地二千一百二頃九十畝六分七釐
每畝科秋糧米九合二勺六抄一撮該米一
千九百四十七石五斗一合九勺（每石照前則例）該
銀一千七百二十四兩二錢三分二釐三毫

八絲一忽四微三塵一纖三渺（大小二麥桑稅二絲在內）
塘二百三十六頃八十四畝八分九釐
每畝科秋糧米一升八合五勺二抄一撮九
圭九粒四粟該米四百三十八石六斗九升
一合四勺（每石照前則例）該銀三百八十八兩三錢
九分八釐四絲三忽九微三塵九纖八渺（小麥桑稅二絲在內）
原額田地塘共五千八百九十二頃六十四畝
七分五釐額載秋糧米一萬五千九百四十
九石七斗六升一合三勺（每石每年除優外科則不等照額徵并新加每石該銀八錢八分五釐三毫五絲五忽九微三塵八纖五渺）共徵銀
一萬四千九百四十兩九錢九分七釐三毫
九忽八微七塵四渺（大小二麥桑稅二絲俱在內詳載總考）
原額人丁二萬一千一百八十丁（每丁每年除優免外科則不等照原額并新加每丁該銀一錢九分四釐五毫五絲七忽五微四塵三纖八渺）
該銀四千一百二十兩七錢二分八釐七毫
七絲七忽八微一塵七纖七渺
以上田地塘米麥絲人丁共額銀一萬九

千六十一兩七錢二分六釐八絲七忽
六微八塵八纖一渺
外派漕糧兌軍本色正米二千九百一十九石
七斗（每石耗米四斗）該耗米一千一百六十七石八
斗八升（另正米一石里納船盤腳米三升）該米八十七石五
斗九升一合　康熙十一年奉
旨每石仍加贈貼米二斗
外派南糧本色正米三千三百五十四石八斗
（每石耗米二斗五升）該耗米八百三十八石七斗（另正米一

石里納船驢脚米一斗五升該米五百三石二斗二升

萬曆四十六七八三年加增地畝九釐餉銀五千九十兩二錢一分八釐七毫四絲

起運欵項

戸部項下

解南農桑絹折銀一十九兩四分一釐四毫

原議京損銀九錢五分二釐六絲

京庫米折銀一百三十二兩五錢八分六釐六毫三絲九忽八微一塵

京損解費共銀五兩九錢九分二釐八毫六絲五忽五微九塵二纖四渺

派剩大倉米折銀三百九兩七錢二分

京損解費共銀五兩二錢八分三釐八毫四絲

北京富戸正損共銀一十兩二錢

解南戸口鹽鈔正損共銀九十兩六錢八分九釐一毫五絲八忽七微七塵八纖四渺

帶閏併解費共銀三兩四錢七分六釐三毫七絲一忽九微五塵九纖三渺

北京庫絹正銀纖損共銀一千一百八十四兩二錢八分九釐七毫

新加北絹價銀三百七十六兩八錢一分九釐四毫四絲

蓆竹圃頭等銀七十二兩四錢六分三釐六毫八絲

南糧運官盤纏銀二十兩二項南糧晋楚餉兵暫入充餉

摘裁宗祿折色併租銀八百二十一兩一錢六

釐一毫七絲五忽一微

損費共銀一十七兩二錢二分一釐九毫七絲二忽五微

柴薪銀九十六兩閏銀三兩二錢

茶價正費共銀四十六兩三錢三分六毫

民校銀六十六兩

賦役舊編冗欵裁剩銀一千三百一十九兩六錢六分三釐二毫四絲九忽六微九塵八纖

地畝九釐餉銀五千九十兩二錢一分八釐
七毫四絲
禮部項下
北京藥味正價銀四兩八錢三分三釐九絲
三忽七微五塵
損費共銀二錢一分八釐四毫二絲四忽
解南藥味銀五錢三分六釐二毫五絲
兵部項下
江濟水夫銀一千七十二兩八錢九分

損費共銀九兩六錢五分六釐一毫
工部項下
緞疋正價銀一百五十兩三錢（損銀二十二兩五錢）
遇閏加正損銀三十二兩六錢五分每年帶
徵銀一十三兩四分
損費共銀二兩四錢二分七釐
弓箭弦條正價銀一百五十五兩六分四釐
損費共銀七兩零八釐八毫六絲
新加弓箭弦條正銀六百八十八兩一錢五
分二釐五毫
損費共銀九兩六錢六分五釐七絲
營繕司料銀三百七十兩二錢五分五釐
損費共銀五兩二錢零二毫
白硝鹿皮正損共銀一百九十一兩四錢
盤費銀九錢五分七釐（如遇折色之年每兩另派京損銀九釐）
派剩辰州軍餉奉文改抵辰州府屬白硝鹿
皮銀二十五兩六錢二分

解費銀一錢二分八釐一毫
辰州軍餉改抵軍器銀五十一兩七錢八分
解費二錢五分八釐九毫
軍器銀二十兩五錢三分七釐三毫
解費一錢二釐六毫八絲六忽五微
綾紗紙價銀二百一十一兩五錢五分二釐
四毫九絲五忽八微六塵（候部文到之年方派不必每年帶徵）
光祿寺項下

甲丁庫供應等銀四百九十五兩

損費共銀一十二兩四錢二分四釐五毫

新加顏料銀四百四十八兩九錢四分八釐

一毫

隨漕項下

楞木松板銀一十一兩六錢七分八釐八毫

運糧官軍行月二糧銀三百八兩三錢八分

四釐

江西運糧官軍行糧米銀二十三兩三錢三

分九釐四毫五絲

三六耗蓆輕賫銀五百四十兩一錢四分四

釐五毫

解淮損銀五兩四錢一釐四毫四絲五忽

淺船銀六十七兩九錢二分

盤費銀三錢三分九釐六毫

部解運官盤費銀六兩六錢

安家月糧銀四百八十三兩九錢二分七釐

五毫

存留支給款項

總督部院

吏書廩給銀一百八兩 順治十四年裁銀九十兩康熙元年全裁

一十八兩

撫賞銀八十兩 康熙七年全裁

撫院

吏書廩給銀五百四兩 順治十四年裁銀四百二十兩康熙元年

全裁

學道

心紅紙張銀五十兩 康熙元年全裁

更換桌圍銀五十兩 順治十四年全裁

吏書工食銀一百九十二兩 順治十四年裁銀九十六兩康

熙元年全裁

門子工食銀二十八兩八錢 順治十四年裁銀四兩八錢康

熙元年全裁

快手工食銀八十六兩四錢 順治十四年裁銀一十四兩四

錢康熙元年全裁

知府

心紅紙張銀五十兩

桌圍傘扇銀二十兩順治十四年全裁

修宅家伙銀五十兩順治十二年全裁

書辦工食銀一百二十九兩六錢順治九年裁銀五十七兩六錢康熙元年全裁

知縣

俸薪銀六十三兩四錢九分順治十四年裁銀一十八兩四錢九分存銀四十五兩

心紅紙張銀二十兩

油燭銀一十兩順治十四年全裁

修宅家伙銀二十兩順治九年全裁

吏書一十二名工食銀一百二十九兩六錢順治九年裁銀五十七兩六錢康熙元年全裁

門子二名工食銀一十四兩四錢順治九年裁銀二兩四錢存銀一十二兩

皁隸一十六名工食銀一百一十五兩二錢順治九年裁銀一十九兩二錢存銀九十六兩

馬快八名工食併草料銀一百四十四兩順治九年除草料不扣外裁銀九兩六錢存銀一百三十四兩四錢

民壯五十名工食銀三百六十兩順治九年裁銀六十兩存銀三百兩

燈夫四名工食銀二十八兩八錢順治九年裁銀四兩八錢存銀二十四兩

禁卒八名工食銀五十七兩六錢順治九年裁銀九兩六錢存銀四十八兩

修理倉監銀二十兩

轎傘扇夫七名工食銀五十兩四錢順治九年裁銀八兩四錢存銀四十二兩

庫書一名工食銀一十二兩順治九年裁銀六兩康熙元年全裁

倉書一名工食銀一十二兩順治九年裁銀六兩康熙元年全裁

庫子四名工食銀二十八兩八錢順治九年裁銀四兩八錢存銀二十四兩

斗級四名工食銀二十八兩八錢順治九年裁銀四兩

八錢存銀二十四兩
迎送上司傘扇每年一十兩順治十四年全裁

縣丞
俸薪銀四十八兩二錢二釐順治十四年裁銀八兩二錢二釐存銀四十兩
書辦一名工食銀七兩二錢順治九年裁銀一兩二錢康熙元年全裁
門子一名工食銀七兩二錢順治九年裁銀一兩二錢存銀六兩

皂隸四名工食銀二十八兩八錢順治九年裁銀四兩八錢存銀二十四兩
馬夫一名工食銀七兩二錢順治九年裁銀一兩二錢存銀六兩

典史
俸銀三十一兩五錢二分
書辦一名工食銀七兩二錢順治九年裁銀一兩二錢康熙元年全裁
門子一名工食銀七兩二錢順治九年裁銀一兩二錢存銀六兩
皂隸四名工食銀二十八兩八錢順治九年裁銀四兩八錢存銀二十四兩
馬夫一名工食銀七兩二錢順治九年裁銀一兩二錢存銀六兩

巡檢一員羊樓司
俸銀三十一兩五錢二分
書辦一名工食七兩二錢順治九年裁銀一兩二錢康熙元年全裁
皂隸二名工食銀一十四兩四錢順治九年裁銀二兩

四錢存銀一十二兩

驛丞三員鳳山 官塘 港口
俸銀共銀九十四兩五錢六分
書辦共三名工食銀二十一兩六錢順治九年裁銀三兩六錢康熙元年全裁
皂隸各二名共工食銀四十三兩二錢順治九年裁銀七兩二錢存銀三十六兩

教諭訓導二員

俸銀共六十三兩四分康熙四年裁訓導俸銀三十一兩五錢二分存銀三十一兩五錢二分
齋夫六名工食銀七十二兩康熙四年裁銀三十六兩存銀三十六兩
門斗五名工食銀三十六兩康熙四年裁銀一十四兩四錢存銀二十一兩六錢
學書一名工食銀七兩二錢康熙元年全裁
膳夫二名工食銀四十兩廩生支領順治十四年裁銀二十六兩六錢六分六釐六毫六絲七忽存銀一十三兩三錢三

分三釐三毫三絲三忽
喂馬草料銀二十四兩康熙四年奉裁銀一十二兩存銀一十二兩
龍亭　儀仗修理銀二兩
文廟　二祭銀四十兩
啟聖祠二祭銀七兩
名宦鄉賢二祭銀七兩
、山川壇二祭銀一十二兩
社稷壇二祭銀一十兩

邑厲壇三祭銀一十二兩
霜降祭旗操賞等銀二兩
鄉飲二次銀一十二兩順治十四年裁銀六兩存銀六兩
香燭米折銀一兩二錢六分
雎陽白石各一祭銀二兩
厲祭米折銀一兩五分
廩生二十名共銀一百四十四兩廩生支領順治十四年裁銀九十六兩康熙二年全裁

歲貢盤纏銀一十五兩康熙三年全裁康熙玖年復給
學道歲考生童合用試卷俱應給賞等銀每年派徵銀五十兩臨期扣銀一十兩協濟江夏搭廠外餘扣算實用銀數造冊申學道發縣存照順治十四年奉裁銀二十兩存銀二十兩
又協濟銀十兩
歲貢生員正貢盤纏花紅旗匾酒席銀一十兩正陪二名赴考脚力銀各一兩共銀一十二兩二年一貢每年該銀六兩康熙三年全裁康熙玖年復給

科舉生員以三十名爲率每名盤纏銀一兩五錢花紅銀九錢酒席銀一錢共銀七十五兩三年一次每年該銀二十五兩又原加銀二十五兩四錢一分六釐五毫

對讀生六名每名銀一兩書手二十名每名銀五錢共銀一十六兩三年一次每年該銀五兩三錢三分三釐三毫

刊鏤梨板二十塊每塊銀一錢水脚銀一分五釐共銀二兩三錢三年一次每年該銀七錢六分六釐

七毫

新舊會試舉人以一十二名爲率每名長夫銀二十四兩共銀二百八十八兩三年一次每年該銀九十六兩

本縣應朝盤纏正佐四十兩首領官二十五兩該吏一十兩造册紙劄工食銀六兩共八十一兩三年一次每年該銀二十七兩順治十四年裁銀一十八兩存銀九兩

分司公館什物等項銀五兩三錢七分

預備骨花轎等銀二兩三錢三分四釐

縣倉內原派剩銀四錢一分二釐五毫議作凶糧

門神桃符春牛花鞭酒席開印封印牲醴香燭等銀共四兩順治十四年全裁

孤老十名口各歲支口米銀一兩八錢共銀一十八兩又

布花銀三兩

供應銀二百兩順治十四年全裁

備用實存銀一百兩四錢

撥運

科舉銀五十兩七錢六分

解費二錢五分三釐八毫

曆日銀九兩五錢五分一釐七毫九絲五忽

解費銀四分七釐七毫六絲

布政司表夫銀一兩順治十四年奉文裁銀五錢存銀五錢

按察司應朝長夫銀四兩順治十四年裁銀二兩六錢六分六釐六毫存銀一兩三錢三分三釐四毫

徭役

縣三十里老人三十八每里以十戶爲一甲里長
凡三十八人以十年爲率五年一差輪流接管收春
秋二稅者爲綱頭即今之里長凡三十人管漕南二糧
者爲該徵凡三十人其催趲者爲排年凡三百人
排年原繫額設版籍人戶輪流接管以其稔知里甲花名便于催完從不報及外戶故錢糧早竣自康熙四年忽興外報遂致有報乙脫甲逃走拖欠等弊甚之報及生員以致犯出入公門包攬錢糧等禁所宜革除者也自康熙八年知縣張圻隆到任已經嚴禁
協編各巡司弓兵徭編一十二名石頭口六名土門界六名
每名六兩帶閏一錢永克四十二名石頭口七名羊樓司三十五名每名

一兩八錢帶閏一分八釐通共一百一十九兩三錢一分
六釐順治十四年裁銀五十九兩六錢五分八釐
羊樓司應役弓兵十名每名銀六兩帶閏銀一錢共銀六十
一兩順治十四年裁銀三十兩五錢
迎送皂隸十名共銀五十兩八錢三分三釐四
毫
各舖司兵徭編六十七名銀四百兩外帶閏六兩六錢六
分七釐永克三十七名每名銀一兩八分帶閏銀一分八釐共銀
四百四十七兩二錢九分三釐

鳳山舖徭編五名永克五名
彭懃舖　石子崗舖、官塘舖三舖各徭編五名永克二
名　下壠舖　龍坑舖二舖各徭編五名永克一名
蓼坪舖徭編五名永克四名
洪石舖　來山舖　白石舖　五洪舖　詹
家嵛舖　港口舖六舖各徭編五名各永克三名以上徭編
每名銀六兩帶閏一錢
荆港舖徭編二名永克二名每名銀五兩帶閏銀八分三釐三毫
北河渡渡夫六名每名二兩八錢帶閏四分六釐六毫共銀一十

七兩八分各渡修船銀三兩二年一修每年
該銀一兩五錢二項共銀一十八兩五錢八
分順治十四年裁銀九兩二錢九分存銀九兩二錢九分
協編嘉魚縣修堤銀二十兩蒲圻原止協濟嘉魚修堤自康熙五
年知縣任遡昉分地修築銀暫貯縣募夫
舊派排夫二百一十名每名七兩二錢帶閏一錢二分共銀一
千五百三十七兩二錢內扣三十名徵解臨
湘縣發長安驛募夫接替又本縣應役六名
走差一百四十名內裁應役六名共銀四十

三兩九錢二分入前舊派實存排夫二百四
名每名七兩二錢帶閏一錢二分共銀一千四百九十三兩
二錢八分

驛傳

官塘驛馬八匹每匹三十兩閏銀五錢共銀二百四十四
兩　外有興國州協濟
鳳山驛馬二十六匹每匹三十兩帶閏銀五錢共銀七百九
十三兩
港口驛馬四匹每匹三十兩帶閏銀五錢共銀一百二十二

兩　外有興國州協濟
官塘驛支應銀二百四十兩館夫二名每名銀五兩帶閏銀八分三釐三毫共銀一十兩一錢六分六釐六
毫
鳳山驛支應銀二百兩館夫二名每名銀五兩帶閏銀八分三釐三毫共銀一十兩一錢六分六釐六毫
港口驛支應銀一百兩館夫二名每名五兩帶閏銀八分三釐三毫共銀一十兩一錢六分六釐六毫
編協山陂驛支應銀一百四十兩

石頭口驛支應銀五十兩
本縣腳馬三十六匹每匹銀二十四兩帶閏銀四錢共銀八百
七十八兩四錢

䄵課

湖州雜課

戶部項下
北京乾魚正銀一十九兩六錢四分七釐損銀一錢七分六釐八毫二絲三忽
解南乾魚正銀一兩八分五釐損銀二分七釐七毫六絲五忽

工部項下
熟鐵正銀一百一十九兩九錢五分五釐七
毫九絲每兩京損九釐該銀一兩七分九釐六毫
二忽一微一塵遇閏加銀八兩一錢二分四釐七絲五忽
線膠正銀八兩四錢二分七釐一毫每兩京損九釐
該銀七分五釐八毫四絲三忽九微遇閏加銀
二錢四分
本府魚課鈔銀三十七兩四分五毫八絲遇

閏加銀五兩九錢三分三釐八毫六絲五忽內長河湖銀二十七兩四分五毫八絲加閏銀五兩九錢三分三釐八毫六絲五忽眞湖餘利銀十兩

捕戶錢糧捕戶出辦

活鹿銀四兩五錢六分三釐九毫五絲

狐狸皮正銀四錢九分五釐五毫四絲每錢京損九毫該銀四釐四毫六絲

更名地欸項

原額田地四十頃九十二畝二釐

租稞銀一百兩繫黃士畢家畈七里徑屯把鄭偕俊吳敦儒周艮佐領種

大古城租稞銀三十三兩一分九釐二毫屯把于三楚領種

更名地畝九釐餉銀三十六兩八錢二分

九釐二毫七絲

學田

全書載租穀二百四十一石七升

毛知縣買馬熊兆田二十九畝塘一畝納租二十四石

周知縣買馬青田三十畝塘一口屋基一段對山基地一塊納租二十四石

張教官買馬超田二十六畝租一十八石二斗俱張徐魏領種

胡知縣斷出劉燮經田房產高田四十四畝五分低田八十五畝一分納租三十三石佃戶吳引領種

吳知縣十七年、斷出李罷覇買官田三十一畝

九分五釐地四十三畝七分七釐塘一畝一分二釐納租二十石佃戶毛廷德領種本官二十年又斷出田楚學沒官田四十二畝三分地一十八畝塘四畝八釐

本道入官田六十二畝五分塘三畝租穀除減外實納穀六十一石八斗七升佃戶李富領種

汪知縣三十六年、申詳生員王四友將田八十畝二分塘三畝抵換原沒官李宗熊儒志汪

佩學田七十畝塘三畝每年納租穀六十石

以上應納錢糧俱在租穀之內出辦餘銀

聽學道取用賑給貧生

官地

射圃

鳳山書院變價給帖

舊鳳山驛變價餘納租

高墻背變價餘納租

登瀛坊變價

常豐厫南倉旁地變價倉基現存

豐樂門內變價納租不等俱給帖

豐樂門外壇旁地變價餘地納租

義倉地變價

新鳳山驛變價餘地納租

布政司右側地變價餘納租

縣前地變價餘地納租

縣側地變價

射圃嶺下變價納租不等

六溪口倉基變價詳見前便民倉下

黃壠倉基納租

羊坪納租

舊教塲崇禎四年知縣林增志查出立碑詳見漏澤園右側民地有深溝爲界

按察司舊址變價

北門外納租

車埠納租

以上凡變價者俱天啟年間克餉給帖前載

基地悉依舊志所編

國朝新頒全書載官地租銀二十三兩九錢四分

內鳳山驛七十二間租銀一十三兩八錢二分高墻併縣前共五十七間租銀一十兩一錢二分奉裁入餉

都撫司自兵燹後止存基地知縣任遡昉率闔邑鄉紳士民鼎建　文昌閣中各　上臺批允在案題額勒碑所餘隙地俱在本閣香火內管

班匠匠戶自班

起運

南人匠實在納班七十三名四年一班該班每名納

銀一兩八錢遇閏加銀六錢除逃亡故絕外

見在納班六十九名每年徵銀四十一兩四錢解司克餉

田賦總考

原額田地塘共五千八百九十二頃六十四畝七分五釐

額載秋糧米一萬五千九百四十九石七斗六升一合三勺并後二麥通共正米一萬七千六十六石一斗七合五抄

額徵併新加共銀一萬四千九百四十兩九錢九分七釐三毫九忽八微七塵四渺

夏稅二麥一千一百七十八石一斗五合內大麥一百二十三石五斗一升八合五勺闕二石折米一石小麥一千五十四石五斗八升六合五勺

稅桑二絲一千三百七十九觔一十二兩五錢八分以上二麥二絲俱在秋糧內派

原額人丁二萬一千一百八十丁

額徵併新加銀四千一百二十兩七錢二分八釐七毫七絲七忽八微一塵七纖七渺內除豁免運夫人丁一百三丁豁除丁銀二十兩三分九釐四毫二絲七忽一塵一纖四渺

實在人丁二萬一千七十七丁

實額銀四千一百兩六錢八分九釐三毫五絲八微六纖三渺康熙十一年編審新增人丁一百三丁銀照原額

地畝九釐餉銀五千九十兩二錢一分八釐七毫四絲

以上田地丁糧九釐餉銀共二萬四千一百五十一兩九錢四分四釐八毫二絲七忽六微八塵八纖一渺內除豁免運夫丁銀二十兩三分九釐四毫二絲七忽一塵一纖四渺

實徵銀二萬四千一百三十一兩九錢五釐四毫六微七塵六纖七渺新增丁在外

兌軍漕糧本色正耗米四千八十七石五斗八升另正米一石里納盤腳米二升船腳米一升共米八十七石

五斗九升一合又糧道條陳于四斗外加
耗米二斗順治九年楚撫遲　題請免加
戶部覆奏
旨革除多加二斗耗米　康熙十一年奉
旨仍加贈貼米二斗
南糧本色正耗米四千一百九十三石五斗另正米一石里納船驢脚米一斗五升該米五百三石二斗二升每石折銀一兩該銀五百三兩二錢二分以二
錢給解役銀一百兩六錢四分四釐餘八

錢充餉銀四百二兩五錢七分六釐
除前載雜課班匠另派外其餘起撥存
留悉在數內
論曰唐以口分世業定爲租庸調之法有田則
有租有家則有調有身則有庸法制均一揚炎
變爲兩稅惟以資產爲宗不以丁身爲本蓋併
庸調而一歸之于租也明用兩稅之法而通以
租庸調之意故丁徭從戶口而租稅從田產六
十除丁十六成丁此丁法也以田定米以米準
賦此租法也
國朝仍其制丁徭田稅晝爲兩途天下稱平焉惟
蒲邑自萬曆中邑令詳請編定以丁繫米每年
編審惟以米之多寡定丁之增減其意以土田
無更改丁口有盛衰定稅以丁稽考爲難以畝
檢覈爲易全師兩稅以田產爲宗之意亦未常
不善迄今沿爲成法與他屬異然戶口之中有
田者固必有身有家而有身有家者不必盡有
田四民之中何獨于農有多取焉時和年豐猶

可支持水旱交侵棄本逐末甚可慮也何以策
之曰有用一緩二之意在

蒲圻縣志卷之四

學校志序

天下之治忽由人才之盛衰人才之盛衰由學校之興廢學校之設非浴華所得及也今
天子臨雍釋奠開講幄隆師儒以風天下淘千載一時歟士之側身澤宮其蕩大閑營溫飽者固羞稱已即僅工文詞取科名以自榮也所爲天下巳任者安在則入砥廉隅出敦名節求無罪于聖賢在教學者加勉焉其他制隸學校者代有存廢書記前功蓋不惟其法也云爾

學校誌

學宮　書院　射圃　鄉塾　祭器　藏書

學宮

學宮在縣治之南東臨河濱西倚叠嶂南望桃花北眺行將一邑形勝之區允爲鍾靈毓奇之地宋紹聖初縣令朱壽肇創淳熙十五年令汪泳端平三年令薛儀老元至元五年令王斌復加營搆十九年令韓世輔以舍後高爽建敬德堂至正元年令譚添孫建肅客亭元末燬于兵燹明洪武元年知縣柯日新建殿廡門垣縣丞戴城建攬秀樓二十四年縣丞王崗建觀瀾亭于庠東及觀德亭于射圃宣德二年知縣吳俊植松于東坡號曰一坡松天順四年僉事劉敷檄典史陳綱建明倫堂及左右齋房毀敬德堂爲神廚牲房成化十二年知縣葛鳳儀增建兩廡及戟門櫺星門前有學門講堂東有膳堂堂後有號房倉廩正德元年知縣徐淮縣丞焦貴初建儒學儒林坊騰蛟起鳳坊及名宦鄉賢祠嘉靖十一年知縣吳本固遵例刻御製敬一箴及宋儒五箴于石有亭二十五年知縣李

桂增葺廟廡廖道南有記萬曆二十九年先師廟災知縣王之傑鼎建江夏張文光有記崇禎三年知縣林增志署教諭舉人黃裒赤重修文廟廊廡臺砌盡爲整飭縣丞金夢麟督理是役知縣林增志有記學宮之左樹一坊前曰儒學後曰雲衢明季毀于亂配哲諸賢及兩廡先賢先儒木主悉無存者殿廡上雨旁風無所蓋障

國朝順治六年知縣張蘇捐貲補葺康熙元年知縣任廼昉本學訓導李偁協力修飭稍復舊觀其

明倫堂係

國朝知縣戴成名于順治丙申春鼎建者今亦傾圮康熙十一年知縣張圻隆重建邑人吏部余開熙撰修學碑文記之（先師廟前有栢一株古幹蒼翠上似龍頭呼爲龍頭栢）

教諭宅在講堂左廖史學碑載本學基地南至黃城埠大河北至縣前屏墻東前至大河後至察院墻（察院今改建文昌閣）東齋學官宅舊在登瀛坊後遷學前西至官路北抵曾舉人大啟墻嘉靖二十二年僉事戴鯨贖入李正英等侵地西齋地在書院前十九年巡撫顧璘贖入袁永嘉侵地後二齋遷入學內左右齋舍（今訓導奉裁基存）以東齋地爲敬一亭及名宦鄉賢祠後還二祠于戟門左右以便祭祀廢地學役賃住西齋廢地萬曆十七年提學僉事蔡文範批允鄉官何珍價置南城外臨街地抵換案存縣學天啟二年知縣吳炳復改遷名宦鄉賢二祠于敬一亭舊址之左右鼎建祠宇明末悉燬于兵

國朝名宦鄉賢改祠學宮　戟門左右舊址今存

書院（原係萬曆辛丑正月初一火災止存廢基天啟三年奉旨變價助餉）

書院在學宮之西金疊山之陽唐時舊庠基地宋端平間爲五岳觀正德九年提學僉事蔡潮肇創爲鳳山書院門題曰靈峰叠翠中日集雲樓左曰無逸所前爲顯賢堂爲六行齋爲號房右日務敏軒前爲文會堂爲六德齋爲號房樓之後爲六峰亭爲游息所嘉靖十一年知縣吳本固復加修葺萬曆三年修城據其半以其半爲胡令生祠萬曆十八年知縣吳弘濟改爲蓴川書院（今跡亦沒不可復考）

新溪書院通志載在新店市宋進士周登仕建今没

大宗書院崇禎辛巳年督學僉事高世泰同本縣知縣曾栻建今存

心山書屋在斗門邑人潘之禎王祚垣馬殰昌熊纘武率同學彷白鹿洞學規講學其中

射圃

射圃在學宮之西壘秀峰之陰洪武二十四年縣丞王崗建觀德亭于其上今亦没

鄉塾

鄉塾凡五荊泉社學在荊港舖側北峰社學在詹家嵛舖側桐崗社學在官塘驛側清溪社學在黄

壠市中新溪社學在新店市中今亦没

國朝奉文立社學者社師七人爲敎讀免其雜役

學田詳田賦志

祭器今闕

正殿先師前　錫香爐一座　錫燭臺一對

大鐵香爐一座　大鐵燭臺一對

大鐵花瓶一對　中鐵香爐一座

中鐵燭臺二對　大供桌一張

讀祝桌一張　牲匣二個

牲桌二張

兩配哲　鐵方香爐四座　中鐵燭臺四對

木燭臺八架　供桌四張

牲桌六張

兩廡　鐵圓香爐六座　木燭臺十二架

中鐵燭臺六對　大供桌六張

啓聖祠正供　小鐵香爐一座　錫燭臺一對

大鐵香爐一座　大鐵燭臺一對

中鐵燭臺一對　供卓一張

牲桌二張　讀祝桌一張

配從　鐵方香爐四座　中鐵燭臺四對

木燭臺四架　供桌四張

各處共秤羹大碗十八個　磁酒盃一百

籩豆共三百　大小方圓鐵香爐共二十二座

中鐵燭臺共十八對　帛匣十個

陳設木盤十五個

以上知縣林增志署敎諭舉人黃衷赤新置

舊存　銅爵一百五十五箇

錫爵七個　銅籩篚七十一副零二片
銅酒尊三個　青鐵燭臺一對
銅盆二口兵後悉散失

藏書

聖諭六條　仁愛會編
戒屠牛文　好生會錄
自知錄　平心論
二釋　本誌
以上知縣林增志倡梓板存縣署兵燹後悉散失無存

舊存今失
四書六部　易經一部
書經一部　詩經一部
春秋一部　禮記一部
性理一部　五倫書一部

論曰學校莫重乎人才人才莫重乎始進
聖天子作人洽備蕃矣茲允大司成請以河工捐
助俊秀之途太寬
詔天下督學于郡州縣庠選文行優者各一人
貢之成均寧闕無濫豈非以根本所重育才
爲急必養之以其人肄之以其地豫之以其
時歟鄉校何獨異是今　令甲所著三歲一
試蒲以邑大每試克弟子員者十五人英敏
能文之士或二三焉其里居無考師友不可
問祖禰莫辨其名字者大半而旁徑騈附于
其籍者又比比也然則蒲以文獻望邑比戸
絃誦一試輒千餘人以文飾太平則有餘于
長養人才則有不忍言者其弊安在夫武途

冒濫
新綸且頻飭矣觀乎人文能無三歎

蒲圻縣志卷之五

秩官志敘

國家設官分職凡以爲民民間情苦惟邑令知之爲最親令長者民之師帥所使承流以宣化也其丞簿尉則皆分贊佐理之考漢有沙羨縣令丞尉無考按唐書蒲圻縣令掌導風化察冤滯聽獄訟凡民田收授縣令給之籍帳傳驛倉庫盜賊隄道雖有專官皆通知之縣丞爲之貳尉分衆曹收率課調按宋史縣令總治民政勸課農桑平决獄訟

有德澤禁令則官布于治境凡賦役錢穀賑䘏之事皆掌之以時造戶版有水旱流亡則撫存安集無使失業有孝弟行義聞于鄉閭其事上于州激勸以勵風俗傳元及明以至國朝相因不改大要首之以令長佐之以丞尉而又聯之以師儒蓋無論大小卑尊其前後厥官使不溺其職紀之方冊庶後之吏茲土者皆得考鏡云

秩官志

歷朝秩官年表

漢沙羨縣令丞尉無考

三國吳初建蒲圻于西良湖置鎮牧代蒞者四人

呂岱有傳　魯肅有傳　呂蒙有傳　陸遜有傳

唐　令　丞　主簿　尉

武德鄭元瑾滎陽人有傳　永徽李必聞有傳　開元鄭光系滎陽人有傳

李必文名載府志

宋　令　丞　主簿　尉

紹聖朱壽天長人有傳

隆興簡世傑江西人有傳　舒邦佐進士江西人有傳

淳熙汪泳休寧人有傳　趙方進士有傳

錢仁老　淳祐陳慶勉進士有傳

端平薛儀老永嘉人有傳　景定蕭之才名載舊志

元　尹　丞　主簿　尉　典史

至元王斌有傳　狄忠名列舊志河朔人　李佑名載舊志

鄧仔有傳　李逵名載舊志

至正薛世輔河南人有傳　侯玉濟陰人有傳

譚天祐 茶陵人有傳　侯　矩 名載舊志　劉　讓 名載舊志　葛　元 名載舊志

明

知縣　縣丞　主簿　典史

洪武 柯日新 湖南平命知縣事平涼人有傳

爾朱欽 四年進士陝西人有傳

丁士梅 錄編修簡知縣事有傳　丁則行　胡　宣城人

李居仁 十年任山東人有傳　戴　城 十八年進士初授丞青田人有傳　王俊

黃　廣　王　綱

二十五年任同安人有傳

錢　昭　郝子謙 名載舊志

二十九年任山東人有傳

張　煜 古田人有傳

永樂 吳　俊 永樂五年任四川人有傳

洪熙 高　鼎 元年任有傳　鐵　姑熟人

宣德 杜　紳　傅　永豐人

三年任四川人有傳

回　喬　陳　揚州人

名載舊志河閒人

正統　劉　獻 名列舊志河內人　陸　隆 名列舊志吉安人　朱　琮 名列舊志吉安人

胡　中　蔣　茂　張　傑

五年任江西人有傳　名列舊志華亭人　名載舊志

王　斌

天順　名列舊志六安人　劉　恭 名列舊志吉安人　陳　綱 名列舊志

成化 葛鳳儀　王　鎬　徐　禧　鄒　益

七年任天津人有傳　名列舊志欒平人　名列舊志海州人　名列舊志瀘州人

周　洪　石中良　王　源　胡　海

十八年任上海人有傳　名列舊志四川人　名列舊志奉節人　名列舊志光州人

朱　賢 名列舊志　余潮宗 名列舊志貴人　白潮宗 名列舊志　湯　鎮 名列舊志

弘治 羅　列 三年進士　汪　顯

四年任南海人有傳　四年任婺源人有傳

解　哲　楊　善　謝　和　潘　佑

名列舊志 江西人	名列舊志	名列舊志	名列舊志
徐　淮 進士 九年	鄭　璜	段　錦	蕭　儉
十八年任廣西人有傳	名列舊志	名列舊志	名列舊志
朱　鵬			
名列舊志 四川人			
金麒永			
名列舊志 應天人			
正德		李　遇	
張　珮	焦　貴	王　勝	吳　經

十一年任江西人有傳	名列舊志 泰州人	名列舊志 宿遷人	名列舊志 巴縣人
李　邦	霍　睿	馮　經	鄭　銘
十六年任四川人有傳	名列舊志 綏德人	名列舊志 宜春人	
蘇　琮	楊　斌	孫　全	吳　英
名列舊志 江西人	名列舊志 劍州人	名列舊志 孟津人	名列舊志 武進人
韓完堯	許　宗	雷鳴高	
名列舊志廣東人有傳	名列舊志 鳳陽人		
韓　唐	鄭　贊	陳　因	
名列舊志 潁州人	名列舊志 成都人	名列舊志 山東人	

王　縠			
名列舊志 安江人			
劉　虔			
名列舊志 四川人			
劉善毓			
名列舊志 豐城人			
范　言			
名列舊志浙江人有傳			
嘉靖 方一桂 進士 二年			

三年任莆田人有傳			
吳本固 進士 八年	廖廷之		何　道 四川人
九年任河南人有傳	名列舊志 雙流人		
沈　正	何　鯤 名列舊志	汪　爵 祁門人	黎　山 南海人
名列舊志 當塗人			
沈　森 名列舊志	汪　遠 徽州人	謝　聯	
李　桂 二十三年	金允升 崑山人	盧敏政	金　驥 會稽人
任全州人有傳			
崔一濂	陳國器 四川人	汪存古 四川人	莫　慰 桂林人

進士二十六年任南海人
羅學禮舉人三十　劉芳譽　徐　禎四川人　陳　湘江西人
一年任內江人
葉　漢舉人蘇州人　陳世栢　王　恩寧波人
高邦佐舉人四十
三年任烏程人有傳
毛　彬舉人青州人
隆慶　陳　履
五年進士東莞人有傳

蒲圻縣志　卷之五　秩官志　六

周　達舉人忠州人
萬曆　胡其高進士二年
任井研人有傳
王三宅　吳　芝巫山人　艾仲陽四川人　杜一學南海人
進士二年任汲縣人
劉崇孝南直人　賈紹陽　李　重豐城人
孫體恒清江人　李　桂
章嘉禎進士後陞　廖逢吉建州人　羅　亨四川人　王文湛
吏部主事德清人有傳

戴萬年雲南人　秦　周亳州人　徐時顯江西人
王　言石埭人　龍顯武太和人
高　舉　周希閔縉雲人　韓雨仲婺源人　胡中崙酆都人
進士擢御史淄川人有傳
呂文夔全州人　羅慎祥青陽人　張汝舟邵武人
李淳胤　唐　登漢州人
吳弘濟丙戌進士　王嘉言良鄉人　呂應麟金壇人　何應瑞臨江人
擢御史秀水人有傳
倪斯蕙壬辰進士　景守節　何汝霖璧山人　阮士亨於潛人

蒲圻縣志　卷之五　秩官志　七

陞吏部主事巴縣人有傳　選貢陞知縣安邑人
王之傑　唐一德義寧人　何應珍彭澤人　張應蛟山陰人
戊戌進士二十七年任陞
刑部遂寧人有傳
汪有功　劉正教　陳若愚武陵人　黃廷庸青神人
甲辰進士三十三年任擢　滄州人臺斥去
御史歙縣人
有傳
張光前　陳克徵　王　銳淳安人　沈　僊
庚戌進士三十九年任後　寧德人有傳

陞吏部澤州人有傳
顧其仁　癸丑進士四十二年任後擢給事中華陽人有傳
芮攀龍陝西人　李時楨浙江人　吳嘉慶南直人
宣大勳癸丑進士四十四年任蒙化人有傳
程夢麟彭澤人有傳　譚希曾豐城人　魏國尚合肥人
吳炳　已未進士四十八年任陞工部主事宜興人有傳
陳嘉言烏程人　劉光聘青陽人　一　壽得和山陰人

蒲圻縣志　卷之五　秩官志　八

天啟
尹洗　壬戌進士五年任擢給事中安肅人有傳
穆枝蕃　南皮人斥去　宗大綬　如臯人罷去　周尚賓望江人
譚文周太平人　汪可受歙縣人　朱文遇南昌人
崇禎
林增志　戊辰進士元年任瑞安人陞翰林院有傳
金夢麒桐鄉人　羅宏三年任京人　林一增永康人
王元英四年任雲南劍州籍寧波人　周之藩灞州人監生七年任
廖道廣韶州人舉人八年任
杜同益鄞縣人辟　鍾律諸暨人監

曾栻臨川人辟舉十二年任有傳
舉十年任　生十年任　阮世澄福建人吏員十二年任
姚繼舜嶽州人貢生十六年任　宗大綬南昌人吏員十四年任
卑必升海門人恩貢十五年任　毛邦卿溧水人監生十五年任　楊逢春會稽人十五年任
國朝
順治
張蘇東昌人恩貢二年任　齊儼然房山人恩貢二年任
甯應賓青陽人三　曹復彬會稽人三年任

蒲圻縣志　卷之五　秩官志　九

鄭國寶大興人吏員五年任
年任本年奉裁
劉敬儒保寧人武生七年任
戴成名開原人貢十八年任有傳
呂榮賓旌德人監生九年任
江化龍青陽人吏員十一年任
馬斯才萬全衛人恩貢十二年任
趙承祿同州人吏

江一經建德人監貢十四年任

員十三年任

王道久陽城人舉人十六年任

王鼎桐梧人歲貢十六年任

任邇昉閬中人戊戌進士十八年任

陶璞合水人歲貢十八年任

康熙

唐國弼大興人吏員元年任

汪瀸山東人貢

張圻隆西華人辛丑進士十八年任

劉閎儒高淳人貢士十年任

潘家進浙江人七年任

王來賓遼東杏山人官生特簡十三年任

論曰夫秩官曷義乎秩之為言常也一云序也常則有定職序則有定分矣古者庶官各有長又有衆長之長所使上下綱維奠麗民生也我國家建官仍倣舊制中有裁併以專責成其用人出身自科貢外有恩廕教習招民諸科其課吏有緝逃墾荒錢糧盜案諸法憲網所施動成不測然于所謂定職定分者古今同也夫儒者通經用世則宦海之為載為覆俱置不問但當反求諸拜獻者為何心耳嗚呼度身度君之始加民涖事之際有位者敬之哉

蒲圻縣志卷之六

師儒志敘

廣厲學宮所以興育賢才蓋不惟其法惟其人何也立教者法飭法者人也三代之學至周大備在上則司徒總其事樂正崇其教下至鄉黨莫不有師漢武從董仲舒之言因文翁之化復立郡學光武設五經博士明宗臨雍拜老執經問難則法以人重自古爲然矣我

國家監古定模自　國都以及郡縣各有學申臥碑以端習尚裁冗員以專責成風化蔚蒸英賢負雅人法之效顧不偉歟桓寛曰周公大聖人也必待賢師傅學問而後通柳宗元曰繩墨之側不棄枉材師儒之側不拒曲士是在綰綬而臨者原本經術誘進多方與二三多士相與有成以仰副

朝廷廣厲作育之至意故特表而誌之尊教統正所以維治統爾

師儒志　年表

歷朝教職年表

宋教職官有學正有學諭有直學有掌儀有學訓

	學正	教諭	直學	掌儀	學訓
嘉熙	李洪有傳	朱偲名刻舊志	宋侃名刻舊志	黃廷鳳名刻舊志	高啟渭名刻舊志
		雷盃明名刻舊志	陳圭名刻舊志		
		黃廷訓名刻舊志			王宣議河南汝陽縣人

元教職官有學正有學長有學諭有直學有學訓

	學正	學長	學諭	直學	
至元	劉昭名刻舊志	趙子美名刻舊志	楊元孚名刻舊志	黃元善	朱公明
	董奇發名刻舊志		宋孟卿名刻舊志	朱公正	黃炎南

明教職官設教諭一員訓導二員崇禎三年裁革訓導一員

	教諭	訓導	項琢
洪武		唐岳十年任刻流寓平江人有傳	馬敬六年任山東人有傳
	鍾彥良名刻舊志	艾觀九年任邑人有傳	
		任畤用十三年任邑人有傳	
	栟潤民十五年任有傳		

李德庸 十九年任列理學邑人有傳

永樂
朱　鑑 十五年任擢御史全州人有傳
甌邦吉 名列舊志　沈孔熙 名列舊志郴城人

宣德
黃　純 拜給事中全椒人有傳

正統
黎公弁 臨川人有傳　曾　謨 名列舊志京水人　蕭子楫 十二年任泰和人有傳
胡　實 十三年任南城人有傳　鄔　信 名列舊志

景泰
曾　槊 六年任泰和人有傳　曾　政 名列舊志泰和人

成化
傅　善 名列舊志新淦人
嚴　謹 名列舊志浙江人

蒲圻縣志　卷之六　師儒志　二

弘治
鄭　肅 祁門人有傳
郭　統 名列舊志吉水人
張　聯 名列舊志浙江人

正德
辛　懋 內江人有傳　洪　山 名列舊志成都人　楊克復 名列舊志眉州人
郭　顯 名列舊志廣平人　林文禮 名列舊志古田人　何　欽 名列舊志南海人

嘉靖
羅　弼 名列舊志　甘　洪 名列舊志長壽人　陳伯僑 銅梁人
歐陽至 泰和人　袁　忱 名列舊志龍溪人
裴　璋 舉人名列舊志雲南人　錢　儒 騰越人
胡　乾 舉人臨桂人　胡　鐙 會稽人　范時省 華陽人

陳雲鵠 宜春人　沈　英 臨淮人　謝　宸 蓬溪人
康　厚 通許人　袁廷光 宜良人　張時秀 南溪人
馬進階 舉人內江人有傳　蘇顯祥 宜城人　李　嶶 溧陽人
吳世忠 舉人陞知縣歙縣人　李　圭 繁昌人　王　鎬 南平人
李嘉言 舉人陞同知臨桂人　方夢龍 宜城人

隆慶
李尚德 舉人台州人　李朝陽 綿州人
吳復清 南海人　張大韶 馬龍人　程嘉鳳 彭山人

萬曆
林民止 元年任二年中進士莆田人有傳　蔡仲襄 遂州人　曾　治 郴州人
王朝輿 舉人安福人　袁　肅 常州人　伍廷宰 清流人

蒲圻縣志　卷之六　師儒志　三

劉鍾秀 通江人
周允惠 華亭人
何師聖 舉人內江人
董廷縉 瑞昌人　張　儒 鍾祥人　趙子文 歸州人
張大化 舉人歸善人　楊時霽 寧遠人
徐景化 納溪人　吳守仁 衡陽人
馬斯良 舉人建水人有傳
李世薦 舉人麻城人有傳　崔世忠 江陵人　謝　薦 麻城人
蔡士用 三十四年任邵陽人有傳　何思遜 安鄉人　田　鈞 巴東人

廖守遴 常寧人　熊光祖 夔州人
萬仞 興山人　邢懋才 黃梅人有傳　周延申 蘄水人陞知縣有傳
蔣季炯 舉人全州人　周良璧 應山人
張應軾 西平人　陳天街 漢川人
魏開之 舉人京山人　劉秉鈇 廣濟人有傳　王應時 襄陽人
天啟　李不伐 舉人山東人有傳　張存紳 華容人有傳　茍時可 舞陽人
劉傳 舉人江陵人　梅遇春 當陽人　石應奇 隨州人
崇禎　黃裒赤 舉人宜興人有傳　李必秀 城步人
吳道善 舉人孝感人

王立位 黃陂人陞金華知縣　胡景文 沔陽人
舒中天 舉人黃崗人有傳　李澤 宜都人
李帷晉 監利人
陳一道 江夏人中丁亥進士

國朝教職官設教諭一員訓導一員 康熙四年裁革訓導一員

教諭　訓導
順治　劉莒 舉人潛江人　周文昱 漢陽府人
蘇世鼎 舉人巴陵人　許師邵 江陵人
熊世謨 江陵人中巳亥進士有傳　李光炳 黃安人陞教諭

程良惺 孝感人中甲辰進士有傳　楊成琪 蘄水人
康熙　徐祚弘 舉人孝感人　李偁 荊門州人有傳
朱家藩 襄陵州人十一年任

論曰父兄之教不先子弟之率不謹廣文一
席父兄之責奚辭焉教雖多術得其要者數
言而盡如漢制舉孝廉又詔舉賢良方正皆
舉于鄉者也教之之道備于此矣然豈空文
從事已哉傳曰以身教者從以言教者訟將
何以躬自倡率于上俾諸弟子員聞聲而式

慕見容而起敬斯庶幾教化大行乎否則申
明約束不謂無法乃操切嚴而士愈譁是一
彼一此之間明效彰彰矣士君子讀書學道
毅然以樂育爲己任善于其職非素所蓄積
歟

蒲圻縣志卷之七

科貢志序

江漢以南號稱文獻葢以山宗衡嶽水滙瀟湘其蜿蜒磅礴之氣往往孕為魁傑故發諸文章奇偉蒼莽與秦晉吳越之彥爭雄于天下蒲圻為鄂中望邑代有名達漢唐以前罔得而稽巳宋元皆以明經取士明初雖兼用徵辟厥後惟嚴制科一時騰華摛藻之士連茹彚征先後相望崇班顯秩聯鑣接踵即起家明經亦多瓌才畸行揚名當世指不勝屈兄際
國家休明之運菁莪樂育賢大夫又為之鼓舞振厲焉後有良彥覽觀前哲流風不墜其為奮與蔚起抑又何如也

科貢志

歷朝科貢年表

進士	舉人
宋	
費師古 天聖二年登宋郊榜有傳	
廖正一 元豐二年登時彥榜有傳	
任獻夫 政和七年登嘉王榜及第有傳	
曹太亨 紹興中登第大理評事	
倪起潛 端平二年登吳叔吉榜本庠學錄	
周登仕 嘉禧二年登周坦榜	黃廷訓 寶祐六年以書經中本學掌儀
劉有開 咸淳元年登阮登炳榜	
元	何維 延祐元年以詩

經中十一名有傳
王廷陽 至治三年以賦中第九名有傳
何槐孫 泰定三年鄉試
江春禮 泰定三年以賦中十八名有傳
何槐孫 泰定四年會試
有傳
熊　愷 天曆二年以詩經中第四名
黃　溥 至元元年鄉試有傳

蒲圻縣志　卷之七　科貢志　二

王顯文 至正十年以詩經中
費原傑 至正十年以書經中

明　進士　舉人　貢監

洪武
鄧一奎 字景星二十六年癸酉以詩經中官綿竹教諭
趙德貴 十九年貢[illegible]官兵科給事中有傳
鄧一林 二十九年丙子以詩經中官教[illegible]有傳
王潮貴 二十年貢府經[illegible]
陳文遠 二十三[illegible]

黃　煜 二十九年丙子以詩經中有傳
廖崇信 二十四年貢
涂宗富 二十六年貢
鄧　槐 三十二年己卯以書經中有傳
彭　禮 二十七年貢
宋繼民 二十九年貢廬州府推官
鄧　槐 三十三年庚辰登胡廣榜廷試三甲三名有傳
郭　敬 字行簡三十二年己卯以詩經中一官建始知縣
程　遠 三十年貢蕭縣典史
羅　綱 三十三年貢易門所吏目

永樂
王　愷 元年癸未以詩經中
茅　芳 元年貢劍州訓導
王　愷 二年甲申登曾棨榜廷試二甲七十三名有傳
羅　弘 元年癸未以詩經中
徐思誠 三年貢交趾所屬知縣

蒲圻縣志　卷之七　科貢志　三

羅　弘 二年甲申登曾棨榜廷試三甲三一十八名有傳
王原道 字大本三年乙酉以詩經中
唐　鐸 四年貢交趾跳江州同知
江潮宗 字宗海三年乙酉以詩經中官三江通判
尋　原 五年貢交趾屬主簿
龍景亨 三年乙酉以詩經中
曾仲昇 七年貢義烏縣丞
龍景亨 四年丙戌登林環榜廷試三甲六十八名有傳
龍　時 字景用六年戊子以詩經中官靈璧教諭
龍　潛 七年貢

張從政字時達六年戊子以詩經中
高大本八年舉楷書涙渠州吏目

馬駿六年戊子以詩經中有傳
尹添旭八年貢無極縣丞

李潮海字濟夫六年戊子以書經中官慶陽教授
余宗九年貢

王文友字三益十二年甲午以詩經中官成都訓導
彭文輝十年貢府軍衛經歷

劉錫字成器十二年甲午以詩經中
熊仕奇十一年貢

方永慶十二年貢

吳存性字尊道十五年丁酉以詩經中
黃鐘十三年貢
王解字時化十四年貢廷試三次第一授宛平縣知縣時稱畿輔循良

余泰字尚欽十五年丁酉以詩經中有傳

宋致中字中和十五年丁酉以詩經中
來思銘十五年貢

劉從義字適宜十五年丁酉以詩經中

劉釗字行遠十八年庚子以易經中官吉水知縣
徐興賢十六年貢貴州布政司都事有傳

宋庸字用中十八年庚子以禮記中官巴縣訓導
李廷信十七年貢

李瑨字伯政十八年庚子以詩經中官九江訓導
程景升十八年貢

徐浩字宏海二十一年癸卯以詩經中官崇仁教諭
仵清十九年貢

黃城二十一年癸卯以詩經中有傳
李璧二十一年貢

黃墀二十一年癸卯儒士以禮記中兄弟同榜有傳
田惠

宣德

饒巘元年貢撫寧衛經歷
吳苾二年貢
黃恕四年貢繁昌知縣
王价六年貢建昌縣丞
石昕八年貢東昌通判
尋思聰十年貢夔州府通判

蒲圻縣志　卷之七　科貢志　六

年號	進士	舉人	貢
正統		王文修 字三省 六年辛酉以詩經中官咨州訓導	黃鑑 三年貢高邑知縣
			但勝恭 五年貢鄢縣縣丞
		程鏞 字汝器 六年辛酉以禮記中官靈寶教諭	唐政 七年貢滎昌訓導
			王仕昇 九年貢重慶知事
		龍霖 字時濟 九年甲子以禮記中官龍泉教諭	陳茂 字茂才 十一年貢任廣西平樂所吏目
			徐思賢 十二年選貢有傳
		盧中 九年甲子以禮記中	鄧從政 十二年選貢
			廖瓊 十三年貢永川主簿
	盧中 十年乙丑登商輅榜廷試三甲七十六名有傳	宋奎 字天章 十二年丁卯以禮記中官盧江教諭	李裕 十三年貢聊城縣丞
			張本 家道克 十四年貢溫州府推官
		廖清 十二年丁卯以書經中有傳	
景泰		廖俊 元年庚午以詩經中有傳	費敫
			元年貢官肥鄉縣丞
		魏銘 元年庚午以詩經中	江淵 二年貢廣西宣化知縣
		李溥 字公濟 四年癸酉以	李銓 三年貢萬安縣丞

蒲圻縣志　卷之七　科貢志　七

年號	進士	舉人	貢
		詩經中四川慶符縣教諭	
		王璧 字器之 四年癸酉以詩經中雲陽知縣	王春 四年貢
	魏銘 五年甲戌登孫賢榜廷試二甲三十九名有傳	劉滄 字東之 七年丙子以詩經中四川永川知縣	周禧 五年貢萬載訓導
		王瑩 字潤之 七年丙子以易經中刑部司務	王明 七年貢稷山王府教授
		余禎 字廷瑞 七年丙子以詩經中定遠教諭	
		龔晟 七年丙子以詩經中	
天順		朱璽 字廷信 三年己卯以禮記中官定遠知縣	馬騏 二年貢成都訓導
			傅寬 四年貢
		周鑑 字孔昭 三年己卯以詩經中萬縣教諭	馬衡 六年貢餘杭縣丞
			熊梁 七年選貢鹽場大使
		石均 字士平 三年己卯以禮記中廣德訓導	仵祐 七年選貢浴溶訓導
			鄭孜
		江晟 字明遠 三年己	七年選貢汝源王府教授

卯以詩經中官吳江訓導
任昇 八年貢新都教諭

成化

龔晟 八年甲申登彭敎榜廷試三甲一百三十七名有傳
王儼 六年壬午鄉試
龍鐸 八年貢府左衛經歷
周章 八年貢宜懷集教諭

梅瑄 字廷獻元年乙酉以詩經中洧川教諭
王坦 元年貢茂州倉大使

王塗 字奇之元年乙酉以詩經中兗州通判
彭鑑 二年貢於潛訓導

廖傳 字文弼元年乙酉以書經中刑部司務
譚興 四年貢通州吏目

黃玹 元年乙酉以書經中
饒泰 六年貢貴陽訓導

汪洪 元年乙酉以詩經中順天府第一名
游志 八年貢新野王府教授

汪洪 二年丙戌登羅倫榜廷試三甲一百八十六名有傳
孫暹 字景輝七年辛卯以詩經中
王臯 十年貢汝州訓導

王儼 五年己丑登張昇榜廷試三甲六十七名有傳
黃頤 七年辛卯以詩經中
廖性 十一年貢
李瑺 十四年貢元江軍民府經歷

廖佐 字文輔十年甲午以書經中
王輔 十六年貢青城訓導
唐本 十八年貢酆都訓導

徐澄 字潔之十年甲午以詩經中
連芳 二十年貢射洪訓導
馬文明 二十二年貢蒼溪連筠教諭

黃玹 十一年乙未登謝遷榜廷試三甲十七名有傳
汪浩 字克湙十三年丁酉以書經中一十二名
魏正亨
石維岱

黃頤 十四年戊戌登曾彥榜廷試三甲一百八十三名有傳
仵紳 十九年癸卯以禮記中第四名
周萬邦
廖賓南

廖漢 十九年癸卯鄉試
廖維南
周廷璽

江師古 十九年癸卯鄉試
廖鐈
陳經

但存學 二十二年丙午以詩經中第二名有傳
周漢
龔乾中

仵紳 二十三年丁未登費宏榜廷試二甲一百四名有傳
魏浤 二十二年丙午以詩經中有傳
俱成化中例貢

弘治

魏頵 字元之五年壬子以詩經中
徐慶 元年貢
徐源 三年貢劍州吏目

鄭宗仁 字純夫五年壬
宋軫 五年貢

年號	進士	舉人	貢
		子以詩經中有傳	馬文獻七年貢瑞州府學訓導
	江師古六年癸丑登毛澄榜	鄧榮字周臣八年乙卯以	魏厚九年貢
	廷試三甲一百五十名有傳	詩經中德陽原武知縣	唐詔十年貢句容訓導
	廖漢與江同榜廷試	魏顒字麟之八年乙卯以	魏珉字世貢十一年貢歸德學正
	三甲一百七十七名有傳	詩經中永寧知縣	黃嵩十二年貢乾江訓導
		鄭宗儒字秀夫十七年甲子	龔鍊十三年貢
		以詩經中鎮江通判	傅涵十五年貢
		李興賢字廷賓十七年甲子	李志學十七年貢元城教諭
		以詩經中有傳	馬之龍例貢
		游伸字邦直十七年	石維山例貢
		甲子以詩經中廣宗知縣	但維城例貢俱弘治中
正德		魏頌字美之二年丁	胡文元年貢四川成
		卯以詩經中福州通判	都府訓導子堯元堯凱俱有傳
		周廷備字子臣二年丁	李繪
		卯以詩經中	三年貢
		魏溶二年丁卯以詩	陳沐
		經中有傳	五年貢蘄府學訓導
		仵瑜五年庚午以禮	石鏡

年號	進士	舉人	貢
		記中第一名	七年貢[illegible]山教諭
		胡堯元	周廷珪九年貢[illegible]仁知縣
		五年庚午鄉試	李仕爵十一年貢綿竹教諭
	胡堯元六年辛未登楊	龔良傅	馬潮十三年貢
	慎榜廷試二甲二十名有	五年庚午以詩經中	黃謌
	傳	胡堯凱	十五年貢重慶府學訓導
		八年癸酉以詩經中有傳	費軏十五年貢
		廖道南	孫璽十七年貢
		八年癸酉以詩經中	畢竟成十七年貢
		曾大啟字子正十一年	劉爵例貢
		丙子以詩經中	唐貴
	仵瑜十二年丁丑登	鄭瑆字鳴仲十四年	徐應元
	舒芬榜廷試二甲四十二	己卯以詩經中	沈相
	名有傳	謝存儒己卯鄉試	宋尚儒
		李璞字中玉十四年	張調
		己卯以詩經中	俱正德中例貢
	廖道南十五年庚辰中	游鳳儀字文瑞十四年	
	第二名辛巳廷試二甲第	己卯以詩經中尉氏知縣	

一名登楊惟聰榜有傳

嘉靖

龔良傳 五年丙戌登龔用卿榜廷試二甲四十八名有傳

謝存儒 與龔同榜廷試三甲一百八十七名有傳

馬練 八年己丑登羅洪先榜廷試三甲一百五十名有傳

傅卿 本縣入軍籍二十三年甲辰登秦鳴雷榜廷試三甲一百五十五名有傳

張東周 二十六年丁未登李春芳榜廷試二甲五十名有傳

魏裳 二十九年庚戌

馬練 己卯以易經中

胡昱 四年乙酉以春秋中有傳

魏正初 七年戊子以詩經中有傳

龔良猷 字起虞七年戊子以詩經中有傳

饒士亨 字行之十年辛卯以詩經中海豐知縣

魏表 十三年甲午有傳

張東周 十六年丁酉鄉試

宋儒珍 與張同舉

傅卿 癸卯福建鄉試

魏裳 二十五年丙午以詩經中十二名

饒敬承 丙午中二十五名有傳

鄧廷猷

龔鉎 元年貢銅仁府經歷

黃侖 三年貢永昌府推官

任翰臣 四年貢

廖金 五年貢南昌府學訓導

石鏊 七年貢濟源訓導

但偉 七年選貢有傳

宋準 九年貢

任洛 十一年選貢有傳

龔乾中 十七年貢

田甫 二十年貢

龔良衡 二十一年貢有傳

周淶 二十三年貢

登唐汝楫榜廷試二甲十八名有傳

謝鵬舉 三十二年癸丑登陳謹榜廷試二甲三十五名有傳

鄧廷猷 與謝同榜廷試二甲三十八名有傳

丙午鄉試以詩經中

謝鵬舉 三十一年壬子以詩經中

熊兆祥 壬子鄉試有傳

何思登 三十七年戊午以詩經中

魏樸如 四十年辛酉以詩經中有傳

謝師啟 四十三年甲子以詩經中第十名

王良謨 甲子鄉試有傳

鄭之亮 甲子鄉試以詩經中有傳

龔茶 甲子以詩經中有傳

馬之俔

謝存恕 二十五年貢星子知縣

龔乾瑞 霸州州同有傳

費能達 二十八年貢

劉黍 二十九年貢

吳廷儀 三十一年貢

廖仲儒 三十二年貢

袁璧 三十五年貢有傳

黃鶴冲 三十六年貢

何珍 三十七年貢有傳

陳緯 三十九年貢

魏正道 四十一年貢教諭

魏正恭 四十三年貢有傳

丘岡 四十五年貢有傳

張謨 東周次子兄諧

謝三訓 有傳

石佩

田稷耕

田汝耕

		甲子鄉試以易經中有傳	廖欽兆 俱嘉靖中例貢
隆慶		魏拱辰 元年丁卯鄉試	魏正叅 元年貢有傳
		任文定 丁卯鄉試有傳	仵　寀 元年恩監官縣丞
		謝師彥	魏　往 二年選貢
		丁卯以詩經中	廖　彥 四年貢
		張　書 丁卯順天鄉試	
	張　書 二年戊辰登羅	熊萬仞	龔乾曜 六年貢有傳
	萬化榜廷試三甲一百五	四年庚午以詩經中有傳	馬之驥
	十五名有傳	鄧士達 字行吾四年庚	馬　合 大足縣縣丞
		午以詩經中石泉知縣	
	謝師啟 五年辛未登張元忭	龔　棹	魏翼如 有傳
	榜廷試三甲十六名有傳	四年庚午以詩經中有傳	
	謝師彥 兄弟同榜廷試	何希孟	游良貴
	二甲六十九名有傳	四年庚午以詩經中	俱隆慶中例貢
萬曆		謝承範	羅承榮
		元年癸酉以詩經中有傳	元年選貢有傳
	何思登 二年甲戌登孫繼皐	張　諧	王　邦
	榜廷試三甲一百四十名有傳	四年丙子以詩經中有傳	元年貢

		余　登 四年丙子有傳	
		龔　本	鄭　瑗 四年貢澧州訓導
		四年丙子以詩經中有傳	謝承祚 五年例貢官通判
		魏　往	任文台 十六年貢有傳
		丙子應天以詩經中有傳	
		王廷策 七年己卯以春	馬　介 八年貢有傳
		秋中二十五名有傳	
		劉應命 十三年乙酉以	任　啟 字東明十年選
		詩經中有傳	貢浦江教諭
		周于蕃	黃　宸 十二年貢
		乙酉以詩經中有傳	
		饒思承 乙酉以詩經中	唐時正 十四年貢
		徐　錦 十六年戊子以	田亮耕 十六年貢訓導
		詩經中有傳	
		何夢星 字季緯戊子以	王進臣
		詩經中第五名餘干知縣	十八年貢石門教諭
		周　淳	魏彬如
		戊子以詩經中有傳	二十年貢有傳

宋時魁 戊子以詩經中
鄭怡 二十一年選貢河陽知縣
袁昭文 十九年辛卯以詩經中有傳
謝思望 二十二年貢
謝自修 字敬之辛卯以書經中上林知縣
丘之櫝 二十四年貢項城訓導
鄧士亮 辛卯以詩經中二十一名有傳
祝于廸 二十六年貢磁州訓導
魏詔 辛卯以詩經中
鄧一鶚 二十八年貢教諭

魏說 二十二年甲午以詩經中第五名
宋儒傑 三十年貢夔州教授
馬天錫 甲午以易經中
吳宁 三十二年貢襄陽訓導
馬天錦 二十三年乙未登朱之蕃榜廷試三甲一百四十五名有傳
張于階 甲午以詩經中有傳
任遇隆 三十四年貢有傳
魏珩如 二十五年丁酉以詩經中第八名
何夢周 三十六年貢有傳
魏說 二十六年戊戌登趙秉忠榜廷試二甲五十名有傳
汪良 丁酉以軍籍中貴州鄉試官知州
孫承烈 三十八年貢

張于陛 字青如三十一年癸卯以詩經中二十四名舞陽知縣
米濟世 四十年貢永州教諭
魏珩如 二十九年辛丑登張以誠榜廷試三甲五十名有傳
王台彥 癸卯以詩經中有傳
費裕德 四十二年貢
熊崇 字德門癸卯以易經中
但維節 四十四年貢訓導
張時熙 癸卯以軍籍中順天鄉試
龔逢曆 四十七年貢湯溪訓導

劉朝薦 字開受三十四年丙午以詩經中十二名
馬宗儒 府學貢樂會教諭
宋時魁 三十二年甲辰登楊守勤榜廷試三甲六名有傳
饒若蒙 丙午以詩經中有傳
羅晃 四十八年貢湘鄉教諭
張時雍 丙午以軍籍中順天鄉試
謝三進
魏詔 三十五年丁未登黃士俊榜廷試二甲二十名有傳
任經世 三十七年己酉以詩經中十八名有傳
但維簡
魏栗如
徐鳴玉 己酉以詩經中有傳
鄧士望 有傳

			王學孔有傳
		黃圖昇四十年壬子以	謝思廸
		春秋中第一名有傳	謝思相
		王鼎彥	龔逢堯盃都主簿
		壬子以詩經中有傳	鄧士元
	張時雍四十一年癸丑	龔逢祥四十三年乙卯	謝白治
	登周延儒榜廷試三甲八	以詩經中有傳	謝廷蓀
	十二名有傳	鄧日崇字峻生乙卯以詩經	魏許寧羌州判
		中官江西贛州府同知	謝增
		米良崐四十三年乙卯	馬天銘有傳
		以詩經中有傳	劉調鼎俱萬曆中例貢
泰昌			劉光輝元年恩貢有傳
天啟		余宗字襄城四年甲子以	徐邦隆元年恩貢有傳
		詩經中十七名官工部郎中	李師綱二年貢沔陽州訓導
		龔維三字[illegible]以詩經中有傳	李甲四年貢
		鄧日芳字叢叔七年丁	余應治字進之六年貢
		卯以詩經中二十九名	魏方琨字越石例貢
		李軫丁卯以詩經中	張叔吉例貢

崇禎		四十五名有傳	謝爾煥例貢
		李甲三年庚午以詩	黃中通元年恩貢
		經中二十一名有傳	
		鄧之栴字京白庚午以	魏諶
		詩經中二十三名	三年貢平江訓導
		舒鳳池字湛遠庚午以	鄧日昌四年貢
		易經中五十名	但鼎
		李應謙字彥吉癸酉以	字象州六年貢
		詩經中崖州知州	雷御龍八年拔貢現任
		黃中通字理中丙子以	鳳陽同知
		詩經中朝邑知縣	古大復
		鄒振奇	字鉉一九年貢黃岡教諭
		字膺人己卯以詩經中	魏詒字穀生十二年貢
		謝胤璜	陳明廷字子介十四年貢
		己卯以詩經中有傳	鄒旻字秋生例貢
		黃鳴陽字山旭己卯以	楊濬
		詩經中當陽教諭	字孚明十五年貢
		馬淑昌	

字羿若壬午以易經中

鄒應錫壬午以易經中有傳

國朝

順治

張敔豁字奎明三年丙戌鄉試以詩經中

鄒大賢元年歲貢

張瑾光五年戊子以詩經中第六名

龔逢烈字無競副榜三次三年恩貢廷試考上上卷授知縣改授華容縣教諭

余開熙己丑乙未登史大成榜進士廷試三甲一百五十名現任吏部文選司郎中

余開熙字時純五年戊子以詩經中三十二名

饒弘人字能伯三年貢

唐徵汝字聲子五年拔貢有傳

馬淑昌壬辰乙未登史大成榜進士廷試三甲一百四十名商水知縣

任自弘字毅心甲午以詩經中現任靈寶知縣

丘今芳字芳遠五年貢有傳

徐淑嘉字爾會甲午以詩經中八十名

廖志鵬字翊漢六年貢

張瑾光十六年己亥登陸元文榜進士廷試三甲二百二十二名有傳

任崇字山宗甲午以詩經中九十八名現任鄖陽府教授

張奇勳字以定七年選貢

周成臣字魯生七年貢

徐淑嘉十八年辛丑登

謝紹慶字可庭八年恩貢

馬世俊榜進士廷試二甲六十四名現任羅城知縣

魏文煌字子章九年府學貢道州學正

黃金門字獻卿府學貢

龔維祚字永叔十年貢攸縣教諭

潘之禎字木仲十一年恩貢官楚雄知縣

駱中駿字伯顧十一年貢

張大綱字伯常十五年貢

龔瑾字伯懷十七年貢

沈芳嗣字聲遠十八年恩貢

康熙

任熙聯字公輅元年恩貢

鄧日章字君煥元年貢

方之煥字炳公府學貢

謝元覲 字用吉 三年貢

鄧蜚英 字羽上 邑人 巴陵貢

王祚壇 字煙非 丙午以詩經中第四名

徐維機 字鵬侶 例貢

黃錦 字蜀眉 丙午以詩經中

李萌 字仲復 八年貢

但近迴 字君常 十年貢

徐美大 字亦人 己酉以詩經中六十二名

徐美大 九年庚戌登蔡啟傳榜進士 廷試三甲五十九名

朱希若 字瓊夫 十一年壬子以詩經中二十名

龔璋 字玉特 壬子以詩經中三十三名

科貢志

武科附

明

萬曆以前無考

進士

舉人

張時麟 字季昭 蒲圻人 三十一年癸卯以錦衣衛軍籍中順天京衛武舉

張時麟 三十三年乙巳中會試武進士 官至鮎魚關參將

崇禎

馬際昌 字聘吉 三年庚午中式 官至副總兵

王武臣 字莞菴 十五年壬午中式 順治九年署安化縣篆 見任浙江遊擊

國朝

順治

張昇 時麟子 五年戊子以鑾儀衛旗籍中山東鄉試

論曰科貢之格皆可以得人而不足以域人也唐人優明經而劣進士歐陽重進士而輕經生是俱一偏之見而非有志者所以自奮于功名之路夫郡國孝廉之舉始于漢武元光而召信臣以明經爲郎則經學甲科之始隋置進士科而唐因之又有明經之選元宗移試禮部始有春官之試三者得人俱有懋建有明二百餘年三途並登蒲之縉紳繇進士起家者功名冏多赫奕矣然有以孝廉而躋卿貳者有以明經而

晉臺垣者若進士而位天曹于
國朝一劍見焉大抵賢能著績清白不滓皆可自致于顯觸而出身之自罔得而域也有志者其知所振厲以無負
朝廷造士之意焉可已

蒲圻縣志卷之八

辟舉志序

夫蒙金以沙固玉以璞珠之所生漩桓之淵而隈澳之下也彼奇材異能之儔其精華之蘊爲神明之所固護而秘惜未可以嘗格窺者亦若是焉矣則大破庸人之論開功名之門辟舉其甚盛典也哉我
世祖章皇帝御極以來雅意作人設科取士又
詔舉地方人材延攬山林隱逸之士登之顯秩其

佐昇平迄今思賢求治之意式光
朝野蒲制舉家應運而興者先後已濟濟稱盛惟
辟舉一例寂焉無聞將曩蒲碧巖書屋抱膝長吟一日駈車赴隴晉陟大司成如魏徵君其人者芳踪伊何在歟則有能卓犖自命以應
典朝闢門籲俊之求者謹撥管以待

辟舉志

明

洪武二年魏　觀徵聘有傳

李德庸屢徵不起至洪武十九年聘授訓導有傳

陳汝楫舉明經

黃師魯辟訓導有傳

燕遺民屢徵不起有傳

田　賦應求賢詔有傳

李　懋武昌府志載辟舉

六年何　爚舉秀才十七年復以明經薦有傳

馬　敬舉明經有傳

九年艾　觀薦授縣學有傳

十三年王德原舉聰明正直有傳

十八年王允茂舉明經有傳

任時用舉明經有傳

張志通舉明經授通州州判

龔　善舉明經名載武昌府志未詳何年

國朝

論曰辟舉盛典也蒲亦人材地也迺而上之何以僅見于明明何以僅見于洪武大約辟舉之制或行于開創之日而不必行于久安長治之時可偶行之以震發天下之耳目而不可常行之以更張一朝之規制書曰知人則哲惟帝其難之故敷奏以言明試以功車服以庸亦循循焉惟資之是求則與其神不測之權以破格用人不如循資考績拔十得五之爲愈也昔蔣濟遺衛臻書曰漢祖遇鉗徒爲上將周武拔漁父

爲太公何必守文試而後用臻答曰古人遺智慧而任度量須考績而加黜陟今子同牧野于成康喻斷蛇于文景好領異之舉開拔奇之津使天下馳騁而起矣此可謂通達國體之言也今卽一邑之中類推前代之制而所謂辟舉者曠世而僅見或有見于斯歟雖然我

國家凝庥啟運方將駕唐虞而軼子姒而所以神明其用人之道與天之所以篤厚其人材之意正自無窮固未可執拘牽之論以管窺天以蠡

測海也士亦修行于家求所以自致其身者而
已

蒲圻縣志卷之九

誥敕志敘

稽古盛治莫大于孝記曰大道爲公之世不獨
親其親故推恩以弘錫類之仁而敎孝實爲作
忠之本詩曰作召公考天子萬壽可見孝子之
敬親等于其君而忠臣之愛君即如其親應感
作孚千載同揆不旣較然哉
國家恩遇臣僚凡祿秩其身者例得
褒寵及于所生順天下孝子之心以崇酬德報功
之典旁推類引存殁均沾何其優渥也蒲自
鼎輿以來科第蟬聯縉紳鱗集其以奏最而沐
覃恩者行將旦夕待之而次第登之矣灑之
宸翰則絲綸寶之家藏則琬琰載之邑乘以顯揚
其光前裕後之盛事可不謂榮寵焉

誥敕志

明誥敕表 襲廕附

制誥　敕命　襲廕

洪武

- 襲廕：汪清 世襲官明威將軍有傳
- 汪旻 清侄世襲龍驤衛指揮
- 汪逈 清孫世襲
- 汪鏞 清元孫世襲

永樂

- 襲廕：漆承受 襲官千戶有傳
- 漆承春 承受弟承受無嗣以弟襲禁
- 漆景 承受侄調崇溪

正統

- 制誥：王允茂 偉之父 正統中 誥贈奉政大夫修政庶尹廣西按察司僉事
- 襲廕：姚鎮東 襲指揮

景泰

- 制誥：盧貴賢 中之父 景泰中 誥封奉政大夫刑部江西清吏司員外郎
- 襲廕：劉鐸 官指揮同知世襲有傳

成化

- 制誥：劉志清 鐸之父 成化中 誥封明威將軍母王氏封太淑人妻徐氏程氏俱封淑人
- 敕命：龔濟 廣之父 成化中 敕封文林郎江西道監察御史母曾氏封大孺人廣妻黃氏封孺人
- 襲廕：劉閑 鐸孫襲指揮
- 劉恢
- 敕命：汪勝 洪之父 敕封承德郎戶部山東清吏司主事
- 敕命：黃城 玹之父 敕封文林郎廣東道監察御史母熊氏封太孺人妻石氏封孺人
- 敕命：汪[illegible] 師古之父 敕封承德郎工部主事母李氏封太安人妻唐氏封安人

嘉靖

- 制誥：謝允騰 希儒之父 嘉靖中 誥封奉政大夫禮部郎中母崔氏封太宜人妻甘氏封宜人
- 敕命：廖漢 道南之父 嘉靖中 敕封承德郎翰林院侍講母黃氏封太宜人妻江氏封宜
- 制誥：馬文獻 緒之父 誥贈奉政大夫浙江僉事母王氏談氏贈宜人妻蔣氏張氏封宜人
- 敕命：汪軾 啟東之父 敕贈徵仕郎經歷母吳氏妻項氏俱贈孺人
- 敕命：張璽 東周之父 敕封承德郎禮部主事母陳氏封太安人妻余氏封安人

魏正蒙 裳之父　誥封中順大夫山東濟南府知府母李氏封太恭人妻劉氏贈恭人有傳
鄧友信 廷猷之父 十五年九月　敕贈承德郎戶部浙江清吏司主事母湯氏封太安人妻呂氏封安人

萬曆

謝明 鵬舉之祖 父萬曆初　誥贈通議大夫戶部侍郎祖母陳氏贈太淑人
王世廉 良謨之父 萬曆中　敕贈文林郎四川蓬溪知縣母徐氏贈太孺人妻馮氏封孺人
仵窨 以父瑜死諫受蔭官縣丞

謝寬 鵬舉之父　誥贈通議大夫戶部侍郎母張氏贈太淑人妻全氏封淑人
鄭琳 之亮之父　敕贈文林郎臨淮知縣母龔氏贈太孺人妻曾氏魏氏孺人

何珍 思登之父 十一年
謝三訓 師啟之父

誥封刑部郎中母黃氏封太宜人妻鄭氏封宜人
敕封文林郎陝西道御史母鄭氏封太孺人妻揭氏封孺人有傳

任洛 孝廷之父 二十一年　誥贈奉政大夫南陽府同知母任氏張氏贈宜人妻馬氏封宜人
謝鵬昇 承範之父 二十四年　敕贈承德郎吉安府通判母項氏贈安人妻陳氏贈安人

饒相 敬承之父　誥贈奉直大夫廣西賓州知州母楊氏贈宜人妻李氏封宜人
馬介 天錫之父　敕贈承德郎工部主事母黃氏魏氏贈安人妻魏氏封安人

謝鵬舉 承祚之父　進階資政大夫母全氏加封夫人妻馬氏封安人
魏科 珩如之父 三十年三月　敕封徵仕郎翰林院簡討母方氏贈孺人周氏封孺人妻謝氏贈孺人
謝承祚 以父鵬舉蔭官通判

袁盛 昭文之父 四十年九月　敕贈承德郎嶽州府通判母吳氏贈安人妻沈氏封安人有傳

宋維戔 時魁之父　敕封文林郎行人母何氏封孺人妻魏氏封孺人
周一鎬 于蕃之父　敕贈文林郎推官母游氏贈孺人妻詹氏封孺人

天啟

魏翼如 詔之父萬曆四十年九月已贈天啟三年三月復
鄧廷珮 吉亮之父 二年三月　敕贈文林郎肇慶府推官母田氏陳氏封太孺人妻但氏汪氏俱孺人

誥贈中憲大夫江西按察司副使母陳氏贈恭人妻龔氏贈恭人

周邦選 淳之父天啟四年　誥贈奉政大夫山東兗州府同知母曾氏贈宜人妻熊氏封宜人

饒敬承 孝蒙之父 六年九月　誥贈奉政大夫母李氏楊氏贈宜人妻宋氏周氏俱宜人

王學孔 良彥之父　誥贈奉政大夫思南府同知母但氏贈宜人妻魏氏贈宜人

崇禎

魏裳 說之祖父 二年三月　誥贈通議大夫戶部侍郎祖母劉氏贈淑人
鄧士毅 景之父 二年　敕贈文林郎贛州推官母龔氏贈孺人劉氏封太孺人妻劉氏封孺人有傳

魏彬如 說之父二年三月　誥贈通議大夫戶部侍郎母錢氏贈淑人妻宋氏贈淑人

國朝誥敕表 襲蔭附

制誥　順治　敕命

鄒守弘　應錫之父　八年十月
敕贈文林郎太湖知縣母余氏
贈孺人妻宋氏封孺人

襲蔭

劉洪魁　鐸之裔　康熙七年
部授武昌左衛領運千總

論曰立身揚名以顯父母孝之終也為人子者自通籍後受爵
公朝拜
命私室顯孰大焉第仰惟詔爵之意匪徒曰尊顯之已也顧名思義既有莫可逃之分尤有不容已之情所以揚王休而酬寵命者將遵何道歟使在上獲尊寵之報在下鮮赤芾之譏策又將安出也必俱求無憾于乃心也而後可以慰我二人故曰子臣一道也忠孝一心也榮親以實不以文斯顯親之美備焉矧由此傳之永久所謂立身揚名者且延為不朽之成憲矣可不勉哉

蒲圻縣志卷之十

宦蹟志序

宦蹟曷志乎官師為斯民設也則撫字教化之責歸焉矣蒲自孫吳至今
國朝沿革不一其制長屬不一其人然秩官之稱衆母師儒之稱典型者趾相接也特書之為後之教養斯土者勵前徽廣風猷于是乎取焉

宦蹟志 攝篆附

秩官列傳

三國吳 鎮牧

呂岱字定公廣陵海陵人初爲孫權幕府屬曹建安二十年督孫茂等取長沙三郡遷廬陵守延康元年代步騭爲交州刺史封都鄉侯進番禺侯黄龍三年召還屯長沙漚口嘉禾三年領潘璋士衆屯六口徙蒲圻四年討賊有功還上大將軍復還蒲圻乃分武昌爲兩部自武昌至

蒲圻爲右部岱年已八十清身奉公所在可述九十六卒子凱嗣爲副軍校尉監兵蒲圻遵岱遺令務行儉約

魯肅字子敬臨淮東城人體貌魁梧少有壯節好爲奇計事孫權爲贊軍校尉與周瑜共破曹操于赤壁後瑜病篤薦肅自代乃拜肅爲奮武校尉建安十五年晉秩漢昌太守屯兵六口威恩大行年四十六卒權慟之特至諸葛亮亦爲發哀子淑嗣爲昭武將軍督武昌嚴整有方幹

呂蒙字子明汝南富陂人年十五六時隨鄧當衝破賊鋒孫策奇之引置左右拜别部司馬後事孫權拜平北都尉横野中郎將偏將軍魯肅代周瑜之六口遇蒙屯下蒙爲畫計肅大嘆服曰吾不知子明才略乃至此肅卒拜蒙爲虎威將軍屯六口倍修恩好晉秩漢昌太守封孱陵侯食下雋瀏陽漢昌州陵諸邑年四十二卒今縣治西南五十里尚有蒙所築城相傳曰太平城云

陸遜字伯言吳郡吳人初事孫權爲幕府屬曹拜屯田都尉呂蒙至都權問誰可代卿蒙曰陸遜意思深長才堪負重觀其規慮終可大任乃拜遜爲偏將軍代蒙鎮六口晉秩宜都太守撫邊將軍封華亭侯後領荆州牧改封江陵侯黄龍元年拜上大將軍赤烏七年代顧雍爲丞相年六十三卒子抗襲爵

程普字德謀北平人也從孫堅孫策征伐屢立戰功策嘗攻祖郎大爲所圍普與一騎共蔽扞

策驅馬疾呼以矛突賊賊披靡策因隨出後從討劉勳于尋陽進攻黄祖于沙羨策卒與張昭等共輔孫權與周瑜爲左右督破曹操于烏林又進攻南郡丞曹仁拜禆將軍領江夏太守治沙羨食四縣普性好施與喜士大夫又年最長時人皆稱程公

唐　令長

鄭元璡鄭州滎陽人漢大司農當時之裔魏鴻臚少卿胤伯之元孫也唐武德初平蕭銑郡縣

湖南元璡首爲蒲圻令時値西䖍水淤洳疏請改于鳳山監地建署宇開學校闢土田定經制厥功居多子楚碁爲青州司馬厥後族冑入相者九人

宋　令

朱壽楊州天長人紹聖中爲蒲圻令邑人張挍撰學碑記云蒲學官創于宋紹聖間大成殿爲令尹朱壽建壽興文教民俗歸厚官至少卿

簡世傑字伯俊江西靖安人隆興元年進士初官靖安司理參軍范成大器之薦爲蒲圻令政本豈弟行之以信不設科條民不忍犯擢知賀州

汪泳字若游徽州休寧人乾道五年進士歷湖口縣主簿淳熙十五年擢知蒲圻創建學校政聲藉甚上言王者仁政必自均力役始孝宗嘉納之遷大理寺丞出知泰湖處三州轉中奉大夫封休寧縣男子棐龔蔭

薛儀老溫州永嘉人端平三年授蒲圻令嚴明精敏作新學校先是紹興末有同族季宣者令武昌行保甲法便于民儀老悉倣而行之政通民和三年有成邑人張挍撰文紀之

元　尹

王斌至元三年爲蒲圻尹與丞簿協恭出治加意學政行鄉飲酒禮五年學宮成丞鄧仔撰文紀之

韓世輔河南人至正元年爲蒲圻尹以儒飾吏

明恕清通凡編戶籍定差法惟公惟審聲華藹
甚乃建敬德堂于學宮邑人何天駿撰文紀之
譚天祐字壽夫茶陵人至正末由薦舉爲令臨
民惠和檢身兢慎擢知湘鄉州

明知縣

柯日新平梁人元至正二十四年甲辰明太祖
親征陳友諒湖南平乃置郡縣選用賢良命知
蒲圻事時干戈甫息民多逋竄日新憂勤立政
撫綏傷殘招集流亡墾闢艸萊疆理土田躬督

耕桑民咸襁負而至乃創宮宇建廟學置郵傳
治橋梁唐岳撰文紀之
丁士梅洪武初爲翰林院編修明太祖軫恤民
隱特令侍從出理州郡授知蒲圻立政陳紀敘
倫奠麗文教丕敷魏觀贈以詩
李居仁山東人洪武十年銓知蒲圻涖事剛決
威而不猛興學校徙壇壝神人咸奠上下允孚
民之從之不假督責趨事罔後以廉慎稱者居
仁其最焉

黃廣字業廣福建同安人國子生洪武二十五
年銓知蒲圻儉約沉毅外和內剛一介不取于
民故民就之如父母凡治頑民必諭以利害俾
知自改怙終不悛則痛懲之時遭旱禱雨輒應
且多獎掖士類不事矯飾永樂五年擢知德慶
州
錢昭字魯麟山東鄆城人國子生洪武二十九
年銓知蒲圻剛毅果斷不阿私好周知閭里利
病興革悉中機宜凡給餽餉督征輸理營繕百

廢具舉而民不擾六載考績以憂去
張煜字孟晦古田人翰林學士以寧之子以寧
出使安南子知蒲圻宋濂有序文
吳僎字敏德四川安岳人國子生初任無爲州
幕永樂五年御史徐鑑薦知蒲圻平恕廉潔不
迂不苛未嘗峻拒于民民自廸教手植松于學
宮之東民稱之曰一坡松云子存性以本邑籍
舉湖廣鄉試
高鼎洪熙元年銓知蒲圻爲政簡重臨民寬慈

處僚屬以禮時有鐵丞預修大典陞秩之邑攸心贊政有若傅簿宅憂之家厚致賻襚王愷撰文紀之

杜紳四川重慶人國子生宣德三年知縣事端愼淸介不苟取與勞心撫字民多德之卒于官

胡中字通德江西永新人舉鄉貢初任丹陽教諭正統五年擢知蒲圻嚴而不迫和而有體每集諸生講學考課因材授業多士用勸

葛鳳儀天津人舉鄉貢成化七年銓知蒲圻爲

政嚴明果斷民畏其威凡縣署學宮賓館神壇悉革而新之勤勞匪懈日不暇食功成暴卒

周洪字廷喆直隸上海人成化十七年進士明年銓知蒲圻督農種粟蓺麥植桑麻令婦女業紡績治縣皋土田高燥者造筒車灌溉民賴以足衣食又置號房及各鄉社學每學置田三十畝令生徒父母合力耕收復其差徭收穀以爲教讀學俸創義倉六所儲穀三萬石至正德初邑大旱民賴以生凡民有率教者勸之不率教

者戒之邑有奸頑大書其門雖權右不避民大感化徵拜監察御史

羅列字天爵廣東南海人弘治三年進士明年銓知蒲圻宅心博厚發政慈祥愼律令精書算立條約尚寬簡置惠民藥局給藥療疾若痌瘝乃身民不忍欺三年政成徵拜御史擢守漳州終福建參政年踰九十卒

徐淮字百川廣西桂林人弘治九年進士初授溧水令十八年改知蒲圻爲人溫厚和易値逆

瑾柄國太守某工媚徵派淮外不忤而中有條理民賴以安擢通州

張珮字儒佩江西新淦人舉鄉貢初任崇陽令正德十一年改知蒲圻爲政剛毅規畫有法凡土田廣隘戶口多寡各集其數編糧日類冊以稽田賦編丁日卯頭以均差徭編甲日綱頭以通供億編戶日團保以詰奸蠹于是黠吏頑民豪宗巨族咸知斂畏鄰境被化臺郊交薦徵拜工部主事珮號南齋兒童咸知名時有巨寇羅大洪賀璋分據蒲嘉都御史秦金檄

珮檜之上
其政最

李邦字鎮卿四川巴縣人舉鄉貢初授江陵教諭正德十六年擢知蒲圻率由舊令張珮法事上以禮馭下以威民亦宜之擢知徐州

韓宗堯字仁卿廣東番禺人正德中由郴州學正陞知蒲圻廉勤寬緩調安仁以直忤當道棄官去士論高之

范言浙江秀水人進士正德間任蒲圻令正直耿介不附權貴未久調去

方一桂字世芬福建莆田人嘉靖二年進士明年銓知蒲圻為政簡肅振頹葺陋煥新文物彬年政成調宣城後拜監察御史

吳本固字道深河南商城人嘉靖八年進士明年知蒲圻性行端實政尚體要初至即條上十二事一曰據丁糧以辨里甲二曰重委任以編徭役三曰省科派以節民財四曰捐不急以蘇民困五曰除積弊以均勞逸六曰禁公差以革騷擾七曰復社倉以便斂散八曰修橋梁以利濟涉九曰立鄉長以息訟端十曰類錢糧以免貽累十一曰體民情以宜丞遞十二曰處河泊以充課程上臺咸嘉納之薦剡交至陞戶部郎中

李桂廣西全州人舉人嘉靖二十三年令蒲寬厚平恕加意撫循時連年大旱親詣各鄉勸借富民穀數千石民賴以生陞蘇州府判去任後邑父老有談及流涕者

高邦佐浙江烏程人由鄉舉嘉靖四十三年知蒲圻廉介不畏強禦公事多捐已俸不倩派里役催科以時不准私封而解糧亦自不累之宦不攜妻子惟僕從一二人陞知平度州

陳履字德基廣東東莞人隆慶辛未進士令蒲平易近民重禮紳衿薄厚篤實人稱為長者調休寧去之日哭聲載途立有去思碑

胡其高字汝升四川井研人辛未進士萬曆二年自蒲城調補蒲圻令邑舊無城市居曠若野外暴客猝至無備初築城四面屹然士民賴有

寧宇令城名曰胡公城修城之日獲有異應非
詳修城碑記中立有生祠在迎薰門內碑豎數
座以紀其德政云

章嘉禎字元禮浙江德清人萬曆庚辰進士爲
蒲令以經術飾治與弟子員解經談文至日中
方散毀邑淫祠邪俗一變時奉旨丈量公平自
矢期爲蒲圖永利值父卒于途即日棄官去惜
業不竟蒲民無不追思者後陞吏部主事官至
通政使

高舉字鵬程山東淄川人庚辰進士自完縣調
補蒲圻性嚴明諳時務摘發奸伏各得其情徵
拜監察御史官至浙江巡撫副都御史立有去
思碑

吳弘濟字汝楫浙江秀水人丙戌進士知蒲圻
值戊子己丑連歲旱饑捐俸賑療不遺餘力訪
積盜汪若海等笞之立斃作興學校立書院人
文丕變士民誦之徵拜監察御史立有去思碑

倪斯蕙字禹同四川巴縣人壬辰進士令蒲宇
度凝遠才猷明達清而不刻嚴而不殘勤于課
士精識鑒建立社倉簽里甲除衙蠹正風俗載
在所著治蒲政中父老云百年來賢令當以倪
爲首甫七年之內蒲無冤民公庭肅然訟亦漸
踈胥吏日求解役丞尉不闢片檄內召觧任之
日溪山窮谷聞者莫不奔送流涕旋立去思碑
生祠擢吏部主事官至戶部侍郎

王之俅字世望四川遂寧人戊戌進士任蒲圻
令爲政嚴肅胥吏凜然差役不擾鄉村給孤賑

貧陞刑部主事立有去思碑

汪有功字祖信直隸歙縣人甲辰進士令縣明
敏峻潔甫任即訪積盜數人杖斃之萑苻無警
聽訟片言而定人服其才識丞貪戾屢諭不悛
自按臺斥去通邑稱快任滿拜南京監察御史
立有去思碑

張光前字爾荷山西澤州人庚戌進士三十九
年任蒲立躬端肅爲政精明決斷如神洞燭民
隱時值大造清冊士民稽攷版籍照田尋米照

米尋戶逃戶詭寄秋毫畢照富豪里役絕不敢欺編造稱平無擾補之害尤好闡揚幽隱奬拔士類革弊蘇困四年之間頹廢俱起以艱去蒲人士痛哭不忍别郎立去思碑建生祠至今追思無已後補安肅擢吏部主事陞大理寺卿

顧其仁字湛一四川華陽人癸丑進士萬曆四十二年任知蒲圻俊邁英發作興學校未幾以憂去後補東明縣擢給事中

宣大勳字蓋孚雲南蒙化人癸丑進士初授黃

安調蒲圻吏治明通才情豪邁邑西北磐石湖水漲浸禾民鮮收穫申請于上出公資修築堤防綿亘十里自是不復有水患名宣公堤任四年卒于官邑人于堤上立像祠祀之

吳炳字可先直隸宜興人巳未進士四十八年宦蒲氣度温和才猷整飭斷事明慎人不敢欺造士會課月給供饌毫楮梓文示勸得雋者多出門墻復鄉賢名宦基址剏立祠宇凡爲民興革者捏力是視值編審凡戶口登耗畢晰洺最宜民與張同稱撫按屢薦循良第一任滿立有去思碑生祠值天啟中宜興人俱獲戾陞刑部主事調工部陞福州府知府官至江西提學

尹洗字宇新直隸安肅人壬戌進士初授祥符縣再補任蒲圻性眞率不事緣飾理訟獄遇枉曲者輒動色以天理良心四字爲諭值二王之國迎送奔疲洗以身先蒲民得便建魁星閣于學宮前捐俸煬王樂觀其成甫再朞調洛陽擢給事中

林增志字可任浙江瑞安人戊辰會魁本年任甫下車明理學以振人文勤愛養以奠民命申禁約以正僚屬修學宮備祭器纂邑志築堤梁治候館清刑獄賑饑療疾高壘治兵法之載與制者無不舉事之因時起者無不正勤課多士公餘校閱所拔皆知名刻文珩甲乙集當轄領之各屬爲作人式前後儁者多出其門古人所稱以經術飾吏治可謂備至爾矣五年薦剡交至特奉內召蒲人士爲立碑建祠值崇禎中有

詞林必由推知之命遂以考長陟翰林院編修癸未分典會闈一時稱得人焉明年遭李自成之亂被執不屈榜掠備至晏如也（載明末國變錄）相傳旋里隱四明大梅山遊方之外至今蒲士民思之稱道弗絕（在蒲刻有邑志文衍甲集乙集戒殺牛文好生會錄及功過格宗門諸書藏縣署兵燹後悉散失）

曾栻字季子江西臨川人即陳際泰所亨其兄弟合刻稿中云其年最少才最高與泰好爲奇放者也由辟舉考授蒲令崇禎十二年八月視

蒲事涖任初以正奇今古四案課多士臨事明決有體要時寇氛交訌軍需旁午一以息事寧人爲本務軍門取戰騾以非地產謝督師取運夫以驟金代募請當路覘其念切民依無不嘉納者癸未春獻賊破蘄黃訓練鄉兵簡武學生侯定國爲卒刻意城守及六月初一賊破會城遂請援于治院李檄副總何日德帥所部來守蒲以游擊鮮傳二弁兵隸之合鄉勇得勁卒三千人措畫芻餉城守之志益壯賊自蹦黃以後所至彼竹及是咸寧嘉魚已設僞職栻獨傳檄討賊稱督精銳萬數初賊以輕騎百人歪問道偵蒲猝至河北栻揚兵沙磧命侯定國發三矢摧其前茅鄉勇奮出賊驚遁月餘不敢逼城七月十一日賊整大隊稱二十萬嚴陣四集官兵潰走栻單騎追請擊賊憤懣墜馬氣絕暴卒王墩廟鄉民吳珊瘞之廟側爲艸蕝以識其迹（臬司洪區旌珊云今之豫讓）訃聞故里其子來蒲發塚遂斂面邑如生通邑哭奠柩行祖祭如市撫軍以狀聞

贈卹有加明令之自朝除者至栻以死事終嗚呼烈矣

國朝

戴成名字泰宇遼東開原人由丁亥貢士辛卯季冬來知蒲事明年壬辰夏大旱齋心步禱秋穫僅半然民諒其心又時方用兵南征檄催餉米甚急時米艱于餉或有勸封富民倉庾者峻拒之單騎徧諭士民以抵餉正項得所請于當事民不擾而事集人服其才凡大兵由會城來

者抵城下即迎犒之申諭以
朝廷禁令譁者鞭之其决訟以情馭下以法人無
從伺其喜怒且待士有體留意作人立義學聘
宿儒爲之師實行喂走之令而郵政舉實行均
里之法而賦役清人服其嚴且公而有體也雖
科甲廉幹者寧復過是薦最再三內徵有期不
幸以疾卒旅櫬歸時衣衾弓矢數具而已邑人
爲立思去碑思其去而不返也于
國朝循吏戴爲首稱云

任迺昉字聞城四川閬中人順治十五年應會
試
世祖章皇帝慮制科貢舉非人是科闈中法制倍肅
四書題出
宸裁親定故一時所得皆海內名士昉以是科進
士辛丑知蒲宅心坦易雅量併包適際連歲豐
和雖徵索相續調發時多民力可支呼應亦便
利導之而已至民間大獄稍有疑竇必矜釋之
九年之內未嘗斷大辟一人故鍛鍊周內之法

置而不用豈非太平之世之循吏與 內徵旣
行以疾卒于 京師論者悼之

攝篆

明

葉文懋字汝功浙江龍游人以萬曆壬午鄉貢任武昌同知己酉冬攝蒲圻縣事清愼明潔政治有聲尤好親賢嗜善著有省身日錄士紳誦之後立去思碑攝篆有碑自文懋始

曹應聘字覺菴山東滕縣人天啟中以貢任知咸寧甲子冬署蒲事峻肅勤敏屹然不搴才猷手度人多畏服賑恤饑荒民甚賴之後陞慶陽

同知

國朝

劉禕字廣益陝西中部人丁亥進士辛卯以撫察司知事委攝蒲篆承闖冦之後知錢糧侵欺之爲國害里甲重耗之爲民害也銳意釐剔七年之夙弊一清舉頹蔬滯民風翕然臨事明決如行鏡中代庖罕見者

丞尉

唐 丞

李必聞太宗子蜀王愔之後左金吾倉曹叅軍之孫穀城令從簡之子也元和中爲蒲圻丞厥有惠澤民謳歌之擬諸召父云

鄭光系鄭州滎陽人丞年令知十之孫金鄉令令則之子也開元中爲蒲圻尉政績卓異

宋 簿尉

舒邦佐字平叔江西清江人淳熙八年進士授

蒲圻簿先是同邑簡世傑爲令有惠政邦佐克紹厥美勤恪有聲遷衡州司錄

趙方字彥直衡山人少從張栻學由淳熙八年舉進士謁劉光祖請書勤謹和緩四字揭之座隅初授蒲圻尉疑獄多所委決嘗曰催科不擾是催科中撫字刑罰無差是刑罰中敎化人以爲名言累官刑部尚書京湖制置大使端明殿學士正議大夫封長沙縣男寓蒲圻開第于梅隱坊子四人董蕤范葵

、陳慶勉字志問嶶州休寧人紹定五年進士授舒城尉歷監華亭鹽場遷韶州節推淳祐八年調蒲圻尉湖北漕使蕭逢辰舉之曰性資純恪學問老成擢第二十年一寒自若邑民歎服有清淨無欲之化寓蒲圻四載後轉漕使通判武岡軍

元丞簿

鄧仔至正十五年爲蒲圻丞富于學問嫺于詞令有古人風時縣尹王斌修學宫成仔撰文紀

之

侯玉字德潤濟陰人號梅軒至正十八年爲蒲圻簿守巳儉約居常紙衾菜飯涖事撫民類多仁愛邑之士民頌其德政形之聲詩後遷建昌經歷舊志載詩云紙衾清勝蘆花被菜飯香于苜蓿盤可以覘玉之介矣

明丞

爾朱欽字敬伯陝西富平人洪武四年進士是歲宋濂爲會試考官魏觀孫吾與爲殿試讀卷官明太祖親製策問試以敬天勤民之務欽對稱旨即銓蒲圻丞洪武辛亥錄欽中陝西鄉試第一會試射禮論得旨

、戴城字邦固浙江青田人洪武十八年進士初授蒲圻丞涖邑訪名儒作文教建讀書樓與諸生講明經典且贊理庶務撫善鋤奸雅弱欣戴豪黠屏息二十一年擢戶部員外郎

、汪顯號遲鈍直隸婺源人由貢士弘治四年銓丞蒲圻律身清介資性慈祥理軍匠築渠堰務

以德興治嘗憫愚忿因刑欲其崇讓自平遂口占聯對揭示鄉城云今日刑明日刑何日無刑東家讓西家讓誰家不讓民允佩向化焉尋卒于官父老悼之

、程夢麟江西彭澤人萬曆末爲蒲圻丞謹愼和易厥有聲稱著有字學諸書刻書勸化鄉民陞靖州參軍蒲人感之爲立去思碑丞有碑自夢麟始

杜開蓋字牧公浙江鄞縣人由保舉銓蒲丞今

凊自砥守正不阿佐理游刃未嘗曰丞負予也
歷攝本縣大冶黃陂邑篆所至政聲藉甚任滿
擢平江縣令

補遺

陳克敬寧德人萬曆中以選貢銓蒲丞時縣令
張光前政治循卓克敬恪共厥職一時稱正佐
得人

國朝

師儒列傳

宋

李洪嘉熙三年爲學正令尹汪泳肇剏學宮洪
與直學宋侃陳圭學諭宋偲雷益明併謀協力
捐帑庾節浮費以成厥美

元

朱公明至元三年爲訓導令尹王斌載剏學宮
公明與學正劉昭董奇發黃元善任其事暨工
告成行鄉飲酒禮邦人感化

明

唐岳字孟申平江人僑寓蒲圻其學浩博爲文
冲澹縱逸殊可誦說洪武六年舉明經任本庠
訓導惓惓訓廸士心翕然
馬敬字文安其先山東人從兄宦遊寓蒲脫略
世故遂心于學獨涵理性興之所寓發爲詩歌
清逸秀拔洪武六年舉明經任本庠訓導十八
年請老于家祀名宦
艾觀字用賓邑人洪武九年舉明經任本庠訓

導以身立教士知取則十八年辭秩寧居與物無競

任時用字行遼邑人洪武十三年任本庠訓導性資端慤開諭有方十八年覆舉明經授知歸善縣

、柳潤民洪武十五年任教諭根究理性開設科條肇興文教十八年敕天下府州縣學各舉明經一人潤民首薦王允茂以得人稱

李德庸洪武十九年辟爲本學訓導詳列理學傳中

、朱鑑字用明福建泉州人舉鄉貢永樂十五年任教諭廸教有方學者信孚值歲大旱率諸生躬自虔禱大雨如注民咸賴之奏最拜監察御史累官至都御史

黃純字粹中直隸全椒人永樂十五年舉鄉貢初任輝縣教諭改調蒲圻持已剛毅施教嚴明拜兵科給事中轉江西僉事提督學校

、黎公弁字之冕江西臨川人舉明經正統九年授臨穎教諭再諭蒲圻來典文衡博物治聞立其教條約必以身先每漏下至二鼓課諸生誦習雖祁寒暑雨不少倦士習丕變所著有蒪川十六詠世傳誦之

、蕭子楫江西泰和人舉明經正統十二年任訓導律身清介誨人恭謹撰蕭堆賦以激勸來學學者誦之不忘奏最遷金華知縣政聲益播

胡寶江西南城人舉鄉貢正統十三年任教諭善誘掖士多悅從凡學舍頹圮即捐俸修葺後遷陜西教授

、曾彛字時彥江西泰和人舉鄉貢景泰六年任訓導學優才贍釋疑辨惑諸生環聽多所資益後遷贛榆教諭

鄒肅徽州祁門人舉鄉貢弘治初任教諭天性穎悟學行純篤汲引後進作其勤勵其情周其空乏之士到于今稱之

、辛懋四川內江人舉鄉貢正德六年任教諭爲人不事矯飾直見本眞時訓導某者剛愎肆侮

順受不報有長者風其所獎援悉多名士後陞鎮江府教授

馬進階四川内江人舉人任教諭性溫和無矯飾嚬笑不苟陞襄陽府同知

、林民止福建莆田人鄉貢任教諭歷落豪邁能詩善八法諸生咸受啟廸居恒鼓琴繙書翛然有遠志登萬曆甲戌科進士官至知府祀名宦

馬斯良建水人舉人萬曆中署蒲圻教諭爲人端方簡嘿課士行誼必先每論文藝務以聖賢

大學之道垂訓士子至今誦之

李世蕃麻城人由鄉貢署蒲諭氣節毅然諸生有枉抑事力爲白之不拘小節若無意禮法而大事不踰閑神氣豪舉足消人鄙吝任滿擢國博後陞郡丞

、蔡士用字汝賢邵陽人萬曆三十四年任蒲圻教諭褆身耿介接人和易士無豐約槩遇之取予之節一毫不苟闢賢辨抑明目敢言諸生越禮者正顏責之不少假借陞德安府授去之日鄉紳門士祖餞郊外冠蓋如林絡繹道路不忍別去觀者無不嘖歎謂數十年來未見之事立碑紀德于宫墻道右題曰泮水甘棠謝鵬舉撰記師儒有碑自士用始

邢懋才黄梅人任訓導遇名流悉物色之所得資俸輒以散之諸士識黄圖昇于諸生中期以解額果如其言

周延申蘄水人萬曆中爲蒲訓巨族宿儒慷慨有義氣讀書課士不憚勤苦陞略陽令

劉秉鈇字寬伯黄州府廣濟人太僕卿天衢之伯子爲人狀貌魁奇風華藻雅以貢補本學訓導冲襟素韻不以諸生貧富作青白眼遇博物閎覽者輒相與把臂跌宕揚搉今古尋陞巴東教諭所著有隱弇齋古樂府三晉紀遊及蒼川等集行世

、李不伐山東壽光人萬曆末以鄉貢署蒲諭性方介無阿狥遇祭必夙戒竭誠無苟督諸生執事有恪舊衙舍在啟聖祠後每出入必由之且

脊因以奬慂者不伐捐俸創署于祠右不致褻
瀆神靈居二年以憂去後官推官
、張存紳字叔行華容人有書癖見金石圖書古
文奇字及稗官委巷之小說靡不綜洽至六經
子史則腹笥便便談者輒折其角而去以貢補
本學訓導即苜蓿清苦日事較讐每跨欵段命
一奚童背古錦囊自隨所收得異書甚多著有
雅俗稽言尊卒學舍命以所著書枕籍木中士
論悼之

、黃衷赤字元敷直隸宜興人舉人崇禎九年任
蒲諭有儁才爲人坦易溫粹造士勤敏時知縣
林增志銳意作興衷赤與之同心克供厥職修
飭學宮堂廡爼豆盡爲一新林侯嘉之有記侍
二親耆耋承歡不怠御史宋薦云衡文士子傾
心奔行可表天日青氊中有此眞法物矣四年
、請假歸
爵中天字帝初黃岡人由天啟辛酉鄉薦齊安
通籍者以甲乙科爲輕重中故遷延至崇禎丁
丑始借一氊意慤如也諭蒲庠雅度冲襟德造
歲承奬掖與諸生較讐論文無虛日亟以行誼
相勸勉薦紳先達及庠士無不服其德範者庚
辰仍下第辛巳陞國子監學正

國朝

教諭熊世謨字懷菴順治戊子鄉試第三名江
陵人以名魁韶年虛衷坦度諸生有執經請益
者尤樂爲勸進嘗曰士有經世之志者必由科
名有科名之志者必由制舉義恒以精心傳授

規摹先正爲諄諄也其樂稱人善不欲聞人過
尤長者風登巳亥科進士銓廣西宜山令
程良愷孝感人順治甲午鄉貢諭蒲丰度端凝
視躬清慎日就附郭山菴稽古考藝不屑屑於
務其簡重有足風者癸卯聘試雲南所得悉名
士甲辰登進士殿試二甲
訓導李偁荊門州人由歲薦其任事修學補葺
文廟及布砌圜垣措設門屏特修名宦鄉賢二
祠以肅祀典諸不假他手省浮費課實功再捨

工僅藝事以勸居恒課士解經與會風雅多所
題咏有名流風味孝奉裁去紳士咸稟詩製錦
頌修學功以榮其行

論曰夫所謂宦者宦于其宦乎宦于其地乎
如以地也則脂膏當能自潤矣如以官也則
膴仕當有捷徑矣乃君子論世知人設官有
長有屬歷代因之及列傳所載特書其長其
屬無貶詞焉表影之符也若特書其屬不得
引諱尊之義難乎上矣倘使長與屬俱得備
書豈不足見上之主臣一德下之大法小廉
爲能造樂利于無疆歟嗚呼後之視今亦猶
今之視昔當于人鑑其在斯乎

蒲圻縣志卷之十一

人物志序

春秋之旨彰善而隱惡然有大書有特書有不書存去之中而予奪寓焉巳第其中無溢美無遺德一出于至公所以嚴論定而明彰癉之權也苟有可書固無論名位爵秩之崇庳用舍行藏之幽顯故凡高風峻節殊才碩行其流風逸事但應網羅無遺蒲川山水清勝人物挺生理學濬濂洛之源文章擅燕許之手經濟表乎旂

常忠義光于日月與夫行誼卓犖才品優長固班班可紀巳世易風移典型尚在若夫功在邊彊斧隆庭内閫幃淑懿方外幽奇亦採風者所必及也故得併而識之以貽後之考鏡焉

人物志上　理學　經濟　忠烈　才猷

理學列傳

元

黄溥字彦傳至元元年中鄉試授慶元路鄮山書院山長爲人敦樸學知務本言動不苟得聖賢大學之道士子則之

宋愿號文齋其先自宋季徙蒲卜居于蓴塘之龍窟潭愿生而穎敏力學不倦崇尚經術至忘寢食皇慶中初授濂溪書院山長轉澧州學正

所在有聲

明

王允茂字才英居縣東積慶坊自少嗜學通經善吟詠一以道義自處未嘗苟合流俗險易一致士類嘆服與兄志學相友愛弟子從受詩經學甚衆號爲楚林先生鄉人皆化之洪武十八年被薦爲邵武泰寧知縣能勤其職歲旱禱雨輒應暇則與友人徜徉山水論道賦詩吏民愛之其卒也如哭其親有子愷傳詩經學舉進士

爲名臣解縉贊曰世多以經學專門不達于政理若王泰寧非以經學致用歟而又以傳其子與弟子視漢西都諸賢何媿焉 祀鄉賢

李德庸名弘以字行邑人别號斗室曾祖義山宋咸熙進士祖智齊爲鄂州别駕庸幼嗜學讀書務探微旨及長力肆研討講明性理必達閫奥先輩推讓之洪武十九年辟爲本學訓導造就多士永樂五年典江西文衡得士蕭時中竟擢大魁及被召入内會皇儲監國進經筵講藝

稱旨遷國子助教陳足疾免朝叅十年致仕 祀鄉賢

廖清字源潔武衛經歷崇信之子也弱植清苦躬耕力學正統十二年中鄉試成化元年授武義教諭慨然思紹金華正學手錄金仁山許白雲及宋景濂諸集編輯誦讀雖隆冬酷暑不釋晚年所得益深子傳及佐相繼登第傳授刑部司務

廖俊字文英武衛經歷崇信之孫湯塘居士莼川之子也篤志力行以古人自期待景泰元年中鄉試授漢州學正西土鮮事文墨俊一日造開元寺聞諸僧誦經音韻朗然嘆曰茲不踰于庠生乎乃擇其年幼者四人趙杲方璧周冕張敖置之先聖堂朝夕誨之後杲舉進士璧冕俱領鄉薦而敖亦起貢爲府通判至今漢人稱其德不衰再調嘉定手植海棠每歲賓興以花盛開爲驗門下士如劉肅劉介童瑞諸人多躋顯榮晚歸結廬芙蓉山脩然自得所著有芙蓉百

詠子漢弘治癸丑進士孫道南正德庚辰進士

胡堯凱字廷和號石泉右方伯堯元之弟也父文以鄉薦爲四川成都府司訓公與兄堯元未嘗一試外傳髫弁名動一時中正德癸酉鄉試博覽墳籍崇尚經術怡情山水之間一舉後遂高尚不仕究心理學遊嘉魚李大崖之門學者稱之益淵源于陳白沙云 祀鄉賢

魏裳字順甫從仲父遊太學則已讀周禮左氏國語及唐李杜名家言矣居恒謂生當以三尺

素豪于古人間安能吾伊學官語耶十六試諸生高等是時廖太史鳴吾家居觴諸生而太史雅自負博而辨又貴倨也所引說經史連柱諸生尸獨裳避席奏對不窮又所請益時時出其表太史自失曰何物少年乃爾足三冬耶諸生亦大喜謂阿游胡渠使五鹿少府折角也蓋又十餘年而舉鄉試又四年而成進士授刑部山西司主事請急歸復守故官始與王元美及李于鱗輩遊而好爲古文詞裳自以才不稱諸子

益自刻苦晝從曹中治司空城旦小間即開卷非夜分弗釋也而會母李恭人疾裳廢寢食而侍者月餘搏顙籲天者無數以是亦羸困而李恭人竟不起裳痛哭不欲生一夕亦絕且而蘇時同年李師孟吳明卿視之裳張目曰得從先恭人地下無恨以後事累二子二子曰咄嗟不有而翁在耶裳乃稍稍就粥飲杖而起服除當補官三月餘不報人或謂裳不當有所造請耶裳笑曰我一款段馬不數步而僵且歸矣亦不

知何門可造請久之復補山西司裳凡三爲其司主事同舍郎皆後進据其上而其于推案文法無害咸拱手矣已稍遷員外郎郎中最後爲濟南知府時于鱗已棄官里居一切謝客裳三及門而不見以一蒼頭報謝人或謂曰與若部民胡倨也裳益往候之于鱗不自得乃出飲談詩甚懽裳性高簡亡所過從所過從必于鱗即非于鱗亦無他客也以是竟其任時或謂裳文章士心易之然其爲刑部甫莅事而寬大同參

議獄爭于其長及執政莫能難也决大獄江左登其情稍有聞者即爲讞語著于牘以授御史故于守濟南益敏練有聲是時寇蜂起齊魯間裳畫策誘誅其渠率數人而散其黨使歸耕曰汝第爲善不汝讓也所屬邑獨章丘腴而其人最苦徭賦則皆爲豪所侵裳奮身往悉逮豪寘之理于是伏田盡出而小戶大要得足食無困徭矣于是裳以最滿遷爲山西按察司副使分巡冀南道裳爲濟南三歲所得臺史薦凡六最

後一不當其意竟以指摘去副使歸久之有外艱而其毀加于哭李恭人時汪伯玉塡楚念欲搆楚史不就亡能當之者以聘裳既服除乃卽家開局集諸郡邑博士掌故手裁定之而先上其草伯玉伯玉讀敘傳雜論而喜曰班荀儔也所爲楚史凡七十六卷數十萬言而是時楚人何某亦爲楚史成俱上之臺或言二史當合者裳意不懌曰五邑有可合也者而淄白不可合也毋已則寧篋吾史乎及裳疾所繇心血耗則

以楚史故既屬纊謂其父子彬如曰數盡矣夫吾詩與文孰傳哉其屬之元美遂瞑得年五十八裳爲人溫溫長者湛于濂洛之學志在力行而性特介于取予辨毫髮不苟所善如于鱗明卿及吳與徐子與裳皆兄事之所最莊事于鱗裳所習自經典性理子史諸天官卜筮龜筴地理家言靡不精究其詩最善近體沈鬱勁壯有河朔風于文尤精刻削涔森森立不以藻競夫冶飾澹辭後靡爲市門椿者見裳可愧死已著有雲山堂集子樸如中嘉靖辛酉鄉試官至徵江守父子彬如萬曆壬辰歲薦官耒陽教諭孫說中萬曆戊戌進士官戶部侍郎裳以孫說贈如其官　祀鄉賢　本傳王世貞譔

王良謨字克訏號鏡水嘉靖甲子舉于鄉爲直隸元城教諭立教每先行誼所奬拔士多陟崇階尋以憂去起補貴池擢知四川蓬溪縣極意撫循德化所訖猾竊頓新創修蓬溪縣志建社倉二十餘所積貯備賑其民至今賴之臺薦十

有四滿擬召拜郎署爲同事者詭易已名使遷眞定府判聞報卽拂袖歸蓬人立祠尸祝焉生平守正不阿力行德禮尤好義樂施予置義田若干贍族額其莊曰景范撫從伯之孤如已弟邑有罪人不能輸贖鍰者公廉得其實往往爲代出之族里有婚塟不能舉者必厚周焉潔已修身深有得于學問之道撰愚得數卷邑人傳誦之卒祀鄉賢子學孔字泗源天性孝友父歸自蓬溪色養備至尤留心性命之旨不墜其家

學云孫台彥中萬曆癸卯鄉試鼎彥中萬曆壬子鄉試俱有傳

龔乾瑞字汝賢艮傳子垂髫穎悟爲文必根極性道柁山田文宗拔爲士儁徵入濂溪書院然性恬退以嘉靖二十六年貢爲霸州同知到任一日即挂冠歸顧聖之贈詩有云雄文獨抱千年恨畏路還多一日官家居觴詠自適課子孫必以禮法不欲失先世門風篤道甘貧待舉火者千數家不以空乏爲辭有貸必與之度不能

償不責也有司高其誼鄉飲嘗一再赴後竟謝不往年六十七卒子棻中嘉靖甲子鄉試孫逢堯逢烈曾孫維祚俱以明經爲博士有聲

經濟列傳

宋

趙葵字南仲忠肅公方之子也其先衡山人家于梅隱坊或夢南嶽神降于其家生葵葵穎悟絶人與兄范幼從鄭清之全子才李璠遊年十二三隨父方鎮襄陽同諸將扈再興輩衝鋒討賊志在匡世嘉定十年敗金將烏古論高琪于棗陽十三年敗金將阿海于唐州有功授承務郎十五年起復直秘閣通判廬州進大理司直

淮西安撫參議紹定元年知滁州與兄戮力討李全加直寶章閣淮西東提典刑獄四年獲全殺之進福州觀察使左驍衛上將軍召拜寶章閣待制樞密副都承旨六年授淮東制置使知揚州端平元年朝議收復三京葵上疏請出戰授兵部尚書京河制置使知應天府留守兼淮東制置使嘉熙二年加刑部尚書端明殿學士淳祐二年進大學士四年拜知樞密院兼參知政事封長沙郡公督視江淮京西湖北軍馬九

年特授光祿大夫右丞相兼樞密使信國公寶祐五年進少保寧遠軍節度使魏國公開慶元年判慶元府沿海制置使景定元年授兩淮宣撫使判揚州魯國公咸淳元年進少傅二年加少師武安軍節度使冀國公年八十一贈太傅謚忠靖兄范字武仲歷立有戰功煙端明殿學士京湖閫陝宣撫使知開封府東京留守按廖志云宋史趙方并其子范葵傳蒲圻學記人物必以其子葵爲首其事蹟在蒲圻亦多顯著

明

魏觀字杞山讀書蒲首山中構亭曰梅初陶然賦詠以寄志焉元呂忠肅公薦其詩稱賞薦之朝辭弗就江漢既平明太祖徵聘諸賢觀與青田劉基金華宋濂同謁上與語大奇之授平江州學正遷國子助教浙江提刑僉事吳元年改兩淮鹽運使入爲起居注一日偕待制王禕侍上問曰漢高祖唐太宗孰優對曰太宗雖才兼文武而于善未免矯揉高祖豁達大度規模弘遠以慈觀之高祖爲優上曰高祖之度人皆知之然其記兄嫂之怨封其子爲頡羹侯怨豐之叛不封雍齒不肯以豐爲湯沐邑其度亦未弘矣太宗規模雖不及高祖然能駕馭羣臣各爲已用及大業已定卒能保全功臣此則太宗爲優也洪武初建大本堂命觀侍皇太子說書暨受秦晉諸王經二年十月甲戌甘露降于乾清宮禁林上問災祥對曰帝王恩及于民澤被于物則甘露降陛下誕寬民賦衆庶惟豫底于敉寧神應之臻職此故也十一月冬暖如春上召

偕危素詹同吳琳宋濂遊內苑錫燕紫閣命各賦一詩以述君臣同遊之盛觀以詩獻上覽之大悅親製文序其事三年正月轉太常卿錫之制曰太常之職掌郊廟社稷山川羣神厥任重矣爾觀學行方正事朕有年屢持憲節振揚風紀及領鹽課勞積茂彰頃居翰苑日記言動朝夕之間屢進讜言朕心嘉悅七月命觀改定太廟祝文是月簡爲侍讀學士十二月辛酉編集大明志成以觀爲嘉議大夫國子祭酒宋濂爲

司業四年廷試進士觀與孫吾與王僎爲讀卷官乃得吳伯宗等一百二十人是年九月生考祀孔子禮稽緩乃謫觀知龍南濂知安遠未至邑卽召還以爲禮部主事錫燕奉天門上喜曰前日逐卿去今日與卿飲何其樂哉乃命各賦一詩五年三月上念姑蘇經張士誠亂邦靡寧宇廷臣薦觀往遂命出守既莅事懲陳寧苛政鋤暴樹良尊賢敬老聿興學較舉鄉飲酒禮徵郡賢王敵王彝張羽闕文學周南老王行徐用

誠與貢穎之定儀節郡多耆耋崑山周壽誼百有十歲吳縣楊茂九十三林文友九十二悉加賓禮躬餞諸郊觀者如堵時戎事甫戢百物咸耗乃能力培風教封部暐然課績居最上特陟爲四川行省參知政事蘇父老上疏願畱命觀還郡七年觀以郡舊治爲士誠竊據且地多水患乃修府浚隍御史張度誣其與既滅之基遂與高啟等俱獲罪上悔之命所在沿江致祭皇太子諸王哀賻有加云曾孫銘舉進士知溫州府銘之子曰頵曰頣曰頌咸舉鄉貢觀墓在新溪之燈窩山祀鄉賢　本傳虞道南撰

王愷字時舉號雲谷泰寧令允茂之子也永樂元年中鄉試明年登曾棨榜進士明太宗文皇帝靖難金陵廷臣舉愷授知江寧時百務倥傯愷處之裕如上聞其政聲命撫畿甸逋氓咸集一日上問戶部錢穀出納愷卽面對纖悉不爽既預修永樂大典晉左春坊左中允贊輔仁皇于儲宮漢庶人扈從北征陰謀奪嫡構陷宮僚

悉下之獄愷在獄十年與石首楊文定公泰和王文端公拘幽思鼓誦讀不輟仁皇登極同被逮者擢置樞要而愷適以母艱終制宣德初起復調補廣西僉事潯城土官盧氏與岑豹爭欝田州蠻奴黃佑強橫逼主岑紹奔南寧一時猺獞騷起爲亂乃遣征蠻將軍山雲御史韓偉陳汭同愷往撫愷宣諭威德土官効順思恩果化咸底于平又同御史陳衡捧檄綏勞貴州土彝勞勩茂樹五年如京師上嘉其政績賜遊後苑

觀元宵燈憶上疏陳六事特賜僉允九年征大藤峽襄翊有功至潯州建學宮炎徼嚮化正統四年轉廣東左參議往撫欽廉叛寇黃寬等事平刻石于招遠山上錫之制曰爾發身賢科擢任京縣載轉宮察陟佐外臺克効勞勩特授奉政大夫修正庶尹以示褒嘉爾其體朕至意以弼成國家之治五世孫基葺其所遺詩文數十篇名曰雲谷集 祀鄉賢 本傳廖道南撰

龔晟字德輝天順八年登彭敎榜進士初階拜

江西道御史敕巡直隸八府繡斧所至盜息民安按兩淮鹽艄奸賈無所肆其欺無何廣東寇倡獗又敕晟代巡晟至疏陳兩廣事不相協必建制府于蒼梧以大臣總督軍務兼巡撫庶東有警足以調西兵西有警足以運東餉上嘉納行之起復韓雍總制大破蠻荒自是將權有統兵力不分地方賴以寧謐無何又有浙西之命斥舞文蠹宿弊一時振刷不遺餘力來歸自浙天子倚重無何又拜陝西護軍之敕往時客兵所過殘破晟嚴緝申令旌旗變色市塗鷄犬安堵如故成化十一年孝宗已六歲尚處西宮中外慮爲萬貴妃忌害時晟爲臺長首請建立東宮爲天下本而建儲策定社稷以安蒼生係望行將有殊擢以疏論元宰李公時時心啣之竟量移貴州參議以歸歸塗行李蕭然至雪連氏之寃表金童之婦南嘉周忻以疾卒于官邑熊梁以姦擠于水靡不愴然賻塟後廉得其狀按治之咸稱爲神明孫良傅嘉靖丙戌進士良猷

戊子鄉貢良衡壬寅歲薦裔孫荼本棹逢祥維三俱中鄉試維三子瑋中 國朝康熙壬子鄉試 祀鄉賢

王儼字民望先世居蒲圻曾祖子民爲華容丞遂家焉儼中天順壬午鄉試成化己丑登張昇榜進士授兵部主事改工部都水治呂梁洪事竣轉刑部郎中往按鄭府盟津王獄多所平反補成都知府值妖僧海無邊等惑衆戮之擢河南右參政復按涇陽王獄具得其實轉陝西右

布政使北朝入西冏城總制王越屬儼督餉區畫芻糧摘發奸宄大宏政績中官劉瑯索金鬻玉儼峻拒之尋陟副都御史廵撫山東上言弭盜五事召爲戶部右侍郎攝太倉釐宿弊理漕政人多稱之以忤逆奄劉瑾瑾矯詔讁戍遼東三萬衛尋以赦歸致仕年八十八卒武皇哀之諭祭塟儼墓在蒲子姓多居蒲者

黃玹字敬潤祖煜中洪武丙子鄉試爲合肥敎諭父城中永樂癸卯鄉試爲富順司訓玹成化乙酉舉于鄉乙未登謝遷榜進士授浙江西安知縣爲政嚴峻豪猾屏跡徵拜福建道監察御史堅持風紀不畏彊禦時貴州都匀苗亂大兵進討敕玹往監軍紀績經畧常屈羣策改土爲流改州爲衛厥功居多晉陟大理寺丞勒石黔署手植叢桂尋致仕子誠工詩苦吟至墜落院塹不減灞陵驢背上風況曾孫圖昇萬曆壬子以春秋中湖廣第一人官大名縣令

廖漢宇天章宋端明殿學士正一之裔明嘉定

學正俊之子也成化十九年中鄉試弘治六年計偕如春官西涯李文正公讀其文奇之簡置進士高第授戶部主事陳情便養改南京戶部時督儲都御史葉贄偏執徇權漢與爭辨兌法必宜于民乃已司徒王軾聞而韙之及司諸廩出納有齊庶人者怙冒撓法力加禁治夙弊釐正人咸稱便十五年監兌江西方伯林泮服其孤介正德初服闋如京師逆奄劉瑾煽虐士風瀾倒乃上疏抗論時政留中不報再疏自陳郎徒步出都門買舟南歸結茅五洪山下布衣竹杖躬履阡陌非其力不食課諸子誦習墳典肆志幽潛登眺雲壑遇樵夫田叟坐談終日至達官富翁則絕不與語葢有古逸民之風焉別號五洪山人子男十二人次道南中庚辰會試第二官至太子中允充經筵講官

謝鵬舉字仲南少貧力學登嘉靖三十二年癸丑進士授戶部主事歷守臨江會廣寇張漣黨大舉入清江鎮鵬舉躬擐甲冑截江大戰令沒

人預沉水中鑿賊艦賊不得渡溺死者無算大敗之時憲司欲盡戮其俘以增級乃亟請曰此皆良民爲盜驅者也何忍殺之而冒功遂止事聞賜金幣擢廣東參政海寇曾一本駕巨舟千艘登岸築高壘臨城城危甚鵬舉嬰城固守賊知不可破遁去陞浙江按察使轉左布政先是監織造局者價不全給所私以萬計鵬舉盡畀之無不感悅甲戌入覲以廉能爲天下第一廷召錫燕賚金幣有加陞副都御史倭寇內訌督

兵往勦功不滿者僅數級或請下海窮搜鵬舉曰汝第欲以滿級襲錦衣耳殺無辜而欺朝廷吾不忍爲也不聽提閩晉戶部侍郎蔭子承祚入胄監尋陞右都掌南院百寮震肅未幾以與江陵不協卽投劾歸入山二十九年杜門絕不問外事藩臬長吏鮮得望其風采門庭蕭寂朝遣禮部主事袁宏道詣家存問有詩載藝文志中卒年九十三復遣評事王蒞予祭塟子承祚以蔭官京兆別駕年八十九卒

何思登字一舉號滄南明初鎮南知州惀之八代孫天石珍之子也中嘉靖戊午鄉試登萬曆甲戌進士初授行人公直高潔不事權要冊封諸藩餽遺一無所受巳行取爲權人所持遷南京戶部主事刑部郎中陶允宜贈其詩云十年不附中書省三載空留比部郎陞守雲南一意綏靖民彝載德以栽循詢有功上特賜金嘉勞之嗣丁內艱補臨江守甫浹月獲巨奸劉亭四著聖諭六解戶曉焉半載又丁外艱起補池州

躬督耕桑祈雨有應慕宋守包公拯作希包堂以志服後池人建祠祀之陞雲南按察司副使備兵曲靖撫戢土酋爲院司亟稱未幾還里偕諸耆英結香山之盟復起補廣西副使粵俗惰慢公教以種植紡織之業一載化成旋入賀東宮事竣請告院題加參政歸署臬劉公庭芥遺書云閣部藏見公有遺俸在焉令人憮然起敬特遣人齎上人以此益多其清介生平省約退讓至于解紛雪枉每言人所難言尤剛腸嫉惡

不肯俯仰隨俗學根性命尊鄒魯斥二氏時推真儒云年八十卒所著有翼正錄自鏡膚語砭俗箴行于世長子夢周萬曆戊申歲貢次子夢相有文名季子夢星中萬曆戊子鄉試 祀鄉賢

馬天錦字斐生河南知府練曾孫武寧令介之子萬曆甲午舉于鄉明年登朱之蕃榜進士爲興化府司理練達俊爽屢白沉寃緝泉州篆以清介著聲莆人頌之有莆中德政錄生祠記濫陵紀事陞工部主事典器皿節愼有加歲有羸

金以還內帑丙午典試山西所獲皆知名士轉兵部武選司主事丁艱被論起補兩淮鹽運判累轉南京戶部主事陋規釐革陞南京兵部郎中告病歸卒天錦爲人慷慨豪邁奇節稜稜爲文崖巽陸離欲不經人道著撰每不存稿他家且有藏之者弟天銘太學生子福昌燕昌俱庠生崇禎癸未獻賊屠城福昌被執罵賊而死姪淑昌中順治壬辰進士

魏誥字肖生其大父裳嘉靖庚戌進士官至山西按察司副使父彬知爲衡州府耒陽縣訓導肖生家學淵源腹笥經史中萬曆甲午鄉試第四名戊戌成進士初任南直都水司主事時封君太母並卒于耒陽學署訃聞南中歸來號慟以不得與于哭泣之位爲憾三年寢處未釋苫塊刻志勵行以承世德服闋授北京工部主事神廟內宮每日取梨木條方百餘塊不用命者公以杉木易之減其數以進上亦霽威其牖主之不殺如此已遷本部郎中典試東粵時朱公

變元爲粵督學亦頗冰鑑自負其所首錄者悉入彀中以是深服公之暗中識劉衆襄得嘉也所貢士大半聯捷旋陞四川督學使肖生一手一眼且作且閱諸生一義成督學亦一義成鐫試士漫草行世其掄諸生文取其眞寫性情根極理要有蹈襲陳言競趨時艷者抑置之刻評唐宋八大家文以教諸生試牘敘云剡山之鶴非不落羽摧殘終自有雲霄之意雉飛五采掩映而豐肌血肉則固有難使者以此評文肖不

失一兩司文衡校內閣者什二三第南宮者什有九豈非以慧業文心程量不爽有如是哉嗣授山西按察司副使隨轉叅政復除山東按察司廉使膺錢穀刑名之任轉輸者無斃容乎反者有生氣時值山東妖賊竊發圍邑攻郡所在告急勢逼省會羣策俱窮公嘆曰我先祖曾破賊于此召公是似非今日乎乃點煙丁給餉守城騰檄招撫賊乃靖上聞之喜陞授太僕寺少卿道經賊所從者戒嚴不意諸賊徙業感公招

撫載道懽呼及至京不輕取予命僮歸作青山閣遂有青山之意尋除應天府府尹身處脂膏不欲自潤主藏者以羨金進公怒悉發充餉爲減徵額暇日與諸生進退講業論文甲子南闈鄉試唱號至半未見應天諸生名白主司郎舉所舉七士聯詿賢書出其門下者榮于御李隨陞戶部右侍郎兼都察院右僉都御史大官有甲乙之籍壯士無庚癸之呼帑發而玉粒豐年漕運則風恬淮海于斯時也曳尚書履登政事

堂豈有難哉而無如權璫魏忠賢奔走長安示意宗盟欲邀投刺肖生峻拒之片刺不通以爲忤要人遂掛冠歸二疏之智復見于此至後逆案三百餘人得超然免于評論林居數年相國門生引領安石之出而肖生鷗夢不驚青山可對而已惟日與老僧說法清客談詩至丙疲無倦意山水松梅一經粧點都成靈韻家聯云唐虞三代人物先秦兩漢文章蓋自寓亦自勖也著有青山閣集八卷其正氣淡情風騷遠致在

古大臣未數數見者癸未二月獻賊未入境時端坐卒于正寢壽八十一子二人長方授庠生次方復庠廩生有文名祀鄉賢　本傳劉來遠撰

魏珩如字白叔樂安令浤之曾孫也祖正參隆慶元年歲薦爲蘇州吳縣丞父科字冲垣襟度瀟洒人咸稱之珩如生而靈穎詞壇推重萬曆丁酉中鄉試第八人房考在途有詩云願得白珩蘇當宁不妨人比國工推及拆卷惟詩是符快以爲得人之識辛丑登張以誠榜進士筮仕

當領望邑改湖州教授尋陞國子博士擢翰林院簡討爲福藩講官啟沃勞勩賜賚倍至旋叅兩浙屯鹽有條行六欵鑿鑿可行建塔以標文峯又開湧金門通百物全浙永賴撫按告其成神宗賜金嘉勞焉後以養疴請假歸里買山龍翔飛觴囑咏于其上每有一斗百篇之致與徑詔倡和自適竟蚤折卒之日聞四川副使之命士論惜之著有六友山房集祀鄉賢

鄧士亮字寅侯中萬曆辛卯鄉試以甲辰副榜

初任彝陵州學正奬拔名士如文安之王維章受其藻鑑皆至顯仕再任四川綿州學正尋陞廣東肇慶府推官時有紅彝船澳彝船肆掠海防公多方守禦適賊船遭颶風沉没陽江海口公尋覓善水者撈探方知船沉深水架有大銃隨淺沙泥捐俸僱募夫匠設計車絞獲取大銃三十六門總督胡公運解至京又絞獲大紅銅銃兩門貯肇慶府軍器局中隨行差取二銃至京永鎮邊封考最入爲宗人府經歷陞南京戶部廣東司員外奉旨提督揚州鈔關關有羨金萬餘兩悉輸入內帑遂陞本部浙江司郎中轉四川馬湖府知府適苗彝犯順公會同守備王崇周等開城迎戰斬獲苗首威夜月池等衆四十餘寨悉皆効順會上臺取銅萬觔旋檄下不用仍追補銅價公日昔以價易銅民爲銅苦今以銅徵價民爲價苦是重厲吾民也乃捐俸解補即命匠全可德以其銅鑄大士像買舟而下載至蒲卜地于河渚大沙洲建閣奉之旋陞四

川分巡上川南道駐箚嘉定州莅任一載銳意圖治無何卒于官督撫王公維章爲昔所奬拔士援引大臣任故事理疏請扶櫬銀乃得歸塟所著有屏史二十卷心月軒十六卷行于世

王台彥字明珍父學孔爲太學生大父艮謨以鄉貢爲蜀蓬溪令明珍性凝重寡言笑好施予飲酒雖至數斗愈益莊萬曆癸卯舉鄉試爲學益篤三赴春闈未遂謁授四川達州刺史州有白蓮妖賊聚黨萬衆刻日破州城里人來告公

不問再至復不問三至公笞告者曰彼以焚香號佛爲業甚善吾方奬之若敢以大辟誣醇民耶賊魁聞之明日率數十人入州告公伏甲盡擒之立斃杖下旋檄諭其黨竟解散州以全時上官方議擢以父喪歸服闋復授河南信陽州治聲甚著時楊漣以抗疏論權璫斃獄中舁骸歸道經信陽與漣友者畏璫耳目匿弗敢視公獨慨然曰楊公直臣剣同年友也若俱避禍楊公骨尚能返里耶倘吾以楊公故獲戾猶榮甚

卒撫棺哭盡哀且厚恤之楊公骨得歸里公之力也久之遷貴州思南府同知分試得張大經周祚新敖世杰陳佳士王家鼎陶明型等六人皆黔名士未幾遷銅仁太守銅仁地多苗叛服靡常前此官家得叛者不問老稚婦女盡殲之公得叛苗誅壯者餘盡釋全活若干人苗亦以靖旋擢畢節道副使公曰是更難于苗矣先時安奢二酋點兵入黔中一日圍七城惟貴陽安莊未下相持一歲城中人相啖且盡以王三善

援兵至圍乃解城中殘民皆匍匐爭就野伏地啖艸如牛羊今安位復以爭界內亂朝廷遣使往勘者二三輩輒不返今乃俾我耶及就官黔督朱公燮元素知公果謂曰酋情雖叵測然非公不足往諭誠無憚行勝十萬師遠矣公于是攜二僕從十餘騎即日就道進渡六廣河崇山深箐無一鳥聲直搗水西大方檄召安位位匿弗見復遣其酋陳國基召之位使其驍帥阿烏昧者率數千衆來迎公斥之其黨雖跪而聽然

時時摩娑刀環槃槊挽弩以示不下者夜宿酋黨中四顧莫辨語言甫就寢有酋秘截金珠種種以獻公笑曰使吾可威劫寧肯入爾界使吾可貨誘豈能平爾界界不平爭且不息汝曹萬首領莫保矣吾豈以金珠數囊易而萬首領耶酋退私相語曰是公廉非前此數輩比也且其言誠未可負遂獻印歸命公于是案圖立表定界而還置連珠七城合爲驛路糧稅都入黔中皆畢節所屬也歸治公廨得骨數具視之人顱

也遍掘之骨且盈數十石因命僧盡覓城中枯骸近萬具瘞之日是皆義魄也設祭而公功成復命天子賜白金寶鈔授廣西蒼梧參政蒞事一載乞休章三上乃可方公之終親喪而之官也取木主佩之身至驛邸必先設位公服趨拜上食畢然後就室每覲獄必于署中焚香仰空祝天誓無寃民也弟鼎彥為榆林參議客金陵久不歸公每得弟書涕輒數行下其居鄉好與方外士遊賓之至者雖野老牧豎相對怡怡知

皂有與爭者卽斂手退然或干以非義必正襟謝之亦無敢犯崇禎癸未張賊至悉焚燬公避亂入葛仙山中茹蔬食糲怡然自得歲丁亥二月顧父子九𡿨曰今日某聖誕焚香祝之遂端坐而逝祀鄉賢

忠烈列傳

宋

陳求道字得之陳康民子其先自咸寧徙居蒲圻靖康間舉進士授都水監使北朝圍汴京求道請以蠟書立康王為元帥起兵勤王朝議二帝出郊請和求道力爭不聽及二帝北去北朝立張邦昌為帝求道義不屈吐血長號欲自殺救免後治河有功宗澤表為襄鄧隨郢鎮撫使以請兵食不繼緣有疾之者遂歸求道去而四

州陷矣既居蒲建炎四年京東西荆南北盜起率鄉民保障有功會招討劉忠反𢱧求道為主擁至茗山求道怒罵不從先殺其妻子遂殺求道拔其舌而死瘞于龍堂寺側事聞改葬與陂墓上石封鐵頂今存徐氏墻內神道碑在咸寧西河元翰林簡討危素有傳何槐孫有外傳一統志楚紀咸寧志俱載其事龍堂寺在縣北門外

廖道南曰予讀蒲舊志以求道為他途人也及考宋史具得其實且與陂在今雪峰之東石潭

之上而茗山蜿蜒遥相望焉求道其不死已乎

明

汪洪字克容厥考勝爲營繕所丞英宗試其能特授順天府經歷錫之敕命成化元年洪舉京闈第一人明年登羅倫榜進士授戶部主事歷員外郎郎中值北朝兵至羽檄旁午遣中官汪直威寧伯王鉞統師出征動調主客軍馬不下數十萬時邊鄙歲飢糧餉數匱乃敕洪往同都御史何喬新督理轉輸直倚勢開釁而鉞亦喜

功洪處之裕如斟酌損益區畫攸當本兵上其績憲宗嘉之曰爾洪持廉秉公夙夜匪懈勞勩迭著朕用爾襃錫賚有差乃陟爲山東叅議時冢宰尹旻縱子貪賄洪力拒之旻乃譖之汪直遂左遷知蜀綿州州歲大旱暴骸遍野洪捐己俸設爲湯粥陳之四門又多方勸賑賴以全活者甚衆旣乃躬視土宜疏濬水源創修石磐七堰溉田數千頃自是旱潦攸濟民庇其利爲立生祠先都御史張瓚開置壩底諸堡以通茂州

洪至往理戎務歸至石泉土官突出洪倚塹控弦與之交射爲流矢所中墜偏橋之懸巖而死是日闔王陂居人每于陰雨月夕見其乘馬如生立祠祀之四川志及綿州志列洪名宦洪無嗣女二長適樂安知縣魏浤墓在望夫山（本傳廖道南撰）

胡堯元字廷獻兒時遊白石山謁顔眞卿祠嘆曰大丈夫死國血食茲土榮名豈有旣乎慨然自許登正德辛未進士授戶部山西司主事督

金盞馬房諸倉閹人谷大用者瑾黨也嘗以門客屬公公沮辱之司徒王瓊以谷言責公公曰官至尚書倚若爲冰山耶瓊大恚啣諜去之冢宰楊一清雅知公以司徒言薄譴高郵州同知州運河故邗溝也水自諸湖入河承下流兼三十六湖之委歲春秋湖水溢害諸田夏冬水涸不可田民苦之乃請倣古人溝洫之法方一里爲溝深一丈六尺廣二丈至興化而止河東故有涵洞石閘如法修之以時啓閉旱澇不能災

民甚賴焉州民好淫祀士女祀及東嶽無忌公毀之更爲文游臺祀蘇東坡黃山谷孫莘老秦淮海四賢羣諸生其中攝江都邑事丁丑上詔侯指揮妻馬氏入宫言官諫不聽乃上疏略曰漢選後宫家人子入侍唐納壽王妃職爲亂階上不納閹人史泰督製御服還京所過郡邑賊殺無辜甚衆公抗疏條其姦乞詔法司訊鞫梟史泰首都門謝百姓復斬臣首以謝史泰時人人爲公危上寛仁無譴人莫不賢之戊寅冬選

江西瑞州府通判明年六月宸濠反中丞孫燧副使許逵死之公自吳城聞變微服徒步夜行晝伏間道五百里還郡知府宋以方被執寮屬亡去公攝郡事召士民泣諭之死守無貳遂請兵中丞王守仁即日具疏上召使入榻前勞問賜食詔擢公爲守僞駙馬李蕃掠城公乃集兵謂妻黃氏曰吾脫與城俱亡汝善爲計黃氏泣曰君其盡忠毋以妾爲念公出黃氏懷印抱女顧季子宣及家人胡永曰事若不測吾當投井以死公乃簡壯士盛官儀詐稱迎蕃伏兵石鼓潭擒之斬首九十四級報至王守仁曰微胡通判瑞其不免乎守仁遂屬以兵使備賊無西公曰濠無西意第恐東下爲憂耳乃使人聲言瑞兵十萬且至夜城西隅忽墜城中鼓譟謂瑞兵至矣濠懼修戰守之備甚具七月朔帥兵趨南京守仁屬公勵壯士前戰于黃家渡僞都督凌十一馳馬向公公佯却竟發一矢射死之擒賊將周瑞追戰于八字腦擒殺二百七人師次鄱

陽湖南風急公曰賊衆難卒平乘風縱火可得志也或謂風無常難恃公曰討逆自天何疑哉乃與吉安守伍文定部分將士縱火焚賊舟遂俘濠賊平始還郡黃氏曰吾與君得生蓋天佑社稷耳公以郡承師旅之後務在拊循爲條教下諸州邑訪故老咨民利病清獄市輕徭薄賦郊行勸課農桑賑貧恤死施藥療疾節郡中徭費三千餘金嘉靖壬午詔以江西功授廣西左叅政總督糧儲巡察邊務洛容邑爲賊陷幾廢

公復之建桂林書院買田百畝給筆札膏燭選學宮明經者爲師諸生各以其經受業焉土酋岑猛守田州以兵力自雄凌轢他郡劉召者猛逆黨也誘執都指揮孫震曰必復土目退官兵乃還震耳或謂震輕嘗賊請釋召公曰震罔易敵田州土酋得無陰使召耶土目復官兵退召必擁震而入思恩討之晚矣乃條酋罪狀白當道督責諸帥難之不從以和召果以震去如其言中丞盛應期屬公曰諸帥嘗若言敗若深知

兵其盡力公辭不獲乙酉三月進兵擒賊將李隆禮陸利廣脫其縛結以恩信使執召轅門贖罪當道欲置二人于法公曰業已許之其可背乎自是餘賊多附藎自召叛至今十有九年矣公乃深入東蘭那地金城諸絕域經畫疆理宣布朝廷威德奏凱還是年冬中丞姚鏌疏請征猛天子可之鏌問討將安出公曰岑施王達爲猛敗失其職守怨猛深今若許其立功還故職則二人樂爲用又使人聲言兵十萬取田州猛必專意泗城乃使思恩堅壁撓良三心以精兵擣其村落令猛左顧以禦思恩南寧武緣各整兵旅待湖兵至夾攻之三百受敵猛無能爲也若餘兵四掠以右江兵出賓州左江兵與南寧武緣合思恩兵從後擊之賊將奔突無地歸順者猛之南屏也猛親在焉猛急必遁歸順趨交趾若陰使人結其所親以啗之乃萬全策矣鏌奇之遂屬公鎮南京湖兵至檄公監軍都督指揮沈希儀等五將軍帥八萬人分道進令曰擒

猛者聽轅門計功行賞賜千金爵一級界其地黨惡者移兵誅之猛懼謀不知所出裂帛書寃狀抵鏌鏌不聽六月一日公帥兵進攻賊將陸綬號萬人敵猛男邦彥素驍勇公曰此難短兵接也選精騎馳射之綬五易其馬公追之殺七十四騎而後授首邦彥逃猛果謀出奔猛婦翁歸順知州岑璋以其女失愛于猛憾之欲得猛以爲功先是公令沈希儀等察千戶趙臣雅善璋遣臣抵璋所得與猛相讐狀說璋擒猛自効

邦彥守要害璋佯以姻故遣千人助之實爲間邦彥納之及兵擊邦彥璋千人爲內應竟斬邦彥猛奔璋招之曰事急矣願主君歪歸順三四夕可至交趾猛從之公策猛巳至璋所遂以兵萬人擣歸順璋遣人持羊酒犒師見公謝曰猛欲走安南璋縶之亡去幸緩五日當縛至轅門乃許之璋乃紿猛曰天兵巳退當爲君奏白寃狀遂爲疏令猛出印印之璋知猛印所在置酒賀猛持酖酒一杯進曰天兵索君急不能庇請

自爲計猛遂飲酒以死璋斬其首并佩印遣使至軍門上之所分兵復斬賊將王林等初公聞邦彥授首恐非眞進隴谷巢窮驗之冒瘴死復蘇猶口授諸將兵事一十三條疾遂篤輿至橫州卒時嘉靖五年九月二十九日知州陳堯恩視其行李惟夏衣數襲圖書盈篋發公內帑殮焉士民哀之如喪考妣請立祠大中丞石金疏其死國事乞贈官立祠以祭詔曰胡堯元實死國事贈中奉大夫右布政使祠桂林諭塟江夏

金口鎮 祀鄉賢 本傳胡直撰

仵瑜字忠甫紳之子正德庚午以禮經中湖廣第一名業于南雍丁丑登進士第試政御史臺御史中丞彭濟物甚雅重焉未幾上疏病歸巳卯如京師授禮部主客司主事大宗伯毛憲清稱賞獨至未幾又上疏病歸正德十六年辛巳武宗入繼大統瑜復如京師上疏論天下事一曰勤聖學二曰篤親親三曰開言路四曰敬大臣五曰選諍臣六曰厺浮屠七曰拯困窮八曰

重守令九曰修武備十曰儲人才疏奏上嘉納之下諸司條行大冢宰石邦彥褒其敢言仍厥官提督四譯館時四譯朝貢如哈密佛郎機者狃于閹宦所黷賄權要所市寵瑜以法决之異于族類超于風氣如朝鮮者瑜則以禮遇之故後四譯聞瑜之卒咸膜拜流涕云甲申春上召輔臣于平臺于暖閣諭以尊稱之典大學士楊廷和蔣冕毛紀力諫以爲于正統違大議上賣九廟內間兩宫未敢輕議上不豫者久之主事

桂萼窺伺風旨竊取席書張璁霍韜方獻夫諸議奏之上下其議在廷諸臣堅執以爲不可時廷和已去冕繼去禮部尚書汪俊又去乃以書爲禮部尚書萼璁獻夫爲學士諸臣羞與爲伍遂不謀而同抗言極辨或謫或罷或獄無虛日時廖道南方官中允諭時私語道南竊嘆以世道升降係茲舉也秋七月乙亥上降手敕改稱孝宗敬皇帝爲皇伯考恭穆獻皇帝爲皇考昭聖皇太后爲皇伯母章聖皇太后爲聖母諸司

俱奏以爲不可十月五日戊寅少宰何孟春率百官伏闕死爭大學士毛紀石珤取帖伏于前時已近午上命司禮監宣諭下學士豐熙、給事中翀御史余翱、郎中余寬黄待顯、陶滋相世芳寺正毋德純于獄百官號泣聲震闕庭瑜伏地執廖道南手曰吾禮官也有死而已已而未末申初有危言以嫁禍中傷者上復命內使宣諭時大臣已退惟諸司在上大震怒悉下百官于錦衣衛獄庚辰械至午門前杖三十死者十有六人編修王思王相給事中張原毛玉裴紹宗御史胡瓊員外郎張燦主事臧應奎安璽楊淮余禎胡璉殷承敘司務李可登而瑜亦竟不起矣屬纊時睜目謂廖道南曰吾志已畢吾子勉之瑜生于丁酉卒之辰則伏闕後十日也享年四十有八隆慶初贈少卿蔭子寄入監（祀鄉賢本傳廖道南撰）

李贄曰當璁初用事時科道有言俱被慘禍其後勢成銓柄在已非其私人不置言路是以一

時省臺皆爲不鳴之仗馬而捐軀死諫之士反在于翰林部寺諸臣也世宗新政若輩盡宜汰去而作瑜之疏既下復寢豈當事者懼傷國體而不欲空署逐之耶抑猶有所避忌耶然讀瑜一疏若輩已當愧死矣

李甲字孚先修偉美鬚髯讀書該博善感憤知義所在挺鶩不可遷蓋其天性爲文慘澹嘔心不畏按劍天啟甲子入太學大司成朱滄起奇其文拔監元丁卯下第崇禎庚午反楚闈遂領

鄉薦丁丑謁除得署零陵縣敎諭聘試雲南所得悉知名士庚辰擢蜀雙流令邑舊無城甫下車鑿濠編栅以備不虞作栅城賦雙流素苦蜀府截稅甲禁梭胥無苛斂民復權土司有金帛見遺者曰我爲民來不爲金帛來自是上下知爲清白吏矣借署新都政聲藉甚甲申七月流寇屠成都時已擢建昌衛同知聞變駐黎州與兵備胡恒內江戶部范文光白水參軍曹勛戶部鄭延爵滎經縣令黃儒卭州孝廉劉道貞同時起義乙酉春進師滎經冒矢石率戰馬逸而

北曹參軍掖之遁甲曰徒生何爲吾獲死所矣遂被執罵賊死時蒼頭李事從李視篆隨事從冒刃負甲出積尸中以死殉視篆負骸久之莫能歸遂薙髮爲僧寓名山縣翠峯菴厝尸菴後塔中視篆居倚塔前有聞必告飲食必請枕席之間痛哭如相問答如是者八年篆亦隨没託藏尸于其弟子椉寰又十五年仲子藜珠隻僕重趼由汴奉達益州迎父新都遺民莫有識者

倉皇走名山而西忽遇椉寰道次詢之得遺骸菴塔中舁以歸行且痛哭不勝遂仰天呼曰吾父萬里孤忠今相見于枯崖斷壑間誰表章者遂謁監軍道程諱鳳翔請卹程署其詞云雙流李令與師討逆殉難滎經巡遠一流也今箕裘有人歸厝故里雖死猶生矣鳴呼獻闖交訌之年仕宦多謀遷調爲自全計事急棄城走者比比也甲已遷同知矣卽不死亦不失爲賢令而且死死十餘年東南兵火人鬼兩地又蜀道斗

絕天表空懸且得以骸骨歸故壠固其至性不泯亦由忠貫日月神明扶持者哉名山隸雅州蜀人爲崇祀雅州名宦而子若僕因之以傳宜矣

才猷列傳

宋

廖覛字德遠端明殿學士明略之孫也甯宗時初任司理叅軍歷秩房陵縣令轉朝奉郎通判衡州事狀元許徑經略湖南舉覛于朝薦剡有曰覛器質端方克守家法嘗任理掾以直公官兩爲劇縣治狀稱最衡陽三郡備著賢勞承攝道永二州首尾年餘剔除奸弊愛惜財賦一毫不以妄用代者賴之

費師古縣南荆溪人年甫十九登天聖二年宋郊榜進士天資英敏才氣浩發尤長于賦冢所著有疊秀亭詩累官至諫議大夫時范蜀公鎮知諫院務存大體不事矯訐至請見皇儲則奮然爭論章十九上仁宗罷之而師古同侍御史呂景初等抗疏留之不報暨歸于蒲創地于大田之黄沙鑿池引泉溉田甚廣厥後子姓有曰習者富于古學南嘉李氏開積慶堂延爲經師元至正間有曰原傑者以書經中鄉試裔孫有曰洪者在明爲錦衣百戶祀鄉賢師古墓在黄荆塘之山

元

何槐孫字德孚號龍岡湘鄉學正天駿之子也幼穎慧駿發日記數千言泰定三年舉鄉貢明年中書堂會試列高第梓行書經義一篇太常賦一道天曆二年授江西宜黄縣尹吏事精敏剖斷如流洞燭民隱人不敢欺値歲飢勸賑有方貧者無餒是歲同縣尹甘楚林典文衡得士解蒙曾貫衆以爲知人再推德安雲夢政聲益茂至正二年遷慶元路總管府推官申明條約

辨決疑獄未嘗以聲色厲人而委曲周旋務得其情故能除姦禁慝雪宽理滯闔郡畏服陳廷訓爲撰政績碑所著有善政指南書及碑碣諸文行于世一統志及江西志甯波志俱載名宦祀鄉賢

明

何爚字仲明元慶元路總管府推官槐孫之子也學有源委愼默簡易洪武甲辰授休甯縣簿

于時戎務倥偬徵賦督迫綸區畫有方民賴休養暨董辦木植監築城垣雖祁寒暑雨不憚勤苦三載考績復職後坐公事詿誤民思慕號泣洪武十七年復以明經薦知雲南之鎮南州卒于官按徽州志綸以甲辰任休寧邑舊志以洪武六年舉秀才未知孰是

李懋洪武初任新昌知州時兵燹之餘百務廢弛懋創建州治廳署譙樓規制宏偉學校橋梁悉加修葺調度有方不病于民又爲諭俗八條布之懇惻真摯民咸感誦

鄧槐字大材洪武三十二年中鄉試明年登胡廣榜進士性資端慎循循守禮與人交未嘗有倦色初授成都新繁知縣時蜀土自明玉珍竊據後百務廢弛民鮮聊生槐蒞政慨然思紹衛常王益之績創規制設條教修水利墾荒田民多賴之再任新津政聲益著按四川志新繁有清白江槐以此自勵故終身清白以琴鶴爲侶云

趙德貴按舊志德貴上三都上里人爲人剛毅愼許可寡與人交洪武十九年起貢授兵科給事中獨立敢言諫垣凜凜有臺閣風生之氣尋被罪誅公論惜之

陳文禮字貴和嚴格有威質直自任洪武三十三年起貢授監察御史值有冤獄弗決文禮立辨其奸人服其神智童謠云斗穀三升米說與陳文禮文禮聞而悟曰此奸必康七也果如其言

喬孫緯字載宿以嘉靖庚申貢訓江西德化轉靑州授作人有方躋俸置學田以贍寒士壯年掛冠食貧課子鄉評推重之

馬駿字冀良永樂六年中鄉試銓授崖州同知值颶風大作海寇蜂起駿保全城池與有力焉孫文明成化丙午貢授蒼溪連筠教諭孫文獻弘治甲寅貢官瑞州府學訓導曾孫練中嘉靖己丑進士官至河南太守

龍景亨字伯通永樂三年中鄉試明年登林環榜進士性資英毅遇事輒議論數千言孤抗不能容物初授監察御史監稅龍江關立法至嚴人不能犯以壽終子霖中正統甲子鄉試先是

羅弘爲御史稱廉焉陳文禮爲御史稱明焉暨景亭爲御史稱嚴焉臺中號爲三直

盧中字守正厥考貴賢訓子義方中奉訓惟謹習禮經正統九年中鄉試魁選明年登商輅榜進士授刑部主事歷員外郎郎中居常布衣蔬食無重帛兼味遇權璫貴戚屹然峻絕弗少遜避以故門無私謁而用法罔撓奏績推恩及親錫以誥命蒲令令里人捧冠服謁其第厥考設具候令執禮甚恭令去召中于庭責之曰爾胡

以名器桎梏乃翁哉仍鞭之乃已及中陟浙江叅議守父訓如初逮歸行李蕭然無長物里中人稱其廉樸而貴賢之賢聲益張（祀鄉賢　本傳廖道南撰）

魏銘字日新祭酒觀之曾孫也少勵志蒲首山中聰懷祖德讀書不倦登景泰五年孫賢榜進士任地官主事監通州倉稅以抗禮㫖指使某被劾天順紀元之歲調判雲南景東府至滇道經昆明晉謁總戎沐公沐公諱璘西平侯英之孫定邊伯昂之子也襲父爵都督雲南好讀書工詩文其祖英與銘祖觀同事　高皇帝相善也銘一見即以先祖祭酒公小像示之請爲贊沐公曰予自髫齔時即從先大夫知杞山魏先生之名每誦其詩文未嘗不景慕而嘆羨之今君又能擢巍科登顯仕雍容淳雅異于流輩可謂故家文獻久而不艾遂欣然爲之贊以志景慕之私焉無何改判揚州時揚郡旱甚太守公以下禱雨不應銘進之以誠吏率父老子弟徒步露禱三日見黑虎廟上風起雲飛大雨若注

有黃龍夭矯空中迅雷驚電繞其前銘不爲動是歲郡大熟士民歡呼有碑紀其事所屬興化縣學宮久圮捐俸修葺薦紳先生勒碑記之尋以最擢守溫州神情恒在山水間每遇勝地輒解帶留連無何投劾歸歸而結茆課子輯其先祖詩文貽書問序于安成內閣彭公時泰和尚寶卿楊公導爲表章之因壽之梓顏曰蒲山牧唱仍其初藁之名也銘性溫文儉素雖兩佐名府一守東甌所至以廉謹稱林居不問家人生

業卒之日蕭然不能具喪禮子三人長曰顒中弘治壬子鄉試次曰頤中乙卯鄉試官永寧知縣三曰頌中丁卯鄉試官福州通判孫似有孝行督學金公學曾舉德行第一及貢不仕而卒按原傳以沐公瓚爲祭酒公故人同事高皇帝不知已差三世失不詳核故考正之更查闕編附孫似于後

黄頤字敬德爲人淳謹質任自然無疾言遽色然博學強記不苟許可成化七年中鄉試十三年登曾彦榜進士授知溫縣再調陳留爲政豈

弟平易近民凡頑民梗化多爲條約諭之不妄施刑罰而民懷其惠及致仕歸居鄉黨尚如諸生時人多稱爲長者子崙以嘉靖三年貢爲永昌司理孫鶴聊嘉靖丙辰貢克紹其家學焉

江師古字克永元鄉貢存禮之裔也叔父晟司訓吳江志識淵邁師古從之遊恒受箠楚至于折臂勵志苦學略無倦態成化十九年中鄉試弘治六年登毛澄榜進士授工部主事淸江浦管閘時中貴往來無虚日舟艦沽頭作威凌轢師古不爲屈正德初逆瑾柄國即投疏歸師古性儉朴敝衣垢襪陋室匡牀獨翛然肆意尤善風鑑豫測人禍福又精岐黄續骨術先是西涯李文正公有子兆先少負才名一日延師古往視廉太夫人病即愕然曰太夫人無恙相國位極人臣恐終乏嗣宜亟圖之後果如其言

仵紳字佩之洛春訓導祚之子也性警慧早游邑庠與江工部師古廖戸部漢爲莫逆交督學副使薛綱稱爲三傑成化十九年中鄉試魁選

二十三年登費宏榜進士授戸部主事監稅九江紳精于心計明習吏事參伍考驗悉中機宜創置公署代者便之子瑜中正德庚午鄉試第一登進士授禮部主事嘉靖初以諫大禮斃杖下

魏濋字文淵性孝友嚴毅母疾禱于睢陽神祠朝夕祼膝百拜凡三月母疾弗愈哀毁踰禮成化丙午舉于鄉不與鹿鳴人問之曰方憶吾母不忍耳再事繼母倍孝敬值大疫家人徙居濋

年七十獨以母病不去八上春官不第選樂安令有禦寇安民之功正德中會逆璫劉瑾以傳奉索錢浤抗不理即日以思親告養棄官歸在事甫八月焉去之日行李蕭然嘗題其庭柱云願留膏血還黎庶祇有心田付子孫士大夫至今誦之里居三十餘年杜迹公門表正鄉里有鄉人李致良被冤逮獄浤力爲白之有司全活七命又有故人子犯罪乞解則捐金以贖年七十有六卒子八人長正中生子表中嘉靖甲午鄉試表子翼如爲太學生翼如子詔萬曆丁未進士曰正恭嘉靖四十三年貢生子徃中萬曆丙子鄉試曰正叅隆慶元年貢生子科科子珩如萬曆辛丑進士浤弟洛正德丁卯鄉貢其子孫貴顯里稱爲盛焉

魏頌字美之溫州太守銘之季子也銘妻黃氏無子銘之京娶丁指揮女諱爲繼室丁至蒲聞其有妻遂大怒攜女還黃亟追懇請願讓正室而已下之丁乃止生子三人長曰頵中弘治壬子鄉試次曰頵中乙卯鄉試官永寧知縣三曰頌中正德丁卯鄉試頌少即以經濟自期嘗讀書疊秀山中學者稱之曰秀山先生後肄業南都與吉安舒芬永嘉張聰騰躡揮麈齊名一時邑廖太史道南心折之既登賢書凡四上春官不第以母老勉就穎上令居官咸惠敷恩勤勵學宮循聲藉甚無何丁母艱服闋起補祥符令祥符中州都會治之恒難其人頌下車申功令起凋瘵造士蕃衆政聲籍如穎上爾臺交薦擢最有日矣旋爲權右所嫉量移判福州尋又移知北徐州竟以不能媚仰上官拂衣而歸頹然自放以壽終

魏濬字文盛與兄浤橫經問難博通淹洽學者多從之遊登正德丁卯鄉書就隣水令始至邑見舊令所遺什物曰官有常祿乃復朘民自奉哉悉罷去隣俗喜訟有兄弟爭田乃引蘇瓊事泣諭之民亦感泣卒相讓聞風化者甚衆居官清約囊無贏錢嘗遺書示諸子曰若父惟飲隣

水耳汝曹有先人敝廬薄田可自贍毋傒望不見清白吏子孫引其澤貪穢者一焰即燼哉卒于官百姓哭聲動地祀名宦子正時有至行別有傳正初中嘉靖戊子鄉試正蒙性至孝居喪廬墓課子裳成嘉靖庚戌進士裳守濟南迎就養無何歸所屬令長遺人餽金道中毅然引四知絕之徐中行有傳贈如子官自是以後科第蟬聯文盛公之清德遠矣哉

龔良傅字起嚴御史晟之孫父鍊御史長子弘

治十三年貢贈浙江僉事良傅中正德庚午鄉試登嘉靖丙戌進士授工部都水司主事治漕有功陞兵部武選司簡良將汰冗卒戎政克詰奉詔往封懷藩一介不受王爲立却金亭以志之陞浙江按察司僉事飲冰自矢斷獄多所貫貸盜除吏肅浙有青天之謠時溺女成風公嚴其禁民誦賈父再生陟河南叅議歲大祲捐俸設粥所全活者甚衆陞山東副使督兵海上威行振肅海波不揚將大擢用竟卒于官長子乾中嘉靖十七年貢次子乾瑞二十三年貢官霸州同知三子乾曜隆慶六年貢孫棻棹本曾孫逢祥皆中鄉試

謝存儒字懋珍幼通經術嘉靖丙戌進士爲行人遷給事中條陳急務上褒之會論許祭酒失職狀謫判邛州舉學勸農他郡獄多屬鞫焉歷禮部郎中調共獻后梓宮如禮擢南昌府後叅政陝西檄諸郡墾田積貯邊餉不匱繕甲兵具卒乘修城堡邊聲大振民不告擾尋陟山東布

政使以年饑穀貴令民兼錢輸漕穀省漕費過半東土以安擢副都御史巡撫河南疏請折鈞州陶器價鈞人便之立石頌焉擢兵部侍郎會劇賊司尚詔爲亂坐不即討逮杖下獄尋放爲編氓性戇直不能容人人多憚之閨門肅穆家法凜然

馬練字元素父文獻以貢爲彭山訓練中嘉靖巳丑進士任嘉定知縣除豪奸濬渠塞厥有聲稱陞南京戸部主事員外郎中遷河南知府歷

官端慎遇事有識接人和易居鄉好施歲飢盡散廩粟給貧民賴以舉火者千人貸不取償邑人士高其誼子之俔舉嘉靖甲子鄉試孫介以貢爲武寧令曾孫天錫中萬厯乙未進士介孫叔吕中順治壬辰進士

魏正初字汝復隣水令濬之子少博學舉嘉靖戊子鄉貢知易州涖官公廉不爇官燭諸寮憚之歲節百金易民不田三年一繇老稚無遺算正初日十五成丁六十免役乃復老稚一千二

百有奇招集流徙者裨之會北朝乘秋熟以疾騎馳蹂稼穡大司馬議城白羊禦之正初行奇兵二千爲諸郡先值失候某中丞謫知蓬州三年多惠政陞襄府右長史王敬重之相得甚懽未幾乞歸卒王遣使致奠其敬慕如此家教嚴肅有法子弟咸受約束至今稟之

龔良猷字起虞御史晟之孫中嘉靖戊子鄉試爲廣州通判時封川厓黎相繼作亂良猷奉檄平撫于粤有功

魏表字端甫樂安令法之嫡孫也父正中淳朴簡易吟詠自得有古人知止知足意以隱德稱表自幼敏慧占對應聲即荅四座皆驚甫成童縣令方一桂強使應童子試三試皆冠軍督學奇其才復試以古文詞名冠一郡爲文舉筆便成無所改竄既而宗于虞都御史守愚謂其文如易牙之味師曠之音盡得其傳嘉靖甲午應鄉試以禮經中式數上公車不第自傷不遇卒不仕日訓邑後學及弟姪爲文詞旋有以詩文

名世者杜門博極羣書所著撰豪宕不羈彷彿其爲人性孝友母畢氏寢疾躬侍湯藥者踰年父所遺產盡讓庶弟年四十三卒子翼如有潛德孫詔登萬厯辛未進士

但偉字邦彥嘉靖辛卯恩貢任四川岳池知縣政蹟載岳池志偉風度老成政尚敦樸訟簡而事弗擾刑清而民弗怨邑人有去後思兒子維城任黃縣丞居官清約辨顏世遠之寃擒剿海寇有功

饒敬承字象賢祖士亨字行之中嘉靖己卯鄉試官海豐知縣敬承以嘉靖丙午鄉貢令蒙城南部二邑陞賓州知州時八寨猺賊阻險攻掠粤西大震敬承親冒矢石督率兵將奮戰殲其渠魁捷奏陞平樂府同知旋解任歸原居賓九載勞瘁勤苦有裨地方賓人戴之勒碑祠祀子若蒙中萬曆丙午鄉試

鄧廷猷字汝嘉號月泉中嘉靖丙午鄉試登癸丑進士授戶部主事歷任建昌府知府時流寇

倡亂猷率所屬閱丁壯繕守備寇旋以平積粟賑民毀濫祠建書院性貞介不阿以公道面忤直指調雲南大理遂去官歸家法凜然子弟以嚴見憚子士望萬曆中例貢官至達州同知子士達字行吾中隆慶庚午鄉試初授嘉定學正聘試雲南後陞石泉知縣孫日芳中天啟丁卯鄉試未仕卒

熊兆祥字汝飛別號渭水曾大父梁與邑龔御史晟華容黎狀元淳相友善應天順七年貢授青田尉陞淮安鹽場大使父名勝珊幼孤未嘗學問公幼而穎異刻志讀書有超軼前人之志中嘉靖壬子鄉試初授四川峩眉知縣時經妖寇蔡百貫之亂公一意休養務從寬恤捐俸修葺學宮崇尚儒術邑處窮源水不及東郊田往往不任旱公引龍門洞水作堰開渠灌潤百里民甚賴之越巂有屯田間雜民田軍官多以屯混徵積弊百年尺籍亦淆紊不足據公往清之分別軍民區畫界限民得免徵者三百石有奇

又綏戢都蠻之亂厥功甚鉅巡撫嚴公清薦知公治狀嗟嘆久之治峩歷五年陞重慶府通判屬縣凡二十錢糧解送者多淹滯之嘆公職司督糧出納惟敏閤郡民戴之在郡三年署合州篆一年署府篆半年冰蘗如一日有以羨金進者不受也旋以母孺人春秋高具文乞終養遂歸公居官政在養民還林下與聞時政有利害切于民者直辭于令君多所補益平生崇重小學一言一動悉以爲準邑令王公三宅重其學

舉鄉飲大賓卒年六十三歲子二若虞若虛俱庠廩生孫崇中萬曆癸卯鄉試

魏樸如字文可山西憲副裳長子性警敏好讀書吏肆力于古文辭厥考與歷下李于鱗吳中王元美下雉吳明卿廣陵宗子相吳興徐子與嶺南梁公實豫章余德甫蜀中張肖甫並講業燕中一時互相推重焉弱冠領嘉靖辛酉鄉薦爲衛輝府同知甫一月丁艱歸起補敘州府同知加意拊循後又復補安慶會巨寇劉汝國爲

亂親履行陳生獲二渠魁厥功居多上旌其功賜之金擢守徽江歲苦澇百計疏河地方永賴三年乞休兩臺爲請于朝加副使致仕所著有怡雲亭集長子訐以例貢爲寧羌州判次子詒崇禎巳卯歲貢未仕卒

鄭之亮字邦采酆都縣令宗仁之孫也中嘉靖甲子鄉試授知臨淮縣臨淮爲鳳陽首邑最衝疲守監使虎而冠輦上貴人頻往來供帳日待于境上民不堪焉先是令不期月輒以不能去官公至多惠政不朘民之生以行媚其題于驛亭者有日東南民力竭矣居其位敢忘撫字之仁西北神京在焉至于斯願賜承宣之澤見者知其子諒正大不可犯徵拜福建道御史補江西僉事陞苑馬寺少卿歸懸車二十餘年不與聞公私事兵廵馮公應京爲諸生時知亮所以治臨淮狀及入楚聘爲本邑約師不獲辭與有司朔望集士民申解聖諭即馮公詢以邑中陰重事曰鄉正止勸善耳遑知其他其侃直類如

此所著有臨淮志

謝師啟字叔蒙號衡冲父三訓其先甘姓蜀之長壽人也三訓祖洪嘉靖中爲蒲司訓以女適謝司馬存儒因晉訓隨姑爲謝後遂家焉師啟兄弟十人隆慶辛未與弟師彥同榜進士授東昌推官風裁峻肅徵拜御史屢侍經筵論劾冢宰廵視倉漕凜凜然執法不阿及按兩浙風裁愈厲巳卯大比所錄士如陳懿典等九十人皆知名士以見忤柄臣旋出爲河南按察司僉事

駐禹州多善政詳見禹州志祀名宦後遷福建布政司叅政罷歸師啟爲人英俊練達經國籌邊雅負宏抱黑髮懸車臺省屢薦竟未起用時論惜之年七十卒著有瑕玕艸遊嶽艸行于世家訓雅飭子姓有烏衣風焉

張書字子中號蒲源蒲圻人隆慶丁卯以錦衣衛旗籍中順天鄉試戊辰登羅萬化榜進士有上座師詩十八人中唐學士三千門下魯諸生之句時相與傳誦之選翰林院庶吉士每于館

中扼腕談天下事故出中秘改授工科給事中時總河潘公修河糜費鉅萬績用弗成公抗疏論之羣臣震慄後居刑科戶科其章奏多緩刑薄賦語既居兵科有大同都督馬芳恃江陵入幕賂削行伍公廉得其狀奏劾之芳輦金請救公面唾之時朝政必先聞權相公俱其中變也先奏後揭江陵大怒出爲河南布政司叅政分守河南道有李天公者爲地室聚兵糧樹幟將謀反公審佈偵探一一討獲時兩臺推爲第一奇功會江陵薦星士馮瞎子調公焉索金三百不與更辱之其人膚愬江陵故京察遂不免旋降直隸鳳陽府泗州州判陞直隸真定府元城縣知縣除補山東鄒平陞南京安慶府同知江陵敗始遷南京兵部武庫司郎中誥授奉政大夫陞通政司左叅議調補河東鹽運司副使又調萬全都司經歷陞廬州府通判進陞刑部主事致政歸以子時雍贈奉政大夫戶部浙江司郎中子三人時雍萬曆癸丑進士時熙中癸卯

順天鄉試時麟中乙巳武科進士

謝承範字元疇戶部侍郎鵬舉兄子也父鵬昇有至行承範領萬曆癸酉鄉薦就職吉安府通判治行有聲陞梧州府同知梧故多猺賊猖獗備禦稍弛便弗能禁承範條陳利害簡閱戎器一切指揮如得夙構居有頃監司委以征討遂入洞殲其渠魁俘獲若干梧民以綏撫臺上其功將擢用以久侵瘴厲尋卒

張詰字弼卿雲南僉憲東周之子工詩好臨池

業負性警敏中萬曆丙子鄉試授山東淄川令寬和爲理設糜賑飢置學田義倉爲淄川永利邑故有苛稅申請臺司罷之民獲安輯以子姪得舉棄官歸飄然塵外弟謙有俊才早逝弟謨以例貢任湖州照磨子于陛中癸卯鄉試姪于階謨嗣子中甲午鄉試

龔本字心渤御史晟之後山東副使艮傳孫也博學工古文詞時流推重中萬曆丙子鄉試屢計偕不第勉就學諭尋陞沔池知縣釐弊剔蠹

吏畏民懷以疾乞歸觴詠自適多聚古名書墨蹟人高其韻藏書數千卷亦號墨莊焉

王廷策字治卿爲諸生時豪邁倜儻遇闗風敎事輒侃侃直言以春秋中萬曆已卯鄉試授荊門州學正乙酉聘試山東拔闗揚等皆名人多成進士陞國子學正補代州知州値歲旱禱雨有應辨誣盗蘇登高等之寃感盗渠帥自服其辜會有搆害之者遂去官歸里一年卒所著所麟經一班

劉應命字長愈以詩經中萬曆乙酉鄉試初授眉州學正多方造士貧窘者遍賙之署篆青神有民以積逋賸骨公力爲釋免轉授夾江知縣會平播之役徵取粮械公奉檄隨供軍興以濟或有負枉至大辟者賴湔雪得甦擢知德慶州値欽州有警征繕一如播事無少闕粤俗薦壅成風公痛懲曲助民無不欆然知孝者波臣弗靖墊飢者在在而有公亟爲捐俸設糜全活甚衆擢南寧屬邑符凊徭減榷民戴其恩居里中

外雍穆有先民之風子調鼎號華軒萬曆中例貢未仕卒

周于蕃字价人中萬曆乙酉鄉試初授竹山諭以文學造士有聲擢遵義府推官遵義舊隸播播平建郡蕃招集敎養備著勤勞悉反土司侵地署篆江津民勒碑頌德以江津科第寥寥用形家言審方面特創塔于學前自是登雋者踵接因稱爲周公塔云嘗涉巫水忽風覆舟艇亟自麾樓船往乇命悉援召入爲應天司理決疑

獄禁私錢威惠並著上臺屢薦之里人運餉白下者賴調停力得不負而且獲贏餘無何卒于官公平生孝友其麗藻清操令人景慕所著有寤語及幼科行于世子二長文臣邑庠生次成臣順治七年貢

馬介字于石河南太守練之孫性嗜古以博綜負書簏之譽名聲藉甚太史蕭漢冲輩多折節禮之萬曆八年歲薦授蘄州訓申敎作士善談名理人士多從焉擢武寧令緩征徭捐罰鍰與

民不擾施粥活飢民多所軫念偶以疎上官解任歸田課子盡出其所藏書畀之尋卒子天錫中萬曆乙未進士次子天銘大學生銘子淑昌順治壬辰進士介以子官贈工部主事

周淳字完初別號海日幼穎敏善屬文年十九赴督學童子試輒冠軍是年萬曆戊子秋遂登賢書嗣是益篤學嗜古冀捷南宮凡七上春官不第謁選授潯陽司理潯陽自稅璫煽虐詐險成風發摘懲勸不遺餘力江州士民為之一變

行將有殊擢以疏論本府太守某心銜之多方詛射謫東省運判移鹺之明年當事廉其能名檄署濟河令適旱魃為虐焦石流金公全活饑窶不可勝紀用是聲益藉藉轉東昌之恩縣令恩復頻年大祲公私無半菽儲公隨地置廠捐俸賚服食食民糜粥即烈日溽暑猶單騎省視無倦容民得以甦越三年同郡武城適乏令奉臺院檄移治武城越兩月疏河濬流舟楫通利一時漕輓迅導天津軍國之需由是以裕其諸

興利剔蠹善政纍纍有彼都人士三邑紀略之可考云歲己未擢兗州府同知兼攝大名府事文符如雨公立時剖決無留滯無何白蓮敎倡綠林蜂起貽憂社稷朝廷謀所以受鉞者而難其人下臺司酌議屬之公公素嫻韜略工騎射率士卒若干力為剪鋤時顯皇嘉其績晉秩思恩太守未幾謝病歸年五十九卒所著有座右十箴課士語皆學行格言鏤行于世子四人麟仕穎仕亮仕彥仕俱庠生孫珏赫庠生兹喆林

羽朋俱英敏能爲文本傳出家乘

宋時魁字文可號惺軒登萬曆甲辰進士授行人累官河南府知府爲人醇謹緘默終日不見喜愠之色中實曉暢屹然不可奪尋因福藩就封不堪騷動以親老予告歸遂杜門絕跡造請出俸餘置義田四百餘畝歲收入爲族衆周貧及重差助又捐金建羅田橋至今利賴之

袁昭文號海嶼幼有異表博極羣籍尤喜莊生司馬遷以詩經中萬曆辛卯鄉試辛丑以母老

謁選授湘陰學正湘庠自嘉靖戊午而下未著賢書者四十餘年公爲改遷學宮嗣是獲雋者累累乙巳擢臨洮府通判駐肅州古酒泉故地距臨洮孤懸二千里公殫力運籌形勢爲瘁蒞任甫六月丁內艱歸巳酉服闋投舊職補新安尋委署歙篆一秉公廉未匝月又署海陽甫至任汰胥吏繁冗官舍一清其富賈換單常例一切斥革庚戌秋榷關鳩茲一以寬商爲念未幾攝黟縣踰月而治壬子量移禹州禹州爲黃汎

公頴川舊治公有意乎其人每事則之至于節郵傳省供億新學宮懲狡獪善政未易枚舉丙辰改守邛州州蜀之邊徼地瘠民貧公潔巳裕下有不便于民者釐之士民稱讚焉會隆昌王横據石笋山寺稅公力爭之遂拂衣歸林居二十餘年掩扉習靜不與外事年八十有二卒

魏詔字奉之嘉靖甲午鄉貢表之孫也父翼如隆慶中爲太學生詔以詩經領萬曆辛卯鄉薦登丁未進士廷試二甲二十名例授州牧改教

授得嘉興府杭湖從遊者千人梓文行世日吳越雅言去後立石志思遷國子博士轉刑部主事平反全活甚衆會御史劉光復以直言下獄爲抗疏免熱審取忤堂官疏上光復得免審又以都督凌應登擊御史凌漢冲于朝事下部議諸司三上其議皆不當上意最後屬詔問偵內召面奏以應登擬戍漢冲免官趨朝入對得稱旨紀錄調兵部武選司專理清黃一時動奮稱快有內監明蕭者欲干預黃政詐言勤勞疏請

于上希廪稍詔上疏直糾明廉之罪詞旨激烈疏入上嘉納之褫斥明廉萬曆末陞江西提學副使質天矢日以崇雅黜浮拔幽疏滯爲巳任再朞周歷十三郡文體士風爲之一變刻行西江大雅錄會入闈前數日奉旨汰大收佁狂童鼓噪詔不悅曰以吾風教一方能若士類而不能馴頑童憲臣之辱也何惜一官不以謝朝廷即具疏致仕歸撫按藩臬鄉紳士子百計挽留不能得歸里杜門布衣蔬食分俸以惠族里居

家四載年六十三卒　祀鄉賢

張時熙更名懋雅字仲正蒲圻人萬曆癸卯以錦衣衛旗籍中順天鄉試授直隸大名府元城縣教諭陞河南懷慶府武陟縣知縣武陟民俗刁悍公恩威並濟吏民皆畏愛之時流寇猖獗橫掠修武溫孟之間公修嚴武備境內獲安然性清介于民一無所取以禮際疏薄多失歡于上臺遂左遷兩淮鹽運司知事尋陞雲南歸化縣令遠在天末去京師數千里公于時不無北風之泣因解綬歸

饒若蒙字完白父敬承嘉靖丙午舉于鄉官至廣西平樂府同知若蒙以詩經中萬曆丙午鄉試初授南直淮安府清河縣知縣時淮陽洊凶飛蝗蔽野民多流竄公緩賦寬徭多方賑貸境內賴以全活考最進陞戶部主事轉本部員外郎中以忤權貴左遷長蘆鹽運司知事旋陞福建興化府仙遊縣令仙遊巖邑也公政平訟簡樂與休息第密邇莆田其土田多爲豪族侵占

又往往逋賦公力爲清釐不避權勢以是獲戾要人又左遷浙江紹興府經歷公才猷敏練清介不取紹興守懸知其賢雅相敬重頻攝新昌餘姚蕭山三縣所至皆有惠政後陞應天府六合縣令六合路當孔道供億爲煩公憚于折腰遂解任歸公篤孝先人出俸餘勒歷代祖冢石碑創建合族享堂置祭田八十畝以供烝嘗令家督遞掌之以其餘給貧族之婚葬晚年猶開塾延賓與諸士論文不倦獻賊進屠城公避地偏

晉山陰年八十以壽終子弘昱奇昱弘望俱庠生

張時雍字存肅蒲圻人河東鹽運副使書之子萬曆丙午以錦衣衛旗籍中順天鄉試癸丑登周延儒榜進士授南京太常寺博士陞兵部職方司主事所掌鎮戍烽候之政事關軍國飲冰受任不敢怠遑時疆事戒嚴忽坐偵探失宜歸罪中臺左遷兩淮鹽運司判壽陞刑部雲南司主事漕運理刑兼得其職調戶部江西司主事

陞本部員外進本部浙江司郎中除補戶部河南司郎中陞河南府知府時中州荒旱民多流散公加意拊循寬徭緩征民賴以全乃以催科延緩降直隸松江府同知調山東萊州府同知致仕歸子昂中崇禎癸酉科副榜武舉累官錦衣衛正千戶順治五年授明威將軍鑾儀衛雲麾使子晃順天府庠生順治七年禮部考取送監授湖廣德安府應城縣知縣孫應震以父昂恩蔭入監授福建汀州府武平縣知縣

鄧士望字子畏廷猷子萬曆中例貢初授上杭丞遷亳州判擢達州同知著練敏聲去後嘗令人見思署雲陽有囚被赦爲猾吏所稽者十年立爲申釋卒于官子日芳中丁卯鄉試

王鼎彥字隨菴生而敏慧讀書日數千行無所忘尤好爲古詩文十五歲爲花月賦累數千言人爭誦之性不覊其兄大參明珍屢戒之公曰兄狷弟狂不相悖也萬曆壬子登鄉薦上公車後即遍遊吳越間與一時文士交名山佳川妓

館詩壇無不過者間一歸里即慼然曰吾居邑屋如入瓶盎中殊不耐旋去久之爲河南內鄉令以親喪歸復爲粵之藤縣令三年遷江南西城兵馬三年遷刑部郎平刑緩獄然負才好氣多忤其上官雖見謫益強項不顧也崇禎庚辰年擢陝西榆林兵備副使榆林有大將軍張天禮者爲其帳下卒張自得所刼盡有其家貲據城以叛殺副將一遊擊一結楊光明等爲外援公議剿邊撫鎮不問也然公竟給楊光明殺張

自得而降復招降流寇賀弘啟等六千餘騎定邊以平時邊餉耗減兵皆食草實幾為變公一日行邊城見盂中餘飯色淡碧莫辨何物摘嘗之幾吐旋噱餐曰味殊佳市數斗以進饑卒稍安復百計撫之竟以無事及謝事南還降賊跪送者五百餘里至有墮淚者癸未遷粵西桂林叅議值寇入都城未就隱居江南益好客喜遊不事生業家益貧年七十歸里田廬悉賣盡然豪爽好為詩詞飲酒罵坐如少年時無異也嘗

作三聯謂其子姪曰吾死不用置明器惟書此置擴上導吾歸壙吾地下大笑矣年七十七卒家貧不能具塋其兄子九功九眞為發喪一如公教書其聯而瘞之其一聯曰埋月林中看生旦丑淨打諢捱光這本戲文纔散接風天上會李杜白蘇相邀結伴那回筵宴新開其二曰作客秦淮二十年幸得生還歸祖壟居官曼容六百石喜無業產付兒曹其三曰生既索離孤有青蠅為弔客死無沾帶不妨素手見瞿曇亦足以見其豪也所著有正始堂集十卷傳者以為謫仙云

余宗字叔夏號襄城性嗜古經史無不淹洽中天啟甲子鄉試再試禮闈不第辛未謁選授知河南懷慶府孟縣初抵任即開水利甦驛困固城池籌餉料厥功甚鉅丙子撫臺陳公必謙疏稱防河有功四月按臺金公光宸委各府刑廳查州縣城池考孟縣上上丁丑兩臺合疏具題補工部虞衡司主事戊寅翰林院大中允黃公

道周以皇太子講學須預修司經局以備藏書命公董之又督修器皿廠值奉先殿告成禮合禴祭公監製如式上親御志喜改公本部都水司員外郎時都城戒嚴又奉旨督修炮臺剋期告竣准加俸一級河工告急敕授督理淮徐中河兼理徐呂二洪等處河務甫至任首奏分任河工一疏奉旨報可當即刊布郡縣各飭河工邳宿豐碭之間畚插如雲自是河道通行糧運無阻漕院張公爾忠推為蓄洩有方濟川巨手

焉庚辰中河饑立請石價銀千八百兩市安東縣黍麥以濟全活數千人無何上命科臣某廵視河工公以禮際疎緩科臣購他事中之遂拂衣歸林居十餘年惟以詩文自娛歲辛卯卒年六十九子二人應甲應中俱庠生有聲

李軫字君翼號鯤溟少聰穎萬曆丙申應童子試拔第一補弟子員凡八入棘闈丙午壬子乙卯三中副榜丁卯中鄉試時年五十二矣戊辰下第求補近京教職便上春官授山東東昌府

清平縣諭甫至任即以敦勵風化爲先務學宮圮捐俸修葺之方將再試春闈以上臺獎薦陞北京國子監助教比入雍以助修國史見知于大司成踰年陞討曹司務旋陞本部主事署雲南司廣東司郎中數月監督海運新太二倉公督倉務戴星出入克敬克勤運弁肅如丙子四月夜半近新太倉居民失火公星馳往救時東城兵馬司各守衛官俱至見其烈焰莫敢嚮邇公至出袖中手錄書冊一卷傳諭市民曰有以

一器水來者領一字有能嚮邇撲滅領數字次日須重賞頃之以大小器盛水來者無數火忽奏集人爭撲滅頃刻焰息次日以字冊來繳賞錢數千緡都人士咸服公有應卒之才丙子秋都城戒嚴師逼蘆溝橋部堂發勘合運糧六倉脚役皆畏怖不敢往公先往衆從之遂唱籌起運爲六倉倡事平彙敘奉旨紀錄積勞成疾屢請乞休不得未幾而俟部堂解任部總督李以小吏譖言奏倉卩缺豆米若干及奉旨盤查較

算合量尚羨百釜倉額無虧考功欲留而公以病堅意休致戊寅奉旨致仕優游林下凡十四年辛卯七月七日卒壽七十六子四人長應壯邵庠生次應謙中崇禎癸酉鄉試第六名初任陝西神木令陞廣東崖州刺史撫綏邊方以循良稱崖積苦牛判新稅每年四百八十兩有奇解費又若干兩應謙十數申文爲民請命康熙五年奉　旨蠲免崖民德之次應晉庠廩生次應豫庠生俱篤學能讀父書

國朝

謝胤璜字皇黼號紫山甫八齡喜楊億登樓句遂癖嗜詩自是潛心經術制舉藝亦復擅場性放宕不羈薄遊漢沔間年近三十不遇歲巳卯夏督學王公澄川首擢之始補弟子員批其卷額有子殆不屑行之語果即以是秋登賢書五上春官不第乙未謁選都門逢 章皇帝新行身言書判用人之法璜考上上等吏部引見太和殿賜坐賜茶且欽定嚴疆得豫章之崇仁

崇劇邑前令視事輒敗敗輒以累後人公以一年檄六年之逋負以後官兼前官之考成勸輸有方緝屬不絕又劇盜聲援六邑彌山谷長子孫爲崇害者數十世璜單騎入賊壘披心招撫咸稽首馬前投凶刃于階下崇俗騷駁丕變按季課士鐫巴山新莿若干卷迄今聯鑣甲第者多出璜首拔士彼時總督郎直指笪四五紀錄並疏于朝任滿回京將大用之值 章皇帝賓天而寢調滇南之河西縣任二年嬰疾痺卒于鄉官年五十五子二元常元京

鄒應錫字爾圭號荆野其贈君守弘曾爲潼梓尉贊政有聲荆野幼孤性穎敏就傅讀經史成誦後輒記憶不忘稍長學爲文出語不經人道成童充邑庠生性純孝事太夫人定省不少懈崇禎戊寅督學王公永祚拔冠諸生壬午舉于鄉出長沙李蔡公道憲門明年蔡公徇獻賊難訃聞荆野設位即哭終心喪順治十六年謁除得知太湖時海氛波沸江南北悉震羽書飈馳

太湖城市一空荆野以大義徧諭士民訓練鄉勇設席城埤閒稽出入譏斥堠羣情始定或言爲檄且至荆野厲色拒之刻意守禦城以全先是太湖編里五十明季賊據英霍歲蹂太湖數四人土不登于版者幾十餘年 國朝撫李公日芃疏請減其賦役之半至是生齒稍聚荒田漸闢三年奏績註上考得受封及贈如典例擢知河南汝寧府光州州田賦蕪于太湖荆野拊循有加勸耕桑招流遺剔秕政然自防海以

来形神交瘁不任煩勞遂息心內典有翛然塵外之意四疏畧獲戾被劾以原銜解任歸丙午旋里見比戶蕭然歎息久之嘗以利弊陳當事代里人訴謂戊申入會城郡太守侯之旅舍茶話甚歡茗椀甫脫遂別太守掖之牀則瞑然逝矣戊申四月十一日也卒年五十有八子六人履恒履巽履盎邑庠生履壯履觀履升俱英俊所著詩文有影娥池亭艸南歸吟完鉢艸北遊艸皖吟弋陽退食艸凡十卷本傳宋灝撰

黄鳴陽字山旭爲御史玹五世孫早負才名尚氣誼弱冠中崇禎巳卯鄉試歷考金陵章公曠嘉其五策以遠大期之會獻逆屠城邑令曾君栻就難縣丞卑必升性殘忍營署邑篆陽儕疏上臺言其不可直指黄公澍臬司洪公天擢服其方正不阿立返委檄蒲民得免于朘削及筮仕願就薄俸祿養敎諭當陽當陽地近西山賊壘學宮茂草衿士寄居外屬陽至招集勸課蔚然興起後以疾致仕歸

人物志下

文章　武功　端方　行誼
學品　隱逸　貞淑　仙釋

文章列傳

宋

廖正一字明畧世家廬山之竹林林多竹號竹林居士後居蒲讀書鳳凰山中深造獨得爲文汪洋浩肆藻采煥發修寧黄庭堅深器重之與晁補之並稱國士元豐二年登時彥榜進士初授華陰司理參軍累官至端明殿學士出知常州蔡肇以啟謁之極其褒贊蘇軾亦稱之云毘

陵異政謠頌藹然後貮左遷黄州團練而范純粹亦安置鄂州正一與之交游最善時衡山進士儞暨弟倚咸負才名爲時推重益與正一後先相望云

張掖理宗時任澧州石門縣主簿性行端雅問學淵博時縣尹薛儀老學正李洪俱極一時之選而緝文揮藻必屬之掖所著有修學記亦其一班云

元

何維延祐元年中鄉試時常德孫以忠沅州李壽澧陵李明孫才名相埒而維尤爲奇特逸氣煥發莫之與京是科梓行求賢詔一篇摛辭爾雅有兩漢詔令之風

王廷揚至治三年中鄉試試登瀛州賦藻思俊麗考官龍仁夫大加稱賞時同舉者潭州則蒲宗魯湯原劉陽則彭宗復皆莫與爲儷

江存禮泰定三年中鄉試試大别山賦體裁古與考官揭徯斯彭楚玉批云大别屹立江漢是

子奇崛與山爭雄時瀏陽周鏜武昌聶炳同時登第相與麗澤克樹厥名裔孫師古中弘治六年進士官至工部員外

何天駿字國正其先自宋季徙蒲卜居于邑西厥考號毅齋天駿克承考志篤嗜經史游情翰墨博洽不羣皇慶中授富川學錄轉湘鄉學正厥子槐孫舉進士孫爚爲名令子姓世居洪山稱邑望族

明

陳汝楫字濟民博雅醇實善吟詠工艸書洪武初舉明經授徽州府通判轉泰州茶馬司謫知渭南縣政聲卓異擢知廣平府卒于官

鄧林字時茂洪武二十九年中鄉試爲人篤厚和易喜吟詠即物寄興各有體裁初授江津教諭再調大竹廸士有方秩滿陞泰府教授藩封敬服所著有恂齋集月中桂賦

黃煜字土昭號毖齋貴州監軍御史玹之祖也父楫别號雪洲稱詩問禮之外即烟蓑雨笠放

浪于城南水濱不愧桐江釣叟煜宅心忠慤積學該博當時有奇字不能識遺文不可考者載酒往問輒傾吐若懸河中洪武丙子鄉試爲合肥教諭即水晶苜蓿風味冷然而咿唔不輟伸紙吮毫樂此無倦屢典文衡爲時所宗未幾棄官歸益肆力于古文詞賦函幣束詩文者塡門創修蒲圻縣志所著又有鳳凰山賦三禮說子城堺永樂二十一年同榜舉鄉試孫玹願俱登進士裔孫圖昇萬曆壬子解元 祀鄉賢

廖道南字鳴吾南京戸部主事漢之子登正德辛巳進士嘉靖改元賜進士出身二甲第一名改庶吉士授翰林院編修四年纂修明倫大典成陞右春坊太子中允六年陳洪範以懋聖學因命進講洪範及大學衍義克日講官七年星變日食應詔陳言進靈雪賦九年奏遵聖諭以陳舊制申明祀典又陳末議以裨典禮併毁滛祠滛像罷姚廣孝配享　大廟移祀大興隆寺又奏稽古樂以裨盛典進大祀圜丘賦十年彗

星見陳議修省及議崇典禮等事有詩賦進申明宗廟大典有頌進又申明禘祭及稽吉禮以崇帝禘賜甘露進寶露頌祀方澤進方澤頌又進帝苑農蠶賦十一年進聖駕臨雍頌進景德崇聖頌十二年坐不代講謫徽州府通判十三年取回復職賜大報歌進和奉御札和聖製鍾粹宮步虛詞進九五齊恭默室頌十四年丁憂該禮部為進呈訓錄事吏部查奉欽依廖道南制滿陞一級用十五年紀祀典有頌十八年世宗駕幸承天恭紀盛烈有頌又奏恭紀瑞應以彰天貺有諸頌進言官拾遺著閒住十九年奏昭聖謨以崇國本二十年奏恭述聖謨以懋昭聖政進獻頌歌箴其前後奏章俱蒙欽依褒譽所進和詩詞歌頌箴賦悉蒙留覽付史館二十六年卒于家所著有文華大訓殿閣詞林記楚紀蒲圻志元素子集本傳胡直撰

胡昱字仲陽號次峯成都司訓文之孫右方伯堯元之子也壘砢有父風工詩豪吟文逼史漢

中嘉靖乙酉鄉試計偕幾為南宮第一人以目攝者遂蹶補陝西韓城令意同于棄竟投劾歸徜徉于西橋之墅北江之濱嘗騎射以澆其壯志是眞能讀父書者

龔棻號雲石侍御晟曾孫生而穎異比長好讀歐蘇諸大家文一過卽會其意其為文清眞雅淡如公明與子春譚少引聖籍多出天然尤躭翫經史親師友絕無膏粱子弟之氣一時名儁皆樂與之遊中嘉靖甲子鄉試與庚午中式弟

棹丙子中式弟本交相奮勵不肯就官凡五上
春闈不第勉受司理未赴任卒年四十二子三
逢堯以太學生任益都丞逢達逢詰並邑學生
孫維宗庠生

任文定字兆麐父洛以貢爲廣東都司經歷署
南海諸邑篆委驗貢舶並著清名定以儒士中
隆慶丁卯鄉試幼穎敏日記數萬言爲詩賦及
古文詞刻晷立就喜繪山水人物成一家與人
立談退寫其形貌惟肖書法鍾王平生好蓄古

名書墨蹟有蘇米風韻輕財好施交遊遍海内
邑肇修城垣掘骨纍纍爲大坎具牲文瘞之嘗
封股瘳父洛疾徐司空栻贈有奕世封股卷八
上公車不第選南陽府同知歲饑以捐俸活人
甚衆疊膺上薦署篆舞陽内鄉禱霖雪枉所過
人皆追思撰兩河全志宦歸琴索蕭然其書畫
人多寶貴之

謝師彥字叔美隆慶辛未與兄師啟同榜進士
座師李翰林維禎以論著高一代少所推許顧
獨喜得師彥卷至後場更極嘆賞新鄭公見所
著諸論策擬首館選旋卒都下平生孝友無疾
言厲色惜未竟其所至

任文台字位南天性至孝博學劉覽才名早振
兩備中式不第年三十以萬曆戊寅選貢司訓
瑞昌聞父訃歸起補岳州又丁内艱歸後諭保
安遇寇警台戎服登城爲諸生倡齊民無不鼓
勇卒賴以完時謂之廣文干城創修保安邑志
後轉澧州學正所至教先行誼輒爲上臺所知

諸生有抑代伸之婚葬不給者捐俸以助陞河
南教授致仕歸杜門自適所著有家乘及秦楚
雜著等書舉鄉飲大賓

徐錦字黄谷少有異姿持身端謹博綜羣籍門
下問奇字者踵相錯登萬曆戊子鄉試每上公
車止帶蒼頭一二人賞景吟思入店肆亟索紙
筆寫日所撰著酒帘青樓弗顧也爲孝廉十餘
年不敢以情而枉人曲直一切田廬推之兄與
姪無所恡各辛丑下第簡選令職悵惘久之尋

病遂作卒于燕邸子邦隆天啟恩選貢士邦嘉邦靖俱庠生孫維機貢監考選理問維檀維極俱庠生有文名維椿廩生曾姪孫美大庚戌進士

任遇隆號衡雲少年異姿苦志下帷十年不窺園究心理學明隆慶辛未補邑庠生己卯戊子俱中副榜事兩繼母撫諸弟孝友無間言立身端恪訓子義方一時文學之士爭皐比相迎公頗笑不假以經義性理相傳授若魏翰林珩如

王大參台彥鄧憲副士亮徐司理鳴玉弟孝廉經世及廩庠名士出門下者以百計數奇不第應萬曆乙巳歲薦授長沙府司訓日與諸生坐嶽麓書院訪先儒張栻讀書處禁蛙池上芹香藻彩粲如也陞臨武諭徘徊舜峯岣嶁之上攜子弟輩時登高勝使雲水盪其心胸以詩上陳太守圭云荀蕕產年儉石負喫歲豐太守問之對曰鮮泛湘江見二石負一鄉萱草一鄉蓮花知歲豐矣後果然太守異之黃學憲景星委至南嶽課衡士問奇字者屨相屬也山僧亦遣子入學聽講囊止煙雲傀邦脯胝陞四川重慶府酉陽司教授倪銓部斯蕙重慶人舊蒲父母也詩招之曰吾道南來兼西爽飛過回雁又幾程辭不就致仕歸里惟督耕課子一字不入偃室屢請鄉飲亦不出邑令吳炳心儀之式其廬有兩象三光衡霧今聞之額壽八十卒子明俊庠生明儒廩生孫琬庠生孫崇中順治甲午鄉試戊戌會試卷塡二百二十四名覆閱論有以漸

二字忌主者傳公諱改中副榜選蘄州學正陞鄖陽府教授孫雯庠生曾孫奇澤奇豐庠生皆能爲文

張于陞號青如兵憲東周之孫淄川令韶之子自幼嗜學隨父宦邸讀書夜分不寐中萬曆癸卯鄉試歲丙辰以太母春秋高勉就祿養授知中都鳳陽縣以性簡傲不能俛仰左遷粵東憲幕會連州缺刺史上臺委攝連篆連屬連山陽山素稱多盜難治陞蒞任務從德化盜斯伏丕

敢出旋除河南舞陽縣尹甫及歲餘堅意休致
竟解綬歸公性癖好潔更耽山水越郭北門外
踰河有龍翔山樂之爲置别墅舊有窪樽石白
雲臺爲宋人遺蹟爲葢之得景六十有四擬于
摩詰輞川嘯詠其中自號小輞川主人年七十
三卒子四人俱庠生
黄闓昇字孟起御史玹之裔孫負奇才每讀書
藪行俱下詩文駸駸漢魏以上萬曆壬子以春
秋中湖廣鄉試第一人既䕶雋遂遨遊吳越禮
南嶽謁嵾嶺凡山水奇勝無不搜討所結納皆
天下俊傑己未春闈擬元以觸總裁忌改副壬
戌復擬元以用佛經字改副元授工部主事上
疏辭職有墨綬更新如欲富青氈依舊不知貧
之句尋授黄安諭又有聯云不避疎狂招物議
媿言文字占時名甲子聘黔闈分試掄元胡允
敬餘所錄皆知名士先是祖御史玹以都勻苗
亂監軍進討手植叢桂于黔署癸試事竣摩碑
認字展拜流連因築御史臺有題云當年手繡

驚黔首此日文星照夜郎丁卯以憂歸壬申補
安鄉諭後陞北直大名縣知縣既抵任惟與諸
名人質論經史詩酒相勞不屑屑于簿書未幾
遂致政歸崇禎己卯以疾終所著有洗塵篇濯
纓館十刻孟起常談諸書行世長子金門癸酉
鄉試副榜以歲薦爲安鄉訓次子金問庠生
龔逢辟字安治一字彝緒山東副使艮傳之曾
孫幼穎異讀書一覽輒記通子史百家言爲文
一宗先正陝西韓城令胡昱公外王父也家多
藏書公弱冠嘗從舅氏景猷借黄帝素問期三
日即還舅氏笑之後如期詣送問之無不洞了
遂見稱異比長名噪一時中萬曆乙卯鄉試極
爲房師李公顯稱賞乃益沉湛讀書如諸生時
爲文直逼史漢詩擬盛唐書倣右軍性好結客
交名士擲千金若棄不問家人生産與竟陵鍾
伯敬譚友夏相倡和再試春官不第俛就平凉
府司理縱情詩酒以官爲奇一時碑銘序記多
出其手居官廉明自矢平反無冤惟以不能唯

阿乃爲合沙者所中遂拂衣歸歸裝僅圖書數篋有法喜艸岺山堂集芙蓉圖諸刻行世

米良崐字彦伯父濟世以萬曆壬子歲薦官永州府教諭良崐幼穎異成童即有聲甲寅冬補博士弟子員乙卯遂以詩經中湖廣試尚未冠所鐫有浮湘十六執蓋其從尊公官滎陽所作都人士皆傳誦之辛未初任河南兗州學正甲戌陞涉縣知縣旋丁內艱歸己卯復補豐縣庚辰調恩縣三宰繁劇公退之暇游意翰墨優如

也是年十二月告病歸田歲乙酉冬卒襟韻瀟灑表表塵上所爲詩有晉魏風格尤工臨池藝所善不一家腕法尤類南宮人多寶之子舫入崇庠克繼父業

徐邦隆字孟昌父錦登明萬曆戊子鄉試未仕卒隆早孤克承家訓刻志勵學力恭經史屢試冠軍食餼十餘年八入棘闈不第以天啟元年恩貢入太學大司成賞其文拔取監元居都中兩載所交皆天下名士與嘉魚金子駿竟陵譚友夏相詶唱晚年林居絕意仕進惟日與故人耆宿載酒臨高不履城市遇有小釁解以醇酒發藏賑饑捐舟濟河樂行其善誠慧業文人亦厚德君子也年七十一卒

龔維三字位中號衡湘其先自御史起家代有達者三髫齡稱敏異好窮治經史邑大夫無不推轂甲子年二十五舉于鄉益肆力于文南雍司成方公逢年中臺程公正揆大加器賞所著有南遊艸又自念其尊公嘗發憤縱棄以終不

遇又不及待其膺仕馳封也更號昔莪以識餘慕上公車者九庚辰謁選當除授終不就曰吾寧乘下澤車徜徉閭里不則坐弄煙雲竹樹間耳其爲文旨舉胸臆見子弟有蓄文選者輒不懌恐墮六朝駢麗習家訓以行誼先同時先後輩互師資之年五十餘卒惜未竟其志子四瑗珈瑋瓊皆能讀父書世其業康熙壬子子瑋以詩獲雋孫世哲以是科武闈中副車諸孫英多論者卜其滋大云

國朝

唐徵汝字暘菴幼受學于父之夔年十二能制舉義稍長博搜經史遂工古文詞累舉不售順治戊子督學黃公澍拔冠諸生應是年恩拔戊戌授江西建昌府通判到任後淸署雍容紙窗燈火不異諸生奉上委運糧至淮著淮遊艸巡撫張公朝璘嘉其才幹委攝泰和縣篆泰和多逋租暘菴署事兩閱月繦屬不絕政聲益著復委署新建新城南豐廣昌四縣政治民和游亦

而理辛丑冬代覲北上卒于燕邸江西有官京師者具棺送任子有功扶櫬歸塟百姓哭奠于路爲官三年囊槖蕭然止載書籍數十乘所著詩文稿多散軼士論惜之

張瑾光字子待號陸浦諸生時文名藉甚順治戊子科以詩經中鄉試第七人己亥科　特旨再行會試遂成進士放榜之次日　詔儀制司引見　乾淸宮賜坐賜茶盛典創見遠近榮之恭紀有詩殿試後補推官時江寧徐公惺居諫垣爲較定雲心亭制義行世江浙諸名家坊刻備選其文海內傳誦爲人靜遠有大畧自解褐歸里益加揣摩畱心當世于時宜指奉裁司理多溺其職慨嘆久之日與同學研求名臣經濟以正己率屬自期先後薦紳咸仰其丰采又雅量娛人奬進後學其懷抱有大過人者積詩文論議若干卷丙午冬以疾卒于家聞者傷之壽五十子二人達佶達任

武功列傳

明

江清世居新溪太祖旣平陳友諒淸首謁轅門委質弗貳扈從征討累立戰功進階明威將軍後以事改觀海衛指揮姪旻及孫迴元孫鏞襲廕

但應隆國初以功擢指揮後隨兆平從高皇帝征陳友諒于鄱陽湖有功因敘功不及格遂逃山中知介之推故事久之論定御史羅洪題請

拜武德將軍洪有贊曰天威赫赫統屬羣心載剿亂賊雲集于征神武張皇掃境淸明惟公抗志不久宦名懋賞其功武德將軍

滕永受洪武二十四年謫戍梧州永樂四年英國公張輔征交趾永受時從指揮王諒千戶姚眞進攻黃江身先士衆敗之于鹹子關又敗之于平海戶七年從征淸化擒敵首簡定于美良縣欽授交州中衛千戶後于慈廉廣威二州節建奇功宣德四年調征乂安亡于陣弟永奉襲廕仍守梧州姪景調岑溪

劉鐸字振遠父志清沒于陣鐸年甫十四慨然與衆泣别有馬都閫者奇其狀貌留置記室初入武昌左衛前所軍天順元年從元戎楊公征銅鼓五開等處苗賊有功授小旗又從元戎李公征交洞城步苗賊陞總旗天順九年奉勘令以前征東苗功陞百戶成化元年復征兩廣等賊陞副千戶授武畧將軍六年征荆襄倡亂流民陞正千戶成化十二年復征靖州八寨欽陞

指揮僉事加陞明威將軍弘治六年鎭遠侯顧公溥檄征貴州叛苗陞指揮同知加封安遠將軍世襲武昌左衛鐸雖從事武功而篤好文墨有敦詩說禮之風手不釋卷晚居山軒精于黃老之學壽九十七無疾而終孫閑襲職

余開衡字衡山體貌魁岸性軒豁亢爽雅尚氣誼少同弟今銓部學皐子業不肯竟學輒棄去好擊劍以膂力技勇冠邑中嘗與武生侯定國角技野外定國以命中勝開衡以擊刺勝壬午

秋直指按蒲以寇氛震隣閲武衆推衡以雙刀
試直指公善之欲薦授之官以嚴親命不赴崇
禎癸未獻賊破楚會城分掠郡邑邑令曾公栻
練忠勇百有餘人及煙兵千人爲城守計屬闖
衡與定國督之六月二十四日賊以輕騎百人
爲探哨曾令命侯定國射之摧其前鋒衡領衆
兵追躡賊忽反騎殊死鬬開衡持短刀大呼賊
鋒大挫先是曾令申請上臺命何副將鎮蒲至
七月十二日賊大衆壓境曾令將阻河與戰官

兵反走開衡被重傷幾絶後撫軍列名上之嘉
其義烈子殿楚邑庠生

侯定國字正君邑武庠生性孝友沈毅多權智
少善騎射好讀史傳星輿韜畧之書明崇禎巳
卯以其技試兵巡使者首拔之累舉不第嘗張
幕野外習其技堵列而觀者嘆羨忘歸毎憤惋
時事輒太息泣下癸未春獻賊破蘄黄邑令曾
公栻募鄉兵爲守禦計簡定國與余開衡率練
之又請官兵千餘助汛守及賊破會城屬邑風
靡獨曾令傳檄討賊稱忠勇萬人六月二十四
賊遣偵騎百餘走間道奄至河北拏船欲渡曾
令命定國隔河發三矢貫前騎二人賊驚遁至
七月十二日賊大衆壓境曾令將阻河與戰官
兵先走定國與開衡同時被創撫軍以曾栻死
事聞定國列名疏中及
國朝順治甲午經畧洪公承疇督大軍駐楚聞定
國名召置水師鎮叅謀尋病歸卒知者咸惋惜
之子于周邑庠生以文行稱

國朝

張時麟字季昭書之季子精武藝萬曆癸卯以
錦衣衛籍中順天京衛武舉又中乙巳會試授
密雲道中軍守備陞京營巡捕都司又陞眞定
左營遊擊鮎負關叅將屢有戰功以偏師失利
降山東都司僉書順治元年投誠加陞二級都
司同知年七十餘以壽終子昇以鑾儀衛旗籍
中山東戊子武舉

李侍義門玘之裔世居樓下爲人沈靜有智畧

崇禎癸未獻賊破會城團練鄉勇爲保境計及
賊入蒲堵禦有法一方以全乙酉闖賊來焚殺
無虛日侍率鄉勇逆戰于大田畈賊潰走生擒
數人賊追及花路亭侍磔示之賊反屯黃茅山
揚林等處侍計刼其營發伏截其要路賊驚散
遂屯新溪渡臨湘河而南自是邑西南隅無賊
害嘉沔湘之民避賊洪山者得室家完皆侍之
力撫鎮聞其名屢聘不就年七十五卒子世紀
儀郡庠世奇孫正箕俱邑庠

馬際昌崇禎庚午武舉初授巡撫軍前贊畫後
撫軍盧公象昇疏薦云智謀沉靜氣度優閑有
儒將風尋擢中軍叅將署副將事乙酉左鎮擁
兵謀廢立脅之南下不從竟遇害

端方列傳

宋

任獻夫字安世縣北長澥人登政和八年嘉王
榜進士及第爲人溫厚淳雅若不能言而中抱
淵實立志甚遠大爲文冲澹平易不甚求異于
衆而理致精審人自不能及娶南嘉李宗儀季
女終其身夫婦相敬如賓有麗德公之風仕歷
荆門刑曹著有異績民懷其惠 祀鄉賢

明

田賦字信立性通敏熟知典故洪武初應求賢
詔授知諸暨縣有惠政民懷思之後以事左遷
祥符簿歷一考休告歸養恬自樂人多稱之

王德原字克明性行純篤精于藝能洪武十三
年舉聰明正直授知招遠縣再調丹陽勞績用
熙

余恭字尚欽孝婦戴氏子也先是恭大母阮遘
危疾將革恭母戴焚香告天請以身代刲左臂
肉煑糜以進姑食之霍然起戴生五子恭以

詩經中永樂丁酉鄉試上春官不第入太學時
朝廷營大工選太學生有幹具者分遣督役恭
于役浙江力圖報稱不苟一介以傷名義邑侯
嚴重之因豎忠孝坊以旌其母子至今傳爲忠
孝坊云至五世孫曰鶴曰宸補庠生有聲曰宗
中天啟甲子鄉試曾孫開熙順治乙未進士

王貴高字明遠邑庠生左春坊左中允之姪也
應永樂二十年辟舉授四川成都府經歷陞襄
眉縣知縣勸農興學士民賴之辭政歸里葛巾
藜杖日與二三知己山水自適長子禎次子祥
俱庠生

黃城字孟高合肥教諭煜之子以詩經中永樂
癸卯鄉試爲富順訓弟墀以禮記同年中式爲
內江諭皆好古力行綽有父風俱見四川名宦
志城嘗遺墀書曰先人諭合肥清操自勵吾輩
讀父書俱得爲諸生師表不墜家法足矣此外
何俟望焉各棄官歸城守清白歸槖蕭然時釣
于邑南之河干里人傳爲黃城埠潭子玹登成

化乙未進士官至大理寺丞

徐思賢字從哲以正統十二年選貢任廣西蒼
梧縣知縣居官有廉介聲林下醇謹人敬仰之
壽九十五以期頤稱六世孫鳴玉中萬曆已酉
鄉試官至貴陽司理鳴玉姪淑嘉中順治辛丑
進士現任廣西羅城令

但存學字宗儒成化二十二年中鄉試第二人
授四川敘州府推官持已端恪禮士恤民痛斥
舞文屢辨疑獄及陞判重慶值采木之役僉舉
以任存學躬歷險阻深入松播彝落調度有方
民咸德之

鄭宗仁字純夫大父潮海精岐黃術賣藥多不
計直值歲大疫所全活甚衆宗仁爲其冢孫中
弘治壬子鄉試爲建安知縣復補酆都弟宗儒
中甲子鄉試爲鎮江府通判兄弟郡縣俱有政
聲俱年未五十致仕宗仁子琳贈臨淮知縣子
理字伸鳴中正德已卯鄉試才名橫視一世膏遯
不仕廖太史推重之孫之亮中嘉靖甲子鄉試

官至苑馬寺少卿撰有繼疏傳言厥祖兄弟能繼疏廣疏受之勇退也

馬文獻字世徵崖州別駕駿之孫蚤穎慧稍長淹博聲隆隆諸生間每試輒冠軍初名敫督學奇其文因更今名數奇不第以詩經應弘治七年貢授彭山司訓旋以外艱起復補瑞州郡庠兩地所識拔士上賢書春官者接踵恬退引去居家優遊嘯詠非公事未嘗一造請里中稱爲長者子練登嘉靖八年羅洪先榜進士贈南京

戶部主事孫之猊曾孫天錦淑昌俱以科第顯

傳卿字獻卿福建莆田籍本縣人登嘉靖甲辰進士歷官南京戶部主事轉員外郎楚臺檄邑令李公桂爲公豎坊因歲屢祲未果爲人坦介不阿其于梓里誼極篤凡解糧白下者公爲之周旋無不戴德陞廣西僉事丁艱歸哀毀踰禮以至孝稱壯年掛冠當事者力爲勸駕堅卧不就子姓居莆田仙遊英才接武在蒲者多斤斤自好署縣同知葉文懋旌表其門裔孫庠生鼎新博學多才屢舉不遇識者傷之

張東周字子用嘉靖丁未進士授刑部主事先是臺中有許福疑獄歲餘不能決公命胥吏繕寫其從前積案窮四日夜勘得其情全活甚衆世宗大悅書名屏左陞禮部主客司員外郎提督四譯館上疏言崇正學等七事而分宜以賄册一富藩東周力爭分宜深銜之出僉滇憲兵備普安緬甸恬息以積忤權璫謫潼州倅著勣力榜數條吏畏民安州人頌之居一年卒于官

子諧中萬曆丙子鄉試子謨以例貢任湖州照磨孫于階中萬曆甲午鄉試孫于陞中萬曆癸卯鄉試　祀鄉賢

張于階號八濱雲南僉事東周之孫湖州照磨謨之嗣子謨病于階衣不解帶者三月撫愛庶弟若出同胞萬曆甲午中鄉試有署篆君羅一族人于獄階知其冤申救之一日七牘得釋乃止才情磊落與弟于陞以文學競爽年僅三十九卒

龔良衡字起莘御史晟之孫嗜學工文補諸生十試弗第以嘉靖二十一年歲貢補浙江嚴州府訓導一時篤古之士爭嚮慕之相與質經讐史弗輟一日動念湖山告假歸士紳咸祖道嚴陵臺賦詩以華其行

袁璧字輝東父慶有潛德佽儻好施一鄉歸心焉璧以嘉靖三十五年歲薦爲英山司訓課文講秇督率士類有成卒于官英人士多爲之經紀其喪扶櫬歸甚哀之璧性伉直無所阿且開

示人必盡其誠士故多服焉弟盛有至性盛子昭文中萬曆辛卯鄉試璧教誨之力爲多云

馬之猊字威如河南太守練之子弱冠舉嘉靖甲子鄉試後授知養利州申明禮法上司束手舊有藥貢有鴨市有官畜牛馬歲收利官得多金之猊悉罷之土產多異品亦不問其清正類如此未幾以丁艱去起補茂州州軍倚于民牧兼監軍餉因著包封事宜刻之以爲每封多一分則軍受一分之利諸軍感悅居年餘每不能媢監司意偪安撫爭封監司意有所屬之猊執例不聽左遷齊邸歸性至孝每逢先人忌辰行禮畢猶泣下沾襟年八十三卒著有居彝錄粹白堂集

魏正恭字汝敬樂安令法之子長厚好義解衣推食以急宗黨以嘉靖四十三年貢爲長興丞督糧理鹽毫不苟取擢貴陽縣有善政清操自勵卒于官子往中萬曆丙子應天鄉試

丘岡字鳴鳳博學多聞累舉不第以嘉靖四十

五年歲薦爲魯山教諭在官清約自守往往進諸生陳說經義多所興起未幾致仕歸居家篤義好施父所遺產恒以周急厚貲半散置祭田立家約教子有方性澹泊質素不媚趨謁倘徉河干吟咏瀟洒以壽終子六人皆庠生各治一經曰之櫃以萬曆二十四年貢爲項城諭造士設教不渝父志曰之椷好義有父風每節縮衣食以贍族黨毫無德色今子姓濟濟繼其家學云

魏正叅字汝三欒安令浤之子以隆慶元年貢爲吳縣丞日了公事卽與文士張幼于王百穀詩酒倡和數月致仕歸行李蕭然吳李石麓徐存齋諸大老贈有少雲篇及去思圖詠居身端謹敦族睦隣與物無忤足不履縣廷督學副使金學曾旌異之仲子科字冲完醇厚灑脫表率族里人多服從科子珩如中萬曆辛丑進士官翰林檢討贈父如其官

熊萬份字立卿其先在宋名時昭者自洪州遷

蒲之義豐其後愷舉元天曆二年鄉試第四人萬份天資穎邁讀書一覽輒記明隆慶庚午領鄉薦萬曆癸未會試已註名四百人中時江陵當國以銓選未通汰去五十人適當其數凡八上春官不第壬辰授知樂安有惠政西江人士迄今思之里居一籃輿往來族黨間觴詠自娛邑令倪公禺同汪公雪嶽雅重其品誼焉子孫以文學世其家

龔棹字時發廣州通判良猷之孫也中隆慶庚午鄉試任東鄉知縣有要津冤害良民者棹聽斷一無所避後補樂安遷淮安府通判卒

魏祚字上甫欒安令浤之孫資陽令正恭長子以恩貢入太學中萬曆丙子應天鄉試任隆昌令調通江有惠政爲人孝友溫恭不苟取與雖童稚僕隸亦婉容待之邑中稱爲長者與鄉賓筵者十四有司莫不欲得之以光鉅典徐撫院兆魁下檄講聖諭特令主盟年七十卒

余登字懋庸中萬曆丙子鄉試鎮靜自守不妄

通刺謁嘗署其家云不說人情鄉里須當相諒但存天理鬼神豈得無知邑大夫敬重焉爲廣平諭署縣事著風力聲民畏憚之卒于官

王進臣字東洪義倉知縣貴高之元孫也幼穎悟博極羣籍尤精于易理一時名士多出其門掄萬曆十七年歲貢授桃源縣訓導力行勸士雖祁寒暑雨不輟後轉石門教諭吏部汪公深器以詩餞之有洞口晴光催去騎石門山色引仙旌之句任石門六年力行勸士如初致仕歸

里方正自持閨門之內肅若朝廷子弟不衣冠不敢見著有易乘仙源集行世子樹屏樹德樹石俱邑庠生

魏彬如號似川山西憲副裳之仲子兄樸如爲徽江守進階雲南憲副彬如雖累世簪紱瀟洒恆諧無貴介氣性嗜古讀先大人藏書編纂凡若干帙事繼母鄧以孝聞復精岐黄術歲買藥數十金全活甚衆爲諸生應試武昌族叔祛患病亟買舟送歸躬侍藥餌得愈後始冒風濤就

試其篤義類如此屢蹶場屋不第以萬曆二十年貢爲衡州府耒陽縣教諭先是耒陽科第寂寥彬如精形家言爲改遷學宮餘是人文蔚起時子說舉戊戌進士授南直都水司主事彬及元配錢氏俱卒于耒陽學署士人無不哀思之後以子說誥贈戶部侍郎

任經世字達生文品馴雅恒肆力于古每試輒首錄與弟經邦相勗勉稟餼與共之明萬曆巳酉中鄉試十一名制墨盛行生平不問家人業有緩急則鬻產以應爲孝廉數年居然寒素謹重溫良鄉里稱之未仕卒子熙聯舉康熙元年恩貢

徐鳴玉字振之一字崑璞明成化時蒼梧令思賢父方憲始徙蒲邑自思賢以明經爲縣令代有文人玉父謨尤博學多聞兩中副榜數奇未第課子鳴玉鳴瑞鳴珍鳴珙俱有聲庠校鳴玉以詩經中萬曆巳酉鄉試初任福建長樂知縣清介不取斷事嚴明吏畏民懷未期年丁父艱

服闋遷貴州貴陽府司李屢平冤獄臺司推重焉時有劇賊猖獗玉同太守剿除之郡內肅然任三年陞陝西臨洮府通判尋致仕杜門自守不妄通晉謁年六十六卒

馬天銘字新生武寧令介之仲子也兄天錫中萬曆乙未科進士官至兵部少司馬天銘八歲失怙穎異夙成司馬公篤愛之比長隨司馬公官閩中興化司理日與名士林公贄輩爲文字交名動一時後遊太學聲稱盎著司馬公氣骨

蟒峋人望之如秋霜夏日公嘗以和平濟之司馬公丞世公送往事居分甘茹淡洎如也魏司徒肖生嘗謂公季子曰君家友于無間言伯公爲其易尊公爲其難其處家庭也如是至于族黨則憂人憂樂人樂時岐黃家有向姓者將死惧幼子見侵強暴以五十金爲託公爲卵翼畢婚原封還之何外之宦鄱陽拙宦賈罪公扁舟下里周旋危困其與人多類此自好家居于人物臧否才流高下民生苦樂時政得失嘗厝心

焉每見少年篤學者輒汲汲揚詡不倦集邑中諸名士與諸子樽酒論文交相切劘以故諸子皆表表文場不媿司馬公阿咸長子世昌敷奇丞殁季子淑昌中順治壬辰科進士公以崇禎乙亥歲考終祔塟武寧公墓以季君令河南商丞贈文林郎

劉光輝字大者號八柱先祖慶以孝聞祖母魏以節聞載蒲舊志父時敬庠生謹儀教子顧都諫其仁有祥發過庭之贈大者苦志篤學屢試冠軍設教蒲湘聘金壺歸父所不有私財弟庠生光煒年踰強仕未有嗣息爲置側室生子來暹在泮有聲自置田廬與弟共之九入棘闈不售拜泰昌元年恩選初任松江華亭縣主簿水利則開河成績巡鹽則足國無私賚餉三吳何尚書喬遠有漆園柱下之句講論兩浙丁尚書賓有仙吏清風之詩拯溺黃浦解雪冤獄耿介自持苞苴不行条軍黔衛攝篆湄潭一童一騎扶義除苛以不媚當道遂掛冠歸士民泣留碑

亭賦別蕭方伯丁泰贈云廉吏心湛聖水白甘思淚苦鷓鴣啼著有桃花園稿蒲志闕編壽六十九卒子來遠郡庠生著南北二京賦來庭庠生孫開掘庠生有文名曾孫丹仙丹月丹濟皆能爲文　本傳劉肇國撰

鄧日芳字茂叔士望之子弱冠隨父任達州父卒于官日芳間關重跰舁櫬歸里苦志讀書手輯四書詩經講義積百餘卷所錄他書復畧相等平生寡言笑重然諾嚴取與文章德行並推

里閈邑令吳公可先特器重之中天啟丁卯鄉試明末縉紳勢焰方張獨日芳杜門掃軌淡泊自甘半刺不入公門兄日華早世嫂魏氏年甫二十餘孀居日芳經理其田產差徭俾贍養無缺嫁其遺女表其節于有司後魏氏年至八十以壽終叔士亮任馬湖太守暴卒于蜀中家貲頗厚値繼嗣未定族人剖其貲產據而有之日芳毫無染指有以利相啖者答曰此等事余不忍聞也其耿介之性大率類此三上公車不第

卒年四十八子之奇孫宗彥俱邑庠生

行誼列傳

明

戴思明上三都人性篤孝洪武初父祥遭虎噬思明聞之奔赴于野手扼虎吭虎死祥乃復甦

劉慶字善餘母葉氏病劇諸醫望之却走慶刲股躬侍三月母痊又十年邑人大學士魏觀贈以詩有刲股刀前血捨身膝下情之句

廖崇信字德恒宋學士明畧之後父均用有高義廣施濟邑人德之崇信幼學葩經洪武中貢

入太學選武功衛經歷永樂靖難調雲南景東諭父没哀毀踰禮服闋補任之滇扶母偕室嘉負李氏步行萬里餘時驛郵遣騎迓之却而弗乘日夕供膳極其孝養後歸母没廬墓終其身子清孫傳佐俊俱中鄉試

黃宗榮御史玹之孫性至孝母盲每日舐其目遂復明母嗜豬肝每飯必致無缺薦紳高之子祐礡俱有行壽九十五卒

饒承敎萬曆中人庠生若驥父也未事詩書母

病奉藥物不愈乃刲股作羹以進母啖之尋愈後承敎妻病子若驥若騏亦刲股作羹以進母病亦尋瘳父子兄弟皆具至性署篆同知葉文懋題孝萃一門額旌之

彭楚書十八都上里人生五月而孤其母艱辛育之稍長傭力以食其母崇禎庚午歲母病篤聞人言刲股可以起母割其左乳肉進母食之遂愈書固無恙邑侯林增志旌之

國朝

賀世麟字景瑗性淳謹年十二補邑庠生旋薄時藝博古講學母錢氏病篤嘗糞割股以憂卒

元

廖均用宋端明殿學士明畧之裔也父昇三卜塟于邑之楂林均用負土成墳手植異松陰森秀茂歲時風鳴廻搀若鬼神䕶呵元末避亂南山散財饗士鄉民賴以全活躬耕南山下儲穀至二十萬石值歲大旱有司勸賑均用盡發所儲崇咸嘉蒲四邑咸取濟焉粒米未償子崇信以貢補武衛經歷孫清中鄉試孫漢登進士曾孫傳佐俊俱中鄉試曾孫道南中會魁官侍講學士 本傳

明

李玘世居樓下其先自宋寧宗母黨封雍王者徙居于此玘敦孝義與弟瑞創立家規廣置義田子孫七世同居成化中旌表其門今大孤橋有李雍王墓大濟寺側有李夫人墓 載一統志

李興賢字廷賓中弘治甲子鄉試先是天順三

年大旱父仲高出銀穀各萬濟之所全活甚衆興賢事庶母甚謹慕義門鄭氏貲富族大誓不分析衣食自甘粗惡每飲食集一堂長少男女各爲席親戚鄉里有婚塟不能舉者助之正德四年大旱以舟載穀分濟親友有鄉官以疾卒一子病且貧無以爲歛興賢在八十里外以曾受業聞訃合諸友具衣冠歛之其仗義如此未仕卒

何珍字承聘號天石鎭南知州熻之七代孫自

瀹之孫霖至珍父庠生文質子姓千指同居五世珍以嘉靖三十七年貢初訓餘杭轉武康教諭文行爲諸生所宗年五十九致仕湖州别駕王育仁書淸風高尚旌之爲人朴直家無擔石之儲淡然自適吟詠終日壽七十八以子思登兩膺褒封

魏正中浤長子淳朴眞簡蔬食布衣吟詠自得父分產則辭附郭良田受僻壤數十畝混跡樵牧親農桑嘗自題其舍云只如此也罷要怎麽是好眞如古人知止知足意云以隱德推重有司屢舉鄉賓不就子表中鄉試孫累貴顯曾孫詡有祖風爲庠生讀書外若不解一事者人稱爲羲皇上人

魏正時字汝行隣水令溶之子爲人任俠有氣節性好施予慕魯朱家原巨先之風趨人之急甚己之私二弟正蒙正初皆不任家事正時治產三十餘年一錢尺帛不已有也勉弟正初力學中式正初艱舉子後舉子而母亡正時命已

妾棄其女以哺之曰吾弟久商瞿憂抱子始今日吾何愛一女哉天性篤義可槪見云

魏襄樂安令浤之孫蚤失父與弟聚甚相友愛里中大饑道殣相望襄捐資掩骼竭力所至鄰伯讓負京紙若干襄兩代償之義聲載道舉鄉賓子登如有父風

魏翼如字進可樂安令浤曾孫嘉靖甲午鄉貢表之子隆慶中例貢性簡嚴無假貸不能容惡每面折人過鄉里畏憚之然篤于族黨交遊敦義好施仲父有誣以殺人沉獄者貧不能自免爲鬻產求脫于佹家又友有謁選不能具行資亦爲割腴田售人得金貸之始得治裝已而焚券族人困于徭役欲割產他有所造請翼如憂忿不置會子詔領鄉薦率詣縣庭請蠲之尤方介無所依阿萬曆中南嘉方司馬逢時與爲姻戚攝冢宰正應謁選時也司馬貽書勸之仕辭之有說以乘時者竟不往人以此高之年七十六卒子詔萬曆丁未進士官江西按察司副使

翼如贈子官（祀鄉賢）

鄧廷珮號亞泉貪餼數十年臨貢不仕樂施予鄰有鬻婦償稅者廷珮捐金代償之全其婦年歉施粥貴糴賤糶凡可行義者多爲之子士亮舉萬曆辛卯鄉試官至四川分巡上川南道孫日崇中乙卯鄉試官贛州府司理曾孫之梅中崇禎庚午鄉試以子亮贈肇慶府推官

徐邦巡字豫卿號古愚少聰慧淹洽經史行文豪邁天性孝友外祖司徒謝公鵬舉器愛之未

冠補邑庠生聯中庚子癸卯科副榜屢錄觀光不售（惋嘆）者久之忽夜夢神人與語云汝年未三十吾暫靳汝科名以綿爾算光大門閭在汝後人未幾感月華之祥生子爲梅喜曰吾後世必有達者茲其兆已孫美大果以康熙己酉舉鄉試庚戌登進士諸子孫日益俊茂並光祖澤焉巡胞兄邦和庶兄邦錄俱生而穎異五歲就塾便工屬對師命　和曰入行四方天井即應聲曰我步萬里雲程又命錄曰弟手拍兄肩亦應聲曰臣足加帝腹諸如此類勿可枚舉四書五經一讀而通邑侯王公之傑彙其著作以神童舉疏未上而殤今徐氏後昆類多俊穎云（本傳　祝昌撰）

謝師古字我思號尚友蒲逸叟也遵司馬司徒公清白家訓不事貨殖以故家日落然杜門却掃雖晨炊竈冷晏如也早歲習博士家言可芥拾青紫竟脫然蟬蛻尤工于詩非漢魏以上不道詠茅剪棘結廬澤畔日偕其仲子紫山讀書

作賦其中倦則垂絲把釣貫村醪自適去城五里許經歲屨足市廛即左右居人罕見其面嘗自言曰明月穿窗白雲撲地好鳥來庭閒花入位可主可賓何痛何癢浩然無營懷葛之意三復斯言可知公之槩矣公每謂紫山曰我生平不喜見要人第以子之才他日必踵武先賢繼兩中丞公大我門戶然須作好官毋徒爲富貴地美田宅以累子孫吾雖老不及見以此告我地下亦一段佳話年六十有奇正坐整衣冠而

逝仲子胤璜中崇禎巳卯鄉試兩任邑令有政
聲季子胤琮孫元韜邑庠
龔逢璧字楚白承父檯之訓與邑鉅公相砥礪
然數奇弗遇慷慨自喜戚黨中有貧不克振者
必恤之亦不樂有惠物名晚歲益頹然自放每
遇知巳酣適後狂叫絶倒依稀稽阮遺風邑林
太史增志誄詞有繼酒人而傲羲黃之語亦足
見其生平巳子維三登天啟甲子鄉薦季子維
八中崇禎壬午副榜孫璋中康熙壬子鄉試其

後讀書者藉藉有聲入以爲力學貴志之報云
雷驚號百里少精經義能文章不遇刻意庭訓
集古聖賢性理微言及名臣經濟事蹟成帙課
諸子不營生産輕財好施勉人爲善多指報施
往事相朂聞者悚勸持身端謹宗黨無間言年
八十終子勳龍邑庠御龍字髫翆崇禎乙亥拔
貢
國朝考選通判歷佐大名保寧郡署府州縣篆所
至多循績今任鳳陽郡丞孫豫聲霖聞閎閶俱

邑庠以文行著克述先志
黄門相號龍躍其先豫章籍山谷先生之後家
于豐城縣之雪家渡累世有顯人至明末猶然
來蒲爲封公始祖者則黄子贈也以友諒作逆
鄱陽于洪武三年避亂居蒲新店三世遷封公
一支于蒲今之鳳山驛其時非驛也六世讓其
宅爲驛而自居于城內之舊驛八世萬曆庚辰
封公生至甲辰家君中通生封公厭市喧雜且
庠塾閙咻難以課子遂還官田之鄉庄同鄭穤

人出入耕鑿僮僕數十指荒田百畝瓦屋三間
家食粗給其時家君甫十齡餘子生者襁褓而
封公知家君之可與有成也質衣拜師節飧餽
餉故家君年方志學嘖嘖有聲升黌戊辰遂膺
崇禎里選而封公志未歷也曰汝年方弱冠豈
盛年嫁青樓乎後事方新耳家君亦體封公志
茹虀不輟卷丙子舉于鄉而封公乃少宴也析
諸子食日夕惟徜徉鄉市親黨閒皂帽青衫華
髮布襪或旬日不返或朝出暮還步趾一僮而

巳冢君整鞍以待乘未半里即叱返曰凡此里道皆我親知共者一遇于陵谷阡陌之際彼不得避我不得下中心忡忡汗出大苦難耳癸未秋獻逆蹂縣所過腥聞封公抱恙居鄉不克同冢君徙遠賊渠魁至門戒其徒不得入室問冢君于僕僕曰往南山賊悵然曰今正糾旅搜南山汝主驚矣可奈何復問封公孺人僕曰在家問年壽幾何僕曰俱八十賊怡然曰高壽且云我雖作此行徑甚知好歹你家素好人也往返

五日與僮僕作禮而過其年八月封公逝鄭孺人孤韓弄孫孀居十九年辛丑逝合塟本縣横崗石馬壠之唐山是年冢君巳筮仕蜀之鹽亭矣後除服補秦之朝邑封公以子爵贈文林郎孺人封太孺人 本傳出家乘

龔木字軫野邑庠生御史晟曾孫副使艮傳之孫覇州同知乾瑞之中子累世簪纓安貧樂善布衣蔬食晝之所爲夜必焚香告天子逢周庠生次子逢烈總角泮遊屢試冠軍中副榜三次不第以恩貢考選知縣自呈改授華容教諭甫一年休致葢龔公隱德焉

龔逢旦字海曙邑庠生節婦余氏之嗣子也幼負才名雅薄仕進嘗曰吾高曾祖叔代有冠裳吾惟萱堂菽水所當承歡燕山義方所宜樂教耳用是族黨稱之式穀爾似邑大夫高其行造請鄉賓不赴輿論益推服焉次子維祚爲湖南三學博士聲教奕奕人謂讀父書可矣然不足酬公盛德也子姓振振後當益大云

但仕字汝秀爲邑諸生嘗拾遺金于塗必俟其人還故處畀之其人願割半以謝辭弗受有醉罵之者家人欲毆之仕弗許其人歸明日暴卒仕得不波人謂厚德之報

國朝

余應瑞號五雲明鄉貢進士余恭之裔其大父尚志惇龐愷悌好行其德父實嘗施棺木草履以濟殍獨遠近懷之應瑞率祖攸行救災恤患恒爲人排難解紛而無所取有魯仲連陳仲弓

之高致無論疏戚咸欽仰之性至孝事二人曲盡色養撫孤姪如已出爲之婚娶俾得成立初爲邑掾史將入京謁選乃奮然曰吾安必以刀筆吏干升斗之祿哉遂棄去念先後世有名達惓惓以教子爲務開西塾延待名儒兢兢篤誨一切佻達之輩屏勿與通以故家聲克振文學彬彬年六十餘以壽終仲子開熙中順治乙未科進士見任吏部文選司郎中季子開熊孫殿楚適楚宣楚俱補邑弟子員有聲稱望族焉本傳

沈以瓛撰

張拱璧字正陽自幼失怙母劉氏耋年多疾璧竭力侍奉雖厠牏必躬承歷數十年如一日里中以純孝稱爲人端方誠慤規模弘遠尤勤教子禮聘名師擇邑中佳兒與共筆硯凡同學子弟與其子先後掇科名者甚衆至好善樂施尤其天性不能娶者助以財不能殯者佐之櫬或遇患難而不能理者嘗陰爲解救不令之知壬辰邑大旱流離載道次年穀價騰涌每石至二兩有奇璧所積穀千餘石盡設糜粥餔飢人自春徂夏三閱月遠近多以全活晚年嘗延羽流誦皇經其悃狀惟云以報親恩匪邀福也將終之前一歲聞形家言母塋未安晨夕憂惶促諸子姪覓堪輿卜吉改遷備葬禮如初曰吾藉是可以瞑目矣璧生平誠孝篤行大槩如此年七十以壽終伯子瑾光中已亥科進士仲子瑜光季子璟光俱以學行著于庠孫達仔佶价位修偉倧任佺有文名

徐鳴珍字席之貴陽司李鳴玉弟也性剛直樸厚不事文飾幼懷大志勤學不倦與兄玉並有聲庠校仁孝性成父謨性方嚴珍事之順意承志未嘗稍違居父喪水漿不入口者六日母陳孺人勸之食勉進糜粥少許三年内未嘗嬉笑入室癸未秋母陳孺人病篤會流寇入城衆皆奔竄珍獨侍母疾號泣不去賊執之告以故賊衆惻然不忍加害居家嚴肅雖燕居閒處諸子非冠帶不敢見篤誨二子未嘗一就外傅長子

漵亭補邑庠弟子員矢了漵嘉中順治辛丑進士公淡然處之不以介意晚年閒放自適遇山水梵宇佳㝗處恒命一奚童隨之任意所往興盡而返有隱君子風年七十五以壽終

黃金莖號白峯少補邑弟子員性嚴毅持己甚正人不敢犯事父鬱林毋魏氏壽俱九旬溫凊無懈朝夕友愛兄弟出入追隨覩童習如一日年三十餘即棄業世外邑侯林太史增志折爲性命友未嘗隻字干謁惟篤意課子長君鳴陽

中崇禎己卯鄉試訓蘄益嚴著有月蕉菴集年八十以壽終

張拱翼字念川蚤孤家貧棄書謀治生以貲稱里閭性誠樸醇謹不逐靡尚然好急公義樂施予遇危渡險徑輒捐數十百金倡修治之令邑西宣公堤畔瓦窰港橋其一也明崇禎庚辰大饑傾廩囷治米若干石到門者輒賑給康熙中邑紳士舉賓耆德于公牘稱年近古稀不偉鄉黨之杖德超時尚居然懷葛之風雖子姓之飛

騰一塵不染眞艸茅之隱逸衆善咸歸舉兩鄉飲禮成邑令任書香山一老榜其門時論觀者榮之康熙四年以疾卒任令君親製誄詞躬弔焉年七十四歲子一人文光庠生孫達憲孫子昌言俱庠生達兼達材達可達纘皆英俊蓋繩繩未艾云　本傳沈以職撰

宋維舉字四隅世居洪山明萬曆甲辰進士時魁之叔也天性孝友豪爽好施身之所遇無不畢獻其誠與姪時魁捐貲修復義田三百餘畝

每歲入自輸公及烝嘗而外族之冠婚有贈喪殯有賻貧整有賑迄崇禎末年荒亂相續里中多待以舉火尤敦禮義崇文雅讀顏氏家訓至老不倦自署其居曰積書種德之樓子時壎時箎以文名郡庠長孫希若中康熙壬子鄉試姪時克孫希珮俱庠生

任經邦字文生號梓林性嚴毅質直以孝友著爲邑庠生與兄孝廉經世俱抱遠志互相切礪淹博經史聲重藝林數舉不第日惟子若孫是

詘毎有紛難相叩者爲排解之晚好吟詠大雅攸推有松節集二十卷抑肆元禪之學修祖任家橋建慈救閣增新南泉寺年八十二終子五人長熙輿庠增生次熙聯康熙元年恩貢嗣伯父孝廉經世後次熙會官廣西奉裁候補次明礪熙鼎俱庠生孫寧瑄宮庠生

張大綱字伯常天性孝友督學王公志堅錄其行達部云顧天起危父之疾捐金解叔弟之訟戚里咸稱道之爲文沉厚有氣宇數受知于當

路年六十應順治丁酉歲薦恬然仕進陶情山水毎歲時展先墓潸泣如兒啼其至性有過人者以壽終弟大綱大善大紀從綱學有聲庠中子若孫俱邑庠從子若孫或庠或貢克繼書聲

張士達天性孝友遇從子族子如已出有無相周慶弔必以禮克閑家訓明季庚辰辛巳洊飢里中賴以舉火者幾百家癸未獻賊陷城掠四鄉縣馬士達悉出所畜一境以全又捐金贖里人石坤生于刀鋸中順治丙戌丁亥壬辰癸巳間曡遇奇荒捐貲如曩時施予不倦其高義有過人者三舉鄉賓年九十終子暨孫居邑庠者有文名

葛嶸字山棨幼讀書工文歷試未遇及壯好導引術手植青松萬株旦夕吟詠其間儉取多與排難釋紛時有公庭僕僕及俠少蕩遊者誡子孫勿學惟力田讀書無墜世業由是子若孫胥遵訓惟謹族里欽之儼對師模順治丁酉春舉耆德牘稱生平孝友不媿二人言動剛方靡私

一事宅心惟存忠恕課業不外詩書誠盛世嘉賓也子一名繼日孫五俱庠生

龔逢顏字德愚御史晟之裔孫天性孝友規模弘遠好賢重士有樽酒不空坐客常滿之意遇人忿爭常以片言解息時論以蒼松古栢目之累舉鄉耆謙讓不就自念先世家聲貴繩祖武兢兢以課督子姓爲務年六十有六乾惕如一日子維公邑庠生孫玥庠廩生胤類繩暇善慶未艾云

行誼附

夫鄉飲酒禮舉之學宮所以勸善導民典綦重矣倘舉非其人則濫踰其期則褻律詳所飭何以稱焉今據比年賓筵茵德可傳者或出身黌序或舉自田間以生無立傳之義附錄如左備他日採擇

李正蔚年九十　田有年年八十　周維新年六十　熊昆年七十

俱庠生或杖于朝或杖于鄉禔躬醇謹無媿

耆儒

萬啟明年七十　魏崙年六十　汪應華本姓許瑜曾孫年八十

鄧明昆年八十　葛蒙棪年七十六

民而士行今之古人均足光大輿者並書以傳

何凝思登從子幼學不遂退廿林壑篤行存友每歲時申　六諭遵家訓以約束族衆無敢犯者邑令君題詞褒嘉之好義古處至老不渝累舉鄉賓不就以壽終子佳然孫方亨文章行誼不墜先訓

學品列傳

明

黃師魯字希聖號濤河道人洪武中其先自桃溪徙居蒲嘗慕山谷太史之風每遇佳山水輒吟咏忘返精于篆籀風韻飄逸洪武初辟爲崇陽訓導

吳董字求叔居霞落溪不得志于時遂工詩與下雉吳明卿京山李本寧諸先達狎主詩壇邑薦紳多從之遊所著有吳山人大隱堂集

何夢周字伯莊憲副思登之長子以萬曆三十六年貢厭考宦遊周獨肆力文學暇則絲竹相隨放曠山水間耻與諸裘馬少年伍時競誇鳳毛云晚薦明經以憲副恭人春秋高不忍朝夕離膝下色養十餘年終喪後司訓永郡攝篆零庠得徘徊愚溪墨池間遂其懷古搜奇之志弟夢相蚤逝孤姪僇孱夢周辛苦維持不啻其子卒于官永人士繪春風佳日圖以志去思

何夢相字次公一字心寰憲副思登仲子也博

學工文受知于督學鄒公廸光八舉孝廉不第捐貲修刻邑乘縣令張公光前稱之爲人慷慨有大節以名教是非爲巳任表章忠臣節婦條陳里役當事者悉嘉納之復精隷書大書以著述聞于當世惜早逝不克竟其志云子冲然庠生從子卓然僉邑庠以文行稱

李蘂字素民形貌古怪面赤如點丹砂鬚長過腹癯然若不勝衣自㓜稽古博學騷狂嗜酒邑令宜興吳石渠一見其文大奇之期以遠到而

督學蔡公官治暨王公永祚俱首拔之于郡庠千餘人中楚中人士莫不知有素民者尤長于古文詞金陵章公于野知沔州棄代魏司徒肖生爲文壽之于野賞嘆詢之知出蘂手以示白門諸君無不賛服是時蘂之名强半在海內矣迨累入棘闈不遇退而著書二十餘年比之犀愛其角象愛其齒曰藏編四方士大夫乞文者踵至自以其文深沉博大如深衣板褶之叟不同時尚花様必不得巳而應其求曰迂編及夫偃仰山亭見夫垂絲舞絮郁郁紛紛即其中所得詩文名曰滐柳堂集三書不下數十餘卷俱行于世明末催科甚急民間苦之蘂爲書啟邑令其畧曰朝廷多事不敢于重之中求一分之輕父母有心何難于急之際存一刻之緩邑令感悟詳請停征其激烈敢言多如此平生嘔心爲文大類長吉卒年四十有五門下士近百人如銓部余嵩山司理張陸浦皆出其門弟永邑庠生有文名

黄圖南號海若御史玹曾孫庠稟生篤學好古徧讀經史百家言與弟圖昇樹幟文壇爭爲雄長尤善古文詞邑令林太史增志聘修邑乘學憲王公志堅聞其名招爲舘客多所著撰惜無傳其稿者

何冲然字湛眞副使思登之孫夢相之子少時讀書過目輒記博涉經史尤長于古文詩歌年三十餘始遊黌序然傲然不屑也飲酒豪放有劉阮風致邑令林太史重之聘修邑志才名藉

嘖嘖焉年少早逝未竟厥志

楊四智字伯起邑庠生積學篤行老而不倦四十始得遊泮家貧設敎六口見江干白骨纍纍出舘穀造舟收瘞之及歸囊槖蕭然晏如也南嘉銓諫熊公開元題其舟曰慈航邑侯林太史增志贈以贊云埋骴掩骼王政所先塋死澤枯陰德之最有力者爲之已當長世寒生辦此誠足動天屢試棘闈不第未獲其報時論惜之

袁昊字昌明海嶼叔子少負才氣舉止倜儻不

猶人曾以郡庠生備春秋房副卷爲當道所重生平不營產業好施予與人言期期若吃遇公事輒發憤敢前雖大吏不能撓屢躓闈試士論惜之所著有春秋全旨拔薙錄憤餘艸存世

國朝

魏方振字宜爾庠生詡之子副使詔之姪也生而英敏言笑不苟取予必嚴父蚤世與其兄方揚弟方大相砥礪俱有聲蓺苑事孀母丘五十餘年如一日弱冠見擢于文宗葛屺瞻飡餼三十年歷試前矛入棘闈十二後學多師事之邑侯林太史高其品聘修邑乘生平肆力經史手不釋卷讀書白龍寺著有皇極數言涉園合編世史大書易象明書梅莊艸諸書晚年學易畱心性命之理臨貢而卒 本傳馬淑昌撰

丘今芳號蓮石幼慧穎年十三補邑庠生十四擢高等食餼縣庠數舉棘闈不利就詩酒别號醉鄉侯曠達不羈怡情騷雅似稽阮一流著有寒山集應順治五年歲貢恬隱不仕卒之前五

年預擬文自祭子二人長僧乾郡庠生友愛其弟僧軋堅不析箸集孝友傳以自觀省克成父志孫皤武庠

隱逸列傳

明

燕遺民字逸德號空谷老人累以賢良徵高臥不起毋儵然獨往或深山絕壁或碧澗淸流則嘯歌終日感物寫懷濡毫揮藻逸氣浩發識者重之

魏正潛文雅脫塵正直表俗尤篤族黨見有賢良子弟多激勵之族有登鄉會試者輒喜慰不已所著有字學易通行世修家乘家約等書

龔乾曜副使良傳第三子隆慶六年歲貢膺選不仕居家謹厚兄嫂相繼卒遺孤煢煢幼者纔數日爲賃乳媼哺之比長置田分給比于諸子自怡樂于山水間號江湖愚隱子梃有軼行孫逢辟中萬曆乙卯鄉試官平凉司理

祝肩壽字以介爲邑諸生尚氣節嘗面折人之過鄉里有爲不義者輒曰祝公得無知乎其見憚如此廖大史奇其文延致西塾以數奇不第終

龔梃字仲長御史晟曾孫父乾曜貢入太學不就梃生而穎異弱冠即遍讀子史百家言爲文雄古高深督學使王公圻按部試童子科首以呂強爲都鄉侯不受論梃引經疾書文不加點督學大奇之補博士弟子高等時司徒魏公說武部郎馬公天錦皆推爲畏友焉好養生家言絕意科名嘗取悟眞叅同諸書丹鉛之別有妙悟于諸家詮解之外築室龍翔山踞崔嵬石仰眺臺上白雲怡然自適有徵文者隨應之輒焚

其艸臥山房中邑人士多從之問字憲副魏公樸如御史謝公師啟數數攜具過訪畱詩相贈魏詩云鳴琴一曲依流水欹枕千峯散落霞謝詩云石上煙霞無酒掃沙邊鷗鳥識行藏蓋深羡其逸致梃顧不一報禮識者擬之王無功云會伯兄本宦周南往省之以凶夢遽歸年四十一卒子逢辟中萬曆乙卯鄉試以平凉司理解官歸

鄧士毅字子達性豪爽厭薄世趨怡情詩酒不

履公門顏其亭額曰樂天曼聲長嘯几案間更無長物居恒排難解紛人有極不平事髮指背裂對公無不解頤子曰崇中萬曆乙卯鄉試官贛州司理贈如子官

袁盛字近軒英山訓導璧之弟也孝友天植與兄璧砥名礪行聲稱隆隆州里間事必慶先意承志專任甘毳使兄得壹意墳籍以明經顯及兄卒英山盛徒步千里輿櫬歸在原摯情不遜盧毓居恒提道誼以程身率物遐邇欽式焉子

昭文中萬曆辛卯鄉試官徽州府別駕贈如子官

龔檯字文友御史晟曾孫恂謹博學能爲經師邑薦紳多出其門下督課諸孫善爲提命長孫維三舉天啟甲子鄉試目覩榮進且受孫甘脆之奉者數年人以爲厚德之報舉鄉賓授冠帶卒年八十三

魏宸少聰慧亢爽不羣長博學工書法數蹟場屋卽自署宜置丘壑晚耽二氏之學結菴繙誦以無疾終

貞淑列傳

宋

蔡氏陳求道妻爲反賊劉忠劫擄不從併母子殺之于茗山三子死孫逃

元

、費氏何槐孫妻宋諫議師古曾孫女夫病幾殆封劈和藥子爚有傳

、劉氏王蘭孫妻雲盤夢龍之女也年甫二十六子德俊纔六齡德原生六日而蘭孫亡姻婭欲

奪而嫁之誓死靡他撫鞠二子咸至成立至正壬辰兵越蘄黃蹂踐鄉邑而二子奉母周旋獨完其宗人以爲貞節所感

、宋氏黃開妻學正愿之女也年尚弱植開早殞無嗣誓不更嫁以姊子沆爲後節操貞自以上壽終時敬慕之

明

、宋氏魏雲瑞妻祭酒觀之母也元季兵亂値歲荒早舅姑相繼隕沒雲瑞卒于齊安撫孤成禮

扶夫旅櫬涉江履險歸厝祖塋暨歸有豪客奪其田令長子訴于官獲理躬督仲子觀勵志詩書遂爲名儒大學士宋濂爲母勒墓銘載廖志

左氏王允茂妻江夏尉延慶之孫女也元季兵起允茂避亂郴永蘄黃左氏備嘗艱苦及寓泰寧允茂卒于官子愷年甫九齡邵武衛官吳某謀欲娶之乃抱子呪天矢死不貳遂扶夫柩反葬躬紡教子歷官宮僚鄉人稱母之賢以爲可追古敬姜

黃氏廖俊妻敎諭城之女也貞諒惠溫事舅姑惟謹隨俊之漢州時趙杲方壁周晃張教四人俱童穉乃爲縫紉衣服炊給飲食各躋顯仕子漢生弱齡即訓以大義撫諸子溫滂濂澍不啻已出以故母範益張而令名無窮焉

畢氏嘉魚李田妻帳山畢義官之女也田爲諸生畢氏恪盡婦道待尊黨以禮及田爲都御史巡撫順天一介不取伯子承恩仲子承勳勤苦力學畢氏之力居多

黃氏魏銘妻無子銘之京娶丁指揮女諱爲繼室丁至蒲聞銘有妻大怒亟攜女還黃氏即追至途中懇請云願讓正室而已次之丁乃止後丁氏生三子曰頫曰顒曰頌皆貴黃氏成之也

任氏連輔妻字慶貞年二十適輔閱七月夫卒矢撫遺孤芳茹荼課讀芳以明經任射洪訓連氏登遐齡皦日之操六十餘年如一日郡邑上臺旌其門

曾氏但勝聰妻適聰二載聰卒遺孤兒方七月

誓死守節年八十終弘治中舉貞節

魏氏廖賓南妻適賓南一歲而賓南疾數月賓南逝魏氏年僅二十哭之幾絕甘貧奉姑勉立叔之子爲嗣以奉賓南祀毀容衣縞者六十年壽八十八

黃氏胡堯元妻御史玹之女正德戊寅冬隨堯元判瑞州明年六月宸濠反知府宋被執詔擢堯元守郡僞駙馬李蕃掠城堯元集兵督戰黃氏曰君其盡忠毋以妾爲念乃懷印抱女顛季

子宣及家人泳曰脫有不虞吾當投井以死及賊平黃謂堯元曰吾與君得生葢天佑社稷也

趙氏謝存憲妻年二十五存憲卒撫孤謝三誥又卒趙偕婺婦龔氏紡績自給甘貧誓死守節嘉靖中旌表載明一統志

徐氏王世廉妻事姑熊盡孝敬姑病侍湯藥不櫛沐者累日溲溺皆親承之年二十五夫疾篤欲以身殉時子良謨尚在妊夫勉止之夫卒撫孤勤苦萬狀誨之成名官至貞定判以子貴膺

恩贈

鄭氏謝三訓妻以子師啟封孺人初歸謝姑甘宜人賢而司馬公嚴厲孺人事之盡禮終無所忤師啟按浙過里孺人不為喜第謂曰御史論獄生殺在筆端刑不可濫師啟唯唯邑稱賢母

楊氏劉熾妻熾生而天閹楊事之數十年絕無慍色相敬如賓夫喪極其哀毀飲食必躬奠之良久乃徹二婢感其義俱年四十餘不嫁卒塟苦竹山萬曆三年知縣胡其高申詳院道旌表其門

鄭氏何思登妻宜人姑黃宜人蚤卒事繼姑方與封君極孝敬力貧奉養不失甘旨思登舉進士歷官憲副及林居宜人日在中饋夜親紡績不敢自暇遇貧嫗婺婦捐囊周給之性仁慈而貌肅穆四子婦每見凜然年八十有三卒

金氏謝師彥妻師彥舉進士卒于京金氏年二十子自成生纔數月金殉絕姑鄭孺人謂曰汝死姑誰與託金以姑命不死撫子泮遊四十年中毀容縞服足不踰閾督學周繼昌廵按應朝

卿旌表之

謝氏黃祐妻年十六適祐恪事二姑祐患疾卒誓死以從以喆孤少待撫二子有成補諸生夙病一發不起年六十持身嚴謹善治家人產遇外侮力折之一時憚畏以為有鍾夫人禮法熄何氏孫婦魏氏俱以二十孀居撫孤靡他三世孤貞里中美之

鄧氏魏正模妻事姑惟謹生子甫十歲而模早

逝鄧氏哭之幾絕久之有奪其志者鄧氏斥之日吾不從夫死地下以姑老子幼耳事姑四十年如一日撫子成立身居市井一室人無間言謝侍御師啟有傳任郡丞文定有誌銘咸表揚之

魏氏劉元妻祭酒觀嫡孫女也年二十五歲元卒守貞紡績教三子有成年三十便營同穴于元之墓側年九十卒邑人何憲副謝侍御鄭少卿有詩旌之

朱氏黃扆妾扆卒朱甘貧養嫡鄭氏及遺孤勤苦無怨嫡卒營葬盡心篤于恩義足風薄俗緑衣中矯矯者

張氏魏方昇妻年十八昇早世張日夕痛哭姑龔慰諭之得不死事姑勤孝貞操不渝人無間言年三十五卒邑中憐之

余氏龔艮傳嫡孫龔寀妻生女甫二歲而寀即世誓必殉姑馬氏以女一不可失恃力止之自是素服毀容無敢以改節聞者越十年始立姪逢旦爲寀後恩勤不啻已出奉姑五十年孝敬不衰享年九十有七視履如常守節七十三年有司屢加旌表孫生員維翰早世妻屈氏年二十餘歲守志撫孤龔理遊泮不幸亦殁妻謝氏侍郎魏說外孫也誓以死守一如祖姑人稱世節焉

黃氏縣丞但維城繼娶也年三十維城卒絕粒毀形幾死者數姑李泣勸之曰爾因誓死靡他矣其若藐孤在疚何乃恤緯茹荼銜哀課子其待前所出子牧不啻其子數與衆爲所自出也

苦節四十餘年壽八十二終神宗時奉例舉貞節縣旌異之三子俱補庠生

田氏郭立本妻也年十九適立本二十年立本亡誓死守節遺腹生子鐸鐸生子光宗補府庠生田氏與姑向氏相依守貞四十年壽六十終里中高之魏司徒題其門曰雙節

魏氏鄧日華妻華早喪魏誓不貳深居扃戶苦節三十餘年縣令林公增志表曰霜林玉潁

姚氏謝自強妻歸謝二載夫病飲泣籲天願以

身代夫卒自經以從救解一日語其儕曰夫早世無子必以我殉竟卒

周氏劉觀妻年二十七守節撫兩孤泮遊躬勤織紝致百金贖祖產與其妾張氏俱誓死以雙節稱

饒氏貢士謝元觀妻其母爲翰林簡討魏珩女女素有禮洽元觀贅于饒其妻一拜舅姑而返甘旨饋問無間姑鄧病往侍湯藥衣不解帶者累月祖姑董孺人十年未葬悉解粧奩安厝之

年未三十卒邑令曾君栻嘉其孝德申請督學高公具扁額旌表題曰女中聖孝

謝氏名三淑侍御師敬孫女庠生自裕女也幼讀列女傳師洽之許聘邑庠魏柱國年十四獻逆屠城避地獺山爲賊所獲罵賊奮躍方塘而死邑令姚公繼舜題其墓曰英烈邑紳士有詩弔之

魏氏庠生曾曰忠妻年二十生子士雄越兩歲忠歿氏矢不再適躬勤織紝士雄長擇師教之

補武庠

王氏譚廷玉妻年二十五夫喪誓不改節雖拂逆叢集貞操自如教訓三子必矩于正孀居四十七年壽七十二邑侯曾公栻扁旌之曰貞節善俗長子濟以掾史授新淦縣尉孫五三庠生

國朝

熊氏孝廉黃鳴陽妻勤儉和惠相夫弱冠登賢書事舅姑及祖姑孝敬無二自舉一子蘅夫側室二子視如巳出夫陽教諭當陽氏遣側室偕

往自留奉侍舅姑甲辰姑病劇跪侍藥餌累月不寐積勞成瘵忽撲地卒舅姑傷念之

劉氏宜人吏部余開熙妻少歸余奉舅姑極孝敬性嚴靜足不踰閫辛勤操作佐夫成進士開熙筮仕會昌宜人往從以愛民勤職相勗勉及官京師太宜人溫凊一委宜人隆師教子又節減釵釧遠致京師助其清苦年四十六卒翰林丘公象升弔之爲誌其墓

楊氏黃蘅妻兵部職方郎楊兆傑妹當陽諭黃

嗚陽冢媳居江夏性和惠蘅贅其家極執婦道甲辰姑熊氏卒越三百里來奔喪撫棺慟哭黃家世清白喪具從節省氏力主循禮解佩環佐之又出貲奩作佛事追薦其姑後歸歸踰年卒聞者惜之

舒氏余應試妻年二十餘夫喪長子纔弱冠次二子襁褓有勸之改節者堅不聽勸家教子食苦如飴年八十有八氷霜之節歷五十餘年三子垂白怡怡堂下

但氏覃則敬妻庠生日曉母也則敬起義拒寇歿于兵氏避亂湖于聞之欲投河死姑知其有娠百端慰諭嚴防之彌月生男今武庠生日升其遺腹子也孀居四十年虔事舅姑終始無間言勤苦治生教子有成人咸稱之

陳氏陳少河女少河遇荒賑貸鄉里推重女適雷元聲聲卒年甫二十四生子女二人翁姑念氏年少家貧勸令改嫁氏剪髮矢志靡他復勸再四遂佩剪髮刀自隨三十歲子喪氏躬親織紡自給今年七十五貞孀五十年如一日同里嘉其節壽歲時爲之稱觴

補遺

魏氏庠生舒顏妻顏積學篤行有高義魏二十適顏爲繼室前畢氏生五子魏亦生五子恩勤前子過于所生至髫巳子分產爲之畢姻佐治內外禮法肅然年三十五顏卒年五十六子鳳池中崇禎庚午鄉試有才名壽七十餘終子孫在庠者十餘人邑人魏司徒爲序德節合傳

仙釋列傳

晋

葛洪號稚川晋時人以勾漏出丹砂求爲其令
修煉服食後棄官遍遊名山尋羽化處及邑丫
髻山距山十餘里復有山對寺競秀因棲眞其
上卒仙去故人稱爲黄葛山以曾有黄眞人居
之也上有劍池丹竈其水清洌異常飲之能愈
宿疾前有令見朝禮者騷繹驩呼聲動山谷恐
不便地方因塞井平竈山空日暝時聞有棋聲

唐

劉元靖武昌人爲道士師王道宗道宗仙去遂
感悟遊名山入南嶽峻峯鑿石穴以居絶粒煉
氣唐敬宗召入思政殿問長生術尋放歸武宗
復召入禁受法籙賜號廣成先生還山宣宗時
忽天樂浮空而去惟存杖履焉舊傳訪道南嶽
借徑吾蒲躭玩山水者積歲故羊泉有仙人洞
仙人橋皆劉之遺蹟云

明

歸玉崖元末隱者精形家言著名江湖明初時
上徹御聽因落髮一瓢一笠遊至蒲圻常趺坐
上方靈鷲二寺精通釋典卒瘞鳳凰山下每清
明時寺僧鐃歌鼓吹于墓至今不廢

王玉號荆山道人蜀人也少慕冲舉遊至郢上
遇一黄冠羽衣翩躚因從遊奉掃除之役棲龍
牙山山即蒲金紫峯久乃棄去之玉山洞洞在
蒲郭外之鳳凰山山側有燕巖龍洞遂定居焉
廖太史鳴吾曾題其上云燕巖棲竹日龍洞貯

蘿煙即其處也後道人降箕輪筆飛動詳書遇
師棲洞及廖詩因知之

國朝

上方寺第一代方丈元潔瑩禪師雲門湛禪師
法孫弁山瑞禪師法嗣初住洞山順治甲午年
合邑迎住上方開山嗣住弁山旋興復雲巖晟
祖庭迎住藥山儼祖庭康熙辛亥師年六旬赴
雲門請出院日拈世尊于涅槃會上以手磨胸
告衆云汝等善觀吾紫磨金色之身瞻仰取足

勿令後悔若謂吾滅度非吾弟子吾不滅度亦非吾弟子等語衆異之至壬子又七月廿六日師示微疾馳書辭諸山併檀護大衆造方丈請末後句師趺坐朗聲召云大衆■衆諾師云聽取聽取泊然而逝衆始知前出院拈示意

論曰人物日增之數也前此所載不得而删之葢古人一行之善至于今不廢若概以世遠從删則邃古之懿行懿德今莫得而稽矣且以勸將來之爲善者或居顯庸或潛側陋一登史策流芳千載將飭巳勵行之不暇敢自情棄巳哉宦蹟則詳其端委懿行則著其大綱總之有關于忠孝廉節表表當時者則謹志之以示不忘傳中或追原其祖父亦如太史公傳留侯必曰其大父開地傳田敬仲完必曰厲公佗之子是也間有及于嗣裔者抑亦善善及子孫之意談之有遷虎之有固向之有歆固爲可傳而下此者亦不可得而没云

蒲圻縣志卷之十二

崇祀志敘

古者祀典有族雩及先正斯其義矣他如郡邑所追崇或桐鄉之香火或鄉先生没而祭于其社均非刼火所能燼也鄉賢吾里人也父老能言之名宦先民父母也或所聞或所傳聞具有能言者豈非功德在人其不朽于人心者歷千百季而不變耶嗚呼已事者來哲之師也彼仰高山而起執鞭之慕者何人哉

崇祀志

歷朝崇祀表

名宦

唐

令鄭元瑾有傳

丞李必聞有傳

宋

令朱壽有傳

尉陳慶勉有傳

元

主簿侯玉有傳

明

知縣柯日新有傳

知縣黄廣有傳

知縣錢昭有傳

知縣吳俊有傳

知縣周洪有傳

教諭朱鑑有傳

訓導馬　敬有傳
知縣羅　列有傳
縣丞汪　顯有傳
知縣張　珮有傳
教諭馬進階隆慶六年奉學道姚允祠有傳
教諭吳復清由歲貢萬曆二十二年奉學道俞允祠福建南安人
教諭林民止天啟元年奉學道周允祠有傳
知縣汪有功崇禎四年奉學道蔡允祠有傳

國朝

鄉賢

宋

諫議費師古有傳
刑曹任獻夫有傳

元

推官何槐孫有傳

明

祭酒魏　觀有傳
僉事王允茂有傳

助教李德庸有傳
教諭黃　煜有傳
中允王　愷有傳
參議盧　中有傳
贈少卿仵　瑜嘉靖九年奉學道許允祠有傳
贈布政胡堯元四十五年奉學道徐允祠有傳
僉事張東周四十五年奉學道徐允祠有傳
御史龔　晟隆慶六年奉學道姚允祠有傳
知縣魏　濬六年奉學道姚允祠有傳

舉人胡堯凱六年奉學道姚允祠有傳
副使龔良傳六年奉學道姚允祠有傳
侍郎謝存儒六年奉學道姚允祠有傳
知州魏正初六年奉學道姚允祠有傳
副使何思登萬曆三十八年奉帶管學道王允祠有傳
通判王良謨四十一年奉帶道張允祠有傳
郎中馬天錫泰昌元年奉學道周允祠有傳
贈副使魏翼如天啟元年奉學道周允祠有傳
贈侍郎魏　裳四年奉學道顧允祠有傳

副使魏　詔崇禎十五年奉學道高允祠有傳

國朝

参政王台彦順治四年奉學道黄允祠有傳

侍郎魏　説順治五年奉學道黄允祠有傳

論曰紀誌及崇祀慓然于出處之大節矣出則宦也有功焉斯名之處則鄉也有德焉斯賢之豈有二人二事哉名宦中唐以令祀者一人焉則始遷邑居者也宋于尉得一人焉元但于簿得一人焉不以徵祧嗚呼尚矣有明二百七十年起家蒲令者不乏名碩列傳所載三十七人從祀者纔八人耳彼或祭于其社不必並舉歟其子孫或弗業其家未能遠引以徵信從歟或其戚里故舊無當路者爲之表揚歟忌者沮之歟兹不具論即三十餘年間有明邑令曾公栻捍城殉難鄉賢李公甲仕明季死蜀中孤城均星岳之氣也尚未得以節烈祀

國朝令戴公成名撫我者也尚未得以循良祀嗚呼褒懋庸闡幽光其必有待而傳歟

蒲圻縣志卷之十三

風俗志序

古昔盛時十五國皆爲風古今之不相沿久矣然脫劍買犢闒闠詩書枳橘遷其地而皆能爲良下之俗未有不拂于上之風者也蒲自末季先民執物十無八九貞淫端衺不知經幾變換傳至今日土瘠俗奢踵成故套其黠狡者走死地如騖幾以士愿民愨爲空谷足音甚至風影俱無雨覆雲翻殊令人有大可駭異者幸而神明之長忠信之師

申鐸書以勸孝友守氷蘖以勵廉耻嚴功令以肅士民浸浸乎革鴞音而化鷹眼使蒸萌巨慾回心嚮道所謂表直則影正風移則俗易也其所賴于長人字氓者豈淺尠哉

風俗志

蒲俗之美所當維者四

一曰好義

自禹貢以則壤定賦而納秷納秸莫敢後時惡有居王之土食土之毛悍然隱田逋賦一值軍興土木水旱之不時猥托于鳥獸散以置公事于不問者蒲俗從來急公輸將子來無煩追呼薦紳士庶響應皆然邇來土著漸猾里排漸黠得無有巧于包攬以成風而東塗西竄自甘不義令上之人莫

可究詰者乎當思維之使無趨于悖

二曰明倫

人奉天之敘責若帥木家聽于親國聽于君蒲俗先民一遵孝友睦婣任恤之行以爲蓍蔡邇者得無有子不祗厥父事弟不念天顯兄亦不念鞠子哀者乎甚至賤妨貴小加大履加于冠何可訓也當思維之使無趨于偷

三曰定分

夫天高地下名分存乎其間所以正假馬一言而

君臣之分定情繁纓小物而人知名器之不可假蒲俗以前大家不混于齊民盧兒一比于僕隸無夸人人引分自安奉公惟謹遡者屠沽市儈覬于預于公家倉父雜流學高冠之切雲釜匜豆鐘高下其手以亂市司之評黑鉛白鏹變幻莫測以肆鍛鍊之巧蒼頭鼓難掉之尾猾棍欣御李之榮此其名分之倒置爲何如當思維之使無階于僭

四曰寧謔

夫人行事立身對白日而惶悚遇雷霆而不驚正

以名教中自有樂地蒲俗先輩其言動間斤斤不失尺寸一有不韙惟恐長厚者知遡者笑端方爲古稽美圓猾爲快人始而德意擾鉏既而攘臂廷質告變動見于懟親决賭無判于士民變童季女艷舞嬌歌高麗蓮花五經掃地行誼無復存者當思維之使無及于蕩

風俗之不美所當變者四

一曰好奢

夫治民事神莫若嗇此猶龍氏之篤論也蓋在官在民其數無幾若以爇火溺危之故致使邑里虛耗則奢之漸靡可無慮乎蒲俗向時脫粟之飯可奉故人鶉結之衣不羞狐貉僅蔽風雨之室廬可承歡先王遡者山珍海錯一宴費中人之產婦女艷粧于珠翠舉喪酣歌夫碓露競渡則士女如雲迎神則搬演若沸處處梨園之度曲不顧墨子之回車極奢所至有不窮石斷綆不已者是宜變之使返于樸

二曰囂訟

三代而後欲講老死不相往來之朴勸人以虞芮質成之風此萬不得之數也但無使風波之民終其險健差可存周官遺意焉蒲俗近有可駭者立談之間便爲痛哭流涕睚眦小忿輒逞毒手老拳乘水溺雉經而入尸四壁先空販市棍里猾以亂焚三尺罔顧黠僕不逞于主伯士類喪氣于齊民是宜變之使靜其囂

三曰騰謗

春秋之義善善長而惡惡短惟口可以興戎毛間

蟲可以傷虎而兇乎聚蚊成雷中山之謗書盈篋慈母之三至投杼小人成羣斯足畏矣邇者蒲俗不信目而信耳節高頡陽未免皮冠之竊踽踽無兒傳有婦翁之撾信疑忠謗長此安窮是宜懲之以杜其萌

四曰怙終

夫眚災肆赦怙終賊刑宥故無大刑故無小書不云乎不得已而屏之遠方終身不齒無非使小民遷善改過爾蒲自西山小醜亟議剪滅僻壤蚩蚩

之氓或以疲于奔命幸得仁侯下車正巳率物與之更始一意招來之有時單騎訓諭之兼慶得蒲民之某也善某也不善揭其姓字懸之門書之牌使聞且見者曉然知爲善之可樂豈猶有土苴性命自甘三尺者乎是宜變之使終于願

論曰古所稱矯國革俗者發動若仲尼兩觀之誅不貸于聞人及至羔豚不飾價沈猶氏不敢朝飲其羊其終也民歌得所遺愛若子產鑄刑書作丘賦鄭校不毀其終也民歌誰嗣甚矣尊盧泰豆之理不可以御蜩螗沸羹之衆也楚俗闘悍好勝蒲亦鮮能不波幸而上之人仁有義正夳莫蠹賊駸駸乎人懷士君子之行矣此無他風之也

紀異志序

紀異者何曰春秋之志也董仲舒治公羊春秋始推陰陽劉向治穀梁春秋數其禍福傳以洪範向子歆治左氏春秋工災異之學歷代史氏莫不因之蘇老泉鄭夾漈俱力排其非何哉夫遇災而懼災反爲祥遇祥而弛祥反爲災春秋書災異而不著事應惟欲人之恐懼修省如必曰某事召某災證合某應及其難合則旁引曲取而遷就其說此

不特董劉互錯即一家父子之言已自相謬戾矣附會穿鑿蘇鄭之所以排之也而紀異固春秋之志也雖然海晏河清國史所書日食星隕天官所掌于邑乘何與焉一邑之紀罹兵燹者幾何年樂太平者幾何年恒雨暘恒寒燠者幾何年亦猶之父老子弟陳說疾苦占驗量雨之意爾已春秋之志云乎哉

紀異志

祥眚

明

洪武二十六年六月十五日縣南團村天晴將午空中聲如轟雷驚二三里居民見田野中水騰沸久之乃止往視之見一竅約四五尺掘之得一石大如酒注色青黑狀類狗頭蓋星隕所化

永樂十九年正月朔縣東北西艮湖近岍有浂

淵名石潭是日風浪恬息有婦人出汲見一物橫亘湖汊長不可度衆往視之乃龍也久而始沉其年是方大疫

正德三年大水

四年大旱

五年蝗食松盡死

嘉靖二十三年大旱斗米千錢餓殍載道知縣李桂賑濟

萬曆三年乙亥三月蒲之西江得石碑一窖知

縣胡其高夢有雷文祥者與言建城事乞何父老于西江獲古磚上有見夢者姓名風聞當途相詫靈異

四月朔日晝暝獸奔鳥亂

四年地大震

十六年戊子大旱禾稼盡枯

十七年巳丑大旱赤地竟邑

二十九年辛丑正月朔日城內火災比屋延燒四面焰起灰燼幾半

三十年壬寅五月有虎子入城是年大水龍挾九子妖蛟不戢地陷山崩陵谷失位

三十三年春二月地震

三十六年戊申夏江豚入山河巨浸稽天市中使船如使馬人畜溺死者無算

三十八年庚戌三月初六日午時天鳴

五月大旱

四十五年夏大旱禱雨有應

邑訓導陳天街漢川人善祈雨邑知縣宣大勳力請之陳惟初詣壇場已于庠中日令羽流十餘人寫文書不似奏疏體人問之則曰我惟寫帖子如朋友作書相達耳三日詣壇請縣令接雨令大笑曰日有雨耶時黑雲四散陳曰此非雨雲有紅雲乃吾雲也須臾紅雲數縷欲墮忪催令甫至霹靂震空山城俱撼市民奔匿陳急閉縣令于天妃祠中自與雷神相當移時雷神勢屈惟將庠中所供神牌及墻壁擊壞而去平地水深數尺復稱大有年云訓導陳尋卒所建壇在河北有符水埋土中每禱輒應事見邑人鄧士亮屏史舊志未載

四十八年産瑞竹多處似雕鏤龜文

天啟元年辛酉十月初五日天雨黑子狀如黍亦如菽食之味甘、十二月鹽價騰涌每包七錢

二年壬戌二月二十有五日大風拔木屋瓦咸飛大雨雹

五年乙丑大饑穀價騰貴每石七錢署縣曹應

聘賑濟七月雨雹

崇禎元年戊辰十月三十日羣龍鬬空中江河魚鱉盡死

十月內外樹介考晉書武帝朝十一月陰霧凝氷封樹木旬日不解范曄以爲木少陽也木先寒故得雨雨氷謂之樹介介兵象也

二年己巳大旱

四年辛未四月二十一夜雨氷

七月十八日寅時地震空中蓬蓬有聲室廬如蕩舟搖旆至十月十二日丑時復震

十三年庚辰大螟冬十月晝暝路人失措鷄犬驚散五刻始復冬十一月桃李盡花穀價每石一兩

十四年辛巳春大疫 是年秋蝗蝻蔽天所過稻粟一空

十五年壬午春大疫哭泣之聲比戶相聞

十六年癸未秋七月十一日流寇張獻忠陷城知縣曾栻死之白骨山積屋廬灰燼者大半

國朝

順治二年闖賊寇蒲盤踞鄉市積三閱月燒殺幾盡是年五月

國朝王師臨楚六月委官至蒲安撫殘黎復睹太平是年大有年

三年丙戌旱

四年丁亥大歉穀價每石二兩

九年壬辰夏大旱秋九月始雨蕎粟熟是年知縣戴成名請蠲奉

旨蠲本年田租十分之四邑人張拱璧出穀千餘

石設粥哺濟

十年癸巳大歉穀價每石至二兩民食蕨根

十八年辛丑大有年

康熙元年壬寅大有年

二年癸卯大水是年

王師征勦西山運米背夫死者甚衆

三年西山平奉

旨免運米亡丁一百三丁除丁銀二十兩三錢有奇百姓歡呼 是年大水奉 旨蠲免本年田

租十分之二
四年乙巳大有年是年秋至八月穀賤如泥[illegible]
粿稅難敷農民苦之奉
旨蠲本年田租十分之一
八年己酉四月十四日大風屋瓦皆飛樹木盡
折江河溺死者無算
九年庚戌夏大旱知縣張圻隆禱雨有應有碑秋
大水　冬冰雪積五旬始解黎民凍餒知縣張
圻隆捐俸賑救

十年辛亥夏四月蟲食苗旣　五月大旱赤地
千里百姓哀號襁負逃散知縣張圻隆泣諭勸
止請蠲請賑奉上委通城知縣丁克揚踩勘報
災傷十分奉
旨蠲本年田租十分之三知縣張圻隆仍發廩捐
俸連月賑濟民以全活至十月始微雨
十一年壬子夏四月麥熟　秋七月蟲食稻日
伏水中夜食苗稼甚者如已獲之樁是年多雨

論曰所見所聞所傳聞爲祥爲[illegible]爲各異其詞
舊志止于崇禎十三年其十三年以前惟依舊
文編輯所增減不過一二事如陳天衢禱雨之
奇應法當從補如蘇家山甘露之荒誕法當從
刪一經鼎革大亂大治國運關焉大有大無民
命繫焉或耑于邑見或不專于邑見法當直書
集報潦災者幸賜省覽以觀天人之合

藝文志二

賦部

鳳凰山賦

黄煜

戊寅之秋重九之日與客攜壺竆高縱陟追孟嘉之往事訪長房之遺蹟于時紫萸簪帽黄菊泛甌几雲案石詩酒賡酬攬蒲山之秀色挹蓴水之清秋忘形爾我其樂優游客有問曰登斯山也意氣軒騰山巒屹立極乎高昊山洞幽陰入乎杳冥際竆蟠壤亘古迄今山以鳳稱胡爲乎名余乃停卮

揮藻爲客陳之自昔鴻濛初判高厚塹昏神禹懋績地平天成山嶽挺峙品物流形雨暘時若協氣騈臻是故鳳依山而呈瑞山以鳳而顯靈乃若春風浩蕩淑氣春融升亭亭之扶桑茂萃萃之梧桐鳳輝木德而來鳴兮喈喈雝雝乾精曜曦時當溽暑亢大塊以蘊隆傒商巖之霖雨鳳輝火德而于飛兮翩翩其羽風高氣肅斗轉箕旋仙管遏雲而娟娟銀蟾皎夜而娟娟鳳輝金德而廻翔兮亦傅于天朔氣栗烈嚴飈凄凜蒼筠森玉而旖旖白石削瓊而齒齒鳳輝水德而審視兮亦集爰止客曰子樂矣乎子誕矣乎於乎噫嘻我知之矣虞韶盡美來儀于廷周德至盛岐山來鳴惟我皇明道泰時和值兹美景驄彼卷阿我車我馬且馳且多炫九苞之焜煌象兹山之嵯峩吾豈效楚狂之避世而吟哦將以遡召康之納約而咏歌也客乃笑曰有是哉歌曰山兮山兮彼高岡鳳兮鳳兮于朝陽時兮時兮登虞唐

芙蓉山賦

廖漢

緊廬山之靈秀兮負芙蓉之修名聳嵯峩于碧霞兮高岌業乎紫清祖五嶽之峻絕兮宗三島之崢嶸予翁結廬于其麓兮集芙蓉以爲宇葯房蓀壁兮臨石巖桂楫松舟兮繞沙渚若乃蓮錢簇壁荷盤映玉爛葳蕤其若蘭森羽蓋而穿竹時則夏雲初斂晚風微靜山色類染湖光逾鏡采紅芳以製裳兮和碧石以充餐弄翠霞以怡情兮吞珠露而駐顔予方歌予翁暮景之詩而冉冉其忘年也歌曰登芙蓉兮山之端采芙蓉兮水之干彼幽人兮

考槃又曰山雲漠漠兮水月凉汆汆芙蓉兮在彼水中央

鳳山書院賦　廖道南

蔡潮字巨源別號霞山爲湖廣督學寓蒲肇修鳳山書院時道南爲諸生蔡公乃命作鳳山賦其辭曰霞山先生仰謙山之巃嵸俯漢水之洸洋背艮岫以梳陰面晉旭以賓陽于是乎經野覘土諏日擇吉鳩工聚材測景平臬伐巽木以爲宇拔泰茅以爲堂隆大過以爲棟建書院于鳳岡益以植人

紀樹天綱考法象陳典常而永垂丕休之烈于無疆也爰有三湘公子九嶷丈人馭黄鵠之飈輪叅纚麟之雲輿抗招搖以遐征指攝提而上馳躡巉巖而眺望肆懸河之修詞公子曰竊伏湘湄遐哉邈矣不圖今日院斯落矣青青子衿于胥樂矣且吾聞諸蓬萊之陽扶桑發穎迷轂揚彤橄蠡映波其屈縮枸杖搖曳其菁葱廼有青陽之宮綺疏繁星藻棁宛虹安期涉咸池而洗日羨門登暘谷而凌空崑崙之西蜺淵泱漭泂澤淪漪冢遂嶉嵬其巾霞泰器嶔崎其截霓廼有素灝之居晶宮栖魄璇題納曦容成據沙棠而逍遙韓衆依子桐而栖遲炎僑之南緬渺丹垠紓迴紫嘆育隧暢薰風之籟軫巖懸火德之躔廼有朱門之垣金支通牖玉鋌照筵祝融司祇而開宇甸赫胥御紀而墾天田瀚海之北氣凝霜窟精結冰嵋吉艮產千金之駿騶吾具五色之質廼有元景之室閬家九關碨礨萬壁彌爻掣長鯨而揮擢任公跨巨鼇而屓贔先生盍用龜朋革孚豹蔚睎青陽之曈曨飫素灝之

潋滟服朱明之陸離被元景之赫奕無乃窮四荒超八極于焉栖息爾矣乎先生曰悉遠遊者疇與近取諸身務外觀者疇與內求諸心子言博矣盍載陳之公子又曰太昊乘震執規司春玉衡秉信珠斗回仁蒼驪駕而協氣和鳦鳥巢而條風溫于斯之時紅藥翻階朱權蔭庭靈蓮賦池艸而蓂機自觸斈緯感山櫻而雅韻攸成炎帝乘離執衡司夏赤鷩鳴晨丹艮燭夜于斯之時蘿煙裊帷松風入榭江淹懷綺樹而興慨皐蘭傳元思秀麥而宣

謠田稼少昊秉兌執矩司秋悲臺蕭瑟哀壑颸颸
鵲梁迴而津橋横蟾桂芬而月殿幽于斯之時竹
君萬箇木奴千頭左思賦翔鳳而金飈初動潘岳
咏歸燕而玉露方流顓頊秉坎執權司冬同雲集
霰寒澌凝淙日陸旋而昴彙藏星紀周而象緯從
于斯之時令屬元英律應黃鐘穆王躋平圃而白
雲縹緲梁主遊兔園而素雪玲瓏先生漸儀鴻羽
鼎食雒膏煦春元而熙熙茂夏亨而陶陶廣秋利
而肅肅乎冬貞而昭昭無乃順四時周六虛于焉

居諸爾矣乎先生曰善言天者必徵諸人善言古
者必準諸今子言近矣願終陳之公子又曰粵稽
有漢酉雍是京崟峩虎觀蜿蜒鳳城麒麟熹昇而
芙蓉披鳷鵲翹翾而椒蘭榮迺有承明之廬著作
之庭銅龍承宇金馬標門方朔占歲星之邑象更
生招太乙之威神粵稽有晉江左載作鍾山龍蟠
石城虎躍顯陽韡炳而亘赤烏永安離奇而延朱
雀迺有華林之園昇元之閣江實浮波山葩吐蕚
陸機詠芳藻以敷文謝眺賦青山而尋樂粵稽有

唐起于晉陽華清毓秀興慶蜚香勤政通天而接
熊耳飛山凝碧而起鵾翔迺有結璘之樓鬱儀之
堂虬漏宵沉鈴索晝張李白摛辭而焜煌鼇掖韓
休抗疏而飛翥鸞章粵稽有宋國于汴京渾河爲
池嵩岳爲城嘉惠嘉福以延弘慶純和熙和以聯
邇英乃有嶶猷之製寶謨之箴十閣叢起兩制並
名易簡承恩而御書飛白永叔視艸而史策垂青
先生節以制度頤以保貞紹漢賢之高躅步晉哲
之芳塵追唐臣之逸軌播宋儒之光靈無乃兼四

代冠羣英于焉浚明爾矣乎先生曰載事者存乎
史載道者存乎經子言美矣吾何能焉九嶷丈人
喟然嘆曰於乎緊嘻子知其一未知其二也夫北
人見布而疑麡越人見罽而疑毳拘乎藝也奔蜂
不能化桑蠋伏雌不能伏鷇卵泥乎類也若公子
者未免馳志藝文之末而或遺其本游精散殊之
博而靡得其約也已迺若先生之登茲鳳山也其
東則有豐財靈應幽蘭點筆蕭堆仙雲雪峯了髻
河抱石牛而掩映星河溪洄赤馬而虛涵天日其

西則有鐵山壺山蒲首瑞雲蔵山鑪山芙蓉石門湖出二羅而澄潭渚蓄水趨六口而長江吐吞其南則有桃花白石月山梅岑金紫五洪雲臺荊泉鹿洞谽谺而林陰夕合羊樓岵嶇而崖花晝妍其北則有龍翔行將鳳隱石盆雷壇天馬明水山門北渡浮舟而汗鐏懷古西艮遺堞而烏石藏靈是故鳳凰于飛維石巖巖三峯層巒五水縈灣金疊石笋金臺雲磐隆岡秀起而趨翼南門平原衍彝而迴抱西關是故其爲書院也其中則有集雲之

樓崢嶸繒綾嵦[illegible]綢繆飛甍特起叢栱孔修若升元圃之丘爛瑶宮森貝闕朝霏入而暮靄浮其左則有無逸之所堂曰頤賢麗澤輔友齋曰六行慎修恪守若窺瓊林之牖辨商彝剖姬卣輝壁月而燦珠斗其右則有務敏之軒堂曰文會列鼎鳴絃齋曰六德仰高鑽堅若升石渠之筵庇廣廈展細旃羅寶典而肆瑀篇其前則有疊翠之門靈峯矗立河流吐吞蛟騰虎變鵠舉鳶騫若排建章之闕金支簇朱旂翻浥仙掌而迎朝暾其後則有六峯之亭仰高游息躭幽會冥窗艸交翠野竹搖青若入華林之園釆芝秀紉蘭馨杳鶴渚而廻蒀汀是故山以鳳靈院以山名先生之建茲院設茲教也而豈徒哉昔者鳳凰之爲世瑞也軒轅臨元扈而受圖伶倫適嶰谷而協律高辛聆音而拊鞞少昊名官而纂曆巢于阿閣堯命羲和以授時儀于簫韶舜察璇璣以齊政翔于紫庭文王占景緯而游歌止于岐山召公陳卷阿而諷詠茲蓋傳之道統納之世軌昭之人文章之物示之賢規約之邦

紀所以淑斯文者懋矣望諸生者厚矣覩唐之集賢麗正含象光順宋之嵩陽白鹿石鼓嶽麓蓋異世而同符焉爾矣先生聞之有睟其容有斐其衡喟然嘆曰有是哉九嶷丈人乃歌曰惟九嶷兮蒲山之宗仁者壽兮靜斯同三湘公子亦從而歌曰惟三湘兮尊水之潨智者樂兮動斯同先生乃賡載歌曰九嶷巍業兮君子以崇德三湘滶淶兮君子以廣業吾與吾徒期大同兮永貞吉

濟美橋賦

魏　裳

歲在著雍辰次涒灘月臨仲吕日旋離南肄我濟川君橋六水拯民艱爰有句廉逸翁方壺仙子胥輿縣白鵠駕元鯨滸赤馬之清流躡龍翔之碧岑訪窪尊之往蹟嚴紫虛之幽芬放浩歌于岌業挹瑞藹于空冥句廉翁曰粵稽遂渾澤溢九濵河圖效乾洛書流坤陽侯舒靈于島嶼力壘頁技于滄溟時則有若乘龍之聖陟荊嶺而抵天津姬運肇啟敷德閎休川祗錫美海若呈幽燭夜光于跳沫燦明月于蜃樓時則有若釣璜之叟載後車而鳴

蒼球炎劉嗣祚霏英蔚華郎官澄練東井緋霞熹士沉淺于授履神人韜采于星槎時則有若乘駟之儒含珠玉而闡奇葩晉陽紹統鳳翥蛟翔昆鄰濯異咸池浴光陸子擊廻湍而厲志羅公擲柱杖而徜徉時則有若酌泉之彥甘冰蘗而漱瑶芳神君濤有熊之瘠源沛尚父之膏澤漁司馬之懿文操隱之之奇節乃茲懸績于斯橋也不有姚美于若人者乎濟川君曰子之言古也非今也方壺子曰吾聞曲阿朏明衡陽熙煥榮若華于崦嵫爛扶英于蒙谷乃有飛沙走石風馳電逐宛雲龍之夭矯架仙梁于海屋緊若望舒營魄織阿嚬靈挽倒景于桑榆炳宵耀于西冥乃有霓裳舞列羽衣遐征晻精光而奪目恍銀橋于廣庭粵若雲英之遇符合纏連晨餐沆瀣夕奏鈞天阿毋發瑶川而獨運青童馭寶婺以爭妍酌元霜兮清雋神嘉會兮泰元亦若廣陵之景流丹泬寥浣衣星渚滌玉雲濤肆神珠之弄蘂暨玉田之生苗通元極兮無垠陳燈火兮逍遙神君旭海岱之青陽萃巨闕之瀫

氣昭雲英之貞符顯廣陵之嘉際乃茲赫靈于斯橋也不有潛達于至理者乎濟川君曰子之言物也非我也于是句廉翁方壺子莞然而笑喟然而嘆曰噫嘻天乎吾闢孰提其扃地乎吾翕孰測其貞何道非古何古非今何物非我何我非神乃若利涉之淵也其水則三山源淨龍潭湍瀠上黃灘流壺頭漁文宣父溢川而興嘆孺子濯纓而怡神若君子之遂學思淵泉其靜淡其澂則馮彝艶日江妃麗霞姚黃芬馥魏紫交加挺挺乎彭澤之標

灼灼乎河陽之花若至人之育物恩浩蕩以無涯
其下則隋珠合珍和璞澄輝蜃珧綴玉驪龍示璣
符公輿蘭陵之詠雍伯顯天授之奇若髦士之擠
藻若太乙之青藜其上則屬玉棲煙珍禽鬱翠止
者志機飛者奮翼振蜚聲于重泉播鴻動于孝義
若懿政之懷思擁行車于井類乃茲厥功之成也
經始兮則病瘝而衷軫念而入弔伍子于胥濤泣
三閭于湘魂裁制兮則官無攸費民無攸厲廓孟
津之嘉謀敷刺史之康濟襄猷兮則富者捐貲能

者効勤邁趙老之鴻績廸楊令之忠貞樹烈兮則
山靈顯瑞河伯降祥詠垂虹于南極昭遺愛于洛
陽若夫危樓拱北結搆康莊厥覆躭躭厥基堂堂
東枕豐財西連蒲岡南眺金紫北望龍翔沉桂虛
涵乎天日黃龍蕩漾乎星芒鳴宮商于鼓笛滙峻
彩于西艮豁江山之一覽傳美懋于無疆在昔包
公振揚風紀拯茲黔黎錫之繁祉爰有焦賢矢心
贊理險阻既彝流光青史粤若蔡公宣化茲土奠
麗輯和貞石不朽爰及張侯憂勤綏撫德化旁敷

人獲我所神君紹貞楫之遐軌嗣鰲禁之嶶音淬
景倩之鋒鋩負紫芝之奇珍乃橋斯域而濟厥美
也不將覩古今于一息胥物我于兩忘矣乎言畢
句廉翁歌曰三燮兮恢恢九嶷兮巍巍于嗟拱北
兮雲漢昭回方壺子亦歌曰陽曲兮汪汪渤澥兮
湯湯于嗟濟美兮江漢悠長濟川子賡載歌曰拱
辰獨峙兮鳳山之陽作德高明兮長發其祥于嗟
此心兮永無負于明良

懷尊賦 有小序初抵蘄陽作　　馬　介

余初叨里選即有丘園之志爲親友所逼勉赴茲
官非其好也北堂在望心事縈牽遣從者歸潛然
淚下于是有懷尊之賦　賦曰繄文明之熈朝萃
羣工而類時廼陽德之方亨遂艴懞乎寒士粤儒
秩之清崇實模金而斲梓緣寸長備茲土州廼分
符列于近里寮寀異姓之元昆青襟同室之弟子
遭際衆謂不常私懷竊以爲喜爾廼欽遵成命展
止泮宮天階想像金玉春容長江滑滴他山石攻
淡交若水偃帥惟風倚欵叚于斳夂甘苜蓿以初

終羌靈臺之鬱陶梏衆體使踽蹐芳艸蓊翳而雜萱炎雲縹緲以生白悵蓴菜若絲飛正肥滑可手摘啜菽誰賓以盡歡登盤孰怡于尸澤夢魂長遶乎池塘涔蹄追依于咫尺豈野人亡意獻芹將我心難同轉石猗吾蒲之蕞爾别一號爲蓴川士棲依于典籍垠奠麗乎一廛余叨世業頗足桑田秉犁可以樂道譚經亦自忘年蓴之水清且秀堪洗墨以艸元蓴之山窿且邃堪枕石以避纏爾乃楚咻易惑趙姬誇妍輕千里以馳驅拜一命而蹁躚

山靈爲之含笑煙霞嘆其寡緣彼冠服被體何如芰衣之輕適而僕馬流汗孰若茆屋之周旋嗟謀生之巳拙愧繫志之不堅恐張翰扁舟不必待于秋風郎陸雲吳羹應有感于食前且也翹首北堂游心南極謂彼界而此疆終同封而異域若羈絆于微官曠就養于顏色豈無蘄稍可以傳食抑有蘄簞足以供直苟非心之所安又何取于竭力惟彼蓴絲吾土生殖望之而莫得盈筐思之而徒勞反側郎棠棣連枝可少娛于目前而桑榆漸收竟默動吾胸臆蓴乎蓴乎爲彭澤柳吾慕其眞爲東陵瓜吾羨其清爲藍田松奚取而吟爲武陵花豈從辟人爲孟宗笋安得捧以解顰爲陸績橘安得懷以薦新余豈不能舍此而去之顧若爾擾擾膠膠而勞神秪以葑菲之采幸不遺于下體而葵藿之質亦思向乎陽春矧蘄陽之與蒲又接壤而比鄰培公門之桃李收藥籠之參苓俟菁莪棫樸之奏效而後枌榆松竹之尋盟腸一日而九轉吾其終不負于蓴亂曰於赫靈根其蘊潔些效坤孳乾

挺茂節些涸迹泥塗倏爾訣些瞻依南雲我心切些濯淖塵埃卉之傑些盍歸乎來行相說些

蕭堆賦　蕭子楫

景泰二年重光協洽晷則應律金氣颼颼予方訓廸諸生于文會之齋講論乎六經子史巳而敞觀瀾之亭睇盻乎高山流水維東有峯狀如覆釜下有蕭堆勢若抔土巋然如伏屼然若起巖嵲若斷崖嵬其峙崇雖不踰數仞廣亦不盈數里壯蒲邑之偉觀獻芹泮之佳致四川嶺屼恍若驪龍之戲

珠一水漭流下滙赤馬之江汜固非君山之在洞庭鞋山之在彭蠡亦非蓬瀛之泛滄溟金焦之砥楊子要諸名勝曷足以擬厥植斯生厥動斯止惟土地兮潤澤肆卉木兮輝光彼蘭芷兮羞伍蕭艾有檜栢兮相間松篁緊樫椈兮薈蔚蕃桂菊兮芬芳若鄧林兮鬱鬱騈旱麓兮蒼蒼賓日兮鳳若斯鳴警露兮鶴引圓吭食萍兮鳴鹿呦呦在谷兮白駒彭彭予駐茲方心曠神怡不自知其手舞而足蹈諸生乃摳衣趨進拱手而相告曰先生傳經庠

序于茲有年效仁者樂順性之天曷不登疊秀眺豐財躋白石躡雲臺又曷不棲鳳隱陟龍蟠瞻蒲首躍馬鞍廼區區蕭堆之是覩乎噫先生之所樂者不在乎山而以其名爲蕭耶抑亦必有獨得于心而若是其囂囂耶蓋先生徒知其可樂而不知其所以可樂之玅也予旣駭然而聽之復喟然而應之曰其然豈其然乎盍爲我言之諸生對曰茲山雖小鍾秀孕傑巨浸一激大魁斯出前乎漢唐羣英濟濟後乎宋元碩人俁俁調和鼎鼐則有趙

葵甫列官諫議則有費師古與夫何純溪之橋梓齊鳴宋文齋之詩文獨步入我皇明混一區宇雲輿從龍風生從虎歷顯要而終祭酒者魏公杞山侍青宮而任藩臬者王公時舉或登第兮撞破煙樓或聯科兮繩其祖武司風紀兮激濁揚淸寄名社兮庇民尊主職武學兮閑韜略敎文學兮施化雨是山靈之降神致吾邑之鄒魯予曰噫嘻子之所言可謂驗矣然不知所以進修則甘自棄而徒羨夫人天爵苟修人爵斯見在諸生之自勵庶所

生之不忝諸生唯唯而退皆曰先生之言甚善

藝文志三

詩部

縣署後樂堂　　吳本固 邑侯

雪色搖銀海蕁川恍練川溪流氷鑑合巖樹水晶懸野老尋歸徑漁翁罷釣船顧瞻堪入畫應喜兆豐年

布政司公署　　廖漢

曉從丹嶂路午卽白雲司谷靜春鶯語江清楚客詞棠陰欄外轉花影席間移寄語觀風使陽和到處宜

按察司公署　　工部尚書 吳廷舉

北邊七夕已微京南國經秋尚亢陽鵬翮高飛前度健馬蹄老厭近來忙桃看兩縣花如錦穀喜千家實滿塲誰伴鳳山臺上客玉簫吹月據繩牀

又　　田登 僉憲

紫氣驚秋山雨凉四山啼鳥送殘陽世紛不盡水長逝天道無言人自忙管晏多方塵夢語荊襄千古戰爭塲元龍有願同清議百尺樓高坐上牀

又　　顧英 僉憲

花燼明窗坐夜凉問來甲子忽重陽秖從塵世勞形過不信青山笑我忙貯酒豈能勝小戶作詩還敢擅名塲倚山公署鳴秋柝細雨聲聲點夢牀

又　　蔡潮 提學

空堂秉燭思悠悠客路風霜又一秋百感難酬萊子願孤忠長繫杞人憂吳山越水勞相望湘月衡雲憶遠遊無奈羣英溪雪裏前旌欲發更攀留

詹家畚鋪　　魏頲

聞說張騫泛海槎幾年飄泊在天涯道宗鄒魯誰眞到詩領乾坤自作家窗外好風鳴古木艸頭零露濕寒花馬周去後常何遠數遍郵亭月正斜

來山鋪　　陳大壯

午坐松亭夔薜蘿楚筇晴與鳥音和溪連山色虛沉翠水散春聲曲放河避石肩輿緣路滑吹風木葉向人多愁客爲誰開芳興頻對長亭發嘯歌

港口鋪　　蔡潮

夜雨長安路三年兩度過閱人松尚茂憂國鬢先

皤故舊吝詢遍寨壚感慨多六峯亭自好奈我[illegible]愁何

荆港舖　蔡湖

涉水緣山百里程驅馳曾是爲逢迎停驂屢謝難爲汝負笈周遊只此情言教自慚非盛節面從何敢薄羣英芸軒不厭湖湘緑惜取流光次第行

又　韓宗堯廣東人

午度桃花第一峯顧瞻何處覓殘紅道人也是尋春客山鬼依嗟馬未驄

又　張珮邑侯

曉泛桃溪水夕渡桃峯雲誰云種桃者花發忽逢君

又　吳本固

移文來北闕夙駕指東流凍雪鋪平野饑鷹叫戍樓菁葱松際度險隘竹邊遊應念君恩重時懷民瘼憂

港口驛　蔡湖

洞庭倚棹傧南風憶得蕁川在眼中艸艸三年江上别懸懸千里夢魂同新梅點水冬將盡羸馬衝泥雪正融無奈長亭寒日短暮雲山寺起疎鐘

蒲圻八景、

石筍凌風集句　凌風通志載秋風　夏宏蘇州人

立馬橋邊客去遠李潤　徘徊石筍已多時張思賢
葛陂孤杖形相類楊璘　湘浦雙娥影正隨謝宗可
凍雪不消棲鳳餘呂本　秋風難折化龍枝賀鑄
千年肯改冰霜節史浩　一寸堅貞自不移婁大年

荆泉靈覎

曉色溶溶一派清李仲淵　仙家元不隔滄溟張翥
水通太液知源委薛元儀　日轉東華覺地靈虞樂
鳳女傳香函御札張伯遠　龍君施澤注清冷吳元清
尋源我欲窮奇覽王衍　擬泛星槎入杳冥錢宗

蒓塘夜月

季鷹去後幾經年曹子眞　存得蒓池思惘然李集
十里晚香生沆瀣鄭元祐　一泓秋影浸嬋娟戎日豆
金羡無復當時美陸行直　寶鑑空懸此夜圓衍道原
相對清光照今古陸秋水　飄零孤客不成眠陳良富

蕭堆春漲 通志載春水

西山積雪勢崔嵬 劉滄　二月春融凍始開 鮑昉
激石驚湍隨岸轉 艾性貴　洪流高瀉自天來 許渾
曾聞鼂渚通幽絕 元明善　幾見龍門出俊才 邵棠
約我尋源訪仙隱 袁　定隨劉阮到天台 陳鑑

疊翠曉鐘

翠擁雙峯萬仞高 陳益稷　靜聞蕭寺吼蒲牢 曹松
驚回旅夢霜中起 盧仝　響逼禪扃月下敲 程文海
風度餘音猶杳杳 申屠駉　酒醒凉思正飄飄 張翥

景陽昔日曾聽罷 宋本　環珮琳瑯候早朝 張易

豐財夕照

楚王宮北正黃昏 杜甫　物是人非景尚存 端元叟
衰艸夕陽江上路 陸宣　欸歌樵唱水邊村 上官伯
青蚨萬鎰堆墟市 楊翼　長笛一聲歸島門 渾用
偶爲登臨發悲嘯 劉因　澆愁莫厭酒盈樽 吳萊

崔樽懷古

無處登臨不繫情 許渾　山亭開宴酒如澠 艾性夫
一樽春釀蒲萄綠 李朴　滿甕秋香竹葉清 孫逖
未數流觴新典故 元宣　還同席地古儀刑 燕敬
當年人物歸何處 宋帝　感慨遺蹤尚有名 張山石

北河曉渡

颯颯西風古渡頭 李隼　落霞孤鶩水悠悠 孔子教
僧歸黃葉林邊寺 張以奇　人候夕陽江上舟 王朗
斷續殘蟬聲送雨　參差寒雁影橫秋 陳益稷
誰歌桃葉滄溟外 唐崇尚　有客思鄉起暮愁 宰上熙

金疊山　黎公弁 廣文

青山天際來勢若雙飛蛾平明宿雨收嵐氣生林

阿非煙亦非霧炫日金碧多流鶯緩語處坐愛春風和

石笋　李德庸 廣文

臥龍角出邑庭西疑是媧皇補煉遺雲雨暗時如有籜蘚苔斑處欲生枝金莖月冷蛩依早華表年滚鶴到遲信是根株生獨穩嬴秦驅逐總難移

又　王愷

滄洲陌上久知名蒲邑堂西始見形並出不隨春雨長雙蹲寧爲凍雷驚雲煙綫護蒼龍角苔蘚晴

封紫錦纈却憶仙凫飛去後誰將彩筆詠高情

又　　　　黎公弁

山骨如龍形觸地露雙角纖纖茁笋芽苔斑罽錦鏗扣之玉長鳴其聲清以越誰知貞白姿肯為風霜落

又　　　　廖漢

我有雌雄劍寶匣藏精光儵然震雷電化作雙龍翔神氣燭地靈突立石勢剛貞節永不改昭文遠彌彰伊昔媧皇遺補天五色章至今雲錦成斗牛

星輝揚請君看雙石萬古流禎祥

廻龍岡　　　　廖俊

緬惟龍岡勝疊秀佳山水水繞桃溪紅山映蕁川紫樓臺金碧間城郭丹青裏幽色日夕佳天翠聯霞綺觸石膚寸雲夭矯神龍起霖雨滿商巖霑渥均遐邇吾當慰山靈援筆磨崖紀

松雪峯四首

鳳隱山前雪未消孤松帶雪倚層霄小齋清夜山靈出來伴梅花共寂寥

喬松高出白雲端積雪槎枒徹夜寒好似湖南無影樹請君寫入畫圖看

長松落落三千丈楚產奇材耐歲寒大地茫茫千里雪夜來不覺鶴飛還

古松分影傍樓臺曉色飛花入酒杯清興滿前吟未得騎驢有客灞橋來

蕭堆　　　　黎公弁

蕭堆倚河干春風雜花木雷雨漲春流巨浪相奔觸金鱗奮赤鬐龍門輕一蹴魁擢遺讖言重為邦

人卜

芙蓉峯四首　　　　廖俊

我愛芙蓉好青山飛白雲湖光浮鶴夢樹色落鷗羣翠竹娟娟靜丹荷的的芬石梁坐終日誰復共論文

我愛芙蓉好春深花木芳凫鷺翔水檻麋鹿臥山房稚子垂絲釣村翁覓酒嘗興來幽意愜時復躡雲岡

我愛芙蓉好秋山照水心石門蘿月靜沙圃蒻煙

渓洞有眞仙錄泉如太古琴盪舟歸去也乘興度
遥林
我愛芙蓉好何如暮景淸煙蔓娟幽獨天鑒湛虚
明藻窖眠沙鳥林虚囀谷鶯向來登眺處蕭樹碧
雲生

丫髻山　吳　童

雙峯羣聳外孤日大荒西去海江流渺摩天雁影
迷仙人留廢井雲屋有鳴鷄秋興逢揺落艮朋喜
並攜

葛稗川祠　王鼎彦

勾漏何年度此山海仙何日駕雲還驂龍守户人
稀到野鶴巢松僧自閒常有局聲聞岫裏猶存劍
跡隱池間彩霞歲歲封丹竈隔岸長流帶碧灣

金紫峯　廖道南

日月歲云晏山堂對金紫金紫何岧嶤突兀煙霄
起或如登崑崙元圃聯霞綺或如登泰華龍首接
熊耳或如嵩降神巨靈崇菊巖或如登日觀東望
滄溟水或如猿狖巢或臥如虎兕或馴如羣羊儦
儦如鹿豕懸石如瓔花千朶金精蓝飛泉如瀑練
萬丈銀河駛嵐光變日夕態狀弗可擬永愜靜者
心郎之悟元理今夕復何夕造化自終始土鼓歌
豳風聊以暢幽旨

白石山　廖道南

白石層巑岏淸泉響潺湲閒雲抱幽石倦鳥巢空
山野老相對酌寒宵相與還

白鹿山　翰林修撰　陸　釴

紫陽廬嶽爭名勝白鹿茅堂春洞開學士碧山今

地主仙人黄鶴幾時來巖間桂樹含丹霧階下泉
花繡錦苔楚國懷賢歌七澤漢宮回首望三台

又　廖道南

昔聞匡廬白鹿洞今見雲臺白鹿山白鹿呦呦不
知處白雲渺渺相對閒三峯矗立紫巖秀四水交
流赤石環艸閣獨栖松竹塢春深花發鳥間關

九日登蓮花峯　胡堯元

嘉會羣英在躋攀上翠巒衝風吹帽急拂石坐雲
安碧樹煙中小黄花洞口寒塵襟聊一放天地哉

吾權

鳳凰山贈廖明府　黄廷堅

江淨明花竹山空響管絃風生學士麈雲繞令君筵醫是肱三折官當歲九遷老夫看鏡罷衰白敢爭先

鳳凰山聽僥象賢琴　魏裳

讀書臺倚鳳凰東搖落高秋握手同愁裏舊懷青玉案歌前上客紫芝翁謾論雙眼塵中白貪數諸天覺後空一曲陽春聊進酒萬山林木起悲風

又　劉光輝

晴來曉氣步郊原古木深山古寺門巖貯蘿煙蓮座潤風披荷藥石泉喧鐘傳禪定三聲佛鳥送笙歌四月村行到峯頭通帝處憂時有策亦須論

龍翔山　魏樸如

石磴縈溪入晴驄挹翠微地於人境絕心與世情違天外閒雲度林邊倦鳥歸過逢忘坐久苔壁下殘暉

年少徇中富五車結茅山郭避喧嘩鳴琴一曲臨流水倚杖千峯散落霞招隱許過青桂侶尋眞疑到赤松家投簪自覺歸來晚嫋嫋蕭蕭兩鬢華

又　謝師啟

青嶂巉巖俯碧灣千峯削玉見南山初過郭北人煙接稍公橋東鳥路開礙日藤蘿經歲久媚江梅柳報春還謝公有癖遷雙屐咫尺郊溪始一攀

又　吳童

負磯盡日落風湍春水纔生餙釣竿向夜江天初過雨殘雲猶藉客星寒

帝子之宮傍宅開月明還上白雲臺援琴一鼓湘靈操無限青山曲裏來

題王稺侶樵園即龍翔山　鄧士亮

誰解樵中趣樵園君自題雙桐俯郭北萬竹映擔西壁上煙蘿挂巖間霧鳥栖深林應一笑柯柄與人齊

好景還應畫風光任意收清泠嶺上月滴瀝雨餘秋佁子猢猻弄高人水石留避塵眞欲懶世網謾相求

又　魏謖

捫蘿舊逕引即事倍傷神問主年年異同人局局
新梅因殿雪晚柳每先花春物態殊生色風光只
覺新

登高馮送目贅著兩層樓遠岫粘天碧澄潭漾日
流一梭煙織樹幾葉渡横舟獨坐看歸鳥翔鳴别
浦洲

獨坐空庭午春闌花半妍酒經句斷飲詩落句堪
傳疏食常如素閒身眞類禪雄心隨境寂鶯老聽

新鵑
古栢鬬枝翠奇葩取次開猶餘沖雪菊最不禁風
梅土坼紅蕖嫩春遲碧艸催津莖時霡霂蟄夢已
醒雷

欹岸竹梢水穿林磴擁花燕依人避濕鳩藉鵲爲
家松近濤驚枕腮疏霧透紗幽溪春漸暖鼓吹厭
鳴蛙

霧重朝疑雨晴開碧半堺雲陰移萬尾日霽晃遊
絲問字客初過聽鶯谷尚遲看花昨夜藥曉欲放

南技

窪鐏　黎公弁

混沌既已闢風氣猶未開斯人事飲食汙坎爲尊
罍伊誰尚古雅鑿石鐫蒼苔趺坐共杯飲千古淳
風回

又　王鼎彦

萬山秋色帶斜陽片石嶙峋野渡旁豪士鑿來千
日醉仙人留作九霞觴林多古栢藏雲氣徑接幽
篁護水光更引清泉供枕漱芙蓉掌上注瓊漿

白雲臺　魏珩如

山陬一鳥道上有白雲臺人代稱元祐碑書閱古
苔鳳笙聞縹緲鶴馭見歸來千載遺蹤迹空令白
日催

官塘桐岡　廖道南

桐岡蜿蜒通天梁萬峯含翠千巖蒼仙宮嵯峩白
日暗石洞黝黑清泉香玉樹琪花紛旖旎湘芷猶
存畹蘭紫山空無人鳥欲棲瀟庭華月煙如水我
來正值秋暮時東籬黄菊何離披息駕登堂對雙

鶴翔龍夭矯盤拏螭大笑臨池分紫翠鬱葱萬疊
浮佳氣乘傳何人數驛程負符總爲蒼生寄蒼生
蒼生爾若何桑麻十里官租多王人導利布上下
洋洋父老聞謳歌我將祇役還燕關山靈前驅戒
明發凉飈落木洞庭波彩鷁翩翩泝江月堪歎乾
坤自古今關山如舊物華新輶軒使者聞斯語爲
遺陽和福我民吁嗟乎爲遺陽和福我民

赤壁　李白

二龍爭戰决雌雄赤壁樓船掃地空烈火張天照

雲海周瑜于此破曹公

又　杜牧之

折戟沉沙鐵半銷自將磨洗認前朝東風不與周
郎便銅雀春深鎖二喬

又　胡曾

烈火西焚魏帝旗周郎開國虎爭時交兵不假揮
長劍已挫英雄百萬師

又　李壁

赤壁危磯幾度過沙羡江上鬱嵯峩今人悞信黄
州是猶有水經能正訛

又　魏裳

崔嵬風雨一登臨落木蕭蕭萬壑陰賦裏不須疑
赤壁尊前應自見烏林東風共羡回天力西蜀堪
憐報主心忠武芳名垂宇宙將軍千古未沉淪

又　謝師啟

江南江北晝陰陰指點前朝感慨深夾岸寒濤喧
赤壁空原野燒隔烏林山川已没三分跡天地仍
含百戰心擊楫中流回首處荒煙滿樹夕陽沉

又　黄圖昇

霜殺蒹蘆滿目秋英雄戰地此閒遊壁懸古字磨
難認水轉寒沙咽不流有客舉杯明月裏何人橫
槊大江頭龍爭虎鬭成灰冷最善浮沉是白鷗

又　林增志　邑侯

懷古同遊川上磯輕舟晴掠水雲飛霞生絕壁光
含赤影落澄流澹曳暉烏鵲有情棲翼定江山無
恙覇圖非應知勝敗原難論莫羡功成白羽揮

仙人洞　吳童

石洞懸雙竅龍湫鎖一橋丹成遺竈冷世往斷碑凋幽澗寒流咽空山野火燒桃花無處覓鷄犬白雲遙

又　劉壽生 竟陵人

勝邑千峯秀秋風一杖輕泉穿巖竇落樹插石根成入洞探靈異摩崖託姓名得開堪半日寂寂閱浮生

竹山洞　黎公弁

竹洞石門開吐出霞光燦琅玕露未乾新粉蒸紅

汁仙翁坐紫苔屏帳如春煖孳鳥忽飛來影行機錦斷

荆泉洞　黎公弁

流泉出荆洞靜深杳莫測青山百丈高六月寒威逼人言水有神主茲靈異跡祈禱致懇詞浮沉任拋擲

又　廖道南

抱疢嗜幽壑宣懷訪名泉羣峯簇靈境列巘攢仙壖石峭躡飛竇溪迴涉澄川捫蘿緣篠窖攀葛丹

梯懸篝燈照岩牖灑墨濕沙田方疑兕虎伏倏詫鳶鸞騫蓬島埒玆勝桃源詎能先馭風隘八極乘景淺九淵安得同心侶晤言思賦元

又　謝師啟

乘輿探奇竝筍輿清溪數里歷縈紆仙家蓬海空三島人世桃源自一區古碧重雲開玉宇虛巖寒雨滴冰壺尋幽不怕迷歸路賸有龍眠照夜珠

宛轉仙源入更深風泉雲壑正陰陰只疑蛟室遙通海誰謂龍宮不隔林列炬未能窮勝蹟臨流頓

已滌塵襟此中靈物升沉異莫擬飛騰迸作霖

又　黃圖昇

一路晴峯生紫煙芒鞋踏遍眺名泉守關龍母翻行雨對局仙人動隔年咫尺雲深靈窟遠躊躇秋老勝情偏有緣再作尋眞約定逐桃花入洞天

又　王鼎彥

翠壁丹崖鳥道通飛梁奇似玉玲瓏祠官歲請潭龍雨山叟時占石燕風何代仙人棋跡古前朝遊客字痕蒙分明指點尋源路流水桃花向此中

羊樓洞　　廖漢

萬石如羣羊山光落天宇我來溪上月蘿陰滿巖樹誰知龍角處更有羊樓洞溪水抱峯石日夕嵐光動

又　　廖岐南

春洞倚雲開花泼人自來溪流繞巖壑何必賦天台

又　　廖道南

春洞鬱岧嶢山房鎖寂寥古松盤白石叢竹上青霄嵐氣長籠檻溪流半沒橋靜憐霞外侶側望斗南杓

萬嶂入羊樓雙溪繞鳳丘天開珠洞曉月旁石潭秋翠入梧桐秀香來蕙若幽登臨一長嘯月夕紫煙浮

鏡潭　　黎公弁

空潭碧如鏡明水澄清秋倒浸廣寒影疑是嫦娥遊蛟龍怪珍重側視不敢謀獨憐負拋尺擊破黃金甌

沉尊川　　謝師啟

未暇乘桴去悠然抱甕歸磻溪稱隱釣泌水豚忘饑華髮三湘客青山一布衣門前舊種柳長大已成圍

蓴塘　　吳童

陂塘煙雨淨千頃入虛無飛鳥落明鏡遊人在畫圖紅疎蓮暫放翠密荇全鋪今日陪陶謝高陽一酒徒

進艇沉沉碧披襟冉冉香幽花迎斷岸密竹隱廻塘鷄子毛殊白鳧雛卩尚黃池心當五月絺綌早生凉

湯塘　　黎公弁

火精蘊山石石裂流泉奔方池近潴蓄終日沸且温昔年籓邸過解簪濯纓塵我來慨前事啼鳥爭黃昏

又　　廖道南

湯泉沸如湯藹在五粪下丹竈不知秋青林偏映

夏他時望白雲此地是親舍

黃龍潭　　黎公弁

深潭碧無底下有神龍臥鱗甲動鯨波冷徹黃金鎖喘息水上吟韶濩聲相和回首碧潭邊香霧隨風過

黃蓋湖　　胡堯元

湖水西北流東雲寒不收萬里悲橫客市見憶太丘暮煙澹艸木孤鶴自鳴秋覆手成今古是非空去留君不見覂離一抔土斜風細雨迷松楸又不

見杜鵑三月冷亂落遊絲原野頭

西艮湖　　李德庸

盪舟歸太月黃昏湖上人家半掩門漁笛一聲何處起吟邊稍得暗香魂

又　　廖俊

南邦遺跡在西艮鳬歷依然滿石梁我向浮臺洲上立不勝惆悵對斜陽

萬頃湖心烏石泉神龍夭矯紫雲連孫權不解遵王制呂岱何緣德政傳

碧石沙明白鷺羣春風花木滿幽芬萬年世代隨流水有客悲歌起暮雲

縣以湖名尚有蒲飛飛雙鶴水雲孤野人不識興亡恨長向江頭問赤烏

梅湖　　廖道南

梅子梅子落如麻千樹萬樹飛幽花花隨流水去不返獨有仙宮栖紫霞

羅湖　　廖道南

芙蓉山外大羅湖湖裏風煙與不孤月明蕩槳采

蓮實流水香花泛白鳬

大羅湖接小羅湖秋水湖心浮白蘆漁翁日夕不舉網釣得魴魚美似鱸

又　　周奇發

我愛羅湖水與山縱遊得趣不知還雪鱗穿荇搖頳尾煙樹凌空舞翠鬟好景落誰詩卷裏小舟浮我畫圖間合當笑取王維筆寫入行囊豁醉顏

活湖　　廖道南

活湖活水源頭來天上銀河八月開牛斗靈槎窟

絕域玉樓金殿鎖蓬萊

栁山湖　　廖道南

栁山湖接上下里日入遥林暮山紫湖上人家住鏡臺茅屋參差煙水裏

眞湖　　廖道南

湖到江邊出六溪溪中水漲碧天齊公無渡河煙浪闊不如歸伴山雲栖

五洪港　　廖　漢

一溪流水半山雲懶時坐看閒時行相逢野鳥還

飛去不問人間陰與晴

赤馬港　　黎公弁

赤馬飲河流因之名赤馬山橫石壁斜奔流丞其下洄洑起波濤信非無本者漁翁欸乃聲明月秋清夜

北河渡　　中書舍人何景明信陽州人

向晚蒲圻渡遥聞鷄犬喧斜光入深巷疎雨過閒門縣市渾依水人煙只類村蕭條燈火夕沽酒共誰論

桃花泉　　陳汝楫

溪南松樹綠如雲飛瀑時從絕壁聞不用荷亭消暑氣一樽留客醉斜曛

桃花流水合荆溪夜雨春波拍斷堤偶爾今朝出門首平疇雉雊麥初齊

又　　廖道南

泉石如桃花花開石更佳石懸多紫英花落如丹霞何人采石蘤飛去到仙家

濟美橋即浮橋　　崔一濂邑侯

新落虹扛接兩河喜迎文旆踏仙歌筵開紫巘天如近花摘懸崖春未過驛道遠隨芳芷渺水光斜映短虹多嘉君共樂平康會休羨當年紀伏波

又　　謝存儒

西北遥壇舊跨河晴雲霽日遶仙歌虹梁俯瞰龍宮近鏡水縈廻蘿月過鼇引九江空自後鵲橫靈木式相多春臺化日明芳樹毓藻合輝麗楚波

又　　馬　練

新搆橋成俯碧河歸人香步踏仙歌晴塔畫鷁文

相續暮見青龍勢欲過題柱此時悲我老濟川思日藉公多桃花雨岸開如錦春在長流不竭波

過港口驛觀雙橋因隨喜萬年菴瞻禮旃檀佛得十六韻　分守湖北道江西人　樊良樞

稽首衆香佛如在衆香國節節皆旃檀來自東海側是佛空淤相眞空了無色云何紫磨身毫光現于頟宰官種夙因十地布功德千歲發曇花前身是彌勒突搆萬年橋津梁不迷惑菴亦名萬年那刹無所隔我生浩劫中常如逆旅客轉劫未轉輪

無智亦無得閔彼學道人宗教岐南北守筏不登岸知見紛相格寄詮既無言顯義那可測願燃萬年燈長明照昏黑一滴大海收半芥須彌塞現在即彌陀請觀樹子栢

澄淨陂　鄧林

澄波一碧湛晴空物外清奇境不窮風景淒清搖絕島荷衣披拂振秋風與羣吹沫遊天上雁陣拖寒入鏡中月夜扁舟乘興公仙遊渺渺訪拔翁

寶參讀書堂　黎公弁

丞相祠堂古飛甍光奕奕深林翳道旁紅葉多秋色邦人愼景仰桂漿飲遺德清風江上來千載無今昔

馮京讀書堂　黎公弁

書生昔未遇僑焉栖此邦讀書究遺理志在躋虞唐誰知黃金榜魁擢承恩光悠悠成往事故宅空斜陽

偕元相鳳山書堂納凉　魏裳

暑氣深山薄登高興不違情同河朔飲坐息漢陰

機問字人猶在傳經地巳非交親重握手惆悵暮雲歸

祥雲書屋　魏浤

濛濛煙雨入喬林濕透蓑衣體半侵他日有人凴物色祥雲書屋萬山深

顏忠烈白石廟　黎公弁

顏氏有遺廟白石山下旁歲時躬報祀搥鼓羅旛幢烹羊擊豚豕椒桂惟馨香神君謝我公冉冉雲飛揚

又　　魏銘

峻壁嵯峩削似峯殿庭淸晝白雲封生前殺賊精誠盡死後封王爵位隆萬古千秋嚴廟祀皇天后土鑒孤忠曉來拜謁靈宮下簷鐸鳴風玉燭紅

又　　龔逢祥

削成一片石萬古白粼粼素壁纏雲霧空祠集鬼神陰風低半樹殺氣戾高旻血染流泉碧苔依斷碣新三良瞻異代完節重千鈞父老爭投謁春秋薦藻蘋峯巒標挺直日月抱嶙峋仰止堪長歎那

能贖百身

延壽寺　　黃廷堅

積雨靈香潤曉風紅藥翻盥手散經帙烹茶洗睡昏野僧甚淳古養拙賁丘園風優交四境蓬藋底百椽山林皐壤歟可爲知者言而我與人樂因之名此軒孟夏煦萬物艸木紛郊原閒疇見牛羊定知春筍繁我初未覺爾宴坐歎靈根諒知岑寂地竟可安元元

又　　黎公弁

嵳峩碧殿高屹立梵王宮山僧晨早起焚香擊鳴鐘仰觀明河落斜影窺簾櫳君子愼修省能不爲忡忡

青龍寺　　魏樸如

龍宮丹堊照山隅神物飛騰事有無檻外秋聲黃葉下尊前寒色白雲孤上方說恣逢支遁舊舍留詩憶大夫手澤百年塵壁在不勝酸楚罷操觚

白龍寺　　廖道南

緊昔藏書地于今三十年燕巖棲竹日龍洞貯蘿

煙洗硯朝臨石焚香夜對禪問奇誰載酒吾欲草吾元

又　　謝鵬舉

幼別禪林老再登躋攀無力怯嶒崚暗思舊寓傷陳迹細指荒丘問故僧雨過園林聲淅瀝秋生巖壑氣嚴凝紅塵奔走成何事欲學參禪悔未能

又　　魏樸如

十里招提結伴遊紫萸黃菊坐高秋池涵水石龍湫靜山挾雲霞燕洞幽眞梵暫依雙樹聽賞心多

爲一尊畱興闌遲引巾車出明月千峯滿上頭

又　　魏　說

寶地移尊處青天首可搔鐘流幽壑杳香接瑞雲高曲徑風吟竹懸泉雪瀉濤炎銷隨歇馬寧倚醉中逃

盤磴經行躡層峯入坐看嶺雲低戶暗瀑水迸灘寒山僻遊人少佛容見客懽慈航似許濟吾欲證騰蘭

傳觴石室迥選地白雲幽酒爲聽鶯醉人因看竹

畱林嵐籠笑語天籟答歌喉興洽淹歸騎山山夕照淨

折簡羣公逹傾尊不佞頹暮山引歸騎明月謝喞杯彥會欣今寤懽遊倘再陪不愁山景盡餘興自堪推

又　　何冲然

寺隱青山腹僧依翠竹身鐘聲喞落日巖影駐遊人老栢如貪靜幽花欲放春般般泉石品隨意許逡巡

上方寺　　謝師啟

泉近水聲幽香臺隱上頭月明松嶂夕風動石林秋衆壑煙同暝諸天雨半收一燈還照客清磬復悠悠

上方塵不到靜境客相依澗響清幽榻雲深冷薄衣鳥閒歸樹早僧老出山稀俱得安禪意聽經掩竹扉

諸峯寂歷月初懸鍾磬泠泠雜澗泉僧在山中依樹老客從雲處借牀眠綠蕉夜滴空階露翠竹凉

生古徑煙漸覺此心能出世不妨巖戶住經年

又　　吳　童

秋山黃葉寺與客宿氛氳禮佛諸香遍參禪半偈分夜泉喧過雨晨壑塞歸雲寥亮中峯磬人間總不聞

又　　王鼎彥

諸峯環野寺一徑靜傳燈鐘定泉聲落廊陰壑氣蒸雲迎幽訪客鳥悅晏眠僧飽飯雕胡罷還期捫紫藤

龍興寺　胡堯元

萬仞青山半帶雲傳燈靈鷲幾空羣丹書夜破蒲團夢白足天西疑是君

降山寺　王蔓

愛此清幽寺茅菴近碧岑路疑行不到房覺坐來深明月空中影浮雲世外心人生不滿百能得幾登臨

又　本寺僧

伏虎巖前對落暉空門猶着舊禪衣深山幽獨忘

機久浮世功名與願違紫竹林中塵到少白雲堆裏客來稀從他金鳳銀箋詔那肯將身出翠微

龍巖寺　黃圖昇

古刹高山有龍蟄靈珠頷下時呼吸風雲當日任騰飛飛入天門九萬級如今剩得老僧眠我來讀書年復年辭却紅塵與白社晨昏擁臥只青氈青氈坐裏翻書帙指揮如意搖不律三春雨樹喧杜鵑九秋風揩響蟋蟀愁人力苦度春秋春秋風雨更添愁攬卷隨看隨燒却老狂直是欲填溝曾說

昔人開二酉怪怪奇奇何不有我從石縫日搜求得一編將繫肘個中秘密未前聞歷落五百盡靈文告人未敢還埋着日日峯頭起白雲白雲不散栖巖屋磨崖鐫詩臨飛瀑點頭片片石流丹玦盡山精山鬼哭夜半老龍入夢來爲語此中莫遲回郎君好自加鞭策佇聽春風二月雷名以文章悞于今禮沾王清宵眠夢鹿白晝坐亡羊花發飛天雨雲飄接篆香能消妻肉累長嘯作支郎

歌殘濃李赴招提佛月仍圓路豈迷多病不消人世累爲緣合共老僧栖諸天絕界窺龍井盡日行吟嘯虎溪若使俗情空未得移文應與北山齊

又　王鼎彥

晴煙生片石春色照清溪路入蘿陰合峯懸竹影齊看雲隨鶴去坐樹聽鶯啼巖際開松院山僧龍共棲

木蘭寺　魏樸如

古寺秋山裏空林木葉疏月明僧定後鐘響客來

初峯影低簷樹泉聲走石渠翻經窮子夜不盡載車書

竹山寺　黃圖昇

書劍飄零弟與兄黃昏歸踏亂山平橋邊覓路三星啟竹裏飛泉一道明祇有閒雲依佛座曾無鳴磬入松聲野禽自宿僧房掩個是眞空悟此生

五嶽觀　黎公弁

仙臺百尺高五嶽羣眞集吟罷步虛詞笑把清簫吸嗈嗈鸞鳳聲解使鳧龍泣梧桐月露光不覺衣裳濕

謝師啟

下山廻合漲清溪落盡桃花路不迷笙鶴不知何處去春風只聽子規啼

祀文昌時作　署縣同知葉文懋 浙江人

文昌祠倚碧山隈爲舉明禋載酒來雨過千峯應試展雲飛五嶽待啣杯芳菲共挹韶光媚荏苒翻憐歲月催不有諸君饒意氣一春懷抱向誰開

二月郊原雨乍收竹林松舍自清幽高朋漫喜來三益野性偏宜對一丘海內幾人同郢調天涯何處不并州從來聚散皆陳迹回首能無憶舊遊

避地蒓濱偶成　魏觀

雲扉俯瞰蓴湖濱風光迥隔蘄陽塵青蟲懸絲不到地黃鳥蹴花時近人酒爲得歡當樂飲客雖非伴且相親朝來羣小謠吾舅二老至今仍皂巾

贈方令尹 諱一桂　廖道南

憶昔乘槎夕相逢黃鶴樓楚蘭歌宛轉淮桂賦淹留納納乾坤大盈盈河漢流海天迴白日江國滯

清秋溪繞雙流合池環九曲浮飛虹聯絕壁華月抱虛舟揮灑江淹浦尋芳謝眺洲八闈牽思切三島縱神遊煙際菰蒲香風前竹樹幽獨憐疊嶂遠誰與共賡酬

賀宜令尹隄工成 諱大勳　劉朝薦

民隱都知恤眞心誰似君戴星勤撫字冒雨課耕耘花柳長隄遍絃歌一帶聞相將鐫片石綠字播芳芬

循良今孰最此事合居先工起小春日歲書大有

年流民漸返故斥鹵總爲田朋酒時時祝長歌七
月篇

早後遊降山寺　張東周

疋馬秋初歴上岑生涯十里九氛祲望門惟是松
杉影入寺空聞鍾鼓音桑柘楚田貧入骨風煙荆
國怨傷心幾回欲上希文啟揆路相知淺未淺

書青龍寺　張東周

高堤沙柳傍前磯怯鬬鮮腰色正非春曉馬蹄環
蝶翅夕陽牛背立鴉歸村翁帽袖雲披府鄰嫗花

枝香滿衣記取當年尋樂處夢回星月照天輝
古刹中天倚翠巒山僧猶念舊盤桓園林竹木三
冬麗樓閣星辰五夜寒對景謾令詩兄好啣杯頓
覺酒腸寬金覊碧勒重回首何日紗籠入望看

遊上方寺　張于陛

木落寒郊迥禪關月滿廊野僧五六衆秘典兩三
裝清磬流煙壑晴雲到竹房閒披麗老偈歲月坐
中忘

山中感興　燕遺民

寥落湖山曲凭誰話起居出門惟水石擡見但樵
漁酒熟還堪漉葵荒欲自鋤久深泉石想早晚賦
歸與

泉谷煙光淨林塘暑氣清幽花籬落見好鳥竹間
鳴禾黍皆豐稔桑麻自長成還聞茅屋底燈火讀
書聲

仙雲行　戶部侍郎劉儲秀陝西人

萬山合沓俱巉絕仙雲中立尤差別前有金紫後
靈應查林幽藹左右列五洪窈窕青螺堆三台迴

翔丹鸞頡桃花峯暖散春霞桂樹巖寒屯夏雪吞
吐煙嵐何足論千年生氣獨盤結疑是巨靈劈得
來不爾乾坤元造設鳳沼仙人若好奇愛此常令
心目悅輸值不惜萬黃金要與窞親作壽穴元冬
我來代皇祀客與登臨停使節且喜天公大放晴
空翠滿前宛可掇由來吉兆鬼神司地靈兄乃生
人傑即看學士築沙堤翊戴中興比稷契莖莖天
地有窮盡芳譽庶幾終不滅

壽廖五洪先生　兵部尚書王憲東平州人

五洪山下舊[illegible][illegible]白馬青袍意氣豪苦恨浮雲能蔽日振衣却奮漢之臯誅茅卜築傍山址時復看雲聊隱几十畝桑田鶴春駢念年城郭足不履輿來浪跡乘氤氳金紫芙蓉伴夕曛曉塘秋結芝蘭佩幽洞朝隨麋鹿羣卽今壽已逾八袠耳目聰明只如昔中閒復過古稀齡諸郎況有玉堂客玉堂仙郎衆共奇雄文蚤受天子知鯨奐跋浪動鱗甲鳳鳥當陽輝羽儀紫誥承恩出金馬鸞章直逹衡湘野華筵稱慶合椿萱玉樹聯翩盡梧檟仙郎獨

繫白雲思千里慇懃爲獻詞南山北嶽天無極應是仙郎祝願期

哭杖下諸公　胡堯元

行行萬里道悵望燕雲陌飛鴻從何來爲報杖下客排雲呼閶闔一叫心爲摧再叫肝膽裂三叫身已隕擾擾嘆諸賢何自苦如此天地有常經不但斯已矣悼考失其稱南頓差可議濫觴百年間漢安無足諉閹洛有遺編胡昧而爲佞彼變者誰子闖然聲天聽鼎鉉已投擲草芥風靳靡羣起障狂瀾守經而秉禮冀格九廟靈式慰孝祖心毋使宣仁悲協兹中外忱彼變者誰子投膏以濟焚彼滾目以深我言日已遠號泣以隨之雖誠一云曉赫然震天怒鞭笞以百數竄者知幾何死者已十五羈魂遊夜壑英氣不可作死得比龍逢生何以爲國我歌激以烈有靦者日月我歌哀以愴悲風爲幽咽天高不可攀地厚不可劚嗟嗟忠諫者萬古光永燭

中秋賞月　謝鵬舉

爲愛中秋月色明老來無力上城闉一年月是千年月今歲人非昨歲人諸子就庭張小宴老妻聯坐作尊賓虛簷也自輝光好何用登樓近水濱

絳桃盛開原移自浙中者諸友過賞感而賦此　謝鵬舉

絳桃元出錢塘館種在蒲山地亦宜懷核自憐經路遠看花長恨掛冠遲紅英歷亂還須酒緑葉商量欲索詩傳語騷人高興者及時相賞莫愆期

朝遣存問謝公鵬舉　袁宏道 公安人

一行旌節萬人從爭看前朝老臥龍杞梓楩楠俱朽盡就中留得兩高松公號松屏畢號松坡是年存問二公

謝公伯子京兆君時年七十趨走膝下有若稚子凡謝公拜起俯仰皆京兆君扶之

碧瞳紅頰照霜明尚父前頭倚杖行七十老翁猶膝下爲人爭不羨爲兄

暮春東郊遊覽　張東周

古陌流鶯擲浪梭春光容易瘦消多燕來倘是曾相識花落須知不奈何時雨新添山峽瀑晚嵐遙

映石雲窩去年此日中州路馬首垂楊趂浩歌

郊行卽事　尹洸邑侯

山家村屋抱河洲雲色湖光觸目悠幾艇漁舟橫野渡數堆亂石起中流

匹馬郊原問野情殷殷父老共歡迎一尊船上齊橈樂愧少芳猷酬此行

石門山樵山有朴泉寺爲何公滄南別業　祝世祿豫章人

石門有樵父白首老空谷本以屠龍手而抱山頭犢朝采叢桂岑暮采猗蘭濱託意在白雲託業在荆薪薪傳百代火雲作四海霖通塞委時命吾道存隱淪老去筋力如樵何丁丁鈌斧留巖阿獨披煙雨舊時蓑息肩好息溪溪處放脚長歌浩浩歌

滄湖釣艇何公滄南祖居後　祝世祿

何處問元臬一棹江之涘直釣不受覔聊以弄煙水

題何滄南城南精舍　失名

逃名何必入山深負郭精廬帶茂林寂歷千峯環臥榻潺湲一水對鳴琴駐顏疑有金丹訣抱膝常

依隴畝吟門設雀羅稀應接獨容二仲數相尋

車埠紀事　王應斗崇陽人

昨夜江頭臥僧閣三更彭彭鼓聲作道是龍船開首時兒童指手爭歡樂端陽猶隔兩旬餘技癢先期難束縛屈平忠憤本難平所幸千秋不寂寞究竟繁華睡陋風翻因弔古成消削朝來歸艇放中流兩岸桔槔聲繹絡商羊不舞田疇空又見追租人叫索憂長樂短實堪吁那有餘功競喧躍家園習俗總相若惟正不供供浮薄紀事傷心淚潸[illegible]

讀外曾王父方伯胡二峯傳　龔逢屏

環海只今稱四塞少年淚自說三河憑誰短劒擒吳濞更以長纓繫尉陀射後豈無金印分軍前如落大星何夜深莫奏南征笛千載猶憐馬伏波

雪峯寺　王鼎彥

絶巘開清梵花宫峙雪峯麥田雲外種蘿逕雨餘封鳥韻沉朝磬泉流答午鐘憑高仙馭近松鶴避相從

桃花峯　王鼎彥

上有桃花峯下有桃花水正值幽人來峰頭白雲起

夜過西艮湖　王鼎彥

闌干星斗映虛無獨艇微茫一水紆汀艸暝煙低拂岸蘆花新月淨臨湖海天鐘斷懷人遠秋夜衣寒旅客孤尚憶笙簧江上別平明扶醉柳陰衢

暮春偕同官遊鳳凰寺　程嘉鳳

問道追歡自洛賓相携載酒共尋春千山樹色晴當席十里鶯聲遠趁人詞客風流高白雪使君意氣重青蘋到門僧舍鳴金鼓疑有鳳凰出世塵

暮春黃使君招集諸同官陪遊鳳凰寺　黃宗榮

聯鑣郭外喜晴暉上客尋芳興不違綠樹祇園堪避俗青天佛日總忘機一尊潦倒皐東閣滿路謳歌動少微不是諸君能下士春光猶自掩柴扉

遊大士閣　李彙

一閣深閒疎柳邊蓼紅沙白兩悠然偶除榛莽成花逕漸納雲霞見佛天山月到門將化水河魚聞

磬欲銜煙且教清梵低聲唱莫破鄰村野老眠

過留雲菴　李彙

野寺蕭然附郭西薜蘿煙路使人迷閒門楓葉驚秋犬小圃松花護午雞艸茗傳香留客話粉牋書字向僧題殘經初歇歸雲靜爐磬一聲羣樹低

大石橋成詩以記之　鄒應錫

巍橋滿地支公向下逐桃花千萬片力與岸爭勢闘空舒虹欲戰横拖電玉壘根盤百尺深地維勢坼而今莫我問銀灣誰靜波螺頂堂頭老羅漢蓮

池和尚好兒孫，手提百八金剛串，六字赤脚倖霜巔，不飽官家飡一嘯，倒沫狂瀾有典型，鄆雲濕月都方便，我與老僧織往來，袖抽雨偈披行卷，攜看橋上砌霞紋，黑鰲漬水深潭潑，石東衕子㪷欄杆，呼起眠龍醒欲聆，婘蛟有鱗影鬑鬑，瞥眼老翁如不見

壬午冬奉和　江門蔡老師遊白石山泉謁三顏公祠韻　鄒應錫

天孫一曲珠飛口倒落銀河天隕犀競巖生舞壁

玲瓏不翼之飛不脛走天地削成石琉璃兄弟一家牀玉鈕紅葉堆雲過錦車奇巒欲戀星沙守呼我拜麟鸞死身灑此清風一杯酒潛驅氣節幾千年鴻地搘天柱維久若是此山安李來佳泉怪石皆狙醜奈何騎電忽東南疊羽陰貍今晝吼一抹濃煙感慨深黃金橫帶人何有書生但識山泉白霜蔬夜薦天人壽

錄長沙蔡司理遊白石謁三顏公祠（時壬午冬同鄒爾圭）

馬立踯躅荒路口青是苔渓紅葉厚悲風數里穴松杉頹巖能傾虎豹走白石當巔如拳猊吳工新琢水晶鈕其下古廟塑三顏魯公之左常山守季也孝子亦鬚眉案有黃鷄村白酒我問此山廟何爲屢易纂尊神已久水有蛟龍陸有盜吾民賴公伏九醜當時老栢有二株大者自燒雷火吼嗟乎戎馬晴天時已辭臣身名何有當路不知何如人多謝老翁今爲壽

登靈隱山　鄒應錫

偶來靈隱山乃知山奇僻危石舞琅玕奔流飛劍戟頹巖窘遊人野鳥驚幽客登高若無窮下臨如有失攜我冷淡人分坐崚嶒石誰與負而趨市價今非夕

泛洪山張家湖　鄒應錫

白雲飛逐遊人心小艇衝瀾一帶襟蓮露穿珠花在鏡瀑流吞石響成琴頹巖影上舟如蹐吹浪光中天不沉莫羡東南履道里竹煙波月古皇京

讀書五嶽觀五年重來志感　鄒應錫

誦讀十年半此山人情閱盡試諸艱二三好友非容易一兩奇文不等閑天上寄愁埋地下仙源遺路記人間相逢若問而今事與看溪泉識舊顏

京邸憶湧蓮菴　謝胤璜

夢到經行處襟塵擁漸空石根和屋瘦泉乳帶花融春色如何度山嵐若個同閒廊香展靜特愧主人翁

元日出遊仙雲山　謝胤璜

忽霽逢元日新開隔去年同人于艸野秣馬稅桑田累豁慈王側心空刼相前平沙歸騎晚烽堞靜無煙

將之任西江留別上方寺　謝胤璜

尋幽幾度入希微二十年餘半衲依泉乳分來茶竈近山嵐落處雨花肥庭荒漸喜開生面石笑應知露活機師力佛恩何以報西江吸盡可言歸

孟冬將眺寓大沙洲有送瓶菊者幽香異彩冬亦如秋　謝胤璜

平時愛菊必載酒載酒延菊須高秋稔悉南州界炎土如何異卉更遲留爲躭冰雪含香待欲傍芝蘭耐意求旅館孤燈風雨後却疑重九是今遊

遊月益菴和馬僧摩師林可任先生留別四偈　謝胤璜

海天孤錫約西東慧刃横開滓野蓬一月一松成偃蓋老僧何處說圓融

自是身貧道未貧衣衹縷縷贈持人牛車羊鹿尋常是不費原初一點珍

裝世婆心匪面謾塗身不用白旃檀塵根淨處都無礙皓月寒潭取次看

貝葉蕭蕭秋水濱永嘉獅子吼如雷千山木落餘空響金篦誰撩眼底筋

戊戌春同齊安李西野遊大沙洲野集漫賦

其一　邑侯江一經

探勝三之日茲洲駐馬蹄水花浮寺屋雪浪點山蹊爆竹聲如貫屠蘇氣正齊村兒懽客飲雀躍絮寒畦

其二　江一經

出門笥放後折簡訂春遊酒榼投沙寺茶杯近水鷗眼因晴野拭坐爲古僧留絳帳人俱暇淸尊莫湧收

同邑侯江公式繩遊大沙洲　李光炳

出郭尋幽勝晴沙覩馬蹄年光新物候春色點寒溪平野隨洲闊輕雲帶閣齊君侯頻載酒笑語動芳畦

其二　李光炳

入春纔一日野服恣郊遊破俗喜看竹忘機願愜

鷗村煙隨意澹尊酒有情留晴疚淨如拭河山一望收

人日遊大沙洲　邑侯任遡昉

人日堂簽吏事稀郊馳雪盡碧芽肥鍾鳴竹塢臨江寺松蓋沙汀釣石磯剪綵偶瞭塵外目鏤金偏悟靜中機禪扉半日容吾懶且聽行歌緩緩歸

學宮龍頭古栢　余開熙

大成廓內千年栢鬱鬱喬枝柔皮白何人曾向此中植濃陰歲乜垂芳澤黃城埠下碧潭深風宵化作老龍吟彷彿凌雲吐煙霧瑞靄空霄敞喬霽幾度齋宮莘晃俅爲詢此栢幾千秋修柯搖曳半天外疑是巴東公後麻

大沙洲大士閣禮誦皇經　余開熙

淸梵微微鍾磬幽霜林落葉忽驚秋偕來二妙皆仙侶却對孤僧是古叟綠水澄涵浮竹栢彩雲縹緲繞旛旋東來紫氣西飛錫緇服黃冠不共流

其二　余開熙

誰卜禪關選勝遊國淸門外水西流煙橫極浦瀾

方闊霧結遙嵐山正幽翠竹交加迎午日黃花坐對送深秋潭經讀罷香雲裊尚有明衣躬自摳

郭西感隊　余開熙

雉堞崇墉舊蜿蜒可憐千竈冷寒煙當年偏數驪黃處細草蕭條落日邊

其二　余開熙

長橋郭外臥蒼波瑤圃河邊欸乃歌明月隨船人自樂獨勞健卒枕干戈

順治已亥科會試　揭榜之次日引見于

乾清宮門　張瓘光

旁求顲俊出　乾清屏氣趨將姓字呈敢擬諸公相見晚偏勞中使幾回迎春闈乍點朱衣暗曉陛俄瞻　翠輦榮五色慚無徵太史　天高俯聽也疏名

謝　恩日　上特御太和殿受朝　賜坐

賜茶

輦道旌旗特典光臨　朝敕賜下儀郎彈冠拜表宸心寫曳履賡歌國士颺是日百官入賀樹擁烏林全欲

借盤擎赤玉滿相將　恩深只覺　恩無數浩蕩春暉敢較量

謁大沙洲大士像　李采

偶對眞容發靜思直觀此像未成時神奇入冶工何力慈慧依人道所爲一水自流空色相羣峰不動見威儀大千到處三摩地海闊山高總若斯

大沙洲和聞城任老師　鄧宗遠

雪霽雲天日影稀尋芳爭踏野田肥恒沙碧水環修竹彼岸慈航隱釣磯老衲敲鍾頻禮贊宰官得句便迎機浮生舊有逢僧樂收盡河山一望歸

赤壁懷古　侯于周

霜天落日大江流峭壁凭臨萬里秋白浪驚翻橫槊恨淡煙空鎖臥龍謀烏林雲樹遙飛雁六口汀蘆隱釣舟何事子瞻頻載酒祇將赤鼻擬黃州

大沙洲閣次仲父銓部韻　余殷楚

相將攜手共郊遊遙睇風漣蕩漾流漁父移舟沙浦遠村童驅犢鐵山悠行穿綠竹方愁暮却對黃花始識秋開士文人同散步閣中羽服又頻摳

黃葛峯　余宣楚

高峰崒嵂插天浮載酒新登風日秋百折長河沙渚闊千層複嶺石林幽楚江浩浩淸如練鄂浦縈縈偪似覷薄暮倦歸尋小憩衡山滄海意中收

荆泉洞　余宣楚

幽亙巖中路苔封古砌妍重門通奥窔石隙逗青天岐宮萬响寂一嘯起龍眠懸壁蒼籀字雕鐫不計年

煙鎖溪百巖八景　湖北道　婁鎮遠

畫裏屏開畫裏天滿山霞霧起蒼煙漁翁把釣時常見幾個歸來問大千

摩月峰

摩月峯頭光爍爍近來消息更如何只因錯認桃源路滿樹蒼煙鎖碧蘿

問天臺

登高何處問平生大道難欺欲自明夕照羣山江水碧白雲笑倒却無聲

錦屏石

景色紛紛趣怪哉遊人不盡醉徘徊屏開大展寒

溪月敎我如何着意回

雷雲坪

去來不定最高遊到此坪空影不流浩氣滿腔山水裏江天輦固帝王州

睡仙洞

問君長睡夢如何嘿嘿無言笑面呵大地黃粱今又熟看來到處影婆娑

瀑布千尋

雲飛渚浪望空濤倒捲寒梅月滿林萬壑松風吹絕壁畫圖賦盡鏡亭心

雙乳泉

幾個老僧枕石眠山藏日月化爲泉流來盡是雲霞色今古相傳不記年

百巖山居　釋弘濟

白石以前住清泉之右居呼雲環竹榻引水遶茆廬古澗流新月小窗吞太虛應知藪澤樂盡是更無餘

四尋詩有序　黃中通

四尋者尋仙人洞也冠洞而寓日飽泉聲霧雨叠訇欣嘆而已一日辛巳晚霽攜徐胥建餘兒邁遜尋之望暮止越日復往邁遜在中雨止淹二日乙酉銳意不至源不休捫蘿下路迷不指目成思成及泉吼處天聽冥四山鳥啼如有神物躍人者遜時甫十齡心怖欲返予亦隨之適五日是爲丙戌先尋洞口澹齋僧僧導往圓石歷歷

蹲洞口水周之躡石涉波倚蓊柄量深淺
立洞如喉輔頰俱全橋橫舌之塹而嘆嘆
曰眞仙人洞也乃作四尋詩

敗陽侵陳霧霽心思所投山靈無苛藏俗速失酢
酬制情而舍旃中懷抱巳悠

其二

靈泉易者雨日嘗別道行用盡凡聖心罔克變從
晴添響荅知巳中宵且試聲

其三

水石聚相鬭如鬧神鬼怒異哉天地心復欲配以
雨僻仰彈爲泉牘士莫能主

其四

仙術問何如結石梁其門攀龍遂擾之出入翔避
藩來者無可領淡水自潺湲

九月五日靈應山即事

茲期何事廢前盟別有幽懷不在名雲物三朝如
幾變登高萬古却同情遠形取次來端倪近勢依
規失縱橫半晌眼光周太始後佘誰肯誌斯行

弔李孚先　龔逢烈

致主非一途莫護頂與趾酸風萬里橋有關張慕武接
雙流李極彼宇祇力比馭奚足比無謂中道捐浩
氣在青史賊氛迷陣雲公等諸傑豕爾時弘範儔
公賤諸臺婢頭顱勿復道何物不敝屣遑問濟不
濟盡心焉爾矣以斯感僕夫痛若喪考妣周旋唇
遺骸端的義男子兒聞心膽裂問僧哭蒿里重趼
上青天承號水如砥扶骨藏故丘白石長如此一
怒公千年雖死何曾死

大沙洲觀音閣　王應斗

大士靈光出西蜀寶像白毫輝丈六崴眉瑞雪灑
空寒錦水祥波曳春綠萼川慈人現宰官閭丘老
守逢豐干搥碎黃堂鑄金粟飄飄法座離雲端蒲人馬湖守鑄像歸巫峽瞿塘幾千里神通一息吹風起蒲江
忽帶海南潮沙皋細度落伽水只今高閣鎖溪瀾
常有眞流臥懶殘朝粒猶分飢鼠冷宵音不遣木
魚乾我來頂禮增歡羨恍惚牟珠相隱現暫借禪
房一夜棲夢中香惹蓮花片

過青山閣 司徒魏肖生別業　王應斗

歷盡昆明劫火還，閣聲猶未改青山。平泉子弟多賢肖，不在區區木石間。

大沙洲觀音閣候余嵩山吏部　胡　珪

聽經初罷恣嬉遊，旙裊諸天寶蓋流。千頃碧波林外靜，四圍青嶂望中悠。澳人網曝沙汀日，村婦砧敲野墅秋。淸磬一聲梵唄動，玉皇香案吏忪摳。

重陽後一日同徐蘭谷候余嵩山大沙洲閣和胡䕫巖韻　馬淑昌

幾年未暇恣郊遊，今日重來俯碧流。蓴水練光看渺渺，楓潭翠色望悠悠。奐依釣艇波間靜，鳥送客帆天外秋。指點疎林尋小徑，禪那野服又頻摳。

前題　徐淑嘉

閣外林塘覽勝遊，晴嵐遠靄碧波流。澄潭網集澳舟亂，野岸僧閒雲水悠。節過重陽誰送酒，人偕靜侶莫悲秋。歸歟城郭終何事，且向三清學拜摳。

補田鼓歌 甲辰客南嘉作　張奇勳

午倦坐樹間，聽田鼓有聲無詞，詞亦不句，率占補之。

酒罷且無喧，聽吾鼓所言。廣陌連阡氣若吞，逢年莫負主人恩。主人百畝雖千畝，穀賤于糠債滿門。夏稅催科炙如火，但撥囊中猶復可。大族高軒無宿錢，指抗指逋須作禍。兩年征夫又征草，斗絕千山爭鳥道。事平歸枕積尸傍，餘生幸免安枯槁。（時西山初平）邇聞大赦日邊來，爲念坤維迭告災。傳說現徵難議免，山叟扶筇拉淚回。又聞部牒須淸丈，

官役神膚俱露爽。大地何曾尺寸藏，伸手縮手便魍魎。最是可憐中下產，正賦雜徭復何限。妻兒終歲苦茹茶，贏得滿塲只過眼。初春老農小先穡，還喜元日風東北。金粟由來互死生，豐年免使流他域。歌闋我鼓不成聲，敲動峯高并水淸。田祖有神宜諦聽，一家一路總無情。

新溪四韻

萬峰曉翠　張奇勳

一隊青巒裏，煙嵐曉吐芽。汪洋花萬頃，爛熳樹參

差曾雨澆新黛初雲試綺紗誰家峰頂住天際有仙槎

鳴水春濤

安流無觸處萬壑不成聲夜靜雷初碾舟橫天際生衣砧移舊岍湙火動危檠併借煙花色攜茗就一烹

馬蹄湙火

浮家天上坐棹發逐霜蹄岍荻搖圖影江花點若帷何曾明滅定秪見往還遲萬頃同鷗諳風塵未

足追

古臺村雪　古刹廢址

雪入古臺時四山寂無語曇花没舊痕寒水依淸渚煙冱市門閑風嚴村氣團當年句下人泠泠立何所

增築　大成殿前龍頭栢　張璟光

頭角崢嶸挺蒼龍矯矯騰空紫氣鍾百尺全無枝葉相槎枿森梢鎮辟靡平鱗鏇甲驚鬼斧吹雲嘘霧度神蹤藤蘿蛟指與蚪護繩繩弗替參天路姑蘇麋鹿晉銅駞不堪搖落歷風雨瑰姿托地獨靈長梗楠杞梓心焉數根株盤結輩泰山世代從新道從故儼欲玉檢奉圖書豈但赤水三珠樹杏檀今喜荷棟梁星槁奎樹煥重光元黃窗冏青螭皿添耀增華照崑崗君不見赤眉斂手痕猶在貞甤寔是神靈載土碧衣紺極栽培億萬斯年舒芭采

登桃花第二峰　謝彌昂

載酒看山興自濃乾坤入眼快朝宗雲煙帳幄馳千里培塿旌旗列萬重祈禱有神通帝闕山頂有嵬石禱

雨輒應封禪無牘表巖松會須重訂登臨約直上桃花第一峰

揖仙峯　雪峯十二景之二　胡珪

犀川南去尋勾漏相引羣仙過此山俯首奇峰真若揖丹砂覓得幾回還

掛冠基　胡珪

御史當年早掛冠名山栖息志盤桓荒基蕪没雲煙裏爲想淸標石徑寒

萬年菴橋　丘今芳

緗宇平開擁象王雙涵氷玉水生光虎溪清繞達官道鯨背高臨選佛場憶昔拈來蘆是筏只今鞭得石爲梁駐聽鍾磬晴烟外幾度聲聲送夕陽

蓮花洞　王圻

巉峭古洞中刄出秋江玉花開不計年雲氣光如旭瓣瓣如可摘愛之不忍觸昨夜月明時蓮子滿山谷

石人泉　王象晟

石人特立南崖麓膝繞清泉十斛澄光一派四山圍繞繞其中萬古獨蒼藤倒披肘半垂朝聽黃鸝暮麋鹿忽將片語爲公視如許帚藏七尺軀好携清泉出荒谷

白石廟　賀中楝

四野風烟滿鬢眉北地揮孤忠石片片雙節栢依依落日通幽照寒泉帶怒飛藻蘋今共古苔蘚坐生威

宣公堤　周長民

綠陰一帶長詰屈護溪光飛泒千家濕鷺濤衆毋忪功名光前代山水壽孤芳遥見村烟外稻花處處香

溫泉　王埍

萬斛名泉沸似湯波搖山影共蒼蒼崖懸怪石蒸騰氣岸老疎桐映碧光太液月澄尋古字丹爐雲繞憶仙郎溯洄若有伊人在紅樹花開鷺半忪

溫泉　王墀

朝來烟霧鎖林巒一鑑靈泉靜碧湍非有奇書藏

洞麓聊將高興寄纓冠崇崖深處雲千頃寶鼎圓時玉幾盤肯與懷春抒素志氣蒸夢澤等閒看

新溪古社　丘僧乾

人文百室接薪傳好友徘徊勝蹟研橋左尚堪環駟馬澤濱猶自集三鱣久湮舊址存今古誰振遺風譜管絃遊玩惟祈重卜築莫教茂艸每芊芊

雲蓋山　葛定一

山中幟列誰爲蓋座裏風生自有雲獨石垂來新[illegible]淪教化雨徧氤氳

荆楚文库

〔乾隆〕重修蒲圻縣志

〔清〕王雲翔 修
〔清〕李曰瑚 纂

前言

《〔乾隆〕重修蒲圻縣志》十五卷，清王雲翔修，清李曰瑚纂，清乾隆三年（一七三八）刻本。

王雲翔，字耐奄，江西新淦人，清雍正十一年（一七三三）進士，官蒲圻知縣。李曰瑚，字介眉，邑人，舉人，官鄖陽教諭。

邑志明有四修，今皆不存。清康熙十二年（一六七三）邑令張圻隆續修縣志，又六十餘年雲翔涖任。乾隆三年（一七三八），雲翔已在任三年，他以其所見驗之舊志，察知邑中民俗更改，賦役、學校等歷興廢遞易，志中所載間有謬誤不合。又因年久，邑之山川有所更移，災祥、人物等多有新增，種種缺略待記。是時其友黄垣、李作相來蒲，雲翔遂與二人偕邑中君子，搜羅採擇，因舊補新，於是年九月開館修志，同年十二月書成付梓。

是志以康熙張志爲藍本，設十五綱：建邦、山川、田賦、學校、秩官、師儒、科貢、辟舉、誥敕、宦蹟、人物、崇祀、風俗、紀異、藝文，凡八十三目。卷一設圖、姓氏、凡例等，每卷各有序論。是志凡例格式與前志相同，内容多以之爲基礎，是以其體例與前志基本一致，各綱所領子目大體依前志而設。稍作改動者如前志『學校志』之目『祭器』，其目是志刪去，相關内容移入『崇祀志』。改動較大者，如前志『風俗志』有『好義』『明倫』『定分』『敦誼』『好奢』『嚚訟』『騰謗』『怙終』八目，是志以風俗應彰善癉惡，樹之風聲，於其綱下改立『敦倫』『好義』『勤業』『崇儉』『健訟』『好鬼』『女耕』『風水』八目。『崇祀』一志，前志僅『名宦』『鄉賢』二目，是志增以『先農壇』『祭品』『儀注』『文廟』『武廟』『樂器』等十三目。其目繁多，且各類子目後重複設『儀注』，使人觀之易起疑慮，略顯雜冗。

是志『藝文志』收舊志序，有明廖道南、張增志等著序文數篇，可依之略見明時修志始末。

據《中國地方志聯合目録》，國家圖書館、故宫博物院、台北『故宫博物院』有藏該志。本次影印以國家圖書館藏清乾隆三年（一七三八）刻本爲底本。該藏本缺『卷十五·記』之第七、八葉，第百十九葉，『卷十五·詩』之第二十葉，其『藝文志』缺『雜志』一目。（彭筱漱）

目録

蒲圻縣誌序……二五五
邑誌序……二五八
邑誌序……二六〇
新修蒲圻縣志目録……二六一
卷之一
縣治圖……二六四
縣境圖……二六六
縣署圖……二六八
學宫圖……二七〇
雙橋圖……二七二
龍門書院圖……二七三
重修蒲圻縣志姓氏……二七五
新修蒲圻縣志凡例……二七六
建邦志
建邦誌序……二七九
沿革……二七九
星野……二八〇
封域……二八一
署宇……二八二
城郭……二八五
里社……二八五
坊樹……二八六
壇祠……二八七
鄉鎮……二八八
卷之二　山川志
山川志序……二八九
山……二九〇
水……二九二
橋梁……二九三
長堤……二九四
物産……二九六
寺……二九七

菴……二九九
觀……三〇一
廟……三〇一
古蹟……三〇二

卷之三　田賦志

田賦志序……三〇三
户口……三〇四
徭役……三一四
驛傳……三一六
𥙷課……三一七
學田……三一八
官地……三一九
班匠……三一九
田賦總考……三二〇

卷之四　學校志

學校志序……三二三
學宫……三二四
書院……三二五
射圃……三二六
鄉塾……三二六
藏書……三二六

卷之五　秩官志

秩官志序……三二七
歷朝秩官年表……三二八

卷之六　師儒志

師儒志序……三三五
歷朝教職年表……三三五

卷之七　科貢志

科貢志序……三三八
歷朝科貢年表……三三九
武科附……三五二

卷之八　辟舉志
辟舉志序……三五三
明……三五四
國朝……三五四
卷之九　誥敕志
誥敕誌序……三五五
明誥敕表　襲蔭附……三五六
國朝誥敕表　襲蔭附……三五八
卷之十　宦蹟志
宦蹟誌序……三五九
秩官列傳……三六〇
攝篆……三七一
丞尉……三七二
補遺……三七四
師儒列傳……三七四
卷之十一　人物志
人物志序……三七八
理學列傳……三七九
經濟列傳……三八三
忠烈列傳……三九三
補遺……四〇〇
才猷列傳……四〇一
補遺……四二一
文章列傳……四二三
補遺……四三一
武功列傳……四三三
補遺……四三五
端方列傳……四三六
補遺……四四二
行誼列傳……四四三
行誼附……四五六

補遺……四五六
學品列傳……四五七
隱逸列傳……四六二
補遺……四六三
貞淑列傳……四六四
補遺……四七八
仙釋列傳……四七八

卷之十二　崇祀志

崇祀志序……四八〇
祭先農耕耤田……四八一
祭文廟……四八二
祭武廟……四八八
祭社稷壇……四八九
祭風雲雷雨山川城隍之神壇……四九〇
歷朝崇祀表……四九〇
名宦……四九〇
鄉賢……四九一

卷之十三　風俗志

風俗誌序……四九二
敦倫……四九三
好義……四九三
勤業……四九三
崇俭……四九四
健訟……四九四
好鬼……四九四
女耕……四九四
風水……四九四

卷之十四　紀異志

紀異志序……四九五
祥眚……四九六

卷之十五　藝文志

藝文誌序……五〇〇

序部……五〇一
雜著部……五二四
記部……五四〇
賦部……六〇一
詩部……六一二

蒲圻縣誌序

蒲邑之有舊誌也自黄君坊中間凡五增修至禹服張君總成後于今六十餘年矣民俗之更改田賦徵徭學校廢

興之遞易以余所見驗之舊誌間有謬訛不合又若歷年既久陵谷遷移災祥不備與夫文物聲名自不磨之性代有其人種種闕畧勢不可

無以續之也余嘗考前代國史之修而凛凛於邑乘矣其間紀時事明善敗無非歸責於操治之人然後筆而書之以示法戒於天下古者太史

採風問俗國之治亂驗於民間歌謠後世編年紀月因經以定史上自周秦下迄宋元各以時代修明列之簡冊後人披讀之餘國俗醇以美則

民是乃其上之德足以感才是以勝者也至國俗嚚以漓則反是余蒞蒲三載覩茲邑乘靡墜既久後之人無所考鏡余滋懼焉適友人黃潔峰李醒園來蒲乃與之偕邑中二三君子捜羅採擇舊者因新者補數閱月而蒲誌告成余反覆縱觀山川煥發瑞應昭布賦役平衡之準於今者

學校代興之振於後者皆載核無遺若其忠孝至性閨門貞烈名儒理學之修數十載精神傳於筆墨使流風餘蹟親炙一堂憑弔唏嘘輒考之前誌按之後乘何古今人性善皆同入於人心也夫風俗之成可以觀政國家休養生息農桑禮樂興行與仁六十餘年誌典具在也其涵育漸

摩悅安强教豈不有賴於其
人與翔於蒲涖政因革無所
奏效未知於風俗何如他時
邑誌之續採之國史予奪彰
癉之微法戒有不可假者余
用自懼更以戒吾蒲士民也

旹
大清乾隆三年歲在戊午菊月
望日
賜進士出身文林郎知蒲圻縣
事金川王雲翔敬序

邑誌序

邑何以有誌也曰所以彰法戒垂勸懲也其以時修之者何居曰山川疆域間有變遷土俗民風迭爲移易而有司之因革損益亦各隨其時焉修之者欲後之人披其志考其得失瞭如指掌所謂

前事不忘後事之師也邑誌之纂修所係豈微哉顧爲之宰者日勞勞于簿書錢穀讞鞫文牒之間方且維日不遑又何暇旁搜博採以從事於筆墨之役則以端風化之微權而視爲無足重輕者固所在皆然也吾蒲邑 王矦籍隸江

右以名進士來宰是邦甫下車興利除弊凡有便於民者皆次第舉行又以邑誌自張矦修葺後中隔數十年恐世遠代更文獻無徵無以示法戒勸懲爰發凡起例舉山川疆域之沿革賦役差徭之重輕土俗民風之純雜人物古蹟之

存祛古今文藝之刪錄與夫忠臣孝子義夫節婦賢令循良無不徵信闕疑炳炳烜烜一披閱間其有關于蒲邑之風化者甚大 王矦不居然政事文學之兼長哉抑余尤爲吾蒲望焉蒲自赤烏肇邑以來山川秀而土田滋農安畊鑿

士習詩書如邑乘所載身係綱常者若而人殫精理學者若而人留心經濟則有某某工於文學則有某某下至義民貞婦代興不乏過郢渚而溯蓴川益彬彬乎文章節義之鄉也繼自今蒲人士其益爭自濯磨以力追前此之盛爲邑誌光昭庶無負我　矦彰勸懲垂法戒之心也歟余以菲材備員秦隴曾與　矦先後出大司農楊夫子之門悉　矦之才守有素鄉人有來蒲者又極稱道　矦之仁心善政嘖嘖不去諸口余更躍然不啻親睹其措施也故於敘邑誌而

及之益頌我　矦益因以自媿矣

旹

乾隆四年歲在己未季夏月　吉旦

賜進士出身奉直大夫陝西榆林府葭州知州治門年家眷弟程材傳拜譔

邑誌序

蒲舊有誌其間續修纂輯者屢矣
自 邑侯張 天曹余復加補修
迄今六十餘年因革興除盛衰損
益不知幾經變遷倘聽其沉淪散
軼將文獻無徵亦且美弗彰而盛
弗傳是有心世道者之憂也

豫章王侯以博學長才出宰斯土甫
下車詢民疾苦興利革獘士女謳
吟聲徹全楚仰體
聖天子作人之化以興起斯文爲己任
創龍門書院合諸生養育其中又
念邑誌未修無以考鏡一邑之得
失爰搜前誌并採近聞趣例發凡
手自裁定不六月而就今年夏季
父美虔來爲予述其事予不勝喜
且爲之藹蓋爲吾邑喜前蹟之藉
以不泯而尤藹我 侯之心志才

力過出人表也今夫邑誌之垂非
徒以備舊聞資耳目也民俗之美
惡見焉政令之得失係焉山川如
故也而風氣每隨上人爲轉移城
郭依然也而興衰每在長吏之補
救故披其誌而風俗變衰之關郎

可以知爲宰者之善否於以觸目
而礱心使後之人以端風化以飭
簠簋其所維繫葢匪尠矣　王侯
不誠有心世道者哉敢不揣謭陋
質言而爲之序
昔

乾隆戊午歲桂月　穀旦奉政大
夫直隸河間府督河分府加
九級紀錄一次治年家眷弟
徐而發頓首拜撰

新修蒲圻縣志目録

卷之一　每卷各有序論
縣境圖　縣署圖　學宮圖　雙橋圖
龍門書院圖　姓氏　凡例
建邦志
沿革　星野　封域　署宇　城郭
里社　坊樹　壇祠　鄉鎮
卷之二
山川志

山　水　橋梁　長堤　物産
寺　菴　觀　廟　古蹟
卷之三
田賦志
戸口　田額　徭役　驛傳　雜課
官地　班匠　總考
卷之四
學校志
學宮　書院　射圃　鄉塾　學田 [illegible]

藏書

卷之五
秩官志
年表
卷之六
師儒志
年表
卷之七
科貢志 例貢附 武科補
年表
卷之八
辟舉志
年表
卷之九
譜牒志
年表
卷之十
宦蹟志

秩官列傳 鎮牧令 長丞尉 師儒列傳
卷之十一
人物志
理學 經濟 忠烈 才猷
文章 武功 端方 行誼
學品 隱逸 貞淑 仙釋
卷之十二
崇祀志
先農壇 祭品 儀注
文廟 祭品 儀注 樂章
樂器 舞譜 舞器
武廟 祭器 儀注
名宦 鄉賢
卷之十三
風俗志
敦倫 好義 勤業 崇儉
健訟 好鬼 女耕 風水
卷之十四

紀異志

祥瑞 災祲

卷之十五

藝文志

舊序 雜著 雜志

記 賦 詩

縣治
蒲圻縣志
天妃祠
欽使行問
浮橋
清涼菴
龍翔山
拱極門
北
褒封三代
關帝廟
杜史
湯家角
先農壇
總舖
兄弟進士
前街
司馬
忠烈祠
蕭堆
龍門書院
父子侍郎
東洲
東
龍門
豐財山

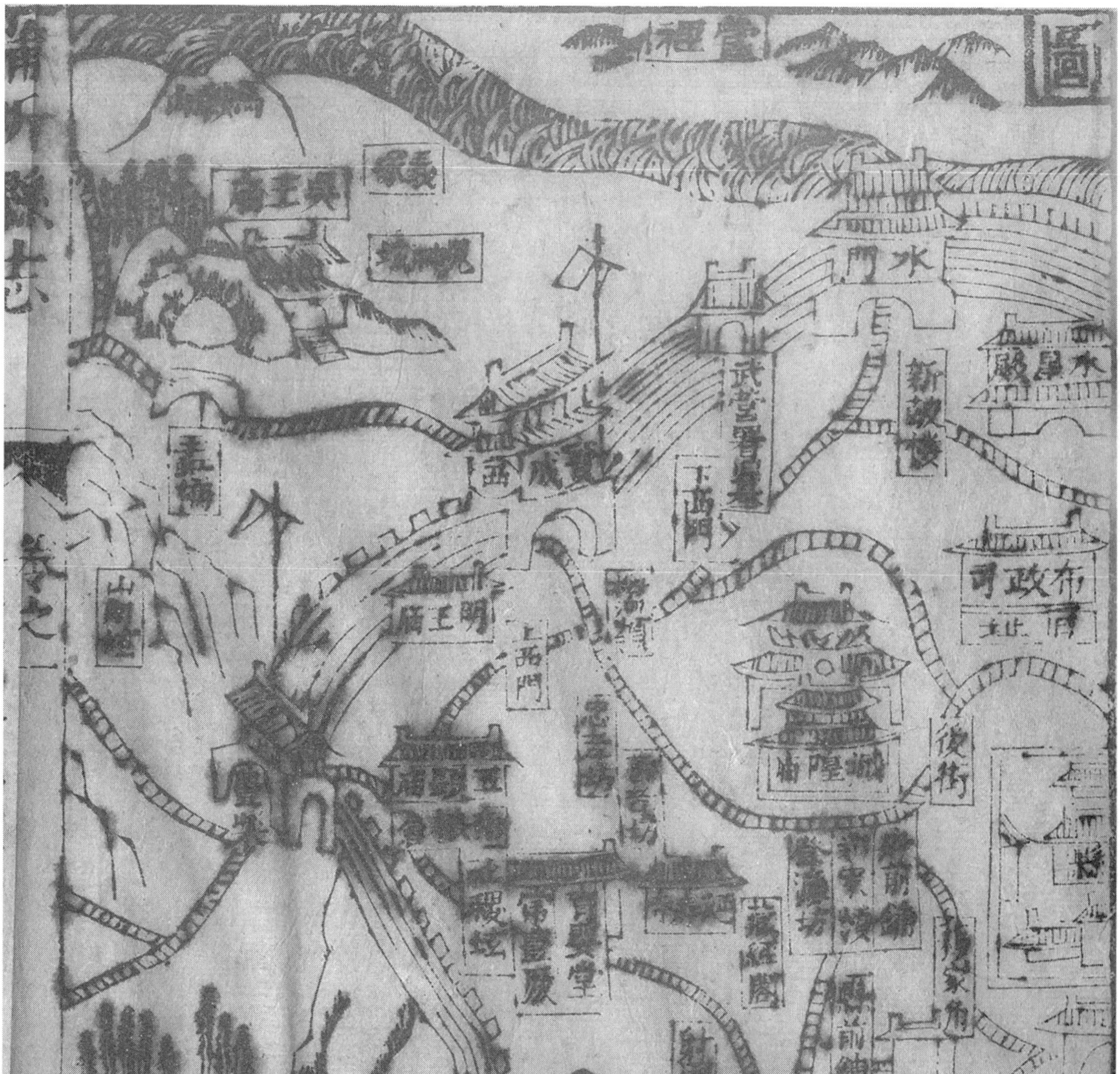
興王廟
水門
布政司
下西門
上西門
明王廟
城隍廟
後街
沙洲

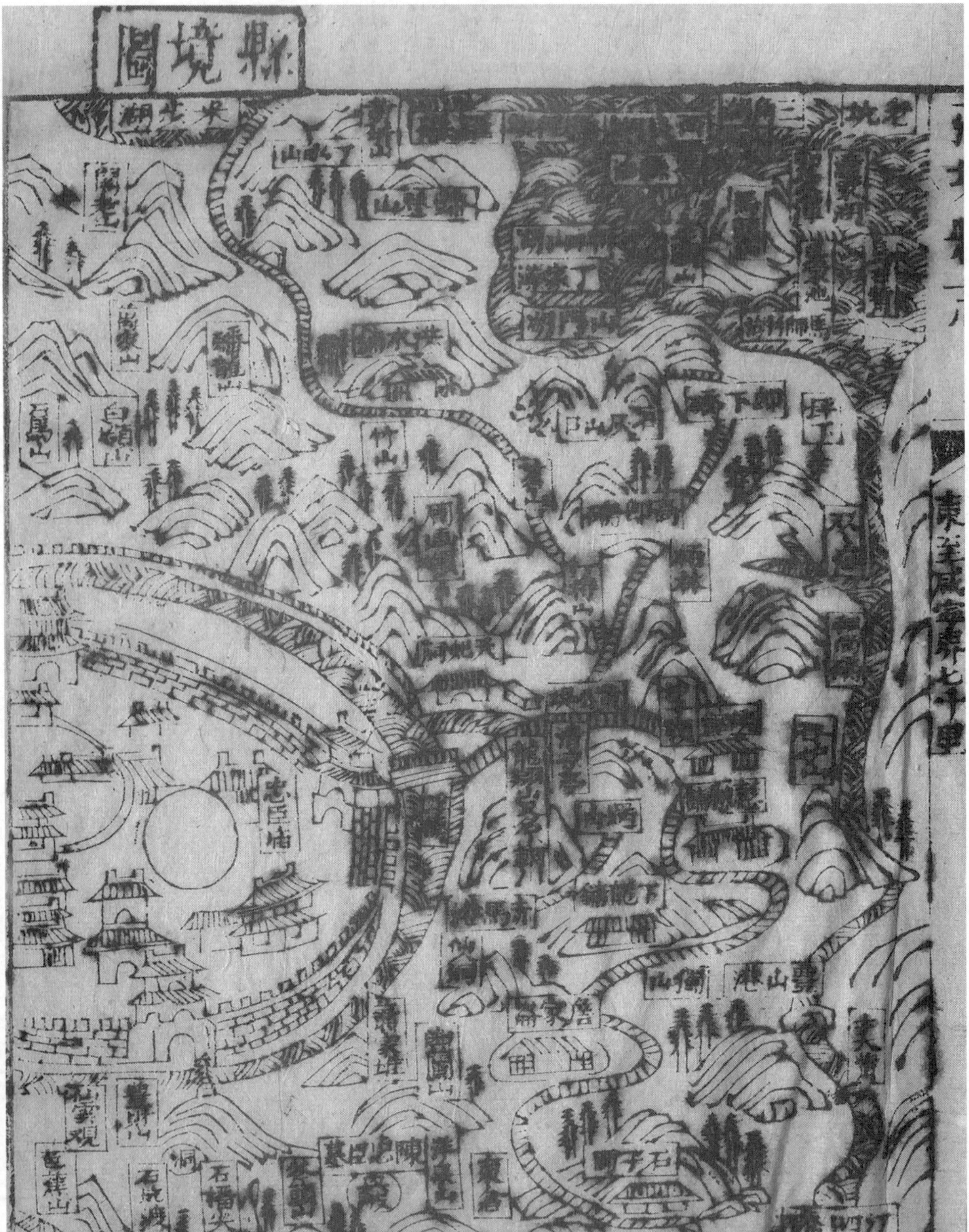
縣境圖
東至咸寧縣七十里

北至嘉魚界四十里
六溪口
界石
真湖
錦湖
柳山湖
清江口
滄湖
松柏湖
梅湖
活湖
龍坑
便民倉
黄土
觀山
栗柴港
大岩山
黄龍嶺
馬鞍山
横岡
官田
港口驛
萬年庵
準提閣
蓮花洞
新店
嘉鳳橋
港口舖
來山舖
石家畈
白鹿山
和尚嶺
鳳凰寺
延壽寺藏經閣
五洪舖
白石舖
普濟院
观音閣
演武場
鳳山驛址
黄沙洞
黄沙寺
黄沙塘
五岳观
東岳寺
大石磯
楊坪
金獅山
關王廟
桃花舖
四十里

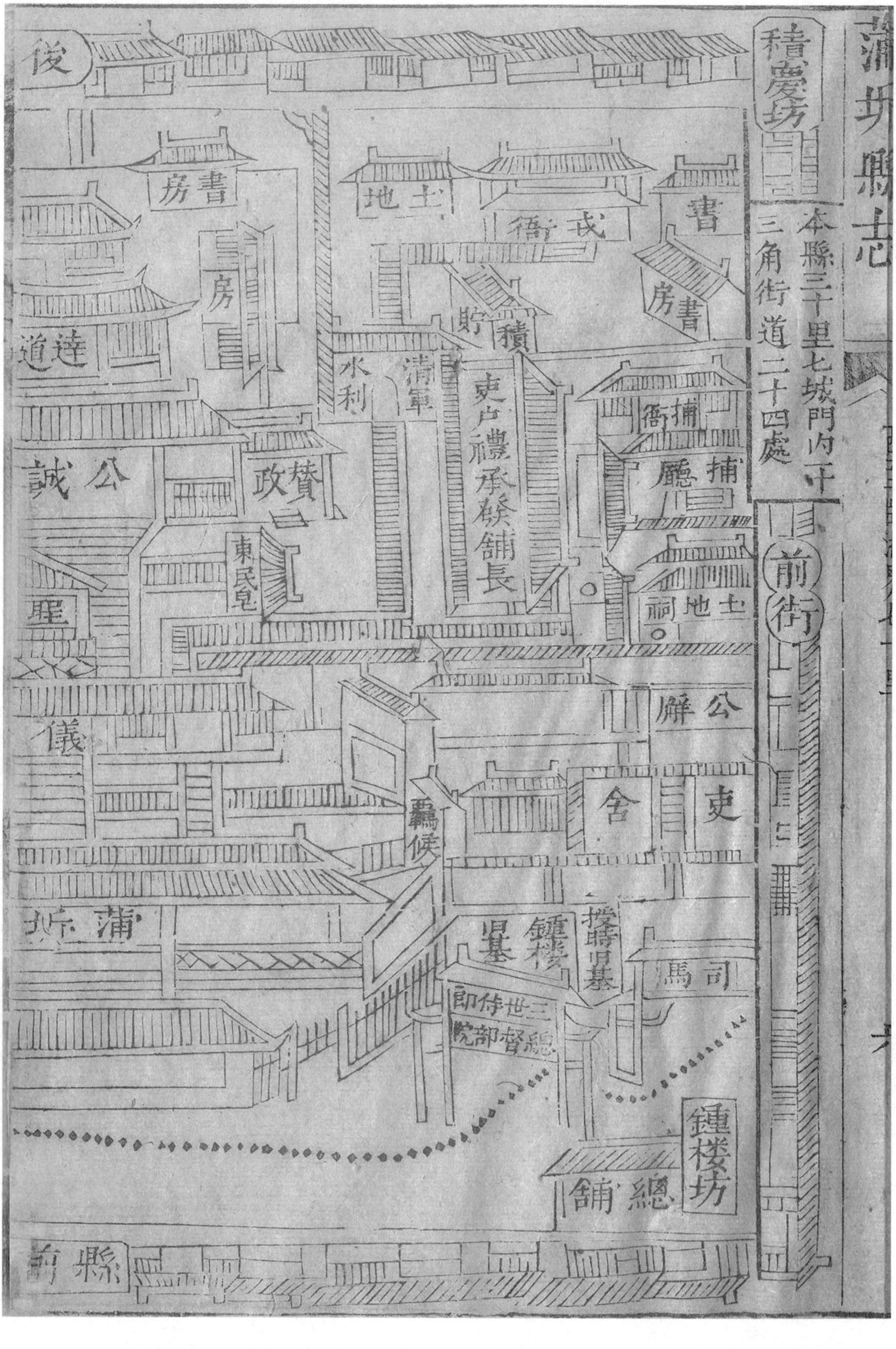
蒲圻縣志
後
積慶坊
書房
土地
戎衙
書房
達道
房
積貯
水利
清軍
吏户禮承發舖長
捕衙
捕廳
本縣三十里七城門内
三角街道二十四處
公誠
贊政
聖
土地祠
前街
公廨
儀
吏舍
蒲圻
鐘樓基
司馬
三世侍郎
總督部院
鐘樓坊
總舖
縣前

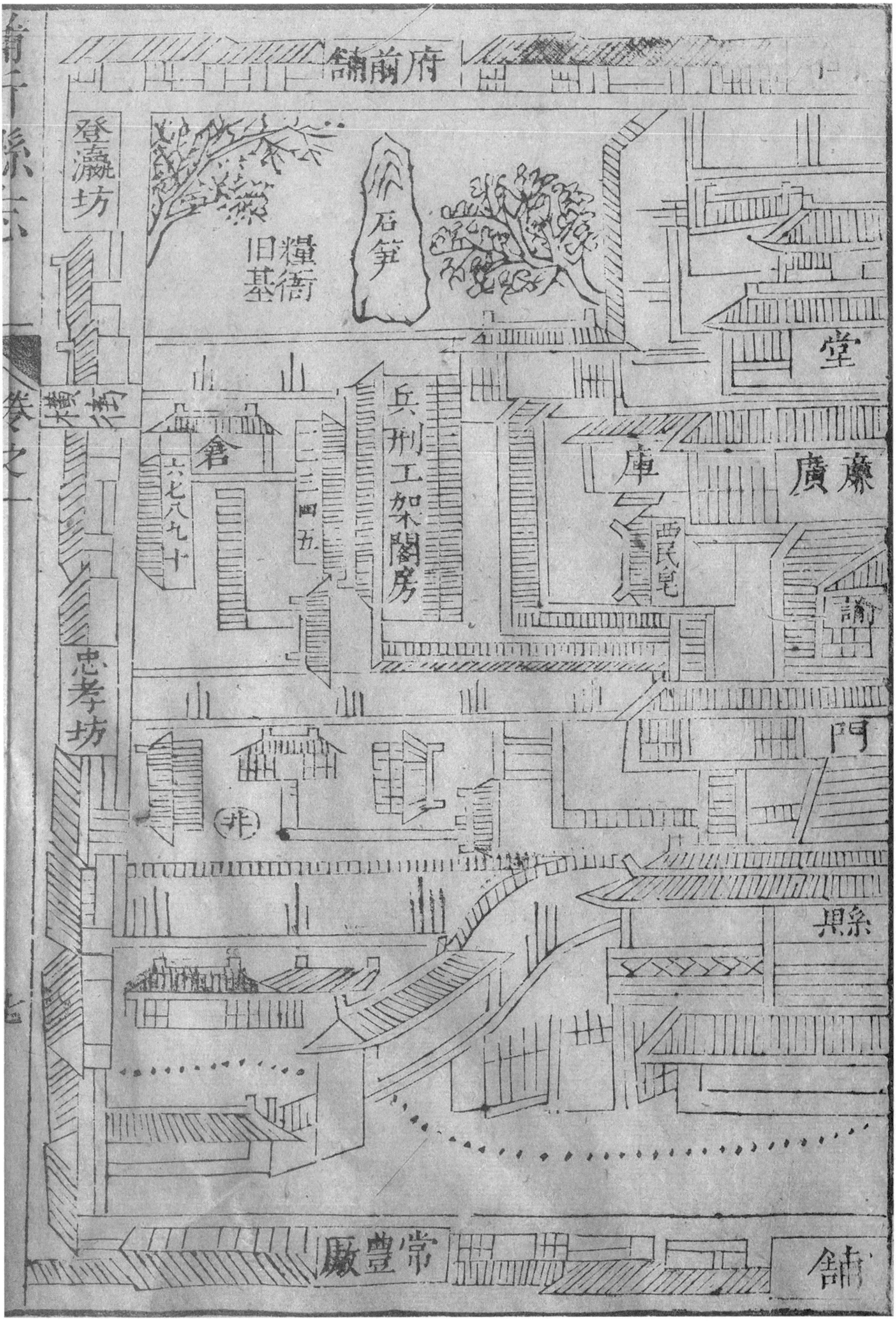
府前舖
登瀛坊
糧衙
旧基
石笋
堂
兵刑工架閣房
倉
六七八九十
三四五
庫
西民皂
廣廉
門
忠孝坊
縣
常豐廠
舖

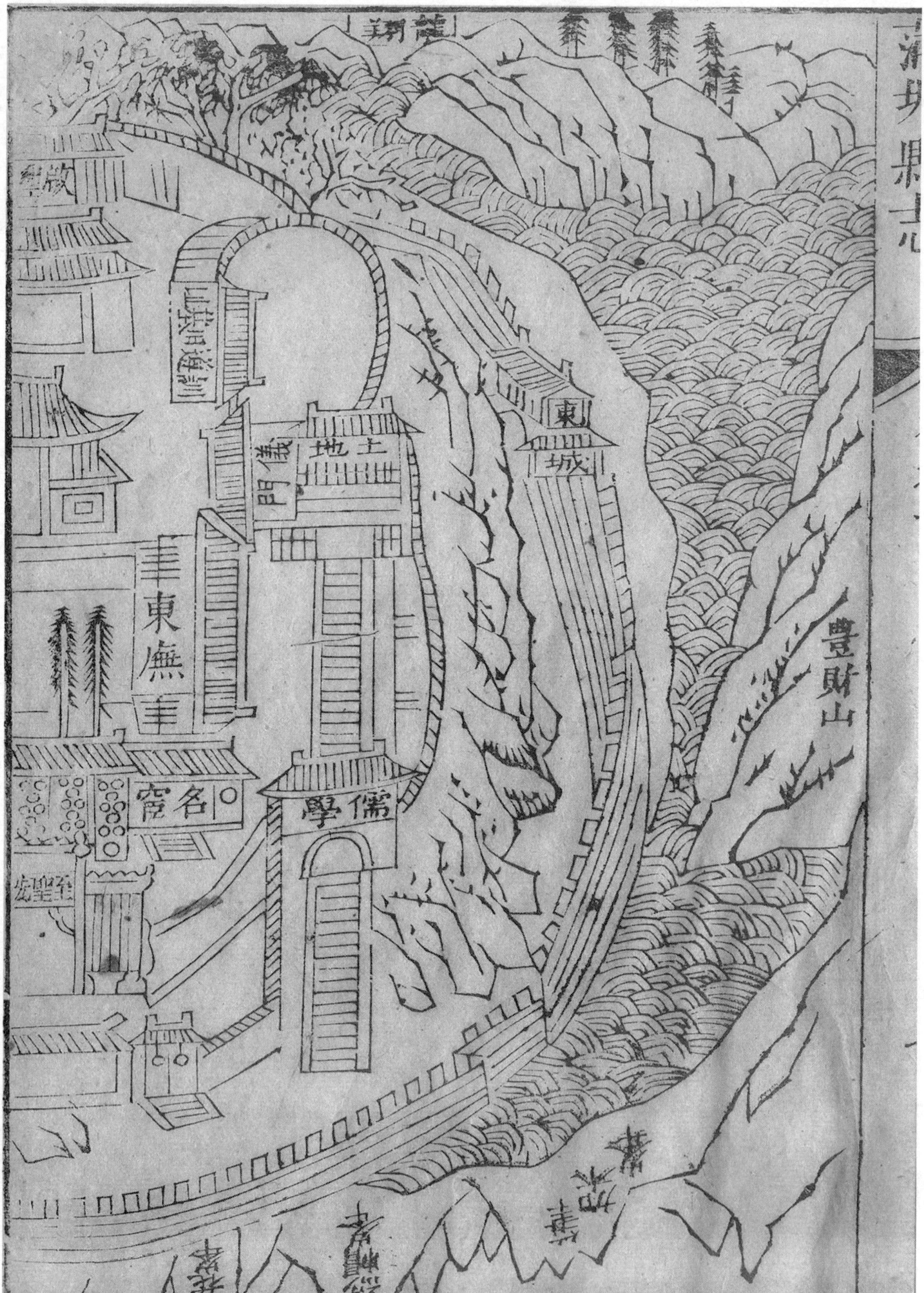
土地
東城
東廡
名宦
儒學
豐財山

鳳凰山
教諭
西廡
名宦鄉賢舊基
鄉賢
師門

雙橋閣
蓮花洞
楠檀佛
萬年庵
瑞鸞橋
嘉鳳橋

龍門書院圖

重修蒲圻縣志姓氏

總裁

湖廣武昌府知府吳　毅號朔占浙江湖州烏程人辛丑進士

湖廣武昌府同知唐　琳號玉林浙江杭州仁和人舉人

湖廣武昌府通判厉惟德號瀛庵順天宛平縣人

鑒定

蒲圻縣知縣王雲翔號耐菴江西新淦人癸丑進士

候選知縣黃　垣號濮墅江西清江人丙辰進士

候選儒學教諭李作相號醒園江西新淦人拔貢

陝西葭州知州邑人程材傳號霍亭甲辰進士

參閱

蒲圻縣丞于　慶號晉公直隸安州人歲貢

蒲圻縣儒學教諭鄧受祉號[illegible]黃岡縣人癸巳貢士

蒲圻縣儒學訓導高時健號[illegible]天門縣人[illegible]貢

監　橩　典　史金在聞號[illegible]順天籍浙江人

編修

邑人知縣改授鄖縣教諭李曰瑚號介眉癸巳貢士

知縣改授竹谿縣教諭萬大中號時安癸卯貢士

候選知縣李　伍號蘇林甲午貢士

張　濤號海來丁酉貢士

魏之仁號陽元己酉貢士

熊之岐號鳳周壬子貢士

張開楙號匀代戊午貢士

候選教諭梅　仔號右子癸巳副貢

候選州同李　標號表南乙卯拔貢

生　員魏　播字左亦

王　霖字元白

李光貴字秋白

馬　暹字勉存

舒國梅字雪岑

盧　蒲字在兹

周日新字廷彥

沈　均字[redacted]

張開東字賓陽

王曾元字紹參

新修蒲圻縣志

凡例

一明以前志無攷自宣德三年邑令林紳偕邑人黃煜始草創成書顧畧而未詳成化十三年邑令葛鳳儀邑人游志又續增之迨嘉靖十二年重修者爲邑令吳本固邑紳廖道南崇禎四年重修者爲邑令林增志邑子矜黃圖南等凡四經纂修而其文其義始全至我

朝定鼎百度維新文獻大備於是康熙辛酉邑令禹服張君復加增葺歷今又幾六十年矣其間因革不一詳畧亦殊是不可無以重葺之也爰商之邑人士廣集舊聞博徵典故取前志而校定之落其蕪穢登厥菁英始戊午夏迄己未春閱十月而告竣非敢謂大雅之無懟亦庶幾考稽之有據云爾

一漢置沙羨縣吳赤烏年以邑西圻湖產蒲佳改今名邑之見于職方也始此初卜基于西圻湖唐武德中遷鳳山宋元以來因之明萬曆初年始築城今分界野稽建置畫村域而里社由是而立城郭由是而衞廨宇由是而設坊樹由是而表鄉鎮由是而揆壇祠由是而興神人和政教明十室忠信之良於是乎徵首建邦

一有邦域即有山川清淑之氣蔚爲人文非直玉之輝珠之媚也他若橋梁以便利涉陂塘以資灌溉隄防以著險要皆宜載其中至愛土物則蓄產所必登也體幽贊則廟宇所必臚也恣遠討則古蹟所必蒐也次山川

一山川攸奠田賦斯興從來有戶則有口有田則有賦有賦則有役故戶口田賦之制定而徭役驛傳官地學田之屬次第舉焉今田賦等並遵全書舊額新例更復條貫靡遺定供司計者所採取次田賦

一逸居不可以無教先哲之訓也故學校之建以踵賦式後明相因也首學宮肅祀典重教務此而書院而射圃而鄉塾稽德藝之成也而學田而藏書昭典物之備也代有興衰典無淪斁凡茲

守土尚其加之意哉次學校

一絃誦有地教化需人故建官必備治茲井里董戒惟師淑我秀眉秀眉淑里井治而士習以端民俗以龐彬彬乎觀厥成焉秩官次之師儒又次之

一政教旣成英才蔚起或標春榜或儁賢書或簉羽廟廊或分符郡邑至若明經稽古亦登籲俊之朝虎拜鷹揚並奏膚功之烈身之榮邦之光也次科貢

一科貢之外特紀辟召卽古言揚行舉之遺有明三百年來膺是選者事功多卓卓可紀我

世宗憲皇帝廣開辟舉之途幾與科目爭盛議者謂亦變通之一法然非常典矣次辟舉

一士登籍非第自誇榮遇而已上之顯揚父母下之垂庇孫子皆

一人錫類之仁也以故爲誥爲勅爲襲廕報本于斯君子覽之忠孝之意盎油然而生次誥勅

一化民成俗百世猶賴之古甘棠之誦遺愛之稱傳記所垂彰彰未泯今邑長吏暨丞尉以下並師儒之官職在教養果遺澤及人尸祝自弗替耳語不云乎前事之鑒後事之師凡百君子尚其敬念之哉次宦蹟

一才難之慨自昔爲然山川清淑所鍾每多英才志士接軫而出固不以方隅限也蒲自漢歷今千五百年代不乏人或忠孝炳著天壤或事功卓絶寰區操鉛槧者以文藝名事馬槊者以武功顯外此則巖棲谷飲多遺世而名彰遷客寓

公亦因人而地重道可通乎天地何妨飛錫乘雲術足濟乎民生亦有懸壺種杏至于閨閣之秀巾幗之雄明大義貞苦節青燈白首之死靡它偉哉與日月爭光矣次人物

一記有云有功德于民則祀之而韓子曰古鄉先生殁而可祭于社蓋循吏宜廟食而鄉賢列瞽宗一報功一崇德也前之人愼惜名器非其人不得與後稍濫觴焉雍正初年復取而澄汰之彼不當祧者典型具存洵堪仰止矣至于武聖

之隆祀上配文宣三世之尊崇亦猶五代外此而豆籩陳于兩廡鐘鏞列諸東序禮明樂備尤稱盛焉次祟祀

一風俗盛衰因乎地與時尤視乎長民者有以轉移之俾無蕩心無惰志毋舍業以嬉而昧先世之憂勞書曰彰善癉惡樹之風聲言有化也禮曰立愛自親始立敬自長始言有教也上克端厥本而教化行矣次風俗

一盛世紀實而不紀瑞所以懲有位也四時之愆伏不常五行之乖沴疊告雖廟廊宵旰足以消弭之故災祲旱潦多直書而不諱焉董江都劉中壘對策封事至今猶有稟之者次災異

一文與詩爲天地之章允以敦忠節藉其闡揚山河藉其疏剔表壇壝則神祇若益著其靈宣民瘼則閭閻若親達其隱用以備勸懲昭法戒非徒尚詞章之揮霍也理無當乎去取而漫登之則曰誣事無關乎載乘而姿錄之則曰濫文無分乎醇疵而並收之則曰蕪然則操鑒衡者其

可苟焉已哉次藝文

一余不敏自乾隆元年承乏是邦睹舊誌尚多未備即慨然思增修而重鋟之顧鹿鹿未果去夏政稍修舉因得從事於此書既成取而反覆展視其于義例體要櫛理縉貫頗不偭于規矩雖詞之藻繢亦不敢效佶聱以文其固陋也至雕板印行諸費悉捐公費爲之不以一錢苛諸人然爾懋其永堅矣

知縣事金川王雲翔載識

蒲圻縣誌卷之一

建邦誌序

古封建之法廢於秦皇遂分郡縣以理萬民而百世因之故州邑之建猶古邦域也蒲爲漢沙羡地居荆州巴陵東北後置縣於西凉湖側更名蒲圻本末詳後沿革考予嘗總一邑經制觀其所建署宇城郭壇壝里社與古樹國之勢大約相表裏獨君國分土朝覲巡行盟會則古今分合之勢殊異是故爲守令者居署宇則凛氷霜靜治之嚴聽訟

郭則念疆域田野之治祀壇壝則致捍禦酺蜡之祀觀里社則知禮俗風教之宜視古諸侯度者尊天子議禮制度之隆推而放之皆所以鎮撫百姓德禮萬民者也故曰民爲邦本本固邦寧體斯意者封建之與郡縣一以貫之矣

建邦志

沿革　星野　封域　署宇　城郭
里社　坊樹　壇祠　鄉鎮

沿革

蒲圻縣在武昌府城南三百六十里禹貢荆州之域按禹貢導嶓冢至于東陵水經注云東陵即巴陵今蒲圻在巴陵東北殷屬荆楚詩稱殷楚居南鄉是也周屬荆州按史記鬻熊事文王其孫熊繹事成王周成王舉文武勤勞之後嗣封熊繹于楚錫以子男之田屬楚繹孫渠甚得江漢間民和伐庸揚粤至于鄂立中子紅爲鄂王

蒲圻屬鄂秦分楚爲三郡屬南郡漢分楚爲七郡置沙羡縣按漢書高帝六季置江夏郡統十四縣一曰沙羨武帝元封五年初置荆州刺史沙羨仍屬江夏郡沙羡境內有蒲圻湖以湖産蒲艸故名三國屬武昌郡按三國吳志漢建安四年孫權討黃祖于沙羨十五年魯肅屯六口二十五季權自公安徙都鄂改名武昌郡沙羨屬焉吳赤烏二年夏五月城沙羨乃建縣于西凉湖側名曰蒲圻以呂岱鎮之分武昌爲兩部

自武昌至蒲圻爲右部盛弘之荆州記云蒲圻沿江百里有赤壁晉分荆州爲二十二郡武帝太康元年分蒲圻置沙陽縣以沙陽沙羡屬武昌蒲圻屬長沙宋分湖南諸州屬郢州蒲圻沙陽咸秩男爵宋地理志云蒲圻男相晉武帝太康元年立從晉封也齊分郢爲十四郡江夏郡統六縣蒲圻屬之梁置沙州上雋郡蒲圻屬上雋有石頭山負嶽山鮑山隋分荆州爲二十二郡江夏郡統四縣蒲圻屬焉是時併沙陽入蒲

圻唐分江南爲三十四州高祖初平蕭銑復置鄂州統七縣一曰蒲圻有鳳山監武德九年以蒲圻舊治鄰水多淤泖乃改遷蒲圻于鳳山監後唐分蒲圻鮎漬鎮爲嘉魚縣治宋置荆湖南北路統二十四州郡鄂州屬北路按宋史至道二年改武清軍爲武昌軍紹興二年改兼荆湖北路鄂州統七縣一曰蒲圻元置湖廣行中書省及肅政廉訪司至元十一年改荆湖路安撫司武昌路統七縣蒲圻屬武昌元末陳友諒据沔陽僭據南國僞稱漢王明太祖親征友諒于鄱陽湖友諒死子理奔武昌太祖招降之改武昌路爲府統一州九縣蒲圻屬武昌府

國朝因之凡編戶三十里

星野

紫微垣北斗玉衡星主楚按春秋緯文耀鉤布度定紀分州定象北斗七星主九州大别以東至雷澤九江荆州屬衡星

星經云玉衡星主荆州常以五卯日候之乙卯

爲南陽巳卯爲零陵辛卯爲桂陽癸卯爲長沙丁卯爲武陵蒲圻屬長沙當應癸卯

太微垣上台第二星主荆揚按論語摘輔象兖豫屬上台荆揚屬下級

宋天文志云三台六星爲天階太乙躡以上下上星主兗豫下星主荆揚

天市垣西垣第二星名楚按天文圖兩垣共二十二星東垣首宋終魏西垣首韓次楚

宋天文志云天市東西各列十一星東垣曰宋

南海燕東海徐吳越齊中山九河趙魏西垣曰韓楚梁巴蜀秦周鄭晉河間河中由此觀之十二次分野皆屬諸星

五星熒惑星主楚按漢書吳楚之疆候熒惑星經云熒惑主揚州荆州交州史記天官書云雖有明王必視熒惑所在

二十八宿屬翼星按晉書江夏入翼十二度班固云楚地翼軫分野陳卓云自張十七度至軫十一度蔡邕云起張十二度至軫六度皇甫

謐云自張八度至軫十二度一行云初張十五度中翼十二度終軫九度

十二次合屬鶉尾按周禮疏鶉尾楚地大唐六典巳爲鶉尾楚之分

史記天官注云翼二十二星軫四星皆爲鶉尾在巳楚之分漢天文志云自軫十二度至氐四度爲鶉尾玉海引周史云楚重黎之後此鶉尾爲荆州星土也

封域

蒲圻封域漢沙羨併蒲圻　沙陽爲一在漢爲沙羨縣地按水經江水左逕呂人山南東逕大軍山又東逕小軍山又東逕鷄翅山又東北逕江夏沙羨縣沙羨廣袤數百里今百人磯大軍小軍山六溪沿江必經見之吳蒲圻併沙陽爲一按水經江水左逕烏林南又東左得子練口酈道元注云烏林即黃蓋敗魏武處也練浦南直蒲圻口即六口也東逕蒲磯山北對蒲圻洲又曰

擎洲曰南洲洲頭即蒲圻縣治洲上有白面洲今屬嘉魚晉蒲圻析沙羨沙陽爲三按水經江水左得中陽水口又東得白沙口酈道元注云沙口本名篾默口南直蒲圻洲水北入百餘里吳所屯也又逕魚嶽山得金梁洲東北對淵洲江中有沙陽洲即沙陽縣治也今屬嘉魚唐蒲圻即今鳳山亦名隱圻按宋書劉彥之討謝晦退保隱圻唐書鳳山監立錢局酈道元注云蒲圻陸水出下雋縣三山溪又東逕陸城北又東

逕下雋縣又屈而西北流又逕蒲圻縣北又逕蒲磯山北入大江綱目注云隱圻即今武昌蒲圻明蒲圻封域東西廣百有十里南北袤八十里

國朝因之壤聯四邑衢通八省

東至咸寧縣界汀泗橋七十里

西至臨湘縣界新店四十里

南至崇陽縣界壺頭四十里

北至嘉魚縣界障山四十里

東南至咸崇二縣界一百里

東北至咸嘉二縣界七十里

西北至嘉魚縣界一百里

西南至臨湘縣界一百五十里

至武昌府水行二百八十里陸行三百六十里

至江南江寧府水行二千一百三十里陸行一千八百一十五里

至

京師水行四千九百九十里陸行四千三百二十里

署宇

蒲圻縣署　在積慶坊地唐武德九年自西疊湖徙置鳳山監歷代經營遐莫可考元至正十二年燬于兵燹明洪武元年知縣柯日新肇創公署及幕廳吏廨永樂十二年災宣德二年知縣回裔載創正統五年知縣胡中增建堂室庫藏及鐘鼓樓成化九年知縣葛鳳儀重修前為正堂曰德政後為穿堂曰後樂堂之東為贊政廳西為豐財庫堂之前左為儀仗庫今圮為吏戶

禮房為承發房為儲長司右為造冊局為兵刑工房為架閣庫甬道中為戒石亭前為儀門左為廐房後為寅賓館前為吏廨右為監獄左為倉監又前為譙樓天啟二年知縣吳炳重修正堂之後為知縣宅崇禎三年知縣林增志于宅後作中隱園東為縣丞宅明末燬于兵

國朝順治十六年知縣王道久重建西為主簿宅久廢東下為典史宅明末亦燬康熙四年知縣任遡坊典史唐國弼重建萬曆三十二年兵刑

工房燬于火知縣王之傑重修三十四年知縣汪有功修鐘鼓樓于縣之東角名曰觀民樓崇禎三年知縣林增志重修今廢縣左有旌善亭右有申明亭今俱廢屏前左右各有坊知縣林增志建右曰巖治承宣左曰沙陽保障康熙九年知縣張圻隆重修

布政分司　在縣治西北阜俗坊明正統十二年知縣胡中肇創成化十二年知縣葛鳳儀增建萬曆初年知縣胡其高二十八年知縣王之傑

崇禎三年知縣林增志重修

國朝康熙六年知縣任遡昉重修今廢

按察分司　在縣治積慶坊東南明洪武元年知縣柯日新肇創成化九年知縣葛鳳儀增建萬曆初知縣胡其高重修改稱察院二十九年燬于火知縣王之傑重建三十八年知縣張光蔚崇禎三年知縣林增志重修明末燬于火

國朝康熙六年知縣任遡昉申詳　上臺將廢址鼎建文昌祠康熙九年知縣張圻隆增修後圯乾隆二年知縣王雲翔改建龍門書院

府館　在縣西北仙遊坊明正統十二年知縣胡中肇建成化二年知縣葛鳳儀增建後知縣張璟與本固遞修萬曆初改爲按察司今廢隙地居民賃住

汀泗公館　在汀泗橋畔明崇禎四年知縣林增志重修今廢

巡檢司　在縣西七十里羊樓洞明成化初遷武昌縣白湖鎮巡簡司于此十八年知縣周洪肇創今廢基址居民賃種

鳳山驛　在縣北使星坊明洪武十五年知縣李居仁肇創萬曆初知縣胡其高遷于五嶽觀後以便過站不得入城三十八年署縣同知葉文懋于驛旁置屋三間雍正六年奉裁歸併縣署址存

官塘驛　在縣東北六十里明洪武十五年知縣李居仁肇創嘉靖四年知縣方一桂重修

港口驛　在縣西六十里明洪武十五年知縣李居仁肇創

醫學　在縣南鳳山舖旁明成化十二年知縣葛

鳳儀改建于金臺觀前今廢

僧會司　在延壽寺僧官住持

國朝康熙九年舊僧會徐明常新請部頒印記

道會司　在五嶽觀道官住持

國朝康熙九年道會譚道常新領部頒印記

演武塲　舊在縣西北雲盤塘側明主簿王爵增建萬曆三年知縣胡共高修城據其地又取土增埠地勢汙下不便閱武將其餘地易本縣民王世賢五嶽觀前山地爲演武塲建門堂旗臺

築垣植栢環之崇禎三年知縣林增志重修其舊塲易地之餘改爲厲壇立石名漏澤園以表之爲掩骼地

預備倉　在主簿宅前明萬曆三十八年圯署縣同知葉文懋重建本倉之前卽爲常平倉今廢

常豐廠　在縣治西南疊秀山下明弘治十八年知縣徐淮增建萬曆三十八年署縣同知葉文懋重修中有五顯祠

南糧倉　在豐樂門內社稷壇前明萬曆中知縣倪斯蕙建三十六年圯于水災知縣汪有功重建三十八年署縣葉文懋修今廢改建育嬰堂

便民倉　在縣西七十里太平湖口知縣葛鳳儀建以貯南漕二糧兌軍于本處交收役便之而兌軍無利乃告改運送倉今廢又有東倉舊在詹家嵛後改官塘驛側西倉在縣西五十里王家嵛南倉在縣南荊港上方寺側北倉在縣北十五里紅菱港以上諸倉皆洪武初創今俱廢

育嬰堂　在縣豐樂門內卽南糧倉遺址雍正

年知縣吳琰奉敕建乾隆四年知縣王雲翔重修

養濟院　在縣南雙路口舊制爲義倉明崇禎二年知縣林增志修葺明末圯

國朝康熙十年知縣張圻隆鼎建

驛遞鋪舍　鳳山總鋪久廢明萬曆三十八年署縣同知葉文懋將吏廨前餘屋以其半爲之今廢

北十里彭懋鋪　二十里下壠鋪

三十里詹家嵛鋪　四十里石子岡鋪

五十里官塘鋪　六十里龍坑鋪至咸寧界
南十里五洪鋪　二十里白石鋪
三十里來山鋪　四十里港口鋪
五十里馬石鋪　六十里蓼坪鋪至臨湘界
東南十里荆港鋪至崇陽界　西北十里洪水鋪西鋪係嘉魚界
外有河泊所陰陽學稅課司惠民藥局俱久廢

城郭

蒲圻縣城周廻七百丈高一丈七尺磚碟高五尺

城廣一丈六尺城樓凡六南曰迎薰北曰拱極東曰聚奎西曰賓成又西曰豐樂又北曰水門城爲知縣胡其高創修始于萬曆三年正月凡四月告成萬曆三十八年知縣張光前重修崇禎三年知縣林增志重修命縣丞金夢麒董其事功成有記明末兵亂城樓皆燬
國朝康熙九年知縣張圻隆重修南北譙樓十年新建東西二門譙樓城垣重加完繕有碑記載本志藝
城守公署康熙九年知縣張圻隆價置道廖楚玉基地興建今廢

里社

蒲圻縣舊有三鄉西南曰吉陽鄉統七里曰奉政曰承恩曰宣城曰萬春曰望城曰懷義曰安豐東北曰長樂鄉統二里曰孝義曰大貴西南曰沙陽鄉統四里曰上鴿曰下鴿曰承風曰豐樂宋元祐初割長樂鄉益咸寧止存二鄉一十一里明洪武中分爲四十三里永樂十年併爲三十八里宣德七年又併爲三十里嘉靖十一年知縣吳本固改縣市上曰忠孝里下曰興賢里

一七都上曰蓴塘里下曰黃龍里二四都曰雪峰里上三都曰桃花里下三都曰鳳凰里五都曰太平里六八都曰蒲山里九都曰羅湖里十都曰龍橋里十一三都曰洪山里十四都上曰楓潭里下曰檮山里十五都曰丹塘里十六都曰楓橋里十八都上曰官莊里下曰神山里十九都上曰安豐里下曰明山里二十三四五都上曰義豐里下曰豐財里二十六都曰黃溪里二十七都曰臨湖里上三十都上曰栢林里下

下曰上保里下三十都上曰坪下里下曰西良里三十二四都上曰金沙里下曰官塘里萬曆間里名仍宣德中

國朝因之

一七都上　一七都下

二四都　上三都

下三都　五都

六八都　九都

十都　十一二三都

十四都上　十四都下

十五都　十六都

十八都上　十八都下

十九都上　十九都下

二十三四五都上　二十三四五都下

二十六都　二十七都

上三十都上　上三十都下

下三十都上　下三十都下

三十二四都上　三十二四都下

縣市上　縣市下

坊樹

興賢坊　毓賢坊俱縣治南

澄清坊　積慶坊

青才坊俱縣治東　阜俗坊

仙遊坊　仁美坊

使星坊　甘露坊俱縣治北

梅隱坊　忠信坊

忠孝坊　登瀛坊俱縣治西

騰蛟起鳳坊儒學前　嚴治承宣坊縣治東

沙陽保障坊縣治左

敕建坊樹

學士坊洪武初魏觀　宮允坊永樂癸未王儀

擢秀坊正統辛酉王文修　登雲坊程鑲

傳桂坊甲子龍霖　進士坊乙丑盧中

賓興坊丁卯宋奎　賓賢坊廖楠

聯桂坊景泰庚午廖俊　登第坊癸酉李溥

飛騰坊王紫　進士坊甲戌魏錦

青雲得路坊 丙子龔晟
金榜題名坊 龔晟
繡衣坊 龔晟
鍾英坊 劉滄
桂林坊 王瑩
折桂坊 余頵
文魁坊 天順乙卯朱璽
登俊坊 周鑑
登科坊 石鈞
龍門世躍坊 江晟
登雲坊 成化乙酉梅瑄
攀桂坊 黃玹
文奎坊 王塗
登第坊 廖傳
進士坊 丙戌汪洪
飛鶚坊 辛卯黃顒
鵬舉坊 孫進
世美坊 甲午廖佐

華英坊 徐澄
進士坊 丁未作紳
進士坊 癸丑廖漢江師古
三鳳坊 弘治甲子鄭宗儒李興賢游紳
三鱗坊 正德丁卯魏頌周廷俌魏濬
解元坊 庚午作瑜
父子進士坊 作紳作瑜
會魁坊 辛巳廖道南
太史坊 廖道南
世聯奎壁坊 廖漢
司馬坊 謝存儒
褒封三代坊 謝鵬舉
兄弟進士坊 隆慶辛未謝師啟師彥
父子侍御坊 謝三訓謝師啟
柱史坊 鄭之亮
欽使存問坊 侍郎謝鵬舉
三世侍郎坊 合下
總督部院坊 侍郎魏説

壇祠

先農壇 縣治北龍翔山雍正四年奉文建築每歲仲春亥日巳時致祭午時行耕耤禮儀注詳崇祀志

山川壇 縣治南青山閣明洪武元年知縣柯日新肇創于大石橋東十三年知縣李居仁遷于養濟院南正德中以其地易五嶽觀為書院十三年知縣張琊遷于社壇衛嘉靖初知縣吳本固修葺萬曆中知縣倪斯蕙重修

國朝雍正十年知縣吳琎遷今壇

社稷壇 縣豐樂門外明洪武元年知縣柯日新肇創于縣西驛路東二十二年遷于壺秀岡正德十三年改遷于縣西吳王祠嘉靖四年知縣方一桂復改高山舖

國朝雍正十年知縣吳琎遷建今壇

城隍祠 縣治北仙遊坊明洪武元年知縣柯日新肇創成化七年知縣葛鳳儀修葺天啟四年知縣吳炳五年署縣曹應聘六年知縣尹洪邑

八侍郎魏謙重修崇禎三年知縣林增志再加
修葺康熙元年邑進士張璉光爲文募修有碑
雍正二年邑諸生熊選沈文杏周日新等首事
十八募修有碑

邑厲壇　縣河北佑聖觀地通志載在縣北使星坊明正統
十二年知縣胡中改于縣西慧林寺嘉靖十一
年知縣吳本固改于洗滷塘萬曆中又遷于西
門外崇禎四年知縣林增志名曰澔澤園委主
簿羅宏勒石總其處

國朝因之

鄉鎮

古有六鄉六遂之制指王畿而言也郡邑亦各有
鄉所謂無事相友有警相助氏以親睦者是變鄉
而爲團非古也故仍以鄉名若夫舟楫可通商賈
走集如所稱聚落者是爲鎮因併記之

爲鄉者凡四十
白蕁　荆沙　大田　官田　峽山
蕭橋　斗門　馬坰　白石　來山
城西　楊林　港口　洪石　洪山
楓橋　黃土　土橋　黃龍　青落
南勤　占嵛　汀泗　安豐　拜下
石坑　洋泉　雙丘　大貴　上寺
池江　官橋　馬獅　郭連　方橋
劈精　白駒　龍栢　新興　官塘

爲小鎮凡六
黃龍　車埠　新店
石坑渡　汀泗橋　泉口

蒲圻縣志卷之二

山川志序

名勝登臨之樂文人才士侈譚之而勤民者弗尚考之王政樽節愛養因天地自然之利雖及山林川澤木石竹箭之所生灌溉之利魚蝦鱗介之需皆寓焉故孟氏言王道數罟不入斧斤以時而太史公序貨殖以謂虞不出則財匱少財匱少而山澤不辟皆所以裕民衣食之原奉生送死之具也楚號山水名區而蒲負山沿湖嶽秀川靈蜿蜒磅

礡其篤生賢俊宜矣獨其土瘠民貧捕魚爲生蒭蕘雉兔之徃豈無資於林澤若夫鑿山以疏泉築堤以防溢引導湖之水以灌民田其間人事補苴則又因自然之勢而効靈於山川者也至乃琳宫梵宇神壇精舍舊誌所載昭布於山巔水湄者纍纍相望豈福庇方土能禦災患以爲靈與古者天子禱五嶽侯伯子男祭封內山川所謂有功德於民則祀之今之廟建以祈福庇果其遺意與余稽之前蹟又於時代變更增損列次後之展卷觀覽者窮巔尋源百姓之休息上人之贊助可於是焉求之若夫香山白傳輞川摩詰赤壁柳州之勝生色於子厚長公則皆文人寄興山水於古人憂國憂民之責固有間也

山川志

山　水　橋梁　長堤　物產
寺　菴　觀　廟　古蹟

山

縣治

金疊山祖金紫宗鳳凰自西南疊疊至邑龍蜷嵐崔為萬峯之會　疊秀山東支為學宮中支為縣治起雙石如筆屈曲而西為梅隱崗金臺崗廻龍崗雲盤崗跨雉而出循河而止有縈廻不盡之致　馬鞍山雙峯壁立西控河流為一邑之關

縣治東

豐財山形如覆釜對縣若堆貨然其上有天池其側有荊竹坡洞虛敞可容數千人石面有硃書元至正字為前人避兵處遊者嘗採得所遺衣物而出其陰有迸鼓洞初入石道蹭蹬歷三關

始空闊中有石牀石鼓諸勝洞旁建有地藏菴西麓有石突起于東洲曰蕭堆每歲大比以水盈漲為甲魁驗　靈應山距縣三里岧嶤東峙與豐財相望其上有仙雲觀其側有靈應寺舊址　點筆山距縣七里　幽蘭山距縣二十里其上有石泉有跌仙石石上有仙掌形其側有幽蘭寺　南山距縣二十五里頂平方謂之大壺坪前出一峯特起謂之石儷尖尖上有望鶴樓其陽為龍趵潭其陰為天馬峯峯下為槎林畈　木蘭山距縣二十五里上有木蘭寺怪石層巒古木參差　金雞坪距縣二十五里其陽為渡頭其陰為石子崗　仙人洞距縣三十二里洞中有石橋其下淺澗飛瀑而出旁一小竅傴僂可入相傳為陳求道避兵處　黃葛山距縣三十五里世傳葛稚川修煉于此山頂有泉曰丹泉右有山頂淤水時盈時涸曰黃栢湖　姥籠山距縣三十八里　石尖山距縣四十里上有玉樞觀　青龍山距縣

六十里其下有青龍寺北出為黃沙畈為洪口橋南出為阪嶺為洋泉自洋泉西北為西衝又北逕白揚畈達于汀泗橋

縣治西

高嶺山在豐城外　王家山與高嶺聯絡形如展誥其陰為老虎坡為豬首山其側為和尚嶺為玉虹橋稍下為瑤圃廟　鳳凰山距縣三里三峯層秀山半平衍有泉有池有洞下有鳳凰寺為神僧鼻玉巖趺跏處初山分三支中支為鳳凰山趨于縣治為金疊諸山落脉　凌巖距縣三里巖即鳳凰右肩而備諸奇勝別一洞天初入地骨嶄嶄崯嶒蛇折里許忽得曠衍平若砥者可數十畝周匝嶙峋前通一竅西受風潭諸遠峯隱隱若几案間物中建為白龍寺佛像金身為明藩感夢所造地有白龍池朝冠普陀巖諸景先輩讀書于此多發蹟者　石鐵山距縣

三里北為白水畈南為公安有公安泉　茅山距縣十里其陰為風潭為亭止嶺其右為牛鞍石為官田為車埠　五洪山距縣十里其上有泥壺坪其下有溫泉沸如湯曰湯塘文有寒泉曰冷塘　獨山距縣十二里孤峯特秀其陰為橫崗為蕭橋　偏髻山距縣十五里上有玉蕭諸峯蟬嫣而下為斗門畈　長崙嶺距縣十五里其陰為大壺畈為峽山戶為小壺嶺大壺嶺之陽為城西畈為羅田畈　黃茅山距縣二十五里綿亘龍蜷脊如湧浪其陰為觀音寺中有龍泉者二其陽為黃泥洞　石門山距縣二十八里有雙石如門　洪山距縣四十里自平畈特起形若騰獅上有古廟創于宋淳熙間　芙蓉山距縣四十里廣輿記載峯巒秀麗如花　蒲首山距縣四十里為明祭酒魏觀讀書處其中有燹巖菴其陽為新店其陰為泉坑渡為大姑橋　王子山距縣四十里　瑞雲山距縣四十五里其下

□濟寺其陰爲東港爲樓下**獅子山**距縣五十里山嶺峭岸壁立河岸勢若崩雲一名城頭嘴**范包山**距縣五十里爲吏部余開熙祖墓水口羅星

縣治南

桃花峰距縣十里三峯特秀形若筆陣與金紫相望下有桃花泉流與荊泉合**金獅山**距縣十里蹲踞如獅上有金獅觀其南爲紫金泉爲沙田畈下爲鏡潭**青峰**距縣十二里卓筆侵雲爲學宮正朝**白巖**距縣十二里奇峯崒嵂巉如瀑布倒垂大半**玉巖山**距縣十二里下有上方寺面峙關山流接荊泉爲洞宗元潔和尚祖庭**荊泉山**距縣十二里其下爲金泉洞洞中有石臺石田石鐘石鼓備極天巧泉在洞旁初出幽黝無聲名曰秀水可半里許始震撼如雷按通志云自洞口入行可百步別有門甚狹好事者嘗褁糧窮其源信步趨出則

在崇陽之葛藤坪距洞門已自餘里洞門有六泉左曰荊泉爲最著泉門闊四五尺水涌其半旱禱之輒狀投入駒許不出則受之矣否則即出以瓶汲水昇去水自湧出瓶口則雨水不滿雖雨亦微**雪峰**距縣二十里上有雪峯寺爲唐咸通二年開山其山奇勝險絕旋盤迤蹬而上約三四里許忽平衍丘壑宛然寺處其中遠望江山若襟帶焉**丫髻山**距縣二十里雙峯如髻上有葛仙祠其陰爲土磵畈爲王子畈**羅峰**距縣二十里豐隆高峻其南麓爲崇陽路之東流鋪側有石屋僧碧玉禁足于此辟穀絕煙火者今三十年**白石山**距縣二十五里深山大谷峭壁凌雲其下有白石廟祀三顏公側有白石泉汲之輒雨其驗較捷于荊泉顏公實憑靈焉**金紫峰**距縣三十里峯聳層雲峻極萬仞爲蒲諸山之冠通志云每晴霽日之出沒嵐光如畫**鹿山**距縣三十里其陽爲蘭港橋其陰爲石家畈**雲臺山**距縣三十[illegible]其陽爲石[illegible]

[illegible]陰爲水口畈**望夫山**距縣三十里所生木葉盛夏中斷如剪相傳爲望夫婦人指爪所指通志云有石形似婦人**吳城山**距縣四十里孫權嘗築城其下城址現存**百巖**距縣四十羣峯攢萃龍宮虎穴人跡不到之所癸卯歲有濟宗大雲和尚開山建宇列有八景曰方丈洞錦屏石模月峯烟鎖溪乳泉問天臺雷雲坪唾仙洞**雙羊樓洞**距縣六十里羣峯峙嶙衆壑奔流其東有石人泉其西有蓮花洞洞下有蓮花寺出洞口爲港口驛

縣治北

龍翔山宛委河岸拱衛縣治如屏如障其上有窪樽石石方平五六尺許中一孔如甕玩適者注酒其中杯掬而飲象太古窪樽之意上刻有熙寧癸丑上巳等字**白嶺山**距縣五里其下爲霞落**望山**距縣六里通志云與縣相望故名**行將山**距縣七里其下有洞

每陰晦時常聞洞中有鉦鼓聲其右爲周西嶺爲長海崙其陽爲彭勲鋪爲柳樹橋**黃龍山**距縣十里其下爲黃龍鎮**茗山**距縣十里茗蘗迤邐中穿長峽爲嘉蒲通衢其西爲青石橋其東爲洪水**香石山**距縣十里上有香石寺有石如鼎故名香石其側有石如乘又名轎子山**釘銅山**距縣十五里其上有龍升菴其下爲紅菱港爲栗柴港**丁畝山**距縣二十里其下有觀音堂其陽有石馬洞洞中有石如馬通志載石馬山懸崖一石闖出如馬**穿山洞**距縣二十里洞橫山腹前後天兼納日月空洞彌里石室朗然高數十丈頂懸石乳有獅象仙人掌佛指柑千態萬狀不可枚舉**擂鼓尖**距縣二十五里其上有慧林寺相傳有馬姓者擂鼓集兵往樵人從崖間拾得長劍信手成灰山前有池曰馬王塘山下有溪曰馬家陂**蟠龍山**距縣二十五里其側有西休寺**黃岐山**距縣二十五里其左有明水洞其陰爲石[illegible]

口爲畢家河其下爲西江青雲洞距縣二十五里洞在山腰如獅張頤中架樓閣爲青雲菴恣人登眺黃表山距縣三十里其側有西華寺竹山距縣三十里其上有洞洞口有堂洞中有石傘石甕石像龍牀諸勝旱禱輒應洪口山距縣三十五里兩山對峙溪流若洪神山距縣四十里其山蜿蜒如蛇蟠踞湖上上有張雎陽祠覇山距縣四十里上有黃覇祠觀山距縣四十五里牛頭山馬頭山二山距縣五十里對峙于西艮湖側官塘山距縣五十里其下爲官塘驛獨山距縣五十五里其下有元明觀淨菟山距縣五十五里其上有嶽臺寺雷雲山距縣五十五里其上有降山寺月塘山距縣六十里其山爲邑北條左支稍折而西縹緲湖上其下爲界石對岸爲柳山赤壁在邑西北一百二十里今撥屬嘉魚爲周瑜破曹操處上有孔明祭風臺

水

蒲圻河按水經名曰陸水發源三山溪通志云自江西寧縣修水發源北流至通城會雋水至崇陽會桃溪水合流折東復西由壺頭四十里過荆港北經縣治南繞東北復迴西北至六溪口出大江

淇下灘河至此爲崇蒲水界石蹬當流若建瓴然奔駛而下砰訇礮礚有瞿塘灎澦之意沈桂灘方石灘淵停含蓄泓然如鏡落石潭岸爲落石奄崖欲墜嘗有

[illegible]隱出沒其上每石與舟行者戲芭蕉潭木蘭潭石坑渡其上爲石坑鎮水漸清泚循山西行龍骨灘楊樹灘龍迴潭中有石梁奔洪盤渦漩洑水勢險絕倒流潭隻潭澄碧可愛盎然有聲梅子潭王師潭石孔潭石牛潭中有巨石如牛隆冬大魚嘗伏其下漁人沒入摸援之聶師渡鏡潭左岸爲金獅觀右岸爲鮑家洲水勢曲折東洲廣野平疇嵐光水影相爲掩映鸕鷀潭峭壁對峙夾口中流爲縣治天關蘇家灘黃城埠黃城爲邑秀簾室潭岸下有釣臺側有懸壁城鏤大士像其上自鏡潭水折而北至此轉西繚繞學宮爲外泮池龍翔潭澄波古塔拱北極雄關控東南上游及春漲迴瀾又令人作濠濮間想西洲抗流而青一丘一壑可耕可釣爲邑先達別墅大沙洲洲平

如砥二水中分上有大士閣丈六金身竹樹參差殿廡莊嚴爲東南關鎮風潭有巨石出河巍然高可十丈名曰海船頭上有三官殿殿側有洞洞有丈室黃龍潭岸爲黃龍鎮有磯石磊落上有寺名石來紅菱灘荷塘灘潭灣環繞曲旋故名栗柴灘顧縣石有石如山回瞰上流七里汀車埠河岸爲車埠鎮小沙洲上有金粟菴縹緲波心與大沙洲隱隱相望皂潭潭水淵停爲水族窟宅魚舟畢集棹歌欸乃致甚可嘉宣公堤河勢至此漸過江湖沃壤多爲澤國宣公築堤禦之綿緲十里垂柳紛披不減西湖蘇公堤之致黃土潭龍坑潭接里灣觀山灣柳山灣其山循江歷河而來形如旋旆江漲浩渺與洞庭君山爭勝界石潭湖河咸注怪石當關自此出六溪口達于江

魡溪河

拔河屬新店在縣治西南四十里發源港口埊湘橋及龍橋諸泉折而西入馬蹄湖由黃蓋湖出石頭口入于江

街埠潭上爲新店鑛水味辛以爲麯蘖釀倍芳冽　鳴水灘淅流清淺水石相薄聲如絲竹　將軍灘中有巨石世傳彝權書麾刀其上　任家河匯諸溪流入馬蹄湖由黃蓋湖入于江

縣北湖

西艮湖[illegible]咸寧峻水流及白泉梓潭蕭溪灌西[illegible]山門石口大橋丁家潦郭家潭諸水合流于湖中有洲曰浮臺泉曰烏石其南岸爲衙門嘴即古蒲圻舊治又羅[illegible]曰大灣曰老[illegible]腸徑坂曰東港池曰瓦窗[illegible]曰倪家灣曰羅德灣由金口[illegible]入于江

蒲圻縣志　卷之二　山川志　七

縣西北湖

鄖當湖　盤石湖岸爲宣公堤　接里湖　[illegible]湖　錦湖

沙陽湖　螺螄港湖　眞湖以上諸湖在北岸流入江　大羅湖　小羅湖　活湖　松楢湖　滄湖　左荊湖

柳山湖　楊林湖以上[illegible]在南岸流入江

港

洋港在縣治東入河　五淇港　蘆閣港　荊[illegible]港以上在縣治南入河　㙯埠港　白水港　龜阬港以上在縣治西入河　赤馬港在縣治東北入河

霞落港　紅菱港　瓦窰港　栗柴港

柳山港以上在縣治西北入河　螺螄港在縣治西北西流徑六口入江

陂塘

蒓塘在縣西舊產蒓菜今失　黃沙塘在縣西南包山爲基下爲大田畈　湯塘在縣西南有溫泉出五淇山　古塘在縣東北　白米塘在縣北出菱湖　亭塘在縣西北出釘銅山　興陂在二四都　陡洪陂　荊陂在上三都　湯阬陂在下三都　斗門陂在九都　澄清陂在十八都　官陂在二十三四五都　馬家陂在二十七都

蒲圻縣志　卷之二　山川志　八

橋梁

縣河

浮橋造舟爲梁名濟美橋正德元年縣丞焦貴肇創六年提學僉事蔡潮增修名曰蔡公橋萬曆二十六年知縣倪斯蕙重修北曰湘江萬里南曰尊川一帶題額今廢三十五年知縣汪有功三十八年署縣同知葉文懋四十年知縣張光前崇禎三年知縣林增志康熙九年知縣張圻隆重修嗣是三年一修民間照糧出費官董其成乾隆三年知縣王雲翔捐俸重修不派里民浮橋當水漲時河岸淹不能渡另有北河渡船二隻大平寺僧遂範施田九石作渡工飯食及造船之費

縣河南

雙路口橋　慧林橋　大石橋邑人參政王台彥興建僧淡齋刺血

書金剛經爲鎭 荆港橋 桃花橋 無疆橋、新橋 盧
閣港橋 五洪橋 通志云元皇慶初客僧嗣昌暨鄉民鄭國賓建、嘉水
橋 藍港橋 雷公橋 楊梅橋 黃沙橋 花
林橋 夜珠橋 太平橋 胡家橋 大姑橋
小姑橋 峽山橋 洪山橋 邑人副使何思登修 東港橋
七寶橋、龍會橋 嘉鳳橋 瑞鸞橋 二橋爲崇禎二年知
縣林增志鼎修上建有菴曰萬年菴 松田橋 署縣同知葉文懋修 瑶圍橋 康熙六年
邑人張璆光重修 白水橋 邑人侍郎魏說修 龔家橋 邑人張仕達重修 樸
木橋 蕭橋 車埠橋 萬曆三十六年知縣汪有功鼎修 窖頭橋

順治二年邑人張拱翼重修 斗門橋 長泉橋 羅田橋 亏
背橋 大礲橋 長春橋 西門外大沙洲通衢邑人賀文韶建
縣河北 縴先橋 在坝巨[illegible]在邪重[illegible]
棲樹橋 樂泉橋 風清橋 杉嶺橋 其上爲黃公堤知縣
林增志修 慈懃橋 樊師橋 金陂橋 永昌橋 下
礲橋、梅澥橋 普惠橋 夏家橋、周家橋
羅公橋 月仙橋 沙橋 雙橋、青龍橋 土
段橋 反嶺橋 高𡼖橋 官塘橋、雷公橋
葉家橋 陳公橋 解水橋 汀泗橋 通志一作丁師橋

上爲汀泗鎭咸蒲大界在此有碑 石穷橋 高家橋 和尚橋
上巳橋 揚橋 洪口橋 高橋 任家橋 揭
家橋 向家橋 竹山橋 珢下橋 江施橋
臥虹橋 馬泗橋 泉口橋、官橋 青石橋
洪水橋 鰕子橋 周家橋 方家橋 濟川橋
霞落橋 黃龍橋 龍湯橋 粟柴港橋 永
濟橋 在瓦窰港康熙二年邑人張拱翼修康熙六十一年邑人劉文宗陳修共改建石橋

長堤

按嘉魚長堤外障狂瀾內包田舍自馬鞍山與赤

磯山相望延袤可一百二十里大約嘉魚江夏地方邊江既受水害當任堤事咸寧蒲圻負山而處介在脣齒但有協濟萬曆三十九年興工築堤四縣互相推諉吾蒲尤控訴不休奉本府知府馬詳請稱工效不全苦于錢糧無措若欲四縣協濟終是築室道旁乞動支府折銀三千三百五十二兩四錢一分徑發嘉魚縣修堤及冬晴水涸刻期報完嘉魚知縣羲中選以江嘉咸蒲四縣界連當分任經營隨委官踏勘以救田之多寡爲修堤

[illegible]分定弓口各立疆界于四十三年工成報
[illegible]嘉魚知縣葛申請爲丈洲得洲議助堤工
以圖承賴事奉批自賴子還子二洲之間單丈隱
匿新洲定畝陞科共稞銀三十兩一錢有奇將此
濶名爲堤洲此稞貯爲堤費又江咸蒲三縣正賦
內各有協編嘉魚修堤銀兩蒲實討協編二十兩
聽嘉魚闗取堤書全書鑿鑿可據自兹以後數十
餘季未聞有分堤修築之事于康熙四年御史顧
如華漢川人因漢川多水災故有此疏題爲水災歲警等事奉上

檄修堤嘉魚扯蒲分修夫蒲田在堤內雖云八里
池江馬衙二圍包湖河山藪在內其實止田三四
里耳以三四里在堤內之田驟三十里不在堤內
之民而困頓之是利一而害百也且水勢澎湃衝
嚙無常自必近江之民能伺其隙而爲之防蒲距
堤百里而遥所謂鞭長不及馬腹故協編之法爲
至悉且周也且當日糜數千之公帑竭四縣之民
力其拮据成勞何在每年堤洲洲稞三縣協編利
論何所則不修堤防及修而失時之律責歸何邑

以蒲車馬衙繁罷疲之民力合田疇棄稽事越境
鄰邑露宿風餐經年累月而爲他邑頂甃甚可哀
憫則復協編專責成能無墊痛瘝斯民者既厥心
歟此舊志知縣張圻隆所記公詳請協編而未允行讀此見其拳拳愛民之意故仍之
江夏縣堤內田三十四里分修堤五千五百四
十九丈四尺
咸寧縣堤內田八里分修堤二千七百七十四
丈七尺
嘉魚縣堤內田七里分修堤三千九十九丈四
尺

蒲圻縣堤內田八里分修堤二千四百五十丈
蒲分修堤自石家墩起至殷家馬頭止
長堤照定弓口上下共一萬三千八百七十
三丈五尺四縣作五股均分江夏二股咸嘉
蒲各一股今嘉魚比蒲多築三百二十四丈
七尺者照堤書舊例載長堤原在嘉魚境土
此比蒲多築之案也康熙八年九月蒲圻知縣張圻隆詳院司府分定勒石堤岸

物產

稻之類

洗白早 金環早 陵江早 無名早

無名遲 蔴赤穀 馬宗糯 栁條糯

蝦鬚糯

麥之類

來 牟 米参

黍之類

黃黍 黑黍 高粱黍

粟之類

早粟 寒粟 秥粟 糯粟 觀音粟

菽之類

黃豆 黑豆 菉豆 紅豆 蠶豆 豇豆

刀豆 扁豆 姜豆 兔兒圓 羅裙帶

道人冠

蕎之類

苦蕎 甜蕎 南蕎

蔴之類

芝蔴 胡蔴

蔬之類

王瓜 冬瓜 青菜 甜瓜 菜瓜 絲瓜

北瓜 蘿蔔 莧菜 白菜 芥菜 萵苣

甜菜 芫荽 菠菜 葫蘆 白花 蕃

蒜 萵 韭 山芋 水芋 油菜 薺薺

菓之類

桃 梨 梅 李 棗 柿 栗 橙 橘

櫻桃 銀杏 石榴 木瓜 金櫻子

圓櫧 苦櫧 菱角 藕 蓮子 芡實

木之類

松 栢 桂 杉 檮 栁 楝 朴 楓

桐 柘 桑 檀 槐 白楊 夜合

皂角 苦楝 栁 樫

竹之類

水竹 白竹 實竹 筋竹 斑竹 紫竹

箬竿 叢竹 南竹

花之類

木犀　玉簪　金鳳　罌粟　海棠　薔薇
鷄冠　紫薇　荼蘼　鹿葱　剪春羅
月月紅　夜落金錢　黃菊　白菊　瑞香
山茶　梔子　印山紅　紫金　蓮花　菱
花

草之類

蒲　芝　艾　蓼　蘭　葛

藥之類

半夏　菖蒲　山藥　白芨　白芷　蒼耳

蒼朮　茯苓　香薷　苦參　牛膝　細辛
荊芥　薄荷　枸杞　地骨皮　車前子
益母草　金銀花　五味子　碎骨補

羽之類

鷄　鵝　鴨　鷺　雉　鵲　鳩　鷹　鷂
鸛　鴉　鳩　布穀　杜鵑　山鵲　鷓鴣
鶺鴒　麻鵲　鵪鶉　啄木　白頭　鳧
鸕鷀　鴛鴦　黃鸝　鷗

毛之類

牛　馬　羊　猪　犬　騾　驢　虎　豹
麞　鹿　麂　兎　獾猪

鱗之類

鯉　鯽　鱭　鰔　鱁　鮎　魛　鰱　鱔

介之類

龜　鱉　螺　螄　蚌

昆蟲之類

蜥蜴　螳螂　螻蟈　蟋蟀　蜻蜓　螺蠃
蝙蝠　蜩螗　蛇　蠶　螢　蜂　蝶

雜殖之類

茶　綿花　苧蔴　葛蔴　蓼藍　木藍

寺

延壽寺　在縣治疊秀山唐永正間僧威公開創載通志明洪武十五年定為祝釐道場開設僧會維時僧官碧潭闢領符命自後僧會司于本寺東西二寮輪用印不出寺正統中建大殿齋堂萬曆中永成重修天啟七年邑人侍郎魏說建藏經閣知縣林增志有記順治十一年有洞宗睦堂和尚演法寺中康熙六年邑人知州鄒應錫重建鐵佛堂康熙九年闔邑衆姓重修正殿藏經共六百七十七函六千七百一十四卷兵燹後遺失十二整函又殘三十六卷止存六百六十五整函計六千五百七十五卷外隨藏華嚴經一十六函報恩經一函交本寺僧丁

明憲世代典守藏經原係侍郎魏說捐請康熙
中邑人貢生張奇勳左書平佛藏一部募同孝
張一鵾等損貲敬梓計一函三卷板併藏藏
經閣至于補請全藏則又在信心大力者

慧林寺　在縣西門外名和尚嶺爲延壽寺祖山寺今廢其左有無邊塔

白龍寺　在鳳凰山初創無考明洪治中夢感楚端王因鑄金像大士供奉邑人廖正一作論
胡堯元廖道南謝鵬舉何思登魏詔魏說多讀
書刹中後爲豪右所侵副使何思登中復之大
啟四年副使魏詔重修有記一
日凌崖山邑人何夢相有志

鳳凰寺　在鳳凰山下一名靈鷲寺唐廣德二年僧
都峯開建明洪武初僧玉崖重修舊傳有
紙衣和尚臥佛殿亦無考玉崖墓印在
鳳凰山下見舊志仙釋傳有石塔見存

上方寺　在荆港玉崖山唐僧道馨創立明萬曆中
邑人御史謝師啟重修明末殿宇傾圯順

治十年師啟姪胤瓚倡募合邑紳士遷請古洞
山元潔和尚開山第一代堂頭修建殿宇僧房
山門俱彷叢林規制買常住山田
永奉香火有約立免戶詳碑文

碧潭寺　唐廣德中僧照公創建

香山寺　在偏嶺山東香爐山明嘉靖中邑人知府馬練創建上有香爐石蹟

觀音寺　在黃芋山右明弘治中建近黃泥洞

白石寺　在蒲首山麓

善慶寺　在羅緣山近畢家橋明嘉靖中贈副使魏翼如創建

香石寺　在橋子山明初有丹丘古刹废山脊石鼎峙似香爐因名焉明嘉靖中邑人侍郎謝
存儒重修

小源寺　在羊樓洞大福山原係岳州員通寺分建

龍興寺　在縣東北鳳隱山明永樂中僧洪正募建

白板寺　在鳳隱山明嘉靖中僧慧鏡募建

石峰寺　在石坑渡石峯山明嘉靖中建

牛泉寺　在白鹿山明嘉靖中建

青龍寺　在青龍山下明景泰中建中有刺史袁昭文金字金剛經

南泉寺　在大龍山明弘治中建

慧林寺　在丁畈山鏞鼓尖唐時建

太平寺　在太平山僧慧銘募建

古塘寺　在古塘山僧慧澄募建

集陽寺　在港口明萬曆中建今廢

龍巖寺　在太洪山明嘉靖中建邑人壬子解元黃圖昇嘗讀書其中

雪峰寺　在丫髻山之陰雪峯山唐咸通二年開山七年造佛像宋元祐七年重修明景泰二
年重興明季毀于兵康熙七年僧雪松
募建規制一新邑人進士馬淑昌有記

降山寺　在雷雲山

福壽寺　在李青山嘉靖中建

實祖寺　在赤馬港載武昌府志即延壽祖寺原係
賓宅書院因夢佛有感故捨之爲寺今廢
基址山地現存延壽寺僧值歲
者收其租爲佛前香燭之資

大濟寺 在邑西五十里瑞雲山側有李夫人墓
回龍寺 在騎龍山
長泉寺 在芙蓉山載通志今廢延壽寺開山威公塟此有塔
官山寺 在行將山萬曆十八年建乾隆二年僧人銀波慈若募化重修
竹山寺 在西泉山普菴祖師曾卓錫于此
勝水寺 在感山明弘治中御史黄玹創建爲士人所侵裔孫黄圖昇興復之
洪山寺 在天馬山宋元祐間建明萬曆中邑人副使何思登重修
木蘭寺 明景泰七年開基團山萬曆年間改建祥雲山有怪石峭立如人高四五仞名丈人石
霊泉寺 在石門山明弘治中建

羅峰寺 在來山鋪羅峯山明嘉靖中建
董山寺 在南山僧慧通募建
西林寺 在縣北龍播山
岳臺寺 在浮䖍山近官塘
華嚴寺 在王峯山
雪坪寺 在土橋
獅臺寺 在汀泗鄉
道菴寺 在大泉山
石惠寺 一名經堂寺在紫油街

石來寺 在黄龍鎮河滸僧湛若順治二年募建以河中峭石磷磷故名石來寺
蓮花寺 在石珠山唐時創建明萬曆中邑人侍郎魏說重修有記
黄沙寺 在白雲山僧蘭谷自上方寺分建明崇禎四年知縣林增志增修
三官殿 在風潭壁立河岸順治中僧霞光募修下有巨石名爲海船頭右有石室可以安禪
觀音寺 在方儀團離城二十五里嘉靖間僧虚利創萬曆四十八年僧性覺重修順治十七年僧海濟募修前有擂鼓峯右有穿山洞邑孝廉黄鐘讀書于此
將軍寺 在新店今廢
泰明寺 在大貴鄉今改大明寺康熙二十五年重修
闗聖寺 在泉口

官林寺 在上巳鄉　淺林寺 在上巳鄉
神山寺 在神山湖上　包泉寺 在占家崙
普菴寺 在池江　獨山寺 在汀泗鄉
青山寺 在池口雍正九年重修　霊泉寺 在大梅山
泉化寺 隆慶六年開山住持碧霞定菴額菴曰羅峯分支順治十八年重修改名普菴寺康熙四十九年僧惟行不泰補修前殿　潮泉寺 成化年間建雍正十年重修

菴

白衣菴 在西門外僧惟玉重修今廢
留雲菴 在西門外僧慈修重修今廢

此經菴在南門外明萬曆中邑人太學生王學孔創建天啟中邑人叅政王台彥淨叢王鼎彥重修崇禎三年知縣林增志題額今廢

救苦菴在南門外青山閣侍郎魏說建僧正菴住持今廢

靈鷲菴在鎮匙嶺邑人謝正先修有齋僧田

月蓋菴在北門外知縣林增志建邑人教諭羅晃同修

清凉菴在河北龍翔山麓前有茶亭

觀音閣在南門外邑人黃圖昇建

如是菴在西門外三里明[illegible]登源[illegible]建

地藏菴在縣東豐財山後山頂纍坦菴隱其內幽冥鐘聲高送城中發人深醒

白水菴在縣西白水山主張瑜光

準提菴在縣西公安

桃花菴在東山爲往省提徑施茶利濟之所

般若菴在洪山案後

雨壇菴在洪石鄉

草堂菴在楂林畈南山下濟宗現菴和尚開山演法

左荆菴在新店

洪山寨菴在北岸

天井菴在官塘

南悅菴在洪下

大士閣在西門外二里大沙洲丈六金身明崇禎中邑人副使劉士亮任蜀敬造合邑紳士建殿大士像原係三截豎木爲心順治中以石易之石高一丈餘康熙六十年重修

選佛社在縣西十五里峽山順治中律師職如創建開堂說戒康熙五十年重修

聽默菴在荆泉十二里禪僧觀初余迦買山闢基邑人知州鄒應錫助修有碑捐搆莊嚴林泉最盛

開覺菴在荆港十二里禪僧若初明崇禎中建奉大士一座邑人揚四教專塑

普菴堂明嘉靖中建原普菴祖師曾卓錫于此

壽國堂在新店僧融通募建山基僧置

永鎮菴在斗門一名黃泥洞康熙三十年重修

九龍菴在洪山

嘗定菴在荆泉僧慈恒建

淨室菴在來山僧慈容建

燕巖菴在蒲首山洞宗禪師厂埜開建

百巖菴在縣西南𥦗崖怪石層巒引人入勝爲濟宗大雲和尚開山

摩尼峰菴在新店東葛屺陽淨室近燕崖

萬年菴在港口有旃檀佛明崇禎三年知縣林增志建雍正元年重修

淨覺菴在峽山僧印青建康熙五十一年重修

白衣閣在偏砦山邑人熊大來建

青蓮庵在渡頭

普月庵在港口

曇花庵在官塘

白嶺庵在青落

大雲庵在中坪邑人王九眞建

青雲洞庵在縣北洞門高厰中架樓閣明崇禎中建

留香閣在縣北鶴子山邑人龔珈建禪僧蓀如開山

蓬萊庵在荆泉山主張璟光

羅峰庵在沙田畈內右有洞僧碧玉辟穀修煉于此

湧蓮庵在青石橋內邑人知縣謝胤璜建

金粟庵在車埠僧明常小沙洲重修

金雲庵在黃龍大坡山下

大龍庵在邑人王武臣四山園古刹遺址武甥建

觀

金臺觀在縣治金臺岡下左爲城隍祠後有玉皇閣前有關聖殿原共城隍祠大門今衆姓于觀前置基屋三間抵官衙鼎建大門唐貞觀中修建時掘土得石有金臺觀三字故名原羽流最盛近多還俗以致道場寥落所當約束者也

五嶽觀在南門外宋端平間道士陳洞觀開創于金疊山之陽明正德九年提學僉事蔡潮改山川壇爲五嶽觀後因之

金獅觀在縣南荆沙[illegible]明成化中建維[illegible]山嶺俯瞰河流古木蓊蔚觀隱其中

崇仙觀在縣河東明嘉靖中建上有葛洪丹井

仙雲觀在縣河東山頂奉眞武嘉靖中邑人中允廖道南建順治中合邑重修聖像殿宇煥然改觀創有石屋高丈八尺又爲石砌曲折歷三十六級而上

佈聖觀在河北龍翔山今無

玉樞觀在雙丘燈籠山明成化中建

靈濟觀在楓橋大山垇

元明觀在縣東五十里獨山下

觀山道院通志載在三十二四都道觀山

玉皇閣在南門外十八甲明崇禎中邑人侍郎魏說募建道士毛嘗淳開山[illegible]眷明珍續有道範誦皇經無虛日閣有前後殿左右廡石坊石欄規制翼然中有雕龍石[illegible]爲邑人張其璧建

雲臺觀在來山鋪明天順中建香火久廢近有戒僧振清住持

廟

關帝祠在縣治北門內祀漢義勇武安王關公爲康熙十年知縣張圻隆捐俸率生員朱真張文光張琛光張璞光余開熊馬登東商人馮晉榮賈基鼎建督工書吏唐元瑞鄭弘儒住持僧明懋閣邑紳士助修有碑聖像莊嚴殿廡雄麗南控縣治北鎮河流爲一邑形勝要地一在判港爲邑人御史謝鄘敢萬曆中建有碑今嘗重修

顏忠烈祠 在縣治南二十里白石山祀顏公清臣顏公昕與顏公允臧元至元間監縣帖木兒建歲八月縣令有祭明崇禎二年知縣林增志重修祭田三十五畝在廟下李珮侵種舍出歸官康熙九年邑大旱知縣張圻隆虔禱于廟迎至雨壇越三日大雨如注有禪紀頌詞一在南關城外一在縣治忠孝坊

張忠烈祠 在縣治東積慶坊祀張公睢陽明崇禎四年知縣林增志創建一在五嶽觀左邑人御史謝師啟建一在縣北五十里神山

文昌祠 在東門內祀文昌帝君康熙五年知縣任邇昉申詳上臺將都府司廢址鼎建前爲山門中爲桂籍殿後爲大士閣康熙九年知縣張圻隆增修垣牖丹雘煥然一新公請百崖大雲和尚後請鳳岡和尚住持今廢基址乾隆二年知縣王雲翔創建龍門書院

吳王廟 在西門外祀三國吳王仲謀邑人中允廖道南題曰嵩岡廟遷年西門衆姓重修

水星殿 在市北水門內舊因河北行將山爲廉貞火星正照縣治城中屢火故作水星殿奉眞武壓之併奉吳將軍丁公承淵後置傍殿一楹暫奉眞武于中位置未妥有待更易旁殿爲邑人馬玉秀變產價置

通天明王廟 在北門內初建無考順治十四年重建

五顯廟 在社壇中常豐廒廟門內左右爲南漕二糧倉一在車埠鎮

侯王廟 在仙雲觀下祀吳鎮牧魯公子敬呂公子明陸公伯言初創無考

東嶽廟 在五嶽觀邑人侍郎魏說創修一在縣西新店鎮

天妃廟 在河北龍翔山之右祀臨水夫人順治中重建一在宦埠驛旁明景泰三年蒲憲副重建崇禎四年知縣林增志復修

王墩廟 在大田畈之內祀三顏公爲明知縣魯栻死難之所今圮廢當修

龍王廟 在縣南荊泉山祀龍王載通志

葛仙祠 在丫髻山祀葛稚川

黃霸祠 在黃霸山近神山初創無考

宣公祠 在盤石湖堤上以修堤濟民奉祀邑知縣宣公名其堤曰宣公堤後以邑令王公捐貲加築新其祠宇里民復祀王公改名宣王堤

古蹟

太平城 吳孫權遣魯肅征零陵于此築城

葛仙祠 葛仙山即丫髻山晉葛洪拜勾漏令棄官修道處

唐宰相竇參讀書堂 在河東濟通志載竇參宅在石相寺參未第于斯肄業山神告當貴既如其言因捨宅爲寺

宋狀元馮京讀書宅 在縣北西頭村

宋置制使趙葵故宅 在縣治西梅隱坊葵父方宦于蒲生葵于此

宋學士廖明略讀書軒 在鳳凰山

宋進士周登仕讀書齋在新溪

宋蘇軾書竹溪堂額在竹山洞

明祭酒魏觀讀書亭在蒲首山

虞帝廟通志載至元間監縣帖木兒創建在龍翔山西相傳舜南廵嘗駐驆于此又云在縣治有斷碑載及二妃事其字漫滅不可考今俱廢

吳將軍丁奉墓在龜湖六口有祠

宋李夫人墓在縣西樓下里在大濟寺側嘉熙中光宗後母李雍王夫人張氏瘞于此

宋陳求道墓在縣東二四都與陂詳見忠烈傳

明中極殿學士黄子澄墓在縣郭家潭之皮堆山文皇靖難以子澄為誅首九宗皆赤㓜子仲眞與義子文富竊其骨瘞于此仲眞潜居咸之濘湖易姓為田名中直生達頴頴生秩仁宗登極褒揚子澄之忠録用其後秩得復姓賜陝西苑馬寺少卿累世通顯今其子姓散處咸蒲間

論曰山水之利於民大矣獨灘堤工之舉壞地嘉魚百年來木石之費築甃搶運民以為艱矜地者勤恤維持則一勞永逸庶幾佚道使民錫福無窮哉

蒲圻縣志卷之三

田賦志序

國家祭祀宴享班祿軍旅之費與民生俯仰飲食百物之需皆寓於田賦田賦者上下一體所以共憂樂而行仁義也考賦之原出於田田有則賦有準禹貢厥壤厥賦上中下之不齊各因縣鄙土地異宜而參伍之定為貢法後世遂多仍其制蒲負山沿水人滿土稀高者田多磽确卑者又皆沮洳以故民多以技藝游食四方倘遇災祲旱澇豈能

免待哺之苦記曰三年耕有一年之食九年耕有三年之食端有賴於人事之補苴矣古者聖王重稼穡敬授人時嚴勸勞勤南畝者不聞有追呼徵歛之擾故其民得以優游而樂業務本而親上讀豳風大田諸什酌兕獻羔有急公向義之懷而上亦藹然與饁餉婦子同甘苦節勞逸恩勤篤閔久而不倦宜其蟠結於民而稱美戴德於無窮也夫民業惰則有未治之田民俗奢則有未輸之賦上無以裕國用下不足養其身家而宰令奉公守法

亟催科事鞭朴甚或朘民以自肥民幾何而不貧

也是在長民者得撫綏之法

田賦志

戶口

明

洪武中

以戶計凡五千二百四十

以口計凡三萬五千八百九十七

永樂中

以戶計凡四千九百七十二

以口計凡四萬四百四十九

宣德中

以戶計凡四千九百四十

以口計凡四萬八百一十七

成化中

以戶計凡四千八百八十九

以口計凡三萬六千四百一十五

弘治中

以戶計凡五千五十九

以口計凡七萬一千八百九十四

正德中

以户計凡五千一百五十

以口計凡七萬一千八百九十五

嘉靖初

以户計凡五千三百六十五

以口計凡七萬一千九百一十

隆慶中

以户計凡五千七百

以口計凡七萬三千三百一十一

萬曆中

以户計凡五千七百

以口計凡七萬三千三百一十一

天啟中

以户計凡五千七百

以口計凡七萬三千三百一十一

崇禎中

以户計凡八千九百七十

以口計凡七萬五千一百九十九

國朝

順治中

以户計凡四千三百二十

以口計凡三萬一百三十

康熙中

以户計凡五千一百三十

以口計凡四萬九十五

雍正中

以户計凡一萬七千八百二十

以口計凡一十萬七百八十

乾隆中

以户計三萬五百五十三

以口計一十八萬三千四百八十五口

原額田三千五百五十二頃八十九畝一分九釐

上田八百三頃六十七畝六分六釐

每畝科秋糧米麥五升三合九勺九抄九撮

九圭五粒九粟該米麥四千三百四十九石

八斗五升四勺每畝派銀八錢八分五釐三毫五絲五忽九微三塵八纖

五渺共銀三千八百四十二兩三錢一分二釐
三毫二絲一忽六微七塵二纖桑稅二絲在內
中田一千一百五十一頃五十五畝八分六釐
每畝科秋糧米麥四升六合該米麥五千二
百九十七石一斗六升九合五勺六抄每石折銀
照前則例該銀四千六百八十九兩八錢八分零
五毫三絲三忽五微四塵八纖九渺桑稅二絲在內
下田一千一百二十頃八畝三分一釐
每畝科秋糧米麥三升五合四勺八抄六撮

七圭一粒九粟該米麥三千九百七十七石
四斗六升八合五勺四抄每石照前則例該銀三千
五百二十一兩四錢六分九釐一毫九絲二
忽六微五纖六渺桑稅二絲在內
山鄉田二百一十頃四十八畝五分五釐
每畝科秋糧米麥二升該米麥四百二十石
九斗七升一合每石照前則例該銀三百七十二兩
七錢九釐一毫七絲四忽六微五塵五纖八
渺桑稅二絲在內

水鄉田二百六十七頃八畝八分一釐
每畝科秋糧米麥一升七合該米麥四百五
十四石四升六合七勺七抄每石照前則例該銀四
百一兩九錢九分五釐六毫六絲二忽一塵
七纖桑稅二絲在內
地二千一百二頃九十畝六分七釐
每畝科秋糧米麥九合二勺六抄一撮該米一
千九百四十七石五斗一合九勺每石照前則例該
銀一千七百二十四兩二錢三分二釐三毫

八絲一忽四微三塵一纖三渺大小二麥桑稅二絲在內
塘二百三十六頃八十四畝八分九釐
每畝科秋糧米一升八合五勺二抄一撮九
圭九粒四粟該米四百三十八石六斗九升
一合四勺每石照前則例該銀三百八十八兩三錢
九分八釐四絲三忽九微三塵九纖八渺小麥
桑稅二絲在內
原額田地塘共五千八百九十二頃六十四畝
七分五釐額載秋糧米一萬五千九百四十

九石七斗六升一合三勺每石每年除優免外科則不等照額徵并新加每石該銀八錢八分五釐三毫五絲五忽九微三塵八纖五渺共徵銀一萬四千九百四十兩九錢九分七釐三毫九忽八微七塵四渺大小二麥桑稅二絲俱在內詳載總考

原額人丁二萬一千一百八十丁每丁每年除優免外科則不等照原額并新加每丁該銀一錢九分四釐五毫五絲七忽五微四塵三纖八渺該銀四千一百二十兩七錢二分八釐七毫七絲七忽八微一塵七纖七渺

以上田地塘米麥絲人丁共額銀一萬九

千六十一兩七錢二分六釐八絲七忽六微八塵八纖一渺

外派漕糧兌軍本色正米二千九百一十九石七斗每石隨耗米四斗該耗米一千一百六十七石八斗八升另正米一石里納船盤腳米三升該米八十七石五斗九升一合　康熙十一年奉

旨每石仍加贈貼米二斗照正米派共米五百八十三石九斗四升

外派南糧本色正米三千三百五十四石八斗每石耗米二斗五升該耗米八百三十八石七斗另正米一石里納船驢腳米一斗五升該米五百三石二斗二升

萬曆四十六七八三年加增地畝九釐餉銀五千九十兩二錢一分八釐七毫四絲

起運款項

戶部項下

解南農桑絹折銀一十九兩四分一釐四毫

原議京損銀九錢五分二釐六絲

京庫米折銀一百三十二兩五錢八分六釐六毫三絲九忽八微一塵

京損解費共銀五兩九錢九分二釐八毫六絲五忽五微九塵二纖四渺

派剩大倉米折銀三百九兩七錢二分

京損解費共銀五兩二錢八分三釐八毫四絲

北京富戶正損共銀一十兩二錢

解南戶口鹽鈔正損共銀九十兩六錢八分九釐一毫五絲八忽七微七塵八纖四渺

帶閏併解費共銀三兩四錢七分六釐三

毫七絲一忽九微五塵九纖三渺內除運夫丁銀

北京庫絹正銀織損共銀一千一百八十四兩二錢八分九釐七毫

新加北絹價銀三百七十六兩八錢一分九釐四毫四絲

蓆竹冏頭等銀七十二兩四錢六分三釐六毫八絲

南糧運官盤纏銀二十兩二項南糧留楚餉兵暫入充餉

攢裁宗祿折色併租銀八百二十一兩一錢六釐一毫七絲五忽一微

損費共銀一十七兩二錢二分一釐九毫七絲二忽五微

柴薪銀九十六兩閏銀三兩二錢內除運入丁銀

茶價正費共銀四十六兩三錢三分六毫除丁

民校銀六十六兩內除運夫

賦役舊編冗款裁剩銀一千三百一十九兩六錢六分三釐二毫四絲九忽六微九塵八纖內除運夫丁銀及改支驛站不敷工并凡項下有丁銀改歸[illegible]載全書

地畝九釐餉銀五千九十兩二錢一分八釐七毫四絲

禮部項下

北京藥味正價銀四兩八錢三分三釐九絲三忽七微五塵外損銀內除運夫

損費共銀二錢一分八釐四毫二絲四忽

解南藥味銀五錢三分六釐二毫五絲內除運夫

兵部項下

江濟水夫銀一千七十二兩八錢九分改歸驛站

損費共銀九兩六錢五分六釐一毫改歸驛站

工部項下

緞疋正價銀一百五十兩三錢損銀二十二兩五錢

遇閏加正損銀三十二兩六錢五分每年帶徵銀一十三兩四分正損內除有丁銀遇閏不在其內

損費共銀二兩四錢二分七釐

弓箭弦條正價銀一百五十五兩六分四釐

損費共銀七兩零八釐八毫六絲

新加弓箭弦條正銀六百八十八兩一錢一

分二釐五毫（乾隆正損係新加價除有運夫）
損費共銀九兩六錢六分五釐七絲
營繕司料銀三百七十兩二錢五分五釐
損費共銀五兩二錢零二毫（正損內除運夫丁銀）
白硝麂皮正損共銀一百九十一兩四錢
盤費銀九錢五分七釐（如遇折色之年每兩另派京損銀九釐今毋年帶徵銀一兩七錢二分二厘六毫其正損內除有運夫）
派剩辰州軍餉奉文改抵辰州府屬白硝麂

皮銀二十五兩六錢二分（內除運夫丁銀）
解費銀一錢二分八釐一毫
辰州軍餉改抵軍器銀五十一兩七錢八分
解費二錢五分八釐九毫（軍器正銀除有運夫）
軍器銀二十兩五錢三分七釐三毫（內除運夫）
解費一錢二釐六毫八絲六忽五微
綾紗紙價銀二百一十一兩五錢五分二釐
四毫九絲五忽八微六塵（候部文到之年方派不必每年帶徵至今未徵）
乾[illegible]等項下

甲丁庫供應等銀四百九十五兩（正損除有運夫丁銀）
損費共銀一十二兩四錢二分四釐五毫
新加顏料銀四百四十八兩九錢四分八釐
一毫（內除運夫丁銀）
隨漕項下
楞木松板銀一十一兩六錢七分八釐八毫
運糧官軍行月二糧銀三百八兩三錢八分
四釐
江西運糧官軍行糧米銀二十三兩三錢三

分九釐四毫五絲
三六耗蓆輕賫銀五百四十兩一錢四分四
釐五毫
解淮損銀五兩四錢一釐四毫四絲五忽
淺船銀六十七兩九錢二分
盤費銀三錢三分九釐六毫（正損內除運夫丁銀）
部解運官盤費銀六兩六錢
安家月糧銀四百八十三兩九錢二分七釐
五毫

存畱支給款項

總督部院

吏書廩給銀一百八兩順治十四年裁銀九十兩康熙元年全裁一十八兩

操賞銀八十兩康熙七年全裁

撫院

吏書廩給銀五百四兩順治十四年裁銀四百二十兩康熙元年全裁

學道

心紅紙張銀五十兩康熙元年全裁

更換桌圍銀五十兩順治十四年全裁

吏書工食銀一百九十二兩順治十四年裁銀九十六兩康熙元年全裁

門子工食銀二十八兩八錢順治十四年裁銀四兩八錢康熙元年全裁

快手工食銀八十六兩四錢順治十四年裁銀一十四兩四錢康熙元年全裁

知府

心紅紙張銀五十兩康熙十四年裁半十五年全裁

桌圍傘扇銀二十兩順治十四年全裁

修宅家伙銀五十兩順治十二年全裁

書辦工食銀一百二十九兩六錢順治九年裁銀五十七兩六錢康熙元年全裁

知縣

俸薪銀六十三兩四錢九分順治十四年裁銀一十八兩四錢九分存銀四十五兩內除丁銀自乾隆元年起每年裁解不一

心紅紙張銀二十兩康熙十四年裁半十五年全裁

油燭銀一十兩順治十四年全裁

修宅家伙銀二十兩順治九年全裁

吏書一十二名工食銀一百二十九兩六錢順治九年裁銀五十七兩六錢康熙元年全裁

門子二名工食銀一十四兩四錢順治九年裁銀二兩四錢存銀一十二兩各役工食原除丁銀至乾隆三年奉文俱補足

皂隸一十六名工食銀一百一十五兩二錢順治九年裁銀一十九兩二錢存銀九十六兩內除一名撥給仵作工食乾隆三年奉文增一十三名

馬快八名工食併草料銀一百四十四兩順治九年除草料不扣外裁銀九兩六錢存銀一百三十四兩四錢康熙十六年裁草料銀八十六兩四錢存銀四十八兩乾隆三年加增幇役一十六名

民壯五十名工食銀三百六十兩順治九年裁銀六十兩存銀三百兩雍正七年撥出八名防護除銀四十八兩乾隆三年加器械四十二兩裁解銀六兩

燈夫四名工食銀二十八兩八錢順治九年裁銀四兩八錢存銀二十四兩內除運夫丁銀雍正五年全裁

禁卒八名工食銀五十七兩六錢順治九年裁銀九兩六錢存銀四十八兩

修理倉監銀二十兩康熙十四年裁半十六年全裁

轎傘扇夫七名工食銀五十兩四錢順治九年裁銀八兩四錢存銀四十二兩

庫書一名工食銀一十二兩順治九年裁銀六兩康熙元年全裁

倉書一名工食銀一十二兩順治九年裁半康熙元年全裁

仵作三名工食銀一十八兩雍正七年奉文皂隸項下撥給

庫子四名工食銀二十八兩八錢順治九年裁銀四兩八錢存銀二十四兩

斗級四名工食銀二十八兩八錢順治九年裁銀四兩八錢存銀二十四兩

迎送上司傘扇每年一十兩順治十四年全裁

縣丞

俸薪銀四十八兩二錢二釐順治十四年裁銀八兩二錢二釐存銀四十兩合官俸銀原除運夫乾隆三年奉文補足

書辦一名工食銀七兩二錢順治九年裁銀一兩二錢康熙元年全裁

門子一名工食銀七兩二錢順治九年裁銀一兩二錢存銀六兩

皂隸四名工食銀二十八兩八錢順治九年裁銀四兩八錢存銀二十四兩

馬夫一名工食銀七兩二錢順治九年裁銀一兩二錢存銀六兩

典史

俸銀三十一兩五錢二分

書辦一名工食銀七兩二錢順治九年裁銀一兩二錢康熙元年全裁

門子一名工食銀七兩二錢順治九年裁銀一兩二錢存

銀六兩

皂隸四名工食銀二十八兩八錢順治九年裁銀四兩八錢存銀二十四兩

馬夫一名工食銀七兩二錢順治九年裁銀一兩二錢存銀六兩

巡檢一員羊樓司雍正五年奉查閉員改設糧道庫大使遺缺將俸工解道給領

俸銀三十一兩五錢二分

書辦一名工食七兩二錢順治九年裁銀兩二錢康熙元年全裁

皂隸二名工食銀一十四兩四錢順治九年裁銀二兩四錢存銀一十二兩解道給領

驛丞三員鳳山　官塘　港口鳳山于雍正六年咨查詳裁

俸銀共銀九十四兩五錢六分鳳山俸銀除丁裁解

書辦共三名工食銀二十一兩六錢順治九年裁銀三兩六錢康熙元年全裁

皂隸各二名共工食銀四十三兩二錢順治九年裁銀七兩二錢存銀三十六兩鳳山工食二名除丁裁解

教諭訓導二員

俸銀共六十三兩四分康熙四年裁訓導銀三十一兩五錢二分存銀三十一兩五錢二分

齋夫六名工食銀七十二兩康熙四年裁銀三十六兩存銀三十六兩

門斗五名工食銀三十六兩康熙四年裁銀一十四兩四錢存銀二十一兩六錢

學書一名工食銀七兩二錢康熙元年全裁

膳夫二名工食銀四十兩廩生支領順治十四年裁銀二十六兩六錢六分六釐六毫六絲七忽存銀一十三兩三錢三分三釐三毫三絲三忽

喂馬草料銀二十四兩康熙四年奉裁銀一十二兩存銀一十二兩康熙十四年裁半十六年全裁

龍亭儀仗修理銀二兩康熙十六年全裁

文廟二祭銀四十兩

啟聖祠二祭銀七兩

名宦鄉賢二祭銀七兩

山川壇二祭銀一十二兩

社稷壇二祭銀一十兩

邑厲壇三祭銀一十二兩
霜降祭旗操賞等銀二兩
鄉飲二次銀一十二兩順治十四年裁銀六兩存六兩
武廟三祭銀三十五兩七錢四分六厘雍正六年奉文
香燭米折銀一兩二錢六分
雎陽白石各一祭銀二兩
厲祭米折銀一兩五分
廩生二十名共銀一百四十四兩廩生支領順治十四
年裁銀九十六兩康熙二年全裁二十四年復銀四十八兩

歲貢盤纏銀一十五兩康熙三年全裁康熙玖年復十五年裁
學道歲考生童合用試卷供應給賞等銀每
年派徵銀五十兩臨期扣銀一十兩協濟江夏搭敞外餘扣
算實用銀數造冊申學道發縣存照順治十四
年奉裁銀二十兩存銀二十兩
又協濟銀十兩康熙十四年裁半十五年全裁三十兩
歲貢生員正貢盤纏花紅旗匾酒席銀一十
兩正陪二名赴考脚力銀各一兩共銀一十二兩二年一貢每
年該銀六兩內除運夫丁銀乾隆二年奉文均派每貢八兩一錢五

科舉生員以三十名為率每名盤纏銀一兩五錢花紅銀九錢
酒席銀一錢共銀七十五兩三年一次每年該
銀二十五兩又原加銀二十五兩四錢一
分六釐五毫康熙十四年裁半十五年全裁
對讀生六名每名銀一兩書手二十名每名銀五錢共
銀一十六兩三年一次每年該銀五兩三
錢三分三釐三毫康熙十四年裁半銀內除運夫丁銀存
刊錚梨板二十塊每塊銀一錢水脚銀一分五釐共銀二兩
三錢三年一次每年該銀七錢六分六釐

七毫康熙十四年裁半存半銀內除運夫丁銀
新舊會試舉人以一十二名為率每名長夫銀二十四
兩共銀二百八十八兩三年一次每年該
銀九十六兩除撥補舖兵工食外存銀六十四兩除丁
本縣應朝盤纏正佐四十兩首領官二十五
兩該吏一十兩造冊紙劄工食銀六兩共
八十一兩三年一次每年該銀二十七兩
順治十四年裁銀一十八兩存銀九兩康熙十四年裁半十五年全裁
分司公綰什物等項銀五兩三錢七分十五年全裁

預備骨花轎等銀二兩三錢三分四厘（康熙十六年全裁）
縣倉內原派剩銀四錢一分二厘五毫（議作四糧除丁解府）
門神桃符春牛花鞭酒席開印封印牲醴香燭等銀共四兩（順治十四年全裁）
孤老十名口（各歲支口米銀一兩八錢）共銀一十八兩又布花銀三兩（內除丁銀乾隆二年赴司領足每年扣存小建口米遇閏除扣存外請補足閏乾隆三年奉文額外召養不拘名數照額赴司請領）

供應銀二百兩（順治十四年全裁）
備用實存銀一百兩四錢（除撥補鋪兵工食銀六十三兩四錢）
存銀三十七兩（康熙十四年全裁）

撥運

科舉銀五十兩七錢六分（康熙十四年裁半存半銀內除運丁）
解費二錢五分三厘八毫（並裁半存銀內除運丁）
時憲書銀九兩五錢五分一厘七毫九絲五忽解費銀四分七厘七毫六絲（正費俱除運夫丁銀）
布政司表夫銀一兩（順治十四年裁銀五錢）存銀五錢（內除運丁）
按察司應　朝長夫銀四兩（順治十四年裁銀二兩六錢六分六厘六毫）存銀一兩三錢三分三厘四毫（康熙十五年全裁）

徭役

縣三十里里分十甲里長三十人（經收錢糧并造冊籍）該徵三十人（收南漕米）兩甲一差五年編審後輪流接管催趲者爲排年後（里長該役）名（里糧）書聽其更換康熙四十年間僉收書（里民書辦）十八人收糧

者爲斗級三十八人（帶造戶籍）奉設滾單聽民自便不拘戶米多少立單催納者爲單首（逾限不納）催追摘差皂隸今令民自封投櫃發串櫃書（僉點書辦）五人總理（戶糧）書各二人（乾隆二年知縣王雲翔革除斗級）
原各里魚鱗丈冊額載版圖自明末兵燹後回祿無存止有丁糧底冊（五年一編）康熙二十年間奉直陳東省詭寄等事案內賣買田地隨推（每年推收里書經造）各自出戶民間貧富不齊致各里糧有多寡（版圖散佚）糧冊斗級經造康熙五十

九年士民議歸房書帶造以斗級每秋更換不便清查收除
協編各巡司弓兵徭編一十二名石頭口六名土門界六名
每名六兩帶閏一錢永克四十二名石頭口七名羊樓司三十五名每名
一兩八分帶閏一分八厘通共一百一十九兩三錢一分
六厘順治十四年裁銀五十九兩六錢五分八厘存半銀撥給鋪兵工食
羊樓司應役弓兵十名每名六兩帶閏一錢共銀六十一
兩順治十四年裁銀三十兩五錢存半銀撥給鋪兵工食
迎送皂隸十名共銀五十兩八錢三分三厘四
毫乾隆三年奉　文加增幇役十名

各舖司兵徭編六十七名共銀四百兩外帶閏六兩六
錢六分七厘永克三十七名每名銀一兩八分帶閏一分八厘共
銀四百四十七兩二錢九分三厘內除運夫丁銀
外各巡司弓兵撥補銀五十九兩六錢五分
八厘羊樓司弓兵撥補銀三十兩五錢備用
項下撥補銀六十三兩四錢舉人會試長夫
撥補銀三十二兩以上俱除運夫實銀六百三十二
兩二分七厘三毫六絲六微九纖六渺八漠
四菘

鳳山舖徭編五名永克五名
彪勢舖　石子崗舖　官塘舖三舖各徭編五名永克二
名　下壠舖　龍坑舖二舖各徭編五名永克一名
參坪舖徭編五名永克四名
洪石舖　來山舖　白石舖　五洪舖　詹
家嶺舖　港口舖六舖各徭編五名各永克三名以上徭編
今每名銀六兩帶閏一錢
荊港舖徭編二名永克二名每名銀五兩帶閏銀八分三釐三毫今均給
北河渡渡夫六名每名六兩八錢帶閏四分六釐六毫共銀一十

七兩八分各渡修船銀三兩二年一修每年
該銀一兩五錢二項共銀一十八兩五錢八
分順治十四年裁半康熙十六年裁盡存銀八兩五錢四分除丁
協編嘉魚縣修堤銀二十兩蒲圻原止協濟嘉魚修堤自康熙五
年知縣任適勷分地修築銀暫貯縣募夫康熙十六年全裁
舊派排夫二百一十名每名七兩二錢帶閏一錢二分共銀一
千五百三十七兩二錢內扣三十名徵解臨
湘縣發長安驛募夫接替又本縣應役六名
走差一百四十名內裁應役六名共銀四十

三兩九錢二分入前舊派改抵新制實存排夫二百四
名每名七兩二錢帶閏一錢二分共銀一千四百九十三兩
二錢八分長安夫改歸驛站餘有均裁存一百二十名銀八百七十八兩四錢

驛傳

官塘驛馬八匹每匹三十兩閏銀五錢共銀二百四十四
兩康熙二十一年共復五十五匹銀一千二百五十兩二錢
鳳山驛馬二十六匹每匹三十兩帶閏銀五錢共銀七百九
十三兩共設四十四匹銀一千一兩六錢雍正六年奉併歸縣裁獸醫工食
港口驛馬四匹每匹三十兩帶閏銀五錢共銀一百二十二

兩復設五十五匹工料藥餌銀一千二百五十兩二錢
官塘驛支應銀二百四十兩舘夫二名每名銀五兩帶
閏銀八分三厘三毫共銀一十兩一錢六分六厘六
毫編給支應銀二百兩各編除舘夫工食
鳳山驛支應銀二百兩舘夫二名編除
雍正六年驛併縣管裁銀八十兩解道存銀一百八十兩歸縣支應
港口驛支應銀一百兩舘夫二名編除
編給支應銀二百兩
編協山陂驛支應銀一百四十兩改歸本縣均編驛站

石頭口驛支應銀五十兩改歸本縣均編驛站
本縣鄉馬三十六匹每匹二十四兩帶運四錢共銀八百七
十八兩四錢後奉編給實銀八百二十兩八錢
奉文裁除鳳山歸縣并裁除鄉馬二十匹工料藥餌解道存馬十六匹
併鳳山馬四十四匹共馬六十四匹共銀一千三百六
十三兩二錢
編解遞運所聽差紅船共銀二百三十四兩七
錢六分
編解驛站買補添設馬價內除添設港口驛損夫工食外共銀

四百一十四兩五錢四分八厘九毫四絲
七忽七微
新設港口驛損夫六十名康熙四十七年奉文添設將買馬銀撥支
共銀四百四十兩四錢五分一厘五絲二
忽三微
以上夫馬工料額銀并長夫山陂石頭口支應
俱內除運夫銀江濟水夫改協驛站編給尚有不
敷康熙二十一年詳奉將順治十二四年新
裁柴薪油燭等款及賦役冗款內銀共一

千四百五兩六錢八分六厘七毫八絲三
忽二微五塵六纖通共銀七千八兩八分
敷足驛站解支之數

襍課

湖州雜課

戶部項下

北京乾魚正銀一十九兩六錢四分七釐損銀
一錢七分六釐八毫二絲三忽
解南乾魚正銀一兩八分五釐損銀二分七釐七毫六絲

五忽

工部項下

熟鐵正銀一百一十九兩九錢五分五釐七
毫九絲每兩京損九釐該銀一兩七分九釐六毫
二忽一微一塵遇閏加銀八兩一錢二分四釐七絲五忽
線膠正銀八兩四錢二分七釐一毫每兩京損九厘
該銀七分五釐八毫四絲三忽九微遇閏加銀
二錢四分
本府魚課鈔銀三十七兩四分五毫八絲遇

閏加銀五兩九錢三分三釐八毫六絲五
忽內長河湖銀二十七兩四分五毫八絲加閏銀五兩九錢三分三釐八毫六絲
五忽眞湖餘利銀十兩

補戶錢糧捕戶出辦

活鹿銀四兩五錢六分三釐九毫五絲
狐狸皮正銀四錢九分五釐五毫四絲每錢京損
九毫該銀四釐四毫六絲

更名地欵項

原額田地四十頃九十二畝二釐

租稞銀一百兩繫黃土畢家畈七里徑屯把鄭偕俊吳敦儒周艮佐
領種
大古城租稞銀三十三兩一分九釐二毫屯把于三楚領種
更名地畝九厘餉銀三十六兩八錢二分
九厘二毫七絲
以上三項雍正七年奉　文丁隨糧派案內
照通省則例均攤加增丁銀二十二兩二
分八毫七忽一微一塵一纖二漠二莈六

沙三灰四漂

康熙三十九年均攤匠班價銀六錢一分八厘一毫二絲二忽七微三塵二纖

雍正七年照例加增丁銀八分一毫三絲九忽四微五塵四纖三漠四茫四沙七灰

耤田

租穀五石雍正四年知縣張朱霖奉　文用價二十五兩買河北龔象萬田四畝九分載糧一斗六升五合每年龔人領種除租一石五斗完納錢糧

義學田

各項存租三石五斗以供祭祀

王知縣暫捐置陳興若田五斗三升尚在續買容後增入

學田

全書載租穀二百四十一石七升

毛知縣買馬熊兆田二十九畝塘一畝納租二十四石

周知縣買馬書田三十畝塘一口屋基一段對山基地一塊納租二十四石

張教官買馬起田二十六畝租一十八石二斗俱張徐魏領種

胡知縣斷出劉燮絕田房產高畔四十四畝五分低田八十五畝一分納租三十三石佃戶吳引領種

吳知縣十七年斷出李寵覇買官田三十一畝

九分五釐地四十三畝七分七釐塘一畝一分二釐納租二十石佃戶毛廷德領種本官二十年又斷出田楚學没官田四十二畝三分地一十八畝塘四畝八釐

本道入官田六十二畝五分塘三畝租穀除減外實納穀六十一石八斗七升佃戶李富領種

汪知縣三十六年申詳生員王四友將田八十畝二分塘三畝抵換原没官李宗熊儒志汪

佩學田七十畝塘三畝每年納租穀六十石

以上應納錢糧俱在租穀之內出辦餘銀

聽學道取用賑給貧生

官地

射圃

鳳山書院變價給帖

舊鳳山驛變價餘納租

高塘背變價餘納租

登瀛坊變價

常豐厫南倉旁地變價倉基現存

豐樂門內變價納租不等俱給帖

豐樂門外壇旁地變價餘地納租

義倉地變價

新鳳山驛變價餘地納租

布政司右側地變價餘納租

縣前地變價餘地納租

縣側地變價

射圃嶺下變價納租不等

大溪口倉基變價詳見前便民倉下

黃堆倉基納租

羊圻納租

舊教塲崇禎四年知縣林增志查出立碑詳見漏澤園右側民地有深溝爲界

按察司舊址變價

北門外納租

車埠納租

以上凡變價者俱天啟年間完餉給帖前載

基地悉依舊志所編

國朝新頒全書載官地租銀二十三兩九錢四分

內鳳山驛七十二間租銀一十三兩八錢三分高塘併縣前共五十七間租銀一十兩一錢二分

奉裁入餉

都撫司自兵燹後止存基地知縣任遡昉率闔

邑鄉紳士民鼎建文昌閣申各上臺

批允在案題額勤碑所餘隙地俱在本閣

香火內管閣把改建龍門書院

班匠 匠戶自班

起運

南人匠實在納班七十三名四年一班該班每名納
銀一兩八錢遇閏加銀六錢除逃亡故絕外
見在納班六十九名每年徵銀四十一兩四錢
解司克餉康熙三十九年奉文均入地丁更名內派徵
田賦總考
原額田地塘共五千八百九十二頃六十四畝七
分五釐
額載秋糧米一萬五千九百四十九石七斗六
升一合三勺并後二麥通共正米一萬七千六十六石一斗七合五抄

額徵併新加共銀一萬四千九百四十兩九錢
九分七釐三毫九忽八微七塵四渺
夏稅二麥一千一百七十八石一斗五合內大麥一百二十三石五斗一升八合五勺每二石折米一石小麥一千五十四石五斗八升六合五勺
稅桑二絲一千三百七十九觔一十二兩五
錢八分以上二麥二絲俱在秋糧內派
原額人丁二萬一千一百八十丁
額徵併新加銀四千一百二十兩七錢三分八
釐七毫七絲七忽八微一塵七纖七渺內
除豁免運夫人丁一百三丁豁除丁銀二
十兩三分九釐四毫二絲七忽一塵一纖
四渺
實在人丁二萬一千七十七丁
實額銀四千一百兩六錢八分九釐三毫五
絲八微六纖三渺康熙十一年編審新增人丁一百三丁銀照原額
地畝九釐餉銀五千九十兩二錢一分八釐七
毫四絲

以上司地丁糧九釐餉銀共二萬四千一百五十
一兩九錢四分四釐八毫三絲七忽六微
八塵八纖一渺
新徵麂皮京價銀二兩七錢二分二釐六毫
徵解優免地丁銀八百三十四兩五錢五釐
一毫九絲一忽一微五塵九纖
南糧驢腳米折充餉銀五百三兩二錢二分
康熙三十九年均攤匠班價銀四十兩七錢
八分一釐八毫七絲七忽二微六塵八纖

康熙四十五年編審新增人丁二丁銀三錢
八分九厘一毫一絲五忽八塵七纖六渺
康熙五十年編審新增人丁二丁銀三錢
八分九厘一毫一絲五忽八塵七纖六渺
實在人丁二萬一千一百八十四丁
實徵丁銀四千一百二十一兩五錢七厘七
忽九微九塵二纖九渺欽奉
恩詔以五十年爲定嗣後加丁永不加賦
雍正七年奉　題請丁隨糧派案内闔省均

攤照例增減共減民賦丁銀一千四百七
十二兩四錢一厘八毫二絲五忽九微五
塵一纖二渺四漠九茫八沙五灰
共實徵丁糧條餉等銀二萬四千六十兩五錢
五分九毫三微三塵九纖五漠一沙五灰
雍正十二年首墾山鄉田三十二畝五分四
厘五毫五絲九忽九微七塵四纖五渺每畝
科糧照前則例該米麥六斗五升九勺一抄一撮
九圭九粒五粟

首墾地七十八畝八分五厘四毫二絲六微
六纖四渺八漠每畝科糧照前則例該米麥七斗八
升八合五勺五抄三撮六圭一粒四粟
首墾塘四畝一分一厘六毫六絲每畝科糧照前則例
該米麥八升二合三勺三抄一撮九圭九
粒八粟
實在開墾田地塘一頃一十五畝五分一厘
六毫四絲五微
新墾糧麥一石五斗二升一合七勺九抄七

撮六圭七粟
派徵銀一兩八錢九分五厘三毫七絲七忽
四微五塵三纖一渺三漠
今田地塘五千八百九十三頃八十畝二分六厘
六毫四絲五微八塵九渺八漠
秋糧米麥一萬七千六十一石六斗二升八合
八勺四抄七撮六圭七粟
今實徵共銀二萬四千六十二兩四錢四分六厘
二毫九絲七忽七微九塵二纖一渺八漠

一沙五厘

除湖洲雜課更名租餉另徵外其起撥存

留裁解悉在數內

兑軍漕糧本色正四米四千八十七石五斗八

升又糧道條陳于四斗外加耗米二斗順

治九年楚撫遲　題請免加康熙十一年奉

旨仍加贈貼米二斗原正米一石里納盤脚米二升船脚米一升共米

八十七石五斗九升一合雍正十年奉文裁革

雍正十二年新墾米正四二耗共四斗一升六合

五勺六抄二撮七圭五粒六粟

南糧本色正耗米四千一百九十三石五斗原正米一石里納船驢脚米一斗五升該米五百三石二斗二

升每石折銀一兩該銀五百三兩二錢二分全數解道

雍正十二年新墾米三斗七升三合九勺三

抄七撮四圭四粒

今實徵正耗贈貼共米八千八百六十五石八斗

一升五勺一圭九粒六粟雍正十年奉

文更定南漕水脚案內每米一石帶徵耗米

一斗水脚銀一錢五分除數派定衛支項外餘剩解道

論曰孟子曰夏后氏五十而貢殷人七十而

助周人百畝而徹其實皆什一也又曰有布縷之

征粟米之徵力役之徵用各以時古田賦之

制彰彰可考三代而下雖漢明帝三十稅一

朱子稱其不愧恭儉之主唐用陸宣公議設

租庸調之法至有明則變通以兩稅皆各做

古人遺意行之

國朝節用愛人計田納賦未及什一而蠲賑有典

徵役無聞卹民力者可謂至矣然謂之民富

今之民貧豈人滿戶溢時會使然與抑亦撫

字者之尚有其道與

蒲圻縣志卷之四

學校志序

先王興教化感人心厚風俗而出治道皆係於學校之設也昔者人類麤生狉獉相仍聖人憂其無以自育而桀猾時起也有井牧以養之導民於耕有品節以閑之使民知教是故於其逸居休力之時聯以親義儀序別之倫重以勞來匡直輔翼之法尤懼其椎魯無文也爲之傳衣雜服以安其體爲之匏豕羽籥疏通知遠以消其鄙倍擴其經綸

應務之能故曰學之成則風俗備材之成則三公百官得其士學校之於家國天下重矣蒲之有學宮也昉於宋紹聖初中間屢圮屢葺廣勵之旨於今爲盛乾隆元年崇

大成殿祀典聚不學之人教之以禮樂之事逾年以來駿奔在廟人人凛至聖之尊故其揖讓舞蹈敬慎不忒驟中韶護於此見人心之向化而禮樂之感人易易也況於讀書而扶名教者哉嗚呼春秋以降聖道衰而微言絕紛紛異學爭鳴陷溺人心漢興羣儒修補六藝皆擇焉不精語焉不詳叉況干戈用武之朝教澤不行於上士之能明其道而不愧爲聖人之徒者幾何

國朝受命海內晏如人享太平之樂崇尚經學得宋儒以爲折衷至於隆師儒勤考課一邑之爲守令者復立義學以倡之其所以振興斯文移風易俗爲國家收得人之益固已至矣吾知英奇卓絕之士必將爭自濯磨勵廉恥之節作萬民倡處爲高士出爲名臣以克彰三代學校之隆也

學校志 學宮 書院 射圃 鄉塾 祭器 藏書

學宮

學宮在縣治之南東臨河濱西倚叠嶂南望桃花北眺行將一邑形勝之區允爲鍾靈毓奇之地宋紹聖初縣令朱壽夅創淳熙十五年令汪泳端平三年令薛儀老元至元五年令王斌復加營搆十九年令韓世輔以舍後高爽建敬德堂至正元年令譚添孫建霽容亭元末燬于兵燹明洪武元年知縣柯日新建殿廡門垣縣丞戴城建攬秀樓二

十四年縣丞王崗建觀瀾亭于庠東及觀德亭于射圃宣德二年知縣吳僖植松于東坡號曰一坡松天順四年僉事劉敷檄典史陳綱建明倫堂及左右齋房毀敬德堂爲神廚牧房成化十二年知縣葛鳳儀增建兩廡及戟門櫺星門前有學門講堂東有膳堂堂後有號房倉廩正德元年知縣徐準縣丞焦貴初建儒學儒林坊騰蛟起鳳坊及名宦鄉賢祠嘉靖十一年知縣吳本固遵例刻御製敬一箴及宋儒五箴于石有亭二十五年知縣

杜增葺廟廡廖道南有記萬曆二十九年先師廟災知縣王之傑鼎建江夏張文光有記崇禎三年知縣林增志署教諭舉人黃衷赤重修文廟廊廡臺砌盡爲整飭縣丞金夢麒督理是役知縣林增志有記學宮之左樹一坊前日儒學後日雲衢明季毀于亂配哲諸賢及兩廡先賢先儒木主悉無存者殿廡上雨旁風無所蓋障

國朝順治六年知縣張蘇捐貲補葺康熙元年知縣任迺昉本學訓導李偁協力修飭稍復舊觀其

明倫堂係

國朝知縣藏成名于順治丙申春鼎建者今亦傾圮康熙十一年知縣張圻隆重建邑人吏部余開熙撰記康熙十五年前所修者多廢壞知縣王來賓修葺邑人吏部余開熙撰記康熙二十二年知縣李清重修邑人吏部余開熙撰記康熙二十六年武昌通判署蒲圻縣印張芑重修有自撰碑記康熙五十八年咸寧知縣劉文燧署蒲篆重修兩廡暨櫺星戟門本學教諭楊尚訓撰記雍正三年

正殿榱桷年久傾頹知縣張朱霖暨教諭徐祠修
理雍正七年兩廡暨櫺星戟門名宦鄉賢兩祠俱
被蟻蝕其學宮左傍圍牆石岸俱經崩頹知縣吳
珽建議倡修教諭鄒受祉督理邑紳士助修七年
秋興工至九年春告成諸生劉文宗周日新等十
人捐修鑫座龍碑先師廟前有栢一株古幹蒼翠上似龍頭呼爲龍頭栢
教諭宅在講堂左廖史學碑載本學基地南至
黃城埠大河北至縣前屏牆東前至大河後至
察院牆察院今改龍門書院東齋學宮宅舊在登瀛坊後

遷學前西至官路北抵魯舉人大啟墻嘉靖二
十二年僉事戴鯨贖入李正英等侵地西齋地
在鳳山書院前十九年巡撫顧璘贖入袁永嘉
侵地後二齋遷入學內左右齋舍訓導齋地以東齋
地爲敬一亭及名宦鄉賢祠後遷二祠于戟門
左右以便祭祀廢地學役賃住西齋廢地萬曆
十七年提學僉事蔡文範批允鄉官何珍價買
南城外臨街地抵換案存縣學天啟二年知縣
吳炳復改遷名宦鄉賢二祠于敬一亭舊址之
左右鼎建祠宇明末燬于兵
國朝名宦鄉賢改祠學宮　戟門左右舊址今存
雍正二年建忠烈祠于明倫堂之左建節孝祠
于　戟門外之西

書院

龍門書院在學宮之東乾隆二年知縣王雲翔因
文昌閣舊址鼎建第一層左爲門樓右爲梯雲亭
第二層爲魁星閣第三層爲聚奎堂第四層爲縈
府飛霞閣祀文昌於其上址鐍龍門之鑰藏題日

龍門書院開基之日適東郊獵人捕虎奉獻乃穿
祠后土識者以爲有風雲之兆云
鳳山書院在學宮之西金鼇山之麓唐時舊庠基
地宋端平間爲五岳觀正德九年提學僉事蔡瀚
肇創爲鳳山書院門題曰靈峯疊翠中曰集雲樓
左曰無逸所前爲願賢堂爲六行齋爲號房右曰
務敏軒前爲文會堂爲六德齋爲號房樓之後爲
六峯亭爲游息所嘉靖十一年知縣吳本固復加
修葺萬曆三年修城據其半以其半爲胡令生祠

萬曆十八年知縣吳弘濟改爲蓴川書院今跡亦没不可復考

新溪書院通志載在新店市宋進士周登仕建今没

大宗書院崇禎辛巳年督學僉事高世泰同本縣知縣鲁栻建今存

心山書院在斗門邑人潘之禎王祚垣馬履昌熊纘武率同學彷白鹿洞學規講學其中

射圃

射圃在學宮之西疊秀峯之陰洪武二十四年縣丞王崗建觀德亭于其上今亦没

鄉塾

鄉塾凡五荆泉社學在荆港舖側北峯社學在詹

家崙舖側桐崗社學在官塘驛側清溪社學在黄壠市中新溪社學在新店市中今亦没

國朝奉文立社學考社師七八爲教讀免其雜役

學田詳田賦志

祭器詳祟祀志

藏書

聖諭六條 仁愛會編

戒居牛文 好生會錄

日知錄 平心論

三釋 本誌

四書六部 易經一部

書經一部 詩經一部

春秋一部 禮記一部

性理一部 五倫書一部

以上各書今俱散失

聖諭廣訓一部 學政全書一部

欽定書經傳說彙纂一部 性理纂要精義一部

欽定詩經傳說彙纂一部

欽定春秋傳說彙纂一部

以上俱奉

旨頒行諸書

論曰學校之與田賦實相表裏也古者井田既定學校庠序之設寓乎其中蒲舊鄉塾射圃書院固其遺意與夫衣食不足而責之以誦詩讀書居仁由義者什不一二故管子曰倉廪實而知禮節足國裕民以行教化其與也浡焉

蒲圻縣志卷之五

秩官志序

大君奉天出治而秩叙班故位曰天位祿曰天祿秩曰天秩又曰天工人其代之非私以與人者也昔者生民之始聚而爲羣羣必有欲有欲則爭爭而不已必就其能斷曲直者而聽命焉是故統於天子分理於公卿大夫侯伯子男上士中士下士之屬自秦易封建爲郡縣內官九職外官九品之法後世因之勢雖不同理惟一致洵乎穎濱之論

封建曰天下之治在德不在勢古今秩序之大原得其宗矣蒲城郭幅員方古子男地其中樹之邑長佐以丞尉聯之以師儒量能而授各有攸司若簿書聽斷農桑禮樂水旱利弊因革之故修其政務得其人以膺其責任其事故夏書曰九功惟叙九叙惟歌戒用休董用威是以上無尸位民皆樂業豈非德惟善政庶績其凝者與夫讞決平則邑無冤獄賦役均則民無苛斂興行興事長吏先勞於上而分贊佐理有其人古所謂以貴治賤以賢治不肖果操何術與孔子曰道之以政齊之以刑民免而無耻道之以德齊之以禮有耻且格居是位者可以知所法矣

秩官志

歷朝秩官年表

漢沙羨縣令丞尉 無考

三國吳初建蒲圻于西夏湖置鎮數代莅者四人

呂岱 有傳　魯肅 有傳　呂蒙 有傳　陸遜 有傳

唐　令　丞　主簿　尉

武德 鄭元瑾 滎陽人有傳　永徽 李必聞 有傳　開元 鄭光系 滎陽人有傳

李必文 名載府志

宋　令　丞　主簿　尉

紹興 朱壽 天長人有傳　舒邦佐 進士江西人有傳　淳熙 趙方 進士有傳

隆興 簡世傑 江西人有傳　淳祐 陳慶勉 進士有傳

淳熙 汪琢 休寧人有傳　景定 蕭之才 名載舊志

錢仁老

端平 薛儀老 永嘉人有傳

元　尹　丞　主簿　尉　典史

至元 王斌 有傳　狄忠 河間人名列宦志　李佑 名載舊志

鄭仔 有傳　李璉 名載舊志

至正 韓世輔 河南人有傳　侯玉 濟陰人有傳

蒲圻縣志　卷之五　秩官志　一

譚天祐 茶陵人有傳　侯矩 名載舊志　劉讓 名載舊志　葛元 名載舊志

明　知縣　縣丞　主簿　典史

洪武 柯日新 湖南平命知縣事平凉人有傳

爾朱欽 四年進士陝西人有傳

丁士梅 餘編修簡知縣事有傳　丁則行　胡 宣城人

李居仁 十年任山東人有傳　戴城 十八年進士初授丞青田人有傳　王俊

黃廣 二十五年任同安人有傳　王綱

錢昭 二十九年任山東人有傳　郝子謙 名載舊志

張煜 吉安人有傳

永樂 吳俊 永樂五年任四川人有傳

蒲圻縣志　卷之五　秩官志　二

洪熙　高鼎元年任有傳　鐵　姑熟人
宣德　杜紳　傅　永豐人
三年任四川人有傳
回裔　陳　楊州人
名載舊志河間人
正統　劉獻名列舊志河內人　陸隆名列舊志吉安人　李璆名列舊志吉安人
胡中　蔣茂　張傑
五年任江西人有傳　名列舊志華亭人　名載舊志
王斌

蒲圻縣志　卷之五　秩官志　三

天順　名列舊志六安人　劉恭名列舊志吉安人　陳綱名列舊志
成化　葛鳳儀　王鎬　徐禧　鄒鎰
七年任天津人有傳　名列舊志樂平人　名列舊志海州人　名列舊志瀘州人
周洪　石中艮　王源　胡瀚
十八年任上海人有傳　名列舊志四川人　名列舊志奉節人　名列舊志光州人
朱賢名列舊志　余潮宗名列舊志貴人　白潮宗名列舊志　湯鎮名列舊志
弘治　羅列三年進士　汪顯
四年任南海人有傳　四年任婺源人有傳
解哲　楊善　謝和　潘佑

一　名列舊志江西人　名列舊志　名列舊志　名列舊志
徐淮九年進士　鄭瓚　段錦　蒲儉
十八年任廣西人有傳　名列舊志　名列舊志　名列舊志
朱鵬
名列舊志四川人
金麒永
名列舊志應天人
正德　李遇
張珮　焦貴　王勝　吳經

蒲圻縣志　卷之五　秩官志　四

十一年任江西人有傳　名列舊志泰州人　名列舊志宿遷人　名列舊志巴縣人
李邦　霍睿　馮經　鄭銘
十六年任四川人有傳　名列舊志綏德人　名列舊志宜春人
蘇琮　楊斌　孫全　吳英
名列舊志江西人　名列舊志劍州人　名列舊志孟津人　名列舊志武進人
韓完夫　計宗　雷鳴高
名列舊志廣東人有傳　名列舊志鳳陽人
韓唐　鄭贇　陳因
名列舊志潁州人　名列舊志成都人　名列舊志山東人

王　毅名列舊志安江人
劉　虔名列舊志四川人
劉善毓名列舊志豐城人
范　言名列舊志浙江人有傳
嘉靖
方一桂二年進士三年任莆田人有傳

吳本固八年進士九年任河南人有傳　廖廷之名列舊志雙流人　何　道四川人
沈　正名列舊志當塗人　何　鯤名列舊志　汪　爵邺門人　黎　山南海人
沈　森名列舊志　汪　遠徽州人　謝　聯
李　桂二十三年任全州人有傳　金允升崑山人　盧敏政　金　驥會稽人
崔一濂　陳國器四川人　汪存古四川人　莫　慰桂林人

羅學禮進士二十六年任南海人　劉芳譽　徐　禎四川人　陳　瀬江西人
羅學禮舉人三十一年任內江人
梁　漢舉人蘇州人　陳世楨　王　恩寧波人
高邦佐舉人四十三年任烏程人有傳
毛　彬舉人青州人
隆慶
陳　顧五年進士東莞人有傳

周　迮舉人忠州人
萬曆
胡其高進士二年任井研人有傳
王三宅進士二年任汲縣人　吳　芝巫山人　艾仲陽四川人　桂一學南海人
劉崇孝南直人　賈紹陽　李　重豐城人
孫體恒清江人　李　桂
章嘉禎進士後陞吏部主事德清人有傳　廖逢吉達州人　羅　亨四川人　王文湛

蒲圻縣志　卷之五　秩官志　七

戴萬年 雲南人
秦周 亳州人
徐時顯 江西人
王言 石埭人
龍顯武 太和人
高畢 進士擢御史淄川人有傳
周希閔 縉雲人
韓雨仲 婺源人
胡中崙 酆都人
呂文夔 全州人
羅愼祥 青陽人
張汝舟 邵武人
李淳胤
唐璒 漢州人
吳弘濟 丙戌進士擢御史秀水人有傳
王嘉言 良鄉人
呂應麟 金壇人
何應瑞 臨江人
倪斯蕙 壬辰進士陞吏部主事巴縣人有傳
景守節 選貢陞知縣安邑人
何汝霖 壁山人
阮士亨 於潛人
王之傑 戊戌進士二十七年任陞刑部遂寧人有傳
唐一德 義寧人
何應珍 彭澤人
張應蛟 山陰人
汪有功 甲辰進士三十二年任擢御史歙縣人有傳
劉正教 滄州人臺斥去
陳若愚 武陵人
黃廷庸 青神人
張光前 庚戌進士三十九年任後陞吏部澤州人有傳
陳克敬 寧德人有傳
王鋭 淳安人
沈倦

蒲圻縣志　卷之五　秩官志　八

顧其仁 癸丑進士四十二年任後擢給事中華陽人有傳
芮攀龍 陝西人
李時楨 浙江人
吳嘉慶 南直人
宜大勳 癸丑進士四十四年任蒙化人有傳
程夢麟 彭澤人有傳
譚希曾 豐城人
魏國尚 合肥人
吳炳 己未進士四十八年任陞工部主事宜興人有傳
陳嘉言 烏程人
劉光聘 青陽人
壽得和 山陰人
天啟
尹洗 壬戌進士五年任擢給事中安肅人有傳
穆枝蕃 南皮人斥去
宗大綬 如皋人罷去
周尚賓 望江人
譚文周 太平人
汪可受 歙縣人
朱文遇 南昌人
崇禎
林增志 戊辰進士元年任瑞安人陞翰林院有傳
金夢麒 桐鄉人
羅宏 三年任京人
林一增 永康人
王元英 四年任雲南劍川籍寧波人
周之藩 灞州人監生七年任
廖道廣 韶州人舉人八年任
杜冏盍 鄞縣人辟
鍾律 諸暨人監

曾　栻臨川人辟舉十二年任有傳
姚繼舜嶽州人貢生十六年任
國朝
順治張　蘇東昌人恩貢二年任

舉十年任
畢必升海門人恩貢十五年任
齊儼然房山人恩貢二年任
鄭國寶大興人吏員九年任
呂榮賓旌德人監生九年任
馬斯才萬全衛人恩貢十二年任

生十年任
毛邦卿溧水人監生十五年任
甯應賓青陽人三年任本年奉裁

阮世澄福建人吏員十二年任
宗大綬南昌人吏員十四年任
楊逢春會稽人十五年任
曹復彬會稽人三年任
劉敬儒保寧人武生七年任
江化龍青陽人吏員十二年任
趙永祿同州人吏

江一經建德人監貢十四年任
王道久陽城人舉人十六年任
任邇昉關中人戊戌進士十八年任
康熙張圻隆西華人辛丑進士八年任
王來賓遼東鐵山人官生特簡十三年任
李　清山西安邑人例監十年任有傳
霍際斯廣東南海人舉人二十四年任
趙景伯直隸鹽山人舉人二十六年任

王　鼎桐栢人歲貢十六年任
陶　璞合水人歲貢十八年任
汪　瀓山東人貢
劉閎儒高淳人貢士十年任
卯　誌直隸天津人例監
李秀發江寧人例監
柳承芳當塗人例監
馮　磚山東人例監二十六年任

員十三年任
唐國弼大興人吏員元年任
潘家進浙江人七年任
趙廸祥直隸人
張如彥山西人三十四年任
徐衍珠山東人四十年任

韓維幹 山東濟州人進士三十一年任
蒙國祚 南海人舉人三十三十任
楊名世 鐵嶺人例監三十三年任
蓋忠[illegible] 山西人四十[illegible]年任
佟寧年 遼東人例監三十六年任有傳
趙昌祚 江南句容人進士四十三年任
丁士[illegible] 直隸人五十二年任
吳益琬 福建安溪

人舉人五十二年任
陳　倬 貴州湄潭人進士五十五年任
王遴秀 福建武平人例監五十六年任有傳
張朱霖 江南大倉人進士五十八年任有傳
雍正
毛之琇 四川松潘人舉人五年任
陳文蔚 鑲紅旂人例監
方廷[illegible] 直隸人六年任

吳　珽 福建將樂人癸卯進士六年任有傳
王　調 鑲紅旂人例監四年任
于　度 直隸安州人歲貢五年任
金在聞 浙江人十[illegible]年任
乾隆
王雲翔 江西新淦人癸丑進士元年任

攝篆康熙以前無考
康熙
馬煥曾 蒲司經歷二十四年攝
張　芑 桐城人二十六年攝
李　鏊 嘉魚令三十年攝
詹象泰 咸寧令三十三年攝

胡儁 崇陽令四十三年攝

尚璠 武昌令五十一年攝

袁霆 興國州同五十三年攝

吳文琦 通城令五十五年攝

劉文燧 咸寧令五十七年攝

雍正 周思呂 舉人 候補五年攝

樊本淏 江西舉人 候補六年攝

乾隆 劉嗣孔 陝西舉人 候補元年攝有傳

論曰虞廷三載考績所以勵臣工安百姓也夫人臣有官守者上報君父下臨兆民其任重其責大故循良之吏忠愛寄於撫字而功利不介於懷若其貪墨居心不能為斯民錫無窮之福則雖考書上上何足以報朝廷哉太史公曰居今之世志古之道所以自鏡也余故論次之將使後之覽者得而採擇焉

蒲圻縣志卷之六

師儒志序

古學校之設豎之師儒所以矜式士子陶淑人才使夫墜斯文綿延而不息故師也者師其道也繫之以儒其平日之所優入者道勝而德崇孔門所謂君子儒成已之學也已成而及物之善具是矣苟居其任而虛其教其量未廣其善已虧兩失之道也是故論教之責不愧不怍以處已與賢養才以蒸物而師儒之名始有以立於天下孔子之學

不厭智也教不倦仁也仁且智其千古師儒之極則乎夫聖廟之祀隆於學宮終日履其堂親其容見其車服禮器七十子之徒環列而侍坐成已成物之衷可油然而生矣蒲之有學宮也人才蒸蔚日與而月新豈非以倡之者得其人與故余論次師儒於斯文繼續之交有厚幸焉

師儒志年表

歷朝教職年表

宋教職官有學正有學諭有直學有掌儀有學訓

學正　教諭　直學　掌儀　學訓

嘉熙　李洪有傳　宋偲名刻舊志　宋侃名刻舊志　黄廷鳳名刻舊志　高啟渭名刻舊志

雷益明名刻舊志　陳圭名刻舊志

黄廷訓名刻舊志　王宣議河南汝陽縣人

元教職官有學正有學長有學諭有直學有學訓

學正　學長　學諭　直學

至元　劉昭名刻舊志　趙子美名刻舊志　楊元孚名刻舊志　黄元善　朱公明

董奇發名刻舊志　宋孟卿名刻舊志　朱公正　黄炎南

項琢

明教職官設教諭一員訓導二員崇禎三年裁革訓導一員

教諭　訓導

洪武　鍾彥良名刻舊志　唐岳六年任劉流寓平江人有傳　馬敬六年任山東人有傳

艾覩九年任邑人有傳

任時用十三年任邑人有傳

栟潤民十五年任有傳

永樂	朱鑑 十五年任擢御史全州人有傳	李德庸 十九年任列擢學邑人有傳	
	甌邦吉 名刻舊志	沈孔熙 名刻舊志柳城人	
宣德	黃純 擢給事中全椒人有傳		
正統	黎公弁 臨川人有傳	曾謨 名刻舊志京山人	蕭子楫 十二年任泰和人有傳
	胡實 十三年任南城人有傳	鄔信 名刻舊志	
景泰		曾鼐 六年任泰和人有傳	曾敢 名刻舊志泰和人
成化	傅善 名刻舊志新淦人		
	嚴謹 名刻舊志浙江人		

弘治	鄭肅 祁門人有傳		
	郭統 名刻舊志吉水人		
	張暕 名刻舊志浙江人		
正德	辛懋 內江人有傳	洪山 名刻舊志成都人	楊克復 名刻舊志宿州人
	郭顯 名刻舊志廣平人	林文禮 名刻舊志古田人	何欽 名刻舊志南海人
嘉靖	羅弼 名刻舊志	甘洪 名刻舊志長壽人	陳伯僑 銅梁人
	歐陽至 泰和人	袁忱 名刻舊志龍泉人	
	裴璋 舉人名刻舊志雲南人	錢儒 騰越人	
	胡乾 舉人臨桂人	胡鐙 會稽人	范時省 華陽人

	陳雲鵠 宜春人	沈英 臨淮人	謝宸 蓬溪人
	康厚 通許人	袁廷光 宜良人	張時秀 南溪人
	馬進階 舉人內江人有傳	蘇顯祥 宜城人	李燮 溧陽人
	吳世忠 舉人陞知縣歙縣人	李圭 繁昌人	王鎬 南平人
	李嘉言 舉人陞同知臨桂人	方夢龍 宣城人	
	李尚德 舉人合州人	李朝陽 綿州人	
隆慶	吳復清 南海人	張大韶 馬龍人	程嘉鳳 彭山人
萬曆	林民止 元年任二年中進士莆田人有傳	蔡仲襄 蓬州人	曾治 彬州人
	王朝典 舉人安福人	袁肅 常州人	伍廷宰 清溪人

	何鍾秀 通江人		
	周允惠 華亭人		
	何師聖 舉人內江人		
	董廷縉 瑞昌人	張儒 鍾祥人	趙子文 歸州人
	張大化 舉人歸善人	楊時霽 寧遠人	
	徐景化 納溪人	吳守仁 衡陽人	
	馬斯良 舉人建水人有傳		
	李世薦 舉人麻城人有傳	崔世忠 江陵人	謝薦 麻城人
	蔡士用 三十四年任邵陽人有傳	何恩遜 安鄉人	田筠 巴東人

廖守遴 常寧人
熊光祖 夔州人

萬 仞 興山人
邢懋才 黃梅人有傳
周延申 蘄水人歷知縣有傳

蔣季烱 舉人全州人
周艮璧 應山人

張應軾 西平人
陳天衢 漢川人

魏開之 舉人京山人
劉秉鈇 廣濟人有傳
王應時 棗陽人

天啟
李不伐 舉人山東人有傳
張存紳 華容人有傳
苗時可 舞陽人

劉 傳 舉人江陵人
梅遇春 當陽人
石應奇 隨州人

崇禎
黃裏赤 舉人宜興人有傳
李必秀 城步人

吳道善 舉人孝感人

王立位 黃陂人歷金華知縣
胡景文 沔陽人

符中天 舉人黃岡人有傳
李 澤 宜都人

李惟晉 監利人

陳一道 江夏人中丁亥進士

國朝教職官設教諭一員訓導一員 康熙四年裁革訓導一員

教諭
訓導

順治
劉 萬 舉人潛江人
周文昱 漢陽府人

蕭世鼎 舉人巴陵人
許師邵 江陵人

熊世謨 江陵人中己亥進士有傳
李光炳 黃安人歷教諭

程艮惺 孝感人中甲辰進士有傳
楊成珙 蘄水人

康熙
徐祚弘 舉人孝感人
李 倆 荊門州人有傳

朱家藩 彝陵州人十一年任

李 亥 鄖西人由當陽訓導十九年任
盧世銓 慈利人十八年任

李必泰 蘄州舉人二十四年到任有傳
程先琦 孝感人三十四年到任

雷 先 巴東人歲貢由零陵訓導四十二年任
方鍾齡 漢川人三十七年到任

楊尚諷 江陵舉人五十六年任
張文秋 黃陂人捐貢四十二年任

徐 桐 漢州舉人六十年任
歐陽迺 漢川人捐貢四十八年任

余澤弘 沔陽州捐貢五十一年任

雍正
鄒受祉 黃岡舉人五年任
欒鳳喈 蘄州歲貢五年任

夏元旦 漢川歲貢九年任

高時健 天門歲貢十一年任

論曰余讀心山社學叙發明人心道心異學俗學之辨洞徹剖晰則師儒中楊先生聖學功臣也若其他振興學校事跡可稽者併録而存之以見蒲邑士子淵源不悖於聖人之道其來有自

蒲圻縣志卷之七

科貢志序

國家無代不需人材而取士之法遞變而遞興故士野處而膺厚秩非功利之圖正誼明道之業也古之取人者卿大夫選士於司徒升之大學論之司馬既乃詔於王而官之當是時立賢用人罔非常德士無苟祿之念學行既優其發而見之事業括囊古今磊磊軒天地固非一技一能之效矣漢興詔舉賢良方正猶爲近古自是而後隋唐定以

科舉有進士之目又有明經之選春官之試其時士子羔雉惟尊詩賦獨宋右進士科變詩賦爲論策時論多歸重之夫漢而唐以迄於宋法與古不皆同要其變而通之以求得真士於三代選士之心未嘗不同也自半山創爲八股有明迄今三途並登遂專重制藝士子束髮受書後無非四子五經講明而切究故士苟篤志自力由窮理格物推而至於修齊治平天民大人之業皆可優爲王文成曰羔雉之餙以將恭敬則知堯舜其君之心

不在於習舉業之後矣蒲科貢之登由制藝起者代有其人其間史冊經濟才猷文章德彬彬可考而散佚無徵僅存姓字者亦復不少然則科貢之傳未彰功業未知於古人恭敬之將何如也嗚呼三代而下取士者登選不一考校各殊終不能齊乎上世人才之盛而論者遂謂制舉[illegible]與尚文而輕行究未可以區區立法求也夫蒸賢育才必反其本則文行同原天下割股廬墓以圖名節在朝廷孝廉之科實行又將安得與

科貢志

歷朝科貢年表

進士　舉人

宋
蔡師古 天聖二年登宋郊榜有傳
廖正一 元豐二年登時彥榜有傳
任獻夫 政和七年登嘉王榜及第有傳
曹大亨 紹興中登第大理評事
倪起潛 端平二年登吳叔吉榜本庠學錄
周登仕 嘉禧二年登周坦榜
劉有開 咸淳元年登阮登炳榜

黃廷訓 寶祐六年以書經中本學掌儀

元
何維 延祐元年以詩

蒲圻縣志　卷之七　科貢志　一

經中□三名有傳
王廷陽 至治三年鄉試中第九名有傳
何槐孫 泰定三年鄉試
江存禮 泰定三年鄉試中式八名有傳
熊愷 天曆三年鄉試一經中第四名
黃溥 至元元年鄉試有傳

何槐孫 泰定四年會試有傳

蒲圻縣志　卷之七　科貢志　二

王顯文 至正十年以詩經中
費原傑 至正十年以書經中

明
進士　舉人　貢監

洪武
鄧奎 字景星二十六年癸酉以詩經中官綿竹教諭
趙德貴 十九年始貢生官兵科給事中有傳
鄢林 二十九年丙子以詩經中官教授有傳
王潮貴 二十年貢府衛知事
陳文禮 二十三年貢有傳

黃煜 二十九年丙子以詩經中有傳　盧崇信 二十四年貢
涂宗富 二十六年貢
鄧槐 三十二年己卯以書經中有傳　彭禮 二十七年貢
宋繼民 二十九年貢廬州府推官
鄧槐 三十三年庚辰登胡廣榜廷試三甲三名有傳　郭敬 字行簡三十二年己卯以詩經中官建始知縣　程遠 三十年貢蒲縣典史
羅綱 三十三年貢易門所吏目

永樂

王愷 元年癸未以詩經中　茅芳 元年貢劍州訓導
王愷 二年甲申登曾棨榜廷試二甲七十三名有傳　羅弘 元年癸未以詩經中　徐思誠 二年貢交趾所屬[illegible]縣

蒲圻縣志　卷之七　科貢志　三

羅弘 二年甲申登曾棨榜廷試三甲三十八名有傳　王原道 字大本三年乙酉以詩經中　唐鐸 四年貢交趾號江州同知
江潮宗 字宗海三年乙酉以詩經中官三江通判　尋原 五年貢交趾屬主簿
龍景亨 三年乙酉以詩經中　曹仲昇 七年貢義烏縣丞
龍景亨 四年丙戌登林環榜廷試三甲六十八名有傳　龍時 字景用六年戊子以詩經中官靈璧教諭　龍潛 七年貢

張從政 字時達六年戊子以詩經中　高大本 八年舉楷書淚渠州吏目
馬駿 六年戊子以詩經中有傳　尹添旭 八年貢無極縣丞
李潮海 字濟夫六年戊子以書經中官慶陽教授　余宗 九年貢
王文友 字三益十二年甲午以詩經中官成都訓導　彭文輝 十年貢府軍衛經歷
劉錫 字成器十二年　熊仕奇 十一年貢

蒲圻縣志　卷之七　科貢志　四

甲午以詩經中　方永慶 十二年貢
吳存性 字尊道十五年丁酉以詩經中　黃鍾 十三年貢
王解 字時化十四年
余恭 字尚欽十五年丁酉以詩經中有傳　貢廷試三十三名第一授宛平縣知縣時稱畿輔循良
宋致中 字中和十五年丁酉以詩經中　來思銘 十五年貢
劉從義 字適宜十五年丁酉以詩經中

劉釗字行遠十八年庚子
以易經中官吉水知縣
徐興賢十六年貢貴州布政司都事有傳
宋庸字用中十八年庚子
以禮記中官巴縣訓導
李廷信十七年貢
李璿字伯政十八年庚子
以詩經中官九江訓導
程景升十八年貢
徐浩字宏海二十一年癸
卯以詩經中官崇仁教諭
仵清十九年貢
黃城二十一年癸卯
李璧二十一年貢

以詩經中有傳
黃墀二十一年癸卯儒士
以禮記中兄弟同榜有傳
田惠
宣德
饒巘元年貢撫寧衛經歷
吳苾二年貢
黃恕四年貢繁昌知縣
王价六年貢建昌縣丞
石昕八年貢東昌通判
尋思聰十年貢夔州府通

統
王文修字三省六年辛
酉以詩經中官涪州訓導
黃鑑三年貢[illegible]邑知縣
但勝恭五年貢鄒縣縣丞
程鏞字汝器六年辛
酉以禮記中官靈寶教諭
唐政七年貢榮昌訓導
王仕昇九年貢重慶知事
龍霖字時濟九年甲
子以禮記中官龍泉教諭
陳茂字茂才十一年貢
貢任廣西平樂所吏目
徐思賢十二年選貢有傳
盧中
鄧從政十二年選貢
九年甲子以禮記中
廖瓊十三年貢永川主簿

盧中十年乙丑登商輅榜廷試二甲七十六名
宋奎字天章十二年丁卯
以禮記中官盧江教諭
李裕十三年貢聊城縣丞
張本家道克十四年貢溫
有傳
廖清十二年丁卯以
書經中有傳
州府推官
景泰
廖俊元年庚午以詩
經中有傳
費敫元年貢官肥鄉縣丞
魏銘元年庚午
以詩經中
江淵二年貢廣西宣化知縣
李溥字公濟四年癸酉以
李銓三年貢[illegible]安縣丞

詩經中四川慶符縣教諭

王璧 字器之四年癸酉以詩經中雲陽知縣　王春 四年貢

魏銘 五年甲戌登孫賢榜廷試二甲三十九名有傳　劉滄 字東之七年丙子以詩經中四川永川知縣　周禧 五年貢萬載訓導

王瑩 字潤之七年丙子以易經中刑部司務　王明 七年貢稷山王府教授

余禎 字廷瑞七年丙子以詩經中定遠教諭

龔晟 七年丙子以詩經中

天順

朱璽 字廷信三年己卯以禮記中官定遠知縣　馬騏 二年貢成都訓導　傅霓 四年貢

周鑑 字孔昭三年己卯以詩經中萬縣教諭　馬衡 六年貢餘杭縣丞　熊梁 七年選貢鹽場大使

石均 字士平三年己卯以禮記中廣德訓導　仵祐 七年選貢洛溶訓導　鄭孜

江晟 字明遠三年己　七年選貢汝源王府教授

卯以詩經中官吳江訓導　任鼎 八年貢新繁教諭

龔晟 八年甲申登彭教榜廷試三甲一百三十七名有傳　王儼 六年壬午鄉試　龍鐸 八年貢府左衛經歷

周章 八年貢宜儀集教諭

成化

梅瑄 字廷獻元年乙酉以詩經中瀘州教諭　王璵 元年貢茂州倉大使

王鑾 字奇之元年乙酉以詩經中兖州通判　彭鑑 二年貢於潛訓導

廖傳 字文弼元年乙酉以書經中刑部司務　譚興 四年貢通州吏目

黃玹 元年乙酉以書經中　饒泰 六年貢貴陽訓導

汪洪 元年乙酉以詩經中順天府第一名　游志 八年貢新野王府教授

汪洪 二年丙戌登羅倫榜廷試三甲一百八十六名有傳　孫暹 字景輝七年辛卯以詩經中　王臯 十年貢汝州訓導

王儼 五年己丑登張昇榜廷試二甲一十七名有傳　黃頤 七年辛卯以詩經中　廖性 十一年貢　李璫 十四年貢元江軍民府經歷

廖佐 字文輔十年甲　王輔 十六年貢青城訓導

黃玹　十一年乙未登謝遷榜廷試三甲十七名有傳
黃顒　十四年戊戌登曾彥榜廷試三甲一百八十三名有傳

午以書經中
徐澄　字潔之十年甲午以詩經中
汪浩　字克渶十三年丁酉以書經中一十二名
仵紳　十九年癸卯以禮記中第四名
廖漢
十九年癸卯鄉試

唐本　十八年貢酆都訓導
連芳　二十年貢射洪訓導
馬文明　二十二年貢蒼溪[illegible]教諭
魏正亨
石維岱
周萬邦
廖賓南
廖維南
周廷璽

仵紳　二十三年丁未登費宏榜廷試二甲一百四名有傳

弘治

江師古　十九年癸卯鄉試
但存學　二十二年丙午以詩經中第二名有傳
魏浤　二十二年丙午以詩經中有傳
魏頎　字元之五年壬子以詩經中
鄭宗仁　字純夫五年壬

廖鏞
陳經
周漢
龔乾中　俱成化中例貢
徐慶　元年貢
徐源　三年貢劍州吏目
宋軫　五年貢

江師古　六年癸丑登毛澄榜廷試三甲一百五十名有傳
廖漢　與江同榜廷試三甲一百七十七名有傳

子以詩經中有傳
鄧榮　字周臣八年乙卯以詩經中德陽原武知縣
魏頌　字麟之八年乙卯以詩經中永寧知縣
鄭宗儒　字秀夫十七年甲子以詩經中鎮江通判
李興賢　字廷賓十七年甲子以詩經中有傳

馬文獻　七年貢德安府學訓導
魏厚　九年貢
唐諳　十年貢句容訓導
魏珉　字世貢十一年貢歸德學正
黃嵩　十二年貢乾江訓導
龔錄　十三年貢
傅涵　十五年貢
李志學　十七年貢元城教諭
馬之龍　例貢

正德

游伸　字邦直十七年甲子以詩經中廣宗知縣
魏頌　字美之二年丁卯以詩經中福州通判
周廷傭　字子臣二年丁卯以詩經中
魏溶　二年丁卯以詩經中有傳
仵瑜　五年庚午以禮

石維山　例貢
但維城　例貢俱弘治中
胡文　元年貢四川成都府訓導子堯元堯凱俱有傳
李繪　三年貢
陳泳
石鏡　五年貢蘄州府學訓導

胡堯元六年辛未登楊慎榜廷試二甲二十名有傳

詎中第一名
胡堯元
五年庚午鄉試
龔良傳五年庚午以詩經中
胡堯凱八年癸酉以詩經中有傳
廖道南八年癸酉以詩經中

七年貢管山教諭
周廷珪九年貢修仁知縣
李仕爵十一年貢綿竹教諭
馬潮十三年貢
黃誇
費軏十五年貢
十五年貢重慶府學訓導
孫壐十七年貢
畢竟成十七年貢

蒲圻縣志　卷之七　科貢志　十一

仵瑜十二年丁丑登舒芬榜廷試二甲四十二名有傳
廖道南十五年庚辰中第二名辛巳廷試二甲第

曾大啟字子正十一年丙子以詩經中
鄭瑝字鳴仲十四年己卯以詩經中
謝存儒己卯鄉試
李璞字中玉十四年己卯以詩經中
游鳳儀字文瑞十四年己卯以詩經中尉氏知縣

劉爵例貢
唐貴
徐應元
沈相
宋尚儒
張詞
俱正德中例貢

一名登楊惟聰榜有傳
嘉靖
龔良傳五年丙戌登龔用卿榜廷試二甲四十八名有傳
謝存儒與龔同榜廷試三甲一百八十七名有傳
馬練八年己丑登羅洪先榜廷試三甲一百五

馬練己卯以易經中
切昱四年乙酉以春秋中有傳
魏正初七年戊子以詩經中有傳
龔良猷字起虞七年戊子以詩經中有傳
饒士亨字行之十年辛卯以詩經中湖豐知縣

龔錐元年貢銅仁府經歷
黃崙三年貢永昌府推官
任翰臣四年貢
廖金五年貢南昌府學訓導

蒲圻縣志　卷之七　科貢志　十二

十名有傳
傅卿本縣人軍籍二十三年甲辰登秦鳴雷榜廷試三甲一百五十五名有傳
張東周二十六年丁未登李春芳榜廷試二甲五十名有傳
魏裳二十九年庚戌

魏表十三年甲午有傳
張東周十六年丁酉鄉試
宋儒珍與張同舉
傅卿癸卯福建鄉試
魏裳二十五年丙午以詩經中十二名
饒敬承丙午中二十五名有傳
鄧廷猷

石鏊七年貢濟源訓導
但偉七年選貢有傳
宋準九年貢
任洛十一年選貢有傳
龔乾中十七年貢
田甫二十年貢
龔良衡二十年貢有傳
周浹二十年貢

登唐汝楫榜廷試二甲十八名有傳
謝鵬舉 三十二年癸丑登陳謹榜廷試二甲三十五名有傳
鄧廷猷 與謝同榜廷試二甲三十八名有傳

丙午鄉試以詩經中
謝鵬舉
三十一年壬子以詩經中
熊兆祥 壬子鄉試有傳
何思登
三十七年戊午以詩經中
魏樸如 四十年辛酉以詩經中有傳

謝存恕 二十五年貢 星子知縣
龔乾瑞 霸州州同有傳
費能達 二十八年貢
劉采 二十九年貢
吳廷儀 三十一年貢
廖仲儒 三十二年貢
表璧 三十五年貢有傳
黃鶴冲 三十六年貢
何珍 三十七年貢有傳

謝師啟 四十三年甲子以詩經中第十名
王良謨 甲子鄉試有傳
鄭之亮 甲子鄉試以詩經中有傳
龔棻
甲子以詩經中有傳
馬之倪

陳緯 三十九年貢
魏正道 四十一年貢教諭
魏正[illegible] 四十三年貢有傳
邱岡 四十五年貢有傳
張謨 東周大子兄諧
謝三訓 有傳
石佩
田稷耕
田汝耕

隆慶

張書 二年戊辰登羅萬化榜廷試三甲一百五十五名有傳

甲子鄉試以易經中有傳
魏拱辰 元年丁卯鄉試
任文定 丁卯鄉試有傳
謝師彥 丁卯以詩經中
張書 丁卯順天鄉試
熊萬伋
四年庚午以詩經中有傳
鄧士達 字行吾 四年庚

廖欽兆 嘉靖恩例貢
魏正叅 元年貢有傳
作寀 元年恩監 宮縣丞
魏桂 二年選貢
廖彥 四年貢
龔乾曜 六年貢有傳
馬之驥
馬命 大足縣丞

萬曆

謝師啟 五年辛未登張元忭榜廷試二甲十六名有傳
謝師彥 兄弟同榜廷試二甲六十九名有傳
何思登 二年甲戌登孫繼皐榜廷試三甲一百四十名有傳

午以詩經中 石泉知縣
龔棹
四年庚午以詩經中有傳
何希孟
四年庚午以詩經中
謝承範
元年癸酉以詩經中有傳
張諧
四年丙子以詩經中有傳

魏翼如 有傳
游良貴
俱隆慶中例貢
羅承榮
元年選貢有傳
王邦
元年貢

余登 四年丙子有傳
龔本 四年丙子以詩經中有傳
鄭燮 四年貢澧州訓導
謝承祚 五年例貢官通判
魏桂 丙子應天以詩經中有傳
任文台 六年貢有傳
王廷策 七年己卯以春秋中二十五名有傳
馬介 八年貢有傳
劉應命 十三年乙酉以詩經中有傳
任啟 字東明十年選貢浦江教諭

周于蕃 乙酉以詩經中有傳
黄展 十二年貢
饒思承 乙酉以詩經中有傳
唐時正 十四年貢
徐錦 十六年戊子以詩經中有傳
田亮耕 十六年貢訓導
何夢星 字季緯戊子以詩經中第五名餘干知縣
王進臣 十八年貢石門教諭
周淳 戊子以詩經中有傳
魏彬如 二十年貢有傳

宋時魁 戊子以詩經中
鄭怡 二十一年選貢河陽知縣
袁昭文 十九年辛卯以詩經中有傳
謝恩望 二十二年貢
謝自修 字敬之辛卯以書經中上林知縣
丘之櫝 二十四年貢項城訓導
鄧士亮 辛卯以詩經中二十一名有傳
祝于祖 二十六年貢磁州訓導
魏詔 辛卯以詩經中
鄧一鶚 二十八年貢教諭

馬天錦 二十三年乙未登朱之蕃榜廷試三甲一百四十五名有傳
魏說 二十六年戊戌

魏說 二十二年甲午以詩經中第五名
宋儒傑 三十年貢夔州教授
馬天錦 甲午以易經中
吳宁 三十二年貢襄陽訓導
張于階 甲午以詩經中有傳
任遇隆 三十四年貢有傳
魏行如 二十五年丁酉以詩經中第八名
何夢周 三十六年貢有傳
汪宸 丁酉以軍籍中
孫承烈 三十八年貢

登趙秉忠榜延試二甲五十名有傳

貴州鄉試官知州

魏清如 二十九年辛丑 登張以誠榜延試三甲五十名有傳

張于陞 字青如三十一年癸卯以詩經中二十四名舞陽知縣

米濟世 四十年貢永州教諭

王台彥 癸卯以詩經中有傳

費裕德 四十二年貢

熊崇 字德門癸卯以易經中

但維節 四十四年貢訓導

張時熙 癸卯以軍籍中順天鄉試

龔逢曆 四十七年貢湯溪訓導

劉朝薦 字開受三十四年丙午以詩經中十二名

馬宗儒 府學貢樂會教諭

宋時魁 三十二年甲辰 登楊守勤榜延試三甲六名有傳

饒若蒙 丙午以詩經中有傳

羅冕 四十八年貢湘鄉教諭

張時雍 丙午以軍籍中順天鄉試

謝三進

魏詔 三十五年丁未 登黃士俊榜延試三甲二十[illegible]

任經世 三十七年己酉以詩經中十八名有傳

但維簡

魏粟如

馮玉 己酉以詩經中有傳

鄧士望 有傳

王學孔 有傳

黃國昇 四十年壬子以春秋中第一名有傳

謝思廸

王鼎彥 壬子以詩經中有傳

謝思相

龔逢堯 益都主簿

張時雍 四十一年癸丑 登周延儒榜延試三甲八十二名有傳

龔逢祥 四十三年乙卯以詩經中有傳

鄧士元

謝自治

謝廷蓀

鄧日崇 字㠂生乙卯以詩經中官江西贛州府同知

魏許 字寧羲州判

謝增

米良崐 四十二年乙卯以詩經中有傳

馬天銘 有傳

劉調鼎 俱萬曆中例貢

泰昌

劉光輝 元年恩貢有傳

天啟

余宗 字襄城四年甲子以詩經中十七名官工部郎中

徐邦隆 元年恩貢有傳

李師綱 二年貢沔陽州訓導

龔維三 甲子以詩經中有傳

李甲 四年貢

鄧日芳 字茂叔七年丁卯以詩經中二十九名

余應治 字進之六年貢

魏方琨 字越石例貢

李軫 丁卯以詩經中

張叔吉 例貢

崇禎

四十五名有傳

謝爾煥　例貢

李甲　三年庚午以詩經中二十一名有傳

黃中通　元年恩貢

鄧之梅　字京白庚午以詩經中二十三名

魏諶　三年貢平江訓導

舒鳳池　字湛遠庚午以易經中五十名

鄧日昌　四年貢

但鼎　字象州六年貢

李應謙　字彥吉癸酉以詩經中崖州知州

雷御龍　八年拔貢鳳陽

黃中通　字理中丙子以詩經中朝邑知縣同知

古大復　字鉉一九年貢黃岡教諭

鄒振奇　字膺人己卯以詩經中

魏詒　字穀生十二年貢

謝胤璜　己卯以詩經中有傳

陳明廷　字子介十四年貢

鄒旻　字秋生例貢

黃鳴陽　字山旭己卯以詩經中當陽教諭

楊濬　字孚明十五年貢

馬淑昌　字彈若壬午以易經中

鄒應錫　壬午以易經中有傳

國朝

順治

張啟豁　字奎明三年丙戌鄉試以詩經中

鄒大賢　元年歲貢

龔逢烈　字無競副榜三次三年恩貢廷試考上上卷授知縣改授華容縣教諭

張瑾光　五年戊子以詩經中第六名

余開熙　己丑乙未登史大成榜進士廷試三甲一百五十名官吏部文選司郎中有傳

余開熙　字時純五年戊子以詩經中三十二名

饒弘人　字能伯三年貢

唐徵汝　字聲子五年拔貢有傳

馬淑昌　壬辰乙未登史大成榜進士廷試三甲一百四十名商水知縣

任自弘　字毅心甲午以詩經中靈寶知縣

邱令芳　字芬遠五年貢有傳

徐淑嘉　字爾會甲午以詩經中八十名

廖志鵬　字翮旗六年貢

張瑾光　十六年己亥登徐元文榜進士廷試三甲二百二十二名有傳

任崇　字山宗甲午以詩經中九十八名有傳

張奇勳　字以定七年選貢

周成臣　字魯生七年貢

徐淑嘉　十八年辛丑登

謝紹慶　字可庭八年恩貢

蒲圻縣志　卷之七　科貢志　三一

馬世俊榜進士廷試二甲六十四名歷任羅城知縣

魏文煌 字于?九府學貢通州學正

黃金門 字獻卿 府學貢

龔維祚 字永叔 十年貢

牧縣教諭

潘之禎 字木仲 十一年

恩貢官楚雄知縣

駱中駿

字伯顧十一年貢

張大綱 字伯常 十五年

貢

龔瑾

字伯懷十七年貢

沈芳嗣

字聲遠十八年恩貢

康熙

任熙聯

字公韜元年恩貢

鄧日章 字君煥 元年貢

方之煥 字炳公 府學貢

蒲圻縣志　卷之七　科貢志　三二

謝元覲 字用吉 三年貢

鄧蜚英

王祚垣 字煙非 丙午以

字羽上邑人巴陵貢

詩經中第四名

徐維機 字鷗侶 例貢

黃錫

李萌 字仲復 八年貢

字蜀肴丙午以詩經中

但近迥 字君常 十年貢

徐美大 字亦人 巳酉以

魏方恕 字[redacted] 十二年

詩經中六十二名

貢

徐美大 九年庚戌登蔡

李應晉 字[redacted] 十四年

啟傳榜進士廷試三甲五

宋希若 字夔夫 十一年

貢

十九名

壬子以詩經中二十名

謝長慶 字[redacted] 十六年

龔瑋 字玉特 壬子以

貢

詩經中三十三名

徐維椿 字[redacted] 十八年

馬之鵬 二十四年乙丑

吳之騄 字[redacted]

貢

登陸肯堂榜進士有傳

附江南鄉試中式[redacted]

劉愷 字[redacted] 二十年

謝登啟 字石郎 戊午以

貢

詩經中三十八名

田承琿 字[redacted] 二十二

年貢

馬之鵬字文淵辛酉以易經中第八名 劉洪大字二十[redacted]四年貢
劉之翰字鳳岑甲子以詩經中五十八名 黃鳴鍾字二十[redacted]六年貢
程材傳五十年癸巳恩科登王敬銘榜進士廷試三甲一百四十八名現任陝西榆林府葭州知州
詹述字[redacted]庚午以詩經中十三名 王祚城字[redacted]二十八年貢
江定召字首南庚午以詩經中十七名 李應彥字三十[redacted]年貢
宋日誠字[redacted]癸酉以 彭大章字三十[redacted]二

蒲圻縣志　卷之七　科貢志　二三

周兆豳字[redacted]己卯以詩經中四十一名 龔維亮字三十[redacted]四年貢
詩經中十九名年貢
王元勳字資萬戊子以詩經中三十五名 宋之一字三十[redacted]六年選貢
曾濯聖字曉菴辛卯以詩經中第三名 萬室憲字二十[redacted]六年貢
程材傳字晉懷辛卯以詩經中三十五名 白瑚字[redacted]例貢
熊嘉字[redacted]例貢

馬一采字樸存辛卯以詩經中八十九名 客榮祖字三十[redacted]八年貢
李曰瑚字介眘癸巳以詩經中四十一名任鄖陽教諭 徐美政字[redacted]四十年貢
梅任字[redacted]癸巳副貢候選教諭
李伍字蘊材甲午以詩經中六十一名 葉應時字[redacted]四十二年貢
鄒祖嶧字[redacted]例貢漢陽縣訓導
洪瑟字[redacted]甲午以詩經中七十六名 朱藻字四十[redacted]四

蒲圻縣志　卷之七　科貢志　二四

馬格字[redacted]甲午以詩經中九十五名 魯必大字[redacted]例貢
馬士龍字作衡丁酉以易經中八十二名 賀日運字四十[redacted]六年貢
張濤字海來丁酉以詩經中八十八名 何佩字[redacted]例貢當陽縣訓導
夏瑚字四十[redacted]八年貢
唐有勛字四十[redacted]八

年選貢

宋之柳字[redacted]五十年
貢

田起瑞字[redacted]五十二
年貢

任奇澤字[redacted]例貢鄖
縣訓導

唐有恒字[redacted]五十四
年貢

李如歐字[redacted]五十六
年貢

謝潰字[redacted]例貢

盧逢益字[redacted]五十八
年貢

方日躋字[redacted]六十年

彭祖武貢

雍正

馬士龍五年丁未登彭啟豐榜進士廷試三甲一

萬大中字時菴甲辰以詩經中四十二名任竹谿

駱之遴字[redacted]元年貢

周升遴字[redacted]三年[redacted]

百二十三名

教諭

余裔楫字[redacted]五年貢

魏之仁字陽元已酉以禮記中第五名

林盛字[redacted]例貢

邱之成字[redacted]七年貢

熊之岐字鳳岡壬子以易經中二十五名

廖金聲字[redacted]七年選
貢

彭尚愫字[redacted]九年貢

李如孟字[redacted]十一年
貢

李祚培字[redacted]例貢

程世焜字[redacted]十三年
貢

李標字[redacted]十三年
選貢

乾隆

張開楙字匀伐戊午以易經中十七名

陳王建字[redacted]二年貢

徐文輝字[redacted]四年貢

張孺子字過黃

康熙三十年貢授咸
寧縣訓導

科貢志

武科附

明

萬曆以前無考

進士

張時麟 三十三年乙巳中會試武進士官至鮎魚關叅將

舉人

張時麟 字季昭蒲圻人三十一年癸卯以錦衣衛軍籍中順天京衛武舉

崇禎

馬際昌 字騁吉三年庚午中式官至副總兵

王武臣 字蒞菴十五年壬午中式順治九年署安化縣篆歷任浙江遊擊

國朝

順治

張昇 時麟子五年戊子以鑾儀衛旗籍中山東鄉試

康熙

費珪 字子玠號嶧山二十年辛酉中式第二名

楊四美 字[redacted]二十三年甲子中式

[redacted]

朱瑚 字次藊四十一年壬午中式二十八名

文振卓 字扶搖五十年辛卯中式三十名

李自遂 字順輔號月麓五十三年甲午中式三十八名現任山東大嵩衛守備

雍正

宋策勳 字功垂號安山十三年乙卯中式第六名

論曰科貢之盛衰關乎學校古者建官惟賢位事惟能黨有庠術有序論秀書升之法固在師儒陶冶中也

國朝崇尚經學廣立書院所以振興斯文培養人才固已至矣是在其奇特達之士爭自濯磨連彙而登何難媲美虞周與五臣十亂等爭烈哉

蒲圻縣志卷之八

辟舉志序

辟舉之典隆於三代後世以科目取士亦時兼行之是故士之積行於家而聲譽上聞豈漫然相遇子思子曰獲乎上有道不信乎朋友不獲乎上正此謂耳古者言揚行舉選士於鄉閭然朝廷簾遠無以周知天下事惟獨行君子樂道尊德深結於平時相與爲競之人一旦以其薦剡之責各舉所知辟而登諸位豈有負哉夫順親信友之儒其敬

上必誠憂國愛民之心必至固非尸位苟祿之行矣三代而下歷代名臣良將舉賢自代兢兢選擇之嚴亦以付托得人克承其公忠體國之志也考蒲舊誌所載當有明洪武初膺辟舉之任如魏徵君章其人者固彰彰簡冊矣我

朝聖聖相承屢事徵辟而蒲寂焉無聞至

世宗憲皇帝開保任之法薦舉者亦寥寥二三豈山林隱逸抱膝長吟伏而不見者尚有其人與夫自炫自媒士女之醜態世之奔走聲氣嘔頭狗苟以

希一日之榮名其品行固不足道矣若夫士修於
家用行而舍藏內不愧俯仰中不負朋友上不欺
君父則天下之善士國家公輔股肱之託也於蒲
邑士子不能無厚望焉

蒲圻縣志　卷之八　序　二

辟舉志

明

洪武初年魏　觀　徵聘有傳

李德庸　屢徵不起至洪武十九年聘授訓導有傳

陳汝楫　舉明經

黃師曾　辟訓導有傳

燕遺民　屢徵不起有傳

田　賦　應求賢詔有傳

李　懋　武昌府志載辟舉

蒲圻縣志　卷之八　辟舉志　一

十六年何　爚　舉秀才十七年復以明經薦有傳

馬　敬　舉明經有傳

九年艾　觀　薦授縣學有傳

十三年王德原　舉聰明正直有傳

十八年王允茂　舉明經有傳

任時用　舉明經有傳

張志邇　舉明經授通州州判

龔　善　舉明經　名載武昌府志未詳何年

國朝

論曰有非常之人品乃有非常之拔擢有非
常之拔擢即有非常之勳猷若高宗之傳說
湯之伊尹桓公之管仲殆其人與夫破資格
以求賢僅僅以奔走禦侮効器使之能固已
下矣况於處士虛聲無行而負人家國者乎
然則辟舉之任重矣哉

蒲圻縣志卷之九

誥敕誌序

蒲誌所載誥敕唐宋以前書闕有間矣明代三百
年以迄國初上自王盧下至鄧鄒凡五十餘人姓
字爵秩見於邑乘者彰彰可考蓋自舊誌纂成後
於今六十餘年中叨
恩寵者又得若而人傳採修補彙爲一卷於是蒲
邑誥敕之典以昭敘曰昔武王周公以達孝之聖
定制作之宜當日由大王王季上及其始祖至於

后稷追王崇禮以展人子孝親之誠可謂至矣又
推錫類之仁以斯禮達於諸侯大夫後世因其制
以故三代而下爲人臣者得以一命之榮顯揚其
祖父此固先王孝治天下之大經也語曰求忠臣
者必於孝子之門吾力之所不能致於親者惟君
之賜勸忠之意可油然而生矣故爲人臣者或虛
其賜無以結其忠則敬君之意薄愛親之誠淡視
封誥寵榮皆誇耀名位之迹耳其得罪於君親孰
大哉孟子曰孝子之至莫大乎尊親　國家褒封

慶錫使存没俱露固欲天下人臣之皆孝子也夫尊親之分窮於人子者無不可得之於君然則不後其君即不遺其親矣天下鞠躬盡瘁之臣國爾忘家豈不愛其親之人乎詩曰夙夜匪懈以事一人忠之屬也庶幾不匱孝思者哉

誥敕志

明誥敕表 襲蔭附

	制誥	敕命	襲蔭
洪武			汪清 世襲官明威將軍有傳
			汪旻 清侄世襲龍海衛指揮
			汪迴 清孫世襲
			汪鏞 清元孫世襲
永樂			漆永受 世襲官千戶有傳
			漆永春 永受弟永受無嗣以弟襲蔭
			漆景 永受侄調岑溪
正統	王允茂 偉之父正統中誥贈奉政大夫修政庶尹廣西按察司僉事		
			姚鎮東 襲指揮
景泰	盧貴賢 中之父景泰中誥封奉政大夫刑部江西清吏司員外郎		
			劉鐸 官指揮同知世襲有傳

成化

劉志清　鏜之父　成化中

誥封明威將軍母王氏封太恭人妻徐氏程氏俱封恭人

龔濟　晟之父　成化中

敕封文林郎江西道監察御史晟母曾氏封大孺人晟妻黃氏封孺人

劉閑　鏜孫襲　指揮

劉愀

汪勝　洪之父

敕封承德郎戶部山東清吏司主事

黃城　玹之父

敕封文林郎廣東道監察御史母熊氏封太孺人妻石氏封孺人

江旭　師古之父

敕封承德郎工部主事母李氏封太安人妻唐氏封安人

嘉靖

廖漢　道南之父　嘉靖中

敕封承德郎翰林院侍講母黃氏封太宜人妻江氏封宜人

謝允勝　存儒之父　嘉靖中

誥封奉政大夫戶部郎中母崔氏封太宜人妻甘氏封宜人

龔綵　良傳之父

誥贈奉政大夫浙江僉事母王氏誥贈宜人妻蔣氏張氏封宜人

汪軾　啟東之父

敕贈徵仕郎經歷母吳氏妻項氏俱孺人

馬文獻　綵之父

張璽　東周之父

敕封承德郎禮部主事母陳氏封太安人妻余氏封安人

誥贈中順大夫河南府知府母[illegible]氏妻[illegible]氏封恭人

魏正蒙　崇之父

誥封中順大夫山東濟南府知府母李氏封太恭人妻劉氏贈恭人有傳

鄧友信　[illegible]之父　十五年九月

敕贈承德郎戶部浙江清吏司主事母湯氏封太安人妻呂氏封安人

萬曆

謝明　鵬舉之祖　父萬曆初

誥贈通議大夫戶部侍郎祖母陳氏贈大淑人

王世彥　直謨之父　萬曆中

敕贈文林郎四川蓬溪知縣母徐氏贈太孺人妻羅氏封孺人

作審　以父瑜死諫　受蔭官縣丞

謝覓　鵬舉之父

誥贈通議大夫戶部侍郎母張氏贈太淑人妻全氏封淑人

鄭琳　之亮之父

敕贈文林郎臨淮知縣母龔氏贈太孺人妻曾氏魏氏孺人

何珍　思登之父　十一年

誥封刑部郎中母黃氏封太宜人妻鄭氏封宜人

謝三訓　師啟之父

敕封文林郎陝西道御史母鄭氏封太孺人妻楊氏封孺人有傳

任洛　冬廷之父　二十一年

誥贈奉政大夫南陽府同知母任氏贈宜人妻馬氏封宜人

謝鵬昇　承範之父　二十四年

敕贈承德郎吉安府通判母項氏贈安人妻陳氏贈安人

一

饒相　敬承之父

誥贈奉直大夫廣西賓州知州母楊氏贈宜人妻李氏封宜人

馬介　文錦之父

敕贈承德郎工部主事母黃氏魏氏贈安人妻魏氏封安人

謝鵬舉　承爵之父

進階資政大夫母全氏加封夫人妻馬氏封安人

魏科　祈卿之父　三十年三月

敕封徵仕郎翰林院待詔母李氏贈孺人俞氏封孺人妻謝氏贈孺人

謝承爵　以父鵬舉　蔭官通判

袁盛　昭文之父　四十年九月

敕贈承德郎徽州府通判母吳氏贈安人妻沈氏封安人有傳

宋維義 時魁之父
敕封文林郎行人母何氏封孺人妻魏氏封孺人

周鎬 于番之父
敕贈文林郎推官母游氏贈孺人妻詹氏封孺人

天啟

魏翼如 韶之父萬曆四十年年九月已贈天啟三年三月復
誥贈中憲大夫江西按察司副使母陳氏贈恭人妻龔氏贈恭人

鄧廷珮 士亮之父二年三月
敕贈文林郎肇慶府推官母田氏陳氏封太孺人妻但氏汪氏俱孺人

周邦選 淳之父天啟四年
誥贈奉政大夫山東兖州府同知母曾氏贈宜人妻熊氏封宜人

饒敬承 若蒙之父六年九月
誥贈奉政大夫母李氏楊氏贈宜人妻宋氏周氏俱宜人

王學孔 皇彥之父
誥贈奉政大夫思南府同知母但氏贈宜人妻魏氏贈宜人

崇禎

魏裳 說之祖父二年三月
誥贈通議大夫戶部侍郎祖母劉氏贈淑人

鄧士毅 星棻之父二年
敕贈文林郎贑州推官母龔氏贈孺人劉氏封太孺人妻劉氏封孺人有傳

魏彬如 說之父二年三月
誥贈通議大夫戶部侍郎母錢氏贈淑人妻宋氏贈淑人

國朝誥敕表 襲蔭附

制誥 敕命 襲蔭

順治

鄧守弘 應錫之父六年正月
敕贈文林郎太湖知縣母余氏贈孺人妻宋氏封孺人

康熙

馬宗昌 之鵬之父五十年
誥贈奉直大夫工部虞衡司員外郎母王氏妻王氏封宜人

劉洪魁 鐸之裔康熙七年
部授武昌左衛領運百總

唐巽汝 有勳之父六十一年
敕贈文林郎四川綦江縣知縣母仵氏妻廖氏贈孺人

雍正

徐淑嘉 而發之祖二年
誥贈奉政大夫河間府同知祖母鄭氏贈宜人

徐極 而發之父二年
誥贈奉政大夫河間府同知母張氏贈宜人

李正箕 曰瑚之父十三年
敕贈修職郎鄖陽府鄖縣教諭母魏氏贈孺人

乾隆

程懋昌 材傳之祖元年
誥贈奉直大夫葭州知州祖母周氏贈宜人

程之逵 材傳之父元年
誥贈奉直大夫陝西葭州知州母魏氏贈宜人

論曰誥敕之典重矣故身致通顯者叨一日之榮寶而藏諸家雖其子孫世世守之猶珍若琬琰非以其恩遇至隆哉予觀蒲誌所載忠烈勳猷代不乏人大約皆不忘其君父者然則人心感激報效之忱又未一日或泯者矣

蒲圻縣志卷之十

宦蹟誌序

自古化民成俗先定其規模務在推不忍之心以繼政故其樂利之休可大而可久昔召伯以文王之政化其民故甘棠之咏傳於南國至若鄭大夫子產因時取濟吾夫子以惠人稱之當日市恩之見不雜於懷以故立政行仁推誠任公無非立達衆人之至意然則二君之及於民如此如之何而使其民能忘之也蒲自建邦以來若邑長師儒丞尉之屬舊誌所載彰彰可考邇來歷年既久姓字功烈多散佚流落間有遺碑斷簡可攷證者什存

二三夫流風善政蒲民之所長享無窮者竟不名為誰氏之所貽使其思慕不伸尸謳莫屬而當年父母赤子之懷無所表暴於當世咎將誰任哉余廣搜博訪徵文考獻驗諸故老所傳聞紀其年表姓氏及政蹟行誼可稱道不朽者彷古人列傳之意錄而存之使後之披讀者精神感召慨然想見其人曰此古之遺愛南國之甘棠則又人心樂道

之公不容自泯也夫前事之鑒即後事之師居其
位者又當知所稟矣

宦蹟志 攝篆附

秩官列傳

三國吳 鎮牧

吕岱字定公廣陵海陵人初爲孫權幕府屬曹建安二十年督孫茂等取長沙三郡還廬陵守延康元年代步騭爲交州刺史封都鄉侯進番禺侯黄龍三年召還屯長沙漚口嘉禾三年領潘璋士衆屯六口徙蒲圻四年討賊有功遷上大將軍復還蒲圻乃分武昌爲兩部自武昌至蒲圻爲右部岱年已八十清身奉公所在可述九十六卒子凱嗣爲副軍校尉監兵蒲圻遵岱遺令務行儉約

魯肅字子敬臨淮東城人體貌魁梧少有壯節好爲奇計事孫權爲贊軍校尉與周瑜共破曹操于赤壁後瑜病篤薦肅自代乃拜肅爲奮武校尉建安十五年晉秩漢昌太守屯兵六口歲恩大行年四十六卒權慟之特至諸葛亮亦爲發哀子淑嗣爲昭武將軍督武昌嚴整有方幹

呂蒙字子明汝南富陂人年十五六時隨鄧當衝破賊鋒孫策奇之引置左右拜別部司馬後事孫權拜平北都尉橫野中郎將偏將軍魯肅代周瑜之六口遇蒙屯下蒙爲畫計肅大嘆服曰吾不知子明才略乃至此肅卒拜蒙爲虎威將軍屯六口倍修恩好晉秩漢昌太守封孱陵侯食下雋劉陽漢昌州陵諸邑季四十二卒今縣治西南五十里尚有蒙所築城相傳曰太平城云

陸遜字伯言吳郡吳人初事孫權爲幕府屬曹尹屯田都尉呂蒙至都權問誰可代卿蒙曰陸遜意思深長才堪負重觀其規慮終可大任乃拜遜爲偏將軍代蒙鎮六口晉秩宜都太守撫邊將軍封華亭侯後領荊州牧改封江陵侯黃龍元年拜上大將軍赤烏七年代顧雍爲丞相年六十三卒子抗襲爵

程普字德謀北平人也從孫堅孫策征伐屢立戰功策嘗攻祖郎大爲所圍普與一騎共蔽捍策驅馬疾呼以矛突賊賊披靡策因隨出後從討劉勳于尋陽進攻黃祖于沙羨策卒與張昭等共輔孫權與周瑜爲左右督破曹操于烏林又進攻南郡丞曹仁拜裨將軍領江夏太守治沙羨食四縣普性好施與喜士大夫又年最長時人皆稱程公

唐令長

鄭元璡鄭州滎陽人漢大司農當時之裔魏鴻臚少卿胤伯之元孫也唐武德初平蕭銑郡縣

湖南元璡首爲蒲圻令時值西良水淤瀕疏請改于鳳山監地建署宇開學校闢土田定經制厥功居多子楚碁爲青州司馬厥後族胄入相者九人

宋令

朱壽楊州天長人紹聖中爲蒲圻令邑人張拔撰學碑記云蒲學宮創于宋紹聖間大成殿爲令尹朱壽建壽典文教民俗歸淳官至少卿

簡世傑字伯俊江西靖安人隆興元年進士初官靖安司理參軍范成大器之薦爲蒲圻令政本豈弟行之以信不設科條民不忍犯擢知賀州

汪泳字若游徽州休寧人乾道五年進士歴湖口縣主簿淳熈十五年擢知蒲圻創建學校政聲藉甚上言王者仁政必自均力役始孝宗嘉納之遷大理寺丞出知泰湖處三州轉中奉大夫封休寧縣男子棐襲蔭

薛儀老溫州永嘉人端平三年授蒲圻令嚴明精敏作新學校先是紹興末有同族季宣者令武昌行保甲法便于民儀老悉倣而行之政通民和三年有成邑人張掖撰文紀之

元尹

王斌至元三年爲蒲圻尹與丞薄協恭出治加意學政行鄉飲酒禮五年學宮成丞鄧仔撰文紀之

韓世輔河南人至正元年爲蒲圻尹以儒飾吏明恕清通凡編戶籍定差法惟公惟審聲華藉甚乃建敬德堂于學宮邑人何天駿撰文紀之

譚天祐字壽夫茶陵人至正末由薦舉爲令臨民惠和檢身廉慎擢知湘鄉州

明知縣

柯日新平梁人元至正二十四年甲辰明太祖親征陳友諒湖南平乃置郡縣選用賢良命知蒲圻事時干戈甫息民多遁竄日新憂勤立政撫綏傷殘招集流亡墾闢艸萊疆理土田躬督

耕桑民咸襁負而至乃創宮宇建廟學置郵傳治橋梁唐岳撰文紀之

丁士梅洪武初爲翰林院編修明太祖軫恤民隱特令侍從出理州郡授知蒲圻立政陳紀敘倫奠麗文教丕敷魏觀贈以詩

李居仁山東人洪武十年銓知蒲圻蒞事剛決威而不猛興學校徙壇壝神人咸奠上下允孚民之從之不假督責趨事罔後以廉慎稱者居仁其最焉

黄廣字業廣福建同安人國子生洪武二十五年銓知蒲圻儉約沉穎外和內剛一介不取于民故民就之如父母凡治頑民必諭以利害俾知自改怙終不悛則痛懲之時遭旱禱雨輒應且多獎掖士類不事矯飾永樂五年擢知德慶州

錢昭字魯麟山東鄆城人國子生洪武二十九年銓知蒲圻剛敏果斷不阿私好周知閭里利病興革悉中機宜凡給餽餉督征輸理營繕百

廢具舉而民不擾六載考績以憂去

張璽字孟璵古田人翰林學士以寧之子以寧出使安南子知蒲圻宋濂有序文

吳俊字敏德四川安岳人國子生初任無爲州幕永樂五年御史徐鑑薦知蒲圻平恕廉潔不迂不苛未嘗峻拒于民民自廸教手植松于學宮之東民稱之曰一坡松云子存性以本邑籍舉湖廣鄉試

高鼎洪熙元年銓知蒲圻爲政簡重臨民寬慈處僚屬以禮時有鐵丞預修大典陞秩之邑協心贊政有若傅簿宅憂之家厚致賻遺王愷撰文紀之

杜紳四川重慶人國子生宣德三年知縣事端愼清介不苟取與勞心撫字民多德之卒于官

胡中字通德江西永新人舉鄉貢初任丹陽教諭正統五年擢知蒲圻嚴而不迫和而有體每集諸生講學考課因材授業多士用勸

高鳳儀天津人舉鄉貢成化七年銓知蒲圻爲

政嚴明果斷民畏其威凡縣署學宮賓館神壇悉葺而新之勤勞匪懈日不暇食功成暴卒

周洪字廷誥直隸上海人成化十七年進士明年銓知蒲圻督農種粟菽麥穄桑麻令婦女業紡績治絲枲土田高燥者造筒車灌溉民賴以足衣食又置號房及各鄉社學每學置田三十畝令生徒父母合力耕收復其差徭收穀以爲教讀學俸創義倉六所儲穀三萬石至正德初邑大旱民賴以生凡民有率敎者勸之不率敎

者戒之邑有奸頑大書其門雖權在不避民大
感化徵拜監察御史
羅列字天爵廣東南海人弘治三年進士明年
銓知蒲圻宅心博厚發政慈祥愼律令精書算
立條約尚寬簡置惠民藥局給藥療疾若痌瘝
乃身民不忍欺三年政成徵拜御史擢守漳州
終福建參政年踰九十卒
徐淮字百川廣西桂林人弘治九年進士初授
溧水令十八年改知蒲圻爲人溫厚和易値逆

瑾柄國太守某工媚徵派淮外不忤而中有條
理民賴以安擢通州
張珮字儒佩江西新淦人舉鄉貢初任崇陽令
正德十一年改知蒲圻爲政剛毅規畫有法凡
土田廣隘戶口多寡各集其數編糧曰類冊以
稽田賦編丁曰卯頭以均差徭編甲曰綱頭以
通供億編戶曰團保以詰奸蠹于是黠吏頑民
豪宗巨族咸知斂畏鄰境被化臺郡交薦徵拜
工部主事珮號南齋兒童咸知名時有巨寇羅大洪賀璋分據蒲嘉都御史秦金[illegible]

珮擒之上其政最
李邦字鎭卿四川巴縣人舉鄉貢初授江陵教
諭正德十六年擢知蒲圻率由舊令張珮法事
上以禮馭下以威民亦宜之擢知徐州
韓宗堯字仁卿廣東番禺人正德中由郴州學
正陞知蒲圻廉勤寬緩調安仁以直忤當道棄
官去士論高之
范言浙江秀水人進士正德間任蒲圻令正直
耿介不附權貴未久調去

方一桂字世芬福建莆田人嘉靖二年進士明
年銓知蒲圻爲政簡肅振頹葺陋煥新文物碁
年政成調宣城後拜監察御史
吳本固字道深河南商城人嘉靖八年進士明
年知蒲圻性行端實政尚體要初至即條上十
二事一曰據丁糧以辨里甲二曰重委任以編
徭役三曰省科派以節民財四曰捐不急以蘇
民困五曰除積弊以均勞逸六曰禁參差以革
騷擾七曰復社倉以便斂散八曰修橋梁以利

[illegible]洪九日立鄉長以息訟端十日類錢糧以免
賠累十一日體民情以宜丕遞十二日處河泊
以克課程上臺咸嘉納之薦剡交至陞戶部郎
中

李桂廣西全州人舉人嘉靖二十三年令蒲寬
厚平恕加意拊循時連年大旱親詣各鄉勸借
富民穀數千石民賴以生陞蘇州府判去任後
邑父老有談及流涕者

高邦佐浙江烏程人由鄉舉嘉靖四十三年知

蒲圻廉介不畏強禦公事多捐己俸不倚派里
役催科以時不准私帮而解糧亦自不累之官
不攜妻子惟僕從一二人陞知平度州

陳履字德基廣東東莞人隆慶辛未進士令蒲
平易近民重禮紳衿醇厚篤實人稱為長者調
休寧去之日哭聲載途立有去思碑

胡其高字汝升四川井研人辛未進士萬曆二
年自蒲城調補蒲圻令邑舊無城市居曠若野
外暴客猝至無備初築城四面屹然士民始有
寧宇令城名曰胡公城修城之日獲有異應事
詳修城碑記中立有生祠在迎薰門內碑豎數
座以紀其德政云

章嘉禎字元禮浙江德清人萬曆庚辰進士為
蒲令以經術飭治與弟子員解經談文至日中
方散毀邑滛祠邪俗一變時奉旨丈量公平自
矢期為蒲圖永利值父卒于途即日棄官去惜
業不竟蒲民無不追思者後陞吏部主事官至
通政使

高舉字鵬程山東淄川人庚辰進士自完縣調

補蒲圻性嚴明諳時務摘發奸伏各得其情徵
拜監察御史官至浙江巡撫副都御史立有去
思碑

吳弘濟字汝誨浙江秀水人丙戌進士知蒲圻
值戊子己丑連歲旱饑拊循賑療不遺餘力訪
積畜汪若海等詧之立斃作興學校立書院人
文丕變士民誦之徵拜監察御史立有去思碑

倪斯蕙字毘同四川巴縣人壬辰進士令蒲半

歷疑遠才猷明達清而不刻嚴而不殘勤于課士精識鑒建立社倉審里甲除衙蠹正風俗載在所著治蒲政中父老云百年來賢令當以倪爲首稱七年之內蒲無寃民公庭肅然訟亦漸稀胥吏日求解役丞尉不聞片檄內召升任之日濩山窮谷聞者莫不奔送流涕旋立去思碑生祠擢吏部主事官至戶部侍郎

王之傑字世望四川遂寧人戊戌進士任蒲圻令爲政嚴肅胥吏懍然差役不擾鄉村給孤賑

貧陞刑部主事立有去思碑

汪有功字稚倩直隸歙縣人甲辰進士令蒲明敏峻潔甫任即訪積蠹數人杖斃之萑苻無警聽訟片言而定人服其才識丞貪戾屢諭不悛白按臺斥去通邑稱快任蒲拜南京監察御史立有去思碑

張光前字爾荷山西澤州人庚戌進士三十九年任蒲立躬端肅爲政精明决斷如神洞燭民隱時值大造清問士民稽核版籍照田攤米豁米尋戶逃戶詭寄秋毫畢照富豪里役絕不敢欺編造稱平無揆補之害尤好闡揚幽隱獎拔士類華弊蘇困四年之間頹廢俱起以艱去蒲人士痛哭不忍别郎立去思碑建生祠至今追思無已後補安肅擢吏部主事陞大理寺卿

顧其仁字湛一四川華陽人癸丑進士萬曆四十二年任知蒲圻俊邁英發作興學校未幾以憂去後補東明縣擢給事中

宣大勳字蓋予雲南蒙化人癸丑進士初授黄

安調蒲圻吏治明通才情豪邁邑西北磐石湖水漲浸禾民鮮收獲申請于上出公貲修築堤防綿亘十里自是不復有水患名宣公堤任四年卒于官邑人于堤上立像祠祀之

吳炳字可先直隸宜興人己未進士四十八年任蒲氣度溫和才猷整飭斷事明慎人不敢欺造士會課月給供饌毫楮梓文示勸得隽者多出門牆復鄉賢名宦基址剏立祠宇凡爲民與除者惟力是視值編審凡戶口登耗畢晰滲最

宜民與張同稱撫按屢薦循良第一任滿立有去思碑生祠値天啟中宜與人俱獲戾陞刑部主事調工部陞福州府知府官至江西提學

尹洗字宇新直隸安肅人壬戌進士初授祥符縣再補任蒲圻性貞率不事緣飾理訟獄遇枉曲者輒動色以天理良心四字爲諭値二王之國迎送奔疲洗以身先蒲民得便建魁星閣于學宮前捐俸鳩工樂觀其成甫再朞調洛陽擢給事中

林增志字可任浙江瑞安人戊辰會魁本年任甫下車明理學以振人文勤愛養以奠民命申禁約以正僚屬修學宮備祭器纂邑志築堤梁治候館清刑獄賑饑療疾高壘浚兵法之載典制者無不舉事之因時起者無不正勤課多士公餘校閱所拔皆知名刻文行甲乙集當轄額之脊屬爲作人式前後雋者多出其門古人所稱以經術飾吏治可謂備至爾矣五年薦劾交至特奉內召蒲人士爲立碑建祠値崇禎中有詔林必由推知之命遂以考最陟翰林院編修癸未分典會闈一時稱得人焉明年遭李自成之亂被執不屈擄掠備至晏如也（載明末國變錄）相傳旋里隱四明大梅山遊方之外至今蒲士民思之稱道弗絕（在蒲刻有邑志文行甲集乙集戒殺牛文好生會錄及功過格宗門嵩書藏縣署兵燹後悉散失）

曾栻字季子江西臨川人卽陳際泰所序其兄弟合刻稿中云其年最少才最高與泰好爲奇放者也由辟舉考授蒲令崇禎十二年八月視

蒲事涖任初以正奇今古四案課多士臨事明決有體要時寇氛交訌軍需旁午一以息事寧人爲本務軍門取戰騾以非地產謝督師取運夫以醵金代募請當路覘其念切民依無不嘉納者癸未春獻賊破蘄黃訓練鄉兵簡武學生侯定國爲率刻意城埤及六月初一賊破會城遂請援于治院李檄副總何日德帥所部來守蒲以游擊鮮傳二弁兵隸之合鄉勇得勁卒三千人皆嚮饔餼堅守之志益壯賊自蘄黃以後

所至破竹及是咸寧嘉魚已設僞職栻獨傳檄討賊稱督精銳萬數初賊以輕騎百人丞間道偵蒲猝至河北栻揚兵沙磧命侯定國發三矢摧其前茅鄉勇奮出賊驚遁月餘不敢逼城七月十一日賊整大隊稱二十萬嚴陣四集官兵潰走栻單騎追請擊賊憤懣墜馬氣絕暴卒王璥劇鄉民吳珊瘞之廟側爲輿葬以扆其迹臬司洪長垣輔今之練讓云訃聞荻里其子來蒲發塚遷歛而邑如生通邑哭奠僱行祖祭如市撫軍殉狀聞

贈郵有加明令之自朝除者至栻以死事終嗚呼烈矣

國朝

戴成名字泰宇遼東開原人由丁亥貢士辛卯季冬來知蒲事明年壬辰夏大旱齋心步禱秋獲僅半然民諒其心又時方用兵餉徵徵催餉米甚急時米艱于餉或有勸封富民倉廩者峻拒之譯騎編諭士民以抵銷正項得蘇謝于當事民不擾而事集入服其才凡大兵由會城來者抵城下即迎犒之申諭以

朝廷禁令譁者鞭之其決訟以情馭下以法人雖從伺其喜怒且待士有體留意作人立義學聘宿儒爲之師實行喂走之令而郵政舉實行均里之法而賦役清人服其嚴且公而有體也雖科甲廉幹者寧復過是薦最再三內徵有期不幸以疾卒旅櫬歸時衣衾弓矢數具而已邑人爲立思去碑思其去而不返也于

國朝循吏戴爲首稱云

任邇昉字闇城四川閬中人順治十五年應會試

世祖章皇帝慮制科貢舉非人是科闈中法制倍嚴

四書題出

宸裁親定故一時所得皆海內名士昉以是科進士辛丑知蒲宅心坦易雅量併包適際連歲豐和雖徵索相續調發時多民力可支呼應亦便利導之而已至民間大獄稍有疑竇必矜釋之九年之內未嘗斷大辟一人故鍛鍊周內之法

置而不用豈非太平之世之循吏與　內徵既
行以疾卒于　京師論者悼之
張圻隆字禹服號箕城河南西華人由辛丑進
士授知蒲圻縣事爲政勤謹宅心仁愛自巳酉
下車值楚郢兵燹西山夫役之後庚戌辛亥疊
蹟作沴民食草木暴骸遍野公申請蠲貸創養
濟院全活甚衆邑人馬淑昌有記越年旱魃爲
虐公虔誠步禱甘霖如注是年大有頌書蒲邑
師旅饑饉相因以來百廢俱弛公不費公帑不

勞民力城垣城樓齋廡聖殿煥然鼎新南灣二
廠北河浮梁城隍關帝五顯諸神壇或葺或建
次第落成又念蒲乘五十年來人文風土錢載
災祥變遷靡定日久沉淪設館開局廣爲蒐羅
於人物列傳增學品立行誼毋泛毋濫纂成信
史他如培士風獎善類宣教化申條約迄今七
十餘年口碑載道
李清字仁本山西安邑人下車時羽檄旁午轉
輸絡繹邑久乏于徵賦區畫盡善役不重科民

皆賴之林谷中有群虎嘯聚白晝噬人引爲司
牧之咎躬禱城隍又爲伏虎祠祀之壇于北郭
之龍翔山以鎮之虎患遂絕士民有從今無虎
渡自古有龍翔之頌一日渡河見魚躍與夜麥
相應因查核其潭魚稞無幾酌均各埠逸此一
帶之水名爲畜生池亦澤及禽魚之一端也清
爲政不尚刑威惟以化民成俗爲已任自撰訓
俗歌及勸民及時行孝文諄切誠摯及今猶戶
誦家絃每月朔望宣揚　上諭擇善人高置一

座惡人則跪而聽自是民知勸懲風歸淳樸政
績　內聞旋以同知陞任去之日遮道攀轅自
境內達郊外蟻附蜂聚依依不忍別
趙景伯字五臣直隸河澗鹽山人登丁未賢書
遷蒲圻令性嚴毅政剛烈凡義所在挺驚不遷
所决案牘雖極纖細必按月申報民皆畏服毋
敢翻控者蒲圻雖有驛職而馬則牧于民公惻
然動念曰以編氓細民寄芻牧重任非策也詳
請上憲歸于驛長飼養邑人費嶧山有詩以紀

其政值夏逆屠武昌省躁躪蒲邑公帶印請兵剿除之後分别善惡每逢朔望宣揚善人高坐惡類跪聽至今傳爲趙鉄面云

佟寧年字静公號千山遼東人康熙丁丑任先其父任粤東開府母謹守官箴教公極嚴凡發令治獄退必以告爲令清白和平人無所憾如重士愛民修學築堤靡不竭力殫心嘗以靈應山石蟠河岸横壅東門嫌于金尅木乃立石塔于其巔高六七丈取火煉頑金之象名文筆峯

又署富川崇陽兩邑一時輒服其神暇則修梵宫仙宇俱勒碑銘與邑中文人載酒賦詩以窮山川之勝性好書過處留題而政卒無所廢去後士民多思之

王遴秀字嵩靈福建武平人康熙五十七年任先是五十五年水冲城潰四圍約計五十餘丈公捐數百金興作絲毫未嘗派及民間又修築宣公堤在磐石湖一方賴之因改呼曰宣王堤後卒于蒲民摹其像與宣公同祀嘗建書院于準提遺址邑中諸士亦設龕座以祀之

張朱霖號百城江南太倉人乙未進士　御試第一授蒲圻令發政明敏决獄果斷事無鉅細悉于庭訊時給諴語士民帖服凡城垣浮梁神墻鼎而新之雜費濫役陋規革而除之設立東西義塾延宿儒爲師以造就人才明岐黄業考選脉理精通者調以藥餌給民療病屢署隣封政績遠播蒞蒲九年以丁母艱去太史于公謫振撰文紀之蒲人立有去思碑

吳斑字恭玉號栴谿福建將樂人癸卯進士丰姿端凝宅心寛厚創忠烈節孝祠遷社稷山川壇尤篤意　文廟鼎新修建雍正六年捐俸製備祭器十二年召選俊秀嫻習禮樂鑄金琢石品竹取材搏拊舞蹈咸中程度士民圜泮宫而觀聽鼓舞歡忭立有　文廟落成禮樂告成兩頌碑治蒲九載法最宜民薦循良第一行取陞工部江西司主事

攝篆

明

葉文懋字汝功浙江龍游人以萬曆壬午鄉貢任武昌同知己酉冬攝蒲圻縣事清愼明潔政治有聲尤好親賢嗜善著有省身日錄士紳誦之後立去思碑攝篆有碑自文懋始

曹應聘字覺菴山東滕縣人天啟中以貢任知咸寧甲子冬署蒲事竣肅勤敏屹然不羣才猷丰度人多畏服賑恤饑荒民甚賴之後陞慶陽

同知

國朝

劉禕字廣益陝西中部人丁亥進士辛卯以按察司知事委攝蒲篆承闖亂之後知錢糧侵那之爲國害里甲重賦之爲民害也銳意釐剔七年之夙弊一清舉頹疏滯民風翕然臨事明決如行鏡中代庖罕見者

張芭字雪岑江南桐城人以郡別駕來攝篆政尚寬平决大獄尤其難愼不以民命借巳宦蒲邑先是丁糧分課戶口籍於官者雖無田地丁不得削以故富者丁少糧多貧者有丁無糧民以爲苦芭爲立攤丁法合計戶丁田地幾何而均攤其賦貧民乃甦邑南寄巖山極幽隱妖僧百巖邪說蠱衆遠近呼爲佛芭密逮訊鞫置以重刑旋逐釋越日妖僧自殞論者服其卓識芭學問優邃長於詩古文詞政暇輒接禮文士相與遊覽賦詩每月朔望親詣學宮校試爲拔識者多所賞賚選刻有蒲陽課藝至今行世攝政

未一載惠澤浹民肌髓去之武昌父老涕泣扳轅康熙戊辰公署府篆會裁兵夏逢龍以索餉鼓噪圍巡撫及郡署露辦挾芭至閱馬廠芭奮身怒罵賊賊因之旋復兩發僞劄授以官芭皆怒罵裂劄未幾以計脫囚隨大軍討賊賊黨皆擒芭監磔夏逢龍于市賊平奉

旨知諸臣不屈狀復芭原官後陞工部都水司員外事詳省志忠臣傳至今專祠祀之子廷慶由江夏令歷陞湖北糧儲道廷珩癸卯進士爲講讀

詞臣

尚璠以武昌令署篆蒲圻嚴恪有翼質直好義蒲地連江沔因比年荒歉割販竊盜之輩倏然蜂聚公下車分別重輕或鞭杖下或按以罪自是潛蹤不數月而風還淳樸是誠代庖之賢令也

劉嗣孔陝西綏德州人乾隆元年攝篆僅四十日極意撫字減耗平刑民稱仁神別調之日士民皆餞行泣涕

丞尉

唐丞

李必聞太宗子蜀王愔之後左金吾倉曹參軍之孫穀城令從簡之子也永徽中為蒲圻丞歷有惠澤民謳歌之擬諸召父云

鄭光系鄭州滎陽人永年令知十之孫金鄉令令則之子也開元中為蒲圻尉政績卓異

宋簿尉

舒邦佐字平叔江西清江人淳熙八年進士授

蒲圻簿先是同邑簡世傑為令有惠政邦佐克紹厥美勤恪有聲遷衡州司錄

趙方字彥直衡山人少從張栻學由淳熙八年舉進士謁劉光祖請書勤謹和緩四字揭之座隅初授蒲圻尉疑獄多所委決嘗曰催科不擾是催科中撫字刑罰無差是刑罰中教化人以為名言累官刑部尚書京湖制置大使端明殿學士正議大夫封長沙縣男寓蒲圻開第千樁隱坊子四人董薿范葵

陳慶勉字志問徽州休寧人紹定五年進士授舒城尉歷監華亭鹽場遷韶州節推淳祐八年調蒲圻尉湖北漕使薦逢辰舉之曰性資純恪學問老成擢第二十年一寒自若邑民歎服有清淨無欲之化寓蒲圻四載後轉漕使通判武岡軍

元丞簿

鄧仔至正十五年爲蒲圻丞富于學問嫺于詞令有古人風時縣尹王斌修學宮威仔撰文紀

之

侯玉字德潤濟陰人號梅軒至正十八年爲蒲圻簿守已儉約居常紙衾菜飯涖事撫民類多仁愛邑之士民頌其德形之聲詩後遷建昌經歷舊志載詩云紙衾清勝蘆花被菜飯香于苜蓿盤可以覘玉之介矣

明丞

爾朱欽字敬伯陝西富平人洪武四年進士是歲春廉爲會試考官魏觀孫吾與爲殿試讀卷官明太祖親製策問試以敬天勤民之務欽對稱旨即銓蒲圻丞洪武辛亥録欽中陝西鄉試第一會試射禮論得旨

戴城字邦固浙江青田人洪武十八年進士初授蒲圻丞涖邑詩名儒作文教建讀書樓與諸生講明經典且贊理庶務撫善鋤奸稚弱欣戴豪黠屏息二十一年擢戶部員外郎

汪顯號遲鈍直隸婺源人由貢士弘治四年銓丞蒲圻律身清介資性慈祥理軍匠築渠壩務

以德與治嘗憫愚忿困刑欲其崇讓自平遂口占聯對揭示鄉城云今日刑明日刑何日無刑東家讓西家讓誰家不讓民允佩向化焉尋卒于官父老悼之

程夢麟江西彭澤人萬曆末爲蒲圻丞謹慎和易厥有聲稱著有字學諸書刻書勸化鄉民陞靖州參軍蒲人感之爲立去思碑丞有碑自夢麟始

杜問益字牧公浙江鄞縣人由保舉銓蒲丞陞

清自砥守正不阿佐理游亦未嘗曰丞負予也
歷攝本縣大冶黃陂邑篆所至政聲藉甚任滿
擢平江縣令

國朝

李秀發字自蹊號𢘟菴金陵人以大學生任蒲
二尹時年甫二十有三精明吏事洞燭民隱常
剖决疑獄爲民雪理寃滞未嘗以聲色厲人而
周詳委曲務得其情政閒接禮賢士談詩論文
其風流逸韻如此在任五載以𢧐取

召陞縣令

補遺

陳克敬寧德人萬曆中以選貢銓蒲丞時縣令
張光前政治循卓克敬恪共厥職一時稱正佐
得人

師儒列傳

宋

李洪嘉熙三年爲學正令尹汪泳葺新學宮洪
與直學宋侃陳圭學諭宋偲曾益明僧誅協力
捐帑庚節浮費以成厥美

元

朱公明至元三年爲訓導令尹王斌載新學宮
公明與學正鄭昭董奇貢責元善任其事暨工
告成行鄉飲酒禮邦人感化

明

唐岳字孟中平江人僑寓蒲圻其學浩博爲文
沖澹縱逸殊可誦洪武六年舉明經任本庠
訓導拳拳訓迪士心翕然
馬敬字文安其先山東人從兄宦遊寓蒲脫略
世故遂心于學獨潛理性異之所寓發爲詩歌
清逸秀拔洪武六年舉明經任本庠訓導十八
年請老于家祀名宦
[illegible]文觀字用賓邑人洪武九年舉明經任本庠訓

導以身立教士知取則十八年辭挾臺居與物無競

任時用字行遠邑人洪武十三年任本庠訓導性資端慤開諭有方十八年覆舉明經授知歸善縣

柳潤民洪武十五年任教諭根究理性開設科條肇興文教十八年敕天下府州縣學各舉明經一人潤民首薦王允茂以得人稱

李德庸洪武十九年辟爲本學訓導詳列理學

傳中

朱鑑字用明福建泉州人舉鄉貢永樂十五年任教諭廸教有方學者信孚値歲大旱率諸生躬自虔禱大雨如注民咸賴之奏最拜監察御史累官至都御史

黃純字粹中直隸全椒人永樂十五年舉鄉貢初任輝縣教諭改調蒲圻攝邑剛毅施教嚴明拜兵科給事中轉江西僉事提督學校

黎公弁字之冕江西臨川人舉明經正統九年授臨潁教諭再諭蒲圻累典文衡博物洽聞立教條約必以身先每漏下至二鼓課諸生誦習雖祁寒暑雨不少倦士習丕變所著有蓴川十六詠世傳誦之

蕭子楫江西泰和人舉明經正統十二年任訓導律身清介誨人恭謹撰蕭堆賦以激勸來學學者誦之不忘奏最遷金華知縣政聲益播

胡寶江西南城人舉鄉貢正統十三年任教諭善誘掖士多悅從凡學舍頹圮即捐俸修葺後遷陝西教授

曾彝字時彥江西泰和人舉鄉貢景泰六年任訓導學優才贍釋疑辨惑諸生環聽多所資益後遷贛榆教諭

鄭爾徽州祁門人舉鄉貢弘治初任教諭天性穎悟學行純篤汲引後進作其勤勵其情周其乏之士到于今稱之

辛懋四川內江人舉鄉貢正德六年任教諭爲人不事矯飾直寬本眞時訓導某背剛愎肆侮

順受不報有長者風其所奬拔悉多名士後陞
鎮江府教授
馬進階四川內江人舉人任教諭性溫和無矯
飾嚬笑不苟陞襄陽府同知
林民止福建莆田人鄉貢任教諭歷落豪邁能
詩善八法諸生咸受啟廸居恒鼓琴繙書翛然
有遠志登萬曆甲戌科進士官至知府祀名宦
馬斯臣建水人舉人萬曆中署蒲圻教諭爲人
端方簡嘿課士行誼必先每論文藝務以聖賢

大學之道垂訓士子至今誦之
李世薦麻城人由鄉貢署蒲諭氣節毅然諸生
有枉抑事力爲白之不拘小節若無意禮法而
大事不踰閑神氣豪舉足消人鄙吝任滿擢國
博後陞郡丞
蔡士用字汝賢邵陽人萬曆三十四年任蒲圻
教諭提身耿介接人和易士無豐約槩遇之取
予之節一毫不苟闡賢辨抑明目敢言諸生越
禮者正顏責之不少假借陞德安府授去之日

鄉紳門士祖餞郊外冠蓋如林絡繹道路不忍
別去觀者無不嘖嘆謂數十年來未見之事立
碑紀德于宮墻道右題曰泮水甘棠謝鵬舉撰
記師儒有碑自士用始
邢懋才黃梅人任訓導遇名流悉物色之所得
貲俸輒以散之諸士識黃圖昇于諸生中期以
解額果如其言
周延申蘄水人萬曆中爲蒲訓巨族宿儒慷慨
有義氣讀書課士不憚勤苦陞略陽令

劉秉鈇字寬伯黃州府廣濟人太僕卿天衢之
伯子爲人狀貌魁奇風華藻雅以貢補本學訓
導冲襟素韻不以諸生貧富作青白眼遇博物
閎覽者輒相與把臂跌宕揚搉今古尋陞巴東
教諭所著有隱弃齋古樂府三晋紀遊及蕁川
等集行世
李不伐山東壽光人萬曆末以鄉貢署蒲諭性
方介無阿狥遇祭必夙戒竭誠無苟督諸生執
事有恪舊衙舍在啟聖祠後每出入必由之且

有因以獎息者不伐捐俸創署于祠右不致毀
瀆神靈居二年以憂去後官推官
張存紳字叔行華容人有書癖見金石圖書古
文奇字及稗官委巷之小說靡不綜洽至六經
子史則腹笥便便談者輒折其角而去以貢補
本學訓導即苜蓿清苦日事較讐每跨欵段命
一奚童背古錦囊自隨所收得異書甚多著有
雅俗稽言尊李學舍命以所著書枕籍本中上
論悼之

黃褒赤字元初直隸宜興人舉人崇禎九年任
蒲諭有儁才爲人坦易溫粹造士勤敏時知縣
林增志銳意作興褒赤與之同心克供厥職修
飭學宮堂廡俎豆盡爲一新林侯嘉之有記侍
二親晝耋承歡不怠御史宋薦云衡文士子傾
心孝行可表天日青氈中有此貞法物矣四年
請假歸
舒中天字帝初黃岡人由天啟辛酉鄉薦齊安
通籍者以甲乙科爲輕重中天獨遲延至崇禎丁
丑始借一氈意愁如也諭蒲庠雅度沖襟德造
咸承獎掖與諸生較讐論文無虛日亟以行誼
相勸勉薦紳先達及庠士無不服其德範者庚
辰仍下第辛巳陞國子監學正
國朝
教諭熊世謨字懷菴順治戊子鄉試第三名江
陵人以名魁髫年虛衷坦度諸生有執經請益
者尤樂爲勸進嘗曰士有經世之志者必由科
名有科名之志者必由制舉義恒以精心傳詁

規摹先正爲諄諄也其樂稱人善不欲聞人過
尤長者風登巳亥科進士銓廣西宜山令
程良惺孝感人順治甲午鄉貢諭蒲圻虔端凝
禔躬清慎日就附郭山菴稽古考藝不屑屑外
務其簡重有足風者癸卯聘試雲南所得悉名
士甲辰登進士殿試二甲
訓導李偁荊門州人由歲薦其任事修學補葺
文廟及布匈圍垣措設門屏特修名宦鄉賢二
祠以肅祀典諸不假他手省浮費課實功而給

工值藝事以勸居恒課士解經與會風雅多所題咏有名流風味尋奉裁去紳士咸彙詩製錦頌修學功以榮其行

李必泰字巖聰廣濟縣舉人律身清介尤敦道義論文課士無虛日建廟葺廡百廢具舉勸減隨征費于酘邑嚼聚之日而官民兩全葺除南關學宫力役之供而居民永逸其卒也途巷閭之多破涕者後崇祀名宦妻陳氏塋五嶽觀前士人有竊附塚于其上者次子之經見任咸寧

教諭諭令其人遷塋仍給以費立有墓碑

論曰宦蹟之係于官守重矣古循良之吏其載籍所垂多卓卓可稱述至如太史公傳酷吏其人雖往終不能掩其穢德以貽百世羞

國朝用人惟慎居是位者無非養士愛民之實德則蒲之所以得安息不苦苛政者皆太平之福也

蒲圻縣志卷之十一

人物志序

人物之生所以扶持人道維挽世運者也不惟成就者難其人而傳於世又有幸不幸焉孔子論次虞周五臣十亂之盛繼之曰才難不其然乎太史公曰伯夷叔齊雖賢得孔子而名益彰見於後世民不與行毀譽自用哉三代而上遵惡揚善之意寓於詩歌上自朝廷下及閭門里巷其間事父事君從政專對與夫勞人思婦貞烈隱逸之行博採

人事得失以爲法戒意念深矣故曰經夫婦成孝敬厚人倫美教化移風俗莫重於詩也周衰王迹熄而詩亡詩亡而作春秋當日褒貶予奪之權嚴而正微而顯惡惡欲短而善善欲長上下二百四十二年之間曷嘗有遺憾哉夫幽光嬓行其潛藏於下者至性所發原無表暴之心而困窮抑鬱之中又多爲採擇所不及致使真品湮沒盛德闇然而不彰者何可勝道故夫附青雲而爭光日月事蹟爛然後世讀其書慨然想見其爲人採風者固

樂得而存之所以明善善欲長之意也嗚呼士君子砥節勵名聲垂奕世斯亦幸矣然則論次不得孔子文章未能如史公又況淪亾散佚未經表章安得不為之憮然也

人物志上　理學　經濟　忠烈　才猷

理學列傳

元

黃溥字彥傳至元元年中鄉試授慶元路鄮山書院山長為人敦樸學知務本言動不苟得聖賢大學之道士子則之

宋愿號文齋其先自宋季徙蒲卜居于蓴塘之龍窟潭愿生而穎敏力學不倦崇尚經術至忘寢食皇慶中初授濂溪書院山長轉澧州學正所在有聲

明

王允茂字才英居縣東積慶坊自少嗜學通經善吟詠一以道義自處未嘗苟合流俗險易一致士類嘆服與兄志學相友愛弟子從受詩經學甚衆號為楚林先生鄉人皆化之洪武十八年被薦為邵武泰寧知縣能勤其職歲旱禱雨輒應暇則與友人徜徉山水論道賦詩吏民愛之其卒也如哭其親有子愷傳詩經學舉進士

爲名臣解縉贊曰世多以經學專門不達于政
理若王泰寧非以經學致用歟而又以傳其子
與弟子視漢西都諸賢何媿焉祀鄉賢
李德庸名弘以字行邑人別號斗室曾祖義山
宋咸淳進士祖智齊爲鄂州别駕庸幼嗜學讀
書務探微旨及長力肆研討講明性理必達閫
奥先輩推讓之洪武十九年辟爲本學訓導造
就多士永樂五年典江西文衡得士蕭時中竟
擢大魁及被召入內會皇儲監國進經筵講藝

稱旨遷國子助教陳足疾免朝參十年致仕祀鄉
賢
廖清字源潔武衛經歷崇信之子也弱植清苦
躬耕力學正統十二年中鄉試成化元年授武
義教諭慨然思繼金華正學手錄金仁山許白
雲及宋景濂諸集編輯誦讀雖隆冬酷暑不釋
晚年所得益深子傳及侄相繼登第傳授刑部
司務
廖俊字文英武衛經歷崇信之孫湯塘居士蕴

川之子也篤志力行以古人自期待景泰元年
中鄉試授漢州學正西土鮮事文墨俊一日造
開元寺聞諸僧誦經音韻朗然嘆曰茲不踰于
庠生乎乃擇其年幼者四人趙杲方璧周冕張
敖置之先聖堂朝夕誨之後杲舉進士璧冕俱
領鄉薦而敖亦起貢爲府通判至今漢人稱其
德不衰再調嘉定手植海棠每歲賓興以花盛
開爲驗門下士如劉肅劉介童瑞諸人多躋顯
榮晚歸結廬芙蓉山脩然自得所著有芙蓉百

詠子漢弘治癸丑進士孫道南正德庚辰進士
胡堯凱字廷和號石泉右方伯堯元之弟也父
文以鄉薦爲四川成都府司訓公與兄堯元未
嘗一就外傳髫弁名動一時中正德癸酉鄉試
博覽墳籍崇尚經術怡情山水之間一舉後遂
高尚不仕究心理學遊嘉魚李大崖之門學者
稱之蓋淵源于陳白沙云祀鄉賢
魏裳字順甫從仲父遊太學則已讀周禮左氏
國語及唐李杜名家言矣[illegible]恒謂裳當以三尺

素豪于古人間安能吾伊學官語耶十六試諸生高等是時廖太史鳴吾家居觴諸生而太史雅自負博而辨又貴倨也所引說經史連柱諸生戶獨裳避席奏對不竆又所請益時時出其表太史自失曰何物少年乃爾足三冬耶諸生亦大喜謂阿濘胡渠使五鹿少府折角也蓋又十餘年而舉鄉試又四年而成進士授刑部山西司主事請急歸復守故官始與王元美及李于鱗輩遊而好爲古文詞裳自以才不稱諸子

蓋自刻苦晝從曹中治司空城旦小間卽開卷非夜分弗釋也而會母李恭人疾裳廢寢食而侍者月餘搏顙籲天者無數以是亦羸困而李恭人竟不起裳痛哭不欲生一夕亦絕旦而蘇時同年李師孟吳明卿視之裳張目曰得從先恭人地下無恨以後事累二子二子曰咄嗟不有而翁在耶裳乃稍稍就粥飲杖而起服除當補官三月餘不報人或謂裳不當有所造請耶裳笑曰我一欵段馬不數步而僵且歸矣亦不

知何門可造請久之復補山西司裳凡三爲其司主事同舍郎皆後進據其上而其于推案文法無害咸拱手矣已稍遷員外郎郎中最後爲濟南知府時于鱗已棄官里居一切謝客裳三及門而不見以一蒼頭報謝人或謂曰與若部民胡倨也裳益往候之于鱗不自得乃出飲讌詩甚懽裳性高簡亡所過從所過從必于鱗郎非于鱗亦無他客也以是竟其任時或謂裳文章士必易之然其爲刑部甫涖事而寬大同衆

議獄爭于其長及執政莫能難也決大獄江左督其情稍有間者卽爲讞語著于牘以授御史故于守濟南益敏練有聲是時寇蜂起齊魯間裳畫策誘誅其渠率數人而散其黨使歸耕曰汝第爲善不汝讓也所屬邑獨章丘腴而其人最苦徭賦則皆爲豪所侵裳奮身往悉逮豪寘之理于是伏田盡出而小戶大要得足食無困徭矣于是裳以最滿遷爲山西按察司副使分巡冀南道裳爲濟南三歲所得臺吏薦凡六最

後一不當其意竟以指摘去副使歸久之有外艱而其毀加于哭李恭人時汪伯玉塡楚念欲搆楚史不就亡能當之者以聘裳旣服除乃卽家開局集諸郡邑博士掌故手裁定之而先上其草伯玉伯玉讀敘傳雜論而喜曰班荀儔也所爲楚史凡七十六卷數十萬言而是時楚人何某亦爲楚史成俱上之臺或言二史當合者裳意不懌曰五色有可合也者而淄白不可合也毋已則寧篋吾史乎及裳疾所縻心血耗則

以楚史故旣屬纊謂其次子彬如曰數盡矣夫吾詩與文孰傳哉其屬之元美遂瞑得年五十八裳爲人溫溫長者湛于濂洛之學志在力行而性特介于取予辨毫髮不苟所善如于鱗明卿及吳與徐子與裳皆兄事之所最莊事于鱗裳所習自經典性理子史諸天官卜筮龜筴地理家言靡不精究其詩最善近體沈鬱勁壯有河朔風于文尤精刻削滲森森立不以藻競夫治飭澹辭後靡爲市再粧者見裳亦可愧死已著

有雲山堂集子樸如中嘉靖辛酉鄉試官至徽江守次子彬如萬曆壬辰歲薦官耒陽教諭孫詥中萬曆戊戌進士官戶部侍郎裳以孫詥贈如其官　祀鄉賢　本傳王世貞譔

王良謨字克訏號鏡水嘉靖甲子舉于鄉爲眞隸元城教諭立教每先行誼所獎拔士多陟崇階尋以憂去起補貴池擢知四川蓬溪縣極意撫循德化所訖猾奸頓新創修蓬溪縣志建社倉二十餘所積貯備賑其民至今賴之臺薦十

有四滿擬召拜郎署爲同事者詬易已名僊遷眞定府判聞報卽拂袖歸蓬人立祠尸祝焉生平守正不阿力行德禮尤好義樂施予置義田若干贍族額其莊曰景范撫從伯之孤如已弟邑有罪人不能輸贖鍰者公廉得其實往往爲代出之族里有婚塟不能舉者必厚賙焉絜巳修身深有得于學問之道撰懸得數卷邑人傳誦之卒祀鄉賢子學孔字泗源天性孝友炎歸自蓬溪邑養備至尤留心性命之旨不墜其家

學云孫台彥中萬曆癸卯鄉試鼎彥中萬曆壬子鄉試俱有傳

龔乾瑞字汝賢艮傳子垂髫穎悟爲文必根極性道柜山田文宗振爲士儁徵入濂溪書院然性恬退以嘉靖二十六年貢爲覇州同知到任一日即挂冠歸顧聖之贈詩有云雄文獨抱千年恨畏路還多一日官家居觴詠自適課子孫必以禮法不欲失先世門風篤道甘貧待舉火者千數家不以空乏爲辭有貸必與之度不能

償不責也有司高其誼鄉飲嘗一再赴後竟謝不往年六十七卒子棻中嘉靖甲子鄉試孫逢堯逢烈曾孫維祚俱以明經爲博士有聲

宋

經濟列傳

趙葵字南仲忠肅公方之子也其先衡山人家于梅隱坊或夢南嶽神降于其家生葵葵穎悟絕人與兄范幼從鄭清之全子才李璠遊年十二三隨父方鎮襄陽同諸將尼再興輩衝鋒討賊志在匡世嘉定十年敗金將烏古論高琪于棗陽十三年敗金將阿海于唐州有功授承務郎十五年起復直秘閣通判廬州進大理司直

淮西安撫參議紹定元年知滁州與兄戮力討李全加直寶章閣淮西東提典刑獄四年獲全殺之進福州觀察使左驍衛上將軍召拜寶章閣待制樞密副都承旨六年授淮東制置使知楊州端平元年朝議收復三京葵上疏請出戰授兵部尚書京河制置使知應天府留守兼淮東制置使嘉熙二年加刑部尚書端明殿學士淳祐二年進大學士四年拜知樞密院兼參知政事封長沙郡公督視江淮京西湖北軍馬九

年特授光祿大夫右丞相兼樞密使信國公淳
祐五年進少保寧遠軍節度使魏國公開慶元
年判慶元府沿海制置使景定元年授兩淮宣
撫使判揚州魯國公咸淳元年進少傅二年加
少師武安軍節度使冀國公年八十一贈太傅
謚忠靖兄范字武仲歷立有戰功除端明殿學
士京湖閫陝宣撫使知開封府東京留守按廖志云宋史趙方并其子范葵傳蒲圻學記人物必以其子葵爲首其事蹟在蒲圻亦多顯著

明

魏觀字杞山讀書蒲首山中搆亭曰梅初陶然
賦詠以寄志焉元呂忠肅公誦其詩稱賞薦之
朝辭弗就江漢既平明太祖徵聘諸賢觀與青
田劉基金華宋濂同謁上與語大奇之授平江
州學正遷國子助教浙江提刑僉事吳元年改
兩淮鹽運使入爲起居注一日偕待制王禕侍
上問曰漢高祖唐太宗孰優對曰太宗雖才兼
文武而子善未免矯揉高祖豁達大度規模弘
遠以茲觀之高祖爲優上曰高祖之度人皆知
之然其記兄嫂之怨封其子爲頡羹侯怨豐之
叛不封雍齒不肯以豐爲湯沐邑其度亦未弘
矣太宗規模雖不及高祖然能駕馭羣臣各爲
己用及大業已定卒能保全功臣此則太宗爲
優也洪武初建大本堂命觀侍皇太子説書暨
受秦晉諸王經二年十月甲戌甘露降于乾清
宮禁林上問笑羣對曰帝王恩及于民澤被于
物則甘露降臣下誕寬民賦衆庶惟豫嵗于秋
等神應之臻職此故也十一月冬暖如春上召

偕危素詹同吳琳宋濂遊內苑錫燕紫閣命各
賦一詩以述君臣同遊之盛觀以詩獻上覽之
大悅親製文序其事三年正月轉太常卿錫之
制曰太常之職掌郊廟社稷山川羣神屢任重
矣爾觀學行方正事朕有年屢持憲節甚揚風
紀及領鹽課勞積茂彰頃居翰苑日記言動朝
夕之間屢進讜言朕心嘉悅七月命觀改定太
廟祝文是月簡爲侍讀學士十二月辛酉編集
大明志成以觀爲嘉議大夫國子祭酒宋濂爲

司業四年廷試進士觀與孫吾與王偀爲讀卷
官乃得吳伯宗等一百二十人是年九月坐考
祀孔子禮稽緩乃謫觀知龍南濂知安遠未至
邑即召還以爲禮部主事錫燕奉天門上喜曰
前日逐卿去今日與卿飲何其樂哉乃命各賦
一詩五年三月上念姑蘇經張士誠亂邦廉寡
守廷臣薦觀往遂命出守既蒞事懲陳寧苛政
鋤暴樹良尊賢敬老聿興學較舉鄉飲酒禮徵
郡賢王敬王彝張羽闕文學周南老王行徐用

誠與貢穎之定儀節郡多耆耋崑山嘯壽謳百
有十歲吳縣楊茂九十三林文友九十二悉加
賓禮餼諸郡觀者如堵時大事蒐鐵百物踊
耗乃能力培風教封部曄然課績居最上特賜
爲西川行省參知政事蘇父老上疏願留命復
還郡七年觀以郡舊治爲士誠竊據且濕多水
患乃修府浚隍御史張度誣其與既滅之基遂
與高啟等俱獲罪上悔之命所在沿江致祭皇
太子諸王亦賻有加云曾孫銘舉進士知溫州

府銘之子曰碩曰頫曰頌咸舉鄉貢觀墓在新
溪之燈窩山祀鄉賢　本傳廖道南撰
王愷字時舉號雲谷泰寧令允茂之子也永樂
元年中鄉試明年登曾棨榜進士明太宗文皇
帝靖難金陵廷臣舉愷授知江寧時百務倥偬
愷處之裕如上聞其政聲命撫畿甸逋逃咸集
一日上問戶部錢穀出納愷即面對纖悉不爽
既預修永樂大典晉左春坊左中允贊輔仁皇
于儲宮漢庶人扈從北征陰謀奪嫡搆陷宮僚

悉下之獄愷在獄十年與石首楊文定公泰和
王文端公拘幽思玆誦讀不輟仁皇登極同被
遠者擢置樞要而愷適以母艱終制宣德初起
復調補廣西僉事泗城土官盧氏與岑豹爭讐
田州蠻奴黃佑強橫逼主岑紹奔南寧一時猺
獞騷起爲亂乃遣征蠻將軍山雲御史韓偉陳
泗同愷往撫愷宣諭威德土官効順思恩果化
咸底于平又同御史陳衡捧檄綏勞貴州土彝
勞勩茂樹五年如京師上嘉其政績賜遊後苑

觀元宵燈燈上疏陳六事特賜俞允九年征大藤峽猺獞有功至潯州建學宫炎徼嚮化正統四年轉廣東左叅議往撫欽廉叛寇黄寬等事平刻石于招遠山上錫之制曰爾發身賢科擢任京縣載轉宫寮陟佐外臺克効勞勩特授奉政大夫修正庶尹以示褒嘉爾其體朕至意以弼成國家之治五世孫基葺其所遺詩文數十篇名曰雲谷集 祀鄉賢 本傳廖道南撰

龔晟字德輝天順八年登彭敎榜進士初階拜

江西道御史敕巡直隷八府繡斧所至蠢息民安按兩淮鹽舶奸賈無所肆其欺無何廣東寇猖獗又敕晟代巡晟至疏陳兩廣事不相協必建制府于蒼梧以大臣總督軍務兼巡撫庶東有警足以調西兵西有警足以運東餉上嘉納行之起復韓雍總制大破蠻荒自是將權有統兵力不分地方賴以寧謐無何又有浙西之命斥舞文釐宿弊一時振剔不遺餘力來歸自浙天子倚重無何又拜陝西護軍之敕往時客兵所過殘破晟嚴緝申令旌旗變色市塗鷄犬安堵如故成化十一年孝宗巳六歲尚處西宫中外慮爲萬貴妃忌害時晟爲臺長首請建立東宫爲天下本而建儲策定社稷以安蒼生係望行將有殊擢以疏論元宰李公時時心啣之竟量移貴州叅議以歸歸塗行李蕭然至雪連氏之寃表金童之婦南嘉周忻以疾卒于官邑熊梁以姦擠于水靡不愴然賻塟後廉得其狀按治之咸稱爲神明孫良傅嘉靖丙戌進士良猷

戊子鄉貢良衙壬寅歲薦裔孫棻本棹逢祥維三俱中鄉試維三子璋中 國朝康熙壬子鄉試 祀鄉賢

王儼字民望先世居蒲圻曾祖子民爲華容丞遂家焉儼中天順壬午鄉試成化巳丑登張昇榜進士授兵部主事改工部都水治呂梁洪事竣轉刑部郎中往按鄭府盟津王獄多所平反補成都知府値妖僧海無邊等惑衆戮之擢河南右叅政復按涇陽王獄具得其實轉陝西右

布政使北朝入西圍城總制王越屬儀督餉區
畫芻糧摘發奸宄大宏政績中官劉瑯索金鶯
玉儀峻拒之尋陟副都御史廵撫山東上言頸
盜五事召為戶部右侍郎攝太倉釐宿弊理漕
政人多稱之以忤逆奄劉瑾瑾矯詔謫戍遼東
三萬衛尋以赦歸致仕年八十八卒武皇哀之
諭祭葬儀墓在蒲子姓多居蒲者
黃玹字敬潤祖煜中洪武丙子鄉試為合肥教
諭父城中永樂癸卯鄉試為富順司訓玹成化

乙酉舉于鄉乙未登謝遷榜進士授浙江西安
知縣為政嚴峻豪猾屏跡徵拜福建道監察御
史堅持風紀不畏彊禦時貴州都勻苗亂大兵
進討敕玹往監軍紀績經畧常屈羣策改土為
流改州為衛厥功居多晉陟大理寺丞勒石黔
署手植叢桂尋致仕子諴工詩苦吟至墜落阬
塹不減灞陵驢背上風况曾孫圖昇萬曆壬子
以春秋中湖廣第一人官大名縣令
廖漢字天章宋端明殿學士正一之裔明嘉定

學正俊之子也成化十九年中鄉試弘治六年
計偕如春官西涯李文正公讀其文奇之篤置
進士高第授戶部主事陳情便養改南京戶部
時督儲都御史葉贊偏執徇權漢與爭辨兌法
必宜于民乃已司徒王軾聞而韙之及司諸廩
出納有齊庶人者怙冒撓法力加禁治夙弊釐
正人咸稱便十五年監兌江西方伯林泮服其
孤介正德初服闋如京師逆奄劉瑾煽虐士風
闒倒乃上疏抗論時政留中不報再疏自陳即

徒步出都門買舟南歸結茅五洪山下布衣竹
杖躬履阡陌非其力不食課諸子誦習墳典肆
志幽潛登眺雲巒邁樵夫田叟坐談終日至達
官富翁則絕不與語葢有古逸民之風焉別號
五洪山人子男十二人次道南中庚辰會試第
二官至太子中允充經筵講官
謝鵬舉字仲南少貧力學登嘉靖三十二年癸
丑進士授戶部主事歷守臨江會廣寇張璉黨
大舉入清江鎮鵬舉躬擐甲冑截江大戰令[illegible]

人負沉水中鑿賊艦賊不得渡溺死者無算方敗之時憲司欲盡戮其俘以增級乃跽請曰此皆良民爲盜驅者也何忍殺之而冒功遂止事聞賜金幣擢廣東叅政海寇曾一本駕巨舟千艘登岸築高壘臨城城危甚鵬舉嬰城固守賊知不可破遁去陞浙江按察使轉左布政先是監織造局者價不全給所私以萬計鵬舉盡畀之無不感悅甲戌入覲以廉能爲天下第一廷召錫燕賚金幣有加陟副都御史倭寇內訌督

兵往勦功不滿者僅數級或請下海窮捜鵬舉曰汝第欲以滿級襲錦衣耳殺無辜而欺朝廷吾不忍爲也不聽提問晉戶部侍郎蔭子承祚入冑監尋陞右都掌南院百寮震肅未幾以與江陵不協即投劾歸入山二十九年杜門絕不問外事藩臬長吏鮮得望其風采門庭蕭寂朝遣禮部主事袁宏道諭家存問有詩載藝文志中卒年九十三復遣評事王蒞予祭塋子承祚以蔭官京兆别駕年八十九卒

何思登字一舉號滄南明初鎮南知州煥之八代孫天石珍之子也中嘉靖戊午鄉試登萬曆甲戌進士初授行人公直高潔不事權要册封諸藩餽遺一無所受已行取爲權人所持遷南京戶部主事刑部郎中陶允宜贈其詩云十年不附中書省三載空留比部郎陞守雲南一意綏靖民彝載德以戢猶甸有功上特賜金嘉勞之嗣丁內艱補臨江守甫浹月穫巨奸劉亨四著聖諭六解戶曉焉半載又丁外艱起補池州

躬督耕桑祈雨有應慕宋守包公極作希包堂以志服後池人建祠祀之陞雲南按察司副使備兵曲靖撫戢土酋爲院司亟稱未幾還里偕諸耆英結香山之盟復起補廣西副使粤俗惰慢公教以種植紡織之業一載化成旋入賀東宮事竣請告院題加叅政歸署臬劉公庭芥遺書云閱帑藏見公有遺俸在焉令人懍然起敬特遣人齎上人以此益多其清介生平省約退讓至于縡紛雪枉每言人所難言尤剛腸嫉惡

不肯俯仰隨俗學根性命尊鄒魯斥二氏時推
眞儒云年八十卒所著有翼正錄自鏡膚語砭
俗箴行于世長子夢周萬曆戊申歲貢次子夢
相有文名季子夢星中萬曆戊子鄉試祀鄉賢
馬天錦字擧生河南知府練曾孫武寧令介之
子萬曆甲午舉于鄉明年登朱之蕃榜進士爲
興化府司理練達俊爽屢白沉冤綰泉州篆以
清介著聲莆人頌之有莆中德政錄生祠記溫
陵紀事陞工部主事典器皿節愼有加歲有羸

金以還內帑丙午典試山西所獲皆知名士轉
兵部武選司主事丁艱被論起補兩淮鹽運判
累轉南京戶部主事陋規釐革陞南京兵部郎
中告病歸卒天錦爲人慷慨豪邁奇節稜稜爲
文崖巽陸離欲不經人道著撰每不存稿他家
且有藏之者弟天銘太學生子福昌燕昌俱庠
生崇禎癸未獻賊屠城福昌被執罵賊而死姪
淑昌中順治壬辰進士
魏說字肖生其大父裳嘉靖庚戌進士官至山

西按察司副使父彬如爲衡州府耒陽縣訓導
肖生家學淵源腹笥經史中萬曆甲午鄉試第
四名戊戌成進士初任南直都水司主事時封
君太母並卒于耒陽學署訃聞南中歸來號慟
以不得與于哭泣之位爲憾三年寢處未釋苫
塊刻志勵行以承世德服闋授北京工部主事
神廟內宮每日取梁木條方百餘甏不用命者
公以杉木易之減其數以進上亦霽威其牖士
之不殺如此已遷本部郎中典試東粵時朱公

燮元爲粵督學亦頗冰鑑自負其所首錄者悉
入彀中以是深服公之暗中識劉衆裏得嘉也
所貢士大半聯捷旋陞四川督學使肖生一手
一眼且作且閱諸生一義成督學亦一義成觸
試士漫草行世其掄諸生文取其直寫性情根
極理要有蹈襲陳言競趨時艷者抑置之刻評
唐宋八大家文以教諸生試牘敘云劍山之鶴
非不落羽摧殘終自有雲霄之意雉飛五采擒
峽鬲豐肌血肉則固有聲使者以此評文百不

失一兩司文衡校內閣者什二三第南宮者什有九豈非以慧業文心程量不爽有如是哉嗣授山西按察司副使隨轉叅政復除山東按察司廉使膺錢穀刑名之任轉輸者無斃容平反者有生氣時值山東妖賊竊發圍邑攻郡所在告急勢逼省會羣策俱窮公歎曰我先祖曾破賊于此召公是似非今日乎乃點煙丁給餉守城騰檄招撫賊乃靖上聞之喜陞授太僕寺少卿道經賊所從者戒嚴不意諸賊徒業感公招

撫載道懽呼及至京不輕取予命僮歸作青山閣遂有青山之意尋除應天府府尹身處脂膏不欲自潤主藏者以羨金進公怒悉發充餉為減徵額暇日與諸生進退講業論文甲子南闈鄉試唱號至午未見應天諸生名白主司郎畢所知七士聯註賢書出其門下者榮于御李隨陞戶部右侍郎兼都察院右僉都御史大官有甲乙之籍壯士無庚癸之呼帑發而玉粒豐年漕運則風恬淮海于斯時也曳尚書履登政事

堂豈有難哉而無如權璫魏忠賢奔走長安示意宗盟欲邀投剌肖生峻拒之片刺不通以觸忤要人遂掛冠歸二疏之智復見于此至後逆案三百餘人得超然免于評論林居數年相國門生引領安石之出而肖生鷗夢不驚青山可對而已惟日與老僧說法清客談詩至丙夜無倦意山水松梅一經拈點都成靈韻家聯云唐虞三代人物先秦兩漢文章蓋自寓亦自勗也著有青山閣集八卷其正氣淡情風騷遠致在

古大臣未數數見者癸未二月駭賊未入境時端坐卒于正寢壽八十一子二人長方授庠生次方復庠廩生有文名　祀鄉賢　本傳劉本遠撰

魏珩如字白叔樂安令滋之曾孫也祖正參隆慶元年歲薦為蘇州吳縣丞父科字冲垣襟度蕭洒人咸稱之珩如生而靈穎詞壇推重萬曆丁酉中鄉試第八人房考在途有詩云願得白珩獻當宁不妨人比國工推及拆卷惟詩是符快以為得人之讖辛丑登張以誠榜進士筮仕

當領鄉邑改湖州教授尋陞國子博士擢翰林院簡討爲福藩講官啟沃勞勤賜賚倍至旋叅兩浙屯鹽有條行六欵鑿鑿可行建塔以標文峯又開濬金門通百物全浙永賴撫按告其成神宗賜金嘉勞焉後以養痾請假歸里買山龍翔飛觴屬咏于其上每有一斗百篇之致與任韶倡和自適竟蚤折卒之日聞四川副使之命士論惜之著有六友山房集祀鄉賢

鄧士亮字寅侯中萬曆辛卯鄉試以甲辰副榜

初任彝陵州學正奬拔名士如文安之王維章受其藻鑑皆至顯仕再任四川綿州學正尋陞廣東肇慶府推官時有紅彝船與彝船肆掠海防公多方守禦適賊船遭颶風沉沒陽江海口公尋覓善水者撈探方知船沉深水架有大銃隨浸沙泥捐俸僱募夫匠設計車絞獲取大銃三十六門總督胡公運解至京又絞獲大紅銅銃兩門貯肇慶府軍器局中隨行差取二銃至京承鎮邊封考最入爲宗人府經歷陞南京戶部廣東司員外奉旨提督揚州鈔關關有竊金萬餘兩悉輸入內帑遂陞本部浙江司郎中轉四川馬湖府知府適苗彝犯順公會同守備王崇周等開城迎戰斬獲苗首威夜月池等衆四十餘寨悉皆効順會上臺取銅萬觔旋檄下不用仍追補銅價公曰昔以價易銅民爲銅苦今以銅徵價民爲價苦是重厲吾民也乃捐俸解補卽命匠金可德以其銅鑄大士像買舟而下載至蒲卜地于河滸大沙洲建閣奉之旋晉四

川分巡上川南道駐箚嘉定州莅任一載銳意圖治無何卒于官督撫王公維章爲昔所奬拔士援引大臣任故事理疏請扶櫬銀乃得歸葬所著有屏史二十卷心月軒十六卷行于世

王台彥字明珍父學孔爲太學生大父良謨以鄉貢爲蜀蓬溪令明珍性凝重寡言笑好施予飲酒雖至數斗愈益莊萬曆癸卯舉鄉試爲學益篤三赴春闈未遂謁授四川達州刺史州有白蓮妖賊聚黨萬衆刻日破州城里人來告公

不問再至復不問三至公笞告者曰彼以焚香
號佛爲業甚善吾方奬之若敢以大辟誣醇民
耶賊魁聞之明日率數十人入州告公伏罪盡
擒之立斃杖下旋檄諭其黨竟解散州以全時
上官方議擢以父喪歸服闋復授河南信陽州
治聲甚著時楊漣以抗疏論權璫斃獄中昇骸
歸道經信陽與漣友者畏璫耳目匿弗敢覘公
獨慨然曰楊公直臣與同年友也若俱避禍楊
公骨尚能返里耶倘吾以楊公故獲戾猶榮甚

卒撫棺哭盡哀且厚賻之楊公骨得歸里公之
力也久之遷貴州思南府同知分試得張大經
周雍新敖世杰陳佳士王家鼎陶明奎等六人
皆黔名士未幾遷銅仁太守銅仁地多苗叛服
靡常前此官家得叛者不問老稚婦女盡殲之
公得叛苗誅壯者餘盡釋全活若干人苗亦以
靖旋擢畢節道副使公曰是更難于苗矣先時
安奢二酋黠兵入黔中一日圍七城惟貴陽安
莊未下相持一歲城中人相啖且盡以王三善

援兵至圍乃解城中殘民皆匍匐爭就野伏嘰
啖衈如牛羊今安位復以爭界內亂朝廷遣使
往勘者二三輩輒不返今乃俾我耶廉藏官黔
督朱公燮元素知公暴謂曰貴州情難叵測然非
公不足往諭誠輸行勝十萬師遠矣公于是
攜二僕從十餘騎即日就道遍歷六廣河崇山
深箐無一鳥聲道攜於西大方撫召安位位匿
弗見復遣其會陳國基召之位使其驍帥阿烏
豚者率數千衆來迎公斥之其黨聳驚而聽然

騎騎犀象乃環衆舉觀等以示不下者夜宿酋
穴中四圍負彝諸酋龍乾寢有會秘戲金珠種
種以獻參笑曰使吾可感婦寧肯入兩界使再
可貨者豈能平兩界界不平爭且不息汝曹戮
首領矣保矣吾豈以金珠數囊易而萬首領耶
酋皇恐相語曰是公廉非前此貪饕比也且其
言誠未可負遂獻印歸命公于是塞圖立表定
界南遂置邊聯七城合爲驛路糧稅都入黔中
即畢節所屬也時治公廨得骨數具覘之人觸

也遍掘之骨且盈數十石因命僧盡覓城中枯骸近萬具瘞之日是皆義魄也設祭而公功成復命天子賜白金寶鈔授廣西蒼梧參政蒞事一載乞休章三上乃可方公之終艱喪而之官也取木主佩之身至驛邸必先設位公服趨拜上食畢然後就室每視獄必于署中焚香仰空祝天誓無冤民也弟鼎彥爲檢林參議客金陵久不歸公每得弟書涕輒數行下其居鄉好與方外士遊賓之至者雖野老牧豎相對怡怡如

也有與爭者卽斂手退然或干以非義必正襟謝之亦無敢犯崇禎癸未張賊至悉焚毀公避亂入葛仙山中茹蔬食糲怡然自得歲丁亥二月顧爻子九眞曰今日某聖誕焚香祝之遂端坐而逝祀鄉賢

忠烈列傳

宋

陳求道字得之陳康民子其先自咸寧徙居蒲圻靖康間舉進士授都水監使北朝圍汴京求道請以蠟書立康王爲元帥起兵勤王朝議二帝出郊請和求道力爭不聽及二帝北去北朝立張邦昌爲帝求道義不屈吐血長號欲自殺救免後治河有功宗澤表爲襄鄧隨郢鎭撫使以請兵食不繼緣有疾之者遂歸求道去而四

州陷矣旣居蒲建炎四年京東西荊南北盜起率鄉民保障有功會招討劉忠反刼求道爲主擁至茗山求道怒罵不從先殺其妻子遂殺求道拔其舌而死瘞于龍堂寺側事聞改瘗興陂墓上石封鐵頂今存徐氏墻內神道碑在咸寧西河元翰林簡討危素有傳何槐孫有外傳一統志楚紀咸寧志俱載其事龍堂寺在縣北門外

廖道南曰予讀蒲舊志以求道爲他途人也及考宋史具得其實且興陂在今雪峰之東石潭

之上而茗山蜿蜒遙相望焉求道其不死已乎

明

汪洪字克容厥考勝爲營繕所丞英宗試其能特授順天府經歷錫之敕命成化元年洪舉京闈第一人明年登羅倫榜進士授戶部主事歷員外郎郎中值北朝兵至羽檄旁午遣中官汪直威寧伯王鉞統師出征動調主客軍馬不下數十萬時邊鄙歲飢糧餉數匱乃敕洪往同都御史何喬新督理轉輸直倚勢開釁而鉞亦喜

功洪處之裕如斟酌損益區畫攸當本兵上其績憲宗嘉之曰爾洪持廉秉公夙夜匪懈勞勣迭著朕用爾褒錫賚有差乃陟爲山東參議時冢宰尹旻縱子貪賄洪力拒之旻乃譖之汪直遂左遷知蜀綿州州歲大旱暴骸遍野洪捐已俸設爲湯粥陳之四門又多方勸賑賴以全活者甚衆既乃躬視土宜疏濬水源創修石磐七堰溉田數千頃自是旱潦攸齊民庇其利爲立生祠先都御史張瓚開置覇底諸堡以通茂州洪至往理戎務歸至石泉土官奕出洪倚塹控弦與之交射爲流矢所中墜偏橋之懸巖而死是日闔王陂居人每于陰雨月夕見其乘馬如生立祠祀之四川志及綿州志列洪名宦洪無嗣女二長適樂安知縣魏浤墓在望夫山（本傳廖道南撰）

胡堯元字廷獻兒時遊白石山謁顏眞卿祠嘆曰大丈夫死國血食兹土榮名豈有旣乎慨然自許登正德辛未進士授戶部山西司主事督

金盞馬房諸倉閹人谷大用者瑾黨也嘗以門客屬公公沮辱之司徒王瓊以谷言責公公曰官至尚書倚若爲冰山耶瓊大恚啣謀去之冢宰楊一清雅知公以司徒言薄譴高郵州同知州運河故邗溝也水自諸湖入河承下流兼三十六湖之委歲春秋湖水溢害諸田夏冬水涸不可田民苦之乃請倣古人溝洫之法方一里爲溝深一丈六尺廣二丈至興化而止河東故有涵洞石閘如法修之以時啓閉旱澇不能災

民甚賴焉州民好淫祀士女祀及東嶽無忌公毀之更爲文游臺祀蘇東坡黄山谷孫莘老秦淮海四賢羣諸生其中攝江都邑事丁丑上詔侯指揮妻馬氏入宫言官諫不聽乃上疏略曰漢選後宫家人子入侍唐納壽王妃職爲亂階上不納閹人史泰督製御服還京所過郡邑賊殺無辜甚衆公抗疏條其姦乞詔法司訊鞫梟史泰首都門謝百姓復斬臣首以謝史泰時人人爲公危上寛仁無譴人莫不賢之戊寅冬選

江西瑞州府通判明年六月宸濠反中丞孫燧副使許逵死之公自吳城聞變微服徒步夜行晝伏間道五百里還郡知府宋以方被執寮屬亡去公攝郡事召士民泣諭之死守無貳遂請兵中丞王守仁即日具疏上召使入榻前勞問賜食詔擢公爲守僞駙馬李蕃掠城公乃集兵謂妻黄氏曰吾脱與城俱亡汝善爲計黄氏泣曰君其盡忠毋以妾爲念公出黄氏懷印抱女攜季子宣及家人胡永曰事若不測吾當投井以死公乃簡壯士盛官儀詐稱迎番伏兵石鼓潭擒之斬首九十四級報至王守仁曰微胡通判瑞其不免乎守仁遂屬以兵使備賊無西公曰濠無西意第恐東下爲憂耳乃使人聲言瑞兵十萬且至夜城西隅忽墜城中鼓噪謂瑞兵至矣濠懼修戰守之備甚具七月朔帥兵趨南京守仁屬公勵壯士前戰于黄家渡僞都督凌十一馳馬向公公佯却竟發一矢射死之擒賊將閔瑞追戰于八字腦擒殺二百七人師次鄱

陽湖南風急公曰賊衆難卒平乘風縱火可得志也或謂風無常難恃公曰討逆自天何疑哉乃與吉安守伍文定部分將士縱火焚賊舟遂俘濠賊平始還郡黄氏曰吾與君得生荅天佑社稷耳公以爲承師旅之後務在拊循爲條教下諸州邑訪故老咨民利病清獄市輕徭薄賦郊行勸課農桑賑貧恤死施藥療疾節郡中徭費三萬餘金嘉靖壬午詔以江西功授廣西左參政總督糧儲巡察邊務洊容邑爲賊陷幾廢

公復之建桂林書院買田百畝給筆札膏爋選學宮明經者爲師諸生各以其經受業焉土酋岑猛守田州以兵力自雄凌轢他郡劉召者猛逆黨也誘韋都指揮孫震曰必復土目退官兵乃還震耳或謂震輕嘗賊請釋召公曰震固易敵田州土酋得無陰使召耶土目復官兵還召必擁震而入思恩討之晚矣乃條酋罪狀白當道督責諸帥難之不從以和召果以震去知其言中丞盛應期屬公曰諸帥壹若言敗若濟知

兵其盡力公辭不獲乙酉三月進兵擒賊將李隆禮陸利廣脫其縛結以恩信使執酋韓門贖罪當道欲置二人于法公曰業已許之其可背乎自是餘賊多附蓋自召叛至今十有九年矣公乃深入東蘭那地金城諸絕域經畫彊理宜布朝廷威德奏凱還是年冬中丞姚鏌疏請征猛天子可之鏌問討將安出公曰岑施王受爲猛敗失其職守怨猛深今若許其立功還故職則二人樂爲用又使人聲言兵十萬取田州猛

必專意泗城乃使思恩堅壁撻良三心以精兵刼其村落令猛左顧以禦思恩南寧武緣各整兵旅待湖兵至夾攻之三面受敵猛無能爲也若餘兵四掠以右江兵出賓州左江兵與南寧武緣合思恩兵從後擊之賊將奔突無地歸順者猛之南屛也猛親在焉猛急必遁歸順趨交趾若陰使人結其所親以啗之乃萬全策矣鏌奇之遂屬公鎭南京湖兵至檄公監軍都督指揮沈希儀等五將軍帥入萬人分道進令曰擒

猛者聽轅門討功行賞賜千金爵一級界其地黨惡者務兵誅之猛懼謀不知所出裂帛書寃狀抵鏌鏌不聽六月一日公帥兵進攻賊將陸綏號萬人敵猛男邦彥素驍勇公曰此難短兵接也選精騎馳射之綏五易其馬公追之殺七十四騎而後授首邦彥逃猛果謀出奔猛婦翁歸順知州岑璋以其女失愛于猛憾之欲得猛以爲功先是公令沈希儀等察千戶趙臣雅善璋遣臣抵璋所得與猛相讐狀說璋擒猛自効

邦彥守要害璋佯以姻故遣千人助之實爲間
邦彥納之及兵擊邦彥璋千人爲內應竟斬邦
彥猛奔璋招之曰事急矣願主君走歸順三四
夕可至交趾猛從之公策猛已至璋所遂以兵
萬人擣歸順璋遣人持羊酒犒師見公謝曰猛
欲走安南璋繫之亡去幸緩五日當縛至轅門
乃許之璋乃紿猛曰天兵已退當爲君奏白寃
狀遂爲疏令猛出印印之璋知猛印所在置酒
賀猛持酖酒一杯進曰天兵索君急不能庇請

自爲計猛遂飲酒以死璋斬其首并佩印遣使
至軍門上之所分兵復斬賊將王林等初公聞
邦彥授首恐非眞進隴谷巢窟驗之冒瘴死復
蘇猶尸授諸將兵事一十三條疾遂篤輿至橫
州卒時嘉靖五年九月二十九日知州陳堯恩
視其行李唯夏衣數襲圖書盈篋發公內帑殮
焉士民哀之如喪考妣請立祠大中丞石金疏
其死國事乞贈官立祠以祭詔曰胡堯元實死
國事贈中奉大夫右布政使祠桂林諭㙜江夏

金尸鎮　祀鄉賢　本傳胡直撰

仵瑜字忠甫紳之子正德庚午以禮經中湖廣
第一名業于南雍丁丑登進士第試政御史臺
御史中丞彭濟物甚雅重焉未幾上疏病歸己
卯如京師授禮部主客司主事大宗伯毛憲清
稱賞獨至未幾又上疏病歸正德十六年辛巳
武宗入繼大統瑜復如京師上疏論天下事一
曰勤聖學二曰篤親親三曰開言路四曰敬大
臣五曰選諍臣六曰杜浮屠七曰拯困窮八曰

重守令九曰修武備十曰儲人才疏奏上嘉納
之下諸司條行大冢宰石邦彥褒其敢言仍厥
官提督四譯館時四譯朝貢如哈密佛郎機者
狃于閹宦所黷賄權要所市寵瑜以公決之異
于族類超于風氣如朝鮮者瑜則以禮遇之故
後四譯聞瑜之卒咸膜拜流涕云甲申春上召
輔臣于平臺于暖閣諭以尊稱之典大學士楊
廷和蔣冕毛紀力諫以爲干正統違大義上瀆
九廟內間兩宮未敢輕議上不豫者久之主[illegible]

桂蕚窺伺風旨竊取席書張璁霍韜方獻夫諸議奏之上下其議在廷諸臣堅執以爲不可時廷和已去冕繼去禮部尚書汪俊又去乃以書爲禮部尚書蕚璁獻夫爲學士諸臣羞與爲伍遂不謀而同抗言極辨或謫或罷或獄無虛日時廖道南方官中允瑜時私語道南竊嘆以世道升降係茲舉也秋七月乙亥上降手敕改稱孝宗敬皇帝爲皇伯考恭穆獻皇帝爲皇考昭聖皇太后爲皇伯母章聖皇太后爲聖母諸司

俱奏以爲不可十月五日戊寅少宰何孟春率百官伏闕死爭大學士毛紀石珤取帖伏于前時已近午上命司禮監宣諭下學士豐熙給事中狆御史俞翶郎中余寬黃待顯陶滋相世芳寺正毋德純于獄百官號泣聲震闕庭瑜伏地執廖道南手曰吾禮官也有死而已已而未末申初有危言以嫁禍中傷者上復命內使宣諭時大臣已退惟諸司在上大震怒悉下百官于錦衣衛獄庚辰械至午門前杖三十死者十有六人編修王思正相給事中張原毛玉裴紹宗御史胡瓊員外郎張燦主事臧應奎安璽楊淮余禎胡璉殷承敘司務李可登而瑜亦竟不起矣屬纊時睜目謂廖道南曰吾志已畢吾子勉之瑜生于丁酉卒之辰則伏闕後十日也享年四十有八隆慶初贈少卿蔭子備入監祀鄉賢 本傳廖道南撰

李贄曰當璁初用事時科道有言俱被慘禍其後勢成銓柄在已非其私人不置言路是以一

時省臺皆爲不鳴之仗馬而捐軀死諫之士反在于翰林部寺諸臣也世宗新政若輩盡宜汰去而作瑜之疏既下復寢豈當事者懼傷國體而不欲空署逐之耶抑猶有所避忌耶然讀瑜一疏若輩已當愧死矣

李甲字予先修偉美鬚髯讀書該博善感憤知義所在挺鷙不可遷蓋其天性爲文慘澹嘔心不畏按劍天啟甲子入太學大司成朱滄起奇其文拔監元丁卯下第崇禎庚午反楚闖逆領

鄉薦丁丑謁除得署零陵縣教諭聘試雲南所得悉知名士庚辰擢蜀雙流令邑舊無城甫下車鑿濠編栅以備不虞作栅城賦雙流素苦蜀府竈稅甲禁梭胥無苛歛民復懽土司有金帛見遺者曰我爲民來不爲金帛來自是上下知爲清白吏矣借署新都政聲藉甚甲申七月流寇屠成都時已擢建昌衛同知聞變赴黎州與兵備胡恒内江戸部范文光白水參軍曹勛戸部鄭延爵滎經縣令黃儒邛州孝廉劉道貞同

騎起義乙酉春進師滎經冒矢石率戰馬逸而北曹參軍掖之遁甲曰徒生何爲吾獲死所矣遂被執駡賊死時蒼頭李事從李觀篆隨事從冒刃負甲出積尸中以死殉視篆負骸久之莫能歸遂薙髮爲僧寓名山縣翠峯菴厝尸菴後塔中觀篆居倚塔前有聞必告飲食必請枕席之間痛哭如相問答如是者八年篆亦隨没託藏尸于其弟子絜寰又十五年仲子藜珠隻僕重趼由汴泰達益州迎父新都遺民莫有識者倉皇走名山而西忽遇絜寰道次詢之得遺骸菴塔中舁以歸行且痛哭不勝遂仰天呼曰吾父萬里孤忠今相見于枯崖斷壑間誰表章者遂謁監軍道程諱鳳翔請邮程署其詞云雙流李令興師討逆殉難滎經巡遠一流也今箕裘有人歸厝故里雖死猶生矣嗚呼獻闖交訌之年仕宦多諉遷謫爲自全計事急棄城走者比比也甲巳遷同知矣即不死亦不失爲賢令而且死死十餘年東南兵火人鬼兩地又蜀道斗

絕天表空懸且得以骸骨歸故壠固其至性不泯亦由忠貫日月神明扶持者哉名山隸雅州蜀人爲崇祀雅州名宦而子若僕因之以傳宜矣

駱文節字愛梧號梧竒偉有大志初授浙江長興主簿歷河南彰德府經歷失上官意左遷北直廣平典史先是景州妖賊于洪志與山東妖首王好賢徐鴻儒謀逆鴻儒好賢俱敗惟洪志黨散在京畿河南地方百姓以旱蝗不自聊又

爲妖術所煽故白蓮教盛行上檄地方官捕之節因言於令訪妖首數名餌以作書招其黨至則盡械之衆乃糾黨大譟令懼節曰首既得衆已失恃徃諭之自定矣乃單騎直徃詰之曰汝輩欲反朝廷殺命吏耶吾戴吾頭來也衆愕然隨投戈羅拜俄盡散去及旋署見有布裹銀若干皆載姓名乃餘黨懼株連求賄脫者節以白令悉給民爲牛種之資令轉達府府大奇之擢州判旋以內艱歸里服闋入京補磁州州判其婿李甲任四川雙流令因獻賊死難聞信哭之哀曰吾婿死得所矣乙酉賊李自成兵入蒲或强之遊吒曰昔在廣平單騎入賊營數萬之衆談笑而觧今老矣豈爲鼠輩喪氣哉少頃賊至輒大駡賊怒縛之因索金節乃紿賊曰我金藏土中必具衣冠掘之賊釋其縛乃衣冠拜哭於地下尋入室內投繯而死時年七十有五配蘓孺人在雷家橋聞信亦不食卒

補遺

李道爲宋慶遠節度使屢建奇功封雍王謚忠毅諭塟漢陽之蒲潭陰毋山立廟世祀勅曰褒忠妣張氏封秦國夫人諭塟蒲圻之馬蹄湖瑞雲山立廟世祀勅曰大祭孫庭芝爲宋右丞相知楊州後靖節于楊之蓮池葬地有忠節祠曾孫鳳山爲五軍都督勳名爛然乃棄官來蒲以守夫人墓嗣是七世同居奉　旨旌其門曰義門

才獻列傳

宋

廖覗字德遠端明殿學士明略之孫也寧宗時初任司理參軍歷秩房陵縣令轉朝奉郎通判衡州事狀元許徑經略湖南舉覗于朝薦剡有曰覗器質端方克守家法嘗任理掾以直忤官兩爲劇縣治狀稱最衡陽三郡備著賢勞承攝道永二州首尾年餘剔除奸弊愛惜財賦一毫不以妄用代者賴之

費師古縣南圳溪人年甫十九登天聖二年宋郊榜進士天資英邁才氣浩發尤長于賦琢所著有疊秀亭詩累官至諫議大夫時范蜀公鎮知諫院務存大體不事矯訐至請見皇儲則奮然爭論章十九上仁宗罷之而師古同侍御史呂景初等抗疏留之不報暨歸于蒲創地于大田之黃沙鑿池引泉溉田甚廣厥後子姓有曰翯者富于古學南嘉李氏開積慶堂延爲經師元至正間有曰原傑者以書經中鄉試裔孫有曰洪者在明爲錦衣百戶祀鄉賢　師古墓在黃荆塘之山

元

何槐孫字德孚號龍岡湘鄉學正天驂之子也幼穎慧驗發日記數千言泰定三年舉鄉貢明年中書堂會試列高第梓行書經義一篇太常賦一道天曆二年授江西宜黃縣尹吏事精敏剖斷如流洞燭民隱人不敢欺值歲飢勸賑有方貧者無餒是歲同縣尹甘楚林典文衡得士解蒙曾貫衆以爲知人再推德安雲夢政聲益

茂至正二年遷慶元路總管府推官申明條約辨決疑獄未嘗以聲色厲人而委曲周旋務得其情故能除姦禁飭雪冤理滯閩郡畏服陳廷訓爲撰政績碑所著有善政指南書及碑碣諸文行于世一統志及江西志寧波志俱載名宦祀鄉賢

明

何輪字仲明元慶元路總管府推官槐孫之子也學有源委慎默簡易洪武甲辰授休寧縣簿

下縣戎務倥偬徵賦督迫編區畫有方民賴休養暨董辦木植監築城垣雖祁寒暑雨不憚勤苦三載考績復職後坐公事詿誤民思慕號泣洪武十七年復以明經薦知雲南之鎮南州卒于官按徽州志編以甲辰任休寧邑舊志以洪武六年舉秀才未知孰是

李懋洪武初任新昌知州時兵燹之餘百務廢弛懋創建州治廳署譙樓規制宏偉學校橋梁悉加修葺調度有方不病于民又爲諭俗八條布之俶儻真摯民咸感誦

鄧槐字大材洪武三十二年中鄉試明年登胡廣榜進士性質端愼循循守禮與人交未嘗有倦色初授成都新繁知縣時蜀士自明玉珍竊據後百務廢弛民鮮聊生槐蒞政慨然思紹衛常王益之績創規制設條教修水利墾荒田民多賴之再任新津政聲益著按四川志新繁有淸白江槐以此自勵故終身淸白以琴鶴爲伴云

趙德貴按舊志德貴上三都上里人爲人剛毅愼許可寡與人交洪武十八九年起貢授兵科給事中獨立敢言諫垣凜凜有臺閣風生之氣終被罪謫公論惜之

陳文禮字績卿嚴恪有威質直自任洪武三十三年起貢授監察御史値有冤獄弗決文禮立辨其奸人服其神智董謙云斗穀三升米說眞陳文禮文禮聞而悟曰此奸必康七也果如其言

喬孫緯字載宿以嘉靖庚申貢訓江西德化轉青州授作人有方捐俸置學田以贍寒士壯年掛冠食貧課子鄉評推重之

馬駿字冀良永樂六年中鄉試銓授崖州同知値颶風大作海寇蜂起駿保全城池與有力焉孫文明成化丙午貢授蒼溪連錡教諭孫文獻弘治甲寅貢官瑞州府學訓導曾孫練中嘉靖己丑進士官至河南太守

龍景亨字偕通永樂三年中鄉試明年登林環榜進士性質英毅遇事輒議論數千言孤抗不能容物初授監察御史監稅龍江關立法至嚴人不能犯以壽終于家中正統甲子鄉試先是

羅弘爲御史稱廉焉陳文禮爲御史稱明焉暨景亨爲御史稱嚴焉臺中號爲三直

盧中字守正厥考貴賢訓子義方中奉訓惟謹習禮經正統九年中鄉試魁選明年登商輅榜進士授刑部主事歷員外郎郎中居常布衣蔬食無重帛兼味遇權璫貴戚屹然竣絕弗少遜避以故門無私謁而用法罔撓奏績推恩及親錫以誥命蒲令令里人捧冠服謁其第厥考設具候令執禮甚恭令去召中于庭責之曰爾胡

以名器桎梏乃翁哉仍鞭之乃已及中陟浙江參議守父訓如初逮歸行李蕭然無長物里中人稱其廉樸而貴賢之賢聲益張祀鄉賢　本傳廖道南撰

魏銘字日新祭酒觀之曾孫也少勵志篤首山中聡懷祖德讀書不倦登景泰五年孫賢榜進士任地官主事監通州倉稅以抗禮逆指使某被劾天順紀元之歲調判雲南景東府至滇道經昆明晉謁總戎沐公沐公諱璘西平侯英之孫定邊伯昂之子也襲父爵都督雲南好讀書工詩文其祖英與銘祖觀同事　高皇帝相善也銘一見即以先祖祭酒公小像示之請爲贊沐公曰予自髫齔時即從先大夫知祀山魏先生之名每誦其詩文未嘗不景慕而嘆羨之今君又能擢巍科登顯仕雍容淳雅異于流輩可謂故家文獻久而不艾遂欣然爲之贊以志景慕之私焉無何改判揚州時揚郡旱甚太守公以下禱雨不應銘進之以誠更率父老子弟徒步露禱三日見黑虎廟上風起雲飛大雨若注

有黃龍夭矯空中迅雷驚電繞其前銘不爲動是歲郡大熟士民歡呼有碑紀其事所屬興化縣學宮久圮捐俸修葺薦紳先生勒碑記之尋以最擢守溫州神情恒在山水間每遇勝地輒解帶留連無何投劾歸歸而結茆課子輯其先祖詩文貽書問序于安成內閣彭公時泰和尚寶卿楊公導爲表章之因壽之梓顏曰蒲山牧唱仍其初藁之名也銘性溫文儉素雖兩佐名府一守東甌所至以廉謹稱林居不問家人生

[illegible]然不能具喪禮子三人長曰碩中
弘治壬子鄉試次曰頴中乙卯鄉試官永寧知
縣三曰頌中丁卯鄉試官福州通判孫倣有孝
行督學金公學曾舉德行第一及貢不仕而卒
按原傳以沐公璘爲祭酒公故人同事高皇帝不知已差三世失不詳核故考正之更查闕編
附孫倣于後

黃頤字敬德爲人淳謹質任自然無疾言遽色
然博學強記不苟許可成化七年中鄉試十三
年登曾彥榜進士授知溫縣再調陳留爲政豈

弟平易近民凡頑民梗化多爲條約諭之不妻
施刑罰而民懷其惠及致仕歸居鄉黨恂如諸
生時人多稱爲長者子崙以嘉靖三年貢爲永
昌司理孫鶴翀嘉靖丙辰貢克紹其家學焉

江師古字克永元鄉貢存禮之裔也叔父晟司
訓吳江志識淵邁師古從之遊恒受籤楚至于
折臂勵志苦學略無倦態成化十九年中鄉試
弘治六年登毛澄榜進士授工部主事清江浦
管閘時中貴往來無虛日舟經沽頭作威凌擾

[illegible]不爲屈正德初逆瑾柄國即投疏歸蹤跡皆
性儉朴敝衣垢襪陋室匡牀獨脩然肆意尤善
風鑑豫測人禍福又精岐黄續骨術先是西涯
李文正公有子兆先少負才名一日延師古往
視廳太夫人病即愕然曰太夫人無恙相國位
極人臣恐終乏嗣宜亟圖之後果如其言

許紳字佩之洛容訓導祁之子也性警慧早游
邑庠與江工部師古廖戶部漢爲莫逆交督學
副使薛綱稱爲三傑成化十九年中鄉試魁選

二十三年登費宏榜進士授戶部主事監稅九
江紳精于心計明習吏事參伍考驗悉中機宜
創置公署代者便之子瑜中正德庚午鄉試第
一登進士授禮部主事嘉靖初以諫大禮斃杖
下

魏濬字文淵性孝友嚴毅母疾禱于睢陽神祠
朝夕羅膝百拜凡三月母疾弗愈哀毀踰禮成
化丙午舉于鄉不與鹿鳴人問之曰方憶吾母
不忍耳再事繼母倍加敬值大祲家人徙居[illegible]

年七十爾以母病不去八上春官不第選樂安令有禦寇安民之功正德中會逆璫劉瑾以傳奉索錢滋抗不理即日以思親告養棄官歸在事前八月焉去之日行李蕭然嘗題其庭柱云願留膏血還黎庶祗有心田付子孫士大夫至今誦之里居三十餘年杜迹公門表正鄉里有鄉人李致良被冤逮獄滋力爲白之有司全活七命又有故人子犯罪乞解則捐金以贖年七十有六卒子八人長正中生子表中嘉靖甲午

鄉試表子翼如爲太學生翼如子詔萬曆丁未進士曰正恭嘉靖四十三年貢生子徃中萬曆丙子鄉試曰正泰隆慶元年貢生子科科子蘄如萬曆辛丑進士滋弟滐正德□卯鄉貢其子孫貴顯里稱爲盛焉

魏濱字美之溫州太守銘之季子也銘妻黃氏無子銘之京娶丁指揮女諱爲繼室丁至蒲閫其有妻遂大怒携女還黃亟追懇請慰讓正室而已下之丁乃止生子三人長曰顏亦弘治壬子鄉試次曰顯中乙卯鄉試官永寧知縣三曰頌中正德丁卯鄉試頌少卽以經濟自期嘗讀書疊秀山中學者稱之曰秀山先生後肄業南都與貴溪舒芬永嘉張聰騰觚揮麈齊名一時邑廖太史道南心折之旣登賢書凡四上春官不第以母老勉就穎上令居官威惠敷恩勤勵學宮循聲藉甚無何丁母艱服闋起補祥符令祥符中州都會治之恒難其人頌下車申功令起凋瘵造士蓄衆政聲訇如穎上兩臺交薦擢

最有日矣旋爲權右所嫉量移判福州尋又移知北徐州竟以不能頫仰上官拂衣而歸頹然自放以壽終

魏滐字交盛與兄滋橫經問難博通淹洽學者多從之遊登正德丁卯鄉書就隣水令始至邑見舊令所遺什物曰官有常祿乃復賧民自奉哉悉罷去隣俗喜訟有兄弟爭田乃引蘇瓊事泣諭之民亦感泣卒相讓聞風化者甚衆居官淸約囊無贏錢嘗遺書示諸子曰吾父惟飲隣

水耳汝曹有先人敝廬薄田可自贍毋俊望不見淸白吏子孫引其澤貪穢者一貂卽燼哉卒于官百姓哭聲動地祀名宦子正時有至行別有傳正初中嘉靖戊子鄉試正蒙性至孝居喪廬墓課子裳成嘉靖庚戌進士裳守濟甯迎就養無何歸所屬令長遺人餽金道中毅然引四知絕之徐中行有傳贈如子官自是以後科第蟬聯文盛公之淸德遠矣哉

龔良傅字起嚴御史晟之孫父鍊御史長子弘

治十三年貢贈浙江僉事良傅中正德庚午鄉試登嘉靖丙戌進士授工部都水司主事治漕有功陞兵部武選司簡良將汰冗卒戎政克詰奉詔往封懷藩一介不受王爲立却金亭以志之陞浙江按察司僉事飲氷自矢斷獄多所貫貸盜除吏肅浙有青天之謠時溺女成風公嚴其禁民誦賈父再生陟河南叅議歲大祲捐俸設粥所全活者甚衆陞山東副使督兵海上威行振肅海波不揚將大擢用竟卒于官長子乾中嘉靖十七年貢次子乾瑞二十三年貢官覇州同知三子乾曜隆慶六年貢孫棻棹本曾孫逢祥皆中鄉試

謝存儒字懋珍幼通經術嘉靖丙戌進士爲行人遷給事中條陳急務上褒之會論許祭酒失職狀謫判邛州舉學勸農他郡獄多屬鞫焉歷禮部郎中調共獻后梓宫如禮擢南昌府後叅政陝西撫諸郡墾田積貯邊餉不匱繕甲兵具卒乘修城堡邊聲大振民不告擾尋陟山東布

政使以年饑穀貴令民兼錢輸漕穀省漕費過半東土以安擢副都御史巡撫河南疏請折鈞州陶器價鈞人便之立石頌焉擢兵部侍郎會劇賊司尚詔爲亂坐不卽討逮杖下獄尋赦爲編氓性戇直不能容人人多憚之閨門肅穆家法凜然

馬練字元素父文猷以貢爲彭山訓練中嘉靖巳丑進士任嘉定知縣除豪奸濟衆寒畯有聲擢陞南京戶部主事員外郎中遷河南知府歷

官端慎遇事有識接人和易居鄉好施歲饑盡
散廪粟給貧民賴以舉火者千人貸不取償邑
人士高其誼子之倪舉嘉靖甲子鄉試孫介以
貢爲武寧令曾孫天錫中萬曆乙未進士介孫
叔昌中順治壬辰進士
魏正初字汝復隣水令溶之子少博學舉嘉靖
戊子鄉貢知易州涖官公廉不燃官燭諸寮憚
之歲節百金易民不田三年一籍老稚無遺算
正初曰十五成丁六十免役乃復老穉一千二

百有奇招集流徙者禆之會北朝乘秋熟以疾
騎馳蹂稼穡大司馬議城白羊禦之正初行奇
兵二千爲諸郡先值失候某中丞調知蓬州三
年多惠政陞襄府右長史王敬重之相得甚懽
未幾乞歸卒王遣使致奠其敬慕如此家教嚴
肅有法子弟咸受約束至今稟之
龔良猷字起虞御史晟之孫中嘉靖戊子鄉試
爲廣州通判時封川厓黎相繼作亂良猷奉檄
平撫于粤有功

魏表字端甫樂安令浤之嫡孫也父亞中淳朴
簡易吟詠自得有古人知止知足意以隱德稱
表自幼敏慧占對應聲聞者四座皆驚甫成童
縣令方一桂強使應童子試三試皆冠軍督學
奇其才復試以古文詞名冠一郡爲文舉筆便
成無所改竄既而宗于虞都御史守愚謂其文
如易牙之味師曠之音盡得其傳嘉靖甲午應
鄉試以禮經中式數上公車不第自傷不遇卒
不仕日訓邑後學及弟姪爲文詞摛有以詩文

名世者杜門博極羣書所著撰豪宕不羈彷彿
其爲人性孝友母畢氏寢疾躬侍湯藥者逾年
父所遺產盡讓處弟年四十三卒子翼如有潛
德孫詔登萬曆辛未進士
但偉字邦彥嘉靖辛卯恩貢任四川岳池知縣
政蹟載岳池志偉風度老成政尚敦樸訟簡而
事弗擾刑清而民弗怨邑人有去後思兒子維
城任黃縣丞居官清約耕顏世遠之兗擒剿海
寇有功

僥敬承字象賢祖士亨字行之中嘉靖巳卯鄉試官海豐知縣敬承以嘉靖丙午鄉貢令蒙城南部二邑陞賓州知州時八寨猺賊阻險攻掠粤西大震敬承親冒矢石督率兵將奮戰殲其渠魁捷奏陞平樂府同知旋解任歸原居賓九載勞瘁勤苦有裨地方賓人戴之勒碑祠祀子若蒙中萬曆丙午鄉試

鄧廷猷字汝嘉號月泉中嘉靖丙午鄉試登癸丑進士授戶部主事歷任建昌府知府時流寇倡亂猷率所屬閱丁壯繕守備寇旋以平積粟賑民毁滛祠建書院性貞介不阿以公道面忤直指調雲南大理遂去官歸家法凜然子弟以嚴見憚子士望萬曆中例貢官至達州同知子士達字行吾中隆慶庚午鄉試初授嘉定學正聘試雲南後陞石泉知縣孫日芳中天啟丁卯鄉試未仕卒

熊兆祥字汝飛别號渭水曾大父梁與邑龔御史晟華容黎狀元淳相友善應天順七年貢授

青田尉陞淮安鹽場大使父名勝珊幼孤未嘗學問公幼而頴異刻志讀書有超軼前人之志中嘉靖壬子鄉試初授四川峩眉知縣時經妖寇蔡百貫之亂公一意休養務從寬恤捐俸修葺學宮崇尚儒術邑處窮源水不及東郊田往往不任旱公引龍門洞水作堰開渠灌潤百里民甚賴之越嶲有屯田閒雜民田軍官多以屯混徵積弊百年尺籍亦淆紊不足據公往清之分别軍民區畫界限民得免徵者三百石有奇又綏戢都蠻之亂厥功甚鉅巡撫嚴公清廉知公治狀嗟嘆久之治峩歷五年陞重慶府通判屬縣凡二十錢糧解送者多淹滯之嘆公職司督糧出納惟敏闔郡民戴之在郡三年署合州篆一年署府篆半年氷蘗如一日有以羨金進者不受也旋以母孺人春秋高具文乞終養遂歸公居官政在養民還林下與聞時政有利害切于民者直辭于令君多所補益平生崇重小學一言一動悉以爲準邑令王公三宅重其品

舉鄉飲大賓卒年六十三歲子二若虞若虛俱
庠廪生孫崇中萬曆癸卯鄉試
魏樸如字文可山西憲副裳長子性警敏好讀
書更肆力于古文辭厥考與歷下李于鱗吳中
王元美不雄吳明卿廣陵宗子相吳與徐子與
嶺南梁公實豫章余德甫蜀中張肖甫並講業
燕中一時互相推重焉弱冠領嘉靖辛酉鄉薦
爲衛輝府同知甫一月丁艱歸起補敘州府同
知加意拊循後又復補安慶會巨寇劉汝國爲

亂親履行陳生獲二渠魁厥功居多上旌其功
賜之金擢守徽江歲苦澇百計築河地方永賴
三年乞休兩臺爲請于朝加副使致仕所著有
怡雲亭集長子詩以例貢爲寧羌州判次子詁
崇禎己卯歲貢未仕卒
鄭之亮字邦采酆都縣令宗仁之孫也中嘉靖
甲子鄉試授知臨淮縣臨淮爲鳳陽首邑最衝
疲守監使虎而冠輦上貴人頻往來供帳日待
于境上民不堪焉先是令不期月輒以不能去

官公至多惠政不朘民之生以行娟其題守時
亭者有曰東南民力竭矣居其位敢忘撫字之
仁西北神京在焉至于斯願錫承宣之澤見者
知其子諒正大不可犯徵拜福建道御史補江
西僉事歷苑馬寺少卿歸懸車二十餘年不與
聞公私事兵燹焉公應京爲諸生時知亮所以
治臨淮狀及入楚聘爲本邑約師不獲辭與有
司朔望集士民申解聖諭鄉馮公詢以邑中陰
重事曰鄉正止勸善耳遑知其他其侃直類如

此所著有臨淮志
謝師啟字叔蒙號衡冲笈三訓其先甘姓蜀之
長壽人也三訓祖洪嘉靖中爲蒲圻訓以女適
謝司馬存儒因留訓隨姑爲謝後遂家焉師啟
兄弟十人隆慶辛未與弟師彥同榜進士授東
昌推官風裁峻肅徵拜御史屢侍經筵論劾冢
宰廵視倉漕凜凜然執法不阿及按兩浙風裁
愈厲己卯大比所錄士如陳懿典等九十人皆
知名士以見忤柄臣旋出爲河南按察司僉事

駐禹州多善政詳見禹州志祀名宦後遷福建布政司參政罷歸師啟爲人英俊練達經國善邊雅負宏抱黑髮懸車臺省屢薦竟未起用時論惜之年七十卒著有琅玕艸遊嶽艸行于世家訓雅飭子姓有烏衣風焉

張書字子中號蒲源蒲圻人隆慶丁卯以錦衣衛旗籍中順天鄉試戊辰登羅萬化榜進士有上座師詩十八人中唐學士三千門下魯諸生之句時相與傳誦之選翰林院庶吉士每于館

中抵掌談天下事故出中秘改授工科給事中時總河潘公修河糜費鉅萬績用弗成公抗疏論之羣臣震慄後居刑科戶科其章奏多緩刑薄賦語既居兵科有大同都督馬芳侍江陵入幕賄削行伍公廉得其狀奏劾之芳輦金請救公面唾之時朝政必先聞權相公慎其中變退先奏後揭江陵大怒出爲河南布政司參政分守河南道有李天公者爲地室聚兵糧樹幟將謀反公密佈偵探一一討獲時兩臺難爲第一奇功會江陵薦星士馮瞻子詗公爲索金三千不與更辱之其人齎愬江陵故京察遂不免旋降直隸鳳陽府泗州州判陞直隸眞定府元城縣知縣除補山東鄒平陞南京安慶府同知江陵敗始遷南京兵部武庫司郎中誥授奉政大夫陞通政司左參議調補河東鹽運司副使又調萬全都司經歷陞廬州府通判進陞刑部主事致政歸以子時雍贈奉政大夫戶部浙江司郎中子三人時雍萬曆癸丑進士時熙中癸卯

順天鄉試時麟中乙巳武科進士

謝承範字元疇戶部侍郎鵬舉兄子也父鵬昇有至行承範領萬曆癸酉鄉薦就職吉安府通判治行有聲陞梧州府同知梧故多猺賊猖獗備禦稍弛便弗能禁承範條陳利害簡閱戎器一切指揮如得風搆居有頃監司委以征討遂入洞殲其渠魁俘獲若干梧民以綏撫臺上其功將擢用以久侵瘴厲尋卒

張諾字弼卿雲南僉憲東川之子工詩好臨池

業負性警敏中萬曆丙子鄉試授山東淄川令
寬和爲理設廉賑饑置學田義倉爲淄川永利
邑故有苛稅申請臺司罷之民獲安輯以子任
得舉棄官歸飄然塵外弟謙有俊才早逝弟謨
以例貢任湖州照磨子于陛中癸卯鄉試任于
階謨嗣子中甲午鄉試
龔本字心渤御史晟之後山東副史艮傅孫也
博學工古文詞時流推重中萬曆丙子鄉試屢
計偕不第勉就學論尋陞沔池知縣釐獘剔蠹

吏畏民懷以疾乞歸觴詠自適多取古名書墨
蹟入高其韻藏書數千卷亦號墨莊焉
王廷策字治卿爲諸生時豪邁倜儻遇關風教
事輒侃侃直言以春秋中萬曆己卯鄉試授荊
門州學正乙酉聘試山東拔闗揚等皆名人多
成進士陞國子學正補代州知州值歲旱禱雨
有應辨誣盜蕪登高之冤感盜渠帥自服其辜
會有搆害之者遂去官歸里一年卒所著所麟
經一班

劉應命字長俞以詩經中萬曆乙酉鄉試初授
猗州學正多方造士貧窘者遍周之署篆青神
有民以積逋腋骨公力爲釋免轉授夾江知縣
會平播之役徵取棖械公奉檄隨供軍典以濟
或有負枉至大辟者賴湔雪得甦擢知德慶州
値欽州有警征繕一如播事無少闕粵俗薄塋
成風公竊懲曲助民無不慑然知孝者波臣弗
靖墊饑者在在而有公亟爲捐俸設廉全活甚
衆攝南寧屬邑符清徭減榷民戴其恩居里中

外雍穆有先民之風子調咢號華軒萬曆中例
貢未仕卒
周于蕃字价人中萬曆乙酉鄉試初授竹山諭
以文學造士有聲擢遵義推官遵義舊隸播播
平建郡蕃招集教養備著勤勞悉反土司侵地
署篆江津民勒碑頌德以江津科第寥寥用形
家言審方面特創塔于學前自是登雋者踵接
因稱爲凋公塔云嘗涉巫水忽風覆采艇亟自
塵襆船往七命悉援召入爲應天司理决疑獄

禁私錢惠歲並著上臺屢薦之里人運餉自下者賴調停力得不負而且獲羸餘無何卒於官公平生孝友其麗藻清標令人景慕所著有寤語及幼科行於世子二長文臣邑庠生次成臣順治七年貢

馬介字于石河南太守禄之孫性嗜古以博綜負書簏之譽名聲籍甚太史蕭漢冲輩多折節禮之萬曆八年歲薦授蘄州訓申教作士善談名禮人士多從焉擢武寧令緩征徭捐罰鍰與

民不擾施粥活饑民多所軫念偶以疎上官解任歸田課子盡出其所藏書畀之壽卒子天錫中萬曆乙未進士次子天銘太學銘子淑昌順治壬辰進士介以子官贈工部主事

周淳字完初別號海日幼頴敏善屬文年十九赴督學童子試輒冠軍是年萬曆戊子秋遂登賢書嗣是益篤學嗜古冀捷南宮凡七上春官不第謁選授潯陽司理潯陽自稅璫煽虐詐險成風發摘懲勸不遺餘力江州士民爲之一變行將有殊擢以疏論本府太守某心銜之多方詛射譎東省運判移鹺之明年當事廉其能名檄署濟河令適旱魃爲虐焦石流金公全活饑窶不可勝紀用是聲益藉藉轉東昌之恩縣令恩復頻年大祲公私無半菽備公隨地置廠捐俸賚服食食民糜粥卽烈日溽暑猶單騎省視無倦容民得以甦越三年同郡武城適乏令奉臺院檄移治武城越兩月疏河濬流舟楫通利一時漕輓迅導天津軍國之需由是以裕其諸

興利剔蠹善政纍纍有彼都人士三邑紀畧之可考云歲己未擢兗州府同知兼攝大名府事文符如雨公立時剖决無留滯無何白蓮教倡綠林蜂起貽憂社稷朝廷誅所以受鉞者而難其人下臺司酌議屬之公公素嫻韜畧工騎射率士卒若干力爲剪鋤時顯皇嘉其績晉秩思恩太守未幾謝病歸年五十九卒所著有座右十箴課士語皆學行格言鐫行於世子四人麟仕穎仕亮仕彥仕俱庠生孫玨赫庠生玆喆林

羽朋俱英敏能爲文本傳出家乘
朱時魁字文可號惺軒登萬曆甲辰進士授行
人累官河南府知府爲人醇謹緘默終日不見
喜愠之色中實曉暢屹然不可奪尋因福藩就
封不堪騷動以親老予告歸遂杜門絕跡造請
出俸餘置義田四百餘畝歲收入爲族衆周貧
及重差助又捐金建羅田橋至今利賴之
袁昭文號海輿幼有異表博極羣籍尤喜莊生
司馬遷以詩經中萬曆辛卯鄉試辛丑以母老

謁選授湘陰學正湘庠自嘉靖戊午而下未著
賢書者四十餘年公爲啟迪學宮嗣是獲售者
累累乙巳擢臨洮府通判駐肅州古酒泉故地
距臨洮孤懸二千里公殫力運籌形幾爲瘁蒞
任甫六月丁內艱歸己酉服闋以舊職補新安
尋委署歙篆一秉公廉未匝月又署海陽甫至
任汰胥吏繁冗官舍一清其富賈換單常例一
切斥革庚戌秋榷關鳩茲一以寬商爲念未幾
攝黟縣踰月而治壬子量移禹州禹州爲黃次

公穎川舊治公有意乎其人每事則之至于節
郵傳省供億新學宮懲狡猾善政未易枚舉丙
辰陞守邛州州蜀之邊徼地瘠民貧公潔己裕
計有不便于民者釐之士民稱讚焉會隆昌王
橫據石筝山寺稅公力爭之遂拂衣歸林居二
十餘年掩扉習靜不與外事年八十有二卒
魏韶字奉之嘉靖甲午鄉貢表之孫也父翼知
隆慶中爲太學生韶以詩經領萬曆辛卯鄉薦
登丁未進士廷試二甲二十名例授州教改教

授得嘉興府杭湖從遊者千人梓文行世曰吳
越雅言去後立石志思遷國子博士轉刑部主
事平反全活甚衆會御史劉光復以直言下獄
爲抗疏免熱審取忤堂官疏上光復得免審又
以都督麥應登擊御史麥漢冲于朝事下部議
諸司三上其議皆不當上意最後屬詔問偵內
召商奏以應登擬戍漢冲免官趣朝入對得稱
旨紀錄調兵部武選司專理清黃一時動喬稱
快有內監明藤者欲干預黃政詐言勤勞疏請

于上希廩稍詔上疏追糾明廉之罪詞旨激烈疏入上嘉納之褫斥明廉萬曆末陞江西提學副使質天矢日以崇雅黜浮拔幽疏滯爲巳任再朞周歷十三郡文體士風爲之一變刻行西江大雅錄會入闈前數日奉旨汰大收佴往革鼓噪詔不悅曰以吾風教一方能若士類而不能馴頑童憲臣之辱也何惜一官不以謝朝廷即具疏致仕歸撫按薦臬鄉紳士子百計挽留不能得歸里杜門布衣蔬食分俸以恤族里居

家四載年六十三卒祀鄉賢

張時熙更名懋雅字仲正蒲圻人萬曆癸卯以錦衣衛旗籍中順天鄉試授直隸大名府元城縣教諭陞河南懷慶府武陟縣知縣武陟民俗刁悍公恩威並濟吏民皆畏愛之時流寇猖獗橫擦修武溫孟之間公修嚴武備境內藉安恭性清介于民一無所取以禮際疏薄多失歡于上臺遂左遷兩淮鹽運司知事尋陞雲南歸化縣令遠在天末去京師數千里公于時不無北風之泣因解綬歸

饒若蒙字完白父敬承嘉靖丙午舉于鄉官至廣西平樂府同知若蒙以詩經中萬曆丙午鄉試初授南直淮安府清河縣知縣時淮陽洊凶飛蝗蔽野民多流竄公緩賦寬徭多方賑貸境內賴以全活考最進陞戶部主事轉本部員外郎中以忤權貴左遷長蘆鹽運司知事旋陞福建興化府仙遊縣令仙遊巖邑也公政平訟簡樂與休息第審遴莆田其土田多爲豪族侵占

又往往遁賦公力爲清釐不避權勢以是獲戾要人又左遷浙江紹興府經歷公才猷敏練清介不取紹興守嵇知其賢雅相敬重頻攝新昌餘姚蕭山三縣所至皆有惠政後陞應天府六合縣令六合路當孔道供億爲煩公憚于折釁遂解任歸公篤孝先人出俸餘勒歷代祖冢石碑創建合族享堂置祭田八十畝以供烝嘗令家督通掌之以其餘給貧族之婚葬晚年猶開塾延賓與諸士論文不倦縣遭屠城公避地偏

髫山陰年八十以壽終子弘暨奇暨弘堅俱庠
生
張時雍字存肅蒲圻人河東鹽運副使書之子
萬曆丙午以錦衣衛旗籍中順天鄉試癸丑登
周延儒榜進士授南京太常寺博士陞兵部職
方司主事所掌鎮戍烽堠之政事關軍國飲氷
受任不敢怠遑時邏事戒嚴忽坐偵探失宜歸
緊嘗擬左遷兩淮鹽運司判尋陞刑部雲南司
主事轉運理刑兼得其職調戶部江西司主事

陞本部員外進本部浙江司郎中除補戶部河
南司郎中陞河南府知府時中州荒旱民多菜
菽公加意撫循寬緩徵民賴以全乃以催科
延緩降直隸松江府同知調山東萊州府同知
致仕歸子昂中崇禎癸酉科副榜武舉累官錦
衣衛正千戶順治五年授明威將軍鑾儀衛雲
麾使子晃順天府庠生順治七年禮部考取送
監授湖廣德安府應城縣知縣孫應震以父歸
恩蔭入監授福建汀州府武平縣知縣

劉士堃字子畏廷猷子萬曆中例貢初授上林
丞遷亳州判擢達州同知著練敏聲去後嘗令
人見思著雲陽有囚被赦爲猾吏所稽者十年
立爲申釋卒于官子日芳中丁卯鄉試
王鼎彥字隨菴生而敏慧讀書日數千行無所
忘失好爲古詩文十五歲爲花月賦累數千言
人爭誦之性不羈其兄大參明珍屢戒之公曰
兄狷弟狂不相悖也萬曆壬子登鄉薦上公車
後即遍遊吳越間與一時文士交名山佳川妓

館詩壇無不過者間一歸里即慼然曰吾居邑
屋如入瓶盎中殊不耐旋去久之爲河南內鄉
令以親喪歸復爲粵之藤縣令三年遷江南西
城兵馬三年遷刑部郎平刑緩獄然負才好氣
多忤其上官雖見謫益強項不顧也崇禎庚辰
年擢陝西榆林兵備副使榆林有大將軍張天
禮者爲其帳下卒張自得所刼盡有其家貲據
城以叛殺副將一遊擊一結楊光明等爲外援
公議剿邊撫鎮不同也然公竟給楊光明殺張

自得而降復招降流寇賀洪敢等六千餘騎中邊以平時邊餉耗減兵皆食草實幾爲變公一日行邊城見盂中餘飯色淡碧莫辨何物摘嘗之幾吐旋喙餐曰味殊佳市數斗以進饑卒稍安復百計撫之竟以無事及謝事南還降賊跪送者五百餘里至有墮淚者癸未遷粤西桂林參議値寇入都城未就隱居江南益好客喜遊不事生業家益貧年七十歸里田廬悉賣盡然豪爽好爲詩詞飲酒罵坐如少年時無異也嘗

作三聯謂其子姪曰吾死不用置明器惟書此置擴上導吾歸壙吾地下大笑矣年七十七卒家貧不能具塋其兒子九功九眞爲發喪一如公教書其聯而塋之其一聯曰埋月林中看生旦丑淨打諢捱光這本戲文纔散接風天上會李杜白蘇相邀結伴那回筵宴新開其二曰作客泰淮二十年幸得生還歸祖壟居官曼容六百石喜無業産付兒曹其三口生旣寥離秖有青蠅爲弔客死無沾帶不妨素手見瞿曇亦足以見其豪也所著有正始堂集十卷傳者以爲謫仙云

余宗堯字數夏號象賢性嗜古經史無不淹洽中天啟甲子鄉薦再試禮闈不第辛未謁選授知河南寶豐縣初抵任即開水利甦驛困因城池籌餉料敵功甚鉅丙子撫臺陳公必謙疏稱防河有功四月按臺金公光宸委各府刑廳查州縣城池考孟縣上上丁丑兩臺合疏員題補工部虞衡司主事戊寅翰林院大中允黃公

道開以皇太子講學須預修司經局以備藏書命公董之又督修器皿殿値奉先殿告成禮合禴祭公監製如式上親御志喜陞公本部都水司員外郎時都城戒嚴又奉旨督修砲臺剋期告竣准加俸一級河工告急救授督理淮徐中河兼理徐呂二洪等處河務甫至任首奏分任河工一疏奉旨報可當即刊布郡縣各飭河工邳宿豐碭之間畚插如雲自是河道通行提運無阻漕院張公國忠推爲諸後有方濟川巨手

爲庚辰中河饑立請石價銀千八百兩市安東
縣黍麥以濟全活數千人無何上命科臣泉巡
視河工公以禮際疎緩科臣購他事中之遂拂
衣歸林居十餘年惟以詩文自娱歲辛卯卒年
六十九子二人應甲應中俱庠生有聲
李軫字君翼號鯤溟少聰穎萬曆丙申應童子
試拔第一補弟子員凡八入棘闈丙午壬子乙
卯三中副榜丁卯中鄉試時年五十二矣戊辰
下第求補近京教職便上春官授山東東昌府

淸平縣諭甫至任即以敦勵風化爲先務學宮
圮捐俸修葺之方將再試春闈以上臺薦陞
北京國子監助教比入雍以助修國史見知于
大司成踰年陞討曹司務旋陞本部主事署雲
南司廣東司郎中數月監督海運新太二倉公
督倉務戴星出入克敬克勤運弁肅如丙子四
月夜半近新太倉居民失火公星馳往救時東
城兵馬司各守衛官俱至見其烈焰莫敢嚮邇
公至出袖中手錄書册一卷傳喻市民曰有以

一器水來者領一字有能嚮邇撲滅領數字交
日領重賞頃之以大小器盛水來者無數不忽
奏集人爭撲滅頃刻焰息次日以字册來繳賞
錢數千緡都人士咸服公有應卒之才丙子秋
都城戒嚴師逼蘆溝橋部堂發勘合運糧六倉
脚役皆畏怖不敢往公先往衆從之遂唱籌起
運爲六倉倡事平彙敘奉旨紀錄積勞成疾屢
請乞休不得未幾而侯部堂解任部總督李以
小吏譖言奏倉卩缺豆米若干及奉旨釐查乾

算合量尚羨百釜倉額無虧考功欲留而公以
病堅意休致戊寅奉旨致仕優游林下凡十四
年辛卯七月七日卒壽七十六子四人長應壯
郡庠生次應謙中崇禎癸酉鄉試第六名初任
陝西神木令陞廣東崖州刺史撫綏邊方以循
良稱崖積苦牛判新稅每年四百八十兩有奇
解費又若干兩應謙十數申文爲民請命康熈
五年奉　旨獨免崖民德之次應晉庠廩生次
應豫庠生傾篤學能讀父書

國朝
謝胤璜字皇黼號紫山甫八齡喜楊億登樓句遂痹嗜詩自是潛心經術制舉藝亦復擅場性敏宕不羈薄遊漢沔間年近三十不遇歲已卯夏督學王公澄川首擢之始補弟子員批其卷額有子殆不亞行之語果即以是秋登賢書五上春官不第乙未謁選都門逢 章皇帝新行身言書判用人之法璜考上上等吏部引見太和殿賜坐賜茶且欽定嚴疆得豫章之崇仁

崇劇邑前令視事輒敗敗輒以累人後公以一年檄六年之逋負以後官兼前官之考成勸輸有方繦屬不絕又劇盜聲援六邑彌山谷長子孫爲崇害者數十世璜躍騎入賊壘披心招撫咸稽首馬前投凶刃于階下崇俗驍駻丕變拔李課士鑴巴山新蓺若干卷迄今聯鑣甲第者多出璜首拔士彼時總督郎直指簿四五紀錄並疏于朝任滿回京將大用之值 章皇帝賓天而寢調滇南之河西縣任二年嬰疾辭鄉卒于官年五十五子二元常元京

鄧應錫字爾圭號荊野其贈君守弘曾爲潼梓尉贊政有聲荊野幼孤性穎敏就傅讀經史成誦後輒記憶不忘稍長學爲文出語不經人道成童充邑庠生性純孝事太夫人定省不少懈崇禎戊寅督學王公永祚拔冠諸生壬午舉于鄉出長沙李蔡公道憲門明年蔡公徇獻賊難訃聞荊野設位即哭終心喪順治十六年謁除得勢矣太湖時海氛波沸江南北悉震羽書颷馳

矣太湖城席一空荊野以大義徧諭士民訓練鄉勇葺修城壘嚴稽出入謹斥堠羣情始定或言僞檄且至荊野厲色拒之刻意守禦城以全先是太湖編里五十明季賊據英霍蔽蹂太湖數四人土不登于版者幾十餘年 國朝撫李公日芃疏請減其賦役之半至是生齒稍聚荒田漸闢三年奏績註上考得受封及贈如典側擢知河南汝寧府光州州田賦蕪于太湖荊野拊循有加勸耕桑招流遺剔秕政然自防海以

來形神交瘁不任煩勞遂息心內典有翛然塵
外之意因疎畧獲戾被劾以原銜解任歸丙午
旋里見比戶蕭然歎息久之嘗以利弊陳當事
代里人訴謁戊申入會城郡太守候之旅舍茶
話甚歡茗椀甫脫遂別太守拔之牀則溘然逝
矣戊申四月十一日也卒年五十有八子六人
履恒履巽履益邑庠生履壯履觀履升俱英俊
所著詩文有影娥池亭艸南歸吟完鉢艸北遊
艸皖吟弋陽退食艸凡十卷本傳朱顧纂

黃鶴陽字山甦爲御史琰五世孫早負才名尚
氣誼弱冠中崇禎己卯鄉試房考金陵章公聽
嘉其五策以遠大期之會蘇逆屠城邑令曾君
栻就難縣丞卑必升性殘忍營署邑篆陽條疏
上臺言其不可但指黃公對臬司洪公天擢服
其方正不阿立返委檄蒲民得免于朘削及鼎
仕願就薄俸祿養教諭當陽當陽地近西山賊
壘學宮茂草弦士寄帖外鶴陽至招集勸課蔚
然興起旋以疾致仕歸

余開熙字時純號嵩山順治戊子己丑聯捷授
江西贛州府會昌令勤撫疲民請除漕運暈幇
之累閱七月擢主政旋丁父艱歸服闋補刑部
江西司主事尋遷員外郎癸卯北闈同考所拔
皆知名士進吏部文選司郎中康熙初以母老
乞歸養居林下八年著有修月軒集

李應謙字兢受號彥吉李軫次子中崇禎癸酉
鄉試第六名授陜西神木令單車涖任盡心撫
字時奉檄勾兵數百邑人震懾謙募壯勇者三

十八以應餘力詳免又奉例輸洛銀四百兩復
爲請豁民賴以安旋陞廣東崖州牧兵驕黎悍
士瘠民疲謙內和外戢嘗手牒請題蠲牛判新
稅康熙五年卒　允民喜如釋重負又修葺學
宮聚諸生講學明倫自是絃誦之盛侔於中州
洎解組歸里愛山居日以古籍自娛邑令欽其
德禮致鄉飲者數十次康熙戊辰無疾而卒壽
八十三

任崇字山宗號衡麓順治甲午舉鄉試戊戌會

試中副榜初授蘄州學正轉鄖府教授課士有法陞河南滎澤令旋以憂歸服闋補福建南安令南邑濱海多巨寇崇力除之以良吏稱年六十三卒於官

馬淑昌字稱若號雪峯登崇禎壬午賢書越十年爲順治壬辰始雋南宮乙未　廷對授商水令邑有夏某者家巨富無子以史某爲贅壻其猶子璞涎所有訐致史於死匿其屍史之妻疑而控諸上臺璞行多金秘其事累年未决昌涖

任臺省首以此檄訊隨齋沐具疏告神凡七晝夜庭鞫時璞匿不吐忽有一雀繞集案牘上若向人語昌即控騎隨雀以往見雀飛入竹林深叢中昌命隨以畚鍤而屍以出璞遂伏法他類此者尚多由是以循良待徵丁酉冬忽緣鄉試事磨勘波累昌隨歸家食者十年己酉起東平州倅未幾仍致仕昌性方嚴容貌愊愊能甘淡泊少刻意舉子業寢食俱忘父寶愛之後獲雋深以父未見爲憾其居二親喪也哀毁骨立塟之日徒跣號慕道途之所悲動路人晚年尤究心釋典以嘗夢操巨舟浮大海中人稱爲雪峯和尚故自號曰雪峯著有聽真軒集

馬之鵬字文淵號新溪中康熙辛酉鄉試乙丑成進士初任知廣西博白有部民垂老僅一子訟失控縣鵬一日至烏渡河見一人獨居河滸瞻視錯愕逮訊得狀部民子果其所殺尋得尸遂伏辜邑巨盜黄叔元集無賴刦殺鵬以計擒獲械至縣殲之上官廉其能議卓薦旋以憂去

服闋補知滇之元謀邑有盜魁入貲爲院吏隱其身以毒百姓鵬知之擒于都院轅門外置之法自是民毋敢爲姦陞工部營繕司主政擢廣衛司旋陞營繕司員外以薦擢兵科給事辛卯典試山東在兵部日入告皆切時務其一言會試中額宜分省取中奉
旨允行癸巳綰錢法永蠲不染舊規釐除甲午轉戶科給事康熙五十四年卒于官

黄錦字淑嶒康熙丙午中本省鄉試授河南睢

符令以賑饑廉能擢開封府同知時懷慶有婦盜殺婿者復捕殺叔與滅其踪訟久不決四委錫往勘一訊得實又有掠賣人幼女爲娼女不甘扳轅呼冤錫令聚邑中少年聽女自擇其偶適掠女者亦至女認識之乃按以法上官益廉其明察交章特薦戊辰　召見授河間知府以肺病劇又念母老遂投牒歸癸酉部檄徵起辭不就居林下者十三年絶不營心田廬布衣蔬食晏如也年七十六以無疾去世

雷聞邑太學生康熙癸亥年出宰陝西漢中府褒城縣邑當衝要復遇大兵防駐每歲更番易戍由是居民離散邑井蕭條甫之任郎捐俸倡修文廟整緝城垣給耔種集逃亡褒民漸有起色以其餘閒禮士愛民輕耗郤餽範馳驅而斥詭遇有學道愛人之風丁卯夏解組旋里士民郊餞泣送者不絶於道卒年六十有六

徐淑嘉字爾會號誠齋幼而穎異年十四應童子試郎拔第一年二十餘中順治甲午鄉試會試中辛丑進士戊申冬由推官改授江南績溪縣令隨以艱去服闋補廣西羅城縣循良報最簡調上林縣以年暮致政歸杜門不預外事琴書外日以課孫爲樂康熙庚寅年八十四歲而終乾隆元年以孫徐而發貴誥封奉政大夫

唐有勳字枉參號琅峯生有異質少郎留心經世不屑營家人產業由拔貢教習京師所交皆知名士授山東武城令時東省洊饑武邑特甚勳不待奏報郎開倉捐賑民賴以甦旋丁外艱

起補蜀之綦江其治綦也如治武而不尚苛細更持大體以故事舉而民不鶩當事復交推之然位不滿才作令十七載始內轉中書科中書先期竟卒於官士民多哀之

補遺

王璧字器之文修次子年未弱冠登賢書春闈中乙榜三掌學教兩聘考官繼擢雲陽尹政績懋著蜀宦在京師者如名御史劉春膚鑄冊輩交章薦引璧以年邁不樂于官遂致政歸蜀詠

德以贈

王解字時化應永樂十四年歲貢至春官三試皆第一解豪氣高邁爲士子時邑有政事不平必爲建議白諸當事民間滯抑多賴以伸後授宛平尹

人物志下　文章　學品　武功　忠介　隱逸　貞淑　仙釋

文章列傳

宋

廖正一字明畧世家廬山之竹林林多竹號竹林居士後居蒲讀書鳳凰山中深造獨得爲文汪洋浩肆藻采煥發修寧黃庭堅深器重之與晁補之並稱國士元豐二年登時彥榜進士初授華陰司理參軍累官至端明殿學士出知常州蔡肇以啟謁之極其褒賛蘇軾亦稱之云毘

陵異政謠頌藹然後試左遷黃州團練而范純粹亦安置鄂州正一與之交游最善時衡山進士儞暨弟倚咸負才名爲時推重葢與正一後先相望云

張掖理宗時任澧州石門縣主簿性行端雅問學淵博時縣尹薛儀老學正李洪俱極一時之選而緝文揮藻必屬之掖所著有修學記亦其一班云

元

何維延祐元年中鄉試時常德孫以忠沅州李
壽澧陵李明孫才名相埒而維尤為奇特逸氣
煥發莫之與京是科梓行求賢詔一篇摛辭爾
雅有兩漢詔令之風
王廷揚至治三年中鄉試試登瀛州賦藻思俊
麗考官龍仁夫大加稱賞時同舉者潭州則蒲
宗魯湯原瀏陽則彭宗復皆莫與為儷
江存禮泰定三年中鄉試試大別山賦體裁古
與考官揭傒斯彭楚玉批云大別屹立江漢是

子奇崛與山爭雄時瀏陽周鏜武昌聶炳同時
登第相與麗澤克樹厥聲裔孫師古中弘治六
年進士官至工部員外
何天駿字國正其先自宋季徙蒲卜居于邑西
厥考號毅齋天駿克承考志篤嗜經史游情翰
墨博洽不羣皇慶中授富川學錄轉湘鄉學正
厥子槐孫舉進士孫綸為名令子姓世居淇山
稱邑望族

明

陳汝楫字濟民博雅醇實善吟詠工艸書洪武
初舉明經授徽州府通判轉秦州茶馬司謫知
渭南縣政聲卓異擢知廣平府卒于官
鄧林字時茂洪武二十九年中鄉試為人篤厚
和易喜吟詠即物寄興各有體裁初授江津教
諭再調大竹造士有方秩滿陞泰府教授蕭封
敬服所著有恂齋集月中桂賦
黃煜字士昭號悠齋貴州監軍御史玹之祖也
父楫別號雪洲稱詩問禮之外即煙蓑雨笠放

浪于城南水濵不愧桐江釣叟煜宅心忠愨積
學該博當時有奇字不能識遺文不可考者輒
酒往問輒領吐若懸河中洪武丙子鄉試為合
肥教諭即水晶苜蓿風味冷然而咿唔不輟伸
紙吮毫樂此無倦屢典文衡為時所宗未幾棄
官歸益肆力于古文詞賦函幣求詩文者塡門
創修蒲圻縣志所著又有鳳凰山賦三禮說子
城擧永樂二十二年同榜舉鄉試孫玹願偕登
進士裔孫圖昇萬曆壬子解元　祀鄉賢

廖道南字鳴吾南京戶部主事濩之子登正德辛巳進士嘉靖改元賜進士出身二甲第一名改庶吉士授翰林院編修四年纂修明倫大典成陞右春坊太子中允六年陳洪範以懋聖學因命進講洪範及大學衍義克日講官七年星變日食應詔陳言進靈雪賦九年奏遵聖諭以陳舊制申明祀典又陳末議以裨典禮併毀滛祠滛像罷姚廣孝配享 大廟移祀大興隆寺又奏稽古樂以裨盛典進大祀圜丘賦十年彗

星見陳議修省及議崇典禮等事有詩賦進申明宗廟大典有頌進又申明禘祭及稽吉禮以崇帝禘賜甘露進寶露頌祀方澤進方澤頌又進帝苑農蠶賦十一年進聖駕臨雍頌進景德崇聖頌十二年坐不代講謫徽州府通判十三年取回復職賜大報歌進和奉御札和聖製鐘粹宮步虛詞進九五齊恭默室頌十四年丁憂該禮部為進呈訓錄事吏部查奉欽依廖道南制滿陞一級用十五年紀祀典有頌十八年世宗駕幸承天恭紀盛烈有頌又奏恭紀瑞應以彰天貺有諸頌進言官拾遺著聞仕十九年奏昭聖謨以崇國本二十年奏恭述聖謨以懋昭聖政進獻頌歌箴其前後奏章俱蒙欽依褒譽所進和詩詞歌頌箴賦悉蒙留覽付史館二十六年卒于家所著有文華大訓殿閣詞林記楚紀蒲圻志元素子集本傳胡宣撰

胡昱字仲陽號文峯成都司訓文之孫右方伯堯元之子也壘砢有父風工詩豪吟文遍史漢

中嘉靖乙酉鄉試計偕幾為南宮第一人以目攝者遂蹶補陝西韓城令意同于棄竟投劾歸徜徉于西橋之墅北江之濱嘗騎射以澆其壯志是眞能讀父書者

龔棻號雲石侍御晟曾孫生而穎異比長好讀歐蘇諸大家文一過即會其意其為文清眞雅淡如公明與子春譚少引聖籍多出天然尤躭翫經史親師友絕無膏粱子弟之氣一時名雋皆樂與之遊中嘉靖甲子鄉試與典午中式弟

棹丙子中式弟本䕫概奮勵不肯就官凡五上春闈不第勉受司理孝感任卒年四十二子三逢堯以太學生任益都丞逢達逢誥並邑學生孫維宗庠生

任文定字兆麐父洛以貢爲廣東都司經歷署南海諸邑篆委驗買船並著清名定以儒士中隆慶丁卯鄉試幼穎敏日記數萬言爲詩賦及古文詞刻𦊆立就喜繪山水人物成一家與人立談退寫其形貌惟肖書法鍾王平生好蓄古

名書墨蹟有蘇米風韻輕財好施交遊遍海內邑肇修城垣掘骨纍纍爲大坎具牲文瘞之嘗刲股瘳父洛疾徐司空栻贈有奕世刲股卷八上公車不第選南陽府同知歲屢凶捐俸活人甚衆疊膺上薦署篆舞陽內鄉禱霖雪枉所過人皆追思撰兩河全志宦歸琴臺蕭然其書畫人多寶貴之

謝師彥字叔美隆慶辛未與兄師啟同榜進士座師李翰林維禎以論著高一代少所推許顧獨喜得師彥卷至後場更極嘆賞新鄭公見所著諸論策擬首館選旋卒都下平生孝友無疾言厲色惜未竟其所至

任文台字位南天性至孝博學劉覽才名早振兩備中式不第年三十以萬曆戊寅選貢司訓瑞昌聞父訃歸起補岳州又丁內艱歸後諭保安遇寇警台戎服登城爲諸生倡齊民無不鼓勇卒賴以完時謂之廣文干城創修保安邑志後轉澧州學正所至敎先行誼輒爲上臺所知

諸生有抑代伸之婚葬不給者捐俸以助陞河南敎授致仕歸杜門自適所著有家乘及秦楚雜著等書舉鄉飲大賓

徐錦字黃谷少有異姿持身端謹博綜羣籍門下問奇字者踵相錯登萬曆戊子鄉試每上公車止帶蒼頭一二人賞景吟思入店肆亟索紙筆寫日所撰著酒帘青樓弗顧也爲孝廉十餘年不敢以情而枉人曲直一切田廬推之兄與姪無所私吝辛丑下第簡選令職悵惘久之尋

病遂作卒于燕邸子邦隆天啟恩選貢士邦嘉
邦靖俱庠生孫維機貢監考選理問維檀維極
俱庠生有文名維椿廩生曾姪孫美大庚戌進
士
任遇隆號衡雲少年異姿苦志下帷十年不窺
園究心理學明隆慶辛未補邑庠生己卯戊子
俱中副榜事兩繼母撫諸弟孝友無間言立身
端恪訓子義方一時文學之士爭皐比相迎公
嚬笑不假以經義性理相傳授若魏翰林珩如

王大參台彥鄧憲副士亮徐司理鳴玉弟孝廉
經世及廩庠名士出門下者以百計數奇不第
應萬曆乙巳歲薦授長沙府司訓日與諸生坐
嶽麓書院訪先儒張栻讀書處禁蛙池上芹香
藻彩豁如也陞臨武諭徘徊舜峯岣嶁之上携
子弟輩時登高勝使雲水盪其心胸以詩上陳
太守圭云苜蓿羞年儉石負喫歲豐太守問之
對曰昨泛湘江見二石負一鄉荳草一鄉蓮花
知歲豐矣後果然太守異之黃學憲景星委之

南嶽課衡士問奇字者屨相屬也山儲亦遺子
入學聽講囊止煙雲餽却脯脡陞四川重慶府
酉陽司教授倪銓部斯蕙重慶人舊蒲父母也
詩招之曰吾道南來兼西爽飛過回雁又峩眉
辭不就致仕歸里惟督耕課子一字不入假室
屢請鄉飲亦不出邑令吳炳心儀之式其廬有
兩象三光衡霧令聞之額壽八十卒子明俊庠
生明儒廩生孫琬庠生孫崇中順治甲午鄉試
戊戌會試卷塡二百二十四名覆闈論有以漸

二字忌主考傳公諱改中副榜選蘄州學正陞
鄖陽府教授孫雯庠生曾孫奇澤奇豐庠生皆
能爲文
張于陛號青如兵憲東周之孫淄川令諧之子
自幼嗜學隨父宦邸讀書夜分不寐中萬曆癸
卯鄉試歲丙辰以太母春秋高勉就祿養授知
中都鳳陽縣以性簡傲不能俛仰左遷粵東憲
幕會連州缺刺史上臺委攝連篆連屬連山楊
山素稱多盜難治陛蒞任務從德化盜弭伏不

敢出旋除河南舞陽縣尹甫及歲餘堅意休致竟解綬歸公性癖好潔更耽山水越郭北門外瞼河有龍翔山樂之爲置别墅舊有窪樽石白雲臺爲宋人遺蹟爲葢之得景六十有四撰于摩詰輞川竊詠其中自號小輞川主人年七十三卒子四人俱庠生

黄圖昇字孟起御史玹之裔孫負奇才每讀書數行俱下詩文駸駸漢魏以上萬曆壬子以春秋中湖廣鄉試第二人㕠薦雋遂遨遊吳越禮

南嶽謁嵾嶺凡山水奇勝無不摟討所結納皆天下俊傑己未春闈擬元以觸總裁忌改副壬戌復擬元以用佛經字改副元授工部主事上疏辭職有墨綬更新如欲富青鐙依舊不知貧之句尋授黄安諭又有聯云不避疎狂招物議媿言文字占時名甲子聘黔闈分校掄元胡允敬餘所録皆知名士先是祖御史玹以都勻苗亂監軍進討手植叢桂于黔署公試事竣摩碑認字展拜流連因築御史臺有題云當年手繢

驚騎首此日文星照夜郎丁卯以憂歸壬申補安鄉諭後陞北直大名縣知縣旣抵任惟與諸名人質論經史詩酒相勞不屑屑于簿書未幾遂致政歸崇禎巳卯以疾終所著有洗塵篇灌纓篇十刻孟起常談諸書行世長子金門癸酉鄉試副榜以歲薦爲安鄉訓次子金闕庠生

龔逢祥字安治一字彝緒山東副使艮傳之曾孫幼穎異讀書一覽輒記通子史百家言爲文一宗先正陜西韓城令胡昱公外王父也家多

藏書公弱冠嘗從舅氏景猷借黄帝素問朞三月即還舅氏笑之後如期詣送問之無不洞了遂見稱異比長名噪一時中萬曆乙卯鄉試極爲房師李公顯稱賞乃益沉湛讀書如諸生時爲文直逼史漢詩擬盛唐書倣右軍性好結客交名士擲千金若棄不問家人生產與竟陵鍾伯敬譚友夏相倡和再試春官不第僶就平凉府司理縱情詩酒以官爲奇一時碑銘序記多出其手居官廉明自矢平反無冤惟以不能雅

衕乃爲合沙者所中遂拂衣歸歸裝僅圖書數
篋有淡喜艸峚由臺集芙蓉圖諸刻行世
米良崐字彥伯父濟世以萬曆壬子歲薦官承
州府教諭良崐幼穎異成童即有聲甲寅冬補
博士弟子員乙卯遂以詩經中湖廣試尚未冠
所鐫有浮湘十六藝葢其從尊公官滎陽所作
都人士皆傳誦之辛未初任河南兗州學正甲
戌陞涉縣知縣旋丁內艱歸己卯復補豐縣庚
辰調恩縣三宰繁劇公退之暇游意翰墨優如

也是年十二月告病歸田歲乙酉冬卒禄韻蕭
灑表裵塵上所爲詩有晉魏風格尤工臨池藝
所善不一家旋淡尤類南宮人多寶之于昉入
崇庠克繼父業
徐邦隆字孟昌父鏞登明萬曆戊子鄉試未仕
卒隆早孤克承家訓刻志勵學力叅經史屢試
冠軍食餼十餘年八入棘闈不第以天啟元年
恩貢入太學大司成賞其文拔取監元居都中
兩載所交皆天下名士與嘉魚金子駿竟陵譚

友夏相詶唱晚年林居絕意仕進惟日與故人
耆宿載酒臨高不履城市遇有小釁解以醇酒
發藏賑饑捐舟濟河樂行其善誠慧業文人亦
厚德君子也年七十一卒
龔維三字位中號衡湘其先自御史起家代有
達者三髫齡稱敏異好窮治經史邑大夫無不
推轂甲子年二十五舉于鄉益肆力于文南維
司成方公逢年中臺程公正揆大加器賞所著
有南遊艸又自念其尊公嘗發憤縱棄以終不

遇又不及待其應仕貤封也處號昔莪以識餘
慕上公車者九庚辰謁選當除授終不就曰吾
寧乘下澤車徜徉閭里不爾坐弄煙雲竹樹間
耳其爲文旨舉胸臆見子弟有蓄文選者輒不
懌恐墮六朝駢麗習家訓以行誼先同時先後
輩五師貴之年五十餘卒惜未竟其志子四瑗
珈璋瓊皆能讀父書世其業康熙壬子子璋以
詩獲雋孫世哲以是科武闈中副車諸孫英多
論者卜其滋大云

國朝

唐徵汝字惕菴幼受學于父之夔年十二能制舉義稍長博搜經史遂工古文詞累舉不售順治戊子督學黃公尉拔冠諸生應是年恩拔戊戌授江西建昌府通判到任後淸署雍容紙窗燈火不異諸生奉上委運糧至淮著淮遊艸巡撫張公朝璘嘉其才幹委攝泰和縣篆泰和多逋租惕菴署事兩閱月糧屬不絕政聲益著復委署新建新城南豐廣昌四縣政治民和游刃而理辛丑冬代覲北上卒于燕邸江西有官京師者具棺遂任子有功扶櫬歸塟百姓哭奠于路爲官三年囊橐蕭然止載書籍數十乘所著詩文稿多散軼士論惜之

張瑾光字子待號陸蒲諸生時文名藉甚順治戊子科以詩經中鄉試第七人巳亥科
特旨再行會試遂成進士放榜之次日
詔儀制司引見
乾淸宮賜坐賜茶盛典創見遠近榮之恭紀有詩殿試後補推官府江寧徐公惺居諫垣爲較定雲心亭制義行世江浙諸名家坊刻備選其文海內傳誦爲人靜遠有大畧自解褐歸里益加揣摩留心當世于時宜指奉裁司理多溺其職慨嘆久之日與同學研求名臣經濟以正已率屬自期先後薦紳咸仰其丰采又雅量娛人奬進後學其懷抱有大過人者積詩文論議若干卷丙午冬以疾卒于家聞者傷之壽五十子二人達佶達任

龔璋字玉特蒲邑人父文林舉天啟甲子璋其

叔子也幼頴悟行文不屬草下筆灑灑立就十五遊黌序累試輒受知于宗工顧久躓場屋康熙壬子始雋賢書復阨于南宮晚乃秉鐸黃安課士有程法黃人士多尸祝之璋工詩古文詞兼饒濟勝具凡匡廬泰岱無不探奇抉奥又多筆之于詩若文以故著述益富其詩沉雄巉削似得昌黎昌谷之遺古文雜著則旁搜百氏自成一家淵湛輿博駸駸乎入班楊之室矣所著有秘園集藏于家與邑諸生張奇勳齊名人稱

龔張云

張璟先年十八補邑弟子員後以病棄舉子業留心詩古文詞性喜書常購數十萬卷作于里樓貯之又工於繪事蕭疎蒼古人競珍之故居城西北隅有園林花木之勝值康熙甲寅滇逆叛遂築室幽蘭山自營兆域於山之麓年七十有六卒

龔逢烈字無競號友王少穎異博通羣書年十四補邑弟子員旋食餼三中副軍不售以恩貢授華容教諭及致歸蕭條四壁晏如也卒年八十有六所著有西爽明聖二集藏于家

徐美大字亦人號石峯年十三補邑弟子員十八食餼中康熙己酉鄉試庚戌登進士所刻時藝見賞督學魏公與周之麟鄭羣胡鳴皋爲四名家丁巳入都考中書未任而卒著有金紫軒詩集二卷

李應晉字明上司徒軫之中子幼聰頴勤學好古年十九列邑庠廿五食餼以明經遷公安縣訓導未任而卒年七十有五

黃鳴鍾少負奇質俯覶一切酷嗜酒醉後作文輒洋灑數千言年十八南遊荆州多士異之八困諸生卒限于歲貢將終前數日策蹇辭族戚及期命子焚香藥湯浴後盤坐延壽寺以卒

張逵仔瀟灑嗜古父積書數千卷逵仔寢食其中後遭兵燹散失殆盡復斥橐金重購之得若干卷愛丫髻雪峯山川之勝議美田宅予諸弟身居百合山中雖頹垣蔬食而謳吟弗輟有詩

二百餘篇集爲四卷曰百合山房詩集

徐極字維建號毅亭淑嘉之長子也幼沉潛流覽經籍不待訓督一動一靜必循理法比長學識日富尤工書法練達世務淑嘉遊廣西羅城地僻俗悍諸籍極爲倚辦其在澄州時亦如之年至六十三而卒長子文柳邑庠生幼子而發由直隸天津縣經河間府司馬雍正十三年極以子貴　勅贈文林郎乾隆元年　加贈奉政大夫

朱曰省嗜古博學淡然於世故惟以讀書爲樂所著有留雲室集古詩數百篇人多稱之

張奇勳善屬文童試冠軍抱大志以不遇故恣情山水所著詩序有寉岑留稿行世書法尤妙一時罕有其匹至今重之卒以明經終老且乏嗣聞者莫不悼焉

周天垣邑庠生性孤介少時淹貫經史作文率多奇字古調雖老宿猶畏之乃屢試棘闈不售竟及身而絕

程伊傳器度宏深事親孝撫孤姪如已子讀書究濂洛務爲有本之學所搆時藝皆沉蘊精嚴邑侯佟公聘掌文衡復延爲義學師其徒皆威佳士將歲薦而殁士林憾其不售捐貲梓其文

李闡地少以文章名每試冠軍食餼于郡朱孝廉稱其著述動盪變化機杼新奇身爲三世師子伍登賢書孫列膠庠

熊鑑南性沉靜嗜讀弱冠冠諸生聲名籍甚過失意事以詩酒寄之與弟壽南有兄弟狂之號乾隆元年恩貢年八十一卒

熊必俊邑庠生幼嗜書苦不得舉于鄉怡情山水發爲詩歌一時往來贈答者甚多

補遺

王文友字三益性和易永樂甲午登賢書司鐸襄省教諸生有法督學使者重之才學克贍蜀誌多蔵其手

王文修字三省少不理家務篤志好學正統六

年中鄉試授四川涪州學訓朞年以疾歸教訓子弟鄉閭皆慕其德

武功列傳

明

江清世居新溪太祖既平陳友諒清首謁轅門委質弗貳扈從征討累立戰功進階明威將軍後以事改觀海衛指揮姪旻及孫迴元孫鏞襲蔭

但應隆國初以功擢指揮後徙北平從高皇帝征陳友諒于鄱陽湖有功因敘功不及格遂逃山中歿久之其子事大之論定御史羅洪題請

拜武德將軍洪有贊曰天威赫赫統屬羣心載剿亂賊雲集于征神武張皇掃境清明惟公抗志不久宦名懋賞其功武德將軍

漆承受洪武二十四年謫戍梧州永樂四年英國公張輔征交趾永受時從指揮王諒千戶姚真進攻黃江身先士衆敗之于鹹子關又敗之于平海口七年從征清化擒敵首簡定于美良縣欽授交州中衛千戶後于慈廉廣威二州節建奇功宣德四年調征乂安亡于陣弟永奉襲蔭仍守梧州姪景調峯溪

劉鐸字振遠父志清沒于陣鐸年甫十四慨然與衆泣別有馬都閫者奇其狀貌留置記室初入武昌左衛前所軍天順元年從元戎楊公征銅鼓五開等處苗賊有功授小旗又從元戎李公征交洞城步苗賊陞總旗天順九年奉勘合以前征東苗功陞百戶成化元年復征兩廣等賊陞副千戶授武畧將軍次年征荊襄倡亂流民陞正千戶成化十二年復征靖州八寨欽陞

指揮僉事加陞明威將軍弘治六年鎮遠侯顧公溥檄征貴州叛苗陞指揮同知加封安遠將軍世襲武昌左衛鐸雖從事武功而篤好文墨有敦詩說禮之風手不釋卷晚居山軒精于黃老之學壽九十七無疾而終孫閑襲職

余開衡字衡山體貌魁岸性軒豁亢爽雅尚氣誼少同弟今銓部學舉子業不肯竟學輒棄去好擊劍以膂力技勇冠邑中嘗與武生侯定國角技野外定國以命中勝開衡以擊刺勝壬午

秋眞指挾蒲以寇衆震懾閩武衆推衡以雙刀試眞指公善之欲薦授之官以嚴親命不赴崇禎癸未獻賊破楚會城分掠郡邑邑令曾公栻練忠勇百有餘人及煙兵千人爲城守討屬閩衡與定國督之六月二十四日賊以輕騎百人爲探哨曾令命侯定國射之擒其前鋒衡領衆兵追躡賊急反騎殊死鬬閩衡持短刀大呼賊鋒大挫先是曾令申請上臺命何副將鎮蒲至七月十二日賊大衆壓境曾令將阻河與戰官

兵反走閩衡被重傷幾絕後撫軍列名上之嘉其義烈予賜楚邑庠生

侯定國字正君邑武庠生性孝友沈毅多權智少善騎射好讀史傳星輿韜畧之書明崇禎巳卯以其技試兵巡使者首拔之累舉不第嘗張幕野外習其技堵列而觀者嘆羨忘歸每憤惋時事輒太息泣下癸未春獻賊破蘄黄邑令曾公栻募鄉兵爲守禦計簡定國與余閩衡率練之又請寧兵千餘助汛守及賊破會城屬邑風靡獨曾令傳檄討賊稱忠勇萬人六月二十四賊遣偵騎百餘走間道奄至河北拏船欲渡曾令命定國隔河發三矢貫前騎二人賊驚遁至七月十二日賊大衆壓境曾令將阻河與戰官兵先走定國與閩衡同時被創撫軍以曾栻死事聞定國列名疏中及
國朝順治甲午經畧洪公承疇督大軍駐楚聞定國名召置水師鎮參謀尋病歸卒知者咸惋惜之子于周邑庠生以文行稱

國朝

張時麟字季昭書之季子精武藝萬曆癸卯以錦衣衛籍中順天京衛武舉又中乙巳會試授密雲道中軍守備陞京營巡捕都司又陞眞定左營遊擊鮎奐關參將屢有戰功以偏帥失利降山東都司僉書順治元年投誠加陞二級都司同知年七十餘以壽終子昇以鑾儀衛旗籍中山東戊子武舉

李伯義門玘之裔世居樓下爲人沈靜有智畧

崇禎癸未獻賊破會城團練鄉勇爲保境計及賊入蒲堵禦有法一方以全乙酉闖賊來焚殺無虛日侍率鄉勇逆戰于大田畈賊潰走生擒數人賊追及花路亭侍磔示之賊反屯黄茅山楊林等處侍討𠞰其營發伏截其要路賊驚散遂屯新溪渡臨湘河而南自是邑西南隅無賊害嘉沔湘之民避賊洪山者得室家完皆恃之力撫鎮聞其名屢聘不就年七十五卒子世紀儀郡庠世奇孫正箕俱邑庠

馬際昌崇禎庚午武舉初授勦撫軍前贊畫後撫軍盧公象昇疏薦云智謀沉静氣度優閑有儒將風尋擢中軍參將署副將事乙酉左鎮擁兵謀廢立脅之南下不從竟遇害

馬天將明末人之鵬之祖性豪宕不羈家世以科名顯天將獨慷慨從戎值東萊白蓮寇起經畧游招致幕下所上方畧切中機宜渠魁授首脅從解散薦授登萊守備遷粤東遊擊子際昌際盛俱以武功顯

馬際盛明末人少曾傭于人狀貌驍勇天將乃鞠爲子從兄際昌軍中撫軍何騰蛟一見大器之授贊畫先是際昌爲參戎晉中軍及陞去何卽以際盛代其職後隨何視師閩中有殊功擢掛印總兵益感激矢死報國會戰猝遇困寡援絕餉軍士疲餓際盛激以義二千餘人無一怨畔者或脅之降際盛怒髮裂背大詈曰汝不聞奉撫軍令招散卒殉難于鄂郡金牛大冶之間者乃吾兄際昌乎屈志靦顏生不如死遂殉難

南楚西粤及閩中俱立忠臣廟祀之

王武臣字莞庵以武舉爲内院幕順治中薦署安化令有聲尋擢遊擊陞任居庸生平倜儻不羣有吳越蕘根戎郊𠞰夢二集慷慨悲壯讀者偉其爲人過闕里録聖賢贊摹聖像以歸刻之板以志欽慕焉

但趙卿字藎臣其先世以武功起家至趙卿少孤與其弟超卿起卿互相友愛及長奮志王事初値甲寅吳逆騷動依左營把總王某征洞庭

得功授守備旋從萬提督征福建廈門等處奏提授懷遠將軍甲子正月朔以疾卒於燕邸

宋長春事母以孝稱性倜儻從軍岳州隨征吳逆授大器把總舟次蘆蓆口賊以椿植水中堅不可拔春入水連拔數十旋用火焚賊船岳州平從提督萬入閩配船入洋克復南日等處直抵廈門功上授都督僉事管西安州遊擊事捐俸入義學教軍民子弟獲大盜金維正等寘之法陞紫金關叅將晉雲與右協副總統叅將李

逵等擒逆苗陸尚賢將卒欲盡誅餘黨春曰彼旣歸誠苗民卽吾民也何多殺爲由是廣南患悉平以積勞染瘴年五十七卒子如璟任山西雁門關守禦後改授浙江昌國營守備

項楷字玉軒于順治初年平雲貴有功改授陸凉州牧後以母年九十乞歸養

傅奇俊號南竹幼習韜畧膽識膂力倜儻不羣癸丑甲寅吳逆叛滇孫逆叛粵洞庭南北干戈相尋奇俊擢鋒陷陣所向披靡有恢復房縣功册銜守備及進勦白河上津等處皆戰勝又勦西蜀妖復巫山川東題補廣西左江鎮前營守備甲子歲剪征西蜀敘議優加二等爲都司僉書隨移湖南永州遊擊卒時年七十長子得勝官南贛鎮中軍遊擊亦以年六十有六致仕

補遺

劉錫乾字徙甫號昇襄安遠將軍鐸五世孫萬曆間人也幼穎異好勇而能文膺武昌左衛指揮四歷漕運乃特授貴州銅仁守備時苗賊叛

乾單騎赴之一日斬首級并生擒不下百餘陞四川松潘遊擊萬曆四十六年特陞廣東叅將

將孫寧國襲前職遇李寇破楚致身死難

端方列傳

宋

任獻夫字安世縣北長澥人登政和八年嘉王榜進士及第爲人溫厚淳雅若不能言而中抱淵實立志甚遠大爲文冲澹平易不甚求異于衆而理致精密人自不能及娶南嘉李宗儀季女終其身夫婦相敬如賓有龎德公之風仕歷荊門刑曹著有異績民懷其惠祀鄉賢

明

田賦字信立性通敏熟知典故洪武初應求賢詔授知諸暨縣有惠政民懷思之後以事左遷祥符簿歷一考休告歸養恬自樂人多稱之

王德原字克明性行純篤精于藝能洪武十三年舉聰明正直授知招遠縣再調丹陽勞績用顯

余恭字尚欽孝婦戴氏子也先是恭大母阮遘危疾將革恭母戴焚香告天請以身代刲左臂肉煑糜以進姑食之霍然起戴生五子恭以

詩經中永樂丁酉鄉試上春官不第入太學時朝廷營大工選太學生有幹具者分遣督役恭于役浙江力圖報稱不苟一介以傷名義邑侯嚴重之因豎忠孝坊以旌其母子至今傳爲忠孝坊云至五世孫曰鶴曰宸補庠生有聲曰宗中天啟甲子鄉試曾孫開熙順治乙未進士

王貴高字明遠邑庠生左春坊左中允之姪也應永樂二十年辟舉授四川成都府經歷陞莪眉縣知縣勸農興學士民賴之辭政歸里葛巾藜杖日與二三知己山水自適長子禎次子祥俱庠生

黃城字孟高合肥教諭煜之子以詩經中永樂癸卯鄉試爲富順訓弟墀以禮記同年中式爲內江諭皆好古力行綽有父風俱見四川名宦志城嘗遺墀書曰先人諭合肥清操自勵吾輩讀父書俱得爲諸生師表不墜家法足矣此外何俟望焉各棄官歸城守清白歸槖蕭然時釣于邑南之河干里人傳爲黃城埠潭子玹登成

化乙未進士官至大理寺丞
徐思賢字從哲以正統十二年選貢任廣西蒼梧縣知縣居官有廉介聲林下醇謹人敬仰之壽九十五以期頤稱六世孫鳴玉中萬曆巳酉鄉試官至貴陽司理鳴玉姪淑嘉中順治辛丑進士現任廣西羅城令
但存學字宗儒成化二十二年中鄉試第二人授四川敘州府推官持巳端恪禮士恤民痛斥舞文屢辨疑獄及陟判重慶值采木之役僉舉

以任存學躬歷險阻深入松番彝落調度有方民咸德之
鄭宗仁字純夫大父潮海精岐黃術賣藥多不計値值歲大疫所全活甚衆宗仁爲其家孫中弘治壬子鄉試爲建安知縣復補鄞都弟宗儒中甲子鄉試爲鎮江府通判兄弟郡縣俱有政聲俱年未五十致仕宗仁子琳贈臨淮知縣子理字仲鳴中正德巳卯鄉試才名橫視一世高遜不仕參太史推重之孫之亮中嘉靖甲子鄉試

宮至苑馬寺少卿撰有繼疏傳言厥祖兄弟能繼疏廣疏受之勇退也
馬文獻字世徵崖州別駕駿之孫蚤穎慧稍長淹博聲隆隆諸生間每試輒冠軍初名驂督學奇其文因更今名數奇不第以詩經應弘治七年貢授彭山司訓旋以外艱起復補瑞州郡庠兩地所識拔士上賢書春官者接踵恬退引去居家優遊觴詠非公事未嘗一造請里中稱爲長者子練登嘉靖八年羅洪先榜進士贈南京

戶部主事孫之猊曾孫天錦淑昌俱以科第顯
傅卿字獻卿福建莆田籍本縣人登嘉靖甲辰進士歷官南京戶部主事轉員外郎楚臺檄邑令李公桂爲公鑿坊因歲屢祲未果爲人坦介不阿其于梓里誼極篤凡解糧白下者公爲之周旋無不戴德陞廣西僉事丁艱歸哀毀踰禮以至孝稱壯年掛冠當事者力爲勸駕堅臥不就子姓居莆田仙遊英才接武在蒲者多斥斥自好署縣同知葉文懋旌表其門裔孫庠生與

新博學多才屢舉不遇識者傷之
張東周字子用嘉靖丁未進士授刑部主事先是臺中有許福疑獄歲餘不能决公命胥吏繕寫其從前積案竊四日夜勘得其情全活甚衆世宗大悦書名屏左陞禮部主客司員外郎提督四譯館上疏言崇正學等七事而务宜以贍册一富藩東周力爭务宜深銜之出僉滇憲兵備普安緬甸恬息以積忤權璫謫瀘州倅著勤力榜數條吏畏民安州人頌之居一年卒于官

子諸中萬曆丙子鄉試子謨以例貢任湖州照磨孫于階中萬曆甲午鄉試孫子陞中萬曆癸卯鄉試祀鄉賢
張于階號八溟雲南僉事東周之孫湖州照磨謨之嗣子謨病于階衣不解帶者三月撫愛庶弟若出同胞萬曆甲午中鄉試有署篆君羅一族人于獄階知其冤申救之一日七牘得釋乃止才情磊落與弟于陞以文學競爽年僅三十九卒

龔艮衡字起莘御史晟之孫嗜學工文補諸生十試弗第以嘉靖二十一年歲貢補浙江嚴州府訓導一時篤古之士爭嚮慕之相與質經讐史弗輟一日動念湖山告假歸士紳咸祖道嚴陵臺賦詩以華其行
袁壁字輝東父慶有潛德俶儻好施一鄉歸心焉壁以嘉靖三十五年歲薦爲英山司訓課文講瓡督率士類有成卒于官英人士多爲之經紀其喪扶櫬歸甚哀之壁性伉直無所阿且開

示人必盡其誠士故多服焉弟盛有至性盛子昭文中萬曆辛卯鄉試壁教誨之力爲多云
馬之猊字威如河南太守練之子弱冠舉嘉靖甲子鄉試後授知養利州申明禮法上司東手舊有藥貿有鴨市有官畜牛馬歲收利官得多金之猊悉罷之土產多異品亦不問其清正類如此未幾以丁艱去起補茂州州軍倍于民效兼監軍餉因著包封李宜刻之以爲每封多一分則軍受一分之利諸軍感悦垂年餘每不能

媢監司意偪安撫爭封監司意有所屬之倪執例不聽左遷齊邸歸性至孝每逢先人忌辰行禮畢猶泣下沾襟年八十三卒著有居彝錄梓白堂集

魏正恭字汝敬樂安令滋之子長厚好義解衣推食以急宗黨以嘉靖四十三年貢爲長興丞督糧理鹽毫不苟取擢貴陽縣有善政淸操自勵卒于官子祚中萬曆丙子應天鄉試

邱岡字鳴鳳博學多聞累舉不第以嘉靖四十

五年歲薦爲魯山教諭在官淸約自守往往進諸生陳說經義多所興起未幾致仕歸居家篤義好施父所遺産恒以周急厚貲半散置祭田立家約教子有方性恬澹質素不媚趨謁徜徉河干吟咏瀟洒以壽終子六人皆庠生各治一經日之櫝以萬曆二十四年貢爲項城諭造士設教不渝父志日之榱好義有父風每節縮衣食以贍族黨毫無德色今子姓濟濟繼其家學云

魏正泰字汝三樂安令滋之子以隆慶元年貢爲吳縣丞日了公事即與文士張幼于王百穀詩酒倡和數月致仕歸行李蕭然吳李石麓徐存齋諸大老贈有少雲篇及去思圖詠居身端謹敦族睦隣與物無忤足不履縣廷督學副使金學曾旌異之仲子科字冲完醇厚灑脫表率族里人多服從科子珩如中萬曆辛丑進士官翰林檢討贈父如其官

熊萬仞字立卿其先在宋名時昭者自濮州遷

蒲之義豐其後愷舉元天曆二年鄉試第四人萬仞天資穎邁讀書一覽輒記明隆慶庚午領鄉薦萬曆癸未會試已註名四百人中時江陵當國以銓選未通汰去五十人適當其數凡八上春官不第壬辰授知樂安有惠政西江人士迄今思之里居一籃輿往來族黨間觴詠自娛邑令倪公禹同汪公雪艇雅重其品諡爲子孫以文學世其家

龔棹字時發廣州通判艮猷之孫也中隆慶庚

午鄉試任東鄉知縣有要津宄害良民者棹聽斷一無所避後補欒安遷淮安府通判卒

魏祉字上甫欒安令汯之孫贅陽令正恭長子以恩貢入太學中萬曆丙子應天鄉試任隆昌令調通江有惠政爲人孝友溫恭不苟取與雖童稚僕隸亦婉容待之邑中稱爲長者與鄉賓筵者十四有司莫不欲得之以光鉅典徐撫院兆魁下檄講聖諭特令主盟年七十卒

余登字懋庸中萬曆丙子鄉試鎮靜自守不妄

通剌謁嘗署其家云不說人情鄉里須當相諒但存天理鬼神豈得無知邑大夫敬重焉爲廣平諭署縣事者風力聲民畏憚之卒于官

王進臣字東淇義倉知縣貴高之元孫也幼穎悟博極羣籍尤精于易理一時名士多出其門掄萬曆十七年歲貢授桃源縣訓導力行勸士雖祁寒暑雨不輟後轉石門教諭吏部江公豫薦以詩餞之有洞口晴光催去騎石門山色引仙旌之句任石門六年力行勸士如初致仕歸里方正自持閭門之內肅若朝廷子弟不衣冠不敢見著有易乘仙源集行世子樹屏樹德樹石俱邑庠生

魏彬如號似川山西憲副裳之仲子兄樸如爲徽江守進階雲南憲副彬如雖累世簪紱瀟洒恢諧無貴介氣性嗜古讀先大人藏書編纂凡若干帙事繼母鄧以孝聞復精岐黃術歲買藥數十金全活甚衆爲諸生應試武昌族叔祛患病亟買舟送歸躬侍藥餌得愈後始冒風濤赴

試其篤義類如此屢蹶場屋不第以萬曆二十年貢爲衡州府耒陽縣教諭先是耒陽科第寂寥彬如精形家言爲改選學宮繇是人文蔚起時子說舉戊戌進士授南京都水司主事彬及元配錢氏俱卒于耒陽學署士人無不哀思之後以子說誥贈戶部侍郎

任經世字達生文品馴雅恒辟力于古每試輒首錄與弟經邦相勗勉稟餼與共之明萬曆巳酉中鄉試十一名制墨盛行生平不問家人業

有緩急則鬻產以應爲孝廉數年居然寒素諸重溫良鄉里稱之未仕卒子熙聯舉康熙元年恩貢

徐鳴玉字振之一字崑璞明成化時蒼梧令思賢父方憲始徙蒲邑自思賢以明經爲縣令代有文人玉父謨尤博學多聞兩中副榜數奇未第課子鳴玉鳴瑞鳴珍鳴琪俱有聲庠校鳴玉以詩經中萬曆己酉鄉試初任福建長樂知縣清介不取斷事嚴明吏畏民懷未朞年丁父艱

服闋遷貴州貴陽府司李屢平冤獄臺司推重焉時有劇賊猖獗玉同太守劉除之郡內肅然任三年陞陝西臨洮府通判尋致仕杜門自守不妄通謁年六十六卒

馬天錫字新生武寧令介之仲子也兄天錦中萬曆乙未科進士官至兵部少司馬天錫八歲失怙穎異夙成司馬公篤愛之比長隨司馬公官閩中興化司理日與名士林公贄輩爲文字交名動一時後遊太學聲稱益著司馬公氣骨嶙峋人望之如秋霜夏日公嘗以和平濟之司馬公蚤世公送往事居分甘茹淡泊如也魏司徒肖生嘗謂公季子曰君家友于無間言伯公爲其易尊公爲其難其處家庭也如是至于族黨則憂人憂樂人樂時岐黃家有向姓者將死惧幼子見侵強暴以五十金爲託公爲卵翼畢婚原封還之何外之宦鄱陽拙豈賈罪公扁舟千里周旋危困其與人多類此自好家居于人物臧否才流高下民生苦樂時政得失嘗摩心

爲每見少年篤學者輒汲汲揚詡不倦集邑中諸名士與諸子樽酒論文交相切劘以故諸子皆表表文場不媿司馬公阿咸長子世昌數奇蚤殁季子淑昌中順治壬辰科進士公以崇禎乙亥歲考終祔葬武寧公墓以季君令河南商水贈文林郎

劉光輝字大者號八柱先祖慶以孝聞祖母魏以節聞載蒲舊志父時敬庠生謹儀教子廩部諒其仁有祥發過庭之贈大者苦志篤學屢試

冠軍設教蒲湘聘金盞歸父所不有私財弟庠生光煒年踰強仕未有嗣息爲置側室生子來暹在泮有聲自置田廬與弟共之九入棘闈不售拜泰昌元年恩選初任松江華亭縣主簿水利則開河成績鹺鹽則足國無私齎餉三吳何尚書喬遠有淼園杜下之句講諭兩浙丁尚書賓有仙吏清風之詩拯溺黃浦解害冤獄耿介自持苞苴不行叅軍黔衛攝篆淯潭一童一騎扶義除苛以不媚當道遂掛冠歸士民泣留碑

亭賦別蕭方伯丁泰贈云廉吏心湛聖學白甘思淚苦鷓鴣啼著有桃花園稿蒲志闕編壽六十九卒子來遠郡庠生著南北二京賦來庭庠生孫開鍜庠生有文名曾孫丹仙丹貝丹齋皆能爲文　本傳劉肇國撰

鄧日芳字茂叔士望之子弱冠隨父任達州父卒于官日芳間關電跰舁櫬歸里苦志讀書手輯四書詩經講義積百餘卷所錄他書復畧相等平生寡言笑重然諾嚴取與文章德行並推里閈邑令吳公可先特器重之中天啟丁卯鄉試明末縉紳勢焰方張獨日芳杜門掃軌淡泊自甘半刺不入公門兄日華早世嫂魏氏年甫二十餘孀居日芳經理其田產差徭俾贍養無缺嫁其遺女表其節于有司後魏氏年至八十以壽終叔士亮任馬湖太守暴卒于蜀中家貲頗厚值繼嗣未定族人剖其貲產據而有之日芳毫無染指有以利相啖者答曰此等事余不忍聞也其耿介之性大率類此三上公車不第

卒年四十八子之奇孫宗彥俱邑庠生

補遺

明王瑩字潤之美如蒯玉年十九領鄉薦春闈七試不第乃就銓刑部司務怏不滿志爲舉子時急于蘇民困屢與長吏爭論政至忿怒不辭而出家居好友恭讓居位一月政事明敏銓宰奇其狀并重其才欲易爲吏部瑩知而辭曰惟天子命有官斯守豈可有去就也會有犯大獄者中官利其金求出之瑩曰此首可斷此律不

可易也方六月病卒
明王璽字奇之貌奇偉體度[illegible]如領鄉薦南宮
不第通判濟南府有才望復監益州稅厰閹臣
萬諷以賂當爲徙美宮璽曰此豈賢者所爲抑
豈吾[illegible]家訓也遂拂衣歸

明

行誼列傳

戴思明上三都人性篤孝洪武初父祥遭虎吻
思明聞之奔赴于野手扼虎吭虎死祥乃復甦
劉慶字善餘母葉氏病劇諸醫望之却走慶刲
股躬侍三月母痊又十年邑人大學士魏觀贈
以詩有刲股刀前血捨身膝下情之句
廖崇信字德恒宋學士明畧之後父均用有高
義廣施濟邑人德之崇信幼學葩經洪武中貢
入太學選武功衛經歷永樂靖難調雲南景東
諭父歿哀毁踰禮服闋補任之滇扶母偕室嘉
負李氏步行萬里餘將驛郵遣騎迓之却而弗
乘日夕供膳極其孝養後歸母没廬墓終其身
子清孫傳佐俊俱中鄉試
黃宗榮御史玹之孫性至孝母盲每日舐其目
遂復明母嗜猪肝每飯必致無缺薦紳高之子
祐禱俱有行壽九十五卒
饒承教萬曆中人庠生若驥父也未弱詩書母

病奉藥物不愈乃刲股作羹以進母啖之尋愈後承敎妻病子若驥若駘亦刲股作羹以進母病亦尋瘳父子兄弟皆具至性署篆同知葉文懋題孝萃一門額旌之

彭楚書十八都上里人生五月而孤其母艱辛育之稍長傭力以食其母崇禎庚午歲母病篤聞人言刲股可以起母割其左乳肉進母食之遂愈書固無恙邑侯林增志旌之

國朝

賀世驎字景瑗性淳謹年十二補邑庠生旋薄時藝博古講學母錢氏病篤嘗糞割股以憂卒

元

廖均用宋端明殿學士明畧之裔也父昇三卜塟于邑之楂林均用負土成墳手植異松陰森秀茂歲時風鳴廻掃若鬼神護呵元末避亂南山散財餋士鄉民賴以全活躬耕南山下儲穀至二十萬石值歲大旱有司勸賑均用盡發所儲崇咸嘉蒲四邑咸取濟焉粒米未償子崇信以貢補武衛經歷孫清中鄉試孫漢登進士曾孫傳佐俊俱中鄉試曾孫道南中會魁官侍講學士 本傳

明

李玘世居樓下其先自宋寧宗母黨封雍王者徙居于此玘敦孝義與弟瑞創立家規廣置義田子孫七世同居成化中旌表其門今大孤橋有李雍王墓大濟寺側有李夫人墓 載一統志

李興賢字廷賓中弘治甲子鄉試先是天順三

年大旱父仲高出銀穀各萬濟之所全活甚衆興賢事庶母甚謹慕義門鄭氏貲富族大誓不分析衣食自甘粗惡每飲食集一堂長少男女各爲席親戚鄉里有婚塟不能舉者助之正德四年大旱以舟載穀分濟親友有鄉官以疾卒一子病且貧無以爲歛興賢在八十里外以曾受業問訃合諸友具衣冠歛之其使義如此未仕卒

何珍字承聘號天石鎮南知州綸之七代孫自

湻之孫霔至珍父庠生文質子姓千指同居五世珍以嘉靖三十七年貢初訓餘杭轉武康敎諭文行爲諸生所宗年五十九致仕湖州别駕王育仁書淸風高尚旌之爲人朴直家無擔石之儲淡然自適吟詠終日壽七十八以子思登兩膺褒封

魏正中浤長子淳朴眞簡蔬食布衣吟詠自得父分產則辭附郭良田受僻壤數十畝混跡樵牧親農桑嘗自題其舍云只如此也罷耍怎麼

是好眞如古人知止知足意云以隱德推重有司屢舉鄉賓不就子表中鄉試孫累貴顯曾孫翊有祖風爲庠生讀書外若不解一事者人稱爲羲皇上人

魏正時字汝行隣水令潞之子爲人任俠有氣節性好施予慕曾朱家原巨先之風趨人之急甚巳之私二弟正蒙正初皆不任家事正時治產三十餘年一錢尺帛不巳有也勉弟正初力學中式正初艱舉子後舉子而母亡正時命巳

妾棄其女以哺之曰吾弟久商瞿憂抱子始今日吾何愛一女戕天性篤義可槪見云

魏襄樂安令浤之孫蚤失父與弟裴甚相友愛里中大饑道墐相望襄捐貲掩骼竭力所至鄭伯讓負京紙若干襄兩代償之義聲載道舉鄉賓子登如有父風

魏翼如字進可樂安令浤曾孫嘉靖甲午鄉貢表之子隆慶中例貢性簡嚴無假貸不能容惡每面折人過鄉里畏憚之然篤于族黨交遊敦

義好施仲父有誣以殺人沉獄者貧不能自免爲鬻產求贖于侁家又友有謁選不能具行資亦爲割腴田售人得金貸之始得治裝巳而楚勞族人困于徭役欲割產他有所造請翼如憂念不置會子詔領鄉薦率諸縣庭請蠲之尤方介無所依阿萬曆中南嘉方司馬逢時與爲姻戚攝冢宰正應謁選時也司馬貽書勸之仕辭之有說以乘時者竟不往人以此高之年七十六卒子詔萬曆丁未進士官江西按察司副使

翼如贈子官祀鄉賢

鄧廷珮號亞泉食餼數十年臨貢不仕樂施予鄰有嫠婦償稅者廷珮捐金代償之全其婦年歎施粥貴糴賤糶凡可行義者多爲之子士亮舉萬曆辛卯鄉試官至四川分巡上川南道孫日崇中乙卯鄉試官贛州府司理曾孫之梅中崇禎庚午鄉試以子亮贈肇慶府推官

徐邦巡字豫卿號古愚少聰慧淹洽經史行文豪邁天性孝友外祖司徒謝公鵬舉器愛之未冠補邑庠生聯中庚子癸卯科副榜屢錄觀光不售惋嘆者久之忽夜夢神人與語云汝年未三十吾暫斬汝科名以綿爾算光大門閥在汝後人未幾感丹華之祥生子爲梅喜曰吾後世必有達者茲其兆已孫美大果以康熙己酉舉鄉試庚戌登進士諸子孫日益俊茂並光祖澤焉巡胞兄邦和庶兄邦錄俱生而穎異五歲就塾便工屬對師命　和曰人行四方天井即應聲曰我步萬里雲程又命錄曰弟手拍兄肩亦應

聲曰臣足加帝腹諸如此類勿可枚舉四書五經一讀而通邑侯王公之傑彙其著作以神童舉疏未上而殤今徐氏後昆類多俊穎云本傳觀昌

撰

謝師古字我思號尚友蒲遯叟也遵司馬司徒公清白家訓不事貨殖以故家日落然柱門却掃雖晨炊竈冷晏如也早歲習博士家言可芥拾青紫竟飃然蟬蛻尤工于詩非漢魏以上不道誅茅剪棘結廬澤畔日偕其仲子紫山讀書

作賦其中倦則垂綸把釣貰村醪自適去城五里許經歲屨足未塵即左右居人罕見其面嘗自言曰明月穿窗白雲撲地好鳥來庭閒花夭位可主可賓何寵何辱浩然無營懷葛之意三復斯言可知公之槩矣公每謂紫山曰我生平不喜見耍人第以子之才他日必踵武先賢繼兩中丞公大我門戶然須作好官毋徒爲富貴地美田宅以累子孫吾雖老不及見以此告我地下亦一段佳話年六十有奇正坐整衣冠而

逝仲子胤瓚中崇禎巳卯鄉試兩任邑令有政
聲季子胤琮孫元韜邑庠
龔逢壁字楚白承父檯之訓與邑鉅公相砥礪
然數奇弗遇慷慨自喜戚黨中有貧不克振者
必恤之亦不樂有惠物名晚歲益頹然自放每
遇知已酣適後狂叫絕倒依稀稽阮遺風邑林
太史增志詠詞有繼酒人而傲義黃之語亦足
見其生平巳子維三登天啓甲子鄉薦季子維
八中崇禎壬午副榜孫璋中康熙壬子鄉試其

後讀書者藹藹有聲人以爲力學貴志之報云
雷鶩號百里少精經義能文章不遇刻意庭訓
集古聖賢性理微言及名臣經濟事蹟成帙課
諸子不營生產輕財好施勉人爲善多指報施
往事相勗聞者悚勸持身端謹宗黨無間言年
八十終子勳龍邑庠御龍字髻璽崇禎乙亥拔
貢
國朝考選通判歷佐大名保寧郡署膺州縣篆所
至多循績令任鳳陽郡丞孫豫鞏霖聞闓闓[illegible]

邑庠以文行著克述先志
黃門相號龍躍其先豫章籍山谷先生之後家
于豐城縣之雪家渡累世有顯人至明末猶然
來蒲爲封公始祖者則黃子曙也以友諒作逆
鄱陽于洪武三年避亂居蒲新店三世遷封公
一支于蒲今之鳳山驛其時非驛也六世讓其
宅爲驛而自居于城內之舊驛八世萬曆庚辰
封公生至甲辰家君中通生封公厭市喧雜且
庠塾囂咻難以課子遂遷官田之鄉庄同鄭孺

人出入耕鑿僮僕數十指荒田百畝瓦屋三間
家食粗給其時家君甫十齡餘子生者祿祿而
封公知家君之可與有成也質衣拜師節食饞
餉故家君年方志學嘖嘖有聲升黌戊辰遂膺
崇禎里選而封公志未歷也曰汝年方弱冠豈
盛年嫁青樓乎後事方新耳家君亦體封公志
茹蘗不輟卷丙子舉于鄉而封公乃少宴也析
諸子食日夕惟徜徉鄉市親黨間皂帽青衫革
鞵布襪或旬日不返或朝出暮還步趾一僮而

已冢君整鞍以待乘未半里即叱返曰凡此里道皆我親知共者一遇于陵谷阡陌之際彼不得避我不得下中心忡忡汗出大苦難再癸未秋獻逆蹂縣所過腥聞封公抱恙居鄉不克同冢君徙遠賊渠魁至門戒其徒不得入室問冢君于僕僕曰往南山賊悵然曰今正糾旅搜南山汝主驚矣可奈何復問封公孺人僕曰在家問年壽幾何僕曰俱八十賊怡然曰高壽且云我雖作此行徑甚知好歹你家素好人也往返

五日與僮僕作禮而過其年八月封公逝鄭孺人孤幃弄孫孀居十九年辛丑逝合塋本縣横崗石馬壠之唐山是年冢君已筮仕蜀之鹽亭矣後除服補秦之朝邑封公以子爵贈文林郎孺人封太孺人 本傳出家乘

龔朮字軫野邑庠生御史晟曾孫副使艮傅之孫霸州同知乾瑞之中子累世簪纓安貧樂善布衣蔬食晝之所爲夜必焚香告天子逢周庠生次子逢烈總角泮遊屢試冠軍中副榜三次不第以恩貢考選知縣自呈改授華容教諭甫一年休致葢龔公隱德焉

龔逢旦字海曙邑庠生節婦余氏之嗣子也幼負才名雅薄仕進嘗曰吾高曾祖叔代有冠裳吾惟萱堂菽水所當承歡燕山義方所宜樂敎耳用是族黨稱之式榖爾似邑大夫高其行造請鄉賓不赴輿論益推服焉次子繼葊爲湖南三學博士聲敎奕奕人謂讀父書可矣然不足酬公盛德也子姓振振後當益大云

但仕字汝孝爲邑諸生嘗拾遺金于塗必俟其人還故處畀之其人願割半以謝辭弗受有醉罵之者家人欲毆之仕弗許其人歸明日暴卒一仕得不被人謂厚德之報

國朝

余應瑞號五雲明鄉貢進士余恭之裔其大父尚志惇懽愷悌好行其德父賓嘗施棺木草履以濟貧銜遠近懷之應瑞率祖敎行拔災恤患恒爲人排難解紛而無所取有魯仲連陳仲弓

之高致無論疏戚咸欽仰之性至孝事二人曲盡色養撫孤姪如已出爲之婚娶俾得成立初爲邑掾史將入京謁選乃奮然曰吾安必以刀筆吏干升斗之祿哉遂棄去念先後世有名達惓惓以教子爲務開西塾延待名儒兢兢篤誨一切佻達之輩屏勿與通以故家聲克振文學彬彬年六十餘以壽終仲子開熙中順治乙未科進士見任吏部文選司郎中季子開然孫殿楚適楚宣楚俱補邑弟子員有聲稱望族焉本傳

沈以曦撰

張拱璧字正陽自幼失怙母劉氏耄年多疾璧竭力侍奉雖厠牏必躬承歷數十年如一日里中以純孝稱爲人端方誠慤規模弘遠尤勤教子禮聘名師擇邑中佳兒與共筆硯凡同學子弟與其子先後掇科名者甚衆至好善樂施尤其天性不能娶者助以財不能殯者佐之櫬或遇患難而不能理者嘗陰爲解救不令之知壬辰邑大旱流離載道次年穀價騰湧每石至二兩有奇璧所積穀千餘石盡設糜粥餔飢人自春徂夏三閱月遠近多以全活晚年嘗延羽流誦皇經其悃狀惟云以報親恩匪邀福也將終之前一歲聞形家言母塋未安晨夕憂惶促諸子姪覓堪輿卜吉改遷備極禮如初曰吾藉是可以瞑目矣璧生平誠孝篤行大槩如此年七十以壽終伯子瑾光中已亥科進士仲子瑜光季子琛光俱以學行著于庠孫逵仔佶价位修偉倧任佺有文名

徐鳴珍字席之直陽司李鳴玉弟也性剛直樸厚不事文飾幼懷大志勤學不倦與兄玉並有聲庠校仁孝性成父莫性方嚴珍事之順意承志未嘗稍違居父喪水漿不入口者六日母陳孺人勸之食始進糜粥少許三年內未嘗嬉笑入室癸未秋母陳孺人病篤會流寇入城衆皆奔竄珍獨侍母疾號泣不去賊執之告以故賊衆惻然不忍加害居家嚴肅雖燕居閒處諸子非冠帶不敢見篤誨二子未嘗一就外傅長子

淑亨補邑庠弟子員次子淑嘉中順治辛丑進士公淡然處之不以介意晚年閒放自適遇山水梵宇佳耍處恒命一奚童隨之任意所往興盡而返有隱君子風年七十五以壽終

黃金莖號白峯少補邑弟子員性嚴毅持己甚正人不敢犯事父鬱林母魏氏壽俱九旬溫清無懈朝夕友愛兄弟出入追隨視童習如一日年三十餘即棄業世外邑侯林太史增志折爲性命友未嘗隻字干謁惟篤意課子長君鳴陽中崇禎己卯鄉試訓誨益嚴著有月蓋菴集年

八十以壽終

張拱翼字念川蚤孤家貧棄書謀治生以貲稱里閒性誠樸醇謹不逐時尚然好急公義樂施予遇危渡險徑輒捐數十百金倡修治之今邑西宣公堤畔瓦窰港橋其一也明崇禎庚辰大饑傾廪因治米若干石到門者輒賑給康熙中邑紳士舉翼耆德王公廣稱年近古稀不僅鄉黨之杖德越時尚居然懷葛之風雖子姓之飛騰一塵不染眞艸茅之隱逸衆善咸歸兩舉鄉飮禮成邑令任書香山一老榜其門時論韙者榮之康熙四年以疾卒任令君親製誄詞弔焉年七十四歲子一人文光庠生孫達憲孺子呂言俱庠生達兼達材達可達繼皆英俊益繩繩未艾云 本傳沈以曦撰

朱維舉字四隅世居洪山明萬曆甲辰進士時魁之叔也天性孝友豪爽好施身之所遇無不畢獻其誠與姪時魁捐貲修復義田三百餘畝

每歲入自輸公及蒸嘗而外族之冠婚有贈喪殯有賻貧墊有賑迄崇禎末年荒亂相續里中多待以舉火尤敦禮義崇文雅讀顏氏家訓至老不倦自署其居曰積善種德之樓子時撫時箎以文名郡庠長孫希若中康熙壬子鄉試姪時克孫希珮俱庠生

任經邦字文生號梓林性嚴毅質直以孝友著爲邑庠生與兄孝廉經世俱抱遠志互相切礪淹博經史聲重埶林數舉不第日惟子若孫是

訓身有紛難相川者爲排解之曉好吟詠大雅
攸推有松節集二十卷抑肆元禪之學修論任
家橋建慈救閣增新南泉寺年八十二終子卜
人長熙與庠增生文熙聯康熙元年恩貢嗣省
父孝廉經世後文熙會官廣西奉議候補文明
彌熙鼎俱庠生孫寧瑄宮庠生

張大綱字伯常大性孝友督學王公志堅錄其
行達部云額天延危父之疾捐金解叔弟之訟
戚里咸稱道之爲文沉厚有氣宇數受知于當

路年六十應順治丁酉歲薦恬然任進陶情山
水每歲時展先墓漪漣如兒啼其至性有過人
者以壽終弟大綱大善大紀從綱學有聲庠中
子若孫俱邑庠從子若孫或庠或貢克繼書香

張士達天性孝友遇從子族子如已出有急相
周慶弔必以禮克開家訓明季庚辰辛巳荐飢
里中賴以舉火者幾百家癸未獻賊陷城掠西
鄉縣馬士達悉出所畜一境以全又捐金贖里
人石坤生于刀鋸中順治丙戌丁亥壬辰癸巳

間疊遇奇荒捐貲卹囊賙施予不倦其高義有
過人者三舉鄉賓年九十終子暨孫俱邑庠者
有文名

葛嶸字山榮幼讀書工文歷試未遇及壯好導
引術手植青松萬株旦夕吟詠其間儉取多與
排難釋紛時有公庭僕僕及俠少蕩遊者誡子
孫勿學惟力田讀書無墜世業由是子若孫胥
遵訓惟謹族里欽之儼對師模順治丁酉春舉
耆德賓稱生平孝友不媿二人言動剛方靡私

一事宅心惟存忠恕課業不外詩書誠盛世嘉
賓也子一名繼目孫五俱庠生

龔逢顏字德愚御史晟之裔孫天性孝友規模
弘遠好賢重士有樽酒不空坐客常滿之意遇
人忿爭常以片言解息騎論以蒼松古栢目之
累舉鄉耆謙讓不就自念先世家聲貴繩祖武
兢兢以課督子姓爲務年六十有六乾惕如一
日子維公邑庠生孫玥庠廩生徵類述振善庚
求敦云

熊賁來邑庠生肄業心山社二歲父喪事寡母劉氏不遺餘力及母衰邁賁來亦且老溫凊定省常如孺慕邑令佟嘗過其齋與談竟日至不忍去云

張文誨行誼過人父驟疾籲天求代迨父死嘔血數升友愛昆季垂老無間言人有急隨力周濟爲族屬婚嫁喪葬者十餘人晚年藏書教子三舉賓筵不就年八十二而終

龔瑗孝廉璋之兄年二十補邑弟子員性方正

多而折人過生平不尚華靡雖拓地數千餘畝奴婢千指處之淡如也樂善好施鄉里有貧不能厝者輒殯葬之地土與人垣墓居室相連聽其葺闕曰吾何吝一丸令人缺陷耶有司高其德累舉鄉耆年七十卒

朱希明當明末闖逆猖獗饑饉薦臻希明負父母潛入荆紫山採薇侍養邑以孝稱生平好善樂施人有家貧售妻者明解囊以贖事得寢舉鄉飲賓庚子歲卒年九十有二子瑚登壬午鄉

薦昂甫六齡父母俱喪時叔用卿未舉子乃撫之壽用卿生子二昂友愛倍篤兩弟長求析產昂不忍多所推讓焉嘗越洞庭求孤姪於澧州歸爲之婚配置祭田以厚宗族窮乏者偶拾遺金於道求其人還之邑令趙舉鄉飲卒時年七十子大中以拔貢中雍正甲辰鄉試任竹谿教諭

張文光十五歲補邑弟子員及兄瑾光登進士益自勵五入闈不售乃棄舉子業勿事邑令高

其行每遇大事輒諮商之先其父念川嘗煑粥賑饑人飽其惠文光克承先志値丙年盡免佃戶之租并火其借券戚友有不能贍者輒延欵厚贈恤焉

馬宗昌邑庠生祭戎天將子給諫之鵬父也甲申鼎革困於兵亂宗昌奉其母馮氏崎嶇顧養以孝稱與人交至誠達於面目年四十不第郎奮志遊覽多所經歷以進其學晚年尤究心內典子之鵬成進士自令博白及入諫垣無不奉

庭訓爲兢兢嘗自述有曰年二十五以前豪縱無羈絏既乃厲名教三十以後無不可於人者考之鄉里所稱艮不謬云

丁喁元邑庠生爲人孝友父母早喪遇諱辰輒哀慟終日至年八十餘不衰事伯父如父疾篤求以身代伯父死躃踴幾絶從昆弟求異居喁元止之不得晰產後從弟家中落喁元復召同爨不分居者三世食指至五十餘人喁元博雅好學門下多俊彥其甘貧敦行士大夫皆重之

舒鳳翔字岐陽母死哀號墓次父爲葺廬於母壠三月翔始入居哭益哀有狐魅夜爲哭聲翔驚以爲母開戶迎之則魅以冶容相犯翔但哭其母魅自滅後爲方外遊刻母像隨身哭拜之

張達佐以邑庠生遷上舍入選版未仕爲人謙退敦行好古事父數十年寢膳必躬親嫡庶母三敬之如一兄弟六人怡怡相得無間迨兄弟皆早卒佐撫孤恤幼不遺餘力生平樂周貧乏丁未春淫雨連旬禾秧盡損佐爲發租種以濟全活多人卒年六十八

舒恒言十三歲時父母病刺血書表禱延父母死兩柩未厝痛自懲恨至年三十四乃娶始娶妻遂家于鄂城橐漸豐見產中落復購田營室與兄共之更爲兄子娶婦另以腴田資兄頤養有族叔以產質金焚券而與嘗散穀賑荒有負其金而死者其妻邀飲于內室叱之曰少而寡何可無愧耻心其行已光明類如此

張達材方正端嚴不苟言笑雖甚暑遇後生小

子必揖衣冠接見之衙吏有名呼紳士者正詞直斥以故人皆嚴憚焉弱冠入邑庠嘗訓子弟曰與其以委曲來衆譽毋寧以方嚴正是非人謂我迂我戇我唯率性而已康熙辛丑有沔民鬻其女爲婢達材已捐多金後見女父母不忍離鄖棄其金另裹餱糧以還之其年生孫開楙有神童之目十八歲領鄉薦

鄭鎬姿性穎異入邑庠有聲重然諾好施予尤惓惓於宗黨有我行收卹之義歲壬寅舉族困

於軍徭鎬一人走臺省白其寃狀費幾數百金悉斤巳產以應不以絲毫累族姓也事竣宗老謀所以償之鎬大聲曰吾慮軍累重困吾宗今累幸蠲雖蕩吾產吾殊安之胡用償爲掉頭不一顧其豁達類如此

費成禧少穎異博極羣書嘗講學心山上方諸祖親死廬墓三年有無祀白骨必收瘞之兩舉鄉飲子珪登辛酉鄉薦年八十卒

歐陽斌邑庠生幼失怙母李氏苦志教之學斌遵母訓手不釋卷母嘗病劇爲文禱於祖願以身代性仁慈品行端儼至如篤宗重葢愛士濟貧七十年如一日初其先廬陵公之孫炳和以長沙教諭遷居鳳山監郎今縣堂處與駱同基址學嶺後所祀歐駱父老是也

劉名鳳邑庠生父早喪家貧憤苦讀書日登山取松脂以代燈寒則以棉實盛筐煖其足十年學遂成名鳳性溫和容貌盎然年五十未舉子事老母依依不忍離邑中張鍾元延爲西席所

以金勸其聘妾鳳以巳老乃爲弟鳳續娶焉踰年弟生一子鳳卒無子

歐陽振其父世生以忠厚傳家嘗捐金爲人解紛振庶出十四而孤狀貌魁偉力學不倦生平豁達大度橫逆類加晏如也事兩母以孝聞

廖應榜邑庠生嘗從潘稷仲講學心山稍長力學名噪一時性侃直能決大事生母早世每追念輒嗚咽終日泣下交頤事繼母如其母乾隆元年舉力行積學 恩賜八品頂帶壽八十二

馬登源字祖泉國學生給諫公之鵬孟冕也父宗昌學識通達藩憲李慕其才聘入滇黔幕者十餘年源綜理家政之餘築室藏經俾兄弟沉酣辭論其中未幾弟之鵬成進士任粵任滇以賢聲擢入諫垣典試山左源亦多所佐助焉源爲人有志畧遇人急難不惜財不憚勞以救之妻謝氏事其姑族人以爲孝子三杰祖遲桂祖俱列庠序爲一時知名士

盧逢益字維夏生七歲而孤母朱氏守節益事

之以孝聞母嘗病殁將葬益內遷館舍匍匐號呼天請代侍母旁神疲昏寐見神人可其請既醒知母必甦以語家人已而母索酒進之三與愈益病作戒其子勿進藥曰幸神鑒吾誠許代汝祖母死何敢欺神不去哉病數日亦愈後母李氏年詳節婦傳益年八十妻魏氏六姑殯子著哭母殞孝行萃於一門

徐維機字賜侶維椿弟也順治十年歲貢生性嚴毅言笑不苟一遇文人學士則與清談竟日

夜不倦所居渡口急湍病涉其先人素有志建橋而未逮機乃捐貲獨成之名曰繼先橋晚年即于橋旁搆室讀書其中嗣子美膺年十三入岳州郡庠爲人慷慨喜施予亦有父風

陳學義本周文卿子文卿與陳華楚爲中表親見楚四十未舉子已妻有娠甫生義卽俾楚抱歸鞠爲子六七歲時母思魚義持竿往釣以奉既而母先後舉子二義親愛之人笑其爲周氏兒輒啼泣甲寅值吳逆變義奉父母逃匿山中自在來江濱求生活娶妻鄧氏賢二弟成立欲析產義止之不得乃讓其所應得與弟又獨養其父母其周氏父母既早喪墳爲隣所侵獨捐價買餘山以培護父病禱于白石三顏祠路遇虎哀告以故虎遁去適驛馬至載以歸母病目發愿捐修道路母目復明父母卒廬墓五年年六十一死

廖金聲四歲失怙事母盡孝其嫡祖母與祖母俱少寡聲事之如一二弟早喪撫侄如已子雍

正七年選拔卒於太學

黃蔚字豹文邑廪生爲人博學淹貫經史家素貧處之裕如也性最孝友事父母色養倍至厚於宗族手輯譜帙於訓誨子弟之道三致意焉

徐文輝歲貢生爲人謹守矩度鍵戸讀書家貧惟以課徒爲業修集家乘創建宗祠事未竟而卒族人哀之

行誼附

夫鄉飲酒禮舉之學宮所以勸善導民典綦重矣倘舉非其人則濫踰其期則褻律諸所飭何以稱焉舊志所列賓筵者若而人其行雖不可考然不忍没其姓氏仍錄如左并載近年齒德可傳者數人以附其後

李直蔚　田有年　周維新　熊崑　俱庠生

蕭啓明　魏倚　汪應華　鄧明崑

葛蒙棱　何凝思　以上舊志

田應元　吳仕崇　張翼賓　周日春

盧仲懷　陳　岱 邑庠生　熊裕占

文勝崧 子振卓癸卯舉人　馬世圖　梅文銓 子有肩癸巳副貢

周　栢 居親喪廬墓三年　李成勳　盧義先 四歲失父事其母孝

魏方孔　彭應動　劉天錫　黃道日

補遺

王供居縣城登瀛坊後遷土磚大梅畈泊鐵爲生値母盧氏病將死供食不入口衣不解帶祀祖堂三夜乃私割其左肱肉和藥進之明日病瘳母後至八十餘壽終供亦以哀毀壽舉趙令旌其閭曰又是一祥

熊若虞嘉靖壬子舉人重慶府通判熊兆祥之子年十七入縣庠旋食餼屢舉不售絕意進取性仁恕頗敦任卹風萬曆戊子曾貸里人穀一

千五百石是年大旱洊饑負者不能償虞悉火其券舉家饘粥糜晏如也年六十九卒

舒春野明末庠生方面廣額望而知爲偉人尤積學敦行氣識超遠前後配舉十子俱英俊萬曆十六七年歲㐫春野賑饑者再繼配魏氏尤賢待前室五子倍于已出春野卒後督諸子就學未幾其長子遂領鄉薦

謝奇杏爲人沉潛篤摯善經史學所著詩藝皆精悍年五十三以歲貢終幼弟奇梅爲文元韶

所鍾愛杏以田十餘畝讓予之

周玉褒明末清初人明季流寇作虐殺人如麻白骨枕籍遍原谷間褒曰背篋囊荷畚挿並下山原收殘骨瘞之不可數計鄉里上其事於前任戴公賜之額曰義喻天和褒死無嗣事幾湮沒蒲誌已成其族中諸生周應斌者感異夢爲之紀傳因編入補遺中

學品列傳

明

黃師魯字希聖號清河道人洪武中其先自桃溪徙居蒲嘗慕山谷太史之風每遇佳山水輒吟咏忘返精于篆籀風韻飄逸洪武初薦爲崇陽訓導

吳童字求叔居霞落溪不得志于時遂工詩與下雉吳明卿京山李本寧諸先達狎主詩壇邑薦紳多從之遊所著有吳山人大隱堂集

何夢周字伯莊憲副思登之長子以萬曆三十六年貢厥考宦遊屬獨肆力文學暇則絲竹相隨放曠山水間恥與諸裘馬少年伍時競誇鳳毛云晚薦明經以憲副恭人春秋高不忍朝夕離膝下色養十餘年終喪後司訓永郡攝篆零庠得徘徊愚溪墨池間遂其懷古搜奇之志弟夢相蚤逝孤姪惸惸夢周辛苦維持不啻其子卒于官永人士繪春風化日圖以誌去思

何夢相字次公一字心寰憲副思登仲子也博

學工文受知于督學鄒公廸光八舉孝廉不第捐貲修刻邑乘縣令張公光前稱之爲人慷慨有大節以名教是非爲己任表章忠臣節婦條陳里役當事者悉嘉納之復精隸書大書以著蓮聞于當世惜早逝不克竟其志云子冲然庠生從子卓然儀邑庠以文行稱

李彙字素民形貌古怪面赤如點丹砂髯長過腹癯然若不勝衣自幼稽古博學騷狂嗜酒邑令宜興吳石渠一見其文大奇之期以遠到而

督學蔡公官治暨王公承祚俱首拔之于郡庠于餘人中楚中人士莫不知有素民者尤長于古文詞金陵章公于野知沔州彙代魏司徒肖生爲文壽之于野賞歎詢之知出彙手以示白門諸君無不贊服是時彙之名强半在海內矣迨累入棘闈不遇退而著書三十餘年比之犀愛其角象愛其齒曰藏編四方士大夫乞文者踵至自以其文深沉博大如深衣板襴之叟不同時尚花樣必不得已而應其求日逆編及夫

儷卿山亭見夫垂絲舞絮郁郁紛紛郎其中所得詩文名曰漈栁堂集三書不下數十餘卷俱行于世明末催科甚急民間苦之彙爲書啟邑令其畧曰朝廷多事不敢于重之中求一分之輕父母有心何難于急之際存一刻之緩邑令感悟詳請停征其激烈敢言多如此平生嘔心爲文大類長吉卒年四十有五門下士近百人如銓部余嵩山司理張陸浦皆出其門弟采邑庠生有文名

黃圖南號海若御史玹曾孫庠廪生篤學好古徧讀經史百家言與弟圖昇樹幟文壇爭爲雄長尤善古文詞邑令林太史增志聘修邑乘學憲王公志堅聞其名招爲館客多所著撰惜無傳其稿者

何冲然字湛眞副使思登之孫夔相之子少時讀書過目輒記博涉經史尤長于古文詩歌年三十餘始遊黌序然傲然不屑也飲酒豪放有劉阮風致邑令林太史重之聘修邑志才名益

嘖嘖焉年少早逝未竟厥志
楊四智字伯起邑庠生積學篤行老而不倦囘
才始得遊泮家貧設教六卬見江干白骨纍纍
出館穀造舟收瘞之及歸囊槖蕭然晏如也南
嘉銓諫熊公開元題其舟曰慈航邑侯林大史
增志贈以贊云埋骴掩骼王政所先墐死澤枯
陰德之最有力者爲之已當長世寒生辦此誠
足動天屢試棘闈不第未獲其報時論惜之
袁昊字昌明海嶼叔子少負才氣舉止倜儻不

猶人曾以郡庠生備春秋房副卷爲當道所重
生平不營產業好施予與人言期期若吃遇公
事輒發憤敢前雖大吏不能撓屢躓闈試士論
惜之所著有春秋全旨拔薤錄憤餘艸存世

國朝

魏方振字宜爾庠生翊之子副使詔之姪也生
而英毅言笑不苟取予必嚴父蚤世與其兄方
揚弟方大相砥礪俱有聲藝苑事孀母卹五十
餘年如一日弱冠見擢于文宗葛屺瞻食餼三
十年歷試前矛入棘闈十二後學多師事之邑
侯林太史高其品聘修邑乘生平肆力經史手
不釋卷讀書白龍寺著有皇極數言洛圖合編
世史大書易象明書梅莊艸諸書晚年學易留
心性命之理臨貢而卒 本傳馬淑昌撰
丘今芳號蓮石幼慧穎年十三補邑庠生十四
擢高等食餼縣庠數舉棘闈不利就詩酒別號
醉鄉侯曠達不羈怡情騷雅似嵇阮一流著有
寒山集應順治五年歲貢恬隱不仕卒之前五

年預擬文自祭子二人長僧乾郡庠生友愛其
弟僧軋堅不析箸集孝友傳以自覲省克成父
志孫璠武庠
馬履昌生而穎悟年十六補博士弟子員毅然
以斯道爲已任搜集二程遺書朱子全集研思
討論不輟一時皆聞風興起生平未嘗廢學所
訂有春秋四傳程傳左傳諸書
彭大章邑弟子員康熙壬申貢於鄉幼穎慧端
慤勤學如不及尤嗜左國秦漢之書同能繹山

馬南屏諸人建心山書屋講學口微吃不能劇談及授生徒誦説徃復洞達生平處兄弟友愛多所推讓老年結廬室西偏日自在園鍵戸不出自號園隱

王祚垣字紫階幼英敏磊落不羣及弱冠列邑庠郎食餼康熙丙午以毛詩魁鄉試嘗講學心山社當時宗之出授彭水令治小醜多善政歌聲載道任滿致仕惟以睦宗族爲務所著有燕遊草蜀遊草

李世紀博學能文章有勇畧獻闖之亂以諸生倡義殺賊生平樸貌古心衣冠不隨時尚與馬南屏倡心山社四仲講學講藝執耳支壇性不佞佛屬纊時朗吟而逝

宋希若字愛夫苦志力學朝夕督課文風遂振事後母備極色養丁内外艱廬墓六年有雙白燕巢其側後補黄安教諭安邑内翰來如宸歸養匠入監署就學工草書得者珍之値歲歉出倉穀以濟月塘等處年七十四卒所著詩有渉園集鴻爪吟文有栢堂草

謝登啓號石郎御史師啓孫家貧苦志力學中康熙戊午鄉試孝友性成族黨稱焉未仕而卒

張孺子字遇黄素嗜學漢陽江中丞釆伯尤重其文性孝友事父隅菴體志備養與人交不爲翕翕熱人有急輒應之其著作甚多康熙甲戌歲貢授寶慶府城步縣博士年六十九卒

袁吉暉性嚴冷無戲容崇禎己卯補郡學弟子員父元明卒幾哀毁滅性與黄陂左旦若同邑

熊繹山諸人講陽明知行合一之旨學日益進家貧兄弟妻子怡怡然如有餘弟吉佑卒一女二男撫教婚嫁如其子平生無意爲文然真樸得古人意先達言行經其手述者多有可觀及卒學者稱爲月坡先生

李應泰本邑人生明萬曆年間未四十即謝去諸生以酒與書自娱酒盡數斗不醉于書觀大意而已自謂有得于性命之旨參之二氏家言亦無不合然觀其所著撰大都以習静爲宗亦

艮知家牛夜黑腰子耳下肇頗兀寡不羈情未
能繩于法要其胸中浩〻落落自有旁若無人
之概故能葆元養眞壽登大耋自製有秃崑子
傳亦足肖其爲人
倚佳然年十四補弟子員博極羣書尤邃于禮
年八十猶手錄禮記三冊以貽子孫治家嚴肅
子孫世守之
唐有恒字天常號南湖性極穎慧弱冠補弟子
員旋食廩餼甲午膺里選以母高年徜徉澗谷

承歡課子足不入城市兄有勳作令蜀綦致書
相招辭不往舉鄉飲賓康熙丁酉年卒於家
熊纘武未弱冠補弟子員旋食餼與王燕飛潘
木仲馬南屏聚友講學心山社中沉酣於古至
老不倦性恬退寔所經營足跡終年不入城市
士林重之
潘之祇與其昆季之紀之楨皆入心山社師事
南屏爲人終身繩墨不敢稍爲縱恣馬文淵先
生序其所爲文曰勤苦堅確銖積而櫛比以漸

幾於廓然之域則其於聖賢之道蓋終身不敢
畔者歟之楨仕爲雲南楚雄令有治聲
徐維椿號疊峰以恩貢授安鄉縣教諭訓諸生
首孝弟而次文章 聖廟圮邑人士憚於修復
椿捐巳貲獨新之嗣以母憂去服闋補興寧鐸
造士如在安鄉時爲人剛直喜面規人過士林
多所嚴憚居家以孝友稱晚年怡情山水課子
弟以禮法自守弟維機另有傳
盧逢垣邑庠生性至孝與其妻吳氏奉甘旨不

以貧缺養居父母喪盡哀垣學問古茂爲諸生
六十餘年有司重其行再列賓筵年八十二卒
所著有挹泉軒詩
彭祖武幼慧過人六歲入家塾即善屬對稍長
工制舉業年二十補博士弟子員二十七食餼
五十九貢於廷武爲人循〻榘矱不敢稍自放
軼家貧授徒束修盡所入藉以餬口而已所著
詩文甚夥大都牽率應酬無足存者

隱逸列傳

明

燕遺民字逸德號空谷老人累以賢良徵高臥不起毋脩然獨往或深山絕壁或碧澗清流則嘯歌終日感物寫懷濡毫揮藻逸氣浩發識者重之

魏正潛文雅脫塵正直表俗尤篤族黨見有賢良子弟多激勵之族有登鄉會試者輒喜慰不已所著有字學易通行世修家乘家約等書

龔乾曜副使良傳第三子隆慶六年歲貢膺遜不仕居家謹厚兄嫂相繼卒遺孤煢煢幼者纔數日爲賃乳媪哺之比長置田分給比于諸子自怡樂于山水間號江湖愚隱子梴有軼行孫逢祥中萬曆乙卯鄉試官平凉司理

祝眉壽字以介爲邑諸生尚氣節嘗面折人之過鄉里有爲不義者輒曰祝公得無知乎其見憚如此廖大史奇其文延致西塾以數奇不第終

龔梴字仲長御史晟曾孫父乾曜貢入太學不就梴生而穎異弱冠即遍讀子史百家言爲文雄古高深督學使王公圻按部試董子科首以呂強爲都鄉侯不受論梴引紙疾書文不加點督學大奇之補博士弟子高等時司徒魏公說武部郎馬公天錫皆推爲畏友焉好養生家言絕意科名嘗取悟眞參同諸書丹鉛之別有妙悟于諸家詮解之外築室龍翔山躡崖鑿石仰眺臺上白雲怡然自適有徵文者隨應之輒焚

其艸臥山房中邑人士多從之問字憲副魏公樸如御史謝公師啓數數携具過訪留詩相贈魏詩云鳴琴一曲依流水欹枕千峯散落雲謝詩云石上煙霞無酒掃沙邊鷗鳥識行藏蓋深美其逸致梴顧不一報禮識者擬之王無功云會伯兄本官周南往省之以凶夢遄歸年四十一卒子逢祥中萬曆乙卯鄉試以平凉司理解官歸

鄧士毅字子達性豪爽厭薄世趨怡情詩酒不

履公門顏其亭額曰樂天曼聲長嘯几案間更無長物居恒排難解紛人有極不平事髮指背裂對公無不解頤子日崇中萬曆乙卯鄉試官贛州司理贈如子官

袁盛字近軒英山訓導璧之弟也孝友天植與兄璧砥名礪行聲稱隆隆州里間事父慶先意承志專任甘膬使兄得壹意墳籍以明經顯及兄卒英山盡徒步千里奠櫬歸在原摯情不遜盧毓居恒提道誼以程身率物遐邇欽式焉子

昭文中萬曆辛卯鄉試官徽州府別駕贈如子官

龔樘字文友御史晟曾孫恂謹博學能爲經師邑薦紳多出其門下督課諸孫善爲提命長孫維三舉天啟甲子鄉試目覩榮進且受孫甘脆之奉者數年人以爲厚德之報舉鄉賓授冠帶卒年八十三

魏宸少聰慧亢爽不羣長博學工書丞數贖鴞屋郎自署宜園丘壑晚耽二氏之學結菴繙誦以無疾終

魏式國江西學政魏謌孫幼穎悟能文會遭時變隱姓名爲江西寧州寺僧家人覓之不得居歲餘學政門人劉同升知其蹤以書迎之歸嗣是肆業雪峯寺中後就試爲弟子員以齒德重于鄉卒時年八十八

馬亦昌邑庠生四歲失恃事繼母如所生友愛異母弟若同胞讀書抱奇負會遭世變遂以身隱性好禪足跡遍天下名山所至皆有著述晚年閉戶山齋默參太極圖畫不復問人世間事

臨卒手一編端坐閉目而逝生平著作有辨莊指南小學大觀增補智囊感應通解諸書

補遺

駱瀚仕漢爲御史中丞獻帝末權奸擅朝遂棄官隱蓴川之鳳山自號曰蓴隱今縣署即其所居遺址爲蒲版籍之舊者獨駱氏與歐氏最著云

歐陽炳和自長沙教諭同兄繼儒卜居鳳山監郎今蒲邑縣署是其故址裔後有紫竹墳今學宮東偏歐駱父老祠是其廟所也

貞淑列傳

宋

蔡氏陳求道妻爲反賊劉忠刼擄不從併母子殺之于茗山二子死孫逃

元

費氏何槐孫妻宋諫議師古曾孫女夫病幾殆刲脅和藥子爚有傳

劉氏王蘭孫妻雲盤麥龍之女也年甫二十六子德俊纔六齡德原生六日而蘭孫亡姻婭欲

奪而嫁之誓死靡他撫鞠二子咸至成立至正壬辰兵越蘄黃蹂踐鄉邑而二子奉母周旋獨完其宗人以爲貞節所感

宋氏黃開妻學正愿之女也年尚弱植開早殞無嗣誓不更嫁以姊子沆爲後節操貞白以上壽終時敬慕之

明

宋氏魏雲瑞妻祭酒觀之母也元季兵亂值歲荒旱舅姑相繼隕沒雲瑞卒于齊安撫孤成禮扶夫旅櫬涉江履險歸厝祖塋暨歸有豪客奪其田令長子訴于官獲理躬督仲子觀勵志詩書遂爲名儒大學士宋濂爲母勒墓銘載廖志

左氏王允茂妻江夏尉延慶之孫女也元季兵起允茂避亂郴永蘄黃左氏備嘗艱苦及寓泰寧允茂卒于官子愷年甫九齡邵武衛官吳某謀欲娶之乃抱子呪天矢死不貳遂扶夫柩反塟躬紡教子歷官宮僚鄉人稱母之賢以爲可追古敬姜

黃氏廖俊妻敖論城之女也貞諒惠溫事舅姑惟謹隨俊之漢州時趙杲方壁周晃張教四人俱童穉乃爲縫紉衣服炊給飲食各躋顯仕子漢生弱齡即訓以大義撫諸子溫滂濬澍不啻已出以故母範益張而令名無窮焉

畢氏嘉魚李田妻帳山畢義官之女也田爲諸生畢氏恪盡婦道待尊黨以禮及田爲都御史巡撫順天一介不取伯子承恩仲子承勳勤苦力學畢氏之力居多

黃氏魏銘妻無子銘之京娶丁指揮女詩爲繼室丁至蒲聞銘有妻大怒亟攜女還黃氏即追至途中懇請云願讓正室而已次之丁乃止後丁氏生三子曰熲曰穎曰頌皆貴黃氏成之也

任氏連輔妻字慶貞年二十適輔閱七月夫卒矢撫遺孤芳茹荼課讀芳以明經任射洪訓連氏登遐齡數日之操六十餘年如一日郡邑上臺旌其門

曾氏但勝聰妻適聰二載聰卒遺孤兒方七月

誓死守節年八十終弘治中舉貞節

魏氏廖賓南妻適賓南一歲而賓南疾數月賓南逝魏氏年僅二十哭之幾絕甘貧奉姑勉立叔之子爲嗣以奉賓南祀毀容衣縞者六十年壽八十八

黃氏胡堯元妻御史玹之女正德戊寅冬隨堯元判瑞州明年六月宸濠反知府宋被執詔擢堯元守郡僞駙馬李蕃掠城堯元集兵督戰黃氏曰君其盡忠毋以妾爲念乃懷印抱女顧季子宣及家人永曰脫有不虞吾當投井以死旣賊平黃謂堯元曰吾與君得生蓋天佑社稷也

趙氏謝存憲妻年二十五存憲卒撫孤謝三誥又卒趙偕婺婦龔氏紡績自給甘貧誓死守節嘉靖中旌表（載明一統志）

徐氏王世廉妻事姑熊盡孝敬姑病侍湯藥不櫛沐者累日溲溺皆親承之年二十五夫疾篤欲以身殉時子良謨尚在妊夫勉止之夫卒撫孤勤苦萬狀誨之成名官至眞定判以子貴膺

恩贈

鄭氏謝三訓妻以子師啟封孺人初歸謝姑甘宜人賢而司馬公嚴厲孺人事之盡禮終無所忤師啟按浙過里孺人不爲喜第謂曰御史論獄生殺在筆端刑不可濫師啟唯唯邑稱賢母

楊氏劉熾妻熾生而天閹楊事之數十年絕無慍色相敬如賓夫喪極其哀毀飲食必躬奠之良久乃徹二婢感其義俱年四十餘不嫁卒塟苦竹山萬曆三年知縣胡其高申詳院道旌表

其門

鄭氏何思登妻宜人姑黃宜人蚤卒事繼姑方與封君極孝敬力貧奉養不失甘旨思登舉進士歷官憲副及林居宜人日在中饋夜親紡績不敢自暇遇貧嫗嫠婦捐囊周給之性仁慈而貌肅穆四子婦每見凜然年八十有三卒

金氏謝師彥妻師彥舉進士卒于京金氏年二十子自成生纔數月金殞絕姑鄭孺人謂曰汝死姑誰與託金以姑命不死撫子泮遊四十年

中毀容縞服足不踰閾督學周繼昌巡按應朝卿旌表之

謝氏黃祎妻年十六適祎恪事二姑祎患疾卒誓死以從以諸孤少待撫二子有成補諸生夙病一發不起年六十持身嚴謹善治家人罕遇外侮力折之一時憚畏以爲有鐘夫人禮法媳何氏孫婦魏氏俱以二十孀居撫孤靡他三世孤貞里中美之

鄧氏魏正模妻事姑惟謹生子甫十歲而模早逝鄧氏哭之幾絕久之有奪其志者鄧氏斥之曰吾不從夫死地下以姑老子幼耳事姑四十年如一日撫子成立身居市井一室人無間言謝侍御師啟有傳任郡丞文定有誌銘咸表揚之

魏氏劉元妻祭酒覲嫡孫女也年二十五歲元卒守貞紡績教三子有成年三十便營同穴于元之墓側年九十卒邑人何憲副謝侍御鄭少卿有詩旌之

朱氏黃晨妾晨卒朱甘貧養嫡鄭氏及遺孤勤苦無怨嫡卒營葬盡心篤于恩義足風薄俗綠衣中矯矯者

張氏魏方昇妻年十八昇早世張日夕痛哭姑龔慰諭之得不死事姑[illegible]勤孝貞操不渝人無間言年三十五卒邑中[illegible]之

余氏龔貞傳嫡孫龔宷[illegible]妾生女甫二歲而宷卽世誓必鞠姑馬氏以女[illegible]不可失恃力止之自是孝服毀容無敢以改節[illegible]者越十年姑[illegible]立姪[illegible]

爲宗後恩勤不啻已出奉姑五十年孝敬不衰享年九十有七視履如常守節七十三年有司屢加旌表孫生員維翰早世妻屈氏年二十餘歲守志撫孤冀理遊泮不幸亦歿妻謝氏侍郎魏說外孫也誓以死守一如祖姑人稱世節焉

黃氏縣丞但維城繼室也年三十維城卒絕粒毀形幾死者數姑李泣勸之曰爾固誓死靡他矣其若藐孤在疚何乃恒韡茹荼銜哀課子其待前所出子數不啻其子數與冢爲所自出也

苦節四十餘年壽八十二終神宗時奉例舉貞節縣旌異之三子俱補庠生

田氏郭立本妻也年十九適立本二十年立本亡誓死守節遺腹生子鐸鐸生子光宗補府庠生田氏與姑何氏相依守貞四十年壽六十終里中高之魏司徒題其門曰雙節

魏氏鄧日華妻華早喪魏誓不貳深居扃戶苦節三十餘年縣令林公增志表曰霜林玉穎

姚氏謝自強妻歸謝二載夫病飲泣籲天願以身代夫卒自經以從救解一日語其儕曰夫早世無子必以我殉竟卒

周氏劉觀妻年二十七守節撫兩孤泮遊躬勤織紝致百金贖祖產與其妾張氏俱誓死以雙節稱

饒氏貢士謝元覲妻其母爲翰林簡討魏珩如女素有禮法元覲贅于饒其妻一拜舅姑而返甘旨餽問無間姑鄧病往侍湯藥衣不解帶者累月祖姑董孺人十年未葬悉解粧奩安厝之

年未三十卒邑令曾君栻嘉其孝德申請督學高公具扁額旌表題曰女中聖孝

謝氏名三淑侍御師啟孫女庠生自裕女也幼讀列女傳師法之許聘邑庠魏柱國年十四獻逆屠城避地獺山爲賊所獲罵賊奮躍方塘而死邑令姚公繼舜題其墓曰英烈邑紳士有詩弔之

魏氏庠生曾曰恩妻年二十生子士雄越兩歲忠歿氏矢不再適躬勤織紝士雄長擇師教之

補武庠

王氏譚廷玉妻年二十五夫喪誓不改節雖拂逆叢集貞操自如教訓三子必矩于正孀居四十七年壽七十二邑侯曾公栻扁旌之曰貞節善俗長子齊以掾史授新淦縣尉孫五三庠生

國朝

熊氏孝廉黃鳴陽妻勤儉和惠相夫弱冠登賢書事舅姑及祖姑孝敬無二自舉一子蘅夫側室二子視如已出夫陽教諭當陽氏遣側室偕

往自留奉侍舅姑甲辰姑病劇躬侍藥餌累月不寐積勞成瘵忽撲地卒舅姑傷念之

劉氏宜人吏部余開熙妻少歸余奉舅姑極孝敬性嚴靜足不踰閫辛勤操作佐夫成進士開熙筮仕會昌宜人往從以愛民勤職相勗勉及官京師太宜人溫清一委宜人隆師教子又節減釵鈿遠致京師助其清苦年四十六卒翰林宮公象升弔之爲誌其墓

楊氏黃蘅妻兵部職方郎楊兆傑妹當陽諭黃鳴陽冢媳居江夏性和惠蘅贅其家極執媍道甲辰姑熊氏卒越三百里來奔喪撫棺慟哭黃家世清白喪具從節省氏力主循禮解佩環佐之又出貲奩作佛事追薦其姑後歸歸踰年卒聞者惜之

舒氏余應試妻年二十餘夫喪長子幾弱冠次二子襁褓有勸之改節者堅不聽勤家教子食苦如飴年八十有八冰霜之節歷五十餘年三子垂白怡怡堂下

但氏覃則敬妻庠生日曉母也則敬起義拒寇歿于兵氏避亂溺于閭之欲投河死姑知其有娠百端慰諭嚴防之彌月生男今武庠生日升其遺腹子也孀居四十年虔事舅姑終始無間言勤苦治生教子有成人咸稱之

陳氏陳少河女少河遇荒賑貸鄉里推重女適雷元聲聲卒年甫二十四生子女二人翁姑念氏年少家貧勸令改嫁氏剪髮矢志靡他復勸再四遂佩剪髮刀自隨三十歲子喪氏躬親織

紡自給今年七十五貞孀五十年如一日同里
嘉其節壽歲時為之稱觴
朱氏盧聯瑞妻明宗室女幼讀女訓及他書年
二十三夫亡子幼遭明末流賊起負繼姑避難
艱難備嘗得免于死教子逢盖成明經氏年八
十三卒雍正四年建坊子逢盖另有傳入孝行
李氏懷遠將軍但超卿元配二十四而寡子一
璜早殀其媳彭氏年二十三無出感其姑之貞
也撫前室龔氏子宏詔若己出人以為難

魏氏邑庠生曾恕宣妻宣早世氏年二十七姑
楊在堂子士雄方三歲會流寇起家遭焚燬氏
携子避兵黄蒿山與姑相失因間就侍姑渡沔
陽姑卒於沔氏鬻衣簪棺殮如禮扶柩歸行至
黄蓋湖風大作隣船多飄没氏伏棺號泣呼天
曰寡婦死耳姑柩與兒何罪禱訖而風息舟得
不覆歸塟先人兆豪有爭其地者氏執鍤自穿
一壙負土而出血淋漓豪惻然且愕曰孝婦也是
不可攖家盡落無以為饘粥計獨購書治　共課
子士雄雄發憤講學卒成名士氏年七十六以
無病卒
陳氏年十九歸熊瞻渭為副室明年生子宗又
六年瞻渭卒氏年二十六守志不二先是瞻渭
以其莊田牛馬予嫡所生三子自取薄田三十
餘畝為饘及瞻渭卒嫡子皆貧氏以其所遺産
四分之自與一幼嫂閉戸績紡十餘年足不履
堂堦崇禎癸未六月獻賊陷鄂城信聞氏避母
家賊臨蒲七日卒年三十九

三代七節婦者生員熊大家之妻王氏無出二
十九歲而寡妾劉氏二十三歲而寡食荼苦撫
子繼滋繼陶歷三十餘年而没其長媳徐氏十
七歸滋四年而滋殀二子楨與楷穉孤耳撫之
成立氏六十二子皆喪將卒執孤孫手備述其
艱苦守節狀其次媳周氏無子值陶殁撫滋之
子楷以為嗣楷既補弟子員旋殀其妻李氏妾
陳氏皆無子守其胞侄方煌李讀書能文嘗舉
陶孟柳母事以告其姑曰人所以異於禽獸者

以能留正氣還天地耳其長孫媳魏氏亦早寡
撫子成人嗚呼節婦當熊氏門衰祚薄危如一
髮引千鈞苟不留正氣以培之豈不殆哉
周氏馬俞妻二十而寡三年足不出戶限氏少
以才智聞初有縣賊羅姓者踞黄茅山嶺爲封
掠人多避其鋒氏督家人禦侮賊不敢肆値鄰
饑累穀千石盡散賑不責償明年春饑人作亂
富民皆買禍氏免于難奔舅姑喪於馬蹄湖見
山港爲之嶠梁者四行人以濟焉從姪天錫官戶

蒲圻縣志　卷之十一　貞淑　十三

科主事欲以氏苦節聞氏曰吾兒不成名重違
先人志何以節爲榮耶力止之其知大義如此
魏氏舒春野繼妻舒先娶畢生五子續娶魏後
生五子舒死時年六十二氏年尚少前妻子有
齒過于氏者有年相敵者氏綜家課子循循有
禮法舉所有產悉以畀前妻子諸子亦善體氏
志兄弟中從無間言後氏子[redacted]亦舉孝廉人
以爲課子有成
劉氏進士張瑾光妻年十八歸瑾明年有娠光

卒遺命其弟曰氏雖年少曉大義所誕果男必
亢吾宗善視之後弟恐其志不堅微試以言氏
毅然舉子達倫有文行孫濤康熙丁酉鄉薦氏
年八十卒
姑媳節婦余司楚妻吳氏媳熊氏吳既孀代夫
供子職人稱娶媳當如吳氏女康熙戊辰僞夏
逆變吳携子同鄰女避兵匿巖穴中時多虎鄰
女畏而強其歸吳以兵未退辭焉次日其鄰尋
至山見虎伏巖側吳母子端坐無恙又奏延其

蒲圻縣志　卷之十一　貞淑　十四

室吳冒火捧考妣暨夫木主出他無所顧媳熊
既寡其父母欲奪之感吳訓矢志曰忠孝節義
之家不忍玷先型也遂相倚白首終身吳于雍
正八年建坊
沈氏張達兼繼妻湘邑進士任蘇州分府沈以
職之女初達兼負才品邑推重之故職以女繼
婚氏年十五歸寡言笑嫺靜和輯若不勝禮知
夫之才憾其名不成而達兼竟歿氏以瘠病強
生善事其翁教其子漣涉以慰翁心涉列邑庠

氏壽卒長子漣娶熊氏氏歸而姑病竭力調持怡顏周至與其夫告之祖宗欲以身代嗣漣二十四亦早卒熊氏無子守節每在祭於姑夫之塋聞者愴然流涕終身縞素至四十歲卒

賀氏十七歲歸庠生張達可十八生一女十九生子洞纔七月而夫卒洞幼多疾氏禱於祖曰如綫一脉氏生死與俱夜得佳夢果愈氏檢遺書數十卷待洞長讀之洞受教傳其子楚東東才且奇人以為苦節必有後云

張氏郎賀女年二十歸沈援生子不育三載援卒氏厲志守節事姑謝氏維謹繼嗣胞侄之琮初氏侍母側以孝問母教之復問節母默然再問母曰惟守節者知之氏年五十姑亡服禫遂卒

任氏熊朝宗妻十八適熊二十七遂寡舅在堂年已老生二子俱幼康熙戊辰夏逆猖獗有欲奪其志氏聞之將自縊鄰戚勸勉乃止卒能奉舅撫子以成家壽八十而終

任氏庠生張達偉妻年二十五懷孕而孀彌月生子衍值夏逆亂氏撫孤臨柩痛哭屏粧奩購地舁柩就塋乃避兵其從容如此今建坊入祠

劉氏周日監妻初日監從學心山祉周蒲山愛其才懼其不壽及弱冠果殁氏年僅二十有九生一女無子舅姑皆年老氏勉奉甘旨立侄哲夫為嗣

黃氏李仲純妻純性敏氏勸之勤學純早殞氏年二十八無所出舅姑命立叔孝廉之次子大

泌繼夫後撫摩鞠育如所生泌復早世媳宋氏亦年二十八而寡與姑同節生二子長光松次光梓俱成立

吳氏宋孟甫妻年十八適宋生一子甫五歲一女甫三歲孟甫亡氏年二十四事其姑舒氏生養葬祭盡禮初城居夫沒後徙畀河山庄課其子督僕婢耕耘以自給壽八十六歲齋沐辭祖子孫羅拜坐終

馬氏進士徐美大妻太守練之裔也年二十七

聞夫卒于京一慟而絶越三日乃復蘇姑王氏勸曰汝從夫死固宜吾與襁褓兒何依氏遂忍死唯姑命自是朝夕紡績縞衣茹素六十餘年八十六乃卒

龔氏于康熙癸丑冬適舒黄宇時丁吳逆亂明年五月宇客洞庭賊執而殺之氏年方二十父欲奪其志氏曰忿夫不仁辱身不義棄翁姑不孝父烏用此女爲媒至大詈而退翁姑俱失明氏左右扶掖以終天年喪皆無失禮年八十卒

詹氏龔榮伯妻苦節四十餘年壽七十而卒初榮伯値明季亂倥傯戎馬父喪未葬母熊氏在堂榮伯歿家貧歲歉兩義子遠屬氏謹事其姑以終卒力葬三喪無遺憾子二長世成以其先世鄉賢爲奉祀生

劉氏歐陽世生妾世生年六十乃娶舉一子振世生歿氏年二十二與嫡胡勤儉持家共禦外侮故振得專志讀書以成名壽八十一而卒

邱氏雷特圭妻年十六適雷其祖舅與舅皆恭及事祖姑嫡庶姑兩世三孀氏事之備謹特圭以苦學成疾氏每焚香禱以身代度不起歸邱母號泣于父墓曰雷郎有故無復相見日矣母初不察其言之悲而確也及特圭死氏送之壙求旁穴共瘞或嗤其迷明日氏往溺母與姑急拯之得免越數日氏乃私用絨布密縛肢體奔投往流家人不及救駭聞數里得屍于雷家橋上灣合手若揖特立猶生時年十九

王氏鄧大聲妻氏年二十四而聲歿舉子虞佐

繞六歲氏撫鞠歷千難百折以奉其姑事葬中禮氏六十四而終

胡氏庠生汪世琦妻既歸六年賢聲甚著舉一女而夫卒永訣時氏嚙指流血以示信乃以夫遺書教其繼嗣汪昌昌食餼而歿又撫汪登登亦亾氏女既長遣適廖復早死氏爲撫其次子廖斌教之成材

楊氏陳六御妻年二十四歲夫故生二子長三歲次僅七日氏撫之成立値歲歉姑病不能延醫

割股以代湯藥

徐氏庠生程應中妻十九適程事舅姑孝二十三歲夫卒子洛傳適二齡次子清傳尚在腹氏誓不二志家極貧夜勤紡績日餕茶蓼以爲活

駱氏張海塘妻初海塘性敏博覽羣書氏十八歸二十而寡子女俱無常淨居一樓焚香祀其夫像每取古貞烈傳流涕讀之不忍寘年五十卒

王氏張萬資妻年十八歸萬資二十七値萬資

歿剪左手指肉焚鑪內誓不再嫁無何子又歿孫方五歲氏撫育孤孫復極勞瘁云

錢氏龔季宿之妻也適龔時舅逢烈致仕歸姑游氏孝事無缺年二十一季宿早世守志不渝一子璲甫三歲躬紡以教乾隆二年建坊

吳氏郡庠生沈偁妻邑庠生沈仔嗣母十六歸偁婉娩勤慧生子中乾未週而夫早世氏年止二十一呼搶不欲生姑泣止之氏乃忍死教其子及子適有室不踰年歿氏死志益決姑一慟

仆地幾殆氏亟扶之曰姑乃如是媳安忍不同存歿哉舅命其立仲叔之子爲嗣後姑享年八十有八而終氏不踰年亦卒時六十有七矣

馬氏庠生劉紹崑妻進士馬天錫孫女南寧知府應命孫媳也氏曉文善書二十二而夫喪子生週歲氏毀容縞衣持齋四十年子枉列邑庠堂上嫡庶三姑善事以終

張氏汪聖錫妻二十六而寡子檍甫二歲家貧奉公姑甘旨必盡及檍長生孫猶勤紡績兒鐘

元欲爲建坊氏以節非爲名力止之年五十九卒

余氏但錫九妻二十而寡生子椿至三歲有足疾氏歷艱辛撫之成人既娶生二孫歷五十餘年而舉曾孫五

吳氏汪遠重妻二十二夫喪遺孤一矢志五十餘年教子曉文藝

談氏戶部清吏司鄧廷猷孫之通妻年二十五之通卒長子宗霖七歲次子宗景二歲氏勤紡

續事姑婞養奩盡禮訓二子以義方素食縞衣
三十餘年婦姻問奉為齋母
陳氏庠生程邑中妻年十七歸程庶姑艾性嚴
厲氏事之謹年二十四夫卒氏嘔血悶絕姑以
子幼慰姑殁繪像拜奠先是夏賊亂氏携子奉
姑避難既平督子衍洛就學燃松脂為燈冬夜
以稻温其足自從旁分光蕭刺嘗歲暮窘甚洛
從市中得遺金歸氏命召其人還之其人以禮
謝弗納誡洛曰非義之財勿以污吾清白也其

節義凛凛如此雍正五年建坊
廖氏李增桂妻桂力學攻苦搆病卒氏年二十
三兒長三歲次止數月嫡庶姑年且老氏不忍
以死殉勵志苦節嫡姑態有慈範氏恪遵其訓
事之數十年不懈庶姑無所出氏事之如嫡禮
及卒塋祭皆從厚長子僎邑庠生
張氏何世祥妻二十歲歸何事祖姑謝與其姑
陳極善二十五世祥卒生子應鐘僅二歲一女
僅五月氏命僕藉田數十畝以奉先祀督子讀

書不倦或隣里有急輒應之
張氏徐宣昭妻年二十三而寡生一女無子初
宣昭以宦後家貧親喪氏父招之贅踰年氏請
于母廬于隔隴以奉公姑之靈又延繼姑供膳
宣昭久客于外終無怨言及歸歲餘卒塟屋旁
日夜悲咽諸兄弟仍還諸室氏不從甘心貧苦
終始不渝
賀氏張彔妻其母無子守志及十九歲母招彔
來贅氏以老舅及二姑未得事乃隨夫歸後其

母以年老故復命往生子二長開璽次開繡及
二十七彔卒氏紡績以餘貲送子就塾課藝居
市中數十載內外無間言
李氏何容安妻少適何不及事舅惟紡績以養
其姑姑壽八十餘終氏哀毀踰禮鄉里矜其貧
或貽以鹽米辭不受曰吾聞無勞而獲身之災
也彔益重之
李氏歐逢鳳妻年十八歸鳳生子斌及二十二
夫喪謹事公姑鄉里皆稱其孝尤能延師教斌

不辭勞瘁邑中諸先達多贈有讚云
歐氏逢鳳女張隼妻性敏少識書算善操持年二十二而寡生子杰苦志撫育以紡績營夫塋族里有因貧敗婚病死不能醫瘞者脫簪珥周䘏之
周氏洪羽臯妻年十九來適洪二十二夫死氏撫孤雛事翁媪躬勞紡績備歷艱辛今孫魯蔚起子特庠生孫士鵬廪生人以爲克家之報云
張氏覃弘諾妻十八歸覃及二十五弘諾喪子

方甦僅三歲撫之成立不幸三十而夙乃値衰暮鞠摩其孫周攀尤極劬勞云
姑媳三節者周氏李達遜妻十八歲歸李生二子長孟乾次澤廷年二十四而寡紡績織袵以育其子其長媳陳氏孟乾妻年十六歸三十六而寡無子孟乾臨危時囑曰汝無舅姑并無子息可隨汝志氏泣曰生爲李氏人死當爲李氏鬼其次媳孫氏澤廷妻年十六歸二十八而寡生子二長大經次大綸俱幼氏卒能撫教成其名姑媳間俱無憾云
李氏余暎極妻素寡言笑歸極性敏好學二十六早卒無子生女僅四歲立族侄珍爲嗣
謝氏庠生錢震揚妻初震揚善屬文十餘歲輒通經史性不受羈束氏十八歲歸錢相夫以義夫卒氏悲啼幾死者再親視殮封築墓立欲廬其側父母召之歸水漿不入口其奩佩履物以供塋具囑與夫同塋亦遂卒
魏氏蔡昌明妻夫死不二茹蘗飲冰幾七十載

壽至百有二歲子孫林立媳汪氏年少發夫亦以苦節見志
舒氏適王婚居方橋園十九守節事姑孝教子嚴壽九十鄉里稱之
項氏適馬姓二十守節居勞精勤勞紡績教子有法
徐氏唐有華之妻性幽靜年十七聞夫病願歸唐奉藥餌父母許之歸三載夫歿氏對棺封髮矢死靡它勤紡績自食其力後遇　皇恩有欲

請於當事者氏不之許蓋無子苦節為世所難其力辭旌門之典尤闕閣中所僅見者

謝氏庠生王洪宇妻洪宇少勤學有文名不幸早世氏時年二十有五苦節自勵善事其舅姑課子讀父書以承先志

尹氏熊之荏妻南嘉貢士尹章世之女父母早喪弟幼氏年十八贅荏甫結褵十日荏父士旗病亟荏歸省不一月士旗死荏哀慟成病不三月亦卒氏聞斷髮毀容悶死復甦日夜悲號成疾及二年卒夫婦孝節嘉蒲人並稱美之氏生于康熙戊子卒于雍正戊申

汪氏漆啟曜妻年二十四而寡事老姑極謹晨昏紡績寒苦倍嘗撫其子成立守節五十一年

王氏徐渭占妻家貧壁立年二十四夫亡乏嗣止生一女氏願以死殉念舅姑無所倚強為未亡人力供堂上甘旨不缺夫家貧苦節難矣若氏者無子而矢貞尤非近今所易遘者

宋氏鄭尹公妻歸鄭綜理內政見夫體弱為備側室袁氏以延其後既而宋氏舉兩子側室生一女宋氏合哺之及尹公歿長子開佳甫三齡次開仁僅五月宋氏守志感其側室共明從一之義且不忍兒曹墜厥先業聘師教讀寒暑不輟未幾佳補郡庠生仁補邑庠生

徐氏張甫妻年二十夫喪矢志不二事舅姑如禮長子開毀殀喪次子開泰早亡遺腹誕一孫與媳程氏同撫育食苦茹淡以終其操

三世六節婦者庠生廖憲臣之繼妻龐氏十七歸廖明年夫病又明年卒氏無子遂擲石死小殮將入棺有微息至次日而甦後撫前室三子以終身憲臣胞弟庠生廖師臣妻何氏年二十

五無出力勸其夫納張氏張氏年二十一生駿生與其嫡何氏共乳哺未及二年夫喪同志守節駿生早列邑庠娶潘氏事兩姑至孝十八歸二十五夫喪撫子三長金聲拔貢生有傳次宗詵庠生次宗詵十歲能文雍正五年與姑何氏張氏俱建坊其次媳李氏宗詵妻十八歸廖二

十四夫喪亦以頭撞柱死而復甦子世仰騃癡
懼不能成立請于姑立伯金聲之四子世倌爲
嗣教之學又嘗哭其姊之寡也初憲臣師臣之
胞侄應機妻魏氏亦少寡守志全孤於乾隆二
年建坊
錢氏黄進公妻素以孝順聞姑李氏性嚴切或
怒不食錢氏亦不忍食夫早世訓子開彬艱苦
畢歷乾隆二年建坊
丁氏余尭章妻年二十六而寡子世瑞甫半歲

公姑皆老氏守節奉甘旨無缺姑死塟祭如禮
教子務本力田以勤儉振其家
鄒氏徐標妻進士徐淑嘉之幼媳也年少守節
艱苦彌貞雍正十一年　旌表
張氏王首山妻年二十四喪其夫奉寡姑程孝
謹初首山遺言令其子從名師受學又卜吉爲
其父母葬氏悉遵行之一如其生
陳氏馬漢妻年十九歸漢以宦後中落氏食貧
作苦晏如也而漢卒殁于貧遺孤僅匝月氏撫

之越三年孤又死父母欲奪其志氏覺從容赴
宅後新塘死
胡氏江鳳文妻鳳以藝外出營生病歸與氏永
訣曰吾死後若可改適氏悲憤曰寧先死以報
君遂溺水死族人綢其尸與夫同塟于雷家坡
舅姑伯叔子女俱無
周氏李日凡妻夫以經營遠出氏獨居隣有無
藉龔某者窺氏少且艾輒往挑之氏訴厲不可
犯一日氏往同巷吳　借茗具龔乘醉尾其後

伺左右無人戲以手捫其乳氏號哭奮罵歸遂
密紉其衣履赴池水自溺死事聞置龔于法局
循例得旌
姚氏周應和妻性貞靜矩範纖嫺語不聞於外
事翁媼得其歡心十八結褵越五載夫患危病
氏籲天求代中夜聞夫嚬呻痰楚輒自嚙其股
夫未死前語婦以服闋當嫁氏聞言欲自引裁
夫力止之夫氣將絶氏長號結束衣履趨出祠
屋右小屏赴池水先死

補遺

魏氏庠生衙顔妻顔積學篤行有高義魏二十適顔爲繼室前畢氏生五子魏亦生五子恩勤前子過于所生至鬻已子分產爲之畢姻佐治內外禮法肅然年三十五顔卒年五十六子鳳池中崇禎庚午鄉試有才名壽七十餘終子孫在庠者十餘人邑人魏司徒爲序德節合傳

仙釋列傳

晉

葛洪號稚川晉時人以勾漏出丹砂求爲其令修煉服食後棄官遍遊名山尋羽化處及邑丫髻山距山十餘里復有山對寺競秀因棲眞其上卒仙去故人稱爲黃葛山以曾有黃眞人居之也上有劍池丹竈其水清冽異常飲之能愈宿疾前有令見朝禮者騷繹驩呼聲動山谷恐不便地方因塞井平竈山空日暝時聞有棋聲

唐

劉元靖武昌人爲道士師王道宗道宗仙去遂感悟遊名山入南嶽峻峯鑿石穴以居絕粒煉氣唐敬宗召入思政殿問長生術尋放歸武宗復召入禁受法籙賜號廣成先生還山宣宗時忽天樂浮空而去惟存杖履焉舊傳詩邁南嶽借徑吾蒲耽玩山水者積歲故羊泉有仙人洞仙人橋皆劉之遺蹟云

明

歸玉崖元末隱者精形家言著名江湖明初時上徹御聽因落髮一瓢一笠遊至蒲圻常趺坐上方靈鷲二寺精通釋典卒瘞鳳凰山下每清明時寺僧鐃歌鼓吹于墓至今不廢

王玉號荆山道人蜀人也少慕冲舉遊至鄂上遇一黃冠羽衣翩躚因從遊奉掃除之役棲龍牙山山卽蒲金紫峯久乃棄去之玉山洞洞在蒲郭外之鳳凰山山側有燕巖龍洞遂定居焉廖太史鳴吾曾題其上云燕巖棲竹日龍洞聽

蘿煙卽其處也後道人降箕輪筆飛動詳書遇師棲洞及廖詩因知之

國朝

上方寺第一代方丈元潔瑩禪師雲門湛禪師法孫弁山瑞禪師法嗣初住洞山順治甲午年合邑迎住上方開山嗣住弁山旋興復雲巖晟祖庭迎住藥山儼祖庭康熙辛亥師年六旬赴雲門請出院日拈世尊于涅槃會上以手磨胸告衆云汝等善觀吾紫磨金色之身瞻仰取足勿令後悔若謂吾滅度非吾弟子吾不滅度亦非吾弟子等語衆異之至壬子又七月廿六日師示微疾馳書辭諸山併檀護大衆造方丈請末後句師趺坐朗聲召云大衆□衆諾師云聽取聽取泊然而逝衆始知前出院拈示意

楊易生蒲圻人遊江漢間自言年已百歲誨人以修身明道之學旋遊太和未幾歸返曰山中人具殺機不可與處於月湖中結茅以居自是絕粒惟日啖泉水一勺久之端坐而逝炎暑三

日顏色如生

蒲圻縣志卷之十二

崇祀志序

國家南郊北郊之祭尚矣自是而先聖先賢佾舞籩豆犂然具備以至歷代帝王名臣莫不各致其報饗凡以崇德報功尚賢而貴爵也其間俎豆之數禮儀之事載之令甲著爲章程嘻其隆已郡邑之祭則由文武廟山川社稷名宦鄉賢以逮國殤札厲夫亦仍然崇德報功尚賢卹孤之義耳記曰祭不欲數數則煩煩則不敬祭不欲疏疏則怠怠

則忘君子合諸天道春禘秋嘗貴少貴多各章其志尚質尚文各明其歸論其功德與其賢爵非此族也不在祀典嗚呼此致祭祀典神祇所以正人心厚風俗爲勵世磨鈍之大權也務民義者可不敬與

[illegible][illegible]矣憲之[illegible][illegible]夫功德不[illegible][illegible][illegible]祿令千[illegible]而下[illegible][illegible][illegible]而其[illegible]蹤不更深入仰止[illegible]門共合之[illegible][illegible]州[illegible]處與夫古[illegible]來今[illegible][illegible][illegible]傳[illegible][illegible]節烈[illegible][illegible]之士[illegible]廟饗[illegible]食有幸有不幸[illegible][illegible][illegible][illegible]爲[illegible]

崇祀志

祭

先農耕耤田

每歲仲春亥日巳時祭

先農壇午時行耕耤禮祭日承祭官率各官請

神位供於壇上衣朝衣行禮祭畢送、神入祠

祭品

帛一 白色　羊一　豕一　鉶一

籩四　豆四　簠二　簋二

儀注

祭日各官衣朝衣禮生引承祭官至拜位

通贊唱執事者各司其事陪祭官各就位

承祭官就位通贊唱瘞毛血禮生引詣盥

洗所贊盥洗淨巾引詣香案前贊迎神行

二跪六叩頭禮興行初獻禮引詣

神位前跪奠帛獻爵叩頭興詣讀祝位跪衆

官皆跪宣祝文畢叩頭興引唱復位通贊

唱行亞獻禮引詣

神位前跪獻爵叩頭興復位通贊唱行三獻

禮如亞獻儀通贊唱飲福受胙引唱詣飲

福受胙位跪飲福酒受福胙跪叩頭興謝

胙一跪三叩頭興復位通贊唱徹饌送

神行二跪六叩頭禮興通贊唱司祝者捧祝

司帛者捧帛各詣燎所引唱詣望燎位焚

畢揖復位通贊唱禮畢各官更蟒衣詣耤

田行耕耤禮

耕耤儀

一官捧青箱一官播種各官俱用右手扶

犁左手執鞭各行九推禮農夫終畝耕畢

各回官廳更朝衣望

闕恭行三跪九叩頭禮仍將遵行耕耤日期具文

申奏正印官秉耒佐貳執青箱播種

耕耤器物

農具一 赤色　牛一 黑色　耔種一 青色

耕耤人役

耆老一名 牽牛　農夫二名 扶犁　農童六名 唱歌

祭

文廟

每歲春秋上丁日致祭先期承祭官率陪祭各官齊赴文廟階下行一跪三叩頭禮教官滌器視牲涖瘞毛血至期黎明各官衣朝衣齊集行禮

正殿

至聖先師孔子神位

祭品

帛一白色　牛一　羊一　豕一

登一　鉶二　簠二　簋二

籩十　豆十　酒罇一　白磁爵三

四配

復聖顏子　述聖子思子

宗聖曾子　亞聖孟子

祭器

帛一白色　豕一　羊一　鉶一

簠二　簋二　籩八　豆八

酒罇一　白磁爵三

十哲東五又加有子一位

閔子名損　冉子名雍

端木子名賜　仲子名由

卜子名商　有子名若

祭品

帛一白色　豕一　鉶各一　簠各一

簋各一　籩各四　豆各四　豕首一

白磁爵三

十哲西五位又加朱子一位

冉子名耕　宰子名予

冉子名求　言子名偃

顓孫子名師　朱子名熹

祭品與東位同

東廡

蘧瑗　澹臺滅明　原憲

南宮适　商瞿　漆雕開

司馬耕　巫馬施　顏辛

曹卹　公孫龍　秦商　顏高
壤駟赤　石作蜀　公夏首
后處　奚容蒧　顏祖
句井疆　秦祖　縣成
公祖句茲　燕伋　樂欬
狄黑　孔忠　公西蒧
顏之僕　施之常　申棖
左丘明　秦冉　牧皮
公都子　公孫丑　張載

程頤　公羊高　孔安國
毛萇　高堂生　鄭康成
諸葛亮　王通　司馬光
歐陽修　胡安國　尹焞
呂祖謙　蔡沈　陸九淵
陳淳　魏了翁　王柏
許衡　許謙　王守仁
薛瑄　羅欽順　陸隴其

祭品

帛一白色　豕三　每案簠一　簋一
籩四　豆四　銅爵各四

西廡

林放　宓不齊　公冶長
公晳哀　高柴　樊須
商澤　梁鱣　冉孺
伯虔　冉季　漆雕徒父
漆雕哆　公西赤　任不齊
公良孺　公肩定　鄡單

罕父黑　榮旂　左人郢
鄭國　原亢　廉潔
叔仲會　公西輿如　邽巽
陳亢　琴張　步叔乘
秦非　顏噲　顏何
縣亶　樂正克　萬章
周敦頤　程顥　邵雍
穀梁赤　伏勝　后蒼
董仲舒　杜子春　范甯

韓愈　范仲淹　胡瑗
楊時　羅從彥　李侗
張栻　黃榦　真德秀
何基　趙復　金履祥
陳澔　陳憲章　胡居仁
蔡清　吳澄
祭品與東廡同
儀注
分獻陪祭各官入兩旁門序立贊引官導承祭官至盥洗處盥手畢引至臺階下立典儀唱樂舞生就位執事官各司其事分獻官陪祭官各就位贊引官贊就位承祭官就拜位立分獻官隨後立典儀唱迎神唱舉迎神樂奏咸平之章樂作贊引官贊跪叩興承祭官陪祭官分獻官俱行三跪九叩頭禮興樂止典儀唱奠帛行初獻禮唱舉初獻樂奏寧平之章樂作贊引官贊陞壇導承祭官由東階上進殿左門贊引

官贊詣
至聖先師孔子位前承祭官至案前立贊引官贊跪叩興承祭官行一跪一叩頭禮贊引官贊奠帛捧帛官以帛跪進承祭官接帛拱舉立獻畢贊引官贊獻爵執爵官以爵跪進承祭官接爵拱舉立獻畢行一跪一叩頭禮興贊引官贊詣讀祝位承祭官詣讀祝位立讀祝官至祝案前一跪三叩頭捧祝版立於案左樂止贊引官贊跪承祭官讀祝官分獻官陪祭各官俱跪贊引官贊讀祝讀畢捧祝至　正位前案上跪安帛匣內三叩頭退樂作贊引官贊叩興承祭官及各官行三叩頭禮興贊引官贊詣叩興承祭官分獻官及陪祭各官俱行三跪九叩頭禮興典儀唱徹饌唱舉徹饌樂奏咸平之章樂作徹訖樂止典儀唱送神唱舉送神樂奏咸平之章樂作贊引官贊跪叩興承祭官分獻官及陪祭各官皆行

三跪九叩頭禮興樂止典儀唱捧祝帛饌各詣燎位捧祝官捧帛官至各位前一跪三叩頭捧起祝文在前帛次之捧饌官跪不叩頭捧起在後俱送至燎位承祭官退至西傍立候祝帛饌過仍復位立典儀唱望燎唱舉望燎樂與送神同樂作贊引官贊詣望燎位導承祭官至燎位立祝帛焚訖樂止贊引官贊禮畢退

樂章

迎神樂咸平之章　無舞

大(太四)哉(南工)至(林尺)聖(仲上)道(太四)德(仲上)尊(林尺)崇(仲上)維(南工)持(林尺)王(仲上)化(太四)斯(林尺)民(仲上)是(黃合)宗(太四)典(黃合)祀(太四)有(仲上)常(林尺)精(南工)純(林尺)竝(太四)隆(仲上)神(黃合)其(南工)來(林尺)格(仲上)於(林尺)昭(仲上)聖(黃合)容(太四)

初獻樂寧平之章　有舞

自(太四)生(仲上)民(林尺)來(仲上)誰(太四)底(黃合)其(仲上)盛(太四)惟(南工)師(林尺)神(仲上)明(太四)度(黃合)越(仲上)前(仲上)聖(太四)粢(仲上)帛(太四)具(仲上)成(林尺)禮(黃合)容(太四)斯(林尺)稱(仲上)黍(太四)稷(南工)非(黃合)馨(林尺)維(南工)神(林尺)之(仲上)聽(太四)

亞獻樂安平之章　有舞

大(太四)哉(仲上)聖(黃合)師(太四)實(南工)天(林尺)生(仲上)德(太四)作(仲上)樂(太四)以(仲上)崇(林尺)時(仲上)祀(太四)無(林尺)斁(仲上)清(黃合)酤(南工)惟(仲上)馨(仲上)嘉(林尺)牲(仲上)孔(黃合)碩(太四)薦(太四)羞(南工)神(黃合)明(林尺)庶(南工)幾(林尺)昭(仲上)格(太四)

三獻樂景平之章　有舞

百(仲上)王(南工)宗(林尺)師(仲上)生(林尺)民(仲上)物(太四)軌(黃合)

瞻(黃合)之(南工)洋(林尺)洋(仲上)神(林上)其(仲上)寧(太四)止(黃合)酌(太四)彼(黃合)金(林尺)罍(仲上)惟(南工)清(林尺)且(太四)旨(仲上)登(仲上)獻(太四)惟(林尺)三(仲上)於(黃合)嘻(南工)成(林尺)禮(仲上)

徹饌樂咸平之章　無舞

犧(仲上)牲(太四)在(仲上)前(林尺)豆(太四)籩(仲上)在(黃合)列(太四)以(太四)享(南工)以(林尺)薦(仲上)既(仲上)芳(林尺)既(太四)潔(仲上)禮(黃合)成(太四)樂(仲上)備(太四)人(南工)和(林尺)神(仲上)悅(太四)祭(黃合)則(太四)受(仲上)福(林尺)率(黃合)遵(南工)無(林尺)越(仲上)

送神樂咸平之章　望燎同

有（太四）嚴（蕤工）學（林尺）宮（仲上）四（黃合）方（太四）來（仲上）崇（太四）
格（黃合）恭（南工）祀（林尺）事（仲上）威（南工）儀（林尺）雝（仲上）雝（太四）
歆（仲上）茲（林尺）惟（南工）馨（林尺）神（仲上）馭（太四）還（林尺）復（仲上）
明（黃合）禋（南工）斯（林尺）畢（仲上）咸（南工）膺（林尺）百（仲上）福（太四）

樂器

麾　金鐘　玉磬　鼓　搏拊
柷　敔　琴　瑟　排簫
笙　簫　笛　塤　篪

舞譜

初獻

自（稍前向外開籥舞）生（蹈向裏開籥舞）
民（合手蹲朝上）來（起辭身向外高舉籥面朝）
誰（兩兩相對蹲東西相向）底（合手蹲朝上）
其（正揖）盛（起平身出左手立）
惟（兩兩相對自下而上東西相向）師（稍前舞舉籥垂翟）
神（中班轉身東西相向立惟兩中班十二人轉身俱東西相向）
明（舉翟三合籥）度（稍前向外垂手舞）
越（蹈向裏垂手舞）前（向前合手謙進步雙手合籥）

聖（回身再謙退步側身向外高手同面向上）齊（正蹲朝上）
帛（稍舞辭身挽手側身向外呈籥耳邊面朝上）
具（正揖）成（起辭身挽手復舉籥正立）
禮（兩兩相對交籥兩班俱東西手執籥）容（正揖）
斯（向外退挽手舉籥向外面朝上）稱（回身正立）
黍（稍前舞）稷（正蹲朝上）
非（左右垂手兩班上下俱雙垂手東西相向）馨（起合手相向立）
惟（左右側身垂手向外開籥垂手舞）神（右側身垂手向裏垂手舞）
之（正揖朝上）聽（躬而受之躬身朝上揖籥而受之三鼓畢起）

亞獻

大（左右進步向外垂手舞）哉（右向裏垂手舞）
聖（向外落籥面朝上）師（退向正身立）
實（正蹲）天（起身向前轉向外舞）
生（向裏舞）德（合手謙進步向前雙手合籥存謙）
作（兩兩相對自下而上兩班相對舉籥東西）樂（上下俱垂手惟兩中班上下十二人）
俱垂手轉身東西相向　以（轉身東西相向立）
崇（相向立兩班上下以翟相籥）時（稍前舞蹈兩班上下俱垂手向外）
祀（向裏垂手舞）無（合手謙進步向前垂手合籥）

斁同身再謙兩班上下東西相向合籥立　清稍前舞向外開籥翟
酤向裏舞　惟雙手平執籥翟開籥翟
馨合籥翟朝上正位　嘉側身垂左手兩班側垂手向外舞
牲躬身正揖　孔雙手舞籥翟躬身
碩躬而受之躬身朝上拱籥受之一鼓而起　薦一叩頭舉右手叩頭
羞舉左手叩頭　神復舉右手叩頭
明拜一鼓畢即起躬身三鼓平身　庶三舞蹈舉籥向左躬身舞
發舉籥向右躬身舞　昭舉籥復向左躬身舞
格拱籥躬身而受之

三獻
百向外開籥舞　王向裏開籥舞
宗側身向外面朝上　師朝上正位
生兩班上下兩兩相對交籥　民合手朝上正揖
物側身向裏落籥　軌合籥朝上正立
瞻向外開籥舞　之向裏開籥舞
洋開籥朝上正立　洋合籥
神向外開籥舞　其向裏開籥舞
寧進步向前雙手合籥　止同身東西相向手謙

酌向外開籥舞　彼向裏開籥舞
金開籥朝上正立　罍合籥朝上正位
惟向外垂手舞　清向裏垂手舞
且朝上正揖　旨躬身而受之
登躬身向左合籥舞　獻躬身向右合籥舞
懽躬身復向左右籥　三合籥朝上拜一鼓便起身
於側身向外垂手舞　嘻側身向裏垂手舞
成朝上正揖　禮躬身朝南受之三鼓畢起身

舞器
節　羽　籥
佾舞生三十六名　樂工五十二名
糾儀官二名　禮生十名

崇聖祠　雍正元年追王五代
肇聖王木金父公正中南向
裕聖王祈父公東一室南向
詒聖王防叔公西一室南向
昌聖王伯夏公東二室南向
啟聖王叔梁公西二室南向

祭品五案

帛一白色　羊一　豕一　鉶一

簠一　簋一　籩八　豆八

酒尊一　白磁爵三

配位

顏氏無繇　孔氏鯉　曾氏點　孟孫氏

祭品每位一案

帛一白色　豕首一　簠一　簋一

籩四　豆四　豕肉一　每位銅爵三

東廡

周輔臣惇頤之父　程珦顥頤之父　蔡元定沈之父

西廡

張廸載之父　朱松熹之父

祭品

帛一白色　簠一　簋一　籩四

豆四　豕肉一　每位銅爵三

儀注同正殿惟不用樂

名宦鄉賢忠烈節孝四祠同時分祭儀同兩廡

祭

武廟

每歲春秋仲月及五月十三日致祭

春秋二祭祭品

帛一白色　牛一　豕一　羊一

籩十　豆十

五月十三日祭品後殿不用牛餘同

帛一白色　牛一　豕一　羊一

果五盤

儀注

祭日贊引官引承祭官進左傍門至盥洗所贊盥洗盥洗畢引至殿內行禮處立典儀唱執事者各司其事贊引官贊就位引承祭官就位立典儀唱迎神司香官捧香盒就香爐左邊立贊引官引承祭官就香爐前立司香官跪贊引官贊上香承祭官立將炷香接舉插爐內又上塊香三次畢贊引官贊復位承祭官復位立贊引官贊

跪叩興承祭官行三跪九叩頭禮典儀唱
奠帛爵行初獻禮捧帛爵官將帛爵捧進
神位前奠帛官跪獻畢行三叩頭禮退執爵
官立獻畢退讀祝官詣安祝文桌前行一
跪三叩頭禮捧起祝文立贊引官贊跪承
祭官讀祝官俱跪贊讀祝讀畢捧至
神位前跪安盛帛盒內畢行三叩頭禮退贊
引官贊叩興承祭官行三叩頭禮立典儀
唱行亞獻禮執爵官照初獻禮獻畢退典

儀唱行三獻禮執爵官自案右邊照亞獻
禮獻畢退典儀唱徹饌唱送神贊引官贊
跪叩興承祭官行三跪九叩頭禮立典儀
唱捧祝帛饌各詣燎位捧祝帛香饌官各至
神位前俱跪捧祝帛官行三叩頭禮捧香饌
官不叩頭將祝帛香饌依序捧送承祭官
退至西傍立候捧祝帛各官過畢復位立
贊引官贊詣望燎位承祭官至燎爐前焚
訖揖贊引官贊禮畢退

祭後殿雍正三年追封三代公爵
光昭公正中南向
裕昌公東一室南向
成忠公西一室南向
春秋二祭祭品
帛各一白色　豕各一　羊各一
籩豆各八
儀注
行二跪六叩頭禮承祭官詣　光昭公
裕昌公　成忠公各爐前奉香餘同前殿

祭
社稷壇
每歲春秋仲月上戊日出主於壇而祭之
祭品
帛一黑色　豕一　羊一　鉶一
籩四　豆四　簠二　簋二
儀注與先農同
祭

風雲雷雨
山川
城隍之神共一壇
每歲春秋仲月合祭風雲雷雨居中帛四
山川居左帛二城隍居右帛一俱白色
祭品儀注與社稷同
祭厲壇
每歲清明日七月望十月朔請城隍之神出
主其祭榜無祀鬼神分祀之羊三豕三飯米

三石香燭酒紙隨用祭時有告　城隍文
軍牙六纛霜降日武官致祭
帛一　豕一　羊一

崇祀志

歷朝崇祀表

名宦

唐
令鄭元璹有傳
丞李必聞有傳
宋
令朱　壽有傳
尉陳慶勉有傳

元
主簿侯　玉有傳
明
知縣柯日新有傳
知縣黃　廣有傳
知縣錢　昭有傳
知縣吳　俊有傳
知縣周　洪有傳
教諭朱　鑑有傳

訓導馬　敬有傳

知縣羅　列有傳

縣丞汪　顯有傳

知縣張　珮有傳

教諭馬進階隆慶六年奉學道姚允祠有傳

教諭吳復清由歲貢萬曆二十二年奉學道俞允祠福建南安人

教諭林民止天啟元年奉學道周允祠有傳

知縣汪有功崇禎四年奉學道蔡允祠有傳

國朝

鄉賢

宋

諫議費師古有傳

刑曹任獻夫有傳

元

推官何槐孫有傳

明

祭酒魏　觀有傳

僉事王允茂有傳

職教李德馬有傳

教諭黃　煜有傳

中允王　愷有傳

參議盧　中有傳

贈少卿仵　瑜嘉靖九年奉學道許允祠有傳

贈布政胡堯元四十五年奉學道徐允祠有傳

僉事張東周四十五年奉學道徐允祠有傳

御史龔　晟隆慶六年奉學道姚允祠有傳

知縣魏　滄六年奉學道姚允祠有傳

舉人胡堯凱六年奉學道姚允祠有傳

副使龔良傳六年奉學道姚允祠有傳

侍郎謝存儒六年奉學道姚允祠有傳

知州魏正初六年奉學道姚允祠有傳

副使何思登萬曆三十八年奉帶管學道王允祠有傳

通判王良謨四十一年奉帶道張允祠有傳

郎中馬天錦泰昌元年奉學道周允祠有傳

贈副使魏翼如天啟元年奉學道周允祠有傳

贈侍郎魏　裳四年奉學道顧允祠有傳

副使魏　詔崇禎十五年奉學道高允祠有傳

國朝

參政王台彥　順治四年奉學道黄允祠有傳

侍郎魏　說　順治五年奉學道黄允祠有傳

論曰國於天地必有與立昔聖昔賢俎豆千秋忠孝節義可以興頑立懦皆崇祀所必及余考蒲舊志自唐歷明入名宦者十八祠鄉賢者廿餘人豈可祀者惟此與及閲人物宦蹟諸列傳其間忠孝廉節不得厠焉者亦復

不少又未嘗不爲之太息以悲也且社稷壇壝文武廟祀同載祀典而崇祀志於佾舞籩豆之數皆缺而不條甚非致隆重之意余故悉著於右俾奉行者有所據焉

蒲圻縣志卷之十三

風俗誌序

古今風俗隨乎時因乎地而醇駁盛衰則係於上人轉移變化之權傳曰夏之俗尚忠商之俗尚質周之俗尚文自黍離既降十五國之風貞淫奢儉勁勇蹻蹋柔靡頽緩矜詐之各殊雖漸摩以然而運會方士之勢固有所不能齊者矣夫偏剛偏柔因其勢之所宜酌盈劑虚有政教以曲成之使之化其偏適其性安居而樂業豈執一以爲道哉故

至治之世東西朔南習尚雖各有差所爲予之不同以成其大同之俗則又上人善俗宜民鼓舞變通之法也蒲邑古荆鄂地自建邦以來歷時既久風會未必皆同然士女小民無淫心舍業以嬉爲不改先世勤勞之俗至好鬼事巫南方之人皆尚焉獨其不懲小忿興獄於眦睚積習之勢有不能遽格者昔虞汭之爭閲於盛世故文王之化既行而民有讓德然則人懷愧怍漸移其氣禀習俗之偏豈不有賴於其人哉若夫父慈子孝兄愛弟敬

急公而向義推賢而讓功蚌結不解之象著於彛
倫則蒲之所以得安熙皞之俗又我
國家漸義摩仁涵育百年之深道德一而風俗同之
盛也

風俗志

敦倫

五方風氣不齊其協一者惟倫理蒲俗敦古道自來忠孝節義彙彙不乏人流傳到今父父子子兄兄弟弟尊卑上下之分無敢决裂間有干名犯分傷軼大閑者當力繩之使無趨于偷

好義

普天之下率土之濱皆踐土食毛者也則急公奉上宜矣蒲俗輸公子來無煩追呼遇來包攬里差諸弊肅清尤號淳俗間有刁滑頑抗之民當徐徐向義無即於悖可耳

勤業

春絃夏誦舊志明經　本朝自心山書院綿延至今稱文獻名邦矣若其細民女紅自縣東南以西崇山峻嶺挖山採葛樹桑培茶惟縣北原野田連湖澤萑葦葭蓬魚蝦蚌蛤之屬各効其業享其利且有以技藝游食四方者此則蒲民不愧勞逸之訓云

崇儉

茅茨土堦汙樽抔飲上古儉朴之風也後世漸趨華靡奢侈遍天下而蒲愚賤之家猶從儉德至若起家富貴于宮室器皿衣服飲食雖日即于奢然視驕騁敗度尚不失先民衣冠焉是賴讀書君子防微杜漸以返樸還醇云耳

健訟

三代治民之道訟獄衰息此虞芮質成文王之化常新也蒲邑好獄雖微嫌小忿争踵公庭更可醜

者閨門拋露不自羞辱雖事屬可已藉無知婦女以欺騙朦朧此等惡俗當力洗之甚無積習不悛以玷王化

好鬼

妖妄淫昏之祀楚人争趨之故攜觴採胏非鬼乞憐愚賤小民每惶惑失措甚且婦女成群朝神謁廟與僧道雜處殊可羞辱更有降神邪術吹角鳴鑼一切疾病災疫皆于是倚賴而巫師藉以爲詐利惑民之具可怪也今雖厲法禁然其積習浸淫人心非蒲民大事變革不可轉也

女耕

女織男耕内外必辨即周家重農亦第曰婦子饁餉已耳蒲邑陋俗竟有令婦人栽種者露體塗足與男子雜處甚于閨門王化之原大乖矣當各安其業以自守于禮

風水

自青烏之術興于郭璞後人每以牛眠卜吉爲子孫蔭福之原元時諭民間族塟風殊近古楚中信

形家言遠謀吉地數得多忌其祖且與異姓雜塟易開訟竇蒲俗亦然所宜急返

論曰士爲萬民倡則風俗得失之故責有所係矣故曰先王之世人皆知學問而心術返於性情豈非以詩書禮樂爲移風易俗之本哉然則一邑中主持風化固存乎守令師儒而倡導之責又士子之所當勵也

蒲圻縣志卷之十四

紀異志序

天地陰陽之遞遭休徵咎徵應時而呈此固氣數之常而世代盛衰人事得失之故實相爲表裏惟古之人致凜乎此也故考之於經驗之於史其所載災祥禍福大書特書而漢儒董仲舒劉向於天人相與之際尤反覆曲諭則知修救之責存乎其人矣今夫人秉剛柔之德備五行之性其致戾致祥每見於動作威儀行止得喪之交故夏書曰惠

廸吉從逆凶善不善之機受命如響則由此一身而推有一家之量一國之量與有天下之量徵應朕兆皆非漫然者惟聖人致泰於無爲消患於無迹下此則修省警告轉移禍福賢君臣之所以上承天心而動色相戒甚兢兢也蒲蕞爾小邑體

天子民視民聽之心六十餘年中禎祥屢見而災祲旱潦時出以警示者亦間有之博採直書所以示戒也抑世之盛也不言祥瑞其朝廷宵旰百爾奉公以及民間孝子弟弟順婦貞夫飲食教誨各安

性命此卽宇宙太和之氣呈祥作瑞一木石鳥獸之徵或偶然耳又豈足道哉

紀異志

祥眚

明

洪武二十六年六月十五日縣南𡇸村天晴將午空中聲如轟雷驚二三里居民見田野中水騰沸久之乃止往視之見一竅約四五尺掘之得一石大如酒注色青黑狀類狗頭蓋星隕所化

永樂十九年正月朔縣東北西艮湖近岍有淡淵名石潭是日風浪恬息有婦人出汲見一物横亘湖汊長不可度衆往視之乃龍也久而始沉其年是方大疫

正德三年大水

四年大旱

五年蝗食松盡死

嘉靖二十三年大旱斗米千錢饑殍載道知縣李桂賑濟

萬曆三年乙亥三月蒲之西江得石磚一窖知

縣胡其高夢有雷文祥者與言建城事亡何父老于西江獲古磚上有見夢者姓名風聞當途相詫靈異

四月朔日晝暝獸奔鳥饑

四年地大震

十六年戊子大旱禾稼盡枯

十七年己丑大旱赤地竟邑

二十九年辛丑正月朔日城內火災比屋延燒四面焰起灰燼幾半

三十年壬寅五月有虎子入城是年大水龍挾九子妖蛟不戢地陷山崩陵谷失位

三十三年春二月地震

三十六年戊申夏江豚入山河巨浸稽天市中使船如使馬人畜溺死者無算

三十八年庚戌三月初六日午時天鳴

五月大旱

四十五年夏大旱禱雨有應

邑訓導陳天街漢川人善祈雨邑知縣宣大

勳力請之陳惟初詣壇禱已于庠中日令羽流十餘人寫文書不似奏疏體人問之則曰我惟寫帖子如朋友作書相逹耳三日詣壇請縣令接雨令大笑白日有雨耶時黑雲四散陳曰此非雨雲有紅雲乃吾雲也須臾紅雲數縷欲墮忙催令甫至霹靂震空山城俱撼市民奔匿陳急閉縣令于天妃祠中自與雷神相當移時雷神勢屈惟將庠中所供神牌及墻壁擊壞而去平地水深數尺復稱大

有年云訓導陳壽李所建壇在河北有符木埋土中毎禱輒應事見邑人鄧士亮屏史舊志未載

四十八年產瑞竹多處似雕鏤龜文

天啟元年辛酉十月初五日天雨黑子狀如黍赤如菽食之味甘　十二月鹽價騰涌毎包七錢

二年壬戌二月二十有五日大風拔木屋瓦咸飛大雨雹

五年乙丑大饑穀價騰貴毎石七錢署縣曹應聘賑濟七月雨雹

崇禎元年戊辰十月三十日孽龍鬭空中江河魚鱉盡死

十月內外樹介考晉書武帝朝十一月陰霧凝冰封樹木旬日不解范曄以爲木少陽也木先寒故得雨而冰謂之樹介介兵象也

二年己巳大旱

四年辛未四月二十一夜雨冰

七月十八日寅時地震空中逢逢有聲室廬若蕩舟搖旆至十月十二日丑時復震

十三年庚辰大螟冬十月晝暝路人失措鷄犬驚散五刻始復冬十一月桃李盡花穀價毎石一兩

十四年辛巳春大疫　是年秋蝗蝻蔽天所過稻粟一空

十五年壬午春大疫哭泣之聲比戸相聞

十六年癸未秋七月十一日流冦張獻忠陷城知縣曾栻死之白骨山積屋廬灰燼者大半

國朝

順治二年𨶜賊冦蒲盤踞鄉市積三閲月燒殺殆盡是年五月

國朝王師臨楚六月委官至蒲安撫殘黎復業太平是年大有年

三年丙戌旱

四年丁亥大歉穀價每石二兩

九年壬辰夏大旱秋九月始雨蕎粟熟是年知縣藏成名請蠲奉

旨蠲本年田租十分之四邑人張拱璧出穀千餘石設粥哺濟

十年癸巳大歉穀價每石至二兩民食蕨根

十八年辛丑大有年

康熙元年壬寅大有年

二年癸卯大水是年

王師征勦西山運米背夫死者甚衆

三年西山平奉

旨免運米亡丁一百三丁除丁銀二十兩三錢有奇百姓歡呼　是年大水奉　旨蠲免本年田

租十分之二

四年乙巳大有年是年秋至八月穀賤如泥■稞稅難敷農民苦之奉

旨蠲本年田租十分之一

八年己酉四月十四日大風屋瓦皆飛樹木盡折江河溺死者無算

九年庚戌夏大旱知縣張圻隆禱雨有應有秋碑大水　冬冰雪積五旬始解黎民凍餒知縣張圻隆捐俸賑救

十年辛亥夏四月蟲食苗旣　五月大旱赤地千里百姓哀號襁負逃散知縣張圻隆泣諭勸止請蠲請賑奉上委通城知縣丁克揚踩勘報災傷十分奉

旨蠲本年田租十分之三知縣張圻隆仍發廩捐俸連月賑濟民以全活至十月始微雨

十一年壬子夏四月麥熟　秋七月蟲食稻日伏水中夜食苗稼甚者如已獲之樁是年多雨

十四年大稔時兵車絡繹而米穀價甚平

十五年夏五月大水秋後大水
十七年我師破賊流移轉徙者歸集
十八年旱
二十一年秋大水
二十三年大稔
二十四年大水
二十五年穀貴免秋糧
二十七年穀貴免地丁錢糧
二十八年旱

二十九年饑發賑
三十年大有年
三十三年旱
三十五年大水
三十六年大有年
四十年辛巳大有年
四十四年大水
四十五年春夏大疫
四十七年大水穀貴民復病疫

五十一年全免地丁錢糧并蠲舊賦
五十三年秋旱
五十四年夏蟲麥秋大熟
五十五年大水城市行舟低田盡淹沒
五十七年大有年
五十九年六月大水
六十年秋多虎
雍正元年秋旱鹽價昂貴
三年秋旱痢疾盛行穀價貴

四年大水
五年春夏大水沒城長堤決麥無收穀貴甚每
石價至壹兩餘郡守臨縣撫綏饑民
六年春夏民病疫秋大熟
七年夏蟲灾
十年大有年
十一年麥大熟
十二年三月八日大雷電雨雹土橋園騰蛟壞
民田廬

十三年旱
乾隆元年大有年縣民錢[redacted]之妻一產三男
二年大有年
三年秋七月旱知縣王雲翔禱雨白石顏公祠
立應民獲有秋
四年夏五月旱禱雨握泉有記
論曰災祥之降民之利害因之夫國以民爲本惟不以祥爲可喜遇災而增懼使天下之遊其宇者諸福可致沐浴咏歌豈非道德之驗而自然之符與然則爲民上者其知相與之敬哉

蒲圻縣志卷之十五

藝文誌序

至德蘊於中而仁義之言充實光輝在天爲日月在地爲河嶽故歐陽子曰道勝者文不難而自至也古六籍之腴言簡而意括所以明道非以爲文也然天下之至文歸焉其他周秦兩漢若左荀班馬董賈劉向楊雄其文洋灑數千言皆各有物遂爲後世文藝之宗下至魏晉六朝或以清議爲宗或以繁縟爲尚言文者每排斥焉由此觀之周秦

兩漢之文明道之文而魏晉六朝之文晦道之文不可同日語也自是而後若唐之韓柳宋之歐曾蘇王荆川鹿門定爲八家後之古者尊尚爲大八家之文以翼道也其馳驟跌宕起滅斷續開闔變化之妙又有法以行乎其中要其引筆行墨意盡便止因理勢自然爲錯綜曷嘗外道以求法哉予考蒲誌所載記序詩文多至數十萬言皆名人奇士之筆反覆觀玩大約理取其醇法求其正其後生有意學古詞可節採亦參錄一二以備觀覽庶

乎世方從事浮靡而蒲之藝文獨有能規守唐宋上遡周秦兩漢融鑄蛻脫而自露精華其人其文於聖人六籍之道何如也

藝文志四

序部

舊序

湛若水

蒲圻志何爲者也志蒲圻也洞野子生于蒲圻長于蒲圻顯于蒲圻故作志以顯蒲圻生長之地也志之大倫有六焉一曰建邦二曰觀土三曰崇政四曰惇教五曰稽績六曰徵獻盍自洞野子發之甘泉子觀焉喟曰古稱楚材有以也哉以予博觀于天下未有賢才若楚之盛者也是故徵獻本于

稽績稽績本于惇教惇教本于崇政崇政本于觀土觀土本于建邦知其倫矣夫天覆地載人物生焉地承乎天人本乎氣故首之以星野星野之所置必有興革故次之以時制時制必有經理故次之以疆域經理疆域必有攸司故次之以官秩官秩所治有山川焉故次之以山支水委山水之中有人民養人民者必有物焉故次之以民數次之以物產宰民物者必有聽事之所故次之以署宇署宇所治莫大乎理財故次之以田賦輸田賦者在

里胥故次之以里社里社通濟莫先乎道路故次之以橋梁田社治橋梁通民有養矣養必教之故次之以學宮次之以書院次之以塾坊皆陽教也有陽教必有陰教故次之以壇祠昭治民事神之道焉教養之所致必有成功茂績以傳于後故次之以鎮牧牧莫近乎令故次之以令長佐令長者丞尉故次之以丞尉飭吏治掌教養者儒也故次之以師儒至治教養之感必有人才人才勳業必有大小隱顯焉故次之以原勳次之以考履次之以纂槩次之以錄遺焉甘泉子曰觀于斯志而知楚材之鍾于天產于地成于人矣作敘志

舊志　廖道南

夫志奚始乎其始于皇丘肇豩夏貢載陳職方宣列爾矣乎是故志之道大矣緒委六經綜流百氏羽翼帝紀權輿國史而爲淤戒至章焉者也今之爲志者予惑焉剽藝公穀僭擬春秋其失也專纂組遷固祇效議評其失也謬摭撫贅罅紛承譜乘其失也誣予小子何知焉竊有志于古也而未之能也古者聖人仰觀天度俯察地宜觀度以制曆數察宜以畫井疆是故繫之以建邦邦必有土山厚象仁川虛象智爲高必因丘陵爲下必因川澤是故繫之以觀土有土斯有政發政在上承式在下發則樞機運承則神化宣是故繫之以崇政有政斯有教敷教者師受教者士師道立則明士才成則乂是故繫之以惇教政教設而績成懋績惟允登績惟熙允則邦紀肅熙則吏治廉是故繫之以稽績績著而文獻足徵徵德貴貞徵功貴丞貞

則行過于言永則終乎于始是故繫之以徵獻是故志建邦也首星野次時制次疆域次官秩則天道也志觀土也首山支次水委次民數次物產若地道也志崇政也首署宇次田賦次里社次橋梁遵君道也志惇教也首學宮次書院次塾坊次壇祠闡神道也志稽績也首鎮牧次令長次丞尉次師儒廣臣道也志徵獻也首原勳次考履次纂槩次錄遺敦人道也六者備而志之道其庶幾矣其專其謬其誣予小子固弗自知也蒲之志古未之

有也有之自我明初始也洪武遣使旁求永樂命官專理宣德戊申則黃煜氏創之王愷氏敘之成化丁酉則俞繪氏續之瀞志氏梭之兹志也吳侯本固爰始經度越三月而告成知我罪我者不在兹乎

建邦志序　　廖道南

夫古昔神聖建邦啟土體國經野爰以法象天地秩敘神人楚自雲陽氏作皇雩祝融氏作衡山赫胥氏作潜山神農氏作厲山峻烈淵猷遐哉邈矣

勳華禪祚夏殷纂曆而荆土靈輿翼軫流輝逌熊繹受封于周熊渠衍胄于鄂芊爵肇錫澤國益宏至漢分楚郡爲七晉析蒲境爲三創置攸基紛更靡定唐初改遷古壤以宗藩揖纂宋後惇崇文教以儒臣佩符幽贊化幾允宣皇紀于戲穆矣有明受命定鼎戡亂廓清宇甸協氣克溢嘉生丕降故山祇貢珍川若薦奇物采既章人文載賁彬彬多縉紳士矣是故首建邦者重本始也然邦必畫野建必通時野則有域時則有秩故附以星野時制疆域官秩撰建邦

觀土志敘　　廖道南

夫天尊地卑乾坤定矣山峙川流動靜分矣是故山一本而萬殊者也其爲支也爲岡爲阜爲陵爲壠爲峯巒又爲巖洞易曰地中有山謙其君子立體之象乎水萬殊而一本者也其爲委也爲川爲瀦爲溪爲港爲陂池爲溝澮易曰地中有水師其君子達用之象乎吾觀于蒲圻山祖衡嶽自嶽麓而趨于東北在平江爲幕阜在通城爲黃龍其于

蒲圻也萬峯叢叠蔚乎其煙雲之秀而鸞鳳之翔也水宗修寧自修源而趨西北在通城爲秀雋在崇陽爲桃溪其于蒲也百泉觱沸渢乎其風雨之交而蚪龍之蟠也然山之所止灝氣鬱紆水之所會縈允浩渺是故觀于山水而知體用一原動靜一致焉爾矣故首山支次水委又次之以民數物產以盡形勝焉撰觀土

崇政志敘　　廖道南

夫政者正也承上之令而正乎下者也上苟正矣

政行乎朝而百官承式焉政行于野而萬民承休焉故曰一正君而國定矣吾觀于朝宰相者出政之司也宰相弗正則上干天和干天和則妖氛作矣吾觀于野守令者行政之司也守令弗正則下叢民怨叢民怨則禍亂興矣於乎天視自我民視天聽自我民聽爲人上者可不加之意哉是故上擇宰相以端政本下擇守令以敷政澤其一致也然政必有地故首之以署宇地必有征故次之以田賦田限于里故又次之以里社里達于衢故又

次之以橋梁是故觀署宇可以知禮觀田賦可以知仁觀里社可以知信觀橋梁可以知智皆王政之大者也撰崇政

惇教志序

廖道南

夫教之道大矣書曰惟皇作極言教立于上也曰錫汝保極言教行于下也是故教立于上有典有則則王政始焉爾矣教行于下無黨無偏王政終焉爾矣古之聖王之立教也肇之學校示有地也聯之師儒示有範也肄之詩書示有法也絃之歌示有養也舞之勺象示有習也教之夏楚示有威也移之郊遂示有罰也是故有地則敬業有範則繼志有法則禁豫有養則政斂有習則知益有威則克孚有罰則不偷是故教立而極備矣先王之教也出于一後世之教也岐而二一則純二則雜純則王雜則覇鳴呼豈惟覇哉固有名儒而墨行高冠長衣而逃禪學者矣是故學術之偏王政之蠹也君子有憂之首之以學宮崇大道也次之以書院翼正學也又次之以塾坊樹風聲也又次

之以壇祠明祀典也然佛老當闢君子反經而已矣故又次之以撰惇教

稽績志序

廖道南

夫先王之稽績也敷奏以言稽厥謨也明試以功稽厥政也稽謨以諸稽政以襄治道備矣書有之允釐百工庶績咸熙撫于五辰庶績其凝蓋謨以稽政以稽天人之際穆哉淵矣蒲小邑也有社稷焉有民人焉厥謨厥政振古于兹是故首之以鎮撫次之以令長次之以丞尉咸有行也政可稽也

又次之以師儒咸有言也謨可稽也政以令民謨以訓士粵稽諸古以迄于今或相十百或相千萬其可比而同之乎是故稽其所行所言而庶官之績見矣撰稽績

徵獻志敘

廖道南

夫徵獻者曷謂也孔子曰夏禮吾能言之杞不足徵也殷禮吾能言之宋不足徵也夫孔子聖之至也前言往行□畜也曷徵乎杞宋多聞闕疑多見闕殆也已□蒲小邑也文獻曷徵焉是故懋績揚

烈國有勳也故首之以原勳獨立特行士有履也故次之以考履彰往準來事有纂也撰次之以纂纂闡微發幽蹟有遺也故終之以錄遺是故均之論人也惟其大節焉已耳均之論事也惟其大體焉已耳是故春秋之義善善也長惡惡也短有善必著惧沒名也有惡必諱惧損眞也是故徵諸獻而春秋之義備矣撰徵獻

舊序

譚逢聖

章安可任林公爲蒲圻三年有成矣抵省會計最當事以所修邑志見示屬逢聖敘之逢聖拱而稱績者積也志則千百年之積也公之績孰大于是且公自敘司徒魏公敘詳矣余何說而處于此夫亦曰公樹績于蒲不可能也其績在邑乘尤難能也請言公心體可乎昔者聖也處于城陽六年嘗學所以爲邑矣儒者之言斯民也一日可爲唐虞三代此實有大而非夸者後世人心無日不是上古太和元氣無日不在世宙獨長民者菲薄其民且自待亦不厚耳桑尹孔子惟是得百里之地而

君之使眞厚待其民四履之內皆可撫諸襟帶之前即水旱祲祥造物氣數無不可轉移爲我用于以躋仁壽而升大猷唐虞三代是旦暮遇之也夫惟其心有所奪而之乎其他微論山川艸木或失其所政恐十二時中悲愉榮悴已不自繇尚安問堂皇之外一日與時賢埒衡令之有土君子願還以父母兩字還此兩字不問而四境之民罔或不親也應之曰仍願還一知字還此一字不問而一同之地罔或不愉也夫不賢者之心體遷而之乎

其他故敝敝焉不勝其勞賢者之心體安而止乎其所故陶陶焉日享其逸心不勝勞弛則爲弗繫之舟張亦爲束濕之苦心處其逸忪則與庶正交修閑則與屋漏相對以公所爲蒲川何事不振舉何弊不剔釐何精氣不格于上下何利濟不暨于遐邇乃公固歛寂若無𥟖然聲色不動已耳三季之間民習而安焉悅而豫焉歌而舞焉灝灝乎噩噩乎熙熙乎皞皞乎一方淸寧雖以爲唐虞三代再見也可則公之心體超于世宙之外翔于千仞

之表蒲川百里不足窮公整暇之用也吁嗟乎蒲非無事之國也民亦勞止公拮据寔什倍尋常自下車訖明試百餘年來茀廢不舉之乘一旦恰集其成司徒公謂黃王諸先達謝其詳廖學士儀其渾此地方名賢確論即公所以爲治體爲心體皆可得而見也已先是磐初蔣公語余曰蒲川令大是閒氣異人公弗聞弗異遑及此千秋事哉前輩燕淸遮志有願乞一小邑自試者其言曰方六七十如五六十使某也爲之先正疆界奠宅里敎以

樹桑麻勤織績浚溝洫令戶有給耕之田一切羊蠶約以無至訟庭吾時時一僮一馬過阡陌聽斷棠梨下以口爲牒勿多治文書暇則擇丁壯之悖斂者敎以入事父出事長朝耕暮讀爲致古墳籍名編數千百卷分授其人縱之沃覽搜古禮古樂之猶在者陳諸膠敍敎以登降委蛇如揖讓乎梧鳳之庭舉行鄉飮射義俾人人觀感振與庶幾還善不自知比及三年人知禮義囹獄空虛即讓畔讓路歌衢擊壤可使復覩或者曰方今催科鞭撻

刑名簿書承接上官稱意過客僞聲譽取世資奚暇及此不知夫真從事于心體者未始不數高曩者之論也公當輪蹄如織之邑課效若此可謂前言爲戲乎胸中有成志乃能成一邑之志邑藉志不朽而公之遠神彌著吾鄉耿先正遊天界寺詢寺僧行有戒行者否住持以無對時回顧一寺若空按陝時詣一縣官皆不法看其縣亦若空然然宇宙無人爲擔當天下後世必有秦無人之嘆夫擔當蒲川如公者蒲川所以不空也公精菴禪理

作和尚問祖師西來有何意禪師曰祖師西來也只帶得個冬寒夏暖日照川臨夫寒暖照臨皆以爲萬物耳此天地之心也讀兹志者必究極我公帶來之心而後可唐虞三代所以至今在也公之績莫有大焉者也逢聖于敘蒲圻志無當竊以爲心體一言百爾君子微有助焉公幸以質諸同徒

魏公

舊序

林增志

夫邑之有乘括一同封域田賦山川畜擾政俗人

文殆兼總禹貢周禮漢志而悉其所未詳焉者用以翊國史而彰黄圖故志信則國史不訛志詳則黄圖悉備按周之外史掌四方之志而侯國亦置是郡邑有史職爲歷朝歷任沿革損益之故實所繇稽是以天子受庶邦之籍掌之蘭臺備九重職方考覽獲周知風俗趨尚彊土厚薄崇洿其者不可闕焉蒲邑舊有志肇刱續修載在廖太史舊序詳矣萬自吳侯道深經始迄今積百餘年禩夫禩而遠百有餘也亡論氣運之隆替遷遞風俗之淳澆漸易編戶之消長難聚市落之興廢改觀而陵谷變遷且有不可問者余戊辰杪冬受蒲事甫至即欲從方策中綜核四履之利弊以襄厝置尚爰景朝之耆舊以資撫范需志弗可得也至覓鐫板于藏而梨棗已化爲烏有矣爰思古之里閈亦有閭史鄉鄰善惡必記比伍厲彰癉之化况一邑鉅典千秋鴻業所以驗得失于往佐治理于今者可久廢乎然編摩之任肩之者固長人事也即謀舉斯役而力屢奪于弛政之棘者迨辛未之春今上

因邊塵之謐詔續修大明一統志禮部檄海内郡邑各以本封志進余徧訪此中間出存帙率漫漶殘缺因互訂繕謄彙解廼編輯僅止廖太史所纂耳後此百有餘年掌故寥寥文獻安在即證以老吏所記誦若存若亡索之雲仍之貯藏或殘或佚藉不及此修之蒲之典章日就散落世宙永存之物且以靡托而湮墜矣時東衙適曠遂開局于此延本邑二三學行碁髦載筆從事余昕夕殊便就討然志亦豈易言也紀事欲居其要纂言貴鈎其

元始有以煥發山川苞涵象彙表章炳靈宣著休烈也爰嗚吾先生播英猷于桑梓勒成數百年邦獻其編次條目分敘繫斷締構勤矣第出一家之筆而取裁未廣義例未備非所以訂曠典而表偉觀于是旁摭博訪剗所遺繆年表書傳一放史漢廣其裁而備其例稍芟其前收之可畧無至踳譌襲舛研繢其信事之宜詳期于彪蔚褒貞相與蒐羅揚摧務求至當若秇文則彙收爲終篇惟取其有關玆邑者至于世數國典有裨亦附錄焉剔繁

就簡崇雅黜浮一對典章燦然可觀嗟嗟纂志者期經制以通時宜按流峙以標形勝崇觀望以彰文明陳流俗以徵風會若繪事者貌尋常流輩惟其鬚眉面孔之肖望而知其某某也凡庸史工點染者能辨之惟品隲人羣臧否若貌風韻之士必得其神情無少爽而摹寫始真非若周仲朗之能移人神氣者無繇造其微故傳曰史筆若畵如撈管者或率畧而不及詳則偏于遺或顧畏而不敢直則多所徇或貢諛而致其私則失之誣陽文吏

閒離春處闇雖粉黛可假而耳目難塗是耶非耶祇媸諸端耳是以書法在行吾明而闕吾疑即其名必摭其實體裁期于正大謹嚴論載期于直核諦贍綱總其槩而浮蔓刊目詳其要而紕繆寡服義者雖潛必闡蒐慝者雖顯必退上下百餘年間囊舉苞括討今昔而折其衷弗眩于譜乘以昏其衡鑑質之國言無少牴牾俾曹是曹非旁魄心眼豁然俱開蓋前言往行法戒具焉所以考俗覈績于是焉徵是以嚴致其毖焉是役也藉貞彥鴻裁

以耀景鑠黃生圖南神明清腴實秉筆焉而魏生方振何生冲然咸一時彬彬商榷纂輯物無隱情地域風氣民習土俗煥然井然如指諸掌足稱一邑實錄確焉傳信于後永與山城並存彰黃圖而翼國史其在玆乎潤筆壽梓之資余捐俸以倡諸鄉先生佐之開館于六月廿八日竣事于九月十一日所謂鏡得失之林閱竹素之圃余竊與焉故僣序其端若綱若目之義例列之于凡不復贅云

舊序　魏說

夫邑之有志亦猶國之有史也史之難言者劉子玄之所謂才學識乃邑志則不然有山川地理可以鋪張其大都有聞人學士可以貽粉其鈆槧何才之云見聞近取于邑屋匪費咨諏故實無煩于異書疇闢淹博何學之云非春秋綱目之年月爵氏俱寓譏褒無晉魏周梁之閏正疑似淆人耳目何識之云但有是事必載是言挂一之誚惟謹寧詳善無詳惡忠厚之意較多山川物産地所自有待志而詳建邦治署時所沿易待志而晰如金如

玉如圭如璧幽堅容有未章之光待志而昭揭髭彼爾髦我儀靡慝九原容有不死之骨待志而表章此可任林父母初下車之日即詢及茲事不知湮閼已久廼遂慨然開局自主盟于生二三諸士奉槧于下不二閱月而于事竣也昔人有言必精懃不懈若楊子雲必諳識故事若應仲遠擅茲厥美督彼羣才使其載言具稟繩墨搦管各受楷模蓋言總蝱之必其人又唐文皇命學士分修諸史令秘書監魏徵總領其務諸凡條例議讃俱經其手定然則今之主盟者非即昔之子雲應遠魏徵其人能井然煥然尅期而完茲一不朽如是乎雖云無所用才而言之不文蕪俚唐突非惟山川恐亦削色即簡牘亦黯無光雖云無所用學而假非蔡中郎之能識漢事安可授以揚觚之任若如王叔師之研尋章句又不免腐儒之誚至于纂述條章裁量取舍析科剖目斟異簡同則又非慧心高識人不能當此而愉快不然者恐如昔之作史者應紀而又傳僮遮闌于拙目應書而又志終受嗤

于道眼矣由茲觀之三者之中識不尤居要哉茲志也山支水委學士幽人田賦里社流風舊俗展帙若覿纖悉具備比黄王諸先達所輯而加詳河嶽所鍾一善必書土風淳樸寸隽可錄較廖太史所修而更渾眞可垂久遠稱不朽矣噫此志既不朽林父母功德寧有既時哉

舊序　　張圻隆

余奉　命涖蒲之三稔　當宁有纂修一統志之命于以颺休烈而覽車書甚盛典也然一統志集

省志之成省志集郡邑志之成志非先郡邑不可于時督撫憲臺下令于楚郡邑爲各繕境志之役是役也楚郡邑之所同而余治蒲言蒲弗敢侵亦弗敢曠也蒲于武昌爲巖邑其山川磅礴人文代起篤賢碩德肩背相望前之官斯土者如鄭滎陽胡井研輩皆建豎非常聲施爛然隆不敏承乏茲土惟兢兢蚤夜是慮初下車即就見薦紳父老周咨制度之沿革利弊之興除政事之得失人物之盛衰風俗之淳漓僉曰舊載邑乘班班可考余購

而覽焉雖殘闕失序似有指顧可得者因憶昔人有言初入仕途如入闇室前事之不忘後事之師也志其爲仕途之炳鑒矣乎舊志創始于黃嗣修于俞彙輯于太史廖公而終成于章安林公太史志最久林公仕明季距今亦四十餘年所矣其間爲沿革爲興除爲得失爲盛衰爲淳漓不知幾何變遷而竟置之沉淪散軼焉斯亦守土者之過矣第邑有志猶國有史史不易言江文通謂作史之難無過于志古今作者必推遷固劉向楊雄皆稱

遷有良史材而固譏其是　頗謬于聖人遷之後惟固莫與抗而胡氏謂其長于文而短于識史顧未易言也余以故三載來嘗有志未逮惟惴惴焉懼弗克襄厥事然而事勿可已復重以督撫憲臺暨諸上臺之命敢不祗承以圖不朽爰闢館局延邑之名公紳士博搜遐稽考獻徵文昔所已詳者今弗敢增其華前所未備者後弗敢沒其實事關大綱公論在乎必採文有一節稗史亦所不遺載筆從事者數閱月而告竣余用是樂觀厥成已因

思　國家建官剖符區州縣而名之曰知官守一方者必期無鉅細而周知也審矣呂心吾先生曰深山窮谷之中無隱弗達婦人孺子之情無微不照是謂知此州是謂知此縣假無建邦諸志則沿革奚從知也無田賦學校諸志則興除奚從知也無秩官師儒諸志則得失奚從知也無科貢人物諸志則盛衰奚從知也無風俗藝文諸志則淳漓奚從知也茲幸矣余用是樂觀厥成已然而余之心終惴惴焉懼弗克襄厥事者若見乎志之義非

僅比事屬詞塗飾觀聽而將以昭法戒大修救也
羅仲素曰讀經則師其意讀史則師其事使徒執
紀載之言总省鑒之旨披乎圖籍知有餘措之數
施知不足揆之　朝廷命官之心與夫當事修志
之義尚有所未盡也此余之所日夜究圖而終惴
惴焉懼弗克襄厥事者也主臣爲之序如右

舊序　余開熈

司馬班范之書網羅今古勒爲全帙此不得而增
損者也郡邑之志隨時變更新故相嬗此不得不

增損者也古者列國各有史官掌記時事上之天
子是以廟堂之上周知天下山川阸塞之形戶口
錢穀之數與夫循卓師儒之表著文獻風俗之炳
煌郡邑有志寧非列國史之遺哉今　聖天子從
台輔之言檄下郡國遍徵邑乘將付史館彙爲通
志以昭　皇清一統之治甚盛典也蒲之有志自
明宣德戊申至于崇禎辛未凡四更修輯今闕四
十餘年有問矣吾邑禹服張父母蒞蒲伊始正值
楚鄖師旅之後兼以旱暵頻仍撫字不遑有志而

未之逮時奉　新綸修志之命遂慨然曰是予之
責也夫爰集諸薦紳文學重加編纂而親爲裁奪
熈以予告園居亦得執簡從事共相參訂大抵取
材貴博用法貴嚴宛平于氏之言曰貴一未詳褒
糧宿舂事一未詳發匣細檢語一未詳違襟提問
字一未詳動色執爭此諸君子之任而予亦不敢
不矜愼焉昔唐書本石晉劉昫等所撰也世嫌其
蕪冗至和中命學士歐陽修爲紀志宋祁爲列傳
而范鎮宋敏求呂夏卿劉羲叟並與有勞及書成

進御遂本各所撰署銜名上之此以見歐陽公之
公忠爲不可及矣是役也禹服張父母以中州名
宦主盟斟酌於上而諸薦紳文學搜摭綴輯其用
心良苦予譾陋謬與參訂踵舊增新不敢掩前人
不敢欺來哲是書成庶幾備國史之一班可以上
進彤庭供史氏裁擇以昭大一統之盛也已若夫
掛一漏萬蕭艾不分貽譏後世則聽之知罪不敢
辭也是爲序

山川志序　張琛光

覺來談形勝者俱云水土異宜則嶽降河翕八物華詎不由地脉哉雖然香山以白傳擅秀輞州以摩詰流芳赤壁不經長公則雪堂定惠既無聲柳州不遇子厚則愚溪鈷鉧潭失色造化設山川以待人而人不能標山川以訓造化無乃使薜荔蒙羞魚龍寂寞乎蒲長河如帶滙爲巨湖奔放大江而金紫爛然落朱霞於天末桃花先々與衡嶽七十二芙蓉遥望激射每一登高眺遠悠然見巒媙而波蝤放簫鼓之画舫折觴啄之屐齒使此山

此川與輿圖爭勝是在亦風亦雅者領此勝情勝具而已

辟舉序　張瑮光

夫蒙金以沙固玉以璞珠之所生漩桓之淵而隈隩之下也彼奇材異能之儔其精華之藴爲神明之所呵護而秘惜未可以嘗格窺者亦若是焉矣則大破庸人之論開功名之門辟舉其甚盛典也哉我　世祖章皇帝御極以來雅意𢹂人設科取士又詔舉地方人材延攬山林隱逸之士登之顯秩共佐昇平迄今思賢求治之意式光朝野蒲制舉家應運而興者先後已濟々稱盛惟辟舉一例寂焉無聞將纂蒲碧巖書屋抱膝長吟一旦驅車赴隴晉陟大司成如魏徵君其人者芳躅伊何在歟則有能卓犖自命以應興朝闢門籲俊之求者謹摛管以待

紀異志序　張瑮光

紀異者何曰春秋之志也董仲舒治公羊春秋始推陰陽劉向治穀梁春秋數其禍福傳以洪範向

子歆治左氏春秋工災異之學歷代史氏莫不因之蘇老泉鄭淶漈俱力排其非何哉夫遇災而懼災反爲祥遇祥而弛祥反爲災春秋書災異而不著事應惟欲人之恐懼修省如必曰某事召某災證合某應及其離合則旁引曲徵而遷就其說此不特董劉互錯即一家父子之言已自相謬戾矣附會穿鑿蘇鄭之所以排之也而紀異因春秋之志也雖然海晏河清國史所書日食星隕天官所掌于邑乘何與焉一邑之紀發兵燹者幾何年樂

太平者幾何年恒雨暘恒寒燠者幾何年亦猶之父老子弟陳說疾苦占晴量雨之意而已春秋之志云乎哉

田賦志序

張琛光

田野縣都者賦之源也垣墉倉廩者賦之流也蒲之田負山沿水高則穿鑿于磽确下則伸縮于沮洳或旱或亢非旱則澇若是者其土薄呰窳偷生民亡積聚楚風有然在蒲尤甚終歲勤動霑體塗足不知舍此之外更有可生之路而有田者不能

墾能墾者非其田于是剖私之半以赴公之全歲一不登當至坐困若是者其民貧畫疆而邑當滇黔孔道負版而趨隷荊楚首郡以至輪蹄如織羽檄不絶若是者其地復衝且煩以至薄之土至貧之民當至衝且煩之地而經理調劑不行于其間乃欲其源之裕而流之不至于竭也難矣　國朝定鼎錢糧悉照萬曆年間百姓舉手加額喁喁頌闓澤焉獨念兵燹而後蒲民豈無失業天下多以荒熟定數而蒲賦獨復原額歲終告成蒲民豈盡豐穀他邑或以完欠有殿最而蒲土獨無逋租亦曰急公奉上義在則然耳但惟正有常供矣額外必不堪也兩稅有常期矣預徵必不堪也南漕有本色矣改折必不堪也數年以來水旱薦臻螟蝗交作監門之圖難繪其狀春陵之咏莫盡其情藜藿弗克賦稅焉藉特賴慈惠有宰蒿目時艱一請蠲再請賑撫字多方先京遷次雜給催徵得法滌煩去苛循胥歛手清圖定籍包攬無門如母哺乳如醫施劑庶瘡痍漸起而豐亨可造也與爲繭

絲寧爲保障是所望於後之牧茲土者

人物志序

春秋之旨彰善而隱惡然有大書有特書有不書存去之中而予奪寓焉邑第其中無溢美無遺德一出于至公所以嚴論定而明彰癉之權也苟有可書固無論名位爵秩之崇庳用舍行藏之幽顯故凡高風峻節殊才碩行其流風逸事俱應綱羅無遺蒲川山水清勝人物挺生理學瀦濂洛之源文章擅燕許之手經濟表乎旂常忠義光于日月

與夫行誼卓犖才品優長固班班可紀已世易風
移典型尚在若夫功在邊疆孝隆庭內閨幃淑懿
方外幽奇亦採風者所必及也故得併而識之以
資後之考鏡焉

藝文志序

聞之八音與政相通文章與時高下程子曰識高
志遠議論卓絕者名世之文也編之乎詩書而不
愧措之乎天地而不疑者傳世之文也故不朽之
業立言與功德並垂今以八股取士彷自敷奏明

試之典學者出其宏才緒餘馳情風雅蒲雖蕞爾
追班馬而遡晉唐蓋代有其人矣著作如林擇不
勝收惟于邑里之互相表見者如城郭山川紀形
勝也縣廨黌宮表堂構也祠廟以彰禋祀古蹟以昭
景物題詠之言擬于風紀述之篇合乎史既政事攸
關亦文獻所繫輯錄一二三匪云班豹管窺庶幾嘗鼎一臠云爾

碧巖亭辭序

翰林學士宋濂金華人

濂與太常卿䙫觀先生游甚久知其為孝敬人也
先生嘗謂濂曰余家鄂之蒲圻有山曰蒲首焉巉
然而起如雲旓翠旌蕩摩空濛間對峙雙石檻直
上如笋中敞碧千尋嘉葩靈艸雜被之紛紅駭綠
儼圖畫中先人愛玩不忘日攴筇步其下或濯纓
澗底咏詩坐磐石上或望雲出没崖谷悠然忘返
遂以碧崖自號時移事遷層巖絕壁雖蒼然不改
于舊而先人則追逐羣仙于風馬雲輿中弗能見
之每過其下不覺潸然出涕故于宦遊所至揭碧
巖之名于楣間所以志之思夫親也雖然名之固
寓也而言之則尤寓也曷若親履其地而求先人

之遺跡乎當今聖人在上方以孝治天下他日築
亭山麓仍以碧巖名之當風日晴美與二三子遊
其間指而言曰彼清泉瀏瀏而斜出者此先人濯
纓之處也磐石纍纍而可坐者此咏詩之地也巖
谷沉沉靈氣之宣通者此望雲出没之所也一俯
一仰精神參會非唯慰其遐思抑將藉是以勵夫
所學期克肖乎先人子雖耄矣此心敢忘子幸為
辭濂曰傳有之舜食則見堯于羹坐則見堯于墻
古之上聖若斯況下者乎人子之于親遇事觸物

無有不可感勵者况親所游歷者乎斯亭之建當
與甄氏之亭並稱其視崇臺芳榭以騁遊觀者何
如也先生字杞山觀其名也學問富德行修踐揚
中外其善政蓋章章云辭曰巖之雲兮英英其升
巖之木兮欣欣其榮悵仙人兮何之飈風薄而上
征豈降精而委祉兮發爲休徵三秀之茁兮膏雲
之凝渺長思于無窮兮覩一息于千齡金可銷
石可泐兮又焉能爽吾之精誠

贈吳令尹敘　廖道南

吳子居汝南山中山多松有泉出焉乃亭其間曰
梅泉因以自勵焉乃已丑上春官登進士第庚寅
授尹蒲圻問政于宮釆氏宮釆氏曰子是行也克
梅泉之義之類可以爲政矣吳子曰何居宮釆氏
曰子善克其類也乎夫嶧陽之桐嶰谷之竹可以
比管絃協金石也徂徠之松新甫之栢可以登明
堂建清廟也禮曰如竹箭之有筠也如松栢之有
心也是故天下之本之性一也君子奚取諸梅焉
夫瀦而蓄者爲陂沼爲溝澮放而行者爲潢潦爲
溪澗是崇朝而盈終夕而涸者也浩而往者爲江
淮爲河漢受而歸者爲溟渤爲瀛瀚是滿而不溢
虛而有容者也詩曰池之竭矣不云自頻泉之竭
矣不云自中是故天下之水之性一也君子奚取
泉焉吳子請益宮釆氏曰子善克其類也乎夫木
之甲乎春也則然豐于夏也則然斂于秋也則然
而夫元冥司令物化就萎是故凌冰霰而不改其
貞者其惟梅乎書曰若作和羹汝惟鹽梅此之謂
也夫水之出于艮也則然止于坤也則然風之行

渙也則然而夫受澤于天受潤于地涵靜虛而不
汩其原者其惟泉乎易曰山下出泉果行育德此
之謂也吳子曰其義予小子已知之矣其于政也
何如宮釆氏曰夫天下之政一也一之曰道天下
之道一也一之曰學天下之學一也一之曰心政
也者道之散殊也其諸木之華水之瀾爾矣乎道
也者政之統宗也其諸木之根水之源爾矣乎是
故君子存神以主之講學以聚之猶夫培植于木
也而欲其榮焉爾矣疏濬于水也而欲其達焉爾

矣昔者太王之治木作屏菑翳修平灌栵啟辟檉椐攘剔檿柘是故除惡者務盡樹德者務滋于本而得爲政之道矣大禹之治水也九州攸同九山刊旅九川滌源九澤既陂是故治水者順性治民者順情于本而得爲政之道矣錫曰茲兼旱梅先萬卉而發其華木之有節也克其節焉剛而不抗柔而不懾罔有弗榮者矣泉先萬派而澄其源水之有本者也澄其本焉澄之不清淆之不濁罔有弗達者矣故曰克梅泉之義之類可以爲政于天

下矣

凌巖志序　郎白龍寺　馬天錫

吾邑以圻名而不乏山陰臥陰荊泉而陽亡陰凌巖荊泉以水勝別一洞天其于衡霍飛瀑則稍莒之賦也凌巖曾不啻卷石人無得而稱焉稱而志之自何父公始而屬序不佞不佞曰邑于文學天性然也顧于仁智之好雅多茂先不解即蠟屐芒屩了不省爲何物中有饒勝情者耳食荊泉便褰濡從之矣余倦遊歸頗厭市塵覽家山堪恰如屋裏每見朝爽夕佳悠然忘言興至目輒遊作半山興止或及翠微輒返厥勢不甚孱顏而㟏骨嶄嶄蚧嶆蛇折非有勝具者不濟嶠嵘巉岩崿若不能着不借何有一架業地久之忽得曠衍平若砥者可數十畝許遂爲叢林扁區云周遭三垄後椒負扆而左右翼然前通一壑面受風潭諸遠峯隱隱几案間物其他修竹叢桂檜在後天者置勿論大都龍勢甚敵而落脉甚平坐景甚隘而覽趣甚奢則茲山之勝也蒲志景有八凌巖攘不與焉夫

白荊泉白石尊沼北渡三四而外僉俱湊泊浪得虛名顧所標識乃爾凌巖之不諧里目固宜嶽怪嗚吾先生詞林祭酒讀書其中所留題四十字權足爲山門鎮而于勤邑乘棄若遺跡世界缺陷寧獨茲山之遭閒人縱漏過亦合乎分矣不佞謂是叔敖寢邱念于峽嶂營兒裘焉乃老不謂父公拈出輒務綱擊賞茲山茲志于世法中功綿創業而說者至拾山川幸不幸餘唾判斷荊泉凌巖不使笑謂山靈出現有緣有數而又有待若一之乎幸

則宇內奇勝盡被古人拈出我輩當于何處着眼將無矮人觀塲而步步跟尋脚蹤耶是山有補陀巖體近自然後爲拙匠累石狀若城門景遂大減然則兹山幸不爲時人目攝故作解事如拙匠累石狀而爲我輩拾得了却此山一案惡在其爲不幸也故余以蒲之景判泉凌巖陰陽各擅勝塲未可遽左右袒它姑存而不論以俟鑒定可也不然余請以一丸封函買山而隱矣公其以此志藏之龍泉燕洞

何次公諱夢相

正德庚午湖廣鄉試齒錄序　佟　瑜

庚午之秋湖廣大集十四府之士而試之中式者八十有五人而余與焉試有錄錄第先後之次而已而于少長之序闕里之詳不得而考也故雖各爲同年而有終身不相識者則于占人所謂兄弟之義者安在哉辛未春余至京師即與吾同年謀之衆志樂從于是卜日會于城外之慈源寺是日也氣暖風和情歡意契少長之間藹怡如也于是而又志之以錄錄成咸謂余宜爲序于辭之不得乃言曰同年之好當世世講焉其于一窮一達一遠一近而情之相好者有卒焉則是矣苟或輕與位殊義以時背是利友也君子之朋果如是哉然此亦吾同年之私耳等而上之君臣之義人之大倫又誠不可以不講者蓋予與同年歌鹿鳴而來也則將大試于庭而授之以官或卿相于朝或藩臬于外固分內事也先正在廟堂則憂其民在江湖則憂其君苟能體此意而以堯舜湯文之事責于君以唐虞殷周之化望于治使天下後世之人

指而稱之曰此皐夔稷契也此伊傅周召也是固國家之福亦吾同年之光而予亦賴以救榮名于不朽矣兹豈非幸與若夫忘國徇家受直怠事而乃爲國家之玷又不若終身不相識者之爲愈也諸君以爲何如願相與勗焉

林可在父母祈雨有應序　魏　說

昔之稱循吏者云家視其邑子視其民蓋謂人情于家未有不經紀拮据于子未有不疾痛關切者至于爲家與子而不惜以身從則未之一二聞公

覲林可任父母祈求一事果然爲吾邑之事勞心焦思果然爲吾邑之民痛關癢切眞家視邑子視民已爲從來之所希有而至于頭顱搶地維朝維夕不覺其皮破血出則不知有其身矣至于呱呱初生適與祈會不一過而問睚焉則又不知有其子矣治本異等民無間然而手爲告文纚纚自訟願以身當學本上乘有爲皆幻而俯順民情有法必行有祠必告沿街跪叩士女都聞搶地之聲無不感動入廟告神百姓聚觀激廹之狀靡不淚下

畢竟精誠至處天亦難違趙閭中之稽首流血應時滂沱諒謹儒之身塞無狀嘉澍克到此從來祈求者所未有之事邑父老子弟從來所未見之事安得不僉議爲言以紀之爲歌以詠之不佞年逾六旬此眞父母眞德政眞是向所未有又安得不効一言爲邑父老子弟之先

問刑管見敘　　　　魏　說

余于是始信求律者當求之自心也何以言之以余之愚宜于律無所領然而余每閱招必心誠求之往往至于卒然忽然之間余眼恍恍焉若有所見余心捐捐焉若有所動余眼余心俱倉皇岌岌心不及與眼謀眼不及與手謀顛倒掀曳既恨不豗一睹律如是云云爲愉快又戛戛乎律之不如是云云爲疑且俱也兩心交蕩若急湍回瀾靡所決發及一見律果如是云云而余眼大明余心大定明且定而余始大暢余故曰始信求律者當求之自心也凡此者皆余先主之以求生之心故每至一毫可生之處輒著彼煌然翹然突露于吾眼

吾心之前不能吾匿也不然彼之犯此者即不論果與否其牘中定俱是一片不法之詞克塞驪亂最易混目苟不先有一念求生之心主于中則吾溷亂一閱彼即有可生之意亦若伏而不吾示矣雖然其吃緊尤係于招而其最吃緊尤係于初招故曰刑者成也一成不可變言初招之最宜慎也初招倘不慎後即能昭雪亦不知費多少掩累矣昔潭州盜殺商人獄具經七推而不獲理最後得潘德鄘明之內鄉倉督之繫父子祖孫沉繫多年

[illegible]唐雲翔力爲申釋夫源州之獄若初推得理安得至七推至內鄉父子祖孫之繫比其後雖獲昭晰而死者業已九人矣此皆得申理者尚且如此況不得申理者哉且又不特此而已也生者固可念死者又不可憐乎如人命之事必須檢者欲得眞傷以正其人之罪而申死者憤蓋亦爲畧有未明者設耳今乃一切俱必檢驗何也昔李東岡視獄見墻隈白骨問之乃年久死罪者東岡愀然曰一死已償其罪胡爲又暴其骨即令收埋之夫以

死罪者仁人君子且憐其暴露如此況無罪者哉由此觀之檢者乃欲正犯者之罪而先暴死者之骨則又安可以瀆亂爲也此皆始于初招不詳以致後來不得不爾不然情有可疑者初審時肯一細心調停之命生者免拖累死者速即土豈非大陰德而奈何不爲也張九齡口六合之泉懸命于縣令宅生于刺史知言哉且刺史縣令之所以不即了者亦非盡瀆亂之過亦多牽于情節大小輕重之間不能自决耳余以爲情介兩可便宜依輕死中有路他又何必再照如自縊自溺或病或跌之類是也昔唐帝命玉工爲帶工誤毀一銙匿不以聞私市他玉足之帝覺之大怒京兆府以欺君論死夫由後言之果是欺君由前言之止是一誤兩情相介輕重懸絕而栁渾乃畢竟止引誤毀乘輿器物之律擬之以杖噫嘻此事若在今人敢舍欺而論誣哉故余願治律者不必問律但當問其人之情苟其情有可原能細求之未有無其律者此所以余謂求律者當求之自心也視事半年得

若干牘刻之謂敎于涖家之仁人君子者因書數語于首

孔氏楚派源流序

孔子六十六世孫　孔興燦

孔氏肇于沂岱勢若垂天之雲瀰漫四布而別宗之瓜綿其族而碁置于都郡者又不可屈指而計也按闕里志聖祖四十世孫績唐末起于魯司理吉州即以官爲家七世而生三賢曰文仲武仲平仲俱以文章鳴于宋厥嗣與仁以司封郎中職于元上都其後或宦南康或僑潯陽今九江諸郡皆

其裔也五十八代孫公通卒于潯其子彥眞偕弟彥禮奉其母孫氏越豫章而楚遊胥宇至蒲之中心坪包官嶺居焉嗣是彥眞生承福承福生弘賢弘武世安于蒲然以先聖人後世業儒孫正裔補博士弟子員先是隆慶四年曲阜宗長溪呈查豫章派之入楚者固已知蒲裔爲司封郎中後矣萬曆四十八年聖公尚賢又題請南派敕令在蒲子姓業儒者人給衣巾職耕者家蠲徭役其履歷恩榮俱載家廟記中後九江宗長尚志賫聖公胤植

文箚給付胤祚胤動胤楷胤芳等各遵祖制入廟奉祀此明天啟六年事也　國朝定鼎加意右文循先代蔭典令各州縣有司光昭聖裔順治十七年六十六世孫興燦興銓興聯等各執籩豆祠春秋于大成廟而且照例優免倍加作興蒲邑孔裔沐　朝廷高恩厚澤固已優于海內且方興而未有艾也而聖祖在天之靈不更重有慰與

誥封王母陳大夫人壽序　　程材傳

蒲邑王侯耐菴先生能體慈幼以赤子其民者也侯與材會試先後同門年來碌碌宦遊人事匪隔未一把臂叙世好然其家庭繞緒之垂與王侯繼述之光則於吾蒲傳誦得悉厥本末云　年伯誥封君　首翁先生豫章文學也其生平行誼最著以孝德聞惜其不中壽而殞當是時　伯母太夫人負若節幼孤在抱以長以青惟秉慈母之道盡獲受書卒能訓子繩其先志然則　伯母恃誥封君之德能自守以成立乎後人其視歐陽文忠公太夫人固先後輝映哉丙辰夏六月　王侯來蒲

太夫人以祿養居署邑人知其賢僉曰王侯必能遵母訓以慈幼吾民者也自蒞任以來保赤之誠篤自庭闈好惡治乎之公周於四境先是蒲邑苦弊政士民委頓侯振刷厲精清慎廉明若圖役里差斗級堤項之逓有革者勸農建學月堤保嬰纂志之代有興者政無鉅細皆綜核不遺雖古召父棠陰之愛何以過之嗟乎邑侯王君之心慈母之心也體人子罔爾於母氏之恩求小民欲惡於上人之隱又推父母幼子者以幼人之幼四海內皆

吾胞與赤子也非獨一州一邑之治矣明年秋太夫人届六旬今同邑諸紳士預爲製錦稱觴以材屬年誼不憚千里走書欲以弁言弁其首材曰昔鄭子産以慈母之道惠其民故遺愛之謳傳於千古今邑侯王君色笑承顔祿養依依使衆臨下之道皆家庭之所固結而安全者異時政績爛然勒之金石播於篇章千餘年流風不絶恩邑侯之不忘而歸美於慈訓則　伯母太夫人且爲吾蒲百世之閫範也豈獨以區區謳祝伸士民一日之

歌咏哉然材聞王侯生平文章光前業及其學而入政利弊因革大有造於蒲民是能體慈道以養志者其於誥封君孝德之傳又何愧與然則王侯固克家令子又以見慈孝合天不獨顯揚其後裔將令德教之加於萬民永享無疆也

重修心山序　　楊尚訓教諭

人之神明不測者惟心孔子曰出入無時莫知其鄉是惟危惟微之旨也釋氏清淨寂滅歸心即性至於槁木死灰而無用苟非講明正學則猖狂淆亂勢不至舉天下之人心入于鷲嶺靈山不止有宋諸儒言心最詳止蒙以性與知覺爲心通書以統乎性情爲心皇極經世以太極爲心其義莫要于朱子以虛靈不昧爲心虛則無蔽而全體具靈則不滯而大用神此格致誠正修齊治平所爲一以貫之也故從來性命之學原本此心事功之學推暨此心即降而語言文字之學亦以闡明此心無非去其人之危著其道之微亦一以貫之也異哉蒲之先有立社講學而盟心于山何以故哉今

夫山艮象也艮之爲義止亦靜機也靜之爲境寂寂則非虛止則弗靈抑獨不慮夫塊然寘然日深于清淨寂滅而去聖賢之正學爲日遠耶余推而論之入山恐不深將以置此心于無用之地庶非其志或者藏諸名山以俟其人庶幾心理之同然曠百代而相感也不然講藝行禮日與諸君子居此山明此心猶夫八公幽棲巖處讀書著作而及其既成遂以號于世曰大山小山云爾且夫山之義豈徒凝固而無通之謂哉山下出泉取諸蒙以

象吾心則育德之始地中有山取諸謙以象吾心則學道之終而況春山如笑夏山如滴秋山如粧冬山如睡山之變態何窮心之活潑亦無限故學焉有得于心則凡雲之蒸霞之蔚風之清月之白以及禽獸草木珍奇寶藏之蕃昌而茂育光惟而陸離者無不于山乎見之無不于心乎喻之矣是以于此山而存心性命則詩書易象之所以謎其離合也于此山而留心事功則堯舜禹湯文武之所以觀其升降也于此山而游心語言文字則先

秦兩漢諸子百家之所以沉浸濃郁折衷是非厚積而流光也全體具備大用流行大哉心山之義乎獨是先儒之講學廬舍有所供給有備規約條教有方鹿洞藍田班班可考要其創于宋盛于明特重於　本朝必有老成宿學董率而倡導之一時乃得聞風蔚起故師道立而善人多然則斯社之修余不慮踵事增華之難而特不知其間之董率倡導以不失先時數君子之意者伊何人哉伊何人哉余于茲不勝慨然有厚望也馬子遂菴勿忌厥祖將欲重新斯社問序于余故爲疏義以成厥志至于所以廢興存亡之故以及數君子之姓字則曩者馬先生言之詳矣茲不贅

序　　馬之驤

古者家有塾黨有庠術有序國有學其所以教者曰六德六行六藝其時則春夏禮樂秋冬詩書其限年也曰離經辨志曰敬業樂羣曰博習親師曰論學取友其大成也曰知類通達强立不反夫如是故下以此成人材而上以此一道德而同風俗

春秋戰國之時其漸失其本歟何孔孟之汲汲也自是以後學分爲三而異端曲說不與焉一曰科舉之學二曰義理之學三曰性命之學科舉之學俗學也義理之學正學也性命之學絕學也子曰三年學不至于穀子張學干祿而子教之以言行是夫子之斥俗學也子罕言命故曰性與天道不可得聞是夫子之不以絕學責人也其雅言詩禮教之文行忠信進而告于列國之君卿退而與門人講論皆義理之精微是正學也正學明上可以

達性命而下不至于趨利無耻如是則可以已矣奈燔書坑士漢乃設賢艮明經之科唐以詩賦宋以經義而天下之學者羣趨于科舉科舉之學非遽俗也其意固欲陰使之誦聖賢之言而陰引之入道德之域學者習而不察以爲是可以利已而已矣殳之所望師之所教亦曰是可以爲利而已矣于是爲仲尼之徒者有桓文之事有商賈之行有象管之惡有廉來之奸有華士少正卯之醜浸淫波蕩不可窮詰子曰人而不仁如禮何人而不

仁如樂何禮樂仁之器也而不能淑人心之不仁而况科舉乎然則六經四子之書其爲桀跖嚆矢無怪也有宋諸儒側起千載之下憫俗學之沉溺疾呼而拯之各聚生徒轉相號召於是英才畢起儒學大昌而功利之燼幾熸矣然而彼此交爭僞學騰謗至于崩析流落不自保甚矣道之難明而人心之安于不肖也由今言之其指目者性命之際也其不可磨滅者義理之正也鹿洞之科條藍田之規約具在是豈不足以依倣而必高談性命哉余自幼侍先君子聞心山社之講學而嚮慕之諸先生或聞其風或親見其爲人雖所得有淺深而廓清功利歸於爲己則一其欲由義理而達性命之旨猶之有宋諸儒也今先輩以次零落後學莫繼而社屋亦幾廢覺先周先生欲與同志葺而新之以待來者嗚呼人知俗學之非則會友講學宜如建鼓而求亡子也知講學則社屋之存猶餼羊也予謭劣不能贊勷萬一使同志修之剏與昌明舊學而予他日者得與聞講習之末爾觀鄉里

近古之風是莫大之幸也

三月三日登洪山小序

李世紀

辛亥莫春國稅粗畢眠食稍安乃喚穉兒偕艮友挈榼携壺修禊洪山見夫平湖落日怪石撐雲攬魚鳥於寰中聽鼓鐘於空外詳東晢之對詢逑蘭亭之軼事評斷古昔諷誦篇詩具覽晉人興感之由足爲前賢志事之累新故推移興公抱嘆脩短隨化逸少增悲此齊侯灑涕於牛山而羊子興嗟于峴嶺者也然死生甚大何關流連風景之文彭

殤雖殊豈在游覽涕泣之際似茲敗興殊負佳期
思存順而殁寧即朝聞而夕可山川動靜登臨見
仁知之心流峙日星銷歸還正大之氣滌塵募於
逝水等富貴於浮雲想童冠風咏之情悟天地圖
方之故趾高眼曠意淡神怡各抒所得以寵山靈

藝文志五

雜著部

募修延壽寺佛殿疏　　魏　説

邑延壽寺正殿將圮闔寺諸僧皇皇焉欲一葺而
新之乃僉以募言屬余余初難焉蓋亦謂其在邑
城人境之中因忽憶及昔人伽藍驛道溷雜之事
繼而思之曰佛之爲道也亦廣矣大矣哉世眼言
之則曰佛在西方道眼言之則曰佛遍沙界清淨
莊嚴言之則白馬青鴛龍宮鷲嶺娟月琉璃隅樓

重閣若蓮花之不染等秋月之無埃而佛在焉細
聆穢濁言之則廬州之貓峽中之猢猻李公擇家
之蛇唐文宗之蛤衛州民職氏之猪齒舊三毒五
濁之備十惡八苦之兼極而佛亦在焉無大無小
無垢無淨無善無惡無八萬餘句無微塵芥子無
深山幽麓無酒肉市肆此何以故祖師曰大道無
難惟嫌揀擇又曰欲取一乘勿惡六塵又曰必使
太化流行雖若不恨又曰不盡度一世人則不成
佛爲此言之不入塵則揀擇矣不化度則不流行

灸地獄餓鬼火坑蕩池苦惱痛楚貪痴嗔怖百千自寬萬生萬殺佛悉欲度頭目髓腦皮毛血肉手足肢體爲畜爲人爲潛爲穴胎生濕生卵生化生劇苦劇穢佛悉無怖而現于邑城之內未必地獄餓鬼之場人境之中未必三毒五濁十惡八苦之聚高殿朱廊鎔金繪采又何知爲畜爲人爲潛爲穴胎生濕生卵生化生之苦且穢者哉然則余之始難而終諾固亦無足多嗤者矣但以夢非慧受而感隔青龍家無承與山陰之二宅而欲勉圖祇

洹崇化之盛舉則固事之所不可耳然而從來此等大事悉仗衆力金陵延祚成自邦人宣州廣教募緣黃蘗郢州十方之院獎賴諸緣金山丈八之容結非一果而現于寺環邑屋接引之路不遥人遠梵居皈依之心易辦且也邑父母大夫祝鞏嵩呼俱于此在則以此推彼又有未可同年而概語者矣又現此道人人具種有識含芽無自無他靡餘靡欠不添一點但本負響處定都發歡喜之心無俟多談想募簿及門自各破慳癡之障

唐顔公兄弟廟建門題辭　何夢星

邑白石之祀顔公其來最古其泉奔而石裂亦若非是莫可祀公者今讀曾公所與藍面宰相詒大不能抹英雄淚也曰嗟乎古忠義有若公之一門瑰烈者乎余觀古之殉國者或爲神劍怒濤長虹野火與夫哭嘯之厲意公不然公必出而爲世之正人君子者也則其神或不在是然往往有禱則應有夢則告每斜日寒天使人不欲近然則其神果在是乎乃居人每夜或聞車馬鉦鼓之聲又疑

其神無不之則或如唐人謂其爲仙或亮人而爲癘或時嶺爲正人君子皆理之不可知者是公以其精光震動者置人心而入以其思慕想像者爲公則是固即公也已矣惟廟在山根不瞰孔道每星使羈客但見幾點青山數聲流水不獲瞻拜余甚悵焉乃集僉議建一門坊于驛路庶倉皇走馬亦得一向拜而去而其得見公者雖去矣猶復低回留之其亦可也至夫治其賊以說于衆又俟門成後議之願同心者竟此舉矣

溫泉說　袁咼

予邑㷮泉有二其一著者五洪山下之泉其一不甚表表者在五洪橋之畈中山下一泉何以獨著以司徒魏公先隴在焉凡畱心形家言者無一不身履其地見之者衆也其燠等沂水探之嘗以冬夏少異此中疑義從古未剖即歷稽史乘如歙如宜春等邑耳目到處所在而是俱能狀其槩莫能言其故予每叩之名堪輿祇謬以地脉旺氣對了無確解且詫爲海以內第一稀奇事尤堪捧腹

予曰旺氣宜翕不宜張詎堪再洩耶洩于水山寧能鍾靈耶且凡水源清則流潔源濁則流汚理也溫泉寒泉其流暖冷亦應若是乃此等水燠處俱僅斗大其源其委何以多不然其人語塞而退以予所睹記此無他總之下有礜石流經此自溫也葢礜陽石也凡數種有蒼者白者青者紫者有紅皮桃花金星銀星特生諸名其實一物但以形色異稱又一種出漢中者外色紫赤內白如霜中央有白狀形類齒者亦有色白粒細若粟者其性皆毒且㷮並可毒鼠制汞醫家間以蒼白二色入藥用服者宜慎之然諸礜生于山則艸木不生霜雪不積生于水則㷮似沸湯臭如硫磺溪澗有之即成溫泉其氣之㷮可知矣其毒不可試也在先哲或有著其害者昔王子敬靜息帖言礜石深是可疑凡喜散者輒發癰蓋散者寒食散也又房及黃白術多用之中有此石性最毒㷮故云深可疑也劉表在荆州與王粲登障山見一岡不生百艸粲曰此必古冢其人在世服生礜石㷮不出外故草

木焦滅表鑿之果有礜石滿塋又今洛水不冰下亦有礜石人謂之溫洛是也取此石安甕中水亦不冰又鸛伏卵取石置巢中以助溫氣其性如此豈可服予兄文安公鎮金陵秋暑減食醫者湯三盞教服礜石丸已而飲啖日進遂加意服之越五日而毒作衂血斗餘自是數數不止竟至精瘦皆竭而死凡若此者非其寒食散之害最彰明較著者耶方士乃假此爲冲舉之藥以愚人可罰也

合流橋募引　袁爚文

大槩源深者流必長長則勢不得不分分則究不得不合試觀黃河之水其源來自天上其歸卒爲星宿此其間不知幾千萬折而分幾千萬滙而合即七夕雙星猶架鵲橋以度而況于巖競秀萬壑爭流之所合勢不可殺非橋寧有濟乎距邑之西三十里以外爲天井山予先君承德公以父兄邸隴在兹山之麓移家是里所經有汜濛焉涓涓不息停泓成澗詎惟逝水發在川之歎眞令人逢源有放海之思余往與長子昺創橋以通行李昺題

其柱曰發源不無謂也與相距數里所謂新橋者盤渦廻旋其流至此分者忽合合里許出而滙爲大羅湖則谿湖而滙爲江谿江而滙爲海合而流之滔滔莽莽豈有涯際而山下之源與天上之源又奚以辨予每過之心目覺悠然俱遠也第當合流處政扼崇湘漢沔之要害溪漲陡高行李坐困嗟嗟衆生方流轉苦海中是寧忍彼無岸耶長子昺議即其地更創一橋易其名爲合流而商之予予曰源之所發其息深深則冲而徐引易爲力流之所合其性勇勇則怒而騰瀉難與爭夯父逐日愚公移山大非一手一足所能辦自非與邑薦紳先生士民共成之又寧有濟乎而當今宰官身爲世界大津梁者有明府尹侯在敬質之以募

石來寺文

謝胤璜

吾鄉有香石寺地幽而僻貧黃龍有常濤觀境雜而供賑貧不厭賑雜不慕幽固常人之情而出世者亦往往不得已而跡于是焉此山僧湛若之所以由香石而常濤也初僧之去也吾鄉諸檀越難

之余曰奚難乎佛猶水也僧猶萍也檀越猶津梁也無之非水無之非佛也無水無萍無佛無僧也無處無津梁無處無檀越也必欲滙水而勿東繫萍而勿泛一一津梁而勿更有是理哉越數年僧以誠謹著一方之人爭信之病其朱碧凋殘罘罳裉損又不宜以剎而冐觀也議鼎而新之且易額焉顏曰石來寺著其本也因思太空本一物耳忽焉而有佛忽焉而有道忽焉而有緇衣忽焉而有頭陁忽焉而謂之元都忽焉而謂之浮屠分立名

號各相元黄皆千聖萬祖所不能齊之教而予一旦渾道而爲釋易羽衣而頭陀易元都而浮屠使雪山柱下顛倒于寸毫片楮之間不亦妄乎曰緣也僧之偶然而香石偶然而常清緣也觀之偶然而常清偶然而石來緣也凡僧之所以期檀越與檀越之所以引僧者總不外乎緣也持此說以告同志會見慳貪悉滅色相俱空不㪅月而改觀而予亦藉手以雪筆舌之業矣

募修隆慶菴佛堂引　余開熙

車埠下河之滸有山兀然臨于水際河中巨石嶙峋承流囓浪與風水相吞吐其上則人居輻輳四方走集之地也大峰踞其北偏髻峙其南而金紫桃峯諸勝隱躍于數十里之外是亦維摩丈室之所宜居者舊有祠以祀壯繆關侯而奉之者苾蒭又名之曰隆慶菴夫苾蒭之所主奉則世尊諸佛而佛堂蕪陋其可哉昔東坡居士有云佛滅度後閻浮提衆生剛狠自用莫肯信入故諸賢聖皆隱不現獨以像設遺言提引未悟緣斯以言則崇建佛堂因像設而奉遺言固大衆開悟之所從得豈獨苾蒭事已乎兹山乃一丸之區耳然維摩丈室能容八萬四千獅子座又何必峩嵋五臺廬山天台而後爲佛光變異之境哉丁未夏初梅子熟矣是卽馬祖大師指示大衆之日也余方閒居家園時則盆花浮紅篆煙繚青命奚童構火具茗注水蓮池中忽有客携僧參如佛堂募冊乞予言者予素未學佛其何以應客謂卽此清靜景兒便有空山無人水流花開之意先生不學佛而深達佛理

又何惜以宰官身而爲大衆說法歟因與述東坡語而廣之惟大衆歡然信入共破慳悋勤茲懿事卽此一念崇信是爲關悟大覺之始因果之說固不足爲諸君道也是爲引

常豐廠重修五顯祠引　余開熙

蒲之常豐廠南漕二糧收貯之所也中建五顯祠所從來久矣蓋重糧因以重神重神卽以重民傳有曰先成民而後致力于神時和年豐爰始奉粢醴以告昭厥神庥人神協應此治理之徵也考之

宋志五顯者五通也乃五行之佐維時賜號有顯聰顯明顯德顯正顯直之稱今于倉厫祀之者亦曰五行不失其序則豐登可期糧儲用足固非無說以處此也吾蒲　邑父母禹服張公以是民之心足國介黍稷穀士女者意良殷矣今西成告獲百姓輸將恐後雖曰義在則然抑亦思至斯動耳卽不必景神貺于冥冥而民之歡呼倉之蓄積自應爾爾乎而吾　邑父母猶以成民之心致力于神凡

屬蒲境內爲茲土保障爲斯民所報咸有興廢起頹之思矧此五通之靈奉天司令足民因以足國者不尤較重哉祠因倉建倉以祠庇當煥然重新于無極也本祠左右里人承　邑父母鼎修之意懽躍從事是輿情上愜也蜀邑三十里鼓舞爭先是庶民子來也行覩廟貌維新鍾鼓式靈春秋匪懈勿替引之矣

募修城隍殿第三攸　張瑾光

邑之有顯佑伯猶邑之有令尹也人之所以事尹者主畏事伯者主敬畏則尹自致之故令行禁止事之特虔敬則伯不必盡致之彼神人邇遠寧必盡智與愚之事之皆虔者耶雖然尹之權治于權之得爲者而已權所不及如旱澇螟蝗之告沴疾病厲疫之流灾以至位賤尙菓力輕飛羽之嗇師庶女沉寃隱痛而無所告訴者伯獨赫臨之維影響焉則伯與尹孰輕孰重乃人之事尹奔走惟喏自思所以逢迎者而猶恐不得一當至于伯則曰彼神也聰明正直者也卽不當不吾譴也有是哉

人之虔于事尹而慢于敬伯也如廟貌自乙丑之役曠絕及今風雨鳥鼠久乃蠹隙能無榱折椽崩之憂客歲庚寅僅以版築告竣維時宇殿未竟之緒瓦石若干木竹若干鐵冶幾何丹堊幾何鳩工庀材動計百金所不能不遍徵于諸有力者而一呼再呼漠不余應夫伯之造化于一邑者雖在壙廬幽闃遼荒隱蔽之所無不爲陟降于其中矣乃求闔邑之各出其力以整飭肅清于一隅之地以庶幾于覺報之心而顧坐視其上漏下濕何如畏

而不知敬也抑人不畏伯獨不畏禍福乎禍福雖人所爲而隱鑒之者實伯也鑒之則必畏之畏之則必虔事之事之則亟請捐貲以徵誠與信

募修大士蓮座小引　張瑾光

大士于佛前設大願力度盡一切衆生夫度盡一切衆生必使衆生之心灼見大士之心而後大士始克以其心坦然示信于一切衆生之心夫是以一切衆生之心各各因大士之心以得度也苟大士之心原不具足于衆生之心則彼亦一心此亦

一心如枘鑿之不相入無之可信亦無之可度矣予觀震旦國中靡不爭奉其莊嚴之法像而欲供之也者像矣必進而謀涌蓮之座又必進而謀龕以上之天花頂蓋座以下之地爾甃石一有未備即瞿瞿不敢安于乃心是誠何心也哉謂爲衆生之心而此瞿瞿不敢安之一念果于何生即欲不盡舉而歸之大士之心之各各具于衆心也其可乎然則僧明愛之心固非明愛一人之心也予將推廣明愛之心以感而遂通于一切衆生之心昔

無著曰我發一念心清淨爲何不見善財曰是眞見文殊夫見之于無可見即心即見見之于有可見即像即心寧有不生喜捨心以成厥美者

赤壁考　胡珪

蒲圻縣西赤壁正劉備孫權破曹操處在烏林磯對江南岸非蘇子瞻所遊赤壁也子瞻謫齊安時所遊乃黃州城外赤壁磯古之朱城下有白龜渚爲毛寶軍人放龜處當時誤以爲周郎赤壁耳宋元豐六年東坡自書赤壁賦後云江漢之間指赤

壁者三焉一在漢水之側竟陵之東即今復州一在齊安郡步下即今黃州一在江夏西南二百里許今屬漢陽縣江夏西南者正曹操兵敗之地也按三國志操自江陵而下備與瑜等由夏口往而逆戰則赤壁明非竟陵之東與齊安之步下矣又按墨莊漫錄云黃之赤壁土人云本赤鼻磯也故東坡長短句故壘西邊人道是三國周郎赤壁則亦傳疑而云耳今岳陽之下嘉魚之上有烏林赤壁蓋公瑾自武昌列艦風帆便順溯流而上遇戰

于赤壁之間杜牧詩曰烏林芳草遠赤壁健帆開是則眞敗魏軍之處也今一統志亦曰赤壁在武昌府城東南九十里唐元和志在蒲圻縣西一百二十里北岸烏林與赤壁相對即周瑜焚曹操船處圖經云在嘉魚縣西七十里其地今屬嘉魚宋蘇軾指黄州赤鼻山爲赤壁蓋劉備屯樊口進兵逆操遇于赤壁則赤壁當在樊口之上又赤壁初戰操軍不利引次江北則赤壁當在江南亦不應在江北今江漢間言赤壁者五漢陽漢川黄州嘉

魚江夏惟江夏之說合于史宋李壁詩赤壁危磯幾度過沙羨江上鬱嵯峩今人誤信黄州是猶賴水經能正訛據上諸說則知東坡當日作賦時之誤盛弘之荆州記云蒲圻沿江百里有赤壁指西良舊治而言通考注云蒲圻吳縣有赤壁在今西良湖側亦非也湖側並無赤壁今赤壁出蒲圻黄蓋湖距縣五十里餘現有武侯祭風臺遺址土人嘗于其處耕得箭鏃戈戟其爲破曹之地無疑矣邑人副使何思登有記唐杜牧之胡曾有詩載藝文志

募修鳳凰寺小引　劉光炳

蓴邑之南五里爲鳳凰山黄龍初鳳集鄂渚止于玆山山之陽爲鳳凰寺唐廣德二年都峰和尚所建也山以鳳靈寺以山靈山寺以佛靈一頂天半雨翼雲垂似古來儀飛駐于玆爲蓴邑幹龍之祖焉金峯青翠桃嶺晴嵐靈應曉霞五洪西爽香大河飲香泉繞清溪注名沼平田萬頃畫鼓十千山川社稷都來供養每祈晴雨諸僧必虔溪漲湖湧

不敢徘徊嶽雨泉雲動輒响應皆我佛子之栰之霖之緣之福也邑中先達名賢讀書選勝于玆者連鑣而起燕巖棲竹日龍洞駐蘿煙非翰史洞野先生之句乎榮鼎彝之樓臺辱召杜之車馬征西者宿宿騏間若從枕席上過則玆山之勝事豈一鄉一邑之瞻依也乎哉今殿宇圮甚瓦碎垣頹僧羣率其徒涕淚悲泣而白佛言僧不爲衣飯不爲禪榻僧意只爲諸佛菩薩風飄雨灑愴入心脾誓波緇托鉢而傳新之因求余爲言余曰噫邑中之

嗇者貧矣有其心無其財如之何其鼓之舞之也僧曰南朝四百八十北魏一萬三千疇非善信所搆如法雲沖覺二寺乃清河臨淮王捨宅爲之者君何薄乎今之枝越也况如來願力宏大阿育王欲于大千界内造四十八萬塔同日而就君又何薄乎今之如來也倘有心者專力爲之如烏獲之舉鼎即合力爲之亦千腋之層裘尺帛具有瓜瘕斗粟具有汗汁僧勒成碑記某某出若干皆寔錄其上以志不朽自有豐年成茲勝事余曰然遂爲之引

座右箴　　袁吉幝

維皇穆穆道窈冥横四宇兮塞天庭其上成象下成形紛紜變化不可停人於其中兀然靈同根各賦爾我均性成無復斯聖人不遠而復斯賢人紛紛嗜欲斯衆人聖人則天統萬民司教育兮鑄羣倫懼斧斤之日尋憂之特盛惆萌蘖之既牧掖之甚專内不可制兮姑閑其外全不可舉兮乃扶其偏惟君子之獨行兮能敬畏而思企彼氣禀之[illegible]齊兮亦漸摩而就義厥有恒性亘今古之有睽及其成功固聖凡之不異何異端之肆忌岐泉轍於毫釐因天臭之無聞紛鑿知而競慧思執中之兢兢兮乃天壤之與俶何戶覺之紛多兮懼秦焰之將繼彼唐虞之一言兮寶旨約而義蔽何後世之拙修兮徒枝繁而葉綴驗性情之是非知中正之所在嗟後昏之不知兮責豈聖言之足最

心山銘　　祝爾藏

山體艮止靈秀是毓心竅玲瓏門戶終岐惟是書屋庶與我而相宜以心性爲基址以仁義爲藩籬以忠信爲柱石以文章爲羽儀得其門者觀海無涯升吾堂兮人心惟危入吾室兮道心惟微勝友如雲兮就他山而琢追景行可師兮時樂山以棲遲無冬無夏晨斯夕斯好是懿德民之秉彝將此心之終始寄水流而山峙

字張生開楙説　　王雲翔

學山張生開楙負奇質楚材之翹乎可觀者也初以文字受知前令吴梅谿先生拔首多士時生甫

千餘歲應試以乳名先生謂其名不雅馴且見其材之卓犖於楚也遂命之名曰開楙越數載生已作茂才年十六余來宰此初校士得生卷佳又拔首多士自是生出所爲文時時來相見余愛生之材又過楙谿矣因本楙谿命名之意字生以勿伐而復爲之說曰天地間有本則生生則長長則盛此自然之理也至盛時則造化之全力已盡乃人事存亡消長之大機君子爭焉牛山之木嘗美矣忽有過者以爲未嘗有材此無他斧斤旦旦然伐

之也夫氣之所蟠不厚養之所息不深鑿其枝葉而撥其本根則又斧斤之尤者也楙生其勿爲是焉而可

寡過堂銘　王雲翔

惟此長吏發過之區有利弗興有害弗除民其瞻爾曰余之辜慾尤日積載鬼張弧毋恃爾明或則麤疎罔矜爾才而憚勤劬誠心求瘼秋月水壺庶幾寡過勿姑徐徐寡之又寡以至於無寡斯堂也位乃不虛百爾君子尚其敬諸

告城隍驅虎文

吏治蒲之陽

神理蒲之陰皆蒲民所托以爲命者也一夫中有一不得所則干

天地之和乖

聖王之化吏與

神將安賴焉翔不德涖蒲且二載實有苛政未能屏除丁巳春益以猛虎爲虐白晝食人翔齋戒告

神

神靈赫濯多虎授首百姓感

神庥乃餘竟未盡潛伏又起嗚乎百姓皆翔與

神之赤子也豈可容此孽獸縱威逞暴狂吼怒搏弱肉强食骨委林莽血濺山谷家人呼號之慘道路悲酸

神與翔其忍聞此乎今翔率合邑士民詣

祠環籲于

神

神不鑒吏之誠亦宜哀民之命未可竟漠然聽也
夫吏以百里之寄仰承
聖天子威靈將糾此一邑之梟鼓其悲憤鬱結雄偉
猛鷙之氣亦足窮搜極獵焚山林洗窟穴盡殺
此醜類以慰死者魂以奠生者魄而必以告
神者蓋以天地之大無所不育狉獉獰猾之儔皆
有寧處爾
神誠能排闥
九閽請
上帝命吏有罪誅吏民有罪亦誅吏
神有罪則易置虎有罪則殄滅其巢窟而除盡其
遺類決于今日一舉也倘幸其災樂其禍長此
孽虐爲居民難吏不肖
神不靈固不足怪
天地之和
聖王之化終使之撓格而陰陽背爲之不治此固理
之所必無者矣吏將別有所從事謹告

逐虎文　王雲翔

天子以百姓屬吏鎮撫一邑中休戚安危禍患災祲
之故必維持而捍禦之蒲地僻民稠務本力業
二年以來虎患不除殺人計數十茲東作興民
不得安于耕行路洶洶吏之守茲土也勢不能
不與猛虎辯書曰殺人者死傷人及盜抵罪明
人命至重聖王嚴設法網以誅鋤暴戾恣睢之
屬矧爾異類以賤妨貴以饕噬赤子罹不測憂
患誠覆載所不容法網所不能逃者也或以災
變之興其來非偶則吏必有苛政殘虐吾民既
其膏血營其性命違天取戾奇禍宜加吏身奈
何又以眈眈之視逐逐之欲于不堪之民命且
肆其威而助之暴耶嗚呼虎雖猛鷙從風從雲
比靈于龍宜率爾醜類速投遠荒人跡不經之
處據窟穴長子孫吏將寬宥爾辜如負頑不靈
再肆猖獗逼我百姓以與吏抗吏將盡率蒲民
之衆與爾爲難爾雖猛悍必盡殺乃止以掃除
惡物之能害吾民者爾其敬聽

祭虎傷人文　王雲翔

吾爾輩長吏也爾休咎視吾身吾不德釀生災禍延及爾輩嗚呼慘哉蒲邑勢崇隆多虎竊穴前長吏賢人物安阜孽獸雖利牙爪伏而不敢肆毋何吾令蒲舉動乖謬干犯天怒百神不享恣獸殺人去歲迄今或伏或起前後傷生靈數十命嗚呼慘哉爾輩既爲人幸生明盛享樂利莫不務本力穡自爲良民以答高厚胡爲不祿遭此亢燼嗚呼慘哉吾未曾見爾輩死而其

殘軀滅體暴骨灑血天愁地老之狀無日不在吾耳目間而冊久幾爲爾輩裂淚久爲爾輩枯也嗚呼慘哉今者吾呼籲

上帝按虎殺人罪豫誅殛首惡而徙其種類爾輩有靈亦可爲爾幽魄慰也嗚呼骨銷煙散自古皆然爾身殘賊爾性不滅爾當順爾天命毋爲百姓厲階以重吾罪長吏愛爾之生猶愛爾之死爾輩有知其敬聽長吏語也嗚呼慘哉尚饗

大成殿禮成頌　李光眞

天高地厚聖參其中綿〻前哲業廣功崇皇矣先師至德在躬纘承丕緒百世爲宗漢晋唐宋代欽　聖軌廟祀崇稱相續未已迨及

本朝文明大起　聖謨特嚴　聖殿攸理肇自國學外暨八埏垣墉棟柱扶漢擎天黝堊丹漆干羽宫懸二丁將享奏格惟虔夙眡滌濯齋明心志水取方諸火取陽遂鬴享燎灌告純崇備墳燭庭燎炯焉孔熾律同偕作登降有儀伐鼓徵士分職專司小大蹌〻不激不隨羨牆筵几優

乎在茲從祀　名賢殿薦鼎實九成既周三終乃畢輝炮翟闡惠下有術孔燁罔愆成禮而出

大成殿禮成頌　劉士猷

竊惟　帝心重道侑聖靈於仙源　盛代隆師普曠典於巖邑蓋德配天地欽五代褒封之典何啻袞冕同尊且道貫古今仰　大成殿宇之隆寧可觀瞻不肅顧廟祀雖遍乎天下而儀制或缺於遐陬禮器車服升堂莫覩管弦絲竹入室無聞非所以示尊崇而邀鑒歆也茲蓋伏遇

皇帝陛下　舜日重華　堯天光被合天地帝王以爲學與立道綏動而同功念上庠下庠崇祀一致而禮器樂器靡弛多端特勅臣工增制器數金聲玉振允矣建極中和宗廟百官洵哉深藏美富於是我蒲　邑侯王父師思揚休風爰彰　盛舉維命多士各抒所懷以扬其光用誌不朽生不揣蛙鼓敢向雷門拜手稽首而作頌曰皇皇上帝鑒臨下土爰作之師一人千古誕降有周宅彼東魯於維　聖容縫掖章甫遠而

彌光尊侔九五奕奕巍巍祀遍寰宇思樂成均天子是崇臨幸奠釋先之以躬是蒸是享九州攸同禮樂明備朦瞍奏功重道至意於斯爲隆藐茲下邑聲教丕通　綸音特眷儀制必克爰究爰度以命伶工渾渾旗旛執之協律言觀　大成巳載之出闢闢旌節樂容無失言觀　大成已立爲師有鼉有懸有應有足無不備止叢拊之屬有鏞有鎛有歌有鐸無不備止小大咸作擊石拊石獸舞清平傾耳聽之有鏘其聲琴清瑟潤左右相生傾耳聽之有雝其鳴奏笛吹篪簫管備舉衆樂本之以生律呂匏係笙簧塤本埏埴衆音得之純繹以致柷以爲始敔以爲止衆音歸之質樸爲美言樹之翟文德斯光舞者持之熠燿其翔言授之板書彼樂章工人秉之歌頌是揚樂既和止馨香是薦苾苾芬芬　聖靈維宴罍既偕止執事有懿肅肅雍雍　聖靈維濯既載清酤既潔粢盛犧象在列豆登簋呈衣冠蹌濟玉帛豐盈萬國合歡四海輸誠維蒲

之山泮宮是憑仰茲　大成闕里如升維尊之水泮宮是璟欽茲　大成洙泗之間載淑厥性載陶厥情此都人士快覩文明　聖澤不息王化以行於萬斯年永觀厥成

城隍司禱致甘霖頌有序　　王雲翔

地方災患召之者吏捍而禦之者神余待罪於蒲也逾三載中間或旱或虎或疫癘其以災患告者不一卒禱聲靈悉皆消弭余心誌之弗敢忘巳未夏答徵復見恒暘不雨余與

邑人士相率禱于城隍神越十有五日而甘
霖降再閱旬益復霑渥邑人士刑牲束帛賽
神于祠余曰此固　天子元默之化諸大吏
修省之誠用以感召　天和顧非神之靈籲
諸冥漠亦未遽能逭吏之愆俾降康于吾民
也是不可無文以紀之廼伐石程工敬爲之
頌曰
凡厥庶民惟　天陰騭默寄權衡神司黜陟雨
暘以時歆福敷錫冥漠昭明天人理一鄉士惟

月師尹惟日涖民尤親感應倍疾吏愧匪才恒
曠厥職咎徵頻聞莫可紀極虎肆憑陵搏噬稱
赤疫癘仍之民命呼吸雨暘不時禾茂鮮實神
鑒匪遥惻然心戚弭於機先效於旦夕滯遍鬱
宣元氣斯翕醜類剪除祲氛屏息大澤覃敷非
比涓滴既撫五辰乃凝庶績民用平康功在疇
昔今歲徂夏農事甫集恒暘不雨源壅流窒南
畝輟耕桔槔聲寂美種膏田無以蓺植吏滋震
悚出就齋室高高蒼穹何由感格神拼丸閽血
誠披瀝
帝曰艱哉民需乃粒八政之中首先貨食
天子齋明卿士嚴翼土穀城隍司聰明正直宥爾吏
愆錫之膏澤爰命雲師爰勅雨伯殷雷振聲潛
龍起蟄地臘之辰甘霖洋溢注于千畦徧于一
邑婦子歡呼務茲稼穡造化玄冥
朝廷拱默鑿井耕田相忘
帝力惟我神休赫赫奕奕旋乾轉坤太和乃滋億
萬生民咸有起色鐘鼓報功薦馨黍稷何以紀

之勒諸貞石吏睹斯碑益深祗惕作牖徭威淫
朋此德來者宜新往者可滌順承
天庥康彊逢吉

書獲虎事　　李作楫

物之能齧人者其性悍毒其爪牙犀利其力勁猛
此不可以羈靮御不可以徒手搏者也蒲近有虎
民有捕者事最奇歲丁巳有虎囓人一老農携子
出耕虎躡其後攫其右臂鮮血淋漓其子厲聲叱
虎出之當是時虎聲吼震山谷漩噴如雨奮爪牙

怒目張口直噬其子其子手不持兵亦氣益壯急舉所治田蔺耙築虎虎勢偪急以口嗑耙耙齒盡入牙䐔中不得出因牽以待衆衆至併力搏之斃後鄉民連獲虎舁至縣得受賞其明年有舁虎至者以黎明放牛出牧虎伺人遠去直入其室見空閒無人闖豕聲張忿揚威作搏噬狀隣人駭窺之見爲虎也堵其門急呼牧者歸上屋破瓦呼朋引亂石從椽罅中墜下中虎要害至舌出血流乃止先是蒲圻縣尹王君耐菴凡兩禱城隍初齋戒之

次日老農子獲虎田中後復禱散齋牧牛者獲虎室下皆不兵亦不陷阱勞逸之間謂非神之助之也與李子醒園見而嘆曰有是哉誠之可以格神明通上下也使王君置民度外虎其安然搏噬無後擊之者今既再獲一虎以爲應吾知神之靈必鄉清虎穴而後已矣以決之吾國於丁巳之獲虎決之也或曰虎不渡河德其薄歟夫苟渡河又何以彰神力哉

蒲圻廟 雜紀十則

溧陽有楚菩提王廟今楚省城內有蒲圻王廟或傳之誤耶稽神錄及棲霞寺碑皆云神爲靳尚以讒譖爲蟒後受菩提戒云事甚異怪廟在省藩司前迄無正之者

銅路鼓

劉宋大明八年江夏蒲圻獲銅路鼓一面獨足

赤壁

赤壁古蒲圻地後以其地濱江改屬嘉魚上有祭

風臺相傳爲武侯禱風火攻處以陳壽志未載投諸史因之觀唐詩東風不與周郎便云云則瑜微幸于天武侯格天之烈不誣矣詳見邑人副使何思登碑記

花園

花園在縣治西南十里五洪山下相傳昔有人姓宋氏嘗築園植花卉以爲遊賞之處人號其處曰花園宋家久廢

陋巷志

慶遹南曰按顏氏匯考志齋予三十九代孫曰元孫生子五人春卿杲卿曜卿旭卿茂曾次曰惟貞生子七人闕疑允南喬卿眞卿長幼輿眞卿允臧並無所謂季卿者鄉人誣傳蕭鎡亦不之考也惟杲卿爲荆南判官眞卿爲荆南節度允臧爲荆南司馬或者此三人歟不然元末之時如小明王之類能保障地方者故鄉土祠之未可知也若謂季卿則失之誣矣夫事之舛誤者不獨忠烈祠爲然予因遞之以告來哲

附顏氏家訓勉學篇書後

侍郎既著是訓繼而其子諱思魯以博學善屬文官至校書東宮學士愍楚直內史游秦校秘閣再傳至夔府長史贈虢州刺史諱勤禮弘文館學士師古相將司經校定經史育德三傳至侍讀曹王屬贈華州刺史諱昭甫以至濠州刺史贈秘書監元孫贈通議大夫贈國子祭酒太子少保諱惟貞遂爲生魯國公諱眞卿常山太守杲卿與夫司丞春卿淄川司馬曜卿亂山令旭卿犍爲司馬茂曾杭州參軍欽疑金鄉男允南富平尉喬卿左清道兵曹幼輿荆南行軍允臧其後復生彭州司馬威明昆季佐父破土明同時爲歛兵所害者八人建中改元魯國遷秩之際予姪同封男者亦八人又其後魯國五世孫諱翊爲台州招討使翊爲永新令是皆奕葉重光聯圭並芴顏氏于斯爲盛謂非家訓所自不可也

閔矮子

閔矮子不知其名業搗絮于新市以餬口工資有

餘輒買香供佛居市三十年忽一日火化以去觀者爲擲香一瓣呼閔師而退

黃葛山

黃葛山乃萬曆初年魍魎附石爲厲野燐搶攘暮夜與人錯行婦子不能安室里之一二愚人好鬼請禱徼福轉相倣效一時舉國若狂延至壬午年會德清章侯下車毀一切叢祠并其山石焚而礫之滅迹

金鷄籠

金鷄籠在東路金鷄籠嶺西石崁一穴內方三四尺許一小門宛似鷄栖門處有兩爪跡似鷄出入者俗傳嘗有金鷄止宿于此載舊志

蒲圻古號

蒲圻古號蓴川以產蓴菜得名一作莼沙羨漢土人方言羨讀作移俗作義者誤

藝文志一

記部

蒲圻縣記　　唐　岳

蒲之為邑也東臨江漢之會南控衡湘之要自吾武昌觀之可謂鉅邑矣且左枕豐財右連壘秀前挹蓴川之清流後有龍潭之美跡山川之綢繆人物之偉麗賢宦名宰具在方冊巍科顯仕代不乏人奈何兵火之餘衙渠委于榛荒人煙竄于荊棘獸蹄鳥跡之交橫商賈舟車之罕見縣官結茅署

事百廢未舉甲辰春聖天子受天明命肅平僭僞選用賢良整理部縣明年秋平梁柯公日新來知縣事雅量足以鎮浮俗正言足以屏佞諛清慎寡欲廉公有威主簿宣城胡公學優而仕典史鄭公有學有守果而能斷于是刑政清明人皆悅服鄰邑之民流徙者舉復其業他縣之民慕德來歸者襁負繼至而田野以闢戶口以增絃歌之聲相聞禮義之化以興柯公乃謀于衆曰吾為邑長而縣邑荒穢不治聖賢之祠鞠在草莽豈非吾黨之責

乎且吾聞務其三時驗其丁產則勤民而民不懼勞民而民不怨今年穀屢豐四民安業一新縣邑以稱聖主光天下之意夫何難爲皆應曰諾廼同寅協恭百工贊襄獻巧者斧斤相聞效力者謳歌載道闢艸萊樹棟宇而署事有廳分憲有司叅贊有幕吏牘有房刑禁有所又有戒石之亭更鼓之樓宅土之祠周以垣墉甃以陶甓塗以丹雘三皇文廟秩祀之神皆復廟像下至郵亭傳舍津渡橋梁未及朞年靡不修舉何成工之速如是哉葢有

得于瀕事而信節用愛人使民以時之旨也邑之遺老屬予爲文刻之貞珉以昭示無窮予謂亂極而治理之必然當天造艸昧之時屯難未亨之際欽遇國家啟運分職設官一時之賢萃于斯邑克復舊觀以立國家萬年之基是可書也巳

重創蒲圻縣治碑略　黎　淳

武昌稱蒲圻爲鉅縣地富嘉山水有古人風此歲紹位匪人老生以年授者耄荒不屑務俗吏以幹遷者縱情不顧法胥徒盎橫縣遂瘡痍聖天子哀元元之久困特重其選成化辛卯春定遠葛侯鳳儀知蒲圻初下車稽賦役善如棊閱簿書弊如髮召詰其官屬皆萎薾如醉庭積嚚訟野多逋逃侯嗟咨良久于是大新其典威令風行惠利川流未及再朞庶富可教爰睹政事堂朽墜弗稱乃協謀僚佐鳩工簡材以癸巳正月丙午重建廳事五楹後爲退寢中作穿堂前樹儀門其楹各依廳事之數而崇減三之一深廣隨儀門之內廡六房房之後舍羣吏闢門疏牖飭以丹碧琢石陶瓦繚以垣

墉鼓鍾二樓卓立左右巍然秩然雄視楚邦民罔苦勞政無遺憾經綸緊局超邁前人遠矣遂序次其事勒諸貞珉繫以詩曰帝式九圍天眷懋加洽于大順萬姓一家侃侃葛侯來蒲正位匪心之欺惟天是畏昔吏紛紛今吏恂恂侯能馭之革虣爲仁昔民貼貼今民綽綽侯能撫之變憂爲樂昔閱民觀聽爰及百司畢完以盛侯坐學宮冠冕峩峩紬經繹史鹿鳴雅歌侯燕其僚伐鼓考考亦有膠

耋燕及黧老四野闢除侯出勞農春雨蠶眠秋穫
稻豐衆人愛侯賞其才提太史曰非循吏以德侯
克循良惟德動天躋于津要天子萬年成化九年
立石

官塘驛記　　廖道南

今上皇帝龍飛我楚邦霜嵴冰巃山毛澤鱗靈芬
瑞彩罔弗光被故上自憲臣下及邑令百爾君子
罔不悉心殫力以協于極甲申秋上命都御史黃
裏御史王秀巡我楚邦罔弗事事先是莆田方進

士一桂尹吾蒲圻才優行卓克祗厥事都御史御
史嘉賞者久之乙酉春正月御史巡于蒲圻乃喟
然嘆曰美哉山河四塞金紫橫其南靈應枕其東
白鹿障其西黃龍峙其北鬱鬱葳儲英孕賢可嘉
也已惟茲官塘當茲邑之北衝京畿中州之達繇
焉君子曰于是乎可以送往惟茲港口當茲邑之
南衝雲貴閩粵之達繇焉君子曰于是乎可以迎
來古者司里授館候人道疆掌圉司險委吏主藏
膳夫餽粲賓至如歸迺今二驛沓鬱蓊薆石甃基
址木日委翳烏鳴狸走予實悼焉爾方令其克新
之方令曰不類事也不類責也敢不奉以周旋無
何迺鳩厥匠木臬上下經營伊始圭景陰陽向背
攸分迺聚厥材幽祗假蹇杞梓連抱鉅靈巖嵬谽
谺干雲迺成厥工月試日省結構實校獎勤勵怠
穹窿苞茂官塘樓者三門者三廳者五廂者六港
口堂者三庫者二樓廳廂庖湢亦如之不踰月而
功告成以復于御史嘆曰美哉規度弘偉可貞也
已吾聞方令貴不費官財不擾民其在藩司燬于

回祿則易以高明蓋取諸大壯其在浮橋潰于陽
侯則易以堅久蓋取諸渙其在官塘往者以過則
易以廣大蓋取諸大過其在港口來者以續則易
以豐美蓋取諸賁既而史南聞之贊曰渢渢乎光
裕也哉王公之烈也可以觀度矣偉哉熙熙乎方
令之賢也可以觀勞矣夫自二三元老以下以暨
于藩臣憲臣者國家之義氣也義氣以鼓萬物之
入機而天地始肅自千百常任而下以暨于邑令
邑令者國家之仁氣也仁氣以鼓萬物之出機而

天地始和肅以振物和以平民闔戸之坤自我義
立闔戸之乾自我仁育乾坤理而天下治矣乃今
二驛之建也憲臣始之邑令終之庶民攻之不日
成之易有之曰艮也者萬物之所成始成終者也
繼自今忠信以爲柱石道德以爲堂室紀綱以爲
桀櫨威儀以爲廉隅神明以爲輿夌而又升吉之
階履坦之道儀天之衢以棟宇我國家以翊維新
之治則天下之事百一千一萬一罔不攸建以緜
昌祚于百千萬載豈其驛于蒲圻

重建河北候館記　林增志

沙羨爲鄂渚望邑踞江漢上游南通雲貴閩粤北
達京師中州道稱稍孔以傳以遽走轂奔蹄過績
如織則司里導疆候人授館之職奚容虁廢駐節
解宇苟焉安陋玩圯冠蓋儼然臨之不堪託足則
荒蕪獲鏊主東道者將安所施其顔按周禮凡國
野之道十里有廬庀物各贍其事修繕以時以待
賓客則乘傳者不虞于露處蒲之河北距郭五里
許于斯可以逕輶軒而舍祖軷舊有館建自蒙化

譙櫓圯廢甚矣隨申請上臺發帑錢修繕敗者葺
之缺者完之毀者新之每一麗譙工竟輒詣閱諦
觀犒匠役有差惟北河一帶當千溪萬泉之衝而
崇通二邑朝宗之水復取道于此凡春夏之交雨
溢流湧汎濫奔騰而下其埶撼岸激石非至堅莫
抵舊垣自阯而上率以小石和土砌就築者繕者
遞相因仍苟且完局不爲經久計一遇狂瀾如枯
朽當廉利靡不摧拉數仞鹵莽之累下受齧而上
傾隤是以屢築屢壞徒糜畚鍤之費庚午春因水

雉復圯余思唐顔魯公守平原當祿山未叛之先
逆知其不軌潛爲之備陽託霖雨增陴浚隍厥後
二十四郡望風而靡平原金湯巋然得之預也況
今國家戒嚴而全楚有紅旗之釁僻壤一蒲儻暴
客橫發而城適訌于水何以守禦則綢繆于北垣
者可不懷永圖乎同政戎廳金君素負幹當具畱
心民社分猷宣勞克祗厥事因以董築之役專屬
君毅然力肩其任焉其慮奠垣之阯非巨石寄累
不能鞏扞阯之栈非斷木淩致不能持即命工入

山斸石閲林伐木身以單騎先之材既庀而工興穴城基淺入尋許下長厚條石斲嵌整甃埏灰膠之而塗其銲崇五弓二尺廣二弓三尺上下如一計延二十弓有奇崒若斷岸矗如凝雲怒濤無能肆其暴矣益展一時勞費而利收永逸覩曩之歲事繕作者其撙節不已多哉君之經畫調劑井井有條運斤操築之匠石荷畚秉鍤之工作時稽日省間以酒肉勞其勤者而惰游則斥之冒炎率作卯出酉入爲地方致其賢勞雖戴星之勤不加于

此矣故功集甚速始役于暮春八日竣役于孟秋七日凡四閱月告成事費凡若干繕崇墉屹然爲山邑防範之計預矣足以潛消溪峒萑苻覬覦而閭閻帖席余亦得藉君手而不墮守土之職君之茂績與兹城俱無敝也因志其事然君之能其官敷政之善指非一僂此特爲修城而書云

新築河北砂子嶺長堤碑記　林增志

蒲邑隸鄂而踞上游介在山水之間巖疆也亦澤國也道故孔燕吳浙粵滇貴楚蜀之逵達焉郭外河北驛路一帶地瀕礀道二雋湯湯合流所徑當春夏之際千巖萬壑復膺沸迸騰而出勢橫流溢窪者湮而高者嚙逮潦盡砂石縱擁衡嶮閡輪妨蹏難于托足爲賓旅病八達周行壞若鼯徑鹿場本縣業自至止寓目駴焉詢所自地咸謂築砌經費不貲在官無額修公羨之編在民尠樹義布埒之倡因循所自來矣昔單子聘楚還陳陳以道茀譏焉此固守土者責也可復因循是玩乎特急于港口輿梁之役執難兼舉擬竣橋工及此嗣屬時

事孔棘拮据徵輸佐備胥之詘公私如洗一切未遑然于此役殆未嘗少置于懷雖俸薪已捐于洪穰未濟因恩庫貯按院黄贖鍰三十六兩係馬師所辭本院之饋詳請改支爲修路工費果首允慶愜至人普濟弘愿歡喜俯允所請仍檄嘉魚再取贖鍰一百兩以襄斯舉本縣即將前銀一百三十六兩給付砂子菴僧德慧復擇謹愿善民蘇遇昇周繼賢等同收以董其役庀料僝工蠲吉始事屬同政戎廳金諱夢麟總其理先是前令吳曾翰緣

簿命僧募貲逾恭未及千丈今已漸就圯矣餘未修者計二千丈有奇圖爲永逸當慮周經始其地或高或下且葬且塞葬者之餘未克塞者之累本僧用價三兩購就近土隴一片以資塡塞厥堤崇準五尺趾廣丈有三尺面以巨石面視趾減三之一恢拓堅厚較昔不啻倍之隄旁咸審插柳不數載將翠縷成陰行者可翳其陰堤且憑根荄彌鞏也每丈估工料經費共肆錢五分則本院所施足敷三百餘丈爲攸往利長矣蓋本院永砥矣之衷

標瑩彝之度慇茲歷落揩之蕩予來若徃者凡安行亟行而昔攢眉于褰裳濡足短氣于躑躅委頓者今得信步展足坦然由之周行不騫載德何極曩霞山蔡先生督學湖湘按部歷蒲悵縣北大溪徃徃病溺剙浮梁三十艘跨流而濟迄今利賴稱蔡公橋茲隄屬我黄公趾美蔡梁與山川俱不朽矣是役也徽靈直指臺爲大檀那眞曠睹盛舉故邦人士靡不懽發樂輸其貲以佐浩費僧與善民等發願展力咸克祗厥事戎聽宣勞督率核費以覈其數財無虛耗甄別以勵其作工汰惰游功因速就本縣得藉手以觀厥成焉首事于庚午孟冬旣望竣役于辛未仲春直指臺爲屬邑作千古往緣萬古騰頌僉謀勒之貞珉爲來茲存此勝事焉黄公諱宗昌字長倩别號鶴嶺山東即墨人振揚東南風紀爲全楚永賴者卓蹟難枚舉將載之省乘國史此不具書馬師諱一騰字僧庠號妙生居士永嘉人

浮橋記

鄭應祚　衡山學訓導

正德六年秋九月兵科右給事天台蔡公奉璽書總理湖廣學政才行文章蔚爲人望按部所至率以身教爲先薰蒸融液士風翕然較閱之暇旬月之間而成茲一日不可無之急務以遺斯人無窮之利澤實經濟才也于是武昌監郡繆君暐捐俸盤石謀于蒲令張珮暨教諭辛懋訓導洪山輩遣庠生黄崙唐璟走書幣屬應祚爲蔡公橋記按蒲爲武昌鉅邑京閩浙川廣雲貴必由之道縣治北臨大溪通城崇陽諸山澗壑谷之水會焉磯砥衝

濺深昧莫測先是爲政者多因循率以一小舟濟車馬負擔樵採提携之衆歲之斃于奔渡爭舟覆溺枕藉者不可勝計正德戊辰蒲丞焦君貴祗受撫按湯公包公命嘗造舟若干艘跨水爲浮梁民甚便之曾未閱三載倩歷風濤霜雪蠹剝之患日就傾圯迄不間有支一本維一綆持其危者遂至飄蕩一空邑之人仍以二小舟濟渡而覆溺枕藉之慘猶前日也公按蒲目擊民病乃瞿然坐不安席輒齋沐祀河神進邑民而詳諭之多方區畫選

匠遴材分命義士李鍊龔鋼張英王禹疇盡心殫廼事時公方刊布學政規條因駐蒲逾月暇則躬行勸勞不啻治家事然民翕然趨命富者捐貲積者輸粟能者獻謀壯者效力乃積舟三十臥欄其上修四百尺廣十有二尺翌以扶闌如其長之數而兩旁貫二鐵索長六十丈機牙信縮漲落隨勢雁次鱗比翌如烜如公復咯鳳山驛四面閒地立舖舍八十楹召民居之每歲各取貲以資修葺經始于辛未仲冬之勝僅一月而告成搆架不費于

官力役不病于民而葛目磯砥險巇之地彝然若履平地隣邑士民出其途觸目驚心恍然怵然不知茲險何繇而得爲康衢也遂相與易其北河舊名而通稱之曰蔡公橋云噫以衆人之所坐視者而力任其責以天下之所公害者而獨憂于已公之心何心哉仁人之心也仁者無不愛何忍斯人之無辜而蔵胥及溺耶斯橋之不容于不成乃天理也是知橋之有無成敗豈係于天造地設係吾人而已則所以永斯民于仁壽之域推其仁心仁

政以繼公一念之愛于以嗣而葺之于無窮也不然則戊辰之役可監矣雖然萬古此天理萬古此仁吾何敢不以公之心厚望乎後之執政者公名瀚巨源其字浙之臨海人霞山其別號云

重建北河浮橋記

馬　練

蒲川有渡在縣治之北當驛路之衝川之源濬于通而其流經于雋驛且深先時嘗濟以舟舟不勝載噎溺隨之弘治末蒲丞泰興焦君始作浮橋冀可繼而可久也正德辛未臨海蔡公以督學按蒞

輿爾既廢而弘大其規嘉靖丁未南海崔公以進士尹此新爾再敞而協濟其美邦人至今誦其德不置嗣之有司視簿書覬官脊不給又遑恤此哉于是奔渡爭先覆舟相踐甚至一日而溺及三十人死者固遇而生者坐視其變不爲之所亦何忍也乃幸我劉源泉公來式茲土夏中而署厥篆秋既而成厥梁籍舟三十虹亘櫛比維以鐵絙護以周循置守者防其觸桜而時其斂放兩岸樹有坊北皋構有亭不惟民得履坦免爲魚鱉而山若畫

而增明水若瀄而增妍是誠蒲之壯觀也邑士大夫民父老慶幸而相賀曰其涉川偉績乎然嗟是誰記者輪記于馬子馬子曰夫是橋成觀者三焉而會于道夫拯溺濟人務孰先是費鉅工殷事孰難是急其所先先其所難不沮不撓不猛不却此可以觀誠夫必鳩工必庀材必乘時時以掄材材不廢材以聚工工不弛工以趨時時不妨此可以觀才用人公董役者勸察奸明賅罰者惧親往規督惰者奮頑者艮欺而隱者排或遑此可以觀政

夫道仁義而已矣仁義之發和于事宜于民故可已而不已者厲民不可已而已者廢事不廢不厲言于上而信倡于下而悅議之同行之果成之亟以事則和以民則宜故曰可會于道故道而識則其識遠識而才則其識據才而政則其政明是故其績偉昔孔子于子産目之曰惠人又曰有君子之道四又曰古之遺愛也意其以乘輿濟人偶一爲之耳豈所以盡其人耶孟子見事蓋卑政蓋陋故極論以拯之恐人知取足而已故孟子之所言

者政本也子産之所爲者仁術也克子産之心而進于孟子之説官不以費下不以勞是爲有識是爲克才是爲平政而仁義不可勝用矣源泉其知道哉夫小占大邇矩遠然則遠大之至于斯以觀源泉之謂矣

普惠橋記　廖道南

普惠橋成西山公告諸宮寀氏曰茲役也實有司存惟予弗類惻然興懷溢爾就緒子其記諸宮寀氏曰厥委云何西山公曰維茲義豐居邑東北南

聯雋郡則九官八斗之扼塞也西络奠嶽則六川七澤之通衢也近接燈籠則石䃏石盤漆洞潮澤諸峰之分流也遥跨丁畈則石馬蘆蒲撞源芭茅諸泉之支派也邇歲橋圮基廢潦衝石齧旅人號咷田畯病焉予乃謀諸張子鴻猷協思則山靈垂祐糾力則水若效順輸粟鳩工伐木采石經營依始歲月告成予其記諸宮寀氏曰嗟乎王政之不行豈惟鄉井之病天子之憂也又豈惟有司之咎宰天下者之責也古者大道未隱天下爲公百工

庶府各修其職司徒董役司空視塗鄙長受命鄙胥呈技鄉遂咸宜守望相助是故辰角見而雨畢天根見而水涸氐見而艸木節解駟見而隕霜火見而清風戒寒于是乎收蕩工峙畚鍤課章程測水闌而成之橋梁夏令有之曰九月除道十月成梁周制有之曰列樹表道立鄙守路月令有之曰坏城郭固封疆謹關梁塞溪徑今之爲有司者反是厚囊槖富苞苴視民之溺若蠛蠓蚊虻然是又王政之必誅而不以聽也西山公之爲兹役也其知道乎西山公抱道含光秉德履坦居家則有家規闡揚典範處鄉則有鄉約淳厚風俗以布衣而懷天下之憂遐哉邈矣兹橋之役是固其緒餘焉耳爲有司者聞之不足以勸哉西山公名應辰字天樞南山司寇之仲子五洪司徒之介弟宮寀氏道南之叔父也義豐者里名也橋曰普惠通王政也宮寀氏既敘其事論曰王政行而仁惠普王政息而私害作豈氣化使然哉存乎其人焉耳君子豐于義以導利則爲惠小人豐于利以賊義則

爲害孟子曰子產惠而不知爲政豈其然乎銘曰惟彼義豐里于沙陽層峰巃嵸衆水滂洋利涉大川疇其相將惟此西山尊川之望仁以睦族義以處鄉采虹蜀流翠蚪抱梁吁嗟君子慶澤惟昌工施萬夫名播三湘史臣作銘以告循良

粟柴港橋記

馬　練

邑之西北二十里有港曰粟柴其流趨委蕩擊其涯旁廣而中淺涉者皆病之舊莫有能爲之利者吾同年游公文瑞思以平易危圖之鄉人僉謂木

懸岈虛不可橋公意怏怏既蘧蘧然與曰心若稍
物何沮乎夫岷水之險智者能濟繩橋之詠信也
獨難于其細乎遂諧居鄰行觀于其畔則與耳謀
者嘗然與目謀者呀然與神謀者說以閑與心謀
者窪以靜進折數十步得其可橋之勝流緩而實
益造物者之設是以需乎人也用是相與營治之
庀厥材㬥厥石鳩厥工計其費需金錢二十萬匝
一歲而橋告成夫君子之所樹惟其義不二于異
盡其我不必于天壯其用藏于其志反之皆左也

公惟行而右顧不將舉以羽儀天朝舟楫天下者
孰是爲記

港口雙橋碑記　魏說

邑大夫可任林公以南宮大魁出宰吾邑其文章
政事古之循良其慈悲利衆今之菩提種種懿美
他日當有紀惟慈二橋距邑六十里而遙環萬
山之中闢一線之路其上則滇黔粵蜀有事于二
京洛省凡從岳陽出者則以蒲之港口爲武昌之
戶而入下則二京以至秦晉齊梁江浙閩廣有事
黔蜀凡從武昌入者則以蒲之港口爲武昌之戶
而出而此港澗水衝咽釃爲二渠秋冬爲觴濫之
澗而春夏水漲有項羽破章邯之勢是二橋之作
不可不亟亟者乃二橋之圮將近百季夫百年之
中豈無動念者而何竟無成功耶迺公大慧力人
大慈悲人甫行部至此遂油油動念此一念之動
決如機發堅如金剛此一念之動平地九仞人天
共悅問諸耆老耆老其此油油也問諸士衆士衆
其此油油也金不募四方農不妨時務四月肇端

十月告成從此朝覲徵聘者如跨長虹貢賦運餉
者若履平地騷人無渡河之歌行李免苦葉之嘆
公孫僑不必施沾沾之惠韓淮陰無庸用木罌之
奇計擇可勞而民無怨利什百而功始興人皆以
爲肥鄉之策待韋景駿工始成富平之橋非杜征
南不能立而不知大慧力人即念即是橋梁大慈
悲人即念即是普濟此皆餘公初行部時一念油
油之動直闢到底也余根鈍劣非公比但余向年
亦有此一事邑有白水橋久圮客以此請余余即

脉脉動念因揹貲爲之此雖不足言亦可見天下事皆從一念立其機如此第中根人之念即有所動動由觸轉不觸不動上根人之念滿念皆是雖有所觸觸非爲主則余與公此事之謂也雖然此亦公治吾邑之一事也吾邑城郭鄉市若如境奚止此事昔釋迦牟尼欲度盡一世人然後成佛今公度世者必欲使通邑内寃滯者疏蹻跂者化辛苦墊隘者舒氣象蕩平盡如此橋使深山窮谷靡者修缺者補隄者隄航者航盡如此港口而後與

民休息故名其橋一曰瑞鸞一曰嘉鳳皆有淵然天外之意他日宰天下又以其度此一邑者度一世而百事統歸一事百念統歸一念此二橋爲可覘也前是橋之始造也劉會元卿王命而南于兆爲元其落成也傳道尊齋蔦壽表而北于象爲貞從此貞下起元與國無極于公爲愛而于泉爲共泉安得不鐫石以志遺愛耶吾儕惟奮厥依慧力頂戴弘慈慶地人之有緣允若茲則余言還當與此石俱盡耳公之功德此疇能盡哉公諱增志戊辰會魁浙江溫州府瑞安人是役也公提衡于上而募助延壽寺僧海潞民余效忠而胥理督工則有典史李逢霖民郎播生員吳之璦此皆有功二橋者併附姓名

新建車埠堤橋記　劉朝薦

余讀瓠子歌而嘆水之爲利害也是時天子沉璧馬羣臣從官自將軍以下皆負薪塡河而下淇園之竹以爲是蓋其爲烈所從來久遠矣至若鄴縣之役扞禦猶難或民惧于非常或議格于當事如

傳所載西門豹築渠事其明驗也孰如我宣侯之上下相信以奏厥成者乎侯以名進士自黄安調繁蒲陽甫下車百廢悉舉諸辨大獄興大利革大弊凡可爲民更始者無不次第布之忽十四圖以水災告侯惻然動念即身履其地查視煙火若遂亡狀不啻數百家亟進父老而問之僉曰蒲圖澤國而此一方尤甚上則濇源通城暴雨漲生洶濤澌湃而來居者不及辟雞犬籬落齊爲龍子宮也下則長江繇六口入一望浩淼牛馬不辨經半歲

不去無論國儲不能為民策民生其奠乎侯心憐父老言周遭巡行延袤數十里盡斥鹵不可耕慨然捐俸錢若干移牒院司府報可各捐金助之侯躬為經始高數丈濶亦稱是不費民間一錢一粟不借一夫稻秬取給官家而又恐衆志之不一也率僚屬而矢之所不竭心以利民者有如日遥堤長者督其事身五日一課省減騶從別勤惰每計圳上給以工價不少遲也纔四月役竣侯更慮泉流孔道内壅可虞中搆一石梁梁下樹石門外漲

則閘焉内蓄則閘焉居者行者賴俱無患侯心力隄防亦周密懷永圖矣今日者水由中流行不與田爭田裕糧而甲戶兒于陪那糧還里而版籍不致混亂長河一帶綠楊依依有似向之萑葦者乎桑麻穰穰有似向之漁火者乎饑者以食逃亡者以歸不歌鴻雁而歌樂土矣侯之功成矣人皆羡侯之成功而余獨羡侯之誠心為貫上下同孚如前所談築鄰故事云云使當是時一片苦心問之民而民不便請之上而上不應侯獨力能成乎則其前歌後舞以効子來而當事者百口稱善予于是益誦人之所助者信也非侯感格之素何以至是哉侯政績甲天下旋當如古名臣大司農鄭當時輩之講水利設便民者寗渠蒲陽藩固侯功德之發軔者耳不朽在萬世矣謹因通邑士民之請而為之記

重修五洪橋記

劉光輝

邑之南有橋名五洪者蓋上下數省濟渡也橋創于元皇之初程學士記予延祐丁巳之十一月檀

越願力詳哉其言之到今三百餘年閱世多矣邇來水勢衝激磷磷者忽焉解裂來過客之悸驚動居人之扼腕發願者雖慈悲而力棉有力者復慳貪而願薄余不佞假道感慨間雅意于言願言力也竟以奔走王程閒關歲月未暇與之言願言力也邑中謝上舍衶塘係御史叔蒙先生之弟也取與纖毫不苟正大有願力者而肯言願言力也遂捐貲若干先二三臭味者而言修遂有二三臭味者亦捐貲若干而言修以致十方人斗米文錢一

夫尺布各各効涓滴恒河沙數以贊成今日之役若似乎衆人亦有願有力到今而都言願言力也則願力不旣多耶余不佞因感于程學士之記之言也其曰天下之難事非力足爲者弗能也隱隱言力而因言願敘事詳而有體韻而不殺如邑中大成殿記顏常山廟記與此紀都屬元時之片石可與共語余髮燥業慨慕想見之也今遂斷碣荒煙石了不可得乎嗟乎橋以車塵馬足而尚存記以樵牧風雨而不存記以樵牧風雨而不存惡知

橋又不以車塵馬足而不存皆人之過也又惡知千百年後不車塵馬足多于今日不樵牧風雨多于今日而今日代元學士起而記後日不又有代代元學士起而記之者乎特與本境之人約有好文字者世世護而惜之發大願力者世世護而惜之則記存橋存橋存記存又後事者之任也斯余之作記之大意如此是役也工起于萬曆丁巳之七月告竣勒石于本年之九月日也

重建大成殿記略　　張掖

蒲圻學創于紹聖間大成殿實令尹朱公壽所建建炎中燬于火殿獨無恙淳熙戊辰新安汪公涿重建歲久柱蝕榱朽螭傾墉頽浸入卑陋尊事弗稱其間任宣化之責者以時伏謁心歉而力弗逮端平丙申十月薛侯來宰是邑下車詣諸生誨之大懼學較弗修名教不立爰命學正李洪直學宋伉陳圭學諭宋偲雷谧明學錄倪起潛俾共成之經始于戊申仲夏訖工于己酉季夏廟貌炳煥乃率邑僚暨弟子員告奠退而講鄉飲酒禮聲名文

物視昔有加者如此侯名儀老永嘉望族爲政以嚴明通敏稱三年有成百廢具舉于是乎書元嘉熙三年立石

敬德堂記　　何天駿

縣令民之師帥學較政之本原知所先務其賢乎其惟天朝飭攸司勉學較百爾在位式克欽承甄錄章縫蠲除庸調德至渥也蒲壯邑學稱之歲月浸老風雨震凌凛乎傾壓欲興修而未能也今令尹韓公世輔中州之英以儒飾吏明而恕淸而通

考未再書政聲籍甚報戶籍而士類必旌別定差發而儒家不泛及其加意學較如此一日顧天駿曰學宮頹弊盍議葺之丞逖公忠簿李公珪尉劉公讓贊其美惟學廩薄則勸衆士以助費工役廣財擇能者以董事自三門兩廡公廚撤而新之直舍後形勢高爽溪山環秀乃築土甃石增翙一堂爲遊息之所朝夕程厲衆職競勸逾年而竣事棟宇屹如丹堊煥如兹夫子宗廟之美皆韓公作新之力也邑當孔道應酬倥偬公不以簿書期會爲

能而以學較教化爲務尚德也堂成名曰敬德蓋取魯侯敬明其德而能修泮宮之義吾黨自今修藏其間當知敬爲入德之門克而至于毋不敬上則敬君師之德與賢尹之德內則自敬厥德以造于成德之地尚無負韓公期望之意也僉曰唯請刻諸石至元壬午嘉平吉日較官資中何天駿記并書承事郎湖北道儒學提舉成都楊彥博篆蓋司出納李復孫劉元老掌事高支能朱孟郊陳璐清鄭夢璋覃祥甫熊楚傑覃雲甫任建用任介福提督修造梁龍起宋公正黄炎甫等立石

重修儒學記

湖廣提學僉事前監察御史韓陽　會稽人

蒲圻爲鄂之壯縣儒學在縣治南郎宋故地趾基亢阜面勢嚮陽清溪迴環遠岫森列實一縣之勝地也以故出于其間者多魁梧俊偉之材政事文章之彥奈何殿堂齋廡歷年滋久日就傾頹官是縣者固多惜未有能振其廢者正統庚申冬十月永新劉公通理以丹陽典教秩滿用如者薦奉命來宰縣事視篆之後首謁學宮覩其頹弊無任咨

嗟蓋以學較風化之源人材之本乃爲政首務毅然即有修舉之念于是經營圖畫名匠僝材先葺禮殿明倫堂齋廡戟門廚庫以及書樓講室飲饌庖湢之所一皆撤而新之他如祭祀之器與凡庠較所需之物巨細畢舉輕重無遺廟學規制于斯爲備較諸往昔大不侔焉經始于正統六年十月訖工于十年十月濟濟衿佩來遊來歌莫謁有嚴講肄有所上不知費下不知勞是皆縣宰修治之功也一日庠之職訓蕭子揖氏具述其事告曰蕭

坼之學新矣毀刺鄭修頫魯義有記刹公任厲學之責敢以記請余曰廟學之新殊爲可喜縣宰通理能知所務其修治之功毋容議矣第于在泮諸生息斯游斯所讀者吾儒之書所治者吾儒之業況吾儒之道乃三綱五常之道也窮天地亘古今不可一日而無者吾儒之道如斯其大而吾儒之身又斯道之責也窮則獨善其身達則兼善天下爲諸生者朝肄暮習尚有以副縣宰新學之心斯可焉苟徒處此維新之學月費歲廩旅進旅退濫

儒者之名而不知窮守達施修已治人之理匪惟負皇朝養賢圖治之恩抑且孤縣宰修學待士之望而爲吾儒大道之憂也因其請遂書以記

重修縣學記　廖道南

惟皇御極二十有五年秋八月哉生明蒲圻學宮成先是西粵李侯桂蒞政之疚熒惑守斗侯乃大恐諸生言曰兹土之有邑也自吳赤烏始也時諸葛孔明以漢丞相會魯肅于六月戎馬倉皇弗閑逕亙迨唐改遷鳳山鄭元璡肇澄化源侯今蒞止務爲興思其諸元璡之遺績也哉侯以時詣學蘼蘿而弗遑者逾歲越明年旱魃蘊隆室如懸罄諸文學言曰兹邑之有庠也自唐永徽始也時李必聞以唐宗室偕鄭光系于蒓川雲雷經綸天造艸昧肆宋改遷金疊朱壽昌助建贊基侯今蒞止濫焉鳴鐸其諸壽昌之遺訓也哉侯以工浩財匱讓而弗遑者又明年歲登和豐民有寧宇諸鄉大夫言曰兹庠之有宮廟也自宋乾道始也時汪侯若游以文公鄉髦聞風興起而薛侯儀老相繼成之

逌我明詔新學較柯侯日新吳侯俊葛侯鳳儀胥加修飭侯今蒞止煥焉庇制其諸若游之遺緒也哉侯乃率僚徐君禎弘規畫拓疆域具畚挶輸瓦甓平水臬奠方位董章程課餼稍日不暇給者逾旬適中丞豫章姜公有事南彝牲駕臨閱乃諮史氏于元素洞天之野史南作而曰古者帝王之建極以敷政也夫道貞于一而已矣越厥後之爲政者或多岐焉已爾古者聖賢之傳心學以立教也夫道協于克一而已矣越厥後之爲教者或多門

爲己爾是故政教合一之謂全功功化合一之謂
全才帝制莫全于虞王制莫全于周虞廷以九德
教胄子而六德亮采三德浚明知人則哲安民則
惠合智仁而一之其爲德也全矣周家以三德敎
國子而師氏翼行保氏肄儀成均稽禮司樂協和
合禮樂而一之其爲才也全矣我皇祖上嘉虞典
旁稽周禮作新學校遍布海內凡日際月域霜蹐
氷窟協氣佽徽薰爲太和而大魁偉卓犖雲興景
從焉翼孝德彙征茅拔彬彬然甲虞周之盛其爲

功也全矣列祖相承豐亨豫大重明麗正化戟聿
弘士習丕變皇上法乾神運效坤神載崇祀皇王
于文華以欽崇皇極之統明經聖學于辟雍以啟
心學之與全德全功而一之而全才將不見于茲
矣庠翎今歲值丙午日御南離火德麗奎壁木宿
輝斗牛易曰天之所助者順也人之所助者信也
履信思順是以尚賢也天人交修與象緯式昭邦
其承乎于休哉夫吾楚自周元公崛起于宋上研
羲皇闡天之蘊中採孔聖繼天之精別圖衍易闡

微顯幽根究理本發揮道妙其言具在也苟弗是
之務而馳騖于多岐或失則荒支離于多形或失
則謬是豈可與語帝王貞一之政聖賢協一之教
哉繼自今合帝製王猷而一之以精一爲淵源合
聖經賢傳而一之以一貫爲標準合德學而一之
以內外一體爲廣居合政教而一之以體用一源
爲大道合功化而一之以聖賢一致爲正位庶乎
上不負聖天子敬一之彝憲下不負生平忠孝之
至懷而于良有司夫與有榮焉爾矣于是諸鄉大

夫述之以告于諸文學諸文學以告于諸生咸曰
易有之天地養萬物聖人養賢以及萬民茲爲聖
天子作人紀書有之爾克敬典在德允升于大猷
茲爲監司觀風勸詩有之成人有德小子有造古
之人無斁譽髦斯士凡預政教之責者其懋諸是
役也櫺星門則易以石柱凡爲柱者三中題曰
至聖先師門乃若至聖先師廟則易以璇題而桃
花之青峰而大成門亦如之儒林坊則易以棹楔
而靈應之特峰明倫堂則易以隆棟及兩齋兩廡

鄉賢名宦兩祠餙材亦如之先是經始于乙巳之夏五月而落成于今秋八月自洪武庚辰科以來舉進士者凡十九人癸卯科以來由鄉薦者凡九十人至嘉靖庚子癸卯二科五人今科中式者三人會逢其適功不可誣也前巡撫車公純巡按桂公榮伊公敏生咸嘉厥舉今代巡高公節則貞度章教承觀厥成者也前方伯張公時徹廉訪喻公智分守李公主翔分巡戴公鯨李公磐方伯晉公櫰理廉訪孫公應奎守巡鄒公汝愚米公榮前督

學應公檟王公嘉賓咸預斯議今繼督喬公世寧則明章厥教者也郡守何公城以翰林吉士工部郎中出牧恒屬意焉而李侯桂實祗承綜理者也丞金允升簿徐禎典教陳君雲鵠分教謝宸范時省咸有事于茲焉于法當書史南旣紀厥役乃繫之詞曰粤稽邃古法象竆元皇猷逖矣帝烈遐宣堯勳廣運舜華重協明謨弼諧振民育德越夏暨商顯忠遂良較庠聿設弦誦斯彰周禮備官辟雍遂造敦秉彝則起于大道三代而後士鮮全才性學弗昭治理多乖洎及有宋奎開文運元公楚產竆理至命惟茲蒓水發源修寧萬峰嶽秀百泓淵靈紹聖創基端平啟宇宮墻相望輪奐有美我明統天敷賁人文五典用惇百度惟貞聖皇紹祖登三咸五多士嚮化雲龍風虎惟歲甲辰獲乃良牧升戮淸廟雍雍肅肅乙巳經始有闢軒庭鳩材孔良思樂用徵丙午載營有嚴堂室遐不作人不顯亦世惟茲庠宮山水之鄉後倚龍阜西瞻鳳凰金紫前臨靈應左列山祗川若篤生英哲總皆聖蘊

實自心傳精一敬義匪外鑠焉嗟爾來學對揚先命毋忘夙夜日邁斯征羽星重光政教重熙嗣今作者永世咸宜

重新文廟記

張文光

嘗觀文翁興學校蜀人化其教魯侯作頖宮頌者美其德重道尊師之典從來久遠矣是以有民社寄者莫不隆儒教爲先務而欲化民成俗興士向學尤必推尊孔子以示之趨良士所誦法者舍是無適也今天下郡邑各有學學各有文廟以妥先

學先賢之神有司春秋薦焉朔望禮焉蒲圻去郡
東南三百里鄂巖邑也邑令王明府以進士解褐
萬曆巳亥歲來尹茲土本儒術飾吏治廉平仁恕
政明訟理甚得民和驟進青衿而延敎之剖疑據
情崖逹得來曾有多士蒸蔚向風明年入計又明
季歲在辛丑侯方受計京師適于元旦祝融爲祟
民突薪爇爰自文廟逮于客館悉歸回祿公既謀
最竣事適歸顧瞻廟貌化爲灰燼慨然嘆曰此神
所憑依邑令首務安可借口公帑匱詘民力凋疲

而綏建豎哉于時捐俸入董貲用聚財鳩工經之
營之始事于秋八月中起大成殿旁爲東西廡櫺
勁堅茨匪棘匪徐培庳爲高去隘增麗截閲月而
告成功清廟堂皇肅肅言言用其餘力廡館宮室
齋舍廩庾煥然一新百廢具舉墜于舊貫民無告
勞上聞知費工既竣學博士李君告余曰以邑侯
之建此鉅觀而用不煩官將民不廢時務拮据力
殫區畫心勞洵善政之最巨者可無一言用紀成
事曩嘉靖間有作則廖學士記之夫紀事太史公

職也敢礱石以請余曰唯唯夫明府之新廟是所
謂尊孔子而示之趨者也諸生抑知所以學孔子
者何在乎孔子之訓在六籍道之大者在求仁而
庸行在倫敘迺今世學者佔嗶其遺言不過勞精
于制藝帝心于科第以爲仕進梯一得通籍又不
過攖情于崇膴結念于膏潤以爲身家計夫大業
舉而號聖學也唼沫而遺髓猶之乎竺乾眞如之
旨僅流爲披剃道德淸虛之玅僅流爲焚修也吾
未見其能學孔子也曷亦反諸心而尋理遏欲以

孰仁乎曷亦求諸道而孝弟忠信以敦倫乎仁孰
則根本粹而枝葉自夸榮倫敦則大綱舉而節目
自條理修意修事內外兼養日就月將自強不息
庶幾升堂入室壁立數仞之墻宗廟百官壇壝闕
里之坂紹大成之心法而接尼山之統緒由賜以
下之品且將薄而不居矣予大夫豈無意乎廟以
人而新德以學而新是在勗之已不然嘻予于口
耳驗雜其心原章縫其衣冠闕略于倫紀豈惟負
賢父師雅意士人自待謂何何宮墻之爲也之役

也士夫有捐貲助者俟不拒梟迄事而畢歸之民有議取官道樹者弗聽唯節兩禩之費益以槖金市材陶埴平買無匃乘澇稟貧民子來焉賞罰明程督當故舉大成速若此眞足勸示永永王侯名之傑潼川遂寧人余同籍士西蜀而服東魯之道有古循吏風李君名世薦楚麻城人癸酉禮經魁才高學邃允稱師摹丞唐一德義寧人簿何河霖壁山人陳若心武隆人尉胡中崙豐都人訓何師遜安鄉人田鎬巴東人皆一時與有賢勞法得備

書萬曆壬寅又如月吉史官張文光記

重修儒學碑記　林增志

余始至蒲謁　文廟甫及門見櫺星墉楯欹圮弗治迨升堂見榱題凡縋傾側弗飾劉覽廊廡缺陷荒隤弗堪寓目愕而嘖曰武昌首善蒲爲望邑非所稱斌斌多才文獻之邦乎顧學宮何地盍儲養儁傑化源所自、先聖之靈託而康焉尼山日月不亘古常新乎國家所推最重者凡三曰郊社曰宗廟曰學較而已故　文廟上自王畿下達郡邑考科目之成襄三五上理悉自此出崇而奉之者若四瀆祖海五嶽宗崑所當極致其敬焉者致其敬則宜飭其觀觀不飭則褻褻則若奉祀不虔無以獲福而奈何若是弛也及接諸生譚蒱之餘廼及後先科名之數則咸曰蒲固福壤然科名素甲郡國壬子癸丑以前有聯璧升南宮者矣有四五薦鄉書者矣嗣後南宮絕響鄉書薦僅一二而已余復嘖曰無族諸生言已從謁文廟知之已夫臺池苑囿之崇陂梁道路之茀過而有識者且占國

之不復理況學宮乎故詠采芹之什知魯以之興歌子衿之篇知鄭以之替信乎科名之消長繫于學較之興廢譬之巨室世家未有門垣堂宇敗落荒凉而似續克振其家聲者是以氣豐王則觀偉觀偉而文明之象始呈蒲之學宮剏自宋之紹聖迨勝國燬于燹明興洪武初年重鼎以來近三百禩拂碑問字修至再矣歷歲漸久靡成不壞繕而新之爲地方再闢文運固守土事也復計所関司牧司鐸若而人何無一瑕不少顧此豈更新固有

待與屬時事之殷軍與帑匱徵令不翅繁持籌無
措多所未遑無何吳興元初黄先生以魏科隨牒
来諭兹邑經術行義卓然歸然敢暇時獲周旋私
其緒論殆秇文之鵠人倫之表端槼蒦肅衣冠日
同一二聯事升鱣堂帥諸生修禮容講新貫每四
顧愀然陋黌舍弗治無以稱聖人之居若有不能
一日安其身者因謀維新于予而力請肩其任余
斗契深衷躍然爲同聲之應遂蠲吉首事庀材鳩
工隨所營度未備者備之未飭者飭之備矣飭矣

猶若未盡備與飭者姑備之飭之門墉欄楯崇而
外儼其堊圭室几鼎新而神妥其楹梁棟榱桷整
而宮肅其蟾墀域甃廊廡繕而升降廻環若柷敔
完籩豆嘉而合樂享祀飭丹雘其外富美其中窒
之遊之栗栗而巉巉枚枚而嚴嚴煥然改其舊觀
焉先生盡心學較如此洵知本務矣廼復進諸生
而詔之曰學之設也所以維持風教爲造士之地
非矜飾太平之具也故四時絃誦執讀與夫射御
羽籥之習抱琴鼓篋之遊時敬業而聳瞻嚮者盛

于斯非從事斯文即秖羅不得同其户重可知矣
自遊聖人之門者風日趨于今穠艷交而嗜好溺
才訣質雕傲化偭仁敝敝焉日鬬其心習于脂韋
沾著若膩曾于聲利趨傳若廬毀譽得喪日汩日
淆氣節全消眞醇盡失矯拂者飭翳混同者圓熟
靡靡世套薰濟蘊德間有能自振拔鋭意刮垢磨
光日新其德者無幾若文秇則飣餖羔雁以販名
梔蠟膚鞹以驚瞶徒標浮華之幟本實竅乎缺已
雖風會使然亦領袖率作之咎也今學宮新矣輝

增組豆氣振冠裳矣惟爾諸生其務慎重所自待
斬絕自新疏濯澄汰內澡練其神明外潤色其名
行舉一切染心敗度宿習故態盡掃俾沾滯刷胸
文淨于洗滌險伏袪志慮羅于光明思精而弗眩
氣純而罔駁飲元與而澤道德則德日新而業富
有轉移氣運機權握之自我故庚午賢書之薦數
巳頓增于昔自此思皇多士濟濟克生將超越壬
癸以前矣然則此舉非直爲觀美也所以作諸生
卽止之氣則敬勝怠盡人事以囘氣運也諸生其

亦勉自淬礪克才適用乘時思効與先生嘉惠後學甚勤故討之周而勗之至也余祗服而昌言曰先生作人盛心可以風矣菁莪樂育無以逾此因浩歌歐陽文忠公之詩曰吳興先生富道德詵詵子弟皆賢才以爲先生賀并以爲諸生勵使無負其盛心也頓覺諸生皆矯矯思奮仍謀所以不朽先生之賜者乞余言以記其事遂詮次臚其厓是役也經費凡若干緡始自先生捐俸余出贖鍰佐之治鑄之具諸生與焉始役于庚午季秋凡五閱

月而告成事董斯役者同政金伯麟也其幹具甚辦是用藉手焉先生諱衷赤直隸宜興人戎聽諱夢麒余浙檇李人嗟嗟修者振乎弛者也永者存乎繼者也後之司鐸司牧共操是心則蒲之文運不復曠觸士氣不復堙鬱矣所賴詎淺尠哉所載祀事之品與器虞簿正之或逸也因勤之貞珉之陰是爲記

鳳山書院記

王儼

蒲圻縣學西有山名金鼇唐縣學基也宋遷學于縣治南地遂就荒有老氏者流募材建張忠烈祠于其上藉以家焉而族日僞大正德辛未天台蔡公巨源典湖藩教事期崇正學諭以善端老弱欣躍請公毀之公以初按部攷較日勤姑未暇及又明年爲甲戌公自衡襄駐節于蒲遂遷其祠于南郊山川壇地仍錫以白金二錠命撤其舊材豎焉人無懟言乃取扑刑之贖暨士夫之助命署教諭事內江辛懋總其出納命庠生分理之造坊于前曰鳳山書院次門曰靈峰疊翠改蓮座爲樓曰集

雲取多士之義也翌以小軒左曰無逸右曰務敏取書之勸戒也左旁之堂曰頤賢右爲文會先養而後教也左右前後爲椽數楹先德行而後文秇名義攸在也山之顛屹爲亭曰仰高最後一所曰游息繚以周垣踰月大就惟時六學師生以類集角藝講六經精義于門下環觀聽者不知幾許越數日先生復發旌南巡乙亥冬適有賞[illegible]少叅之命道經舊教人情感泣叩馬臥轍公辭謝淤不能崇因易霞山爲鳳山仰高爲六峰攜諸生栽石令

紫山下欲爲碑以記之余惟天下之事有志者爲之道祠未始毀毀自先生始書院未始建建自先生始先生非厚于蒲蓋以物各有數唐之學宮寧非今日之書院乎殆天設而神守之也余所以冀望于諸後生者克肆肄業體貼良規求古今人品高下以爲用功之地他日縉紳廊廟期底堯舜君民事業則所以報于先生者多矣先生諱潮字巨源浙江臨海人霞山其别號云

六友山房記　在龍翔山　　魏珩如

壬子之春予方強仕二豎侵尋以病予告四壁徒立無以自娱于是銷黄金之帶典朝回之衣稍營菟裘得城北之山房焉未敢希踪巢由不免支公之誚自號買山隱者山名龍翔負邑之陽河流中界踔隔塵囂振衣流覽令人有開襟坐霄漢意集其勝槩凡歐箭五環蒲皆山東南諸岫最爲奇秀排闥當門送青滴翠晴搖雨歇桃花金紫時現諸天芙蓉邑相此山之勝也河水洋洋繞階如練支流左帶宛轉透迤可方可舟可筆可綸富春瀨臺渭津釣碣兼而有之此水之勝也山多白雲宋元祐好事者勒其石曰白雲臺坐觀雲起或爲冠綫或爲車蓋或爲繪帛或爲負鱗艸莽鬖鬈霏微不堪持贈而可怡悅此雲之勝也石號窪罇其色蒼黝圓凹其内而方稜其外酷似三代秦漢間法物别有峭壁懸巖古文奇字苔蘚剝蝕不可辨識此石之勝也彌山皆竹蒨葱如簀和煙韻雨舞雪廻風如對湘川如棲嶰谷翛然蔭汞和之觴漪然解子猷之俗此竹之勝也隱者一朝而有之躍喜而

狂曰之五者吾山房勝友也使予不以病免方將抗塵容走俗狀簿書相仍俯仰如韋能有一于此乎且山也水也雲也石也竹也于騷爲清于景爲仙于幽人爲邁軸于夢寢若安禪殆造物所秘惜視鍾鼎珪組若糠粃塵垦而不敢望焉今予擲一官而易五友于臣僕矣造物者豈私予哉予乃搆摺隱之堂領略山水亭白雲之臺掃窪罇之石營篠閣于萬个之中聚元元談空空從事于軍持圖蕉之業將挾五友以傲一世不覺其趾之高而忘

之遠也呼童命酌倚醉狂歌酕醄隱几天地若失有兩丈夫者碧衣偉幹欵予扉而詰曰噫嘻何子之不廣也爨下懷音朝陽棲鳳凝午陰而銷夏逆商音而知秋吾何懟于山房何負于吾子乃棄予如遺也且惠子之噱也是耶非耶抑予之未聞道也隱者戚然寤蘧然覺曰是庭中雙梧桐之謁夢于予也予如不言吾幾失子矣青山緑水白雲怪石翠竹碧梧五友可六也盍識之作六友山房記

城隍廟記

黎淳

都御史繁昌吴公巡撫湖廣之明年是爲成化七季東作甫興蒲圻稱旱公旬宣屬縣憂形于色所至潛心默禱爲民懇祈一臨蒲境大雨霈然三日乃止公猶不自以爲功諭其民曰昔澤有感豈無神靈相佑乎父老曰兹土惟城隍廟神屢著靈異公曰得之矣翌晨躬詣廟禱焉仰瞻屋廬穿漏日光犄觀廊砌泛濫潢潦即時出令圖鼎新知縣大津蔣俊鳳儀釋褐冑子來司民社事神治民權忿弗謹經營區畫方略備周訖始是歲五月畢工十

[illegible]建正殿五楹高二丈五尺八寸廣三丈四尺深一丈三尺後殿三楹高一丈五尺八寸廣二丈四尺深二丈外豎大門周建廊廡四圍各築垣墉環植樹木美輪美奐雄魁一方縣民封羊醴酒日來祈報足以昭明靈延福慶矣太史氏稽聖典而題其廟曰維天地運一氣以生萬物實理乘氣體物不遺故明則有禮樂幽則有鬼神禮樂行治道備鬼神安氣化全今築城以設險鑿隍以護城實有鬼神司之也爾神居冥冥之中遭逢聖明誕降甘澍衣冠爾容貌堂宇爾家室劍佩爾左右卒伍章服儀衛擬于諸侯山水英靈畀之管攝其必發靈闡異贊襄令尹以弘其養溥其教化平其政刑輔翼較師以育成其子弟擢巍科位顯官降山川貞淑之氣使鍾于人以產俊傑節宣四時風雨霜雪使順于時以蕃百穀調燮寒暄之令使適于民以消百病其或科條未備則寄助之惠澤未敷則朋贊之孝子慈孫義夫節婦有由于道者則顯福之其不信道悖于先者則譴責之無作神羞怠荒厥

官其或有事時尚當率厲百神戮力匡保務爲除
之象重門擊柝以待暴客不可爲泰之象城復于
隍弗用師允奠其位矣太史氏乃復爲之歌曰楚
山儲秀兮蕭水流滌神贊其陰兮人理其陽神人
合德兮永福此方

又記　鄭宗仁

弘治壬戌維揚焦公以胄子釋褐來丞于蒲下車
未幾邑民告旱公乃譖人曰天時不雨爲之奈何
民之憂吾屬之憂也翌日乃率官屬民耆懇告于

顯佑伯祠越明日澍雨乃降士民稱賀公不自居
曰雨本天降于我何有意者城池有神鎮重地方
而致然耶吾欲新其廟制答稱神休僉曰然公遂
捐貲俸民歡趨之助不給者六百戶餘甲子六月
庀氏告成記曰祀典之制也法施于民以死勤事
以勞定國則祀之固也間有一二神功之著于民
者而不與安在其爲識祀典也治法之立也桑麻
以衣民田井以養民學校以教民固也間有一二
爲務之合于義者而莫知舉安在其爲識治體耶
焦少尹獲澍蘇民而廟以更新不但通八蜡于順
成之年也惟神之著也有功于民故事之舉也大
合于義先正謂仁者講功知者處物尹得之矣自
是而後神福斯民上無負我天朝之詰次無負修
廟堂者之㕓則顯祐之名將不在蒲山而在天下
矣

新修城隍廟記　魏說

嘗想城隍之神每郡每邑無不有之然每郡每邑
亦各止一非若他神有此一處有或至于村市遠

近皆有之而他處又無有者蓋天子奉天爲天下
郡邑城池生民建立此神號亦猶之一郡一邑之
官俱爲此一方土地山川人民而設然神主治幽
官主治明官之慈祥清廉福及百姓亦安及神明
神之聰明正直俾此一方鬼厲不作村社安堵盜
賊不入風雨惟時其福及于人也固不待言即官
之以安民爲職亦同受神之福則繇此推之人之
善惡其彰露顯著者官得而察之其未彰露顯著
者神可得而察之也然位其位俱應職其職幽明

一理也官之清廉慈祥者天子異等拔擢之神之聰明正直者上帝亦必異等遷陟之昔錢塘當境之神陞授城隍之職則城隍之有功德地方又必等而上之亦可知矣昔之君子嘗焚香告天願天常生好人願人常行好事余願城隍尊神以功德及地方以盡職格上帝俾此下邑世受慈祥清廉之庇人消詭詐凶險之性是今日闔邑士民所以家舞蹈人踴躍鼎新廟貌大改舊觀切切惓惓之意也舊廟卑隘邑之善人某某等欲重修而大之

巳卯余言首倡之令乃于事而竣邑父母之賢者吳炳尹洗俱進士俱首尾其事而有功此舉者工以某年月日起以某年月日完今以某年月日立石余爲之書其始末云爾

顔忠烈廟碑記　　大學士蕭　鎡吉安人

蒲圻邑西南二十里有廟曰白石所祀之神顔氏蓋唐太子太保杲卿司徒眞卿與其弟春卿也太保司徒之忠人皆知之而春卿蒲圻人相傳至孝其曰三位明王者宋所封爵有司至今春秋祀之其靈應異甚正統戊辰春二尹王君斌廬州六安人謁拜祠下顧瞻庭宇頹圯黝堊漶漫慨然有撤而新之之意適其夏旱禱于祠刻期而雨歲以大熟王君于是率諸父母修治之經始于是歲之冬而落成明年春之三月不弛前功無改舊貫寢堂門廡煥然一新蒲圻之民咸相慶幸以爲神將丞福茲土也至是京衛武學教諭黃君墀屬余爲記按祭法聖王之制祭祀也法施于民以死勤事能禦大災捍大患者皆載在祀典然而神之祠白石

其亦以其有功于蒲圻而祀之毋乃謂其克忠與孝而蒲圻之民追祀之與當安祿山反范陽河北二十四郡皆震動是時眞卿在平原杲卿在常山皆召募勇士以保疆土諸郡翕然應之二公雖未能滅賊以死而忠烈已足以暴白于當時廟而祀之宜也春卿退然家居乃宜並享廟祀何哉得非一念之孝足以動天地貫金石而蒲圻之民尤慕之也然則忠孝固不可以差殊觀也

張忠烈廟碑記　　謝師啟

蒲邑祀睢陽張公自祀顏平原常山兩公始公靈
靈無處不著而特顯于蒲故蒲人士祀之亦最嚴
祠在邑治南五嶽觀之左規制迫狹余自諸生時
已厭之萬曆己丑祠災余過其遺趾低徊久之下
庚寅季春八日鳩工庀材重爲建廟至其時而余
仲子自怡生越七月十七日豎修建始末于其臘
遵俗例也則曩爲公建廟者即邑龔氏亦前庚寅
七月十七日也異矣或曰忠烈鬱于異代意氣遂
于殊方公何所事事于蒲而顯者如是余曰不然

畔之于物若松栢若金石彼得天地之正猶然長
世况于人乎公在天地間所稟者陰陽日月五行
之正氣即與陰陽日月五行並流于天地抑奚疑
豈以其生在彼其往在彼而精英靈爽亦拘拘于
一隅也乎且兩度修建皆以庚寅彼六十年綿邈
殊絕誰爲期會而令之不謀而合如此公蓋假手
予之繕造以彰公之靈未可知也或又曰聞之公
爾身即張翼德在唐姓張在宋名飛何自著也余
曰是固然耳蓋公忠義慷慨有幹旋乾坤之志而
不得遂是以不于漢則于唐不于唐則于宋必遂
其忠而後已其顯不亦宜乎工起于庚寅年正月
初十日竟于辛卯二月二十日共計費三十金有
奇取諸家食之餘不以累有衆因刻石以記時萬
曆辛卯季春之吉

延壽寺藏經閣施田碑記　林增志

夫貝文佛祖心印也其所遺金版之鏤珠嵌之秘
蓋昏衢神鈴而迷津寶筏故跋陀繙而甘露流雲
光講而天花雨則奉持者不可無嚴淨高明之所

以崇重之錢穀釋家外命也其所住離日之師焚
修之衆咸息心淨域禁足藂林不得如空生飲光
翱遊貧富之家必寺田足而香廚始克伊蒲具而
雲錫方聚此住持所當亟謀者也蒲川西北之疊
翠山碧嶂青巒秀矗蔚累望若螺髻蓮花山之麓
爲延壽道場香界莊嚴爽塏軒敞琳堂貝闕蚪柱
虹梁架飛甍而納慈雲披翠幌而延佛日巋然區
中勝地不寧爲一邑伽藍甲也山之開尚矣本刹
鼎無藏經邑達官司徒魏公入正知見作大福田

捐貲屬海浴如儐二僧請大藏琅函于金陵二僧仍出衣鉢之餘易寺衆之地兼資檀施建寶函傑閣璇題檀橑亭亭與璚樓嬿潔瑤闕齊巍足稱金版珠淼之藏三門日飭僧徒漸聚児刹當並行之會往來輳集香積難供而海浴發弘誓願出其伏臘苦行節縮之積購腴田百畝有奇公之常住以克齋廚俾一切供養不乏則大衆無顧頷之虞咸得安心禪誦祝國家無疆之釐其劇力迴出尋當緇流矣蓋度首布施減重慳貪請經施田雖屬有

爲功德而法衆無漏之業皆資此而辦毋慨世之耶偏自生疑謗者入我之山高于鐵圍金剛利斧斷之不摧悠悠醉夢長劫不醒錙銖不捨釀成邱山苦惱矣司徒公乘願力而來茂伐匡時輝煌史乘明德濟俗照映山川以湛寂宅心妙圓應世闡揚大法蓋欲與六凡同入于聖流五濁共遊于教海以八座之顯融弘一乘之圓頓因果增勝福豈唐捐哉藜林所資以供養三寶大地國王及父母師僧者謂之敬田敬本于念故凡諸所有不生慳

悋而心念狹劣者未必槩然今本僧以離岐之身而種普同之福不拘形帶跡而期廣濟十方眞希有哉且港尸瑞鸞嘉鳳二橋不慧命海浴董其役矢心宣勞克祗厥事橋首鼎鄰萬年精舍厥成甫落攜容儵降奇緣非偶第江村一刹檀那懸隔住僧行脚休糧無術而如儐發心罄捐積貲百兩海浴同奏置田百畝爲本菴千秋香火之業二僧身離塵緣根培上善㕘稀稗于心田拓歡喜之勝地菑畬不遷功德長在矣不慧寂心乾竺而守土沙

羨賭此勝緣能不弘讚故沓等以紀事請即欣然爲逺其大都俾勝事長垂不泯云惟本刹之金臂琢䫉七濡八平玉毫寶相偏滿紀殿廼爾勸大士華言所謂慈氏蓋以眞慈補能仁處者金容何獨缺乎不慧因効優塡之刻檀資四衆之瞻禮與黃卷赤牘同作人天眼目遂并書之其田之段數坐著爲給印文簿擇戒律僧總其稅之出入旌之以額復署其簿尾爲本寺恒產使後之若徒若孫蓋雲仍永爲繩守焉

重修麦巖山白龍寺記　魏詔

郭外三里以西爲麦巖山大士菴又曰白龍寺踞鳳凰山之左腋四向圍繞如帶石磴于盤而上忽入林谷間廣袤巳數頃菴設舊矣起自唐宋盛于國初泉源在左靜涵渟注初不知其爲異也成化九年歲大旱邑葛侯偶叩泉以禱經宿水湧泉出翌日陰雲四合忽睹白龍從泉出昇天霖雨連日嗣後邑人禱之輒應遂以白龍名泉并以名寺志異也先是大士像歲久弗飭僧思晙塑斯夕頁叩

旱遇檀越一日遊郢中不意巳發楚端王夢王徵僧至惟夢是符立捐貲命冶范金爲像越三百里遣瑺使舁至供奉至今傳有令旨云舊祠有漢壽亭侯名勝之地亦久爲靈異時萬曆四十七年歲巳未適遭灰刼可憐焦土雖林壑異勢怪石幽泉映發清遠而茆屋數椽神客剝落不堪荒蕪也越六載爲天啟四年甲子余自江右歸與邑大夫吳可先言之吳君即起爲余言先時辛酉祈雨有獲事巳念感鳩庀因余言益摯遂捐俸若干余亦捐

橐出俸餘若干并邑人士鄉先生共捐貲若干余董其事朞年而告成殿宇三區垣牆四周佛座最上大士宅中關聖臨前丹鏤飾其門楹僧寮環其左右嚔磬亦數百年來偉觀哉棟宇繁與空谷異色徘徊四顧稠木旁生麦空交合任峯翔舞于蒼上危巖恒有落勢憶廖太史嶽巖樓竹白龍洞貯蘿煙之句始信太史晉題八景殆非人間有也燕子巖[illegible][illegible]之足言蘿洞一線天盤山之腹方塘在前掛月橋尤前奈何橋隱跨山腰朝冠石飛來石

冠山之首斯足悉茲山之勝巳余復綴以六景爲十四景焉泉之勝則有若白龍泉白水翠崖洞穴窾空有若[illegible]鼻泉泉之一竅瀉水石罅中拖疕似象鼻也白龍泉右有石磷然數峯競秀似初放蓮花生平廣可布席几紀酒吟弄名曰蓮花臺山峯巉崎高插千仞一峯獨出遊人具長最勝者嘗陟以眺遠其隆然處仍數十步坦也或曰前人曾有亭焉是其遺趾也名曰無上亭後之有志者嗣而建之可也翠微深處曰雷雲洞洞中垂霤懸壁盡天劃

神鏤之巧洞口殘雲輙盤旋其外數丈遠而眎之有石叢生空中而周外是以雲過旋在名曰嬾雲窩故凡履兹山者常苦目不周玩惜不給賞天造奇勝塵氛迥隔梵宇再造夫豈偶然也哉余嘗聞邑先達藏修山中者若東瀛伍公二峯胡公洞野廖公松屏謝公滄南何公節義德行文章進進所得不淺余常與弟司徒藏青山中俱山中人也以不忘山之靈以不遺山之異以有今日落成之舉夫豈偶然也哉時天啟五年乙丑孟春月江西按

察司提學副使邑人魏詔奉之父立

蓮華洞記　魏　說

蓮華洞亦小景也然自港口上下數十里內山之可以容人裁剪物色增飾成好者則惟此焉一石蓮倒垂洞之中左右相距崖數武內則又加數武而廣可容一佛座外則寬然坦然可香案可拜臺可亭可門疑亦造物者之所設以待有心之人之物色之者然其由來亦不知幾千百年蘿封草沒面目不見至楚南居士始一拈出之爲奉大士像然亦艸昧未竟厥好余一日與崑岑楊丈絲會于兹崑岑以先一日至一見流賞與洞生指點壘槩當作何剪裁作何增飾不啻指掌余次日至其流賞與指點一一與崑岑不言而合焉余兩人是以其指貲欲再加葺飾乃倩其兄爲之董其事葢某兄正居士令子也計此貲所葺飾亦不足了余兩人初意然以居士先日艸創余兩人至今復爲爾爾則又安知異日者無如余兩人併十倍余兩人者出其視余兩人者今日之爾爾也亦猶余兩人視昔日居士之爾爾也大士有靈山川咸助余又

知其必不如此而遂已也

萬年菴栴檀像記　蔣元昌

不佞越之嘉禾人汗漫楚天遥蒞蒲邑訪林大令邑之南六十里林令新建雙橋其詳已載諸名公記中橋之側刱萬年菴以祝釐中奉栴檀像數尊係川僧松隱以十年辛苦募三吳善信造往峩嵋張方伯余峰撰文送之文內有安堵萬年之句菴甫成而像適至因路遠乏貲遂留供菴中像造于數

年之前菴搆于數年之後而文又于數年間無心作是語者吳楚相去三千餘里菴之命名與文之得句暗合符節像若爲此菴造菴若爲此像搆豈非夙有大因緣哉瞻仰揣像上下絡繹總之以蒲令之香來檀相之香凡宰官居士優婆比邱人人皆現性地之香也萬年菴一衆香佛國矣不佞禮其菴讀其文因奇其事援筆記之

倪張兩侯生祠記　黃圖昇

凡牧民之長豎德于所牧之地去彌久思彌深則

衆相與肖貌而尸之日以永德祠所從來也蒲邑邀福于蜀之倪禺同公藉手六年再閱人而邀福于晉之張崢西公托宇亦獲三年有奇兩公前後陟天曹去鄉大夫士若民業縷縷其治善狀垂之石今又再閱人而不能忘于崢西公之造福者甚淡厚又邇張而上轉不能忘于禺同公之所造福爲深且久也乃相與謀肖貌而尸祝之巋然建祠焉以兩公陟天曹同而蒲人士均繫心若是將無以天曹祠哉然蒲之民有祠侯者矣而非天曹也

而蒲之先令亦有以天曹陟者矣而未之祠也固知兩公懿德之種實在蒲而蒲人士秉彝之好應自戀戀于兩公不能忘耳今其薦紳奉兩公爲型範以存型範焉則祠其子衿儼兩公爲宮牆以肅宮牆焉則祠其小民戴兩公爲社稷以祈靈于社稷焉則祠祠建而薦紳常得親其型範子衿常得仰其宮牆小民常得憑依其社稷竚兩公之台輔日隆而蒲人士惟知父母之孔邇也德之入人頗不深歟且生而祠之抑猶有說焉蓋生之一道是

天人相吹之息而父母與子不隔之眞也聞之倪禺同之言曰吾于民之罹于涂者必求所以生之而崢西亦云吾不能以生人媚人也則兩公滿腔是生意也惟生意滿兩公腔子中而蒲人士得培植于生生之脉者實未有涯矣勿剪勿伐引此生理甘棠思之豈以爲報耶惟時兩公去蒲或二十年或十年于茲而蒲人邇而祠之以記其不能忘之意如此若兩公之所以治蒲者各在前此太日刻石中茲不具論矣

重修官塘天妃祠記　林增志

不慧膺蒲川民社之寄振弛舉廢于民事不敢或遑城郭橋梁道路次第修繕矣復念血食明神如張顏兩忠烈有功于土地人民聲靈赫濯千古不泯故食報無窮享祀固歲無之事而祠宇弗飾何以昭虔故庀材命工完其缺而新其圮時官塘耆老有以天妃祠宇請者余斥而諭之若輩以余爲媚神乎葢致敬于神爲民報功耳如不問其死事以勤定國以勞葘焉以禦患因以捍凡妄建淫祠

槩從而新之狄懐英胡叔獻千載莤冷矣耆老懾于詞嚴叩首謝而退迨辛未春不慧會城旋未至官塘驛而漏已三下矣微月在天靈籟四寂劉覽原隰倏見白馬遵山度輿前凝眸諦觀若滅若沒若忘若失皎皎逸足行空問之左右無見者心甚異之是夕宿驛舍晨興詢知近有天妃祠徒步謁之守祠者迎曰此曩所請繕祠也瞻禮慈容眷再冠帔肅然象日月而配天地旁顧廊廡尚餘馬骨嶙峋雖駿鬣勿爲風霧而遇山爲飈値雲成電之精隱隱可想見昨夜所呈必是物之靈矣拭塵土而讀廟碣剝蝕湮漶彷彿可辨神緣宣靈于李唐而祠始創歷五代宋元兵燹後他祠多湮鞠于荒莽寒灰惟神靈應舊宇獨存吾明景泰間西南彝峒鴟張叅楚藩政劉公奉敕書仗鉞遙征道出蒲圻駐寓官塘驛神示夢于公曰吾帝賚稱妃以功血食于此君兹行須太捷吾往冥佐公覺殊駭謁禱而行至彝落俄見黑雲壓陣中有冠帔天神統戈甲旗幟如雲倜然向敵蠻隊驚潰逐北肆殄奏

凱以還公至蒲詣祠豐祀答神功檄蒲邑新其祠宇顏其宮曰靈應葢神之丕顯舊矣閱歲復久宮庭僅存門垣盡圮白馬之現神意有屬矣遂量給微貲屬耆老令先砌前垣及仲冬報政如會城復宿驛舍神徵不慧夢曰君宇兹土惟神惟民咸式焉焉今任初美爲編户慮者圓滿無缺陷矣曾以白馬相詔其忘之耶因怳憶前異深以發願未竟爲悵即奏給十金爲新祠宇倡闔邑善信共襄勝事廟貌聿改舊觀焉夫神之香火崇于蒲其英爽

且越數千里殲茁裔況旱潦札沴邑所時有則凡化祲爲穰易厲爲和寘祐血食之區神必加惠蒲境陰承靈貺可量耶則是役亦爲民展報之不容巳者非僅爲示異于巳也事竣記之鐫之石以永彰神靈應云

鼎建文昌祠大士閣記　任迴昉邑侯

凡城市有創建不關于王制不切于民生者有司不舉焉夫有司者尊崇國祀扶進淳風將以納民于軌物期林總而生成者余成童入泮林功祭丁

祀越日分獻文昌祠次第而俎豆之此王制之所不廢支郡皆然省會皆然郎余釋褐趙成均辟廱之百建有文昌祠巋然而特起者首善亦有同然及余知蒲事初拜大成殿風雨棲桷碧落欞門旋同邑弟子員通力而重葺之獨是文昌一祠不知廢自何代文獻無傳荇藻弗登知玆邑者弗覺餘竟習焉而弗之察也是安得三靈闡教七曲垂庥于以端孝友厚風俗其不類于絳灌無文彷彿鄒存鄉校之遺意也哉余矢此願有日丁未之春適除任內全俸毅然任之越秋初卜基于都使司舊趾與本學相咫尺前搆文昌祠左右列齋廡二間凡前祠美材堅甓之經費舟壑侖負之中程不勞民力不損公帑匠藝稱事如人家事然此余一人願力如是然猶鰓鰓焉有可計者衆款設而王制備祠成之日一歲兩祭外朝夕香火將焉托之且祠雜城市中非山林可等不有住持崇祀之地鮮有不爲滛哇之場者持籌終日祠後餘地思欲再進而創一閣顏其楣曰大士閣是閣之廡選一戒

僧是爲住持之人即爲住持之托余是以因前而致念于後竊有志而未之逮焉嗚呼發願弘深因緣普徧念頭猛省發有情之善根食報維均廣人世之錫胤前後相依丐彼檀越愼毋以阿堵物斥斥作蜣螂轉也用持寸管約之同志李子又白張子去瑕王子原朗張子叔豹周子美季鄒子固也熊子乾資共作津梁布告尊衆咸與有成焉凡三歷年所董事者紀其費督修者鳩其工至巳酉仲春祠閣告功成廟貌稍稱莊麗神靈有托祀與

攸隆蒲人之受福其無量哉而余以奉
旨欽取考選臺諫行入都門冀時郎獲命皇華過
此何日王元之有云後之人與我同志嗣而葺之
庶幾祠閣之不朽也因書其事于石以貽來者

重修雪峰寺記　馬淑昌

雪峯寺舊志未詳落落無聞與衆寺等今康熙七
年冬重修工竣謀新佛像乃始見佛藏中書此寺
肪于唐咸通二年開山七年造像宋元祐七年二
次裝金明景泰二年復修之嘉靖十五年三次裝

金逓至崇禎末兵火焚蕩梵宇鐘鼓幾在昆明池
刼灰中住山諸僧各鳥獸散適有古洞山元老人
卓錫上方僧雪松與其徒惺一師事之因受戒典
此山香火從此願力堅猛與在家諸同參爲初發
心菩薩誓古佛前不了此重修願不休也茲山奇
勝險絕不減匡廬衡嶽在昔諸先達及後來者遊
覽所到禪藻如雲然未有鑿鑿爲雪峯開生面者
雪松點染十景余爲增訂更定及諸同參倡和成
帙行將壽諸梨棗流通叢林山靈藉以不孤矣自
康熙元年迄于八年西川閬城任父臺捐俸倡助
紳士善信闔風樂輸殿廡告成另石鐫記修理費
若干山僧所募化所自捐所稱貸若干檀越諸君
子所佈施若干鳩工集事所終始人若干各名具
在可考也記不勝述遮其希有者助人讚嘆焉歲
辛丑六月余方有事松嶽顧望茲山而愴之偕同
參魏子疊秀周子松濤及姪犢亭遊興勃發夕陽
未下躋蹬初陟攀蘿捨蘇巖疊蹬而升焉爰歷
其頂爰造其宮爰禮其足迄山羣鳥無聲唄響不

流解衣袒裼定息凝神驟逗處鶴聞忽現[illegible]規光
影晃晃逼余肩髏呼諸同參有見有未見參差不
齊或疑爲月光斜落低照門扉或疑爲琉璃燈及
門外天燈映照倒景乃撤滅琉璃及天燈寶月輪
亦西墜依然以濯魄冰壺凝空不散如是越七晝
夜驗年與慶大師見與余同著有光說云[illegible]泰季
夏諷吉經始架梁本日佛前盆盎中突開瑞蓮一
枝從蓮房疊吐瓊蕊閱傳遠近丞而觀者數千人
豈古佛以是蓮爲飛來種耶功成不日銹造一新

禪門拳謂余是舉也君不可無記余曰此一大事因緣古佛之歷劫不壞放寶妙光涌出四華于斯山洞泉巖之奇秀蒼岱御嶺龍洛咸于斯老衲戒子之葉修無退轉不禪販如來不忍苦衆生咸于斯從前先達名勝暨後來長者身之筆花舌香堅心猛力如彼敢愛一片石使人天供養當吾世而蕪沒空山耶此盤䒷地大雄再振衣鉢儼在其何敢謝不敏謹記諸石

前分守武昌轉湖北督學陸今浙江巡海憲

謁王公忠愍祠亭碑記

余開熙

今天子銳意求治慎簡大僚一時俊龍諸君子或與方面或司教化莫不畢効其才學以勤至治其方面則分守爲最要武漢黃其轄也必有裨畧以消山澤之嘯聚鳩萬里之煙火事有禮遜無禮稟稟乎大法小廉畢効其才以爲功于地方司教化則督學爲最要近之畫江而南北也廣教成也必經術宏深根極理與以救人心之幽僻明學道之廣淵疏人文之積滯畢効其學以爲功于學使若夫政與教同任才與學兼効且不易地而治者吾師王念尼夫子其應

新命而首功乎

今天子御極之三年師受

命來守吾楚同直指宋公按蒲揮塵而案無塵牘肅鉞而郊無潛狐時値夏苦旱田禾欲然師請于宋公爲民步禱齋壇之翼日雨如注邑士民爲立甘雨亭下車課諸士子小子諸生時與觀風試辱師之知所拔皆一時能文之士晉接之際望師色笑如初春風氣使人挾溫小子嘗嘆服焉以爲師

不徒方面才也是年秋果拜

命督湖北學北之黃陂夫子之宗在焉諭諸士曰余之錄楚才也以貢于

朝則荆州之產也以告于廟則先大夫之土物也其敢以腐敗薦乎爰自出其手眼以相江北士一時知名咸入其網戊亥子丑兩闈獲雋者多師所特拔士又以校閲之餘彙古將相師儒之事編輯成書備極法戒探其宗旨莫非原本忠孝干城名

義與人爲善之意立書院以收全楚之才捐俸立
義社且鄧書于邑張父母相勗賙濟以賑四民之
無告耋艾鰥寡所在有聲小子嘗論而觀之以爲
師不徒學政才也無何奉
天子命備兵巡海
朝廷又以方面屬夫子矣則其所以治漸必如其
所以治楚其所以敎漸亦必如其所以敎吾楚者
異日彙績報政銘功鏞鼎天下士大夫皆能言之
非徒予小子一人言之也夫子敎化之功在學校

方面之功在地方以治楚則功在楚以相天下則
功在天下其何私于蒲獨是蒲人士沐浴深澤佩
服名訓爲最早最深久故不敢忘夫子也爰爲立
祠與前所豎甘雨亭相面且置守者歲有租祠右
建一亭施茶以澤客旅使往來行道有所誌感而
歌思也是爲記公諱爾祿號念尼北直淸苑籍湖
廣黄陂人癸未進士

蒲圻任侯修堤遺愛碑記　余開熙

自來膺司牧之責者帷舉行

天子莫民之至意而實致其勤勞不以嫌忌稍爲
推諉洵足稱爲忠誠者矣若夫爲惠于浛之所不
及計而曲爲矜全使幽明人鬼之兼利雖古之至
仁何以加焉嘉魚江夏長堤自宋政和以來五百
七十年于玆始之者唐均陳景諸君繼之者成宣
姜溥諸君熊公廷弼所謂居然江上一長城者周
巳人人甘棠志之逮有明正德己卯吳淸惠公廷
舉疏請修築費江蒲咸嘉四縣秋糧折色餘銀一
萬餘兩至萬曆中嘉魚葛侯中選再請增修新舊

堤塍前後發府庫六千餘金厥功鉅矣其所以令
水居之民室廬如故桑麻被野免墊没沉溺之災
者皆歷來諸公之力也我邑侯任公于康熙五年
奉
天子修築堤防之令巳協修嘉魚江夏長堤若干
竣事在案至康熙六年又協修二縣長堤若干自
是而巴蜀西來瀟湘南下與岳澧辰常之水自西
南來者可永永無患矣暨厥功告成有嘉魚周子
于岸李子正葱觿予而請曰修堤之役主之者督

院張公中丞劉公與藩司劉公分守程公本府孟公而四邑侯均與有勞焉獨蒲侯任公有爲惠于淦之所不及計而曲爲矜全者夏田寺堤舊多盧墓工人意欲平挖以其徑省而功易臻任侯嚴禁之令堤塋繞出其外雖多勞費不憚也是其幽明人鬼之兼利其功德爲不淺矣願先生一言以識之予于是而重有感焉曩歸自　京師道金陵遡遊而上江㴋沙磧之地固多墓田每濩濤衝齧往往見其棺之前和因爲之欷歔愴嘆曰是何必五

百年後之王果方爲之收瘞者乎今任侯體
天子莫民之至意而因爲之福及于泉壤後之人寧徒甘棠思之巳耶其任土築堤照依水鄉之多寡各有印冊茲不具述第爲序其仁恩之翔洽者如此任侯諱遡昉號聞城四川閬中人繇順治戊戌科進士授知蒲圻縣是爲記

張侯北郊喜雨碑記　余開熙

粤稽古祲祥辰戌丑未之歲女魃多爲沴焉歲在庚戌四月維夏錢鎛方興驕陽薦至我　邑侯禹服張父臺莅茲土也尚未及朞縣行日中親詣雩壇齋祓虔禱越三日而甘霖隨應村落歡呼謳誦成帙予既弁以言而壽之梨矣六月徂暑復恒暘者四十餘日　侯緩賦弛刑更爕茹糲不乘不蓋曝日中而禱者亦如之去邑三十里曰白石泉有顔魯公兄弟祠枕龍門而鑑歲旱汲其泉則雨匪茂宰亦弗應侯聞之呼蒲人士而謂曰公不嘗披河隴有所稱御史雨事乎生爲上公歿爲明神此傺傺疲黎神有以惠其寧矣于是宿祠跪疏迎至

雩壇卜期而雨　侯子夜露處侯是夕雨集如注冠履淋漓　侯猶是其沐雨中而不蓋也既優既渥歲乃有秋邑父老謁予而言曰邑之有茲壇也以祈甘雨葢百年于茲哉前此集羽綴而謳率童叟而拜飭齋祓而禁屠沽其疇不故事踵行也者惟崇禎辛未林太史之蠲誠
國朝壬辰戴使君之朓摯惜皆有其應而未傳討先後禱是壇者能瀝乃素忱昭格如響卒無以出
侯右者矣請一言以貞諸石予曰是固予之志也

徼諸父老請亦思謀以志永久已竊聞 侯之先起家都憲爲時名臣自是魯公一流人今日求諸御史雨而取携之世澤應懸合也矧誠所蒸蔚必積厥素 侯家居時邑大尹禱雨弗應乃效東廣徼故事爲鄉請雨甘澍以淋民持羊酒謝一似當日之歌報東先生然者此寧一日之積哉且其事太夫人也視聽不以形聲將養不以儀節孺慕之誠根諸至性其所蓄積素已夫孝而誠則純乎天純乎天則與天合故中庸言至誠必兼言天而言大孝也亦必徵諸天何則一理之感通而已 侯今日中于事君膺茲民社攄厥素而挹注之將且誠求海內勳名鐫于鏞鼎景譽流于春秋則膏露蒲民猶其小焉者爾爰是不辭謭陋而紀如右使後之有事于斯民斯歲者登斯壇而加肅焉 侯諱圻隆字禹服順治辛丑進士 祖諱善政字莘蘿萬曆已未進士官江西道御史河南開封府西華縣人

遊荊泉記

鄒應錫

吾蒲山水多奇麗而荊泉爲最勝余以某年月日戒徒御從郭南路馳十餘里皆錯行阡陌艸徑迂回將抵山下連山如拳石如壘丸行者盤其間倏兩山東西立于俛逼下流水驚石潺鳴悲激割斷之爲關山爲雁嶺奔巖絕壁接以石橋渡此不數武有聲從艸木蘢蓯中出蓋上方古寺堂殿鈴鐸鳴風颯颯又竹樹摩擊水石吞吐聲泠過于琴筑已非人間之境矣稍進爲郭尚書遺址無所稽過此則頑石橫塞如無道路沿溪而南四山忽合礧礧大石寄山顛者翔欲下湧山半者森欲鬬山隨石顏如虎豹驚走山下水聲悲哮邑沸白如珠簾捲旁巨石忽如卷蓬怪蔓壽藤翳不能出披視其下潦涸蹟晴雨而石頂所鐫數字已風雨摧披如鳥跡文諦觀爲洞野二字蓋邑先生廖太史也山泉至此其源蓋分有二折而東則爲梅泉爲雁嶺之陰路險絕折而南源又分有三爲荊泉爲蘆泉爲荊泉洞路平遠是日就午余輩皆搴裳東渡水不沒趾路從澗中皆沙石積約里許見梅泉雙

跡水旁爲小菴無奇也遊者皆倦老僧云須雨後
高山懸瀑盈眼皆銀河天落山川顛倒雨大更奇
蓋巉巖環合皆萬仞或斷或續如列屏障水石爭
怒自致奇觀也踰山則叠嶂險嶺直接湘岳可千
里山中人與語則瞪視如麋鹿俱不可近雁嶺之
陰小菴二山中多琪花異艸不可識山腰一勺水
可千人飲詢知爲昔禱雨于此照人影如聞空中
音遂掘得古銅器一爲前代鍾制時爲僧有僧布
袍趿履來邀宿是夜山高月近仰視星斗如適在

頂光可手摘白氣油然山半不辨雲氣自覺骨戛
青玉中晨起從故道反從者皆帶香氣復攀崇藹
渡寒泉迅流爽岸皆欲飛舞可二里許水忽深碧
經百餘丈抱濤懷潔俯視皆身在鏡中毫髮可數
土人名爲秀水其上大石覆之如幄叢蘿蒙窨附
石無根禱者從水中入謂中空有州得州中水出
即大雨如注其神人往來事語奇無可據石巖之
陰爲蓋泉初極狹側足繫綆而下如石屋層樓容
萬人可建丈旗三里許無隙土止石巖之陽爲荆
泉洞石穴顯敞容千人旁隙皆蹋跗入劍石下垂
或橫出者多如環戟皆無礙欲動最瘦者則玉筋
欲折土人所謂龍牀椅皆白痕黑裏前人題識久
摧剝水氣不可認深入則河流斷之傳好事者索
死一往從鄰邑葛山出直百餘里寒天洞氣常煖
此中微和耳出則連山多小竹石清氣猶可沐其
修竹雜樹皆藏人家叟之能道洞中諸勝過此則
危峯層綿前分者復合噫水山之無題品而湮沒
者可勝言哉以茲山泉之勝而登覽寥莫豈山水

亦有德而隱乎彼箕潁者以隱人而禍山水以千
古不能隱之名故今萬世下無不知所謂箕潁者
然則就使名人題品又何足獲山水之心也余輩
但得角巾鹿衣逍遥其中見月于夜半覊雲于暇
日實此生厚于天也余志以十年後與結生緣荆
泉洞山水聞余言

荆泉别記　鄒應錫

吾蒲山奇東南水瀚西北若健兒角怒若冶女爭
妍者乃水之山無間而山之水如桃花白石荆泉

皆水出石中鳴雷飛雪漸成溪澗故東南奇秀甲
于西北而荆泉又甲于東南諸勝余兒時已竊竊
望巖叠據余懷者二十年不置矣昔買舟南下與
馬雪峯謝紫山約持一月糧盡觀諸勝歸復不果
又閱歲余始得一過問之其緣哉余遂許以十年
後來此乃不三月寇火燹天奔伏者爭此如歸寥
寥無侶之山泉倏忽往來成市村畦之婦襏閙之
女騷人之侶田疇傭賈之流如貫珠如雁落沙山
巖雜沓余亦秦亂就我桃花路遂築室山中辟風

鶴來輒一豪遊殘石頽木皆有余衣履跡焉嗟乎
何不遲我十年作山侶也哉余祠友生弟姪輩過
所謂郭尚書遺趾思蒲無從官此者豈僞漢據武
昌時所與從遊者歟友人曰然則此山藏垢矣余
曰陳公突起元季昔人于高皇比之劉項亦人傑
也宜從遊者之三百年之猶知有郭尚書也哉又
過荆泉友人盛稱昔人窮乏則投黃紙劵于水水
瀾不見紙須臾紙中所貸皆出金錢亦斯不惜者
酬之則紙復從瀾中出不壞嗟乎余今年不酉戍

無托鉢處其從此乞一飽乎友人曰神爲無全璧
者誤今不復昔嗟乎崑崙玉山有木禾長五尋大
五圍望之者不可療苦饑兹泉有靈不可竟嗟乎
不可療饑猶玉山也不可乞猶神也今之蹲鴟萬
而漠置王孫者其鬼哉余對友人朗誦李青蓮詩
日歸去來兮人間不可以托些吾將採藥于蓬丘

石人泉記　　鄒應鑛

嗟乎聲名之足以階禍也播者重耳遂遯然交口
于頰而至人乃不得安于希夷澹泊之中如泉石

自流峙爾何與人事而取其流者甲之乙之詫之
爲經荒巖峭壁韉披鑿裂有力者至瘕舟車奪其
性情而易之位置蓋始于山林之士或放錮之人
自知絕世乃求夫不爭之地而搜奇索隱披蓁莽
臨瘞土以寓心目一朝之樂憂愁慷怍併發于文
章如冶如刻足以奪讀者之眼使之如遊于泉石
莫遁之間而搴裳濟勝者接耳于足佳泉好石乃
不得安于流峙之常夫惡知夫名之之適以禍之
也哉然余猶自笑余以中衰之年長守株皐而呼

者忽一日促我于萬里奔轅之上空囊蕭莫累及肺肝而窮之貪于心者困于舌荒于辭者甚于詬是以不工之言予千百年未名之泉石如石人泉者不被之以禍尤慘哉余時以某年月日夜宿羊樓洞早起天雲蔽日田夫指爲雨候忽日影破雲欲出余同友人自泉流响處逆而上皆能横看沙石小魚爭遊累于百頭皆可數灌者堆木蔽道則澄泓可五十步艱涉者杠以木板登之下視可顧倒影皆笑若是者經五渡山忽馳下中割之如斷

岸路從山腰側險之踵接皆斜不可平中恰五栖二石方頂可坐豈陶先生遺趾乎余與友人笑過之行約里許連山四合如仰盂山之北絕頂一石如寄飛舞欲來山之南一石據其腰黃茅叢及其半如墩埠軍士延頸四顧此二石可望不能躋也名石人者卓可三十尺突起平野雖有根已斷若不相屬上復一石寄其肩土人謂有致之者語甚奇側視如羽衣道士長襟曳地旁一石薜蘿密覆從石人側横視之又如將軍臨敵顧盼又五十步

始得泉周環可數武地索水源不得詳視皆湧地出如沸鼎水從泥沙奮而上如萬珠走散布水上如列星坐久之偶如鏡者僅移瞬耳琴管聲皆從寸步外流水中闢之從泉上復觀石人又如金仙氏前法立者究之泉石皆不可一狀山半石屋爲老僧有欲偕問之忽環山皆不見巔余猶疑爲嵐也遂雨如注余輩爭馳指豐林謂有人家投之不得走數里一家皆先代遺制稍憩之偕遊人有濡首者喘未定者抱薪熱衣者啖棗粟者恨不得老僧者索文字爲千百年泉石言者都涓雨還

海船洞記

鄒應錫

從邑西行連山虎豹走百仞千仞高低倏忽皆帶巖石雜小竹叢蘿以去可十里山忽灰壁然疾來河岸作渴蛟吸川狀河水到此忽渟澈遠視山巒如舟土人名海船山山側塊石如堆阜背山臨河老僧從竹蔭石苔中得一罅側足下周十圍地氣石倒臨若垂戟横出者稍平祀旃檀僅尺許趺坐其上偪僂入又得一罅僅一席地老僧恰以蒲團

據之余舟泊山下攀巖而上偕遊八各書日月姓名仌遊之知石洞之顯也自僧人始書之俾石洞之遊也自余野人始

聽默菴記　　鄒應錫

癸未避兵山中得便探東南勝槩從亂石叢莽收淨白地一區今聽默菴是也菴之修建強半出予貲及青衲觀初師與其上足予迦捐衣鉢告施諸長者其設像制器堂廊庖湢如叢社規制既成師徒淪茗招余山中請菴名名之曰聽默迦曰默可

聽耶聽在默耶予卽應之曰若謂聽在默能所爲兩墮若謂默可聽不斷根塵用我從亂石間松風如相觸羣籟闃寂時無諸一切擾不離一切處當樂清淨身見星流鳥喧無默無非默汝但如是聽即應如是聞森然衆妙具無默無聽者茶話已仍書是語記其事迦如有得俟異時再證焉

大沙洲大士閣記　監察御史王應斗　崇陽人

從古祠宇之建不關王制者雖美弗著不爲都邑生靈之呵護者則亦或興或廢烏足崇奉于無窮也哉予僻居下雋與蒲鄰封蒲紳士最盛而廟貌佛刹亦最勝鄧公寅侯士亮以萬曆辛卯鄉薦歷任川南憲副蒞官清白政事之暇琴鶴相隨兼雷心內典偶晝日畧午假寐夢丈六金容攜籃對語公瞿然覺曰此大士也其命我矣遂捐俸錢買上臺所揀不用銅萬觔于崇禎丙子孟春命鎔工冶鑄大士金容像成之日赤焰燭天光遠有耀觀者雲集爰命二吏具舟乘載由蜀達楚水行四千餘里越三月抵蒲遐邇競傳詫爲盛事踰年公卒于

蜀公姪蛟生諱日崇以贛州二守致政林居慨然以建祠崇祀爲已任偕諸宗姓共勷厥事名曰大士閣奉金容于中自是四方朝拜者一如武當之元帝九華之地藏赫赫厥靈呵護都邑其基圖廣袤乎曠則蛟生所購之故地也其殿宇垣墉門樞丹堊與夫香火之田則公姪琢衡諱日修姪孫楙實諱宗遠之捐助董治也其鳩工庀事則義侯諱士遇鉉予諱日肇與諸檀越並與有勞建自戊寅季冬閱歲[illegible]觀且美觀豈不巍巍乎稱此

像哉旁建閣聖一祠附閣之西偶以祟奉忠義節
規制稍狹則有待乎修飭也明萬曆乙卯余同崚
生舉于鄉重以姻誼時往還于蒲嘗遊覽閣中徘
徊累日康熙己酉余有事南嘉重過其處鄧氏子
姪因屬余言以追記之予按諸乘所言大士之變
現千萬億身如水之行地中無所往而不在茲之
由蜀而楚而蒲以奠此洲豈非天作而地成之以
示現于今日也哉閣以內淨身莊嚴都人士鄉先
生之所敬祀而求也閣以外野邑晴嵐瀠舟釣艇

都人士鄉先生之所眺覽而娛也即邑大夫與遊
人騷客之過此者未嘗不留覽而賦詠焉若其萃
山川之氣作中流之柱以爲一邑形勝助則茲閣
之大有造于蒲而寅侯公與鄧氏諸君子之明德
當與茲閣爲不朽矣故詳志之

新建城樓記　徐淑嘉

建邦以來就陰陽風雨之會而設之邑就一邑方
面向背之宜而建之城城必有樓其外山川土物
之所滋其內則神人之所託政教之所出也故觀
風論治者過其野無曠土無游民則其邑可知矣
其邑民志不紛氣不沸則其政益可知已　邑父
母張公甫涖蒲視學讀法之後周覽四城南北城
樓擔楹僅存東西自兵燹後二十年惟留荒址所
見短垣爛石與城繞項背耳公曰東西城皆幅幀
要地其可置弗問耶嗣是飭材課工不爽度以莅
力作不浮費以程實效不旁委以滋事端三閱月
而東西二城樓成予嘗乘秋爽步自西郊陟金叠
之絕巘而四眺焉東望聚奎則青山橫郭白水繞

城且泮壁之所式臨也西望寶成則玗山擷秀瑤
圖流雲又邑治形勝之所資羽翼也北而南者自
燕豫吳楚往南而北者自滇黔嶺粵往車馬之所
絡繹而冠蓋宦遊之所往還也或枕蒼翠或瞰漪
流瞻覽四塞仡仡言言若輶軒過從若綰符是邦
者觴咏其間則風月主人王子吾土之思可以不
作庾公大雅之量庶幾再遘也哉況　公治理清
肅詰奸弭暴之法無不周至宵柝不驚衆志成城
匪但具雄封重扃之觀而已抑吾于是更有[illegible]

天地生物之氣作于東而成于西沐日浴月[illegible]乃昌　公之因南北而瀰東西也其生成吾蒲人者意固已寓于此誰謂金湯非治譜耶吾聞之詩以崇丘繼由庚言萬物由其道積而高大也予不文將敷揚德美播諸聲歌以補笙詩之逸爲　公識不朽焉

修城記　徐美大

蒲自唐鄭司馬建邑以來迄明萬曆二年邑侯胡始瀰城雉用覘不拔豈非以重門設險仰彈丸黑

子之地必有所恃以爲完哉雖然蒲巖邑也南通滇黔閩粵之孔北走　京師豫兗之衝驅輶軒捧綸翰布德音以問風俗者靡不日夕稅驂駕焉兵燹以後百度俱弛及與望金墉之壯麗瞻𦂳堞之崢嶸則霜摧鼓吹之背風掀畫角之根矣我　侯張以巳酉秋涖蒲破積弊振風化飭保甲敦黨庠于是蒲三十里之童叟士民莫不踴躍加額以爲寧保障毋繭絲將見人人心自爲城也第金湯弗固所翰何恃蒲之民服　侯之教畏　侯之神曰無萑苻盜夷自甘化外者而桑土綢繆之計端必賴此　侯度地計工同少尹劉公尉潘公廢者新敗者葺圮者完卑者崇而蒲之民且子來恐後曾不踰時而丕已觀厥成也况蒲數年來水旱洊臻家無石儲以及辛亥秋千里赤地民食草本之皮如食粱肉而上之國課無虧下之民生得遂非我侯之節愛時使誰能當此瀰建非𡕝者乎且　侯之修舉不窜惟是也修在學宮而多士有以振興修在廟祠而神靈有以默相修在橋梁道路而徵

塵有以接濟無非此修心修事之精誠合創置之弘規以爲帶礪之永圖者也將見蒲之涵化其下者子弟之衛其父兄手足之捍其頭目一如邑之巖賴城以爲之屏翰焉余不敏得于景鄉清晏之中竊覩巍巍屹屹之勝聊以志口碑之餘唾耳是爲記

重修儒學碑記　余開熙

蓋聞治天下有道與禮樂明教化順而已矣學校者禮樂教化之所從出也自古帝王御宇莫不以

建學爲首務羲軒邈矣溯自虞夏以來史書所載其間道德之純備風俗之雍和勳業之巍煥曆數之綿亘悉視此以爲準焉是以宮牆聿煥典禮攸崇藏廈並于高深而祀饗齊乎郊廟豈非世道人心于斯永賴也哉我

皇上聖明天縱勵精圖治躬秉化源丕作君師

經筵進講一以五經六藝爲歸

駕臨闕里親行釋奠之儀惟皇建極萬民屬指以至海隅日出罔不率俾治理之盛雖登三咸五曷

以加諸惟是化之行也始于上而俗之成也究于下郡縣者承流宣化率下以親上者也則踵事增華俾耳目維新于以廣作人之茂績非長有司之職歟蒲自康熙巳酉秋　邑侯張公禹服來蒞茲土視事之初晉謁黌宮即慨然以興禮樂明教化爲巳任課士以文行爲先訓民以禮讓爲本比年之間政不煩而綱紀畢張法不苛而頑讒悉屏蓋侯之所爲治者即　侯之所爲教也而下之式化于治者亦即如其所以教也迺從講學行禮之會進諸弟子員而勗之曰宮室几筵之設上以昭妥侑下以肅觀瞻可弗飭乎雖時詘舉贏爲力頗艱然根本重地安敢告勞爰是鳩工庀材事以時興稽程估討費以支辦而

夫成殿之丹雘燦然齋廡之榱桷翼然以及明倫堂之軒翔　啟聖祠之閎偭或先或後迺奏成功是役也不費公帑不勞民力一椽一瓦皆　侯之所委曲而拮据之者既服其才之優尤徵其志之誠也　侯河洛名賢學問淵源于陝洛而政事頡

頏于召杜蒲其發軔之區而學宮特庶事之大端耳從此鐘鼓式靈山川拱秀絃歌雅化遍于里閈當必有俊偉特達之彥蒸蒸蔚起爲　王國楨則侯之佽佐

功令以嘉惠于蒲者其豐功駿業寧有涯涘哉工成闔庠衿士屬余爲記余愧不文謹載筆而紀其概

新建養濟院碑記　馬淑昌

古聖明在上未有不軫念民艱而恤其憂苦者一

民饑曰予饑之一民寒曰余寒之雖居廣厦之中處細旃之上玉食萬方亦罔敢自暇自逸第君民隔絶四方萬里外顛連困苦之狀不可得而見也喚息愁苦之聲不可得而聞也所賴親民之吏奉行德意而實致之于民三代而後英明如漢武帝嘗遣博士存問鰥寡廢疾無以自振業者貸與之又曰江南之地火耕水耨吏民有振救飢民免其戹者具舉以聞及章和中才之主也章帝章和元年秋亦曰養衰老授几杖行糜粥飲食賜高年布帛各二疋和帝令上尤貧不能自給者戶口人數詔書實覈欲有以給之而長吏不能躬親慰撫百姓則二千石先坐是則救助飢饉賑護寡獨雖
聖天子務崇仁恕之至意而亦恳有司奉行之責也宋高宗時詔臨安府置養濟院其惠政實始于此蒲之有養濟院也有明崇禎三年邑侯林可任始修復之數十年來鞠爲茂草矣歲康熙辛亥吾邑侯　禹服張父臺蒞任之二載維時蝝蝗作沴螟蝻徧野民之愁困不啻採鳧茈于野澤掘蘆根

于庭中既奉
聖天子災荒地方減三徵七之令爲申請　量予以蠲貸矣又惻然曰彼鰥寡孤獨廢疾之人其可矜尤甚亟立養濟院于林侯舊址庀材鳩工皆自出薪俸不費民間一粟一絲刻日告成于是萃邑中無告之民羣聚其中設廩給糧一如月令仲秋故事是眞能奉行
聖天子德意而不爲虛文者矣嘗讀春秋書大旱者二書螟者三書螽者十而不言其所以補救之者則當時典司民社無恤民憂國之心可見也吾邑侯　禹服張父臺既爲民請命得蒙蠲貸全活數萬生靈使不流亡而又鼎建此院俾鰥寡孤獨廢疾者有養也其德澤深厚無有窮訖眞所謂豈弟君子民之父母寧可不銘而勒之以志不忘也哉是爲記

關聖帝廟創建碑記

張圻隆

自余束髮受舉子業每從故籍中論列古人行事凡遇忠孝大節標表人羣者不勝愛慕尊崇心竊

嚮往其節彌大其尊崇彌切而嚮往彌深自漢以
來無如我
關聖帝夫子者　聖帝嗜春秋昭大義深得孔氏
旨孔父之作春秋也寓弘綱于襃貶尊王抑霸使
君臣大義長存天地間　聖帝之嗜春秋也扶正
統以神武與漢黜曹亦使君臣大義長存天地間
此心此理數百禩若合符故曰深得孔氏旨也余
懷古尚論之餘備極尊崇嚮往嘗欲廟祀焉而未
能嗣是射策春官奉

天子命來尹茲土民社之煩劇案牘之勞午輪蹄
往來之絡繹日無寧晷而尊崇嚮往之心終拳拳
于中而弗能忘于是酬厥素志謀所爲廟祀者而
于邑之艮隅置地一區廣袤百武嘉與二三同志
合力鳩工共襄厥事建正殿三楹以妥神靈大門
三楹以表觀瞻飾以丹堊繚以周垣以崇巍煥而
城平檯題弘敞壯麗固棲神之廣宇亦一邑之勝
槩也展拜之暇登高眺遠江水環流羣山聳峙不
禁睪然有所感矣昔　聖帝之駐荆州也瀟湘江

漢莫不震疊人多遙應操欲避許史所稱威震華
夏者茲非其地也耶赫聲濯靈百世猶可想見而
密邇如蒲其服教畏神更當有深焉者間考邑境
有顏魯公張睢陽廟魯公倡義平原張公盡忠睢
陽似于蒲無涉而識者謂其精英靈爽必不拘拘
于一隅列廟享而祀春秋迄于今勿替得無正氣
之感人深而忠義之食報遠歟矧我　聖帝威靈
顯赫於昭荆楚直如黃鵠白石亘天地而齊日月
其廟而祀之也夫復何疑嘗聞季行父之言曰見

有禮于君者事之如孝子事父母也見無禮于君
者逐之如鷹鸇逐鳥雀也曹瞞挾天子移漢鼎實
無禮之尤　聖帝逐之不啻鳥雀若　帝之赤心
義膽匡復漢祚又豈第名爲有禮于君者千百世
之下爲人臣子者其事之當何如也繇是登斯廟
者睹其遺像思其義勇能使忠孝大節感發興起
無寧無愧于　聖帝亦讀春秋學孔子者事也此
余之所尊崇嚮往而願與蒲之人共之也嗚呼又
寧第與蒲之人共之也耶是役也經始于庚戌十

月告成于是壬子秋月邑同年友張子叔豹去瑕天智諸昆弟暨余子開熊朱子貞馬子登東輩皆與有勤勞例得並書以勸來者

新修上方禪院記　　謝胤璜

上方寺創于唐興于明先直指衡冲公別業荆泉寺爲吾族事佛香火矣春明秋爽余嘗過遊見龍泉豹石古木修篁寺隱其間葱葱鬱鬱洵大士修證地也私心竊計之安得有具正法眼者居此爲吾蒲暢宗風茲山開生面耶甲午春值洞山元潔

和尚出山往浙道經蒲余倡募同學諸君子具書幣迎師于黃龍堂上請住上方師以滸佛日受請遂踰分寧來余同張子霍岑魏子來復逆諸虎巖以五月十三日至蒲入城時比戶咸炷香徼禮上堂于延壽首刹聽法者緇素數千人自建邑來曠見者師以城市喧雜小憩予湧蓮菴許時六月朔九日同學迎師入上方溪聲山色栩栩放光動地矣自進院後數百年祀典血食之神冕黻而王侯帶甲而將軍者僧承方丈命遷他所絕無疑怖予偶自市歆後入院叱一傭稍有詬色是夜夢老人髯且杖謂余曰此豈仔使滔處耶無令方丈知予于是益信師福慧威德震動一切矣由是爰始營度闢基築室師悉心計而手畫之六閱月而功成堂廡庖湢咸如叢林法是歲冬期堂內外五百餘人江楚東南學無爲者日以至遂成法社明年春予赴試春官下第謁除得江右崇仁令臨行師謂我曰子毋以吾門爲苦空也世間功業皆從清淨妙明中出子勿以富貴分素心勿以聰明擾百姓

則世間出世無不宜者余佩師言以宰崇而事理民安即簿牒倥偬之餘俱見本地面知師教之爲益深矣及丙申師以書來曰予將復之浙上方一段公案子爲我記之遂述師出山始末并師訓如此以垂不朽師傳洞宗三十五代雲門湛老人之孫弁山瑞老人之子于上方爲開山第一代寺爲他年祖庭矣寺有田十數畝山地十數區皆師及同學置供佛香燈者遂以爲上方常住

邑侯王公新修北河浮橋碑記　龔　璋

浮橋許載山川志橋梁門康熙十三年春
水漲異常橋盡廢　邑侯王公以本年夏浩
任吳修監坊表識南臥天塹浮梯北曰長虹
利涉制度堅厚為從來未有前此里民每年
造橋外派公費若干上之官侯悉行除復
鑄之石曰大造浮橋亦草陋費圖邑紳士對
侯德紀頌存碑事在修志後特採碑文
入志以章盛舉

蒲邑之有北度也載水經為陸廣瀆三山匯下焉激城趾而西跨水為橋以綿乎南北自京洛閩蜀之道咸達焉橋之沿革具詳邑乘中越歩尸泰興侯君實經其始嗣新之者督學臨海蔡公瑋自齒齡時尋白雲窪鑄之蹟紅欄虹屈螺帶遂翠騎天

鷗起雨後黿鼉又或風動鯨濤月浮秒明則有吹洞簫於水際褰躧熊之萬霞時益傷驟鳳騁隊池貨租以佐葺費物阜材良迺其勞已歘十年來砥七議修俄復就圮嘗竊詢故老具道勞以其積漸然也當事者近頗委於北年之里甲里甲編箔率歲一易桃花春漲匐湧澎湃或冢書警令水挾其怒勢與橋相礙則少復完矣里甲讎其當得輪脩也苟可以護卸者無不至尚何暇念及利涉哉獲己為補苴計則醵錢於里出例金以造於庭里當若干兩庀材鳩良工不貴括舟漏楯詭擴視危慄今十有三年夏我
邑侯王老父臺新膺
簡命來涖茲土值赫然用師之際驚菊落七
侯殫心吏治多方懷柔悖者以歌謠者以集接士惟謙和治卒惟嚴明甫畢節解爰下橋梁之令有以往例告　侯瞿然曰予惟視事淺無能捐俸以贊茲役而反有所漁耶且蓑者囊帛秩絡之謠何如哉立却之告者慚懼而退露晁稽程剋期省課

里各具一艘艘各書其里民姓字工八競勸不屑鼙鼓煌七濟美紹於舊觀鷁首鱗次卧欄堅密天兵攸指萬騎雷動篙工免掠舟之恐河渼獲案堵之慶　侯之有功於斯人甚大橋成衆謀貞諸石　侯雅不以修已功無所費辭焉　爰退而筆之書謹拜手作頌曰　橋斯建漪唯　侯實才緊卓魯之初政早儲能於蜀詣橋斯成漪唯　侯實仁視國僑之遺愛至播物於鴻鈞橋斯亦漪唯　侯克壽恍叔卿之驂螭翔逶迤於天步鶴允劾靈

滴犀亦恊瑞鐫碧落於棠陰滴俾勿替於世世

王公新修學宮記　余開熙

記曰君子欲化民成俗其必由學乎頌曰順彼長道屈此羣醜古之君相制治已亂一本於學蓋講藝行禮之地所以作忠孝而建賢良不但是人士觀成而已

國朝建學自首善及支郡率沿舊制而右文額俊之典癸特重定罔及今鄉會闈試凡二十有三人文之盛近古未有今吾楚一二大老以先後巍科

位崇宮府功懋台揆豈非

國家廣厲學宮養士育才之報爲有以大其蘊蓄歟吾蒲據鄂上游　學宮形勝甲諸邦兵燹以後殿廡門堂遍更修葺未有□特出心手閎新再造如

王公今日者　公以甲申六月單騎之任紳士子民咸來自山中迓　公於郊望見丰儀咸相賀曰此國良翰民慈母也及詣學見其旁風上雨慭然顏面惟時以軍事倥偬晨夕不遑雖　公才瞻肆應不忍遽以興作勞民甫□替士庶散者復嬌漸集

其宇紘誦聲有聞而公以　太夫人訃至自請百姓相聚泣　兩制特請於

朝奪情留任　公辭弗獲抑志視事是　公以忠孝爲身教也爲人臣子之大根本

朝廷所重望於學校者於是乎立矣爰捐勅裒載新膠庠不謀於衆不諉於時詰工度材躬親區畫鉅者以棟□者以椽□者以比甃無大材小用小材大用左支右絀之虞且治堂者不及廡治廡者不及堂治堂廡者不及版築又無此長彼短此廣

彼狹引斤坐論之誤而且餼廩以定月日有稽此大臣宣德録功用人如器之法　公於是見大意矣夫蒲當孔道南行之師率由是進　公上接元戎下拊士卒稍一弗恊兵譁而民蕩耳且軍需所貲條例盤錯

廷議且停闈試矣此時而議修學庸人鮮不以爲迂　公毅然新之且使人樂事勸功敏於底績何也夫天下事善謀不如善斷能議不如能任聚族而籌之至詳以悉而不必其有成雖才遠器□□

顧定之由斯以推備得　公主張封疆大計必能
身荷天下不至以首尾進退徒俸軍國也審矣功
成舉行鄉飲酒禮往時具丈相視至是紳衿耆德
者登降揖讓耳目一新環橋觀望千百爲羣齒讓
愛敬之心有油然者興時樽士弟子擢秀南宮雲
霞蒸蔚蟾斯學也車服禮器如見其人　公之功
誌不朽焉是役也經始於乙卯玖月告成於丙辰
七月　公諱來賓號敬臣三韓人治蒲華文
耗行户以養民財敦禮課藝以培士氣協和文武

使兵民如家人修橋梁道路使師旅過是邑者無
滯迹以妨三事諸矣績詳政譜中皆使民忘勞之
本也司鐸者竟陵州名士朱家藩號贊皇詢訓猶
安再諭永興後補諭蒲庠以文行訓迪諸士有光
師模贊修賢勞咸具心力例得備書是爲記

重修車埠長堤并置祀田記　張祖儒

蒲故稱山縣而四邑之水循河而下滙於斯境十
里爲巨浸田没糧逋由來舊矣萬曆戊午邑侯宣
以名進士守茲土詳諸當事題請國帑始築堤以
禦水災直指彭疏建祠里人塑像祀之故蒲令多
賢惟宣有祠有像云康熙丙申夏龍水衝决堤潰
其半督憲滿撫憲劉守憲金府憲章委驗檄修時
邑令三易署篆者皆作京兆五日想莫肯實心任
事功弗成歲戊戌王侯奉命涖蒲親捧上檄夙駕
按臨集人士商確規畫悉協先詳賑寛賦紓民困
也繼捐俸葺橋循舊例也卒按田上中下起夫均
苦樂也規模一以宣爲準而經營勞勩殆有過之
鮮不及焉堤成不數月而侯卒蒲民莫不盡哀留

公像於宣公祠爲具德政實蹟白諸府太守嘉其
勤以獨賑之餘穀五十石示儒爲公置田奉祀此
與人爲善之意視當年直指公先後一轍也夫興
利除害不惟其大惟其實侯一舉而繼前烈廣憲
恩汙萊以治公賦以充實心實政此方之民世食
其澤厥功懋矣記曰以死勤事則祀之能禦大災
捍大患則祀之今以侯之功妥侯於祠匪諂匪滛
明德惟馨有其舉之莫敢廢也豈特蒲民好義哉
抑使怠民事者覩二公之芳躅感發而興起

海蜃樓記　王雲翔

孝子者忠臣之原也以是道使民則人無不受其惠余治署後有海蜃樓爲千山修公壽母之所作千山治蒲多惠政至今蒲人稱之爲孝子余友黄潆峰李醒園至余自寡過堂引二君由右扉紆廻至廠廠方廣平直計里許叅影筍石扶疎掩映二君暢然曰曠哉昔之官茲土者曷不築臺亭以寓興予應之曰由此而深過左二扉則海蜃樓在焉相與偕登則悠然海濶天空而城郭參差人民士地之廣動人憑式乃知古人所以先天下而憂後天下而樂一登一臨致澤之殷其是矣夫孝子愛其親必敬其君敬其君必惠其民樓之高可以娛親君恩在焉則仁人之上報其君父者觸目皆是修君斯樓之設其有得於是乎哉余下車來見蒲土瘠人滿獄煩多未能嚬咻而畏服之而慈親䘵飧賓叨寵榮其於臣子之道抱愧於修君者多矣因感而記之以俟夫後之賢而辱於此者併質二君其何以告我也

龍門書院記　王雲翊

楚地多佳山水而蒲爲武昌鉅邑萬峰嶽秀百溆淵靈必有瑰異神奇摩娑鬱積傳曰惟楚多材國之利寶工師大匠之所求也予奉

賜命蒞茲土問披讀邑誌人文載賁輝映後先其間如趙樞密之經濟陳鎮撫之忠烈王泰寧廖太史之理學文章無不彬彬稱盛卓哉文獻名邦彰教未墜矣昔文翁之治蜀也羅英俊置講堂廣設諭教之法漸摩陶冶於是蜀人士皆知以禮義自閑而不安悉於爲非然則一邑中風俗之成人材之出豈不以倡之者有人而教之有其法歟蒲自赤烏分邑歷唐而宋始立學宮至書院之設昉於有明嘉靖督學蔡而邑令吳君道深吳君汝楫各以時加修葺天啟間遺灰燼無復起而新之者荒烟廢址漫漶無稽漸摩陶冶之法駸駸乎衰矣余蒞蒲之明年校多士咸躍然有願學之思因擇學宮之左傍龍門建書院書院故文昌宫也先是邑侯任廟祀文昌其上歲久日就傾圮遷文昌於湟祠至

是乎召邑紳士商所以因其地新其宇復其祀以陶冶夫諸生漸摩乎至道衆樂于之信也各捐貲以應不數月而龍門書院成翔乃爲之言曰學校之典厥典重矣士子講章句課文字以弋取科名於聖賢大學之道無當也夫讀書之要在乎體用合一德性以持之詩書以擴之其養之也久其發之也漸見於動作極於天地豈如詞章訓詁功利夸誕可驟獲也哉古之學者幼習灑掃應對以檢束其心思由是以其未漓之天融之君臣父子夫

婦昆弟賓主之倫辨之禮樂兵刑名物射御之廣然後動而履其事純其理根心生色闇然日章而皐夔事業伊周佐命之勳具是矣噫以今人之學志古人之志其言其行載籍彰彰可考欲速則不達近名則可耻若夫玩物喪志逐利營生鄙有所顯蓫適儒林蠹矣是學校盛衰之一機也

龍門書院記　李光賁

自古欲厚民風者先端士習欲端士習非講學以明其理其道末由故司徒之設肇自唐虞而黨庠術序至于今不廢然道學不明紛趨旁騖縣令實兼君師之任非設學以樹之的而維其風致使家有異學人有異師高者遁于虛寂卑者囿于章句甚且假蓺苑以梯榮馳聰明于法術小民不覩先民軌朝廷不收得人之效非細故也　國家聖聖相承化成天下固已四表同文而久道蒙休矣然予牧民秉鐸之吏作人造士屢降　明旨其所重益可知也蒲邑曾假學宮兩廡爲經義齋未幾復輟而所謂鳳山書院者亦荒渺莫稽邑侯王公以

懋德博學捷南宮馳聲海內出宰斯土惓惓惟民隱之是恤利必興弊必除以故害馬者去瘍鱎潛形不匝月而積習盡滌乃猶以義學未立未足以端士習而厚民俗也爰倣文昌閣之遺址而經營焉建閣以棲文昌構堂以設講座又前爲魁神閣以翊文運師生有舍厨廪有經崇如奥如垣砌周遭凡用石工十之三陶氏倍之攻木之工又倍之一瓦一石多出清俸擇紳士之賢者董其役擇當時之才望者爲之師復於政治之暇躬行勸課勤

有賞憤有警耳提面命孜孜不倦邑治之東門曰龍門故顏曰龍門書院昔洙泗多賢而文學獨推游夏故西河之教最著而武城之弦歌以興今公蒞蒲安民察吏外其精神嗜好乃獨注此而忘疲焉夫非本文學而達之政事者與夫是院也文廟在前可於是觀禮焉邑治在後可於是觀政焉左瞰靈應俯映溪流可登覽以自廣而瀞濯以自新焉又蒲爲四達之區仁賢之丰采上國之威儀憩息於斯朝夕皆得屬目焉風帆上下漁歌欵乃苟

有會心皆學問之資也由此瞬存息養爲佳士爲名臣爲道學之正宗庶民之坊表皆于是乎基之若夫毁方躍冶不惟敬業樂羣之是務則亦不足與於斯文而大負作人之意矣諸生其爭自濯磨焉毋忽

大愚山記

魏方復

嘗考古稱洞天勝蹟即在名山大川之中其詳載往冊者不具論而緇流羽客之節韻士逋人之筆俱能探其奇述其勝以傳不朽若僻在一井之鄉廣不數里雖具勝槩而遊者弗顧其荒没于野燒之跡者何限此則山川之憾而有心者所共惜也予家桃花泉距邑治十里泉固平沙漫流無甚異狀但陟其嶁則嶐七崇嵫巃巉巖怪石難以名狀是爲大愚山中則穾開一竇四圍嶕絕下臨深潭莫測所際其奇險駭人不異游仙俱勝予俯視惴惴自笑莫予厚若也轉而仰視竇左其石之連亘而峭立環在峯半者如石城循竇而下於崚嶒中見大石如蓋橫置而巉崎者爲泉頂下則龍宮邃

室鬼物之所呵護凛乎其未敢留焉予因攝衣從草徑中乃達山巔倏見河山四面宛可指顧夷險之致一覽而予乃爲之大暢巳坦步山行約二里許左右皆佳石環列其峯巒突兀之槩無不畢備下則其地坦乎如掌寬廣近百尺可梵闕可仙宮可讀書而彈詠其餘臺榭亭閣之基隨地可擇山若虛其址以待人事之全焉予因心賞久之夫山以愚名惟愚者應居之矧茲山之勝既得前此諸奇狀爲之枕藉而且左珠峯右古洞桃花春色覿

而飛來山下水流潺潺悠然可會南望青峯葛洞依稀天半東望長河如練片帆上下周迴於沙浦曲岸中者皆在襟裾之下更遠而極目平疇則綠楊紅樹以及烟雨晴嵐四時之景不同而皆可於掬指間取之此茲山之大觀也使得挾金谷平泉之貲以從事焉吾意其勝必有事半而功倍者乃予十年心賞尚託空言是豈愚之咎也哉嘗讀柳州愚溪詩序名其邱爲愚邱泉爲愚泉溝池亭島咸以愚稱若茲山之擅美者則在外景無奇而內

藏諸勝如老衲之定寒峯鍊師之伏遼谷其狀若不勝衣而其神則可以周沙界而遊八極之表噫非天下之大愚孰能與于斯士君子得是道以立身閱世可以入而怡嶺上之雲亦可以出而破長風之浪則惟善藏其用者之乃爲大愚也予云愚不可及豈不信然

荊泉洞記　魏方復

荊泉洞一帶荒榛耳無奇峯怪石恣人登眺亦無古樹蒼藤供人賞玩惟山中野老種石鋤雲往來其地寥寥烟火週遭三兩里不十餘家故人跡罕至山不甚高從乾洞循途以入草蔓茅芊無徑可覓行里許巖石嶙嶙如螺旋蟻曲若不知有洞者攀條捫石半嶺巖懸則洞也先達廖公顏以玄素葢郎以其集名名之亦贅矣洞外軒廠可坐或酒或琴各適其興惜無一旃檀地待遊人憩息耳下則陡瀉欹傾雖杖不爲力藉僮僕挾扶得免驚怖頻躡至則坦若平原是處天光微射尚不幽晴然冷風淅瀝寒氣森嚴不禁毛髮畢豎爇炷十餘束

令土人先往隨光所照彼此相覩亦不甚清切左右四顧如殘螢向導而巳少頃兩巖對峙削立如垣中開一竇可容十餘人聯袂而入土人曰此頭關也予笑曰洞門無鎖鑰設此欲何爲得毋椎詩人記賦者乎內有龍田數十畝疆場井然淺水漾漾似堪耕作聞歲之豐歉於其水之有無驗之多亦不爽誌載石田占歲者此其是也二關平坦如前愈進愈深廣不可測而火無光矣惟巖水滴滴入地有聲一或咳笑過弘則萬籟齊鳴莫識噌吰

叮咚之何自總上下皆空故聲響之相應其疾如此龍墳層疊如萬里孤邱無疑後人因其相似而名之然一洞中胡爲獨此纍纍突兀也吾欲從此旁行搜求以窮其奧然窅窅簨簨莫知所向間有石壁亦千竅萬穴無可摸索處與遂止而所謂三闊者凛然排烈矣闊之嚴肅峻峭無殊于前至此聲不敢揚足不敢放如近至尊如臨大敵生死存亾呼吸間耳同遊少年忽爆竹于斯石裂山崩四過叫號魂散魄消不知措身于何所良久方定入

闊數十步龍牀一坐上下前後無一不具四柱從頂直下列置牀楹水痕凝結積歲成文一切龍蛇虎豹草卉禽魚奇巧精工之妙不可言傳任人爲之擬似亦差別不遠此固非人間雕繪之所能亦非鬼斧神斤之所可及也徘徊久之旋抵黄泥嶺嶺高不可度惟微水滗滗從嶺而下陡如削壁滑飲懸水無能竚足邑乘中載有好事者裹糧而入行七晝夜至崇陽葛坪出予聞未敢信也洞內石筍如細柳營中森羅劍戟凛然不敢犯然脆軟可食似嚼氷咀雪出則堅同石骨矣憶二十年前有西域老僧一杖一盂獨坐於此後有信善出入置小蓬居之三載而去常爲予言洞有三人紅綠黄袍者歲必屢出彼此日攝後似漸相親洽然終未接一談其言如屬虛誕切思古來仙子多亦遊戲人間況幽冥僻暗之墟自鬼神出沒之所即以爲妄彼妄言之予亦妄聽之而已矣從洞下山行二里有奇爲泉泉在山足水瀠靜無聲者百餘步名爲秀水下則汩汩滔滔灌田數千畝盈科而進直

抵長河先代有崇陽巫人以取水來蠡竟溺于內不得出後有祈求必先于彼地齋醮用茅船一隻載表文于上置之泉門下其船自水上旋流而入若發水即有洪流湧出汲之即應若不發則船自吐出不收邇來二十年中亦親見之若揆之于理則無矣此事邑誌未載或以其怪妄而置之然天下無其理而有其事者亦大較然也姑述之以補其闕

遊洪山圖記

李世紀

丙子受業巨源彭先生秋九日書僮捧家大人劄催闔館登洪山笥不鎖鑰奔悅就道到門云已督蒼頭挈榼壺前往矣時園栗大熟張口齾齾光黑可愛屬小奚持竿撲落刺淋淋着頭上不顧也提囊趨赴且剝且噉遥望大人竚立前隖以扇招予囊重行急脛膝相搏大人顧笑出半以奉兼奉巨師遂爲同輩攘掇無餘矣抵山下家庭三兩人及何氏立如伯仲拱立迎候張宴山巔大抵皆飛椒傳來者也山僧短衣出揖忽忽遂不見席地圍飲

歌笑盡歡酒闌立如與家大人對奕技大劣應手而負爲何左袒者爭傍翼之然與當局竟不諶北愈甚乃叱左右各散去以予淡嘿不忌也少頃予南出覓諸人行踪見前峯陡削如馬鬣如豨鬐杳無逕道有一人捧一人上始用手繼用肩終履其髮額巳而上者解屨足垂係捧者腰逶迤而登如蛇行狀余默笑此虫虫不但跞登高臨深之戒顧安得復有不愛肩額者爲之接引耶崖懸勢窘惴惴不得下窺見大人立墻外不敢呼悄指余以四手疾招之命從者昇以椸椸不足加几又加小櫈於其上旣下喘息驚愕皆自悔皆云欲進不能欲退僅廣五七寸不能旋轉前有穴深數丈覗之目眩具陳其佷狽且相詬余熟覩山自東來石脊齒齒瘦削如鏤或作人狀蓋狀禽鳥馬虎狀隙南北通可見岸然高超强項不屈題其峯曰山勢欲吞衡嶽湖光巳接洞庭切思黃茅以下磅礴鬱積煩重可厭直抵黃龍山分左右翼各據土壤閒道爭奇豐崖峻石不敢內逼而神氣拱衞遥遥相矚

旋繞向前且收且親若始爲城郭終作門戶者巳乃獨止獨行傍無贅附千溪萬壑湍悍西流如偪裈掠野旗幟蔽天而大將單騎掠陣執如意指揮兀然獨住其下兒孫列者隆隆然隱隱然匍伏磊落顧盼自媚皆與帶玆峯以表天漢曾聞天台鴈宕不乏名勝似此揭地參天幽秀絕倫不但甲蒲水且甲衡嶽矣是日風輕霧捲四望皆清山樹溪田高下可數父兄師友同遊共樂因記之

遊百巖記　　李日瑚

浮屠師大雲和尚爲百巖開山祖余毁齔時曾而其人目其偈頌未趾其地也癸丑冬偕竹村誠齋往訪吳君松園松園指霄漢闕霧雲幬障奇峯隱現處謂余曰此百巖也遂欣偕往走數里抵山麓有寺曰羅峯少息足焉由寺左循脊而上徑寬可尺餘兩旁峭壁邃壑隨行者之邇遠爲深淺愈高乃愈深余與竹村狠狽牽引頤膝相搏如戚施狀相與戒勿左右視目眩心悸毛豎氣喘側坐憩息者數十次始得至絶頂頂有門衺延約百餘畝賀

子曉來結廬在焉四山環匝如城墉木由石竅入山膈余曰此萬仞峯頭尾閭也已乃踰城而下扶樹爲杖時復上曲捫蘿爲綏如是者不次四顧無所謂百巖僧舍者忽左腋深谷中竹樹翳閉有塔巋然則大雲和尚舍利寶藏也塔旁有石起立如屏高十尺廣倍之平削可鐫過此乃得庵趺坐山門望天如甕口左覆釜高聳爲問天臺右銳錐揷空爲摩月峯前有谿如門戶嵐霧蒼蒨白晝如昏爲烟鎻谿下視澗壑古樹如百尺樓上凭欄看池中蒲荇芹藻等物庵後危石千仞俯瞰如龕覆屋上垂垂如將墜者巖半有洞望之深黑則雲公卓錫時結趺處也少頃僧延入茶視方丈及故禪床杖拂環墻外泉聲四達如潮引流注釜誠齋松園援杵叩鐘噌吰既歇而谷應良久不散洵異境也時日浸曨擬返既戀戀不忍捨去又回思登陟時情况慮難爲下迨至山頂賀子具酒饌以待心暢神發大浮十數白遂乘興掉臂聯吟迭數十首竟抵山麓此遊可稱大快昔香山柳州諸公盛稱匡

廬鈷鉧愚溪之勝而不獲覩此昌黎登華山不得下至作書與家人訣時又無以酬飲聯吟之策援之者不均是大憾哉是夕與諸君刻燭分賦以寵山靈而以記屬余故述之

遊迴龍洞記

張開東

洞既修木綏沙平冬且涸人可走丙辰春正月十三日將暮春潮未至和風盎谷予約伴侶各秉燭以遊衆咸畏之予曰往遂前往焉門僅高二尺餘俯而入又漸低衆難之予復前往越數十武拳然

一竅眘頓爽又徑往得一圓屋能容四五人石室
稍高予曰可以伸腰矣衆咸聚是且憩焉又窯
貫而入石若塞得一竅伏以行背脊石面目臨地
予亦幾若倏然大勢若長房中有沙洲清水環帶
徹底無塵亦有石鯵潛游形影碧蕘殘苔撲岸含
濕欲生衆披肩坦行無所礙且遙々不窮旋一曲
而房始盡嶙峋嶔崎累壓如垂中通小徑名曰玄
關玄關者洞之重門也蜿蜒進入其關曠渠旁隆
空如大廈一談一笑四廊響應古石鄰砌玉筍斑

斕石乳涓々滴而為佛光怪離陸不可端倪環顧
而拂此宮一截衆以為盡予曰未也又俯首入其
關有清溪小港彩石晴沙交錯道上此宮一截衆
以為盡予曰未也又鞠躬入其關復有清溪小港
彩石晴沙微風引浪周轉如輪此宮一截衆曰無
復去予曰未也又匍匐入其關有兩石分列一石
磬一石鼓叩之鏗然其韻各別殆太古之遺乎右
有龍床平鋪如席予倦欲睡其側隔於小池不得
遂左旋折路層級如梯窈然益幽望其右皓石懸
空離地數仞予履危凹遂躍而過攀樹挈援登其
上復如平地仰其頂隱々在霄漢之際躡其處若
寒磯破釜若古寺撞鐘昔朱氏率其族四十餘人
避難於此蓋聳乎為白雲樓矣復就樓下依前睡
而往此宮一截予亦以為盡又逐空去得一嶺如
水巷泥滑不能躋予與衆攀援而上亦凜々乎不
自持衆停以望浩然有退志忽有聲淋漓若河濱
浣女砧々隔岸之砧若黃昏野店空庭夜雨之懸
懸予甚疑焉又然新燭且行々劃然暢曉容々其

堂氣冷而雲迴異人世即而視之蓋水滴石音是
也予從座石旁獨馳幾半里攝衣而立徑斷路遙
視其下黑雲擁紫霖騰泥霧交沉怪風颯々有神
龍氣不知其幾千萬丈也予迅返駭然謂衆曰請
君從此止

掘泉羅真人碑記　王雲翔

傳曰有功德於民則祀之能禦大災捍大患則祀
之古者鄉先生生而有利于人歿則祭于其社凡
以崇德報功肅展敬也去蒲城三十里而遙有

蛟龍之窟用以捍災禦患使民人賴其功德迄今百餘年來盼蠁猶新原非窈渺至于龍本天地間神物故能噓氣成雲司一方之雨澤靈應昭著所在皆然然必藏諸深淵大澤中非可以禱而致也而茲泉之龍獨能夾輔乎羅神興雲雨以惠此一方感應之捷若火之于燧斯邑奇矣余尤異夫文初入木不遠濡輾轉而達于洞土人因言心或不專文郎流出復還諸原所夫非有物焉司其出入者耶昔歐陽文忠謫瀧岡阡表文成倩山谷老人

礱石而大書深刻舟載之由洛以抵于豫章未半道風雨大作石竟沉龍夜見夢于山谷曰吾木府之神愛茲文佳甚取歸以鎮幽窟黃乃表諸龍神力爭之越日而岡畔雲蒸霞蔚碑自地湧出瀆水淋漓有瓜圈處則祭而豊不如養之薄二語也此載之紀冊當非臆語然則龍之靈非直能興雲雨而已併能知文字而嗜好之若余之文烏足以寓其目亦惟是環蒲數十萬家川竭井枯民命誠在呼吸吏痛心疾首奔走哀號言雖拙而意殊殷神其龍其或默鑒于冥漠而一為施其利濟者乎今者　聖天子宵旰在上四方之水旱時勤凡有能捍禦災祲以無貽　一人憂者每每隆其崇報眞人與龍其盍出雲興雨以被一鄉一邑者廣被乎天下則有功德于民者日更隆盛其廟祀褒揚當益弗替寧惟蒲之吏與民感其休而致頌禱哉是為記

龍門書院記　　黃曰洙

耐菴王先生宰蒲之二年政舉民安亟興學以造

士於治之南搆龍門書院延名師厚餼廩聚邑人士課業其中己未夏余來署造訪以記見屬余避席而興曰先生建學之意餉居將使諸君子吳吟雒誦以馳聲于藝苑歟抑欲其懷文抱質相率為有本之學以蘄進于古之君子歟夫楚才雄博楚風彬雅左徛屈宋照耀千古其文章無俟為諸君子進惟是鄂渚衡陽為南軒考亭過化之地而濂溪周子紹絕學之傳實生乎其間流風遺韻至今深入景慕故岳麓書院與吾江右之白鹿並垂不

方今蒲接壤衡湘又山川靈秀所鍾知必有豪傑之士上接濂溪之心傳者其去岳麓居隣地近爲學之要一一具在特人往風微振興乏人士每抱殘守獨倀倀而無所依先生之意殆欲正其聲利之失而亟返之于正心誠意之學則書院之設洵哉其知本者矣抑吾尤願諸君子之善承之也記曰三王之祭川也先河而後海或源也或委也此之謂務本君子務本本立而道生學者果能根柢六經存養心性本周子主静之旨而以朱張二子

蒲圻縣志　卷之十五　記　五三

存誠主敬爲入德之門使身心間粹然醇然未發而中常存已發而和不失將見修齊治平之要皆裕于一室講習之地而全體大用亦無不具足焉于以紹絕學之心傳而先生振興之心庶可以無負余褱矣不能杖屨從遊與先生討論晨夕亦如朱張二子往復質正于岳麓書院俾當時興起成就之功復睹于今亦惟先生勉諸君子于有本之學以其鄉先哲之前言往行爲法而相與以有成明理學心源不難上嗣周子寧僅以雄博彬雅稱楚才楚風哉先生曰善夫微吾子亦不能爲此知本之言也因次其一時問答之詞而爲之記

和衷堂記　李作相

天子分六卿之職以康庶事而卿之中復有貳貳以副卿之所不逮也其在書曰直哉惟寅夙夜惟清又曰同寅協恭和衷哉則古人之設官分職之意固可見矣縣之有丞有簿有尉皆以分邑之煩劇而佐理之丞獨貳尹尹每藉丞以相輔而後水利興漕稅裕軍運疾余友王耐菴尹蒲圻其貳之

蒲圻縣志　卷之十五　記　五四

者爲寶定于君晉公余遊其署見于君之於丞也每關民生利弊與軍儲水道必求盡其職而後已而又非恃才以應也必虛衷商確以要於當蓋嘗論之丞承也成也承所事而要其成則尹固不得以專執之見自行於庶事丞亦不得以奉令承教之私虛其所職夫同寅協恭之道一則中無所睽公則兩無所拘使邑之中事無大小皆得其平則尹與丞各相濟以成其能而後兩無所負今于君之於丞如是王君深爲之降心焉故夫軍國之需

或有未得者必于君是賴其老成持重之概固自
學問中來也然則丞負于君矣于君何愧於丞哉
丞舊有堂將圮于君新之顏以和衷屬余書因述
其事而紀於壁

邑侯王公革弊碑記　　程材傳

乾隆元年夏金川王侯奉　命來宰吾邑甫下車
見民俗徼扐日阽于危政令之繁若棼綱然廼肅
集耆老士而詢之曰吾聞政有經今日之蒲憊矣
其奚施而可僉曰利鮮舉哉弊日叢哉大者在與

與革而已矣抑聞有序二者何先曰弊去革利不
可得而興也譬之于醫風寒在腠理雖有蔘苓胡
敢以御無亦革弊是亟哉侯曰敢問弊之端邑大
夫士悄乎離席以起曰微侯言吾儕固不敢于終
隱也往者惟正之供厥有常額胥吏從而侵漁之
於是輸銀有櫃書矣徵糧有斗級矣緝盜有團役
矣收戶有架閣矣有櫃書而包收捐完之弊生有
斗級而射害濫派之弊作有團役有架閣而抽豐
苛勒之弊興不寧惟是嘉邑之堤顧令吾蒲計里
出夫歲徵銀三千餘緡入私槖者半焉是皆蒲之
弊也有一于此民猶不堪矧其穴蠹而叢奸雖然
固不敢與其悉有以蠲之也亦庶幾稍紓焉而可
侯唯而入翌日下令曰嗣今輸銀民自封投櫃吏
毋高下其手犯者法無貸又下令曰嗣今輸粟吏
唱數給單而已量與盪胥民自司之其斗級之擾
民者悉汰諸又下令曰州里有奸宄責之于捕蕁
毋仍團役之名以驛騷吾民又下令曰推收一視
乎券有券者印給推单否者入册落甲費並給自

官不得銖兩取諸花戶又下令曰嘉邑之堤費不
克除當思有以減之由是向徵三千緡者初減爲
一千九百緡再減爲一千二百緡更虞堤之不能
永固也築月堤一道以護其外復以其餘建義塾
課秀者也置育嬰堂恤孤㷀也是皆節縮以出之
者而數十年之積弊一朝而頓除通邑之利且次
第舉行焉客過余而誇侯之政余曰闓之而未殫
盡詳言之庸以徵信夫侯之治吾蒲也果其賂不
彰與私欲不行與掊克不擲與刑平而賦儉與作

傷月遠而奸慝罔所容與客曰此猶其淺焉者也進觀其深介乎其廉而節也郁乎其惠而和也挺乎其直而不回也哲乎其明而不闇也秩乎其肅而不替也是惟侯之心有然敞故樊蜀而利作民歌思之三年而罔替余間以考諸邑父老子弟皆曰信始莫乎安若堵乎而今油油乎思之若父母乎余曰美乎碩乎澤澤乎侯之惠于華樊而興利也洵足信今而傳後矣侯茲以最績移江夏蒲之民若奪之乳哺之懷倀倀而無所依也已勤石詳

載之余復撮其畧以質諸惇史焉

藝文志二

賦部

鳳凰山賦

黄煜

戊寅之秋重九之日與客攜壺躋高縱陟追孟嘉之往事訪長房之遺蹟于時紫萸簪帽黄菊泛甌几雲案石詩酒賡酬攬蒲山之秀色挹蒪水之清秋忘形爾我其樂優游客有問曰登斯山也意氣軒騰山巒屹立極乎高昊山洞幽陰入乎杳冥際窮蟠壤亘古迄今山以鳳稱胡爲乎名余乃停卮

揮藻爲客陳之自昔鴻濛初判高厚甃昬神禹懋績地平天成山嶽挺峙品物流形雨暘時若協氣駢臻是故鳳依山而呈瑞山以鳳而顯靈乃若春風浩蕩淑氣春融升亭亭之扶桑茂萋萋之梧桐鳳輝木德而來鳴兮喈喈雝雝乾精曜曦時當溽暑亢大塊以蘊隆傒商巖之霖雨鳳輝火德而于飛兮翽翽其羽風高氣肅斗轉箕旋仙管遏雲而嫋嫋銀蟾皎夜而娟娟鳳輝金德而廻翔兮亦傅于天朔氣栗烈巖飈凄凜蒼筠森玉而橋橋白石

削瓊而齒齒鳳輝水德而審視兮亦集爰止客曰子樂矣乎子誕矣乎於乎噫嘻我知之矣虞韶盡美來儀于廷周德至盛岐山來鳴惟我皇明道泰時和值茲美景瞻彼卷阿我車我馬且馳且多炫九苞之焜煌象茲山之嵯峩吾豈效楚狂之避世而吟哦將以述召康之納約而𠻳歌也客乃笑曰有是哉歌曰山兮山兮彼高岡鳳兮鳳兮于朝陽時兮時兮登虞唐

芙蓉山賦

廖漢

緊盧山之靈秀兮負芙蓉之修名聳嵯峩于碧霞兮高岌業乎紫清祖五嶽之峻絕兮宗三島之崢嶸予翁結廬于其麓兮集芙蓉以爲宇葯房蓀壁兮臨石巖桂楫松舟兮繞沙渚若乃蓮錢簇壁荷盤映玉爛葳蕤其若蘭森羽葢而穿竹時則夏雲初斂晚風微靜山色類染湖光逾鏡采紅芳以製裳兮和碧石以克餐弄翠霞以怡情兮吞珠露而駐顏予方歌予翁暮景之詩而冉冉其忘年也歌曰登芙蓉兮山之端采芙蓉兮水之干彼幽人兮考槃又曰山雲漠漠兮水月凉采采芙蓉兮在彼水中央

鳳山書院賦

廖道南

蔡潮字巨源別號霞山爲湖廣督學寓蒲肇修鳳山書院時道南爲諸生蔡公乃命作鳳山賦其辭曰霞山先生仰謙山之巉嵯俯澒水之洸洋背艮岫以枕陰面晉旭以賓陽于是乎經野覘土諏日擇吉鳩工聚材測景平臬伐巽木以爲宇拔泰茅以爲堂隆大過以爲棟建書院于鳳岡葢以植人

紀樹天綱考法象陳典常而承垂丕休之烈于無疆也爰有三湘公子九嶷丈人馭黃鵠之飈輪忝纚麟之雲輿抗招搖以遐征指攝提而上馳躡巉巖而眺望肆懸河之修詞公子曰竊伏湘湄遐哉邈矣不圖今日院斯落矣青青子衿于胥樂矣且吾聞諸蓬萊之陽扶桑發賴迷穀揚彤檄蠡映波其屈縮枸杖搖嶼其菁葱廼有青陽之宮綺疏繁星藻梲宛虹安期涉咸池而洗日羲門登暘谷而凌空崑崙之西蟜淵泱漭沕潏淪漪冢遂嵂屼

巾霞泰器嵚嵜其巀霓廼有素灝之居晶宮栖鬼
璣題納曦容成據沙棠而逍遙韓衆依子桐而栖
遲炎橋之南緬渺丹垠紆廻紫嶼育隧楊薰風之
籟軫巖懸火德之躔廼有朱門之垣金支通牖玉
珽照筵祇融司祗而開宇何赫胥御紀而墾天田
瀚海之北氣凝霜寒精結冰蛸吉良產千金之駿
驥吾具五色之質廼有元景之室閶家九關硍磄
萬壁蠙爻摯長鯨而揮攉任公跨巨鼇而屓贔先
生盍用龜朋華乎豹蔚驊青陽之驩寵飫素灝之

敕澳服朱明之陸離被元景之赫奕無乃窮四荒
超八極于焉栖息爾矣乎先生曰悉遠遊者疇與
近取諸身務外觀者疇與內求諸心子言博矣盍
蘉陳之公子又曰太昊乘震執規司春玉衡秉信
琫斗回仁蒼驪駕而協氣和鳧鳥巢而條風溫于
斯之時紅藥翻階朱槿蔭庭靈運賦池艸而冥機
自觸孝綽感山櫻而雅韻攸成炎帝乘離執衡司
夏赤鷩鳴晨丹良燭夜于斯之時蘿煙裊帷松風
入榭江淹懷綺樹而興慨阜蘭傳元思秀麥而宣

謠田稼少昊乘兌執矩司秋悲臺蕭瑟哀壑飂飀
鵲梁迴而津橋橫蟾桂芬而月斆嬔于斯之時竹
君萬箇木奴千頭左思騁翔鳳而金飈初勁潘岳
咏歸燕而玉露方流顓頊乘坎執權司冬同雲集
霰寒澌凝淙日陸旋而昴彙藏星紀周而象緯從
于斯之時令屬元英律應黃鐘穆王躋平圃而白
雲縹緲梁王遊兔園而素雪玲瓏先生漸儀鴻羽
鼎食雉膏煦春元而熙熙茂夏亨而陶陶廣秋利
而肅肅乎冬貞而昭昭無乃順四時周六虛于焉

居諸爾矣乎先生曰善言天者必徵諸人善言古
者必準諸今子言近矣願終陳之公子又曰粵稽
有漢西雍是京塞峩虎觀蜿蜒鳳城麒麟熹昪而
芙蓉披鳷鵲葱鬱而椒蘭榮廼有承明之廬著作
之庭銅龍承宇金馬標門方朔占歲星之色象更
生招太乙之威神粵稽有晉江左載作鍾山龍蟠
石城虎躍顯陽華炳而亘赤烏永安離奇而延朱
雀廼有華林之園昇元之閣江實浮波山葩吐萼
陸機詠芳藻以敷文謝朓賦青山而尋樂粵稽有

唐起于晉陽華清毓秀興慶蕓香勤政通天而捿
熊耳飛山凝碧而起鵾翔廼有結璘之樓鬱儀之
堂虬漏宵沉鈴索晝張李白摛辭而焜煌鼇掖韓
休抗疏而飛翥鸞章粤稽有宋國于汴京渾河爲
池嵩岳爲城嘉惠嘉福以延弘慶純和熙和以聯
邇英乃有徽猷之製寶謨之纖十閣叢起兩制並
名易簡承恩而御書飛白禾叔視艸而史策垂青
先生節以制度頤以保貞紹漢賢之高躅步晉哲
之芳塵追唐臣之逸軌播宋儒之光靈無乃兼四

代冠羣英于焉浚明爾矣乎先生曰載事者存乎
史載道者存乎經矛言美矣吾何能焉九變丈人
喟然嘆曰於乎緊噫子知其一未知其二也夫北
人見布而疑賡越人見罽而疑毳拘乎藝也奔蜂
不能化豢蠋伏雌不能伏鷇卵泥乎類也若公子
者未免馳志藝文之末而或遺其本游精散殊之
博而靡得其約也已迺若先生之登茲鳳山也其
東則有豐財靈應幽蘭點筆蕭堆仙雲雪峯丫髻
河抱石牛而掩映星河溪洞赤馬而虛涵天目其

西則有鐵山壺山蕭首瑞雲感山廬山芙蓉石門
湖出二羅而澄潭瀦蓄水趨六眾而長江吐吞其
南則有桃花白石月山梅岑金鶯五洪雲臺荊泉
鹿洞谽谺而林陰夕合羊樓岵巇而崖花晝妍其
北則有龍翔行將鳳隱石盆雷壇天馬明水山門
北渡浮舟而汗鐔懷古西夏遺蹀而烏石藏靈是
故鳳凰于飛維石巖巖三峯層巒五水縈灣金疊
石筍金臺雲磐隆岡秀起而趨翼南門平原衍彝
而迴抱西闕是故其爲書院也其中則有集雲之

樓崢嶸繒綾嶤嵲綢繆飛甍特起叢栱孔修若升
元圃之丘爛瑤宮森貝闕朝霏入而暮靄浮其左
則有無逸之所堂曰頤賢麗澤輔友齋曰六行慎
修恪守若窺瓊林之牖辨商彝測姬卣煇壁月而
燦珠斗其右則有務敏之軒堂曰文會列鼎鳴絃
齋曰六德仰高鑽堅若升石渠之筵庇廣廈履細
旃羅寶典而肆瑤篇其前則有疊翠之門靈峯矗
立河流吐吞蛟騰虎變鵠舉鳶騫若排建章之闔
金支旐朱旂翻颭仙掌而迎朝暾其後則有六峯

之亭仰高游息躭幽會冥窗艸交翠野竹搖青若入華林之囿采芝秀紉蘭馨杳鶴渚而迴凫汀是故山以鳳靈院以山名先生之建茲院設茲教也而豈徒哉昔者鳳凰之爲世瑞也軒轅臨元扈而受圖伶倫適嶰谷而協律高辛聆音而拊鞞少昊名官而纂曆巢于阿閣堯命羲和以授時儀于簫韶舜察璇璣以齊政翔于紫庭文王占景緯而游歌止于岐山召公陳卷阿而諷詠茲蓋傳之道統納之世軌昭之人文章之物采示之賢規約之邦

紀所以淑斯文者懋矣望諸生者厚矣覩唐之集賢麗正合象光順宋之嵩陽白鹿石鼓嶽麓葢異世而同符焉爾矣先生聞之有睟其容有耵其衡喟然嘆曰有是哉九嶷丈人乃歌曰惟九嶷兮蕭山之宗仁者壽兮靜斯同三湘公子亦從而歌曰惟三湘兮尊水之潔智者樂兮動斯同先生乃賡載歌曰九嶷巀嶪兮君子以崇德三湘瀲灔兮君子以廣業吾與吾徒期大同兮永貞吉

濟美橋賦

魏裳

歲在著雍辰次涒灘月臨仲吕日旋離南肆我濟川君橋六水拯民艱爰有句廉逸翁方壺仙子胥與驂白螭駕元鯨濟赤馬之清流躡龍翔之碧岑訪崔尊之往蹟覵紫虛之幽芬放浩歌于岌嶪挹瑞藹于空冥句廉翁曰粤稽邃渾澤溢九濵河圖效乾洛書流坤陽侯舒靈于島嶼力墨貢技于滄溟時則有若乘龍之聖陟荆嶺而抵天津姬運肇啟敷德賜休川祗錫美濟著呈幽燭夜光于跳沫爍明月于蜃樓時則有若釣璜之叟載後車而鳴

蒼球炎劉嗣祚霏英蔚華郎官澄練東井緋霞熹士沉幾于授履神人韜采于星槎時則有若乘駟之儒含珠玉而闡奇葩晉陽紹統鳳翥蛟翔昆鄰濯異咸池浴光陸子擊廻湍而厲志羅公擲柱杖而徜徉時則有若酌泉之彥甘冰蘗而漱瑤芳神君濬有熊之瀦源沛尚父之膏澤濵司馬之懿文操隱之之奇節乃茲懋績于斯橋也不有嬿美于若人者乎濟川君曰子之言古也非今也方壺子曰吾聞曲阿胐明衡陽熙熉榮若華于崦嵫爛失

英于蒙谷乃有飛沙走石風馳電逐宛雲龍之夭
矯架仙梁于海蜃縶若望舒營魄織阿蝀霓挽倒
景于桑榆炳宵耀于西冥乃有霓裳舞列羽衣遐
征𩥇精光而奪目恍銀橋于廣庭粤若雲英之遇
符合纚連晨餐沆瀣夕奏鈞天阿毋發璚川而獨
運青童馭寶婺以爭妍酌元霜兮清雋神嘉會兮
泰元亦若廣陵之景流丹洑寥浣衣星瀦滌玉雲
濤肆神珠之弄蘂暨玉田之生苗通元極兮無垠
陳燈火兮逍遥神君旭海岱之青陽萃巨闕之灝

氣昭雲英之貞符顯廣陵之嘉際乃兹赫靈于斯
橋也不有潜達于至理者乎濟川君曰子之言物
也非我也于是句廉翁方壺子莞然而笑喟然而
嘆曰噫嘻天乎吾闢孰握其扃地乎吾翕孰測其
貞何道非古何古非今何物非我何我非神乃若
利涉之淵也其水則三山源淨龍潭湍瀠上黄滙
流壺頭潩文宣爻澮川而䢼嘆孺子濯纓而怡神
若君子之邃學思淵泉其靜湀其滸則馮彝艷日
江妃麗霞姚黄芬馥魏紫交加挺挺乎彭澤之栭

灼灼乎河陽之花若至人之存心志浩蕩以無涯
其下則隋珠含珍和璞澄輝長虹綴玉驪龍示璣
符公與蘭陵之詠雍伯顯天授之奇若髯士之擒
藻若太乙之青藜其上則屬玉棲煙珍禽鬱翠止
者志機飛者奮翼振翥聲行重霄播鴻勳于彝義
若懿政之懷思攄行車于非類乃兹厥功之成也
經始兮則痌瘝而衷軫念而人乎伍子于胥濤滏
三閭于湘魂羲制兮則官無攸費民無攸厲廓孟
津之嘉謀敷刺史之康濟襄猷兮則富者捐貲能

者効勤邁趙老之鴻績廸楊令之忠貞樹烈兮則
山靈顯瑞河伯降祥詠垂虹于南極昭遺愛于洛
陽若夫危樓拱北結構康莊厥覆䑲䑲厥基堂堂
東枕豐財西連蒲岡南眺金紫北望龍翔沉桂盧
瀚乎天日黄龍蕩漾乎星芒鳴宮商于鼓笛滙峻
彩于西艮豁江山之一覽傳美惠于無疆在昔包
公振揚風紀拯兹黔黎錫之繁祉爰有焦賢矢忠
賛理險阻既彝流光青史粤若蔡公宣化兹土益
麗藹和貞石不朽爰及張侯憂勤綏撫德化

人獲我所神君緡貞栢之遐軼嗣鰲禁之嶶膏脺景倩之鋒鋩負紫芝之奇珍乃僑斯域而濟厥美也不將視古今于一息胥物我于兩忘矣乎言畢句廉翁歌曰三變兮恢恢九嶷兮巍巍于嗟拱北兮雲漢昭回方壺子亦歌曰陽曲兮汪汪渤澥兮湯湯于嗟濟美兮江漢悠長濟川子賡載歌曰拱辰獨峙兮鳳山之陽作德高明兮長發其祥于嗟此心兮永無負于明良

懷蓴賦 有小序初抵蘄陽作

馬俞

余初叨里選即有丘園之志爲親友所逼勉赴茲官非其好也北堂在望心事縈牽遣從者歸潸然淚下耳是有懷蓴之賦　賦曰繄文明之熙朝萃羣工而類峙廼陽德之方亨遂𢗺憏乎寒士粵儁秩之儔崇賓模金而斲梓緣寸長備茲土州廼分符列于近畿聯寀異姓之元昆青襟同室之弟子遭際緣謂不常私懷竊以爲喜爾廼欽遵成命戾止泮宮矢階愬像金玉春容長江涓滴俺山石攻淡交若水偃艸惟風倚杖叚于靳夕甘負蓄以

羌靈臺之樊陶梏衆體使跼蹐芳艸蓊蓊而遣炎雲縹緲以生白悵蓴菜若絲飛正肥滑可手嘤蔌誰賚以盡歡登盤孰怡于口澤夢魂長遶池塘涔蹄追依于咫尺豈野人亡意獻芹將我心難同轉石猗吾蕭之蕞爾别一號爲蓴川士樓依于典籍𡸁莫屢乎一廛余叨世業頗足桑田秉犁可以樂道誦經亦自忘年蓴之水清且秀堪洗墨以艸元蓴之山巃且邃堪枕石以避纏爾乃楚咻易惑趙娅誇妍輕千里以馳驅拜一命而蹁躚

山靈爲之含笑煙霞嘆其寡緣彼冠服被體何如芰衣之輕適而僕馬流汗未若茆屋之周旋嗟諶生之巳拙愧素志之不堅恐張翰扁舟不必待于秋風即陸雲吳羹應有感于食前且也翹首北堂游心南極謂彼界而此疆終同封而異域若羈絆于微官曠就養于顏色豈無蘄稻可以傳食抑有蘄簞足以供直苟非心之所安又何取于竭力惟復蓴絲吾土生殖望之而莫得盈筐思之而徒勞反側即棠棣連枝可少娛于日前而桑榆漸收

勤吾胸臆[illegible]乎尋乎爲彭澤栩吾慕其眞爲下陵瓜吾羨其清爲藍田松溪取而吟爲武陵花豈從辟人爲孟宗笋安得捧以解顰爲陸續橘安得懷以薦新余豈不能舍此而去之顧若爾擾擾膠膠而勞神祇以葑菲之采幸不遺于下體而葵藿之質亦思向乎陽春矧斬陽之與蒲又接壤而比鄰培公門之桃李妝藥籠之參苓俟菁莪棫樸之奏效而後枌揄松竹之尋盟賜一日而九轉吾其終不負于蓴亂日於藕靈根其蘊潔些效坤肇乾

挺莖節些翻迹泥塗俟爾訣些瞻依南雲我心切些濯淖塵埃弃之倮些盍歸乎來行相說些

蕭堆賦

蕭子楫

景泰二年重光協洽[illegible]則應律金氣颸颸予方訓廸諸生于文會之齋講論乎六經子史已而散[illegible]瀾之亭睇眄乎高山流水維東有峯狀如覆釜下有蕭堆勢若抔土巋然如伏屼然若起巍嶸若斷崔嵬其崎崇雖不踰數仞廣亦不盈數里壯蒲邑之偉觀獻芹泮之佳致四川嶻屼恍若驪龍之[illegible]珠一水滂流下滙赤馬之江汜固非君山之在洞庭鞋山之在彭蠡亦非蓬瀛之泛滄溟金焦之砥楊子耍諸名勝曷足以擬厥植斯生厥動斯止惟土地兮潤澤肆卉木兮輝光彼蘭芷兮羞伍蕭艾有檜栢兮相間松篁緊樫椈兮薈蔚蕃桂菊兮芬芳若鄧林兮鬱鬱騁旱麓兮蒼蒼寶日兮鳳若斯鳴警露兮鶴引圓吭食萍兮鳴鹿呦呦在谷兮白駒彭彭予聆茲方心曠神怡不自知其手舞而足蹈諸生乃摳衣趨進拱手而相告曰先生傳經庠

序于茲有年效仁者樂順性之天曷不登疊秀眺豐財躋白石躡雲臺又曷不棲鳳隱[illegible]龍蟠瞻蒲首躍馬鞍廸匾匾蕭堆之是觀乎噫先生之所樂者不在乎山而以其名爲蕭耶抑亦必有獨得于心而若是其囂囂耶蓋先生徒知其可樂而不知其所以可樂之妙也予既駭然而聽之復喟然而應之曰其然豈其然乎盍爲我言之諸生對曰茲山雖小鍾秀孕傑巨浸一激大魁斯出前乎漢唐羣英濟濟後乎宋元碩人俁俁調和鼎鼐則有趙

葵甫列官諫議則有費師古與夫何純溪之橋梓齊鳴宋文齋之詩文獨步入我皇明混一區宇雲與從龍風生從虎歷顯要而終祭酒者魏公杞山侍青宮而任藩臬者王公時舉或登第兮撞破煙樓或聯科兮繩其祖武司風紀兮激濁揚淸寄名社兮庇民尊主職武學兮閑韜略教文學兮施化雨是山靈之降神致吾邑之鄉曾子曰噫嘻子之所言可謂驗矣然不知所以進修則甘自棄而徒羨夫人天爵苟修人爵斯見在諸生之自勵焉所

生之不忝諸生唯唯而退皆曰先生之言甚善

心山賦　馬士麟

嗟心學之支離登孤峯而徘徊撫遺編以太息洵先軌之可懷念前盟之猶在何舊館之摧頹商同好而共矢覺山靈之遂開閼逢敦牂之年柔毛困敦之月爰取材而鳩工斯堂新而搆兀然棟宇之重光賴聲氣之應求驅予車於蘭畹馳予驟於芝印諒行藏之共有非俛達之同流取規勸之懿範訂知已於千秋喜黄華之翠碧即白鹿之烟嵐擁蔡竹之芳芬如武夷之溪潭洞庭供其攬揖衡岳獻其巒岡想風泉之飛沫悅雲壑之高京玉霄對之欲語芙蓉挹之凝睇蘿蘼㢸何殊長白捐塵不減羅浮羣峯拱而加舞列嶂峙而愈幽白雲飛兮繚桷赤霞靄矣穿櫺時笙簧乎墳典抱氷雪於遺經春風藹兮滿座秋月皎而長吟東躬防表之則歌肆南雅之音如登山而觀海若涉華而攀嵩步昆岡而采玉何追琢之唯工躋蓬瀛以眺望焉邱阜之可同携求聲之好友誦伐木之瑶章命相思之

遠駕咸入室而升堂唯敬義以交修至明誠之相將與斯山兮萬古盟此心兮無忌

芙蓉山賦　潘之砥

緊江漢之涵陸兮帶縈繞以繽紛列嵐嵂於蓴右兮有鳳翥之峥嶸臨𣃘淼而干霄兮毓秉德之羣英爰繇爰止乃萃乃蒸其東則有汪洋巨公其南則有石門文學其西則有王官大夫其北則有河濱長者其中央則峙菌主人有篁筱在焉屬四郊之光融有平湖之萬頃羅四甫而咸賓羌縱横而

辨論於是汪洋巨公襲禕褕之艷服曳霧縠之雕
裳逞英茂之劇談肆玉屑之潾洋磅礴而進曰吁
嘻芙蓉並天地始夫何歷年億々徂秋秭々遺跡
蕩然勝事靡紀譬之沙鷗啖喋於丹藥蜉蝣馳騁
乎淪碧前人之不聞恐視今之猶昔吾與物理之
有盡乘韶光之青葱借羽士而攬秀携緇流而夌
空探茲山之嵚嶔訪太古之瑤桐登磐石而遐眺
氣魂々而熊々則有嬌鳥樂乎新晴艷葩灼乎幽
徑來芳風於瓊圃徹高韻於遥聽若且以爲奚適

也維時石門文學端然危坐高冠崔巍長佩陸離
正容而言曰若子所云襲典午之陋風好莊曇之
坐遺者也曾不知芙蓉之獨異於羣卯乎石矗々
而侵蒼水洞々而環襄不染乎陽平之室不滓乎
発率之堂夫堂々之論可以醒役々之酲而不足
以啟昭々之瞽并々之樂可以藥硜々之痼而不
足以奪蕩々之聰予獨不見夫芙蓉之隈曲兮有
淼卉之郁々文豹藏而雕虎伏兮走狐豚之椓罘
夫人久而不泯也懷宏編兮歷陸振人倫而不頹

也儁古儀兮經曲苟雙文而遺矚也等頑顔於湖
目是故雕宮可謝而文囿不沒覇圖可荒而觚稜
炳煜壁將擴其支瀾兼其餘縷折茂先之英舌緘
彥升之博口著汗牛之異藻鑄芳姓於岣嶁然後
退而緘其書於茲山之石庶幾敝天壞而爲府也
而不知王官大夫則胡盧而莫之止也其天軒々
其徒更々金佩曜曰長劍倚天振々而論侃々而
前曰予日聱欬於芙蓉之下而未知芙蓉之所訾
也子聞之乎山無取乎大而無偶人無取乎介而

無徒相彼芙蓉左右前後巋々崑々岡非陵阜絡
繹連蜷陪側相導出旅邱而獨尊友旅邱而旁紹
時出雲而膚合徧霖雨而滂浩匪孤特之獨稱合
羣岡而受號山既若茲人亦宜然澤不周物徒營
乎蟭螟之窟功不在民曰蓀乎豢腊之眞且夫吾
身之大以同戚爲顱以同動爲趾以同養爲毛以
同嗜爲裡參兩大而呼吸登高靈而偕美子徒蠹
於儆編之窀々縱成脈望而無所取也時則河濱
長者捧腹而嫣姍爾而笑曰甚矣其大而失居也

夫善發者不發持之審而發者達善動者不動靜
之極而動不窮吾觀夫芙蓉一寸之森可以興萬
里之雲々尺之谷可暢九垓之薰蘊明珠於羅之
淵氣賁津軈藏寶玉於山之腋精變白日且夫木
必有根山必有趾根惡其挺暴趾惡其躁起芙蓉
所以久而未顯積而日章者以其庚々然實也天
非實則欹地非實則陬一粟非實則一粟爲粃一
瞬非實則一瞬爲鬼吾與子亦各反於實而已矣
四子各建若說莫適是也咸以質諸峙齋主人主

人乃胥四甫携酒而周覽焉相與眺於山之東玉
筝臨風遨遊其南如月之恒行吟其西二驟騰飛
顧瞻而北鶻警而華蹈乎其巔氣聯其跟歌乎其
麓聲應乎谷以爲山乎而環山皆水以爲水乎而
環水皆山乃慨然歎曰芙蓉者木芝也當其爲蕾
斯函而葯々函而蕙々轉爲蕊應候而成洞淵而
出夫巨公達矣達者芽也文學博矣博者華也大
夫大矣大者蕊也長者實矣實哉實哉蕊而華々
而芽也且夫牽吾一髮而靈臺爲之忡々擊山之

卷否亦連崑崙之氣而匌々據方而壹者丧所本
而不通也於是援琴而歌曰否爲葉兮巖爲房巒
爲蕖兮嵐爲香履無徃而不坦兮合衆妙之可王
時發穮而耘耔兮亦祓曷而借章可以藏五嶽之
大於吾髮之一莖可以嘘牟煦之氣溥萬彙而爲
麰時乎時乎靡所于方歌闋四甫塔然相視維是
松濤盈壑竹陰滿庭陶然四顧廓兮吾垠

藝文志三

詩部

縣署後樂堂　吳本固 邑侯

雪色搖銀海尊川恍練川溪流冰鑑合巖樹水晶懸野老尋歸徑漁翁罷釣船顧瞻堪入畫應喜兆豐年

布政司公署　廖漢

曉從丹嶂路午即白雲司谷靜春鶯語江清楚客詞棠陰欄外轉花影席間移寄語觀風使陽和到處宜

按察司公署　工部尚書吳廷舉

北邊七夕已微凉南國經秋尚亢陽鵬翮高飛前度健馬蹄老厭近來忙桃看兩縣花如錦穀喜千家實滿塲誰伴鳳山臺上客玉簫吹月據繩牀

又　田登 僉憲

紫氣驚秋山雨凉四山啼鳥送殘陽世紛不盡水長逝天道無言人自忙管晏多方塵夢詡荆襄千古戰爭塲亢龍有願回清議百尺樓高坐上牀

又　顧顯 僉憲

花燼明窗坐夜凉開來聊子忽重陽祗從塵世勞形過不信青山笑我忙貯酒豈能勝小戶作詩還敢擅名塲倚山公署鳴秋析細雨聲聲點夢牀

又　蔡潮 提學

空堂秉燭思悠悠客路風霜又一秋百感難酬萊子愿孤忠長繫杞人憂吳山越水勞掛望湘月衡雲憶遠遊無奈羣英溪雪裏前旌欲發更攀留

詹家舖　魏穎

聞說張騫泛海槎幾年飄泊在天涯道宗鄒魯誰真到詩領乾坤自作家窗外好風鳴古木艸頭零露濕寒花馬周去後常何遠數遍郵亭月正斜

來山舖　陳大壯

午坐松亭費薛蘿楚猺晴噪鳥音和溪連山色虛沉翠水散春聲曲放河避石肩輿緣磴滑吹風木葉向人多愁客爲詩開芳典頻對長亭發嘯歌

港口舖　蔡潮

夜雨長安路三年兩度過閱人松尚茂憂國鬢先

懷故舊吝詢遍寒暄感慨多六峯亭自好奈我别
愁何

荆港鋪　蔡潮

涉水緣山百里程驅馳曾是爲逢迎停驂屢謝難
爲洽負笈周遊只此情言敎自慚非盛節面從何
敢薄羣英芸軒不厭湖湘綠惜取流光次第行

又　韓宗堯廣東人

午度桃花第一峯顧瞻何處覓殘紅道人也是尋
春客山鬼休嗟馬未驄

又　張珮邑侯

曉泛桃溪水夕渡桃峯雲誰云種桃者花發忽逢
君

又　吳本固

移文來北闕風駕指東流凍雪鋪平野饑鷹叫戍
樓菁葱松際度險臨竹邊遊應念君恩重時懷民
瘼憂

港口驛　蔡潮

洞庭倚棹候南風憶得尊川在眼中艸艸三年江
上别懸懸千里夢魂同新梅點水冬將盡羸馬衝
泥雪正融無奈長亭寒日短暮雲山寺起疎鐘

蒲圻八景

石筝凌風集句通志載秋風凌風　夏宏蘇州人

立馬橋邊客去遠李潤　徘徊石筝已多時張思賢
葛陂孤杖形相類楊璘　湘浦雙娥影正隨謝宗可
凍雪不消棲鳳翰呂本　秋風難折化龍枝賀鑄
千年肯改冰霜節史浩　一寸堅貞自不移婁大年

荆泉靈貺

曉色溶溶一派清李仲淵　仙家元不隔滄溟張耈
水通太液知源委薛元儀　日轉東華覺地靈虞樂
鳳女傳香函御札張伯遠　龍君施澤注清泠吳元清
尋源我欲窮奇覽王衍　擬泛星槎入杳冥錢宗

蒓塘夜月

李膺去後幾經年曹子貞　存得蒓池思惘然李集
十里晩香生沆瀣鄭元祐　一泓秋影浸嬋娟戎日昱
金羹無復當時美陸行直　寶鑑空懸此夜圓衍道原
相對清光照今古陸秋水　飄零孤客不成眠陳良宮

蕭堆春漲 通志載

西山積雪勢崔嵬 劉滄　二月春融凍始開 向防

激石驚湍隨岸轉 艾性貴　洪流高瀉自天來 許潭

曾聞皃落通幽絕 元明喜　幾見龍門出俊才 邵棠

約我尋源訪仙隱 袁　定隨劉阮到天台 陳鑑

疊翠晚鐘

翠擁雙峯萬仞高 陳益俊　靜開蕭寺吼蒲牢 曹松

驚回旅夢霜中起 盧仝　響遏禪扃月下敲 程文海

風度餘音猶杳杳 申屠駉　酒醒凉思正飄飄 張翥

景陽昔日曾聽罷 宋本　環珮琳瑯候早朝 張易

豐財夕照

楚王宮北正黃昏 杜甫　物是人非景尚存 端元叟

哀艸夕陽江上路 許宣　漁歌樵唱水邊村 上官伯

青蚨萬鎰堆墟市 楊翼鵬　長笛一聲歸島門 譚用

偶爲登臨發悲囑 劉因　澆愁莫厭酒盈樽 吳萊

滙鐏懷古

無處登臨不繫情 許渾　山亭開宴酒如澠 艾性志

一樽春釀蒲萄綠 李村　滿甕秋香竹葉清 孫遜

未數流觴新典故 元宣　還開蒲地古儀刑 燕敬

當年人物歸何處 宋庠　感慨遺蹤尚有名 張山石

北河晚渡

颯颯西風古渡頭 李隼　落霞孤鶩水悠悠 莊子敬

僧歸黃葉林邊寺 張以寧　人候夕陽江上舟 王翊

斷續殘蟬聲送響　參差寒雁影橫秋 陳益稷

誰歌樵葉滄溟外 唐崇尚　有客思鄉起暮愁 宰上熙

金疊山　黎公弁 廣文

青山天際來勢若雙飛蛾平明宿雨收嵐氣生林

阿非煙亦非霧炫日塗碧多流鶯緩語處坐愛春

風和

石笋　李德庸 廣文

臥龍角出邑廷西疑是媧皇補煉遺雲雨晴時如

有籜蘚苔斑處欲生枝金莖月冷蛩依早華表年

深鶴到遲信是根株生獨穩嬴秦驅逐總難移

又　王愷

滄洲陌上久知名蒲邑堂西始見形並出不隨春

雨長雙蹲盡爲凍雷驚雲煙燧護蒼龍角苔蘚晴

封紫錦繃却憶仙凫飛去後誰將彩筆詠高情

又　黎公弁

山骨如龍形觸地露雙角纖纖茁笋芽苔斑蜀錦攓护之玉長鳴其聲清以越誰知貞白姿肯爲風霜落

又　廖漢

我有雌雄劍寶匣藏精光儵然震雷電化作雙龍翔神氣燭地靈突立石勢剛貞節永不改昭文遠彌彰伊昔媧皇遺補天五色章至今雲錦成斗牛

星輝揚請君看雙石萬古流禎祥

廻龍岡　廖俊

緬惟龍岡勝疊秀佳山水水繞桃溪紅山映蓴川紫樓臺金碧間城郭丹青裏幽色日夕佳天翠踰霞綺觸石膚寸雲天矯神龍起霖雨滿商巖雲渥均遐邇吾當慰山靈援筆磨崖紀

松雪峯　四首

鳳隱山前雪未消孤松帶雪倚層霄小齋清夜山靈出來伴梅花共寂寥

喬松高出白雲端積雪槎枒徹夜寒好似湖南無影樹請君寫入畫圖看

長松落落三千丈楚產奇材耐歲寒大地茫茫千里雪夜來不覺鶴飛還

古松分影傍樓臺曉色飛花入酒杯清興滿前吟未得騎驢有客灞橋來

蕭堆　黎公弁

蕭堆倚河干春風雜花木雷雨漾春流巨浪相奔觸金鱗奮赤鬐龍門輕一躍魁擢遺讖言重爲邦

人卜

芙蓉峯　四首　廖俊

我愛芙蓉好青山飛白雲湖光浮鶴夢樹色落鷗羣翠竹娟娟靜丹荷的的芬石床坐終日誰復其論文

我愛芙蓉好春深花木芳鳧鷺翔水檻麋鹿卧山房稚子垂綸釣村翁覓酒嘗興來幽意愜將復躡雲岡

我愛芙蓉好秋山照水心石門蘿月靜沙圃菊煙

□洞有貞仙籙泉如太古琴還丹歸去也乘鳧□
遙林

我愛芙蓉好猗如暮景清煙蘘嫋幽獨天鑒湛虛
寂藻寄暝沙鳥林虛轉谷鶯向來登眺處滿樹碧
雲生

丫髻山　　吳　童

雙峯聳峙外孤日大荒西去海江流渺摩天雁影
迷仙人留履丹雲屋有鳴鷄秋興逢搖落艮朋喜
並攜

葛稚川祠　　王鼎彥

勾漏何年度此山海仙何日駕雲還馴龍守戶人
稀到野鶴巢松僧自閒常有局聲聞岫裏猶存劍
跡隱池間彩霞歲歲對丹竈隔岸長流帶碧灣

金紫峯　　廖道南

日月歲云改山堂對金紫金紫何岧嶤突兀煙霄
起或如登崑崙元圃聯霞綺或如向泰華龍首接
熊耳或如嵩降神巨靈崇崱嵸或如登日觀東望
滄溟水或如猿狖巢或臥如虎兕或馴如羣羊無

伏如鹿豕懸石如曇花千朵金精藍飛泉如瀑布
萬丈銀河駛嵐光變日夕態狀非可擬永愜靜者
心印之悟元理今夕復何夕造化自終始土鼓歌
豳風聊以暢幽旨

白石山　　廖道南

白石層巑岏清泉響潺湲閒雲抱幽石倦鳥巢空
山野老相對酌寒宵相與還

白鹿山　　翰林修撰陸　釴

紫陽廬嶽爭名勝白鹿茅堂春洞開學士碧山今

地主仙人黃鶴幾時來巖間桂樹含丹露階下泉
花繡錦苔楚國懷賢歌七澤漢宮回首望三台

又　　廖道南

昔聞匡廬白鹿洞今見雲臺白鹿山白鹿呦呦不
處白雲渺渺相對間三峯矗立紫巖秀四水交
流赤石環艸閣獨栖松竹塢春深花發鳥間關

九日登蓮花峯　　胡堯元

嘉會羣英在躋攀上翠巒衝風吹帽急拂石坐雲
安碧樹煙中小黃花洞口寒塵襟聊一放天地識

吾惟

鳳凰山　贈廖明畧　　黄廷堅

汀淨明花竹山空響管絃鳳生學士塵雲繞令君
筵醫是訟三折官當歲九遷老夫看鏡罷衰白敢
爭先

鳳凰山聽僥象賢琴　　魏　裳

讀書臺倚鳳凰東搖落高秋握手同愁裏舊懷青
玉案歌前上客紫芝翁設論雙眼塵中白貪數諸
天覺後空一曲陽春聊進酒萬山林木起悲風

又　　劉光輝

晴來曉氣步郊原古木深山古寺門巖貯蘿煙蓮
座潤風披荷葉石泉喧鐘傳禪定三聲佛鳥送笙
歌四月村行到峯頭遥帝處憂時有策亦須論

龍翔山　　魏樸如

石磴縈溪入晴聰挹翠微地於人境絶心與世情
違天外閒雲度林邊倦鳥歸過逢忘坐久苔壁下
殘暉

年少騎中富五車結茅山郭避喧嘩鳴琴一曲鷗
流水倚杖千峯散落霞招隱許過青桂侶詩眞疑
到赤松家投簪自覺歸來晚愧殺蕭蕭兩鬢華

又　　謝師啟

青嶂巉巖俯碧灣千峯削玉見南山初過郭北人
煙後稍太橋東鳥路閒凝日藤蘿經歲久娟江梅
柳報春還謝公有癖還雙屐咫尺郊溪始一攀

又　　吳　童

負磯盡日落風湍春水纔生飭釣竿向夜江天初
過雨殘雲猶帶客星寒

帝子之宮傍宅開月明還上白雲臺援琴一鼓湘
靈操無限青山曲裏來

題王穉佰樵園　即龍翔山　　鄧士亮

誰解樵中趣樵園君自題雙桐俯郭北萬竹映檐
西壁上煙蘿挂巖間霧鳥栖深林應一笑柯柄與
人齊
好景還應畫風光任意收清泠嶺上月滴瀝雨餘
秋絲予狎猿弄高人水石留避塵眞欲懶世網是
相求

又　　魏謨

捫蘿舊逕引即事倍傷神間十年年異同人局局
新梅因殷雪晚梅每先花春物態殊生色風光只
覺新

登高馮送目費盡兩層樓遠岫粘天碧澄潭漾日
流一棱煙織樹幾槳渡橫舟獨坐看歸鳥驚鳴別
瀛洲

獨坐空庭午春闌花半妍酒經旬斷飲詩替句堪
傳蔬食常如素閒身真類禪雄心隨境減鶯老聽

新鶯

古梅斜枝翠奇葩取次開循餘冲雪蘂最不禁風
梅土坼紅荑嫩春遲粵蟬催律呂時震蘇蟄夢巳
醒雷

欹岸竹拂水穿林壓擁花藏依人避濕鳩藉韶爲
家捨近濤驚枕戀蘋霧透紗幽溪春漸暖鼓吹聒
鳴蛙

霧重朝疑雨晴開暑半霽雲陰移萬瓦日霽見遊
絲問宇客初過聽聲谷尚遲看花昨夜雜饒欲斂

南抜

窪鐏　　黎公弁

混沌既已闢風氣猶未開斯人事飲食汙坎爲尊
罍伊誰尚古雅鑿石鐫蒼苔趺坐共杯飲千古渟
風回

又　　王靈彥

萬山秋色帶斜陽片石嶙峋野渡旁豪士坐來千
日醉仙人留作九霞觴林多古樹藏雲氣徑接幽
篁護水光更引清泉供枕漱芙蓉掌上注瓊漿

白雲臺　　魏珩如

山脈一鳥道上有白雲臺人代稱元祐碑書閟古
苔鳳笙聞縹緲鶴馭見歸來千載遺蹤迹空令白
日催

官塘桐岡　　廖道南

桐岡蜿蜒通天梁萬峯含翠千巖蒼仙宮嵯峩白
日暗石洞黝黑清泉香玉樹琪花紛旖旎湘芷猶
存曉蘭紫山空無人鳥欲棲瀟庭華月煙如水我
來正値秋暮時東籬黄菊何離披息駕登堂對雙

鶴舛龍夭攜盤夸螭大笑臨池分紫翠鬱葱萬疊
浮佳氣乘傳何人數驛程負符總爲蒼生寄蒼生
蒼生爾若何桑麻十里官租多王人導利布上下
洋洋父老聞謳歌我將祗役還燕關山靈前驅戒
明發凉飈落木洞庭波彩鷁翩翩游江月堪歎乾
坤自古今關山如舊物華新輶軒使者聞斯語爲
遺陽和福我民吁嗟乎爲遺陽和福我民

赤壁　李白

二龍爭戰決雌雄赤壁樓船掃地空烈火張天照

雲海周瑜于此破曹公

又　杜牧之

折戟沉沙鐵半銷自將磨洗認前朝東風不與周
郎便銅雀春深鎖二喬

又　胡曾

烈火西焚魏帝旗周郎開國虎爭時交兵不假揮
長劍已挫英雄百萬師

又　李璧

赤壁危磯幾度過沙羡江上鬱嵯峨今人偏信黄
州是猶有水經能正訛

又　魏裳

崔嵬風雨一登臨落木蕭蕭萬壑陰賦裏不須疑
赤壁尊前應自見烏林東風共羡回天力西蜀堪
憐報主心忠武芳名垂宇宙將軍千古未沉淪

又　謝師啟

江南江北畫陰陰指點前朝感慨深夾岸寒濤喧
赤壁空原野燒隔烏林山川已没三分跡天地仍
含百戰心擊楫中流回首處荒煙滿樹夕陽沉

又　黄圖昇

霜殺蒹蘆滿目秋英雄戰地此間遊壁懸古字磨
難認水轉寒沙咽不流有客舉杯明月裏何人横
槊大江頭龍爭虎鬬成灰冷最善浮沉是白鷗

又　林增志　邑侯

懷古同遊川上磯輕舟晴掠水雲飛霞生絶壁光
含赤影落澄流澹曳暉烏鵲有情棲翼定江山無
恙霸圖非應知勝敗原難論莫羡功成白羽揮

仙人洞　吴章

石洞懸雙竅龍湫鎖一橋丹成遺竈冷世往斷碑凋幽澗寒流咽空山野火燒桃花無處覓雞犬白雲遥

又　劉壽生竟陵人

勝邑千峯秀秋風一杖輕泉穿巖竇落樹插石根成入洞探靈異摩崖託姓名得閒堪半日寂寂閱浮生

竹山洞　黎公弁

竹洞石門開吐出霞光燦琅玕露未乾新粉蒸紅

汙仙翁坐紫苔屏帳如春煖羣鳥忽飛來影行機錦斷

荊泉洞　黎公弁

流泉出荊洞靜深杳莫測青山百丈高六月寒威逼人言水有神主茲靈異跡祈禱致懇詞浮沉任拋擲

又　廖道南

抱玦嘗幽壑宣懷訪名泉羣峯簇靈境列巘攢仙壖石嶠驕飛竇溪廻涉澄川捫蘿綠篠密攀葛丹梯懸篝燈照岩牖灑墨濕沙田方疑兕虎伏倏詫鸞鶯騫蓬島埒茲勝桃源詎能先馭風臨八極乘景淺九淵安得同心侶晤言思賦元

又　謝師啟

乘興探奇迹筍輿清溪數里歷縈紆仙家蓬海空三島人世桃源自一區古碧重雲開玉宇虛巖寒雨滴冰壺尋幽不怕迷歸路勝有龍眠照夜珠

宛轉仙源入更深風泉雲壑正陰陰只疑蛟室遥通海誰謂龍宮不隔林列炬未能窮勝蹟臨流頓

已滌塵襟此中靈物升沉異莫擬飛騰迸作霖

又　黃圖昇

一路躋峯生紫煙芒鞋踏盡眺名泉守關龍母翻行雨對局仙人動隔年咫尺雲深靈窟遠躋攀秋老勝情偏有緣再作尋眞約定逐桃花入洞天

又　王鼎彥

翠壁丹崖鳥道通飛梁奇似玉玲瓏祠官歲請潭龍雨山叟時占石燕風何代仙人棋跡古前朝遊客字痕蒙分明指點尋源路流水桃花向此中

羊樓洞　　　　廖漢

萬石如羣羊山光落天宇我來溪上月蘿陰滿巖
樹
誰知龍角原更有羊樓洞溪水抱峯石日夕嵐光
動

又　　　廖岐南

春洞倚雲開花滚人自來溪流繞巖壑何必賦天
台

又　　　廖道南

春洞鬱岧嶢山房鎖寂寥古松盤白石叢竹上青
霄嵐氣長籠檻溪流半没橋靜憐霞外侶側望斗
南杓
萬嶂入羊樓雙溪繞鳳丘天開珠洞曉月匇石潭
秋翠入梧桐秀香來蕙若幽登臨一長嘯月夕紫
煙浮

鏡潭　　　黎公弁

空潭碧如鏡明水澄清秋倒浸廣寒影疑是嫦娥
遊蛟龍怪珍重側視不敢謀獨憐負拋尺擊破黃
夏他時望白雲此地是親舍

黃龍潭　　　黎公弁

深潭碧無底下有神龍臥鱗甲動鯨波冷徹黃金
鎖喘息水上吟韶濩聲相和回首碧潭邊杳靄隨
風過

黃蓋湖　　　胡堯元

湖水西北流東雲寒不收蒿里悲橫秦市見憶太
邱暮煙澹草木孤鴉自鳴秋覆手成今古是非空
去留君不見要離一抔土斜風細雨迷松楸又不

見杜陽三月冷亂落遊絲原野頭

西艮湖　　　李德庸

盪舟歸太月黃昏湖上人家半掩門漁笛一聲何
處起吟邊稍得暗香魂

又　　　廖俊

南邦遺跡在西艮晃雁依然滿石梁我向浮臺洲
上立不勝惆悵對斜陽
萬頃湖心鳥石泉神龍夭矯紫雲連孫權不解邀
王制呂岱何緣德政傳

碧石沙明白鷺羣春風花木滿幽芬萬年世代隱流水有客悲歌起暮雲

縣以湖名尚有蒲飛飛雙鶴水雲孤野人不識興亡恨長向江頭問赤烏

梅湖　廖道南

梅子梅子落如麻千樹萬樹飛幽花花臨流水去不返獨有仙宮栖紫霞

羅湖　廖道南

芙蓉山外大羅湖湖裏風煙與不孤月明蕩槳采

蓮實流水香花泛白鳧

大羅湖接小羅湖秋水湖心浮白鷺漁翁日夕不舉網釣得魴魚美似鱸

又　周奇發

我愛羅湖水與山縱遊得趣不知還雪艣穿荇搖頽尾煙樹凌空舞翠鬟好景落誰詩卷裏小舟浮我畫圖間合當笑取王維筆寫入行囊帶醉顏

活湖　廖道南

活湖活水源頭來天上銀河八月開牛斗靈槎絕域玉樓金殿鎖蓬萊

栁山湖　廖道南

栁山湖接上下里日入遙林暮山紫湖上人家住鏡臺茅屋參差煙水裏

眞湖　廖道南

湖到江邊出六溪溪中水漲碧天齊公無渡河煙浪闊不如歸伴山雲栖

五洪港　廖漢

一溪流水半山雲懶時坐看閒時行相逢野鳥還

飛去不問人間陰與晴

赤馬港　黎公弁

赤馬飲河流因之名赤馬山横石壁斜奔流丢其下洄洑起波濤信非無本者漁翁欵乃聲明月秋清夜

北河渡　中書舍人何景明信陽州人

向晚蒲圻渡遥聞鷄犬喧斜光入深巷疎雨過閒門縣市渾依水人煙只類村蕭條燈火夕沽酒共誰論

桃花泉　陳汝楫

溪南松樹綠如雲飛瀑時從絶壁聞不用荷亭消暑氣一樽留客醉斜曛

桃花流水合荊溪夜雨春波拍斷堤偶爾今朝出門首平疇雉雊麥初齊

又　廖道南

泉石如桃花花開石更佳石懸多紫英花落如丹霞何人采石蕋飛去到仙家

濟美橋 即浮橋　崔一濂 邑侯

新落輿扛接兩河喜迎文旆踏仙歌筵開紫嶰天如近花摘懸崖春未過驛道遠隨芳芷亂水光斜映短虹多嘉君共樂平康會休羡當年紀伏波

又　謝存儒

西北遥壇舊跨河晴雲霽日遶仙歌虹梁俯瞰龍宮近鏡水縈廻蘿月過鼋引九江空自後鵲横靈木式相多春臺化日明芳樹毓藻含暉麗楚波

又　馬　練

新搆橋成俯碧河歸人香步踏仙歌睛摇畫鷁文相續暮見青龍勢欲過題柱此時慙我老濟川異日藉公多桃花兩岸開如錦春在長流不竭波

過港口驛觀雙橋因隨喜萬年菴瞻禮旃檀佛得十六韻　樊艮樞 江西人分守湖北道

稽首泉香佛如在衆香國節節皆旃檀來自東海側是佛空浤相眞空了無色云何紫磨身毫光現丈額宰官種夙因寸地布功德千歲發曇花前身是彌勒突搆萬年橋津梁不迷惑菴亦名萬年那剎無所隔我生浩刼中常如逆旅客轉刼未轉輪

無智亦無得閔彼學道人宗教岐南北守筏不登岸知見紛相格客論既無言顯義那可測願燃萬年燈長明照昏黑一滴大海收半芥須彌塞現在即彌陀請觀樹子栢

澄淨陂　鄧　林

澄波一碧湛晴空物外清奇境不窮風景淒清搖絶島荷衣披拂振秋風負羣吹沫遊天上雁陣拖寒入鏡中月夜扁舟乘興去仙遊渺渺訪坡翁

寶參讀書堂　黎公弁

丞相祠堂古飛甍光奕奕深林翳道旁紅葉多秋
色邦人愼景仰桂漿飲遺德清風江上來千載無
今昔

馮京讀書堂　黎公弁

書生昔未遇僑焉栖此邦讀書究遺理志在躋虞
唐誰知黃金榜魁擢承恩光悠悠成往事故宅空
斜陽

偕元相鳳山書堂納凉　魏裳

暑氣深山薄登高興不違情同河朔飲坐息漢陰

機問字人猶在傳經地已非交親重握手惆悵暮
雲歸

祥雲書屋　魏浤

濛濛煙雨入喬林濕透蓑衣體半侵他日有人兜
物色祥雲書屋萬山深

顏忠烈白石廟　黎公弁

顏氏有遺廟白石山下旁歲時躬報祀搥鼓羅旛
幢烹羊擊豚禾椒桂惟馨香神君謝我去冉冉雲
飛揚

又　魏銘

峻壁嵯峩削似峯嚴庭清晝白雲封生前殺賊精
誠盡死後封王爵位隆萬古千秋嚴廟祀皇天后
土鑒孤忠曉來拜謁靈宮下簷鐸鳴風玉燭紅

又　龔逢祥

削成一片石萬古白巍巍素壁纏雲霧空祠集鬼
神陰風低古樹飛鳥戾高旻亞朵流泉碧苔依斷
碣新三良臨異代完節重千鈞父老爭投謁春秋
薦藻蘋峯巒繞櫺櫳盡日月抱嶙峋仰止嗟長歎那

能贖百身

延壽寺　黃廷堅

積雨靈香潤曉風紅藥翻盥手散經帙烹茶洗塵
昏野僧甚淳古養拙貢丘園風懷變四境蓬藿底
百椽山林皐壤歟可爲知者言而我與人樂因之
名此軒孟夏聚萬物艸木紛郊原隔牆見牛羊定
知春笋繁我初未覺爾宴坐歎靈根詠物寥寂地
竟可安元元

又　黎公弁

嵳峩碧殿高屹立梵王宮山僧晨早起焚香擊魚鐘仰觀明河落斜影窺簾櫳君子慎修省能不爲忡忡

青龍寺　　魏樸如

龍宮丹堊照山隅神物飛騰事有無檻外秋聲黃葉下尊前寒色白雲孤上方說法逢支遁舊舍留詩憶大夫手澤百年塵壁在不勝酸楚罷操觚

白龍寺　　廖道南

緊昔藏書地于今三十年燕巖棲竹日龍洞貯蘿

煙洗硯朝臨石焚香夜對禪問奇誰載酒吾欲草吾元

又　　謝鵬舉

幼别禪林老再登躋攀無力怯嶒崚暗思舊寓傷陳迹細指荒丘問故僧雨過園林聲淅瀝秋生巖壑氣嚴凝紅塵奔走成何事欲學參禪悔未能

又　　魏樸如

十里招提結伴遊紫萸黃菊坐高秋池涵木石龍湫靜山挾雲霞燕洞幽貝梵暫依雙樹聽賞心多爲一尊留興闌遲引巾車出明月千峯滿上頭

又　　魏說

寶地移尊處青天首可搔鐘流幽壑杳香接瑞雲高曲徑風吟竹懸泉雪濺濤炎歊隨歇馬寧倚醉中逃

盤磴經行躡層峯入坐看嶺雲低戶暗瀑水迸池寒山僻遊人少佛容見客懽慈航似許濟吾欲證騰鸞

傳觴石室迥運地白雲幽酒爲聽鶯醉人因看竹

留林嵐籠笑語天籟答歌喉興洽淹歸騎山山夕照浮

折簡羣公逵傾尊不佞顏暮山引歸騎明月謝酈杯盞會欣今篤懽遊倘蒲節不愁山景盡餘興自堪推

又　　何冲然

寺隱青山腹僧依翠竹身鍾聲隨落日巖影駐遊人老栢如貪靜幽花欲放春殷殷泉石品隨意許逡巡

上方寺　　謝師啟

泉近水聲幽香臺隱上頭月明松嶂夕風動石林
秋衆壑煙同暝諸天雨半收一燈還照客清磬復
悠悠

上方塵不到靜境客相依澗響清幽榻雲淡冷薄
衣鳥閒歸樹早僧老出山稀俱得安禪意聽經掩
竹扉

諸峯寂歷月初懸鍾磬泠泠雜澗泉僧在山中依
樹老客從雲處借牀眠綠蕉夜滴空階露翠竹凉

生古徑煙漸覺此心能出世不妨巖戶住經年

又　　吳童

秋山黃葉寺與客宿氛氳禮佛諸香遍參禪半偈
分夜泉喧過雨晨壑寒歸雲寥亮中峯磬人間總
不聞

又　　王鼎彥

諸峯環野寺一徑靜傳燈鍾定泉聲落簾陰壑氣
蒸雲迎幽訪客鳥悅晏眠僧飽飯雕胡罷還期捫
紫藤

龍興寺　　胡堯元

萬仞青山半帶雲傳燈靈鷲幾空羣丹書夜祕蒲
團夢白足天西疑是君

降山寺　　王　蒙

愛此清幽寺茅菴近碧岑路疑行不到房覺坐來
深明月空中影浮雲世外心人生不滿百能得幾
登臨

又　　本寺僧

伏虎巖前對落暉空門猶着舊禪衣淡山幽獨忘

機久浮世功名與願違紫竹林中塵到少白雲堆
裏客來稀從他金鳳銀箋詔那肯將身出翠微

龍巖寺　　黃圖昇

古刹高山有龍蟄靈珠頷下聽呼吸風雲當日任
騰飛飛入天門九萬級如今剩得老僧眠我來讀
書年復年辭却紅塵與白社晨昏擁臥只古壇青
鐙坐裏翻書帙指揮如意按不律三春雨樹喧杜
鵑九秋風階響蟋蟀愁人力苦度春秋春秋風雨
更添愁攬卷隨看隨燒却老狂直是欲塡溝曾說

昔人開二酉怪怪奇奇何不有我從石縫日搜求求得一編將繫肘個中秘密未前聞歷落五百盡靈文告人未敢還埋着日日峯頭起白雲白雲不散栖巖屋磨崖鐫詩臨飛瀑點頭片片石流丹抉盡山精山鬼哭夜半老龍入夢來爲語此中莫遲回郎君好自加鞭策佇聽春風二月雷

名以文章快于今禮𣳚玉清宵眠夢鹿白晝坐亡羊花發飛天雨雲飄接篆香能消妻肉累長嘯作支郎

歌殘濃李赴招提佛月仍圓路豈迷多病不消人世累爲緣合共老僧栖諸天絕界窺龍井盡日行吟嘯虎溪若使俗情空未得移文應與北山齊

又　　王鼎彥

晴煙生片石春色照清溪路入蘿陰合峯懸竹影齊看雲隨鶴去坐樹聽鶯啼巖際開松院山僧龍共棲

木蘭寺　　魏茂如

古寺秋山裏空林木葉疏月斜僧定後鐘響客來初峯影低簷樹泉聲走石渠翻經窮千夜不盡載車書

竹山寺　　黃圖昇

書劍飄零弟與兄黃昏歸踏亂山平橋邊覓路三星啟竹裏飛泉一道明祗有閒雲依佛座曾無鳴磬入松聲野禽自宿僧房掩個是真空悟此生

五嶽觀　　黎公升

仙臺百尺高五嶽羣真集吟罷步虛詞笑把清笛吹嘹嘹鸞鳳聲解使魚龍泣梧桐月露光不覺衣裳濕

[illegible]　　謝師皎

千山迴合漲清溪落盡桃花路不迷笙鶴不知何處去春風只聽子規啼

龍文昌時作　　著縣同知葉文懋浙江人

文昌祠倚碧山隈爲舉明禋載酒來雨過千峯嶢試嚴雲飛五嶽待卿杯芳菲共挹韶光繼花萼再攜嶙崴川催不有諸君覽意氣一春懷抱向誰開

一川郊原雨午收竹林松舍自清幽高朋選喜來

三益野性偏宜對一邱海鹵幾人同郢調天涯何
處不并州從來聚散皆陳迹回首能無憶舊遊

避地純濱偶成　　魏觀

雲屏俯瞰尊湖濱風光逈隔斷陽塵青蘿懸絲不
到地黃鳥就花時近人酒爲得歡當樂飮客雖非
伴且相親朝來羣小詫吾舅二老至今仍皂巾

贈方令尹諱一桂　　廖道南

憶昔乘槎夕相逢黃鶴樓楚蘭歌宛轉淮桂賦淹
留納納乾坤大盈盈河漢流海天迴白日江國浮

清秋溪繞雙流合池環九曲浮飛虹聯絕壁華月
抱虛舟揮藻江淹浦尋芳謝朓洲八閩牽思切三
島縱神遊煙際菰蒲杳風前竹樹幽獨憐疊嶂遠
誰與共賡酬

賀宜令尹隄工成諱大勳　　劉朝薦

民隱都知恤眞心誰似君戴星勤撫字冒雨課耕
耘花柳長隄遍絃歌一帶聞相將鐫片石綠字播
芳芬
循良令孰最此事合居先工起小春日歲書大有

年流民漸返故兵圖總爲田朋酒時時親長歌七
月篇

早後遊降山寺　　張東周

疋馬秋初歷上岑生涯十里九氛祲望門惟是松
杉影入寺空聞鐘鼓音桑柘楚田貧入骨風煙荊
國怨傷心幾回欲上希文疏探路相知淚未淡

書青龍寺　　張東周

高堤沙柳傍前磯嵯闕鮮腰色正菲春曉馬蹄環
蝶翅夕陽牛背立鷄歸村翁稍袖雲披府鄰媼花

枝香滿衣記取當年尋樂處夢回星月照天輝
古刹中天倚翠巒山僧猶念舊盤桓園林竹木三
冬麗樓閣星辰五夜寒對景謾令詩兄好啣杯頓
覺酒腸寬金霧碧勤重回首何日紗籠入望看

遊上方寺　　張于陛

木落寒郊逈禪關月滿廊野僧五六衆秘典兩三
裝清磬流煙壑晴雲到竹房閒披麗老偈歲月坐
中忘

山中感興　　燕遺民

寥落湖山曲凭誰話起居出門惟木石相見但樵
漁酒熟還堪漉葵荒欲自鋤久深泉石想早晚賦
歸與
泉谷煙光淨林塘暑氣清幽花籬落見好鳥竹間
鳴禾黍皆豐稔桑麻自長成還聞茅屋底燈火讀
書聲

仙雲行　戶部侍郎劉儲秀陝西人

萬山合沓俱巉絕仙雲中立尤差別前有金輿
靈應查林幽蘭左右列五洪窈窕青螺堆三台廻

翔丹鷲頡桃花峯暖散春霞桂樹巖寒屯夏雪吞
吐煙嵐何足論千年生氣獨盤結疑是巨靈劈得
來不爾乾坤无造設鳳沼仙人若好奇愛此常令
心目悅輸偭不借鶴黃金要與羽親作壽穴元冬
我來代皇祀客與登臨停使節且喜天公大放晴
空翠滿前宛可掇由來吉兆鬼神司地靈兒乃生
人傑即看學士築沙堤翊戴中興比稷契菸菸天
地有窮盡芳譽庶幾終不滅

壽廖五洪先生　兵部尚書王憲東平人

五洪山下舊戶曹白馬青袍意氣豪苦恨浮雲能
蔽日振衣却丞漢之臯詠茅卜築傍山址時復看
雲聊隱几十畝桑田躬耒畊念年城郭足不履與
來浪趾乘氤氳金紫芙蓉伴夕曛晚塘秋結芝蘭
佩幽洞朝隨麋鹿羣郎今壽已逾八袠耳目聰明
只如昔中閨復過古稀齡諸郎况有玉堂客玉堂
仙郎衆共奇雄文蚤受天子知鯨負踆浪動鱗甲
鳳鳥當陽輝羽儀紫誥承恩出金馬鸞章直達衡
湘野華筵稱慶合椿萱玉樹聯翩盡梧檟仙郎獨

繫白雲思千里慇懃為獻詞南山北嶽天無極應
是仙郎祝願期

哭杖下諸公　胡堯元

行行萬里道悵望燕雲陌飛鴻從何來為報杖下
客排雲呼閶闔一叫心為摧再叫肝膽裂三叫身
已隕擾擾嘆諸賢何自若如此天地有常經不但
斯已矣悼考失其稱南頓差可議瀛鷃百年間漢
安無足誘閫洛有遺編胡昧而為佞彼變者誰子
闒然聾天聽鼎鉉已投擲草芥風斯靡羣起障狂

瀾守經而秉禮蕒格九廟靈式慰孝祖心毋使宣仁悲協茲中外忱彼變者誰子投膏以濟焚彼浸日以深我言日已遠號泣以隨之雖誠一云曉赫然震天怒鞭笞以百數竄者知幾何死者已十五羈魂遊夾壑英氣不可作死得比龍逄生何以爲國我歌激以烈有靦者日月我歌哀以愴悲風爲幽咽天高不可攀地厚不可闢嗟嗟忠諫者萬古光永燭

中秋賞月　謝鵬舉

為愛中秋月邑閑老來無力上城闉一年月是千年月今歲人非昨歲人諸子就庭張小宴老妻聯坐作尊賓虛簷也自輝光好何用登樓近水濱

絳桃盛開原移自浙中者諸友過賞感而賦此　謝鵬舉

絳桃元出錢塘館種在蒲山地亦宜懷核自憐經路遠看花長恨掛冠遲紅英歷亂還須酒綠葉商量欲索詩傳語騷人高興者及時相賞莫愆期

朝遣存問謝公鵬舉　袁宏道公安人

一行旌節萬人從爭看前朝老臥龍杞梓楩柟朽盡就中留得兩高松公號松[illegible][illegible]鵬號松坡是年存問二公

謝公伯子京兆君時年七十趨走膝下有若稚子凡謝公拜起俯仰皆京兆君扶之

碧瞳紅頰照霜明尚父前頭倚杖行七十老翁猶膝下爲人爭不羨爲兄

暮春東郊遊覽　張東周

古陌流鶯擲淚梭春光容易瘦消多燕來偷是曾相識花落須知不奈何時雨新添山峽瀑晚嵐遙映石雲窩去年此日中州路馬首垂楊趁浩歌

郊行即事　邵洗邑侯

山家村屋抱河洲雲邑湖光觸目悠幾艇漁舟橫野渡數堆亂石起中流

匹馬郊原問野情殷殷父老共歡迎一尊船上齊橈樂愧少芳猷酬此行

石門山樵山有林泉寺爲何公滄南別業　祝世祿豫章人

石門有樵父白首老空谷本以屠龍手而抱山西犢朝采叢桂岑暮采漪蘭濱託意在白雲託囊

剸薪薪傳百代火雲作四海霖通塞委時命吾道
存隱淪老去筋力如樵何丁丁鈌斧𡾋巖阿獨披
煙雨舊時蓑息肩好息湀湀處放脚長歌浩浩歌

滄湖釣艇　何公滄南祖居後　祝世祿

何處問元眞一棹江之涘直釣不受餌聊以天煙
水

題何滄南城南精舍　失名

逃名何必入山深負郭精廬帶茂林寂歷千峯環
臥榻潺湲一水對鳴琴駐顏疑有金丹訣抱膝常

依隴畝吟門設雀羅稀應接獨容二仲數相尋

車埠紀事　王應斗　崇陽人

昨夜江頭臥僧閣三更彭彭鼓聲作道是龍船開
首時兒童拍手爭歡樂端陽猶隔兩旬餘技癢先
期難束縛屈平忠憤本難平所幸千秋不寂莫究
竟繁華踵陋風翻因弔古成消削朝來歸艇放中
流兩岸枯槹聲繹絡商羊不舞日晴空又見追祖
人叫索憂長樂短實堪吁耶有餘功競喧躍家園
習俗總相若惟匪不祺供浮薄紀事傷心淚[illegible]

讀外曾王父方伯胡二峯傳　龔逢祥

環海只今稱四塞少年演自說三河憑誰短劍擒
吳濞更以長纓繫尉陀肘後豈無金印分軍前如
落大星何夜深莫奏南征笛千載猶憐馬伏波

雪峯寺　王鼎彥

絕巘開清梵花宮峙雪峯麥田雲外種蘿逕雨餘
封鳥韻沉朝翠泉流答午鐘憑高仙馭近松鶴解
相從

桃花峯　王鼎彥

上有桃花峯下有桃花水正值幽人來峰頭白雲

起

夜過西良湖　王鼎彥

闌干星斗映虛無獨舸微茫一水紆汀艸暝煙低
拂岸蘆花新月淨臨湖海天鐘斷懷人遠秋夜衣
寒旅客孤尚憶笙篌江上別平明扶醉柳陰衢

暮春偕同官遊鳳凰寺　程嘉鳳

問道追歡自洛賓相攜載酒共尋春千山樹色晴
當席十里鶯聲遠趁人詞客風流高白雪使君意

不重青蘋到門僧舍鳴金鼓疑有鳳凰出世塵

暮春黄使君招集諸同官陪遊鳳凰寺　黄宗榮

聯鑣郭外喜晴暉上客尋芳興不違綠樹祗園堪避俗青天佛日總忘機一尊潦倒卑東閣滿路謳歌動少微不是諸君能下士春光猶自掩柴扉

遊大士閣　李隶

一閣深閒疎栁邊蓼紅沙白雨悠然偶除榛莽成花逕漸納雲霞見佛天山月到門將化水河臾聞

磬欲銜煙且歛清梵低聲唱莫破鄰村野老眠

過留雲菴　李隶

野寺蕭然附郭西薜蘿煙路使人迷閒門楓葉鶯秋犬小圃菘花護午雞艸茗傳香留客話粉牋書字向僧題殘經初歇歸雲靜爐磬一聲羣樹低

大石橋成詩以記之　鄒應錫

巍橋滿地支公向下逐桃花千萬片力與岸爭勢闞空舒虹欲戰横拖電玉壘根盤百尺深地維劈圻而今莫我鬪銀灣誰靜波蝶項堂頭老羅漢蓮池和尚好兒孫手提百八金剛串六字赤腳伴霜顛不飽官家飧一噱倒沫狂瀾有典型郵雲湶月都方便我與老僧織往來袖拙兩傴披行卷攜着橋上砌霞紋黑熬濆水深潭潑石東鄉子斗欄杆呼起眠龍醒欲聆妖蛟有鬣影鬖鬖瞥眼老僧如不見

壬午冬奉和江門蔡老師遊白石山泉韻三顏公祠韻　鄒應錫

天孫一曲珠飛口倒落銀河天隄厚競巖生舞壁

玲瓏不翼之飛不脛走天𢇍鬭成石琉璃兄弟一家牀玉鈕紅葉堆雲過錦車奇巒欲戀星沙守呼我拜憐萬死身灑此清風一杯酒潸驪氣節幾千年寫地拄天柱維久若是此山安李來佳泉怪石皆粗醜奈何騎電忽東南疊羽陰貍今書乳一抹濃煙感慨深黄金横帶人何有書生但識山泉白霜蔬夜薦天人壽

錄長沙蔡司理遊白石謁三顏公祠　時壬午冬同鄒

爾

馬立踟躕荒路口青是苔痕紅葉厚悲風數里穴
松杉顏巖能傾虎豹走白石當巔如拳倪吳工新
琢水晶鈕其下古廟塑三顏魯公之左常山守季
也季子亦鬚眉紊有黃鷄村白酒我聞此山廟何
爲屢易篆碑神已久水有蛟龍陸有猛吾民賴公
伏九醜當時老植有二株夭者自燒雷火吼嗟乎
戎馬暗天時已辭臣身名何有當路不知何如人
多謝老翁今爲壽

登靈隱山　　鄒應錫

偶來靈隱山乃知山奇僻危石舞琅玕奔瀧飛劍
戟顏巖窟遊人野鳥驚幽客登高若無窮下臨如
有失攜我冷淡人分坐崚嶒石誰與負而趨市價
今非夕

泛洪山張家湖　　鄒應錫

白雲飛逐遊人心小艇衝瀾一帶襟蓮露穿珠花
在鏡瀑流吞石響成琴顏巖影上舟如霽吹浪光
中天不沉莫羨東南展道里竹煙波月古皇京

讀書五嶽觀五年重來志感　　鄒應錫

誦讀十年半此山人情閱盡試諸艱二三好友非
容易一兩奇文不等閑天上寄愁埋地下仙源遺
路記人間相逢若問而今事與看溪泉識舊顏

京邸憶湧蓮菴　　謝胤黃

夢到經行處襟塵擁漸空石根和屋瘦泉乳帶花
融春色如何度山嵐若個同閒廊香展靜特愧主
人翁

元日出遊仙雲山　　謝胤璜

忽霽逢元日新開隔去年同人于艸野秣馬發桑

田累谿慈王側心空契相前平沙歸騎晚烽堞靜
無煙

將之任西江留別上方寺　　謝胤璜

尋幽幾度入希微二十年餘半衲依泉乳分來茶
竈近山嵐落處雨花肥庭荒漸喜開生面石笑應
知露活機師力佛恩何以報西江吸盡可言歸

孟冬將眺寓大沙洲有送菊者幽香異彩
冬亦如秋　　謝胤璜

平時愛菊必載酒載酒延菊須高秋秋悉南州界

物土如何異卉更遲留爲鮠冰雪含香待欲傍芳
蘭耐意求旅館孤燈風雨後却疑重九是今遊
遊月蓋菴和馬僧摩師林可任先生留别四
偈　謝胤璜
海天孤錫約西東慧刃横開滓野蓬一月一松成
偃蓋老僧何處論圓融
目足身貧道未貧衣珠縷縷贈持人牛車羊鹿尋
常是不費原初一點珍
接世婆心匯面謾塗身不用白蘋薝塵根淨處都

無礙皓月寒潭取次看
貝葉蕭蕭秋水濆永嘉獅子吼如羣千山木落餘
空響金篦誰撩眼底筋
戊戌春同齊安李西野遊大沙洲野集漫賦
其一　邑侯江一經
孫勝三之日兹洲駐馬蹄水花浮寺屋雪浪點山
蹊爆竹聲如貫屠蘇氣正齊村兒懽客飲雀躍翠
寒畦
其二　江一經

出門循放後折簡訂春遊酒榼投沙寺茶杯近水
鷗眼因晴野拭坐爲古僧留絳帳人俱嚴肅尊意
湯收
同邑侯江公式繩遊大沙洲　李光炳
出郭尋幽勝晴沙觀馬蹄年光新物候春色點寒
溪平野隨洲闊輕雲帶閣齊君侯頻載酒笑語動
芳畦
其二　李光炳
人春纔一日野服恣郊遊破俗言看竹忘機願栖

鷗村煙隨意簷尊酒有情留晴夜淨如拭河山一
望收
人日遊大沙洲　邑侯任邇昉
人日堂簽吏事稀郊馳雪盡碧芽肥鍾鳴竹塢臨
江寺松蓋沙汀釣石磯剪綵偶縣塵外目鏤金偏
借靜中機禪扉半日容吾懶且聽行歌緩緩歸
學宫龍頭古柏　余開熙
大成廊內千年柏鬱鬱喬枝桑皮白荷人曾向此
中植濃陰歲七靈芳澤黄城埠下碧潭深風宵化

作老龍吟彷彿淩雲吐煙霧彌霄空寶獻喬宰幾
度齋宮萃晃依為詞此柯幾千秋修柯攜曳半天
外疑是巴東公後身

大沙洲大士閣禮誦皇經　余開熙

清梵徹微鍾磬幽霜林落葉忽驚秋偕來二妙皆
仙侶卻對孤僧是古叟綠水澄涵淨竹栢彩雲縹
緲緩旛旒東來紫氣西飛錫緇服黄冠不共流

其二　余開熙

誰卜禪關選勝遊國清門外水西流煙横極浦灝

方闊霧結遥巖山正幽翠竹交加迎午日黄花坐
對送深秋潭經讀罷香雲裊尚有明衣躬自摳

郭西感咏　余開熙

雉堞崇墉舊蜒蜒可憐千竈冷寒煙當年徧數䍐
黄處細草蕭條落日邊

其二　余開熙

長橋郭外臥蒼波瑤圃河邊欸乃歌明月隨船人
日樂獨勞僂卒枕干戈

順治己亥科會試　揭榜之次日引見于
乾清宮門　張瑾光

秀才籲俊出　乾清屏氣遡將姓字呈敢擬諸公
稍見晩偏勞中使幾回迎春闈作點朱衣暗曉
陛俄瞻　翠輦榮五色㦖無微太史　天高俯聽
也疏名

賜茶

謝　恩日　上特御太和殿受朝　賜坐
輦道旌旗特典光臨　朝赦賜下儀郎彈冠拜表
宸心寫曳履賡歌國士颺（是日百官入賀）樹擁烏林全欲

借盤擎赤玉滿相將　恩深只覺　恩無數浩蕩
春暉敢較量

謁大沙洲大士像　李　承

偶對眞容發靜思直觀此像未成時神奇入冶工
何力慈慧依人道所為一水自流空色相羣峰不
動見威儀大千到處三摩地海闊山高總若斯

太沙洲和聞城任老師　鄧宗遠

雪霽雲天日影稀尋芳爭踏野田肥恒沙碧水環
修竹彼岸慈航隱釣磯老衲敲鍾頻禮贊宰官

句便迎機浮生舊有逢僧樂收盡河山一望歸

赤壁懷古　侯于周

霜天落日大江流峭壁凭臨萬里秋白浪驚翻橫槊恨淡煙空鎖臥龍謀烏林雲樹遙飛雁六尸汀蘆隱釣舟何事子瞻頻載酒祗將赤壁擬黃州

大沙洲閣次仲父銓部韻　余殿楚

相將攜手共郊遊遙睇風漣蕩漾流漁父移舟沙浦遠村童驅犢鐵山悠行穿綠竹方愁暮却對黃花始識秋開士文人同散步閣中羽服又頻謳

黃蒿峯　余宣楚

高峰崒嵂插天浮載酒新登風日秋百折長河沙渚闊千層複嶺石林幽楚江浩浩淸如練鄂浦濛濛偏似甌薄暮倦歸尋小憩衡山滄海意中收

荊泉洞　余宣楚

幽夂巖中路苔封古砌妍重門通奧窔石隙逗靑天蛟宮萬响寂一嘯起龍眠懸壁蒼黐字雕鐫不計年

煙鎖溪百巖八景　湖北道　費鎮遠

畫畢屏開畫裏天滿山霞霧起蒼煙漁翁把釣時常見幾個歸來問大千

摩月峰

摩月峯頭光爍爍近來消息更如何只因錯認桃源路滿樹蒼煙鎖碧蘿

問天臺

登高何處問平生大道難欺欲自明夕照羣山江水碧白雲笑倒却無聲

錦屏石

景色紛紛趣怪哉遊人不盡醉徘徊屏開大展寒溪月教我如何着意回

留雲坪

去來不定最高遊到此坪空影不流浩氣滿腔山水裏江天聳固帝王州

睡仙洞

問君長睡夢如何嘿嘿無言笑而呵六地黃粱今又熟看來到處影婆娑

瀑布千尋

雲飛渚浪墍空潯倒捲寒梅月滿林萬壑杉風吹
絕壁畫圖賦盡鏡亭心

雙乳泉

幾個老僧枕石眠山藏日月化爲泉流來盡是雲
霞色今古相傳不記年

百巖山居　　釋弘濟

自石以前住湍泉之右居呼雲環竹榻引水遶茆
廬古澗流新月小窗吞太虛應知藪澤樂盡是更
無餘

四尋詩有序　　黃中通

四尋者尋仙人洞也冠洞而寓日飽泉聲
霧雨疊旬欣嘆而已一日辛巳晚霽攜徐
胥建餘兒邁遜尋之望暮止越日復往邁
遜在中雨止淹二日乙酉銳意不至源不
休捫蘿下路迷不指目成思成及泉吼處
天晦冥四山鳥啼如有神物蹕人者遜時
甫十齡心怖欲返予亦隨之適五日是爲
丙戌先尋洞口濬齋僧僧導往圓石歷歷
躋洞口水周之躡石涉波倚蓋柄量深淺
立洞如喉輔頰俱全橋橫舌之望而嘆嘆
曰眞仙人洞也乃作四尋詩

敗陽侵陳霧霽心思所投山靈無苟藏俗速失酢
酬割情而舍旃中懷抱已悠

其二

靈泉易者雨日嘗別道行用盡凡聖心罔克變從
晴添響答知已中宵且試聲

其三

水石聚相鬬如聞神鬼怒異哉天地心復欲配以
雨俯仰殫爲泉曠士莫能主

其四

仙術問何如結石染其門羣龍遂擾之出入翔避
藩來者無可領淡水自潺湲

九月五日靈應山即事

茲期何事廢前盟別有幽懷不在名雲物三朝郊
幾變登高萬古却同情遠形取次參端倪近勢依
規失縱橫牟矑眼光周太始後余誰肯誌斯行

守李孚先　冀言烈

敕主非一途莫護頂與趾酸風萬里橋有關張慕武挼雙流李極彼宇詆力叱馭奚足比無謂中道捐浩氣在青史賊氛迷陣雲公等諸磔豕爾時弘範儔公賤諸臺婢頭顱勿復道何物不赦屜遑問濟不濟盡心焉爾矣以斯感僕夫痛若喪考妣周旋眉遺骸端的義男子見聞心膽裂問僧哭蒿里重趼上青天永號水如砥扶骨藏故丘白石長如此一怒公千年雖死何曾死

大沙洲觀音閣　王應斗

大士靈光出西蜀寶像白毫輝丈六巍眉端雪麗空寒錦水祥波曳春綠蕁川慈人現宰官闓丘老守逢豐干提碎黃堂鑄金粟飄飄法座離雲端蒲人馬湖守鑄像歸巫峽瞿塘幾千里神通一息吹風起蒲江忽帶海南潮沙臯細度落伽水只今高閣鎖溪瀾常有眞流臥懶殘朝粒猶分飢鼠冷宵音不遺木奐乾我來頂禮增歡羨恍惚牟珠相隱現暫借禪房一夜棲夢中香惹蓮花片

過青山閣司徒魏肖生別業　王應斗

歷盡昆明劫火還閣聲猶未改青山乎泉子弟多賢肖不在區區木石間

大沙洲觀音閣候余嵩山吏部　胡琎

聽經初罷恣嬉遊旛臯諸天寶蓋流千頃碧波林外靜四圍青嶂望中悠澳人網曬沙汀日村婦碓敲野野秋淸磬一聲梵唄動玉皇香案吏攸握

重陽後一日同徐蘭谷候余嵩山大沙洲閣

和胡麥巖韻　馬淑昌

幾年未暇恣郊遊今日重來俯碧流蕁水練光看渺渺楓潭翠色望悠悠負依釣艇波間靜鳥送客帆天外秋指點疎林尋小徑禪那野服又頻握

前題　徐叔嘉

閣外林塘覽勝遊晴嵐遠靄碧波流澄潭網集漁舟亂野岸僧閒雲水悠節過重陽誰送酒人偕靜侶莫悲秋歸歟城郭終何事且向三淸學拜握

補田鼓歌　甲辰客甯嘉作　張奇勳

午倦坐樹間聽田鼓有聲無詞詞亦不何
率占補之

酒罷且無喧聽吾鼓所言廣陌連阡氣若吞逢年
莫負主人恩主人百畝雖千畝穀賤于糠債滿門
夏稅催科急如火但撥囊中猶復可大族高軒無
宿錢指抗指遭須作禍兩年征大又征草斗絕千
山爭鳥道事平歸梳積尸傍餘生幸免安枯槁陸西
山初平邇聞大赦日邊來爲念坤維迭告灾傳說現
徵難議免山叟扶笻抆淚回又聞部牒須清丈官

役神膚俱露爽大地何曾尺寸藏伸手縮手便魍
魎最是可憐中下產正賦雜徭復何限妻兒終歲
苦茹茶飊得滿塲只過眼初春老農卜先穡還喜
元日風東北金粟由來互死生豐年免使流他域
歌闋我鼓不成聲敲動峯高并水濤田祖有神宜
諦聽一家一路總無情

新溪四韻

萬峰曉翠　張奇勳

一隊青巒裹煙嵐曉吐芽汪洋花萬頃爛熳樹參
差曾雨澆新黛初雲試綺紗誰家峰頂住天際有
仙槎

鴫水春濤

安流無觸處萬壑不成聲夜靜雷初碾舟橫大際
生衣砧移舊蚚澳火動危檠併借煙花色攜著就
一烹

馬蹄澳火

浮家天上坐棹發逐霜蹄蛎荻搖曾影江花點碁
帷何曾明滅定秪見往還遲萬頃同鷗譜風塵未

足追

古臺村雪　古刹廢址

雪入古臺時四山寂無語昊花没舊痕寒水依清
渚煙迍市門閑風嚴村氣圍當年句下人冷冷立
何所

增築大成殿前龍頭栢　張瑮光

頭角崢嶸挺蒼龍矯矯騰空紫氣鍾百尺全無枝
葉相槎椊森梢鎮辟靡平鱗鏟甲驚鬼斧吹雲唾
霧度神蹤藤蘿蛟指輿蚪蔓繩繩弗替參天路岵

蘇麋鹿習銅駞不堪搖落歷風雨瑰姿托地獨靈
長梗楠杞梓心焉數根株盤結聳泰山世代從新
道從故儼欲玉檢奉圖書豈但赤水三珠樹杏體
今喜荷[illegible]梁星標奎璧煥重光元黃窖固青螭皿
添耀增華照崑崗君不見赤眉歛手痕猶在貞甤
寔是神靈戴土碧柰紺極栽培億萬斯年符苞承

登桃花第二峰　謝爾昂

載酒看山興自濃乾坤入眼快朝宗雲煙帳幄馳
千里培塿旌旗列萬重祈禱有神通帝闕山頂有嶢石禱雨輒應
封禪無牘表巖松會須重訂登臨約直上桃
花第一峰

揖仙峯雪峯十二景之二　胡珪

穪川南岙尋勾漏相引羣仙過此山俯首奇峰眞
若揖丹砂覓得幾回還

掛冠基　胡珪

御史當年早掛冠名山栖息志盤桓荒基蕪没雲
煙裏爲想清標不徑寒

萬年菴橋　邱今芳

紺宇平開擁象王雙涵氷玉水生光虎溪濤繞遶
官道鯨背高臨選佛塲憶昔枯來蘆是筏只今鞭
得石爲梁駐聽鐘磬晴烟外幾度聲聲送夕陽

蓮花洞　王圻

嶢峭古洞中刻出秋江玉花開不計年雲氣光如
旭瓣瓣如可摘愛之不忍觸昨夜月明時蓮子滿
山谷

石人泉　王象晟

石人特立南崖麓膝繞清泉十千斛澄光一泒四
山圍觽觽其中萬古獨蒼藤倒披肘半垂鶬鶊黃
鸝暮麋鹿忽將片語爲公祝如許昂藏七尺軀好
將清泉出荒谷

白石廟　賀中棟

四野風烟滿鬢眉北地揮孤忠石片片雙節栖依
依落日通幽照寒泉帶怒飛藻蘋今共古苔蘚坐
生威

宣公堤　周長民

綠陰一帶長詰屈護溪光飛泯千家瀑驚濤衆聽
忪功名光前代山水壽孤芳遙見村烟外稻花處
處香

溫泉　王増

萬斛名泉沸似湯波搖山影共蒼々雌縣怪石蒸
碧氣岸老疎桐映碧光太液月澄尋古字丹爐雲
繞憶仙郎瀏洞若有伊人在紅樹花開鶯半忪

溫泉　王墀

朝來烟霧鎖林巒一鑑靈泉靜碧瀉非有奇書藏

洞麓聊將高興寄纓冠崇崖深處雲千頃寶鼎圖
將玉幾盤肯與懷春抒素志氣蒸夢澤等閒看

新溪古社　邱僧乾

人文百室接薪傳好友徘徊勝蹟研橋左尚堪環
駟馬澤濱猶自集三鱣久湮舊址存今古誰振遺
風譜管絃遊玩惟祈重卜築莫教茂艸每芊芊

雲蓋山　葛定一

山中幟列誰爲蓋座裏風生自有雲觸石垂來新
落上端教化雨徧氤氳

署西石筍奇兀新翟其語亭覆之用誌中李德
庸額以紀其事　王來賓

卓然突立隱陽西石老天荒來不遺如笏萬端生
有骨似桐百尺長無枝世推堅粹經年久我怪初
來共語遲能向此中撐一盞山川掩映斗星移

晾雨樓　王來賓

桐枝滴瀝下高秋三字額成一葉收在掬聽時皆
是雨有臺接處即爲樓遠山拱秀欲分濕野鶴登
聲不解愁何必元龍堪與敵惜民力可任優游

閱李孚先先生蜀中殉難狀放歌　張璪光

先生吾蒲白石人自少嗜奇好俠踽々不
可一世晚登賢書任蜀雙流宰公童時夢
所至禦寇衆皆投戈逸偭獻逆犯成都公
知所應在此起義榮經縣同帳參軍掖使
先遁公单騎衝鋒罵賊而死其僕覩篆藏
公骨於雅洲名山縣之翠峯菴而篆亦尋
卒亂稍定仲子蓝珠尋公遺骸以歸

長鯨鼓鬣横巨浪河嶽萬里失金湯蹂秦蹦楚誰
血戰百舌鼷鼠走且偃宿列劍南正氣作揮琴奮
戟起卭筰參軍空揷侍中貂一令驊騮肩鋒鍔舌
厲常山血侍中魂趨楓陛魄湘東蒼頭亦復朱家
布夜月子規哭蚕叢追隨重泉意狠籍叮嚀一堆
蕘弘碧登山臨水送將歸潛通消息公子監腸斷
江陵兩岸擁朝陽落鳳返庵寥投戈入夢在傳笮
鶴淚猿啼悲白石

詠永樂甲午年九龍山人王紱古松圖舊有

學士王汝玉題　　張瑮光

根盤結枝屈鐵九龍山人筆何別學士題之後曲
折當年尚有起家圖煌煌大本堂中列（成祖有起家圖大本堂俱大祖所遺）大本多枝還一家恐看自剝青虬血（郎指建文）
事九龍常是有心人墨落盡壓風和雪况爾學士
簪筆臣能無觸目共哽咽君看隴坂之大松河尾
望南東崑崖西北通奚不元緜千年寄奚不神茯
萬年豐貞貔素髓今何有本本枝棲蔓㛹同煙雲

獨看紙上滿空想當年灝氣雄

遊羅峯山　　張瑮光

羅峯何突兀曳杖步遲々石起動底屋雲來欲到
詹問天難下語俯世隱生悲竊恠安身處獨爲僧
所私

赤壁懷古　　張瑮光

君不見赤壁堆前亂石頭悲々切々咽江流如鬼
曹操奔許下雅量周瑜死巴邱首韓棻桑三寸舌
誅瞞碩畫歸武侯長驅中原當乘勝何用聰々一

荆州結連敗走八十萬惜哉婚姻之國復爲仇吾
家舊是從軍者至今斥堠此山下一陣烏鵲去烏
林千年赤壁長是然

哭葉蒼巖大司空　　張瑮光

何物龍蛇司歲令梁木其萎泰山傾五月汨羅江
上恨文章節義芳相并　聖世車書大一統驃騎
奉檄滅屯營昆明戰血經七載能無歟望遏爲戢
天家帑賜歸譙手借作難端羣縱横狠奔豕突犯
闕府高牙大纛杳無主吾師知事不可爲十日落

垣死守土闔門盡節非所難銅肝鐵膽牽於母吳
山楚水送將歸不學溫嶠在典午舌厲常山血待
竹漁錫一過立天在紫薇堂前白日昏遺表丹衷
侗九五張巡許遠不借死義動軍門起郭李逆豎
頭懸不三旬知公含生非徒尙嚴勵承明憶當年
何事監司苦獨賢宗伯交章楊雄薦胡不強起赴
經筵奉使虔州覊章貢間闔戎族已顛連三楚民
天三秦學竟以身殉眞可憐我本深山一腐朽逢
人說項不啻口幽蘭譜纂漫品題冰署盤飧高論

剖嗚呼痛哉去年此日幾握手今年此日竟何有
君今得爲文信國余不得從裂甫後已矣乎恨不
負土築室依山斗

遊鳳凰山二律次韻有序　張璪光

邑治祖金紫宗鳳凰而燕岩則爲鳳凰胎
息處石累度脉俗名天磄嶙峋其上空洞
其中長十丈許廣四之一從南至西首尾
豁然來往若康衢其石鑿而煅之灰如膠
邑如雪與凡石異漁利者爭斧斤焉余以
丙寅經過觸目傷心始悟邑中連年坎壈
皆由於此至丁卯夏　龍眠張别駕以鄂
郡來攝蒲事治蹟燦然及詢邑中興替之
由余舉是以對至秋九月命駕至鳳凰寺
竟造燕岩嘆别有天地不勝剝落之恨勒
石永禁兼留二律以當三尺余與諸紳士
屬而和之並誌不朽云

携榼相招到鳳巒追隨杖屨歷巑岏晴光冉冉開
丹穴樹影疎疎映彩翰秦火何心燔石烈媧皇無

力補天寒欲獻因譏勞神宰蠟屐寧徒學謝安

其二　張璪光

公餘秋爽一扳援霞擧翩翩與鳳騫車馬平看穿
石屋斧戕恐致鑿龍門不愁燕子歸無所（燕子冬聚石罅故名燕岩）惟惜鸞崗骨已痕律中鬼神三尺凜山靈始
得見羲軒

攝蒲馬藩倅謁白石忠烈廟賦贈　李世紀

千古至性人名山與同壽赤心何處存白石依然

豈忍傳廟食但日[illegible]功成臣李郭[illegible]
原固太守舊壘沙憶所曾經路持此一片尋覓氣
倘然遇蒲吏著三顏弟昆或偶聚遥想其天倫忠
孝應同具只今謁者誰肝膽披雲霧颯々起陰風
月明秋半吐景仰其高山登降生真悟

九日同任邑侯遊仙雲山　李世紀

不必王前與士前攀蘿遥勝逼高天敝冠未許秋
風落大纛何嫌野水邊地癖增奇成捷徑時清多
暇見遊仙兒童竹馬盈村立露冕欣傳屺岵巔

與張星子巽菴招遊荊泉并訪崔岑途中口
號二首　李世紀

按轡敲詩塞未前牧童給我路紆遭兩山欲斷雲
還補衆水爭流石不穿
爲眼勞身覓小休柳陰深裏見林丘環山有洞聲
皆響怪石當溪何處流

石門灘　龔璋

谿惡舟不進坐石聊相守奇哉此灘石二氣融妙
有一一盪漩窩如斛復如臼或如[illegible]或如[illegible]
碧紐或鋭如假山或卧如柳肘尋思此機彀理幽
難遽剖石性有剛柔水力無暫久水石日交戰柔
石還撞剖剛者轉不化柔者紛能受以此聽雕鏤
留作烟霧藪我來印苔痕水落寒江後千古雲濤
心一夕遊人趣

禱白石三顏祠　龔璋

陌南翠嶂影縈空倒碧散紛君羣峯斂爾廻車苦
篁叢地老天荒誰是主貞魂千載顏公土泰陵扶
鼎想吾原那還泣慟常山守但綴旗常李郭名輸

却書生劍花舞靜觀爪[illegible]尚透拳遥對穿巘峙張
許天遣公門齊義烈庭闈永誓凌霜雪春卿蒲人以孝行同受宋封爵當年駿骨已成灰今日鵑啼仍帶血公靈端
如及泉水處々潛浮隨坎止槎枒亂梢長南枝却
嘯無情被金紫手撑墜後排閶闔鐵城而々垂油
幕重開閤道挽鑾輿怒衝鎛壘懸秋瀑洞口松聲
捲亂雲々中數片菌苔落我欲薙髮掃銀屏獰々
裂眦狖猿鳴不如敲管琢碑痕山鬼瞠呿石梟驚
露香紫貝靜揚靈撿讐墨卜伏鈎陳君不見古貌

衣裳點濕螢疎鐘雷鼓鬧忪怔龍娉半夜響金鈴

勸士 三首　　潘之紀

一念眞兮一事眞一眞持守可終身又推事々由
眞出是即恒人作聖津

騄耳不行終在櫪駑駘奮足亦争先實心擴盡終
生力指定前途不問天

枯桐都有高山響斷竹俱堪刻羽吹看泰壇郊
祀鼓何曾剝用麒麟皮

錢封母阮太君九十紀異 積雨忽晴有九隺飛來

馬之鵬

仙呂律吹朱明節鶯啼綠艸紛如結風殆清塵雨
洒道羽駕東行帨初設此時抱送憑青鳥亦有仙
騶下雲表丹頂聯翩舞袖翻世人但見朱霞繞九
十年周去復回海塵今日看蓬萊嘹々清淚聞天
漢楚々霓裳照客杯轉思昨日風雨積羣仙先會
瑤池席開口一笑電流光噫氣忽開天日赤鴻濛
錫福九千歲此鳥從今還百至不須援乇似淮南
紫衣金印階前戲

題張別駕雪岑册葉　　馬之鵬

五月炎風吹江城十里百里無人行狐鳴梟躁豺
狼嘷八公艸木皆勁兵白頭烏來豕大屋達官走
避野老哭中有顏卿罵賊舌又有田單鐵車軸罵
賊應須爲賊怒鐵軸疾馳迎貙虎天留壯士佐太
平晉眼旌旗見歌舞先時曲哭勸徙薪今復焦頭
爛額八死者九泉不可作慷慨從容總藎臣猶憶
深谷揮團扇苦熱篇中憂事變傳道天兵收漢沔
舊識生還喜相見今來黄鵠攬丰姿何似綸巾佐

幕時

過湖　　馬之鵬

落日黑雲如覆釜電光搜空雌蜺走長年擇便宿
汀草後船相失隔林藪十朝九日怨石尤蹋頭拍
浪歌銅斗鷄黍醉飽凭神扶烏檣委壓同株守半
夜北風捲靈旗缺月穿雲辨河鼓萬帆蔽目失鷄
子九馬衝波迎鷁首汗漫蒼梧去何所瞬息長沙
近可覩濟險已伏舟楫力投南分結魚龍偶非同
天末作逐臣亦知海隅皆王土潮陽刺史驅鱷江

漢虎臣賜圭酉盛世威德朝百靈遐荒日月澄水府瘴雨蠻烟勿復問夜宿星辰酹江酒

春日隨佟老師靈應山踩建塔基栢梁體三十二韻　曾士雄

靈山聳秀控遐方茅胙榮封擘禹湯嶽海昇平德教臧郅隆今古發輝光龍翔天漢鳳鳴岡文章功業正煌〻蔚葱佳氣表衡湘鼓動春風萬里長進暹麗日映琴堂青巖花草噴清香共瞻侯度頌無量多士追趨樂未央擘畫溪辯拓宇疆峩〻石勒

九霄旁老媧五色煉何恡項蹲七級迥軒昂挹取山盤注海粢儘供歌舞縱霞觴詩堪紀勝矢斯張才超李蘚與盧楊諸峯響答賀瑤章滕閣名標序重王從公禮數不相妨圖歡猶戀夕之陽禽聲嗒嗒樹煙蒼還凭千仞振衣裳羣稱世泰際明良纔得民安物阜昌圍圖熙攘躋虞唐政暇遊酣步履芳高提綵筆繪雙行億代奇蹤感召棠

登玉蘭庵　魏方復

夢裡蜂臺古玉蘭綠雲深處放毫端送春雨過經初歇含笑人來花已殘有鳥若呼林外曉無魔可伏此中寬僧寮茶火家常事待月重過興未闌

九日同心山諸友登黃茅山頂限韻　彭大章

並酌不須人送酒有山何事獨登臺攀躋任意忘夷險黃白隨花自欽開乎古荒凄孤漳在迎眸空濶遠芳來等閒聊作風光主童冠追陪莫浪催

宿九峯山寺　彭大章

忽覩雲山逅飄然塵眼寬問年千樹老攀刹九峯

寒枝倚疑人在詩存詎石刓廢興今古事去路草漫漫

登洋雲岩　徐美大

入山苦不深山深春色窈徙步謁洋雲茆簷挂縹緲松徑轉幽邃苔壁晴煙遠低耳聽潺湲置身在天沼羣山如積石不覺乾坤小鐘聲響超〻樵歌長鳥〻麋鹿忘其羣啼猿不知曉舊蹟依然存舊人日巳杳俗累爲近名書聲留樹杪願言托此山萬物仍雲擾

秋暮吟二首　劉小致

吟興乘秋暮詩成次第編危峯高障日野木倒流天鳥語東西樹蟲鳴遠近田隔溪砧杵急遊子意悠然

課野遥秋兕詩賫到處供暮烟横古渡返照上孤松鳥並歸雲疾林因落葉鬆曉風吹不斷山寺響疎鐘

洪山塔二首　劉小致

楚王宫闕盡荒苔東有洪山百尺臺石上殘雲歸

叠甕空中古佛望三台長江浴日隨天折孤鶴乘風向海來城郭人烟俱壯盛悽悽野老為誰哀

右提黃鶴左金州靜倚危欄動客愁望闕幾回玄漢遠思親長伴白雲遊七層日月浮天柱萬里江山識楚垣社稷分明如指掌教人前去覓封侯

賦得淡雲疎雨過高城　盧逢垣

淡雲疎雨過高城鼓角無聲杖履輕萬井斜暉頻出没千山歸鳥獨縱横猿棲洞壑烟嵐遠虹散江皐石瀨清誰似少陵長作客幕中猶見古人情

九日北河泛舟　盧標

九日之登高聞自桓景起如何萬斯年相沿靡停止採菊與囊萸騷人爲濫觴我獨泛清溪愛此碧流水浩瀚有波瀾澄鮮無滓滓飲之可清心掬之堪洗耳孰謂動靜殊好樂同一理鼓枻歌中流不妨從我始

吕蒙城　周尚文

漢鹿紐解壞瀦阻羣孤軼屋無城槧千鈞寶毁重神州西蜀英雄併力舉山兕笑侮鳥不棲東風吹

火焚其旗荼世神武難爲敵白衣搖櫓誰復知零陵道遠將軍怒駐兵飲馬蕁之蒲墜堞荒烟經幾呉悵望青山自今古

葛真祠　王霖

聞道仙翁是稱川了峯拔聳跡猶傳霞蒸古竈丹疑熟風靜蒼松鶴穩眠苔隱棋枰懸石壁波搖劍影拂寒泉人知抱樸長千古流水高山不憶年

舟　魏儒

雨後邑彭生嘉猷携酒偕登靈應山阻水尋

問字侯芭酒登山靈運詩盈匕隔巨浪脉匕劇荒
滑鉻暗飛空霧嶼攢薄岸鷲疇能航一葦晚眺盡
霞巵

清妙軒雜詩十二首示龍門書院諸子

王雲翔

靈府洞六虛神明於此宅玄關虎豹蹲猙獰羣魔
劃

澄徹源頭水涓涓石上流何須爭涇渭三峽已沉
浮

水不生波濤舟師艱上下輕帆御風行天槎窮海
泎

竅虛能受月樹老不生風皆地滿堂肅理道乃融
通

物理本易格人心不難測識明無障時月上梅梢
雪

浩瀚大江流朝宗赴東海源頭復源頭龍雲結煙
靄

空靈只一隙芥子亦能容澄徹柘洞虛倒吞雲夢
入

振衣千仞巔高覿俯一切我從太虛遊超然忘絕
巔

蠶食扶桑葉文繡被古今吾人枕書籍醞藉當復
深

錢散能歸貫絲紛扣自眞頭緒把握時滿懷都是
春

筆花原有種種向空靈區根蒂日深固五色光榮
敷

善根不可拔日沃以詩書充腴潄芳潤華實自紛
披

立春偶作爲書院諸子誌勉四首

王雲翔

春色胎天地化工鎔古今青牛鞭不礙膏雨綠疇
深

天地生爲德冰霜未剝根萬物非自饑野火綠燒
痕

春去復春來鴻濛一氣始吾心元善存生息有如

此
剪綵花生樹春光不到根可知人事拙雕鏤徒紛
煩